襄陽復興

刘 群 主编

2018年·北京

图书在版编目（CIP）数据

襄阳复兴/刘群主编. —北京：商务印书馆，2018
ISBN 978-7-100-15884-8

Ⅰ.①襄… Ⅱ.①刘… Ⅲ.①城市建设－研究－襄阳 Ⅳ.①F299.276.33

中国版本图书馆CIP数据核字（2018）第040248号

权利保留，侵权必究。

襄阳复兴

刘群　主编

商　务　印　书　馆　出　版
（北京王府井大街36号　邮政编码100710）
商　务　印　书　馆　发　行
北京兰星球彩色印刷有限公司印刷
ISBN 978-7-100-15884-8

2018年5月第1版　　　开本 787×1092　1/16
2018年5月第1次印刷　印张 34 1/2
定价：188.00元

编者前言

  这是一部聚焦当代襄阳、探索未来襄阳的研究报告。襄阳作为中国著名历史文化名城、湖北省域副中心城市和汉江流域中心城市，在历史长河中曾经拥有过辉煌与灿烂。为研究和探索"襄阳复兴"这一时代性、重大性课题，我们以《襄阳复兴》为书名，以"复兴之梦""复兴之路""复兴之帆"为三大主题，以"城市化、现代化、国际化"为视野，策划和梳理出 30 项课题，组织学术界进行研究，形成了《襄阳复兴》这本学术性文集。本书站在时代的制高点上，以宽广的学术视野、科学的学术方法、独到的学术观点，创造性地论述了襄阳城市发展中的若干重要问题，全景式、多维度地探索了襄阳走向复兴的愿景与路径，具有一定的学术价值和应用价值，是一部融学术性、应用性、可读性为一体的作品。

编 者

2018 年 3 月

目 录

第一篇 复兴之梦

重构古典之城
——襄阳古城风貌复兴研究 2

以汉水文化塑襄阳之城
——襄阳建设汉水文化名城研究 18

守望三国名城的历史记忆
——襄阳建设三国历史文化名城研究 32

青山绿水和美城
——襄阳建设中国山水名城研究 55

襄阳，我们的宜居家园
——襄阳建设中国宜居城市研究 75

华中旅游城　诗意栖息地
——襄阳建设华中旅游名城研究 90

走向智慧之城
——襄阳打造中华智慧城研究 110

教育之城构想
　　——襄阳建设汉江流域教育名城研究……………………126

让城市充满艺术魅力
　　——襄阳建设高品位艺术城市研究……………………139

擦亮"襄阳制造"城市名片
　　——襄阳打造中部地区制造名城研究……………………153

第二篇　复兴之路

穿越襄阳时空　绽放城市之光
　　——"千古帝乡、智慧襄阳"城市品牌研究……………………170

与城市同行　与文化相伴
　　——襄阳"一城两文化"城市特色研究……………………188

巧夺山水天工　打造美丽襄阳
　　——襄阳构建"山水园林城市"研究……………………206

绿色之谷　希望田野
　　——襄阳打造"中国有机谷"研究……………………226

新能源　新车城　新华章
　　——襄阳建设"新能源汽车之都"研究……………………243

云联天地　智慧襄阳
　　——"襄阳云谷"建设研究……………………259

高新前沿　创新热土
　　——襄阳高新区创新发展研究……………………276

东津新城　战略高地
　　——襄阳东津新区建设与发展研究 **294**

红河谷　新天地
　　——丹河谷组群协同发展研究 **310**

大交通　新襄阳
　　——襄阳复兴"七省通衢"交通枢纽地位研究 **329**

第三篇　复兴之帆

让历史启迪未来
　　——襄阳国际交往历史研究 **350**

走向国际　拥抱世界
　　——襄阳城市国际化水平提升战略研究 **369**

构筑桥头堡　打开大通道
　　——襄阳对外开放高地与平台建设研究 **392**

全球配资源　国际找市场
　　——襄阳国际经济贸易发展研究 **412**

丝路新天地　旅游新愿景
　　——襄阳国际化旅游前瞻研究 **429**

架起文明对话的桥梁
　　——襄阳对外人文交流与传播研究 **449**

海内存知己　天涯若比邻
　　——襄阳对外友好城市交流与发展研究 **467**

打造网络世界　共享交流平台
　　——襄阳国际化网络空间建设研究.................487

全球化的时代　国际化的人才
　　——襄阳国际化人才战略研究.........................507

筑巢引凤　引凤筑巢
　　——襄阳对外开放环境建构研究.....................525

后　记...544

第一篇

复兴之梦

重构古典之城
——襄阳古城风貌复兴研究

甘忠银

内容提要： 襄阳是全国历史文化名城之一，自古就有"铁打的襄阳""华夏第一城池"之说。"一座襄阳城，半部中国史"，在中国历史上，襄阳古城具有独特的重大价值，它是珍贵的历史文化遗产、经典的军事博弈重镇、杰出的建筑艺术瑰宝，亦是难得的旅游观光胜地。历史上的襄阳是重要的军事名城、文化名城、商贸名城、旅游名城；改革开放以来，随着城市化的快速推进，襄阳古城的历史风貌在快速消失，当务之急，我们要采取措施在快速城市化的时代背景下保留、恢复襄阳古城的历史风貌，形成襄阳独特的城市特色。襄阳古城风貌的复兴，重在复兴古城格局、复兴古城水系、复兴城墙与城楼、复兴街道与建筑、复兴民俗与文化、复兴功能与价值，重构古城之形、重塑古城之韵、重现古城之美，彰显国家级历史文化名城的特色与风采。

襄阳是全国历史文化名城之一，地处湖北省西北部，汉水中游南岸。襄阳古城依山傍水、易守难攻，自古就有"铁打的襄阳""华夏第一城池"之说，为历代兵家所看重，是中国历史上最著名的军事防御体系之一，全国重点文物保护单位。自古以来，襄阳就因悠久的历史、灿烂的文化、丰富的古迹、壮丽的山川闻名遐迩。历史上的襄阳是重要的军事名城、文化名城、商贸名城、旅游名城。襄阳城市地位在汉末至唐宋一千多年间仅次于长安、洛阳、开封等古都，著名历史学家严耕望在《唐代交通图考》中盛赞历史上的襄阳"犹先秦之邯郸、明清之秦淮"。改革开放以来，随着我国城市化进程的快速推进，襄阳古城的面貌日新月异，但历史风貌也在快速消失，如何在快速城市化的时代背景下保留、恢复襄阳古城的历史风貌，重现明清、唐宋甚至三国时期襄阳古城的历史风貌，形成襄阳独特的城市特色，是亟须解决的问题。

一、重新审视襄阳古城的重大价值

襄阳因位于襄水之阳而得名。战国时楚置北津戍，始为军政重邑。汉时置县，三国时置郡，历代为州、郡、路、府治所。"魏晋以来，代为重镇"，"一座襄阳城，半部中国史"，在中国历史上，襄阳古城具有独特的重大价值，值得我们重新审视。

（一）襄阳古城是珍贵的历史文化遗产

襄阳古城深刻体现了中国传统文化。中国古代城市在选址方面非常注重山水。《管子》曰："凡立国都，非于大山之下，必于广川之上。"襄阳古城南依巍巍岘山，北邻滔滔汉水，既位于大山之下，又位于广川之上，是建造城池的绝佳之地。襄阳古城的选址还深刻体现了传统"风水"意识。风水与建筑之间的关系是中国建筑文化不可忽视的内容之一，襄阳古城是一座深受中国传统风水学影响的城郭。清代吴鼎《阳宅撮要》中说："凡京都府县，其基阔大，其基既阔，宜以河水辨之，河水之弯曲乃龙气之象也，若隐隐与河水之明堂朝水秀峰相对者，大吉之宅也。"襄阳古城正好位于汉江流过城区的弯处，南侧正对岘山，古城建在此处，很好地体现了这一原则。襄阳古城有两个北门，荆州街北端的城门叫大北门，南北中轴线北端的临汉门叫小北门，大、小北门之分既不是依据其城门的大小，也不是因为其功能的主次，而是一个涉及古代政治伦理的问题。由于历史的原因，襄阳的政治机构一直设在荆州街一带，并不位于古城的中轴线上，将荆州街所在的北门称为大北门，是用改变名称的方法来弥补政治机构不在城市中轴线上的缺憾。襄阳古城自古曰"方城汉池"，除后来增修的东北角（新城湾）以外，基本呈方形。城墙四角方方正正，东西南北，横平竖直。而略呈圆形的护城河环绕城周，形成"内方外圆"的城池结构，象征着中国传统文化中的道德和行为规范。

襄阳古城是国家历史文化名城。国家历史文化名城是1982年根据北京大学侯仁之、建设部郑孝燮和故宫博物院单士元三位先生提议而建立的一种文物保护机制，由中华人民共和国国务院确定并公布，被列入名单的均为保存文物特别丰富、具有重大历史价值或者纪念意义且正在延续使用的城市。襄阳于1986

年12月8日被国务院列入第二批38座国家历史文化名城名单。国务院批准襄阳市为历史文化名城的文件中这样表述:"襄阳:位于湖北省北部,周属樊国,战国时为楚国要邑,三国时置郡,后历代多为州、郡、府治。襄阳城墙始建于汉,自唐至清多次修整,现基本完好,樊城保存有两座城门和部分城墙。文物古迹有邓城、鹿门寺、夫人城、隆中诸葛亮故居、多宝佛塔、绿影壁、米公(芾)祠、杜甫墓等。"2001年6月,襄阳城墙作为明代古建筑,被国务院列入"全国重点文物保护单位"。襄阳古城是襄阳历史文化名城的重要标志。

襄阳古城被列入《中国世界文化遗产预备名单》。2012年,国家文物局将襄阳城墙与荆州城墙(湖北省荆州市)、兴城城墙(辽宁省兴城市)、南京城墙(江苏省南京市)、临海台州府城墙(浙江省临海市)、寿县城墙(安徽省寿县)、凤阳明中都皇城城墙(安徽省凤阳县)、西安城墙(陕西省西安市)一起列入《中国世界文化遗产预备名单》。和其他古城相比,襄阳古城具有鲜明的特点。南京古城虽然规模宏大,但由于其墙体走势随地形而蜿蜒,失之规整;西安城墙虽然规整,但护城河太窄,缺少水的灵动和柔美,雄伟有余而柔美不足。只有襄阳古城,雄浑壮美与灵秀柔美兼而有之,不可多得。

(二)襄阳古城是经典的军事博弈重镇

襄阳古城布局严谨,形势险要,城高池深,易守难攻,自古被誉为"铁打的襄阳",是一座古今闻名的军事重镇。自东周以来,襄阳一直是群雄角逐的重要战场。邓巴之战,开启了楚国问鼎中原的大门;襄樊战役,关羽水淹七军,斩庞德、擒于禁,威震华夏;夫人城之战,巾帼败敌,韩夫人的美名传千秋;宋元之战,铁打的襄阳成为攻不破的堡垒,使得元军灭宋推迟六年之久;李自成攻克襄阳,动摇了明王朝统治之根基,并在此建立了政权。这是一座地地道道的军事名城,中国军事博物馆古代战争史馆中介绍了历史上四次发生在襄阳的具有全国意义的战争,这在全国各城市中十分罕见。无怪乎帝王将相叹曰:"天下之要领,襄阳实握之。"

襄阳古城之所以成为"兵家必争之地",与襄阳所处的地理位置密切相关。襄阳地当天下之中,"跨连荆豫,控扼南北",军事地位极为重要。历史时期,特别是南北分裂对峙时期,襄阳是南北方对峙的前沿阵地,是南北方政权谋求统一的基地。南北对峙之际,荆襄皆为强藩巨镇,以屏护上游。西晋灭孙吴、隋灭陈、北宋灭南唐、蒙古灭南宋,局面均自荆襄上游打开。岳飞将襄阳视为"恢复中原之基本"。蒙古攻宋时刘整献策"先攻襄阳,撤其捍蔽",因为南宋"无襄则无淮,无淮则江南唾手可下也",事实果然。清代王万芳《襄阳府志》说:"典午之东迁,赵宋之南渡,忠义之士,力争上游,必以襄阳为扼要;晋之平吴,元之伐宋,皆先取襄阳,为建瓴之势。"清顾祖禹总结说,湖广之形胜,"以天下言之,则重在襄阳";又说"襄阳为天下之腰膂"。顾氏之言,可谓至论。优越的地理位置使襄阳古城成为水陆交通枢纽。就陆路交通而言,著名的南襄隘道和荆襄大道构成我国古代南北交通的中线。就水路交通而言,襄阳北可以通过汉江的支流唐白河通往南阳盆地,南则可以沿汉江直达江汉平原。正是由于襄阳在南北水陆交通中的枢纽地位,所以历史上的襄阳总是战事不断,成为"兵家必争之地"。

襄阳古城是古代军事防御体系的杰作,襄阳城垣构筑巧妙,防御严密,城池坐落于群山和汉水环抱的汉水冲积平原的东北端,北依汉水为天堑,西南以群山为天然屏障,再掘开城外东、南、西三面宽阔的人工护城河,形成两道防线御敌于城墙之外。襄阳古城并不以城墙高大著称,而以其宽阔的护城河闻名于世。宽达两三百米的护城河往往让进攻者望水兴叹,加上襄阳城外还有大量的子城、古堡、山寨,一起构成了牢固的防御体系,在冷兵器时代真正是固若金汤,难以攻克,成就了"铁打的襄阳"的美名。襄阳古城的军事防御体系对研究中国古城的军事功能具有独特的样本价值。历史时期在襄阳发生的多次战争塑造了襄阳古城"兵家必争之地"的城市意象,是襄阳古城重要的特色之一。

(三)襄阳古城是杰出的建筑艺术瑰宝

在城市物质环境中,建筑实体是最直接、最强烈地刺激人们感官的元素,也是城市特色的主要构成要素,这些历史建筑增加了环境的感情因素,是城市方位感的主要标志。襄阳古城历史悠久,建筑独特,是杰出的建筑艺术瑰宝,主要建筑有襄阳城墙、绿影壁、昭明台等,在建筑艺术上均有独到之处。

襄阳古城历史悠久,始筑于汉,历经水患兵燹,屡圮屡建,城墙初为土墙,宋时改建为砖墙,城门也由单一直出直进式改成屯兵式瓮城门。明初,湖广行省平章邓愈对古城进行扩建和维修时,为加强防御能力,使城北与汉水紧连,因而在东北角筑新城。据陈锷《襄阳府志》载:"凡周二千二百二十一丈七尺，得一十二里一百三步二尺，高二丈五尺，上阔一丈五尺，下倍之。垛堞四千二百一十，窝铺七十，门六，俱有月城，角楼各一，花楼十。城北汉为濠，计四百丈；东南西凿濠，共二千一百一十二丈三尺，阔二十九丈，深二丈五尺。"现存古城墙基本为明代墙体，城墙全长7377米，其中有护壁砖墙6408米，平均高度10.84米，最高处11米，最低处7米，底宽13～15米，顶宽6～11米。护城河全长5060米，最宽处250米，平均宽度180米，为我国第一宽护城河。

　　襄阳古城的城防体系设计精巧，科学合理，其中城池东北部的闸口设计独具匠心。明初邓愈将襄阳城向东扩展，在城东北角兴建新城，扩建了环城的护城河。该护城河"设二闸，水涸时，导之入濠以卫城；水涨，放之入汉以杜冲溢"。这是明代襄阳城最大的水利工程，在南渠设进水闸，在长门杨泗庙处设泄水闸，依靠这两道水闸管控着护城河的水位。这两道闸门设计巧妙，布局合理，施工精细，不仅在调节护城河水位、防洪、蓄水中发挥着重要作用，有效地解决了南渠洪灾隐患问题，还利用南渠之水保持护城河的水质不腐。从军事战略上看，作为襄阳护城河的泄水闸口，确保了护城河水常年保持在一定的水位，其设计融入了城池的军事防御体系，构成"铁打的襄阳"重要一环，体现了古人的智慧。与国内现存的古城相比，襄阳古城有我国最宽的护城河；以汉江作为北护城河，体现了师法自然的营造法式；护城河水由城西南襄水注入，由城东北流入汉江，体现了古人顺应自然的哲学观念；大北门和长门两座城门直通汉江，城门就是码头，能保证由水路向城内提供后勤补给，是古代城防的绝妙创举。

　　除襄阳城墙之外，昭明台、绿影壁、仲宣楼、谯楼、夫人城、荆州古治等建筑也各具魅力。以绿影壁为例，其位于襄阳古城东南隅，是明代襄阳王府门前的照壁，我国现存四大影壁之一，为我国第二大影壁。绿影壁高7.6米，宽26.2米，厚1.6米，系仿木结构，面阔3间，均以汉白玉镶边。中间刻有"二龙戏珠"，左右各刻巨龙飞舞于"海水流云"之间。四周边框精雕小龙64条，姿态各异。影壁造型庄重，雕刻华美，风格豪放，生动雄伟，是石刻中珍贵的艺术品之一。崇祯十四年（1641）王府被毁，而艺术珍品绿影壁却安然无恙幸存下来，至今已有560多年的历史。

　　正因为有如此众多杰出的建筑艺术瑰宝，襄阳古城才被列为国务院重点文物保护单位，成为研究襄阳乃至中国政治、经济、历史、文化的珍贵历史文物，具有无可比拟的文物价值。

（四）襄阳古城是难得的旅游观光胜地

襄阳古城"檀溪带其西，岘山亘其南"，集青山、绿水、碧湖、芳洲、古城为一体，天然之美和人文之美于一身，环境优美、风光秀丽，天然和人工布局精巧，具有陶冶情操、给人愉悦感的旅游价值，是宝贵的旅游资源。

襄阳古城拥有丰富的人文资源和自然景观。在这里，历史与自然珠联璧合，人文与山水相映生辉，其中堪称全国之最的就有华夏第一城池——襄阳古城池；中部地区最长的仿古步行街——襄阳北街；全国最完整的石质雕壁——绿影壁等。

"山水观形胜，襄阳美会稽"，襄阳古城周围山川秀美，大自然的鬼斧神工赋予汉江绚丽多彩的自然奇观和生态美景。素有"汉江明珠"之美誉的鱼梁洲自然条件得天独厚，它眺鹿门翡翠，望岘山峥嵘，与襄阳古城遥相辉映，与湖光山色融为一体，可谓都市绿心、天然氧吧。襄阳城南之岘山，林、泉、池、洞交相辉映，亭、阁、寺、观点缀其间，一步一景。古老的襄阳城雄踞汉水中游，远接川陕，近邻中州，历来为兵家必争之地。古朴典雅的城墙，宽阔秀美的护城河，堪称"华夏第一城池"。凭山之峻，据江之险，实谓"铁打的襄阳"。上下两千年，襄阳一直是群雄角逐的重要战场，襄阳古城是中国乃至世界重要的军事文化瑰宝，在历史长河的淘洗中，襄阳城虽历经百余次战事的考验，但至今古貌犹存，值得一观。军事重镇亦是人文荟萃之地，襄阳古城自古人杰地灵，人文景观荟萃。诸葛亮、孟浩然、米芾、刘秀等历史名人与襄阳古城结缘甚深，文、景、人相互交融，景以人得名，文以景传承，襄阳境内文人雅士隐居的故居、留存的诗词书画成为名人文化的主要载体，"名人文化寻踪游"是襄阳古城旅游的热门项目。

襄阳古城还具有独特的民俗风情，吸引着中外游客。襄阳位居汉江流域中游，是汉水经济、文化的中心，自古以来，一直是南北文化交融的轴心之一。汉江包举四荒、恢宏阔大的气概，铸就了襄阳兼容并蓄的民俗文化。襄阳人民世世代代在汉水边繁衍生息、劳动生活，创造了深深扎根于汉水文化的民俗风情，为历代文人骚客不断吟唱，也是吸引中外游客的重要内容。正因这些，襄阳市先后荣获"国家历史文化名城""中国十大魅力城市""中国优秀旅游城市"等称号，成为难得的旅游观光胜地。

二、襄阳古城的复兴之路

襄阳古城是襄阳获得历史文化名城称号的重要依据。古城池文化旅游开发，最重要的是古城池的完好度。襄阳古城是襄阳市重要的旅游、文化资源，强化古城的文化和旅游功能，是保持古城活力、发展城市经济的重要途径。通过古城恢复可展示完整的古城形象，通过恢复城门和对城河体系的整体保护，可深层次展示出襄阳古城重要的历史地位和深刻的文化内涵。

汉唐两代，襄阳城处于历史上的鼎盛时期。东汉献帝初平元年（190）刘表任荆州刺史，徙治所于襄阳，使襄阳从荆州南郡的边鄙小镇，一举成为大荆州的治所。当时的荆州，所辖地域包括今湖北、湖南两省以及河南南阳盆地和两广边缘地区，下领南郡、南阳、章陵、江夏、武陵、长沙、零陵、桂阳八郡。从初平元年（190）到建安十三年（208），刘表统治荆襄19年，把荆襄地区治理得经济繁荣、社会安定，成为乱世中的一片"绿洲"。《后汉书·刘表传》载，刘表在荆州，"爱民养士，从容自保"，"关西、兖、豫学士归者盖有千数，表安慰赈赡，皆得资全"。刘表的一系列举措使得荆州"万里肃清，群民悦服"；蔡邕《汉津赋》谓荆州首府襄阳"南援三州，北集京都，上控陇坻，下接江湖，导财运货，懋迁有无"，乃当时全国最繁华的10座城市之一。

唐代是我国封建经济的繁荣时期，水陆交通发达，以长安为中心，分天下为十道，史称"襄阳，荆鄂十道之要路"。从长安通向东南的驿路平线经过襄阳，沿路"皆有店肆，以供商旅"，唐代襄阳"往来行舟，夹岸停泊，千帆所聚，万商云集"，曾是中国历史上为数不多的大都会。唐代元和年间，襄阳是全国4个人口达10万户以上的州治所之一。唐代诗人张九龄描述："江汉间，州以十数，而襄阳为大，旧多三辅之家，今则一都之会。"唐玄宗时任山南东道节度使（治襄阳）掌书记的萧颖士在分析战争和漕运形势时说："官兵守潼关，财用急，必待江淮转饷乃足，饷道由汉沔，则襄阳乃今天下喉襟，一日不守，则大事去矣。"杜甫的诗句"即从巴峡穿巫峡，便下襄阳向洛阳"，白居易的诗句"下马襄阳郡，移舟汉阴驿"，生动描绘了襄阳"南船北马"、交通便利的繁荣景象。

明清时期的襄阳"商贾连檐，列肆殷盛，客至如林"，建有20多个商业会馆、30多个码头，商业辐射到黄河上下、长江南北。襄阳城在明清时，古建筑较为完整：六门城楼高耸，四方角楼稳峙，王粲楼、狮子楼、魁星楼点缀十里城郭，金瓦琉璃、高墙飞檐，蔚为壮观，整个城池和谐地融为一体，给人以古朴典雅的感受。目前的襄阳古城历史建筑遗存相对较少，历史风貌及格局遭到不同程度破坏，新修建筑风格、道路形态、绿化形象等与历史文化名城环境不协调，缺乏整体感、历史感。古城风貌保护与现代化建设的矛盾日益突出。

襄阳古城的复兴要大力进行古城环境风貌整治。按古城规划，逐步疏散人口，拆除六层以上建筑及开展古城保护区整治，使之具有古城文化特色。为此，应重点从以下六个方面开展工作。

（一）复兴古城格局

襄阳城始建于西汉初年，由樊城和襄阳两座古城隔岸对峙组成，穿城而过的汉江在城东北折而南流，雄浑的岘山横亘于城南，从空中俯瞰，这种山水格局恰似太极图中间的部分——阴阳鱼。中国古代建城很重视堪舆，讲究风水，城市选址要能够藏风聚气。南据岘山，北临汉江，由河流与山脉环抱而成的襄阳城是藏风聚气的风水宝地。襄阳古城布局"道法自然"，顺山形水势自然勾勒出的空间格局全国少有，是中国古代山水城市的典型代表。襄阳古城以汉江为濠，引襄水入城，创意独具匠心。襄阳古城建设所蕴含的生态智慧和文化价值，为当代中外城市规划大师所赞叹。中国古人对阴阳、风水的看法及其在襄阳城建设中的具体应用，充满诗意、浪漫的想象，使古城环境富有艺术魅力、人文精神。

历史上，襄阳形成了"南城北市"的城市格局，即汉江以北的樊城为商业中心，汉江以南的襄阳则为政治、文化中心。襄阳古城的复兴规划要坚守"南城北市"的格局，对古城内部及周边的房屋建筑要限制高度，避免把襄阳古城（池）和"十里青山"淹没在高楼大厦之中，保留天际线，建筑风格要与古城（池）风貌相协调。新开发的项目要布置在襄阳古城及其周边地区之外，使城市的历史特色得以完整保护。

襄阳古城内的街道基本呈棋盘状，东街、西街、南街、北街呈十字形，构成古城的中轴，围绕中轴开辟了多条基本平行的街巷（较长较宽者称为街，较短较窄者称为巷），如马王庙街、荆州街、铜鞮巷、鼓楼巷、绿影壁巷等。襄阳古城内的街巷有着深厚的文化底蕴，以铜鞮巷为例，该巷得名于梁武帝萧衍镇守襄阳期间的童谣。据《襄阳府志》载："铜鞮坊，在府城隍庙西，在郡城山南东道楼（即昭明台）左。楚人好唱《白铜鞮》，因以名坊。"据《隋唐》记载：萧衍镇守襄阳期间，有童谣曰："襄阳白铜蹄，反缚扬州儿。"听到这首童谣后，萧衍认为时机成熟，便招兵买马，起兵征讨昏君，一举攻占建康（今南京），登上帝位，应验了童谣之言。称帝以后，因为这首童谣为他称帝起到了"催化剂"的作用，便对该童谣进行改编，创作了新的乐府——《襄阳蹋铜蹄歌》。后来，大诗人李白在襄阳漫游时创作了《襄阳歌》，其中有"襄阳小儿齐拍手，拦街争唱《白铜鞮》"的诗句。可惜的是，如今的铜鞮巷历史风貌不再，仅仅余下一个名字。古城风貌复兴除了恢复街巷风貌外，还要深挖传统街巷的文化内涵，如可在街巷内设置导游牌介绍街巷历史文化，使游客直观感受到襄阳古城的厚重历史。

（二）复兴古城水系

襄阳古城以历史悠久、城高池深而著称，并以坚固而闻名。在历史上不仅是防御的有效堡垒，而且还多次力敌洪水的侵袭。人们还常赞美襄阳城固若金汤，易守难攻。除了城南环山这天然的屏障外，护城河也为襄阳起到了铜墙铁壁的作用。襄阳护城河内的宽度在130～250米之间，平均宽度在180米左右，比北京、开封、洛阳等城的护城河都要宽，是全国最宽的护城河。然而，历经千年风雨变幻，号称全国最宽的护城河，被拦腰切成数截，往日雄风难得一见。当务之急是对护城河南湖宾馆段、襄阳公园段进行改造。南湖宾馆水上和城脚下建筑、军分区招待所等建筑应予以拆除并扩宽河道，同时实施引水入城工程，就是将汉江活水引入襄水及护城河，沿着疏浚通畅的水体，结合滨水绿化空间建设城市绿道、湿地公园，打造滨水绿网，实现城市水网与绿网"二网合一"。目前，护城河主要是依靠夫人城泵站提水，河水渐渐清澈，但换水周期长，难以做到细水长流。汉江—南渠—护城河水系连通工程已经开工，按照规划，先在汉江万山段建补水泵站提汉江水，注入南渠干渠，并在护城河西南角连通，补充南渠和护城河用水。此外，实施南渠景观改造，包括抬升护城河桥梁、打通护城河游路等。届时，汉江水注入护城河，市民可泛舟一圈，一路赏景。

（三）复兴城墙及墙楼

襄阳古城的城墙对研究中国城墙军事和防卫功能具有独特的样本价值。襄阳城墙初筑于汉初，屡经整修，略呈方形。其东南隅有仲宣楼、魁星楼，西南隅有狮子楼，西北隅有夫人城。明洪武初年，卫国公邓俞守襄阳，在整修旧城的同时，将东北隅城垣扩展至江边，增辟二门（大北门、长门），连同原有四门，各建城楼一座。六个城门外各有瓮城，东、南、西三门的瓮城外另有子城，瓮城、子城外各设吊桥。城垣周长7600米，平均高8米，宽10米左右，用土层层夯筑，外用大块青砖垒砌。2001年6月25日，襄阳城墙作为明代古建筑，被国务院批准列入"全国重点文物保护单位"。襄阳古城墙历经千年风雨侵蚀，当务之急就是对残存的城墙加大保护力度，对损毁的城墙予以修复。

明清襄阳城共有六座城门，据明万历四年（1576）知县万振孙题额：东门曰"阳春"，南门曰"文昌"，西门曰"西成"，大北门曰"拱宸"，小北门曰"临汉"，东长门曰"震华"。如今各城门题额字迹均已消失。东城的阳春门、西城的西成门、南城的文昌门已毁，六座城门现仅存震华门（俗称长门）、拱宸门（俗称大北门）、临汉门（俗称小北门）三座，各城门之上原有门楼，现仅存一座始建于唐、重筑于清的重檐歇山式小北门城楼。为了恢复古城风貌，建议按原貌重建阳春、文昌、西成三座城门。

襄阳城垣除建有六座城门外，每座城门外又建有瓮城，城门上又建有城楼，使古城垣更显雄伟。仲宣楼又名王粲楼，王粲为东汉末文学家，"建安七子"之一，寓居襄阳时常同刘表登楼作赋，后人以其名命楼名。仲宣楼位于东南城角，始建年代无考，据《襄阳府志》记载，此楼毁于民国初年，其建筑结构不详。1993年襄阳市政府在重建时，参照了毁于抗日战争时期的邻近该楼的魁星楼建筑结构，如今重建的仲宣楼高17米，总面积650平方米，分为城墙、城台和主体楼三大部分。与黄鹤楼、晴川阁和岳阳楼并称"楚天四大名楼"。魁星楼位于东南城角，仲宣楼西侧，清顺治年间知府杜养性建，雍正年间重修，乾隆年间再修。楼高三层，六角形，碧绿琉璃瓦面，约清末圮。狮子楼位于西南城角，明洪武初年建，绘狮子于楼内壁上以示镇城，后改建三只石狮，各高丈许。崇祯十四年（1641），都御史王永祚重建襄阳城六门时，也将狮子楼修葺。乾隆年间楼已圮,仅存石狮,楼址外石碑亦仆倒于城上。抗日战争时,石狮被毁,石碑散失。

20世纪90年代初复建了城东南角上的仲宣楼。当前要按照史料记载在文昌门与仲宣楼之间按原貌重建"魁星楼",在西南城角上重建"狮子楼",以恢复古城墙的完整性。

(四)复兴街道及建筑

襄阳的古建筑年代久远,大多均已坍塌损毁。目前,襄阳古城建筑风格杂乱、建筑色彩多样,部分建筑体量较大,广告设置随意。襄阳古城复兴的关键是恢复古韵,在恢复重建中要按原建筑的比例、格局来制订修复方案,尽量在造型形式、应用材料和工艺处理上保持原有特性,使其"整旧如旧"。另外,在城墙以内应严格控制建筑风格、建筑高度、建筑体量和广告设置,保持古城内部风格的统一,重点复兴以下街道及建筑:要按照历史街区的模式整修襄阳北街,严格布局街道两旁的商铺,从匾额、门面装饰、经营产品类型、街道装饰、街道管理等方面进行整顿;要修复与昭明太子以及萧衍有关的景点,如铜鞮巷等;要重点宣传推介清代襄阳籍宰相单懋谦的单氏故居、单家祠堂,增加北街的文化内涵;在文昌门外重建"诸葛亮学业堂",并将其建成展示汉代学堂风貌的展览场所;要重点做好以绿影壁为代表的襄阳王府旅游策划和宣传,除了古城墙,明襄阳王府是襄阳古城内唯一的明代古建筑,价值非常巨大,目前需要重建襄阳王府内的部分殿宇和亭台楼阁。

襄阳古城风貌修复要进行古城特色街巷建设,逐步对古城内的绿影壁巷、铜鞮巷、鼓楼巷等古街巷按规划进行恢复,部分街巷限制机动车驶入,滨江大道作为旅游道路,仅对旅游车及本地观光公交车开放;北城墙区域内以步行道为主,城墙内侧环线为机动车道,外侧环线为步行道。远景规划,可在襄阳古城内按照朝代顺序,建设汉街、唐街、宋街、元街、明街、清街等街道,分别按照当时的建筑风格建造,参考开封宋街的开发模式,游客可在此穿当时衣、憩当时居、用当时家具、坐当时花轿、品当时菜肴、听当时丝竹,使游客在一城之内即可穿越千年历史。

（五）复兴风俗及文化

襄阳文化源远流长，有三千年的多彩历史，北方的中原文化和南方的荆楚文化在此交汇，这里既受到"文王化南国"的中原文化的熏陶，又受到"听歌知近楚"的南方文化风俗的深刻影响。襄阳古城风貌复兴要将风俗、文化的保护放到优先的地位，加强对非物质文化遗产的保护，复兴风俗及文化，以增加市民对襄阳的认同感，让古城在开发过程中有历史和文化的延续。

风俗方面，要重点恢复"穿天节"等民俗活动，将其打造成襄阳特有的文化品牌。"穿天节"是襄阳特有的节日和习俗，源于郑交甫遇汉水神女赠佩珠定情的美好传说。唐宋时期，每年正月二十一日，襄阳城里的百姓来到万山，在江边聚会，在沙滩上捡拾汉江中游特有的带孔窍的小石头，用丝线穿起来，佩戴在身上，以祈求吉祥幸福，整个节日充满浪漫的情趣。它集郊游、采石、交友于一体，体现了襄阳古老的民俗文化，展现了襄阳人追求美好爱情和幸福生活的精神风貌。2006年农历正月二十一日，在一批本土文化志愿者的倡议和组织下，古城襄阳举办了首届"穿天节"活动。经过近些年的举办，市民对穿天节的知晓度和参与度越来越高，保护本土文化遗产、"重拾襄阳穿天节"也逐渐融入襄阳人的文化理念。文化主管部门要支持与推动这一活动，组织专家学者对穿天节进行深入研究和挖掘，让穿天节成为襄阳的民俗品牌和文化品牌，这既是弘扬汉水文化的有效手段，也是增强襄阳市民文化自豪感和文化凝聚力的现实选择。

（六）复兴功能及旅游

襄阳古城是襄阳先民生产生活的重要场所，襄阳古城风貌修复要首先复兴生产生活功能，重现市井风貌。可在北街开辟襄阳民俗文化园，全面展示襄阳民俗文化；开辟襄阳小吃一条街，全面展示襄阳饮食文化。襄阳饮食文化源远流长，目前，本帮菜基本失去了文化特色，没有美食，名城的称号大打折扣。我们要将美食与文化相结合，发掘本帮菜的做法，继承发扬襄阳的饮食文化。

襄阳古城是古代军事防御体系的杰作。中国古代的城池主要有三大功能：一是政治等级的象征；二是军事防御的堡垒；三是经济文化的中心。放眼中国古代史，绝大部分古城并未充分发挥军事防御的功能，仅仅是政治、经济中心的象征。而襄阳古城是为数不多的将军事防御功能发挥到极致的古城。我们要充分复兴襄阳古城这一突出功能，在城墙、城门楼修复后，要恢复重建吊桥、炮台、攻城车、云梯、弩箭等攻城、守城武器设施，配以攻城、守城雕塑，文字讲解等，完整展示中国古代城市防御体系及攻守场景，使游客对中国古代城市防御体系及攻守场景有直观、深刻的认识。

三、襄阳古城的复兴愿景

（一）重构古城之形

1. 点、线、面之形

复兴后的襄阳古城以地标性建筑物为点，以历史街区为线，以城池为面，将形成点、线、面结合的完整体系。昭明台、仲宣楼以及城门楼拔地而起，构成古城平面的几个制高点；城墙环绕，街巷纵横，线条流畅而明快；以南街、北街、东街、西街为界，古城被划分为四大区域，各具特色。

2. 宏观与微观之形

复兴后的襄阳古城，六门城楼高耸，四方角楼稳峙，王粲楼、狮子楼、魁星楼缀十里城垣，与昭明台、谯楼相映生辉，古城与北面的汉水、南面的岘山和谐地融为一体，恢宏大气。相映成趣的水系、桥梁，错落有致的宫殿、宅邸、寺庙，小桥流水般的景观凝固在古城之中，小巧可爱。

3. 外观与内景之形

复兴后的襄阳古城，既有恢宏的外观，又有精致的内景，既可远观，又可近赏。立于岘山之巅俯视，古城布局严整，城高池阔，街巷纵横；立于昭明台上远观，但见城墙环绕，遍插旌旗。小北门城楼耸立城头，重檐九脊，状极雄浑，近城街市，古貌盎然。登楼远眺，北有汉江滔滔，碧波萦带；南望岘山，岗峦连绵，城郭街市尽收眼底；西南岘山如屏，群峰列峙，一揽天然之胜。

（二）重塑古城之韵

1. 山、水、城之韵

襄阳古城依山傍水，东有孟浩然隐居的鹿门山相依，南有李白、杜甫、王维等唐代著名诗人登临的岘山、羊祜山等群山拥抱，西有诸葛亮隐居的隆中山相伴，20余座山峰连绵起伏，层峦叠翠。"十里青山半入城，一江碧水穿城过"，既依山傍水，又显山露水，实现了山、水、城的有机融合。令人"不下堂筵"便可以"坐穷泉壑"，"不出城郭而获山水之怡，身居闹市而有林泉之致"，它不仅是城市中的自然山林，更为人们提供了精神栖息的家园。

2. 亭、台、楼、阁之韵

复兴后的襄阳古城，亭台楼阁各展风姿、相映成趣。岘首亭雄踞岘山之巅，桃林亭挺立汉水之滨，昭明台占据城市中心，城门楼高耸入云，亭台楼阁等建筑物坐落在奇山秀水间，古朴厚重的景观凝固在古城之中，点缀出一幅幅富有诗情画意的美景。

3. 亦文、亦武、亦商之韵

襄阳古城是一座文化之城，从这里走出的一大批名人，深刻地影响了中国古代政治与文化格局。诸葛亮求学于斯，王粲旅居于斯，道安布道于斯。唐代诗人孟浩然自称孟襄阳，宋代书画大师米芾自称米襄阳，开创了人以城荣、城以人辉的先河。诗仙李白钟情于襄阳，多次来此小住，留下了《襄阳歌》等数十首诗篇。白居易在襄阳长大，襄阳情结一生不能释怀。杜甫、王维、柳宗元、杜牧、苏轼等数百位唐宋诗词大家在襄阳流连忘返，用他们的诗和词共同赞美这座城。

襄阳古城是一座军事重镇，据史料记载，历史上曾有172次有名的战争发生在襄阳。其中，宋元大战旷日持久，长达六年，使"铁打的襄阳"之称名噪海内外。"以天下言之，则重在襄阳"；"兵家必争之地，天下之腰膂"，描述了襄阳军事战略地位的重要。

襄阳古城是一座商业名城，素有"南船北马、七省通衢"之称，是汉水流域最重要的水陆码头，商业文明延绵两千多年。历史上的襄阳"南援三州，北集京都，上控陇坻，下接江湖"，"往来行舟，夹岸停泊，千帆所聚，万商云集"，成为"商家必争之地"。

（三）重现古城之美

1. 古朴典雅之美

复兴后的襄阳古城，将展现出古朴典雅之美。漫步于汉江之畔，遥望穿城碧水，极目如黛远山，感受这凭山之峻、据江之险的十里风光，拾级登上屹立千年的襄阳城楼，感受"楚山横地出，汉水接天回"的恢宏气势。插上帅旗的古城楼、金戈铁马的古战场、气势恢宏的钟鼓楼、人流如织的北街，一派古城风光。

2. 雄伟险峻之美

襄阳城据山临水，大气雄浑，岘山横绝峥嵘，襄阳古城以此为背景，雄关耸立，城楼高峙，显得雄浑宏壮。古城墙斑斑驳驳，临汉门城楼高耸，殿楼稳峙，重檐九脊，状极雄浑，给人以古朴凝重的感受。唐人王维《汉江临眺》："楚塞三湘接，荆门九派通。江流天地外，山色有无中。"把襄阳山川景物描绘得雄浑壮阔。明人李言恭赞叹襄阳城"楼阁依山出，城高逼太空"，高度概括了襄阳古城的雄浑险峻。

3. 婉约灵秀之美

襄阳城依山傍水，风光秀美。汉水似玉带环绕东北，碧波澄澈，倒映着临汉门的城楼，岘山像翠屏耸峙西南，号称"城湖"的护城河如玉璧一般与清澈的南渠一起点缀其间，河岸蜿蜒、绿柳如烟，清风过处、水光潋滟，整个古城显得格外秀美。绕城泛舟而游，但见城垣高筑、垛堞处处；垂柳掩映、灌木葱茏，仿佛置身于画中，美不胜收。襄阳诗人孟浩然在《登望楚山最高顶》一诗中由衷赞叹："山水观形胜，襄阳美会稽。"认为襄阳的形胜丝毫不亚于以风光秀美而闻名的会稽，给予襄阳风光极高评价。

总之，拥有2800年历史的襄阳古城是襄阳作为历史文化名城的主要依据，是"铁打的襄阳"的主要见证，是三国文化与汉水文化的重要载体。做好古城文化风貌复兴工作是襄阳古城的一次重生，对襄阳经济社会发展具有深远的意义。风貌复兴后的襄阳古城，作为承载襄阳历史文化的有形载体，在旅游产业发展中将发挥核心引领作用，彰显国家级历史文化名城的特色与风采。

参考文献：

[1]（汉）班固：《汉书·地理志》，中华书局1962年版。

[2] 严耕望：《唐代交通图考·山剑滇黔区》，上海古籍出版社2007年版。

[3]（南朝宋）范晔：《后汉书·刘表传》，中华书局1965年版。

[4]（唐）欧阳询编纂：《艺文类聚·汉津赋》，上海古籍出版社1998年版。

[5]（唐）张九龄撰，熊飞校注：《张九龄集校注》，中华书局2008年版。

[6]（后晋）刘昫：《旧唐书·萧颖士传》，中华书局1975年版。

[7]（清）彭定求编：《全唐诗》，中华书局1999年版。

[8]（宋）王象之：《舆地纪胜》，广陵古籍刻印社1991年版。

[9]（宋）庄季裕：《鸡肋编》，商务印书馆1920年版。

[10]（北魏）郦道元著，杨守敬疏：《水经注疏·沔水》，江苏古籍出版社1989年版。

以汉水文化塑襄阳之城
——襄阳建设汉水文化名城研究

高新伟

内容提要：襄阳位于汉江中游和南襄盆地的十字交叉处，拥有丰富的汉水文化资源。以汉水文化为引领，襄阳可以打造三大城市品牌，即以襄阳城和老樊城为主体，构建"汉水文化风貌保护区"；以"一江两岸"为平台，构建"汉水文化风情展示区"；以鱼梁洲为中心，构建"汉水文化传承创新区"。通过汉水文化品牌的构建，塑造具有襄阳特色的"汉江古镇""汉江商埠""汉江明珠""汉江唱晚"四大城市印象。

襄阳位于汉江中游和南襄盆地的十字交叉处。与汉江流域其他城市相比，襄阳处在南襄盆地的纵向轴线上，可以沟通南北；与南襄盆地的其他城市相比，襄阳处在汉江干流上，可以连接东西。襄阳是沟通南北东西的要道，是汉江流域经济文化交融的枢纽，这种区位优势使得襄阳在汉水文化的形成和发展中占据重要的地位。襄阳有着丰富的汉水文化资源，以汉水文化塑襄阳之城，必将彰显襄阳城市的文化特色，把襄阳打造成为汉水文化名城。

一、汉水文化之襄阳地位

汉水文化是汉江流域的人民创造出来的历史文化，是荆楚文化、中原文化、关陇文化、巴蜀文化四大区域文化的交融节点。时下学界认为汉水文化精华包括炎帝文化、荆楚文化、汉代文化、三国文化、道教文化等。襄阳在汉水文化的形成和发展中占据重要地位。

（一）襄阳是汉水文化形成的重要节点

历史文化发展到某一时段或者传播到某一地点时，往往会发生重大的飞跃，这种飞跃就是历史文化发展的重要节点。襄阳在汉水文化形成发展的过程中多次起到节点的作用，这表现为汉水文化的一部分精华起源于襄阳，如襄阳是三国文化的源头，司马徽荐诸葛、刘备三顾茅庐、诸葛亮"隆中对"揭开了三国历史文化的序幕。还有一些虽然不是发生于襄阳，但却兴盛于襄阳，例如炎帝部落原本兴起于北方的陕西省宝鸡市境内的姜水，后来却成为南方文化的代表，与北方的黄帝文化相呼应，其南传的跳板就是汉江流域。虽然炎帝部落最先是由褒斜道进入汉江流域的上游——汉中地区，但其强大兴盛却是在汉江中游的谷城、神农架，乃至随州。再如，楚人祖先源于北方黄河流域的祝融部落，是华夏族的一支，虽然南迁时最先到达汉江上游的淅川一带，但直至发展到汉江中游的保康、南漳、宜城才强盛起来。

（二）襄阳是汉水文化交融的中心枢纽

文化繁荣的地区往往是交通便利、商贸繁华的地方。襄阳地处汉江中游、南襄盆地的南段，是沟通南北东西的要道，是汉江流域经济文化交融的枢纽。枣阳雕龙碑遗址已发掘的文化遗存分早中晚三期，早中期较大程度上受到黄河文明和长江文明的影响，晚期则在融合南北文化的基础上经过自身创造产生了一些不同于其他新石器时代的文化因素，形成独具特色的新文化类型。春秋时期，楚人在汉江以南发展起来，为防止楚人向北扩张，周王室在汉江以北分封诸侯国，在襄阳境内，江北有邓国，江南楚人迁都于宜城，以姬姓方国所代表的中原文化与楚文化交汇融合。《诗经》是北方文学的代表，《楚辞》是南方文学的代表，《诗经》中的《周南》《召南》大多数篇章是反映汉江流域的诗篇，屈原第一次被放逐之地就是汉北，屈原之后著名的辞赋家宋玉是襄阳人，南北文学在襄阳交汇融合，由此可见一斑。襄阳是汉水文化交汇融合的枢纽，是汉水文化与其他流域文化交流的通道之一。

（三）襄阳是汉水文化精华的集聚高地

学界公认的汉水文化精华，如荆楚文化、汉代文化、三国文化、道教文化，在襄阳历史上都得到了集中体现。楚国立国八百年,其中在襄阳境内建立政治经济文化中心的时间持续了500多年,楚人在荆山筚路蓝缕,卞和为追求真理而献身,宋玉文采风流,伍子胥为父报仇,至今都有遗址遗迹可寻。东汉的开国皇帝、开创"光武中兴"局面、被誉为"中国十大明君"之一的刘秀即为襄阳枣阳人。襄阳既是三分天下策略的策源地,又是晋伐吴统一天下的战略基地、指挥中心。在武当系列宫观中,襄阳真武山的地位仅次于武当太和宫。太和宫在古代是专供皇帝和宫廷要员朝圣的地方,其地位是其他宫观无法比拟的,但真武山道观在古代是"朝太和上奏表"的地方,也就是说,朝太和宫必先朝真武山,这个地位是其他道观所不具备的。

(四)襄阳是汉水文化保护的典型区域

世界范围内,不少地域文化,虽然在历史上很繁盛,但在后来却被破坏割裂,传承甚少,以至于淹没在历史文献中。历史上的襄阳,汉水文化发展繁盛、精华荟萃;如今的襄阳,依然拥有丰富的汉水文化资源,汉水文化在襄阳得到了较好传承。襄阳城是汉江流域唯一保存完整的古城池。樊城是著名的汉江商埠,是汉江流域经济史的活化石,至今保存着众多的老街巷、老会馆、老码头。襄阳是一个文物大市,据统计,襄阳市已确认的不可移动文物数量达4052处,全国重点文物保护单位15处,湖北省文物保护单位100处。襄阳共有8个项目被列入国家级非物质文化遗产名录,23个项目被列入省级非物质文化遗产名录。襄阳是汉水文化保护的典型区域。

(五)襄阳是汉水文化发展的核心引擎

襄阳的文化建设起步早,抢占了先机。襄阳市提出了"文化襄阳"概念,即率先发展地域文化和文化产业。目前,襄阳拥有的文化方面的国字牌有国家历史文化名城、中国优秀旅游城市、中国魅力城市、三国文化之乡、中国书法名城,等等。襄阳是汉江流域经济文化交汇中心,文化建设有着独特的区位优势。襄阳是汉江流域最大的城市(除武汉)、湖北省第二大城市、省域副中心城市,经济总量强,为文化发展提供了基础。由此可见,襄阳在汉水文化发展方面有着较强的辐射力和带动作用。

二、汉水文化之襄阳品牌

襄阳在汉水文化的形成和发展中占据重要的地位。襄阳有着丰厚的汉水文化积淀，可借助汉水文化打造襄阳城市的文化品牌，而这也正是襄阳在汉水文化发展中继续保持优势，在汉水文化发展中发挥引擎作用的重要途径。

（一）构建汉水文化风貌保护区

构建汉水文化风貌保护区，就是依托襄阳城和樊城的国家级与省级文物保护单位，根据其文化内涵与空间布局，划定出若干历史文化风貌保护区，通过法规建设，加强保护与开发，使襄阳城和樊城成为汉水文化的精彩体现和保护典范区，成为人们认识了解汉江流域军事、政治、教育、文化、商贸的窗口。

1. 构建襄阳古城历史文化风貌保护区

襄阳城是近三千年历史馈赠给襄阳人的一份厚礼，是汉江流域唯一保存完整的古城池。构建襄阳古城历史文化风貌保护区，就是要保护襄阳城的古城池、古建筑、古街市，保护其汉江古镇的古风遗韵。

（1）古城池保护区

依托全国重点文物保护单位襄阳城墙，以城墙、城门、城楼、瓮城、护城河为元素，揭示其建筑特色、军事功能和"铁打的襄阳"的文化内涵。保护好现存的城墙，修复毁坏的城墙，将城墙连接起来。保护好小北门城楼和长门城楼，修复东、南、西三座城门楼。保护好大北门瓮城，修复东、南、西三座城门的瓮城。合理规划襄阳公园一带的水道，拆除西南护城河中的建筑，抬高东、南、西门护城河上的拱桥，疏通护城河。通过古城复兴工程，恢复襄阳古城池的历史原貌。

（2）古街市保护区

现阶段可将北街和古治街划定为历史文化街区，保护其历史风貌，复活其街市功能，将其打造成了解明清时期汉水流域市井文化的窗口。整治北街，严格布局北街街道两旁的商铺，从匾额、门面装饰、经营产品类型、街道装饰、街道管理等方面进行整顿，重点宣传推介明代襄阳籍状元任亨泰的旧居和清代襄阳籍宰相单懋谦的单氏故居、单家祠堂，做足名人文化，增加北街的文化内涵。整治古治街门店，开辟民俗工作室或民俗游乐园，展示民俗风情、传统技艺、地方小吃。

（3）古建筑保护区

依托全国重点文物保护单位襄阳王府绿影壁、市级文物保护单位襄阳学宫大成殿及仿古建筑仲宣楼、昭明台，突出其行政功能和教育文化特色。保护襄阳王府、谯楼等现有建筑，复建府、县两级衙门，突出襄阳古城的行政中心地位。保护好大成殿、昭明台、仲宣楼，复建闻喜亭、孟亭、文庙等建筑，彰显襄阳城的教育特色和文化特色。通过这些建筑来诠释汉江流域的行政、教育文化特色。

2.构建老樊城历史文化风貌保护区

樊城是著名的汉江古商埠，有"小汉口"之称，其众多的老街巷、老字号、老会馆、老码头都是老商埠繁华历史的见证。构建老樊城历史文化风貌保护区，就是要保护老城门、老街巷、老会馆、老码头，将其打造成窥视汉江经济史和汉江会馆文化、码头风情的窗口。

（1）老城门保护区

依托全国重点文物保护单位米公祠，市级文物保护单位樊城城墙遗址（柜子城、定中门、屏襄门）和水星台，勾勒出老樊城的轮廓。保护好现存文物和已有建筑，适时修复迎旭门、朝圣门、朝觐门，将樊城江堤改造成城墙垛口的造型，勾勒出老樊城的天际线。

（2）老街巷保护区

老樊城有九街十八巷，大都以行业命名，老街上有很多老字号，这些都是樊城商贸繁荣的产物。设立老街巷历史文化风貌保护区，就是要依托国家级历史文化街区陈老巷，依托市级文物保护单位马中记花行、宋家鱼铺，兼顾其他街巷和老商铺，在旧城改造过程中，注重保护历史文化街区和古建筑，在发展地方特产和开发旅游商品的时候，着重发掘老字号，使更多的老字号重新焕发出勃勃生机，让老街区、老商埠的繁华景象和世俗风情活起来。

（3）老会馆保护区

樊城的会馆始建于明末清初，在清末达到繁盛。鄂、川、豫、赣、陕、晋、皖、湘、苏、浙、闽11个省和有些行帮相继在樊城建起了21座会馆，现存的有省级文物保护单位抚州会馆、山陕会馆、黄州会馆、小江西会馆、中州会馆，市级文物保护单位江苏会馆。建设老会馆历史文化风貌保护区，就是要加大会馆保护力度，恢复昔日会馆风采，使之成为认识汉江流域商贸历史的珍贵化石。

（4）老码头保护区

码头是商贸繁盛的又一体现，据同治《襄阳县志》载，樊城有码头22个，沿汉江岸边一字摆开。现在码头依然存在，并集体被列为市级文物保护单位。设立老码头历史文化风貌保护区，就是要保护好现有码头牌楼，修复损毁的码头牌楼，改造码头设施，让码头重现历史风貌。同时，提升其航运能力，增加游船，让码头活起来，使其成为展示汉江流域码头文化、商贸文化的窗口。

（二）构建汉水文化风情展示区

襄阳城区碧绿澄澈的汉江、宽敞靓丽的沿江大道、立体画廊似的建筑廊道、古朴雄伟的人文景观，吸引着广大市民和游客前来休憩观赏。构建汉水文化风情展示区，就是以"一江两岸"为平台，通过有效组织，集中展示襄阳的传统舞蹈、传统音乐、民间文学、民间技艺等非遗项目和其他具有地方特色的文艺节目，使"一江两岸"成为人们认识、了解汉江风情的大舞台。

1. 开发汉江休闲游项目

关于汉江休闲游开发线路，初期可上起万山，下至习家池，江上开通定时航班，沿江开通观光游览车。游客在万山游览万山公园，聆听汉江神女传说，体验穿天节民俗，然后乘船（车）而下，参观真武山、马跃檀溪遗址、宋代摩崖石刻，接着乘船（车）至夫人城码头，游览夫人城、古城墙、临汉门、大北门，再乘船渡江参观米公祠，然后乘船（车）游览长门遗址、庞公祠，最后抵达习家池附近码头，游览观音阁、岘首亭、羊杜祠、堕泪碑、杜甫墓、王叔和墓、习家池、谷隐寺、孟浩然故居。用游船和观光车串起沿江的人文景点，游客可以在船（车）上观"一江两岸"的风光，还可以下船（车）与沿江景点亲密接触。

2. 开发汉江夜游项目

襄阳"一江两岸"在夜晚呈现出别样的魅力，应该积极开发汉江夜游项目。夜游汉江不能只是在江上转圈，内容要丰富多彩，让游客在观看两岸美景的同时，听导游讲解襄阳汉水文化的魅力。要在船上融入汉水风情表演，展示襄阳的传统音乐和戏曲，展示襄阳的非遗项目。汉江夜游是彰显襄阳汉水文化的又一舞台，其本身就是一个文化旅游项目。

3. 开发水上竞技项目

端午龙舟赛也是襄阳重要的民俗，历史悠久。襄阳市从2010年起恢复举办端午节龙舟大赛，参赛人数一届比一届多，举办层次一届比一届高，这是一种文化和民俗的传承，也是展示汉水文化民俗的一道风景线。襄阳的赛艇项目在全国有名，并向国家输送了众多赛艇运动员。襄阳籍的运动员多次在奥运会、亚运会和世锦赛上夺得奖牌，应该积极推广赛艇运动，使赛艇运动大众化，成为襄阳汉江上鼓动的热潮。襄阳人的游泳热情高，冬泳运动和冬泳协会在全国的名气越来越大。襄阳应该进一步利用好一江清水，发展更多的文体运动，借机展示汉水文化。

4. 开发文化风情展示项目

不仅一江碧水可以作为展示汉江风情的大舞台，而且两岸宽敞亮丽的沿江大道和古朴厚重的古街老巷也可以作为展示汉江风情的大舞台。依托一桥和二桥之间的樊城沿江大道、襄城滨江大道和沿江古街老巷，展示民俗文化。初期可在公众假日的傍晚到晚十点左右（待形成气候后可考虑常态化），两岸"摆摊设点"，展示襄阳的民间技艺、戏曲舞蹈、书画艺术、民俗风情等非遗项目或特色文艺节目，以此来丰富襄阳人的生活，向八方来客展示襄阳风情。在北街（仿古一条街）、荆州北街（古治街）、友谊街、陈老巷等历史文化街区，开辟民俗工作室、民俗园区，由非遗继承人或民间艺人展示传统美术老河口木版年画、龙凤书、襄阳面塑，传统技艺石花奎面制作技艺、襄阳大头菜腌制技艺、土纸制作工艺，传统杂技卧龙吴氏舞狮，等等。这些工作室既向游客展示制作过程，又向游客出售产品。在沿江门面，或向城内延伸的街巷规划出旅游商品一条街、小吃一条街，集中推介襄阳特色的旅游商品和地方美食风味，发掘老字号、老商铺，推动商贸发展，从而恢复古街老巷的市井功能，让古街老巷活起来。

（三）构建汉水文化传承创新区

构建历史文化风貌保护区是立足于文物古迹的保护与利用，构建汉水文化风情展示区是立足于非遗项目和地方民俗的发掘与展示，而构建汉水文化传承创新区则是立足于现代文化项目的开发建设。鱼梁洲是洲岛型文化旅游开发区，自然资源、文化底蕴、区位优势得天独厚，具备打造汉水文化传承创新区的基础。在鱼梁洲构建汉水文化传承创新区，即以鱼梁洲为中心，建设十大汉水文化项目。

1. 汉水文化广场

打造汉江流域第一广场，不仅面积要大，而且要特色鲜明。广场空间要层次丰富，建筑物要造型优美，通过对软环境（树木、水体、草皮）及硬环境（建筑物）的生态设计，创造出绿色开放空间，使自然与人工有机联系，使其成为游客集散、休闲娱乐、观赏游憩及文化休闲的主要场所。

2. 汉水文化博物馆

该项目旨在建设第一个集中展示汉水文化的博物馆，也是汉江历史博物馆、汉江艺术博物馆。博物馆的建筑要新颖别致，融入汉水文化元素，博物馆内要对汉江流域各地的文物考古、民间艺术、医药科学、铸造技术、纺织技术、陶器技术、漆器技术等做专题性展示。

3. 汉水生态文化馆

汉水生态文化馆以汉江的地形、地貌特征为基调，以自然界的生态系统为依托，向参观者展示"人与自然和谐共处"的时代主题。生态馆内容可分为若干板块：影像馆播放关于汉江流域动植物的自然生态影像资料；生态馆展示汉江流域动植物的标本；乡土馆展现汉江流域旧时自然面貌；环境馆介绍汉江水质保护和资源再利用的科学知识；展望台展望汉江流域全景。

4. 汉江民俗文化馆

汉江民俗文化馆可以以清朝以来的生活历史为主轴，以动态的形式呈现汉江流域原住居民的生活风貌、建筑、日常生活用品、风俗习惯等文化民俗。民俗馆主要由四个单体组成：美食馆展示汉江流域的饮食习惯和烹调技艺；服饰馆展示汉江流域的典型服饰；生活馆复现百年前各阶层的生活；娱乐馆展示汉江流域多姿多彩的娱乐方式。静态的以文物方式展示，动态的以讲演方式展示。

5. 汉江历史名人馆

汉江流域涌现了诸多历史名人，汉江历史名人馆就是采用高科技影像技术，如裸眼3D技术、幻影成像技术、雕塑、名人作品、蜡像、油画等展示手法，生动形象地展现历史名人的生平事迹，以及汉江流域数千年来的风云际会、历史变迁。

6. 汉水文化体验馆

汉水文化体验馆重在给游客提供一个参与互动的场所，通过虚拟手段制造仿真场景，让游客参与其中，在听、看、触等感官刺激下，直观感受汉水文化。该项目致力于文化的产品化、体验化、普及化，探寻汉江文化资源产品转化的无限可能性。

7. 汉水文化永久性论坛

论坛主要由若干个单元组成：汉水文化研究中心、汉水文化讲堂、中国汉水文化论坛、国际流域文化论坛、汉水文化旅游节等，由此打造以江河文化为主题的学术研究与交流的高端论坛。

8. 汉水文化艺术品交易中心

该项目旨在打造汉水文化艺术品交易中心，加强文化艺术交流，拓宽艺术品投资交易渠道，带动拍卖、艺术品交易，带动文化艺术产品、文化旅游产品、会展业等整个产业链的发展。

9. 汉水文化科技产业园区

汉水文化科技产业园区通过设置有效的企业集聚机制，打造适宜各类文化创意产业生存和发展的"文化生态链"，为园区文化企业的成长壮大、品牌的塑造创造良好环境，以此建设成为汉水文化与旅游、科技融合发展的示范基地。

10. 汉江民俗文化歌舞剧

该项目以汉水和森林为演出舞台，以汉江文化、民俗为主要内容，将舞台搬到开阔的大自然中，借助高科技和现代化的技术手段，分层次演绎襄阳历史上规模宏大的战争、文化、民俗等场面，唤起游客对襄阳历史文化名城的回忆，展现一幅幅精巧别致、美轮美奂的汉水文化风情画卷。

三、汉水文化之襄阳印象

构建襄阳的汉水文化品牌，无疑有利于巩固襄阳在汉水文化发展中的优势地位和带动作用，有利于塑造襄阳独具特色的城市印象，把襄阳打造成为汉水文化名城。

（一）汉江古镇之印象

以汉水文化塑造襄阳城市印象，首先应以襄阳城为主体，打造"汉江古镇"之印象，展示其独特的风姿与神韵。

1. 风水典范

襄阳城延绵两千多年，既没有荒废，也没有异地重建，实为风水宝地。汉江自西向东，在襄阳来了一个90度的大转弯折向南流，襄阳城正好处于这个弯曲之处，"河水之弯曲乃龙气之象也"（清代吴鼒《阳宅撮要》）。唐白河自北向南，在襄阳注入汉江。古人云："水之所交，山之所会，此龙之止处也。"（《地理琢玉斧》），襄阳城正好处在龙脉止处，是龙气聚集之地。在风水学中，西北的乾方为天门，东南的巽方为地户，水的最佳流向应该是从西北的天门流入，从东南的地户流出，否则就要通过建塔、修庙等方式予以整治，汉江水正好从襄阳城的西北流入，从东南流出，根本不用人为整治。古人建宅强调负阴抱阳，即背山面水，所背之山中最好有主峰耸峙，左右有次峰或冈阜辅弼（风水中称为"砂"），山上还要保持丰茂植被覆盖。襄阳城西南一抹青山，层峦叠嶂，自古有上、中、下三岘之说，正合风水学山环水抱、负阴抱阳的要求。襄阳城的选址堪称古代风水学的典范。

2. 军事要塞

襄阳城北临汉水天堑，南依岘山屏障，扼汉江咽喉，控荆襄要道，借自然山水之势，成军事要塞。襄阳城的城墙高大坚固，外包青砖，内夯实土，城楼高耸，配以瓮城，坚不可摧。襄阳城的城门设计巧妙，瓮城和城楼是古代城门的标配，而襄阳城有一座匠心独具的城门，那就是震华门，老百姓们叫它长门，因为这座城门的门洞有五六十米长，长长的门洞增强了防御性。襄阳城的护城河宽阔壮观，默默护卫着古城的安全。襄阳城的不朽神话除了它城坚池宽的功劳之外，还有汉江与西南诸山的卓越贡献。汉江是襄阳城的生命线，可以运兵运粮，这正是历史上襄阳城久围不绝、屡攻不下的重要原因之一；西南诸山是襄阳城的外围战场，藏兵于山林，往往能出奇制胜。山、水、城珠联璧合，不仅描绘出秀美的风景，也演绎出固若金汤的神话。

3. 人文渊薮

襄阳这座见证过诸多刀光剑影的军事重镇，也不乏风雅流韵。历代文人墨客驻足于此,留下许多文采华章和风流韵事,现存的大成殿、昭明台、孟亭、仲宣楼等古建筑,都彰显着文化渊薮的历史传承。仲宣楼耸立在襄阳城墙上,高大雄伟、飞檐画栋、墨色生香;楼下护城河,水面宽阔、碧波荡漾、绿树环湖,不论是夕阳西下,还是白雪皑皑,碧波涟漪、厚重城墙、高大楼宇、黛绿远山,都能汇聚成一幅精致的水彩画。与仲宣楼雄踞城墙之上的高大雄伟不同,昭明台端居在襄阳城的正中心,彰显着唯我独尊的大气。在襄阳城规划建设中,要求城墙内的建筑不能超过昭明台,若登上昭明台环顾四周,尤其是向北远望临汉门,有一种君临城上、一览众楼小的感觉。

(二)汉江商埠之印象

襄、樊二城夹江而峙,但与襄阳城不同,樊城是古商埠、码头林立、帆樯如云、商铺满街、会馆扎堆,行商比肩接踵,直到如今,襄、樊二城依然保持着南城北市的格局。因此,作为汉江重镇的樊城,理应打造成"汉江商埠"之印象,以彰显其商贸文化之特色。

1. 千年古渡

历史上的樊城,向南可以乘船沿汉江抵达武汉,再沿长江可达江浙,沿湘江可达岭南;向北可以骑马沿官道抵达洛阳,进而北上燕赵大地,也可以经南阳向西,越武关进入关中,故而有"南船北马"之说。老樊城航运发达,沿江二十余个码头延绵数里长,上通安康、下达汉口。过去,码头上帆樯林立、号声震天、人流如潮、货积如山。2007年湖北省政府正式批准《襄樊港口总体规划》,汉江襄阳港被定位为国家"西煤东调、北煤南运"的主要中转港口,成为汉江中、上游广大地区物资交流的一个重要节点和平台。现今襄阳市交通枢纽都在樊城,樊城这座千年古渡在新时期依然保持着"通江达海"的交通优势。

2. 繁华商埠

老樊城有九街十八巷,老街巷大都以行业或商品特色命名,如皮坊街上有十几家制皮革作坊;瓷器街以经营瓷器而得名;炮铺街开设了十多家大大小小的鞭炮作坊;机坊街以铁木机器织布为主;铁匠街有很多铁匠铺。老樊城商铺林立、商贾云集,直到1933年,还有2000多家商铺。老樊城涌现了一大批声名远播的老字号,如彭元昌绸缎庄、正兴和酱园、和隆制皂厂、章记盐行、宝庆银楼、熊临丰中药店,等等。会馆是樊城作为繁华商埠的又一体现,樊城的会馆始建于明末清初,在清末达到繁盛。这些均为樊城商埠的历史缩影。

3. 时尚之都

襄阳城的特色在于古朴典雅,而樊城的特色在于时尚动感。为了凸显古建筑的魅力,襄阳城的现代建筑都控制着高度,街道也较为内敛,而樊城则不同,高楼大厦林立,不断地刷新襄阳高层建筑的记录。襄阳的大型购物中心、娱乐广场、特色商品市场、高档酒店也大都分布在樊城。宽阔的街道、高耸的楼房、便利的交通、繁华的商贸、靓丽的广场、时尚的餐饮,无不显示着这座时尚之都的魅力。

(三)汉江明珠之印象

鱼梁洲是汉江中的一个洲岛,支撑着"一心四城"之城市布局。以汉水文化构建城市印象,无疑不可缺少"汉江明珠"之印象。

1. 碧水蓝天

鱼梁洲的自然环境优越,碧水、蓝天、绿树、沙滩是其特色。鱼梁洲四周沙滩环绕,细腻柔软,金色的沙滩、和煦的江风吸引着人们来这里散步、玩沙雕、做日光浴。环洲水面辽阔,水质优良,碧波荡漾,恰如唐诗宋词中的诗性意境,也是游泳、赛艇的天然场所。碧水蓝天、山水相映、气候适宜,使鱼梁洲成为一个宜居宜游的人间佳境。

2. 都市氧吧

绿色应是鱼梁洲的主色调。如今的鱼梁洲,修建了长达23公里的环岛公路,采用230多种名贵植物,装扮成了长23公里、宽100米的环岛绿色长廊。未来岛上再开挖人工渠道,大量种植树木花草,建设森林公园、生态之洲,岛上必将绿树成荫、花草遍地,江风习习、空气清新,成为襄阳名副其实的都市氧吧。

3. 休闲沙洲

鱼梁洲也应打造成为市民文化娱乐、休闲运动的理想之地。未来的鱼梁洲,在公众假期,众多市民从四周城区涌向鱼梁洲,在林间小道上漫步,在环岛公路上骑行,在人工渠中荡舟,在汉江中畅游。洲上的娱乐场、民俗馆、博物馆、体验馆是老少皆宜的天堂,市民可以在博物馆里回首历史,在体验馆里寻求刺激,在民俗馆里体验文化。鱼梁洲应该成为襄阳市民的休闲之岛。

（四）汉江唱晚之印象

襄阳城区的"一江两岸"，通过构建汉水文化风情展示区，可以打造成"汉江唱晚"之印象。

1. 浪漫滨江

滨江地区是襄阳这座城市景观信息量最丰富、景色最优美的地方，也是形成襄阳城市景观特色最重要的地段。汉江水清澈碧绿，夹在南城北市之间，像翡翠一样镶嵌在城市中间。汉江上的桥梁各具特色，一桥似钢铁巨龙，二桥似长虹卧波，三桥似大鹏展翅。汉江两岸的建筑风格各异，江南是襄阳城，城墙逶迤、古朴厚重；江北是樊城，高楼林立、时尚繁华。不论是荡舟江上、行车桥上，还是行走在江南江北的岸边，都能品味着浪漫滨江之特色。

2. 妩媚风情

滨江地区不仅风景美丽，而且文化气息浓厚。汉江水面开阔、碧绿、平静，可常态化举办汉江休闲游、汉江夜游、龙舟赛、汉江竞渡等。汉江两岸是汉水文化风情展示的大舞台，古朴粗犷的音乐、才子佳人的戏剧、精美绝伦的工艺品制作、叹为观止的民间技艺表演，必将吸引游客汇聚到汉江两岸，欣赏汉水文化艺术，品尝地方特色风味，参加文化民俗表演，领略汉江文化风情的独特魅力。

3. 璀璨夜色

夜幕下的"一江两岸"显现出别样的魅力。五彩缤纷的灯光勾勒出襄阳古城的轮廓，装扮着樊城的高楼大厦，南城北市的历史光影得到完美呈现。汉江夜游受到游客们的喜爱，江水光影斑斓，游船光彩陆离，恰似桨声灯影中的秦淮河。造型各异的码头牌楼在灯光的照射下，高大雄伟，展现着千年古渡的辉煌历史，展示出这座城市的独特魅力。

襄阳凭借在汉水文化形成与发展中的优势地位，借助丰富的汉水文化资源，通过三大文化品牌建设，构建四大城市印象，势必打造成为完全意义上的汉水文化名城。襄阳城的古朴厚重、樊城的时尚繁华、鱼梁洲的诗情画意、"一江两岸"的浪漫韵味，将会激发襄阳市民的自豪感，凝聚襄阳的城市精神，提升襄阳的文化软实力，为襄阳建设汉江流域中心城市提供有力支撑。

参考文献：

[1] 潘世东：《汉水文化论纲》，湖北人民出版社 2008 年版。

[2] 刘克勤：《文化襄樊》，湖北人民出版社 2009 年版。

[3] 王先福：《襄阳史迹扫描》，湖北人民出版社 2013 年版。

[4] 刘群：《文化襄阳 璀璨的精神家园》，湖北人民出版社 2013 年版。

[5] 邹演存：《商业鼎盛中的樊城会馆》，《樊城文史》（第一辑），2003 年。

[6]（清）吴鼐：《阳宅撮要》，中华书局 1991 年版。

[7] 陈新剑：《历史凝固的诗美与理趣——襄阳古城池的美学评价》，《长江建设》2002 年第 3 期。

守望三国名城的历史记忆
——襄阳建设三国历史文化名城研究

方 莉

内容提要：作为国家级历史文化名城，襄阳正在打响"一城两文化"品牌战略，并将之提升到"城之魂，业之根，民之望"的高度。本文通过对襄阳三国历史影响的客观分析和对三国历史文化资源的细致梳理，紧紧把握三国历史人物、传奇故事、地理遗迹、经典作品、精神遗产等三国历史文化元素的核心内涵，提出构建三国历史文化名城的建议和方略。从打造高密度三国遗址核心区，设定经典建筑、雕塑文化符号，创建主题博物馆、主题广场，活跃对外交流等方面提出一系列可行性建议，活化三国历史文化，传承三国精神遗产，丰富、充实襄阳"一城两文化"品牌的形象和内容，着力构建一座特色鲜明、文化浓郁、精神丰满、传承经典的三国历史文化名城。

作为久享盛名的国家历史文化名城，襄阳三国历史文化尤为独特、丰厚，一部襄阳三国史，是一部金戈铁马的战争史、一部英雄辈出的人才史、一部火花璀璨的思想史、一部南北交流的对话史。从初平元年（190）刘表治荆州始，到280年西晋六路大军东进南下灭吴止，襄阳在三国近百年的时间里，军事、政治、经济、文化地位迅速跃升，人才荟萃，军事争夺，政治博弈，成就了襄阳三国的精彩，创造了丰富的物质文明和精神文明。三国文化是"以三国时期的历史文化为源，以三国故事的传播演变为流，以《三国演义》及其诸多衍生现象为重要内容的综合性文化"。襄阳正是从三国开始逐步走向辉煌，经济繁荣、人才辈出、影响日隆，受益于三国，也给三国以巨大影响。其后的近两千年，以对三国人物的祭祀、纪念，三国故事的广泛传播和三国精神的继承发扬为主要特征，形成了襄阳得天独厚的三国历史文化资源。今天，如何构建一座三国历史文化名城，如何完成一座古老城市的现代主义表达，乃是对三国历史文化新的挖掘和继承。

一、三国历史文化名城的历史渊源

三国是中国历史上一个特别精彩的时代，而襄阳的三国史又分外灿烂辉煌。在三国的各个时期，襄阳均扮演着重要的角色。

（一）"荆州古治"下的襄阳

汉献帝初平元年（190），原荆州刺史王叡被孙坚所杀，身为汉宗室的刘表得到朝廷诏令继任荆州刺史。由于时局混乱，刘表在从京都洛阳赶往荆州治所武陵汉寿（今湖南常德东北）赴任过程中，屡屡受阻。在不得已的情况下，他单枪匹马进入宜城，迅速联络并依靠本地大族蒯氏、蔡氏、庞氏等取得了荆州的控制权，遂于次年移荆州治所于襄阳。

1. 襄阳成为地方区域政治中心

守望三国名城的历史记忆，荆州辖有八郡，包括长沙、零陵、贵阳、南阳、江陵、武陵、南郡、章陵，襄阳属南郡，在荆州北部。客观上说，当时在广阔的荆州地区，襄阳仅是一个普通县，而刘表最终选择襄阳，一个原因是汉寿形势不够稳定，另一个原因是出于依靠襄阳大族的需要。接下来，刘表杀孙坚，降张绣，败张羡，"开土遂广，南接五岭，北据汉川，地方数千里，带甲十余万"，又听从蒯越的建议推行"仁政"，使饱受战争创伤的荆州地区得以休养生息，开创了荆州和平稳定的新局面，使荆州地区成为全国大战乱背景下一块难得的净土。随着刘表对大荆州区域的拓展，襄阳也从一所边驿小城一跃成为国家一级行政区域中心，进入全国视野，其后，对三国格局的形成和变化起到了很大影响。

2. 襄阳成为全国经济重心

刘表治下的荆州，政局和社会安定，经济富庶，吸引了北方大批流民涌入，仅关中"人民流入荆州者十余万家"，豫州、兖州也有为数众多的流民归附而来。刘表对流民实行安抚政策，组织他们迅速投入生产，大批流民带来了充足的劳动力和先进的生产技术，开垦了原来没有得到开发的丘陵山区，使荆州"沃野千里，士民殷富"，取代关中成为新的经济重心。

3. 襄阳成为全国学术、人才中心

与流民潮同时裹挟而至的,是为数不少的"依倚道艺"的名士,史载"关西、兖、豫学士归者盖有千数"。这些寄居在荆州的士人,均非等闲之辈,"士之避乱荆州者,皆海内之俊杰也"。以綦毋闿、宋忠、司马徽等硕儒为代表的各地士子,删划浮辞,改定五经,编写了《五经章句后定》,开创了荆州学派,标志着"荆州代替洛阳成为全国的学术中心",不但当时影响全国,又泽及后世王弼,对魏晋玄学亦有巨大影响。另外,在刘表主持下建立的学宫,几乎将洛阳的太学搬到了襄阳,先后在州学就学的达千余人,诸葛亮年轻时就是在刘表建立的学业堂中完成了初步的经学教育。刘表势力瓦解后,他所培养的庞大士子群体,分别成为魏、蜀、吴集团的中流砥柱。

刘表治理襄阳近二十年,为襄阳担当起三国策源地的重任打下了必不可少的基础,使当时的襄阳继洛阳、长安之后,成为全国的文化中心、人才中心和三分天下的源头。

(二)魏、蜀、吴争夺下的襄阳

魏、蜀、吴三方势力在以襄阳为中心的荆州版图上,演出了战荆州、夺荆州、借荆州、讨荆州、失荆州等一系列波澜诡谲的历史画卷。

1. 襄阳是曹魏集团南狩的最佳桥头堡

曹魏据有襄阳,奠定了威慑北方、统一南方的战略基础。曹魏历代统治者非常重视襄阳,将襄阳视为经略南方的战略基地。魏明帝曾对大将满宠说:"先帝东置合肥,南守襄阳,西固祁山,贼来辄破于三城之下者,地有所必争也。"建安十三年(208)九月,随着刘表势力的瓦解,襄阳进入曹魏版图,襄阳雄厚的战略资源、文武人才、水陆军队等,给了曹操决战孙、刘的信心,据有襄阳,是其筹划赤壁大战的前奏。后虽兵败,丢失荆州大片土地,但襄阳是力保之地,并派名将曹仁把守,其间虽有蜀汉、孙吴的争夺,但始终在曹魏的控制之下,从而确保了北方对南方的战略优势。

2. 襄阳是蜀汉集团北伐的战略策应地

襄阳对蜀汉集团来说更是举足轻重。早在"隆中对"中,刘备君臣已将襄阳置于其"三分"战略的重要位置。赤壁之战后,以关羽遥领襄阳太守,对襄阳志在必得。关羽与曹仁展开激战,成就了"水淹七军"的经典战役。遗憾的是，关羽最终兵败襄阳，形势急转直下，使蜀汉跨有荆益的战略彻底破产，进而成为蜀汉由盛转衰的转折点。

3. 襄阳是孙吴集团战略防线的重要节点

大荆州区域构成东吴的长江天险，襄阳在攻防上尤其处于咽喉地段。孙吴集团对襄阳觊觎已久，早在孙坚时期，他就率军跨江击刘表，被射杀于凤林关。孙坚死后，其子孙策、孙权相继统兵，坐拥江东，但始终未放弃对以襄阳、江陵为核心的荆襄地区的争夺。而孙吴集团始终没能得到荆襄地区的控制权，是其不得不偏安一隅的重要原因之一。

（三）平吴前线下的襄阳

西晋扫平东吴最后一个割据政权，统一全国，也是以襄阳为基地向南挺进的。这场影响深远的大一统之战，襄阳在物质准备、战略策划以至作战指挥上，都起到了至关重要的作用。尤为难得的是，平吴之战为后世提供了一个成功范例，奠定了襄阳作为兵家必争之地的地位。

1. 平吴准备在襄阳

晋武帝泰始五年（269），以尚书左仆射羊祜都督荆州诸军事，镇襄阳。"祜绥怀远近，甚得江、汉之心。其始至也，军无百日之粮；及其季年，乃有十年之积。"羊祜的一系列举措为统一南方奠定了军事、物质基础。也正是在襄阳，羊祜筹划了成熟的平吴方略。

2. 平吴指挥在襄阳

晋武帝咸宁五年（279）十一月，西晋20余万大军大举伐吴，兵分六路，东西纵横几千里，大都督贾充为最高统帅，将中军屯襄阳，为诸军节度。襄阳是中路军前锋和伐吴大军总指挥所在地，为最终实现全国统一贡献了力量。

3. 平吴之战开经典

平吴之战显示了襄阳在全国军事格局中的重要地位。大凡历史上南北分治时，南北双方都是从东、中、西三路互为攻守，结果几无例外最后都是北边的朝廷占有优势。西晋杜预策划的六路大军灭吴之战成为后来南北对峙时统一南方所遵循的基本战争模式，而西晋的六路大军实际上只有左、中、右三路，中路的节点就是襄阳。其后，这种经典战略布局被历代军事家所采用，六朝如此，宋金、宋元如此，1948年解放军三路大军南下亦是如此。

二、三国历史文化名城的文化元素

（一）历史人物系列

襄阳在三国中的知名杰出人物之众，从两个"千数"可见一斑：一个是"关西、兖、豫学士归者盖有千数"，一个是在荆州官学就学的学子也以千数计。无论是客居名流还是本地俊杰，都在三国这个波澜壮阔的大舞台上展示自己的风采，而他们的存在，使襄阳的三国文化尤其充满魅力。为简略，下特撮其要，列表如下。

1. 以诸葛亮为代表的客居名流

表1　襄阳三国客居名流列表（部分）

主要人物	在襄主要事迹	历史形象
诸葛亮	青年时期隐居躬耕于隆中，师从司马徽等，就读学业堂；自比管仲、乐毅；划定三分对策等。	中华智圣、名臣典范
刘表	诱杀宗贼，平定荆州；移治襄阳，苦心经营；爱民养士，廉洁自律；创立学官，重定五经。	襄阳古城的缔造者
刘备	依刘表逐步发展个人势力；马跃檀溪，机智逃过蔡瑁追杀；三顾茅庐，传千年佳话；携民渡江，成就仁义之名。	一代枭雄、千古仁君
关羽	激战曹氏，水淹七军；刮骨疗毒，硬汉风采。	忠义化身、中华武财神、武圣
宋衷	注五经，定章句，办官学，授古文。	博学鸿儒、荆州学派领军人物
司马徽	参与《五经章句后定》，向刘备推荐诸葛亮、庞统。	识人清明、水镜先生
王粲	撰写《荆州文学记》，劝降刘琮。	七子冠冕
羊祜	屯田兴学，以德怀柔，深得军民之心；缮甲训卒，广为戎备，做好军事和物质准备；心系一统，筹划伐吴，屡上平吴疏；登临岘山，轻裘缓带，盛传名将风流；身后余德，百姓感怀，留下堕泪清名。	德政标杆、儒将风采
杜预	继任羊祜，镇守襄阳，为伐吴的先锋和西线指挥者；立碑岘山，左传成癖，襄阳美名的传扬者。	文韬武略、学究天人

三国近百年，襄阳由于其重要的政治、军事、文化地位，对全国人才的流向形成了一个漩涡效应，杰出人物之聚集冠于全国，著名流寓人士除上列诸人

外，载入史册的还有安定人梁鹄，汝南人王俊，河内温县人司马芝，泥阳人傅巽，京兆人隗禧、杜畿，博陵人崔州平，颍川人徐庶、石广元、邯郸淳、杜袭、繁钦、赵俨，汝南人孟建，南阳安众人刘廙、刘望之兄弟，汝南西平人和洽，河东闻喜人裴潜，南阳人韩暨，河南人杜夔，京兆长陵人赵戬，梓潼人尹默、李仁，平原般县人祢衡等，他们云集襄阳，带来了各地的先进文化，对襄阳三国文化领先全国产生了重要作用。

2. 以庞德公、庞统为代表的襄阳本土俊杰

表2 襄阳三国本土俊杰列表（部分）

家族	主要人物	主要事迹	历史形象
庞氏家族	庞德公	隐居鹿门，数请不出，入于深山，采药不返。	中华第一隐士
	庞统	与诸葛亮并称"卧龙凤雏"，向刘备进献平蜀方略等。	凤雏先生
杨氏家族	杨虑	少年聪颖，德行早著，可惜十七岁夭亡。	著名神童
	杨颙	担任诸葛亮的主簿，劝谏诸葛亮；死后诸葛亮极为痛惜。	敢于直言、尽职尽责
	杨仪	担任诸葛亮的参军，为诸葛亮的数次北伐做了充分的后勤保障；被刘备亲自提拔为尚书；诸葛亮五丈原殒命后，组织军队有序撤退。	蜀汉长史、才干卓著
马氏家族	马良	"马氏兄弟五人，并有才名，乡里为之谚曰：'马氏五常，白眉最良。'"白眉指马良，因眉中有白毛，故称之。他出使东吴，不辱使命；尽忠职守，以身殉国。	蜀汉忠臣
	马谡	随先主入蜀，历任成都令、越巂太守等；随诸葛亮北伐，谡任先锋，因个人失误，失掉战略要地街亭，被诸葛亮挥泪斩之谢众。	智谋之士
向氏家族	向朗	随先主入蜀，历任蜀汉巴西太守、步兵校尉、丞相长史、光禄勋、左将军等。	蜀汉能臣
习氏家族	习珍	关羽败亡后，誓不投降东吴，联合各部，保全蜀汉疆土，势孤兵败，壮烈殉国。	忠贞节烈
	习祯	随先主入蜀，历雒、郫令，南广汉太守；为人风流，善谈论。	豪爽风流
	习隆	曾任步兵校尉，掌宿卫兵，秩比二千石；向后主刘禅建议建立专门祭祀诸葛亮的祠堂。	见识过人

家族	主要人物	主要事迹	历史形象
黄氏家族	黄承彦	地方名流,高爽开列;与诸葛氏联姻,嫁女与诸葛亮。	沔南名士
罗氏家族	罗宪	蜀汉太子舍人,入魏晋后有坚守永安之功,任持节领武陵太守,被追封为西鄂侯。	忠烈果毅
蔡氏家族	蔡瑁	协助刘表平定荆州,历任江夏、南郡、章陵等诸郡太守;入魏后历任从事中郎、司马、长水校尉,封爵为汉阳亭侯。	性豪自喜
蒯氏家族	蒯越	初为刘表谋士,协助其平定荆州;后为曹操所用,有"不喜得荆州,喜得蒯异度"之誉。	深谋远虑

在三国历史中,襄阳地方大族是一支颇具影响的力量,上列各家族及其代表,只是其中一部分,其他如与刘备联姻的糜氏家族之糜竺、糜芳,廖氏家族之廖化等,不一而足,均在三国史上有一席之地。其影响与威势从"冠盖里"的有关记载亦可见一斑,当时的政治、军事、文化活动中广泛活跃着襄阳名门望族子弟的身影,汉末朝廷及后来的三大军事集团都吸纳了不少优秀的襄阳人才。襄阳名门望族子弟各有文才武略,这无疑是长期进行文化和思想教育的结果,显示出襄阳重视教育的历史传统和文化洼地的悠久历史。

(二)传奇故事系列

由于襄阳在三国时代的特殊地位和影响,这里发生的历史传奇故事也层出不穷,格外精彩。其来源大致有三:一是史书《三国志》的忠实记录,二是《三国演义》的精彩演绎,三是民间的趣味传说。此特举例如下:

刘表单马入宜城。初平元年(190),刘表接到担任荆州刺史的任命,由京师洛阳赶往荆州,但由于沿途盗贼蜂起,不能进入治所汉寿。他表现出过人的胆略,单枪匹马入宜城,向旧时朝中好友蒯越、蔡瑁等求助,终于平定荆州,移治襄阳。

刘表建筑"呼鹰台"。刘表喜好野鹰,尤喜听鹰鸣。在治襄阳期间,曾于城东建一高台,常登台作歌,郊野鹰长鸣。作《野鹰来曲》,悲壮慷慨,以抒胸臆。后人称之为"呼鹰台",又名"景升台"。

刘表三爵杯逸事。刘表父子常与宾客饮酒欢聚,为席间行酒方便,特造三爵杯,"大曰伯雅,次曰仲雅,小曰季雅;伯受七升,仲受六升,季受五升"。

这也是典故"雅量"的来历。

刘备"马跃檀溪"。刘备依附刘表期间，为蔡瑁所忌。一次宴席之间，蔡瑁欲杀刘备，刘备乘着一匹的卢骏马西出襄阳城，蔡瑁紧追不舍，至城西檀溪，人马俱陷入水中，关键时刻，的卢马一跃三丈，飞上西岸，得以逃生。

刘备"三顾茅庐"。刘备求贤若渴，亲自到隆中的茅庐中寻访有"卧龙"之名的诸葛亮，前后三次，终于得见。

诸葛亮好为《梁甫吟》。诸葛亮在隆中躬耕时，时常吟唱《梁甫吟》，青年时期已经表现出非凡的见识胸襟，并常以管仲、乐毅自比。古隆中原有梁甫岩景点。

诸葛亮吟啸待时。耕读之暇，诸葛亮经常在住宅旁边的一块大石头上抱膝长啸，推演天下时势。古隆中有"抱膝石""抱膝亭"景点。

诸葛亮自择丑妇。诸葛亮与沔南名士黄承彦甚为相得，一日谈笑间，黄承彦跟诸葛亮说："听说你正在寻求配偶，我家女儿虽然长得不漂亮，但才能却能与你相配。"诸葛亮以才为重，马上答应下来。

诸葛亮隆中对策。刘备三顾茅庐的诚意打动了诸葛亮，后者在分析天下大势的基础上，为刘备划定了取荆州、据巴蜀、成霸业、兴汉室的三分策略。

刘公子抽梯问计。刘表娶后妻蔡夫人后，长子刘琦屡被猜忌，刘琦多次向诸葛亮求取保命之计，诸葛亮都笑而不答。一次，刘琦邀请诸葛亮上到阁楼上，命人抽去楼梯，再次询问，诸葛亮这才为之筹划了出守江夏的主意。后人建有"刘琦台"以作纪念。

庞德公拒仕归隐。庞德公见识卓越，德行高尚，与司马徽等人交往密切，诸葛亮非常尊敬他。刘表久闻庞德公之名，数次邀请其出来做官，但均遭拒绝。后来庞德公与妻子入鹿门山隐居，采药不返。

司马徽举荐贤才。刘备从檀溪逃得性命后，一路西行，误打误撞来到了司马徽的居所。交谈之间，司马徽向刘备举荐了辅佐良才："卧龙凤雏，二者得一，可安天下。"

关羽水淹七军。关羽率兵攻取樊城。曹操遣于禁、庞德救援。庞德预制棺木，誓与关羽死战。适逢天降大雨，襄水、汉水暴涨，困住于禁、庞德。关羽趁机生擒于禁、庞德二人，取得胜利。

习珍义举尽忠。孙权袭杀关羽后，荆州各郡陆续降于东吴，只有零陵北部都尉习珍孤军抗击。孙权派使者前来招降，习珍大义凛然地说："请回去告诉碧眼儿，我宁做汉鬼，不做吴臣！"最后因粮绝，援兵不到，拔剑自杀报国。

（三）地理子遗系列

三国在襄阳的地理子遗，既有当时的故事发生地，也有后世的纪念传承地。总的来说，是以襄城区为核心，主要集中在东起庞靖侯祠、西至隆中、南到水镜庄、北达鏖战岗的一个"T"形区域。据有关统计，仅市区范围内，三国历史文化地理子遗就达数十处之多。为简略其见，现以子遗最密集的襄城区为范围，将其中具有较强故事性、话题性、影响性的地理子遗列表如次。

表3 襄城区三国历史文化地理子遗（部分）

	名称	地理位置	历史背景
现存地理子遗	古隆中，马跃檀溪纪念地，王粲纪念地（仲宣楼），襄阳古城，黄承彦、黄月英纪念地（黄家湾），司马徽纪念地（水镜庄），徐庶纪念馆等。		
已消失的地理子遗	王粲井	万山	传为王粲住宅遗留物。唐上元二年（761），山南东道节度使来瑱将王粲家的石井栏移至襄州刺史官舍，并令参谋甄济作《魏侍中王粲石井栏记》。贞元十七年（801），同是山南东道节度使的于頔将已破损埋没的石井栏重新"收拾补甃置之"，并亲自作《记》。宋代曾巩任襄州知州时得见二《记》，欣然而作《魏侍中王粲石井栏记跋》。
	刘先主亭	真武山上	清代所建，为纪念刘备之建筑。
	的卢桥、的卢冢	马跃檀溪附近	刘备马跃檀溪遗址附近，后人建的卢冢、的卢桥纪念。
	堕泪碑、岘山亭、羊杜二公祠	岘首山	西晋征南大将军羊祜卒后，襄阳百姓感念羊祜恩德，自发为羊祜立碑、立祠纪念。其碑由于百姓望而流泪，故又称堕泪碑；祠为羊太傅祠，清代加祀杜预，改名羊杜二公祠；唐代又建岘山亭，宋代欧阳修撰有《岘山亭记》。碑、祠、亭均屡废屡建。
	冠盖里	岘首山南	襄阳郡岘首山南至宜城百余里。其间雕墙峻宇，闾阎填列。汉宣帝末，其中有卿士刺史二千石数十家，珠轩骈辉，华盖连延，掩映于太山庙下。荆州刺史行部见之，雅叹其盛。敕号太山庙道为冠盖里。
	学业堂	襄阳古城南二里	据《府志》记载为诸葛亮读书处。

续表

已消失的地理孑遗	庞靖侯祠（明改凤栖书院）	古城东三里	祀汉军师中郎将关内靖侯庞统。正德中，都御史陈雍即侯故宅之改云封寺者，改建为凤栖书院以祀之里中。侍御曹璘为《记》。《记》有云：修以德操，不忘所自。则祠内兼有司马神位矣。久之仍为寺。雍正四年（1726）生员张应时、吴讷等，复建为祠，置田二十四亩，以供祠费。
	关帝庙	城内多处	为祭祀关羽的庙宇。关羽在襄阳的故事主要有"水淹七军"和"刮骨疗毒"等。
	刘表墓	现新华书店院内	刘表墓葬。历史上早已被盗挖，1993年考古发掘认定。
	呼鹰台	古府署东	刘表治襄阳时建。苏轼、苏辙兄弟有《野鹰来曲》。
	凤林关	岘首山南	孙坚跨江击刘表中伏殒命处。
	蔡瑁墓	古蔡州	汉长水校尉蔡瑁墓葬。据记载，"冢前刻石为大鹿状，甚大，头高九尺，制作甚工"。

此外，尚有百丈山、独乐山、庞德公故宅、徐庶故宅、习氏故宅等数十处，此不一一列举。

（四）经典作品系列

襄阳地区深厚的三国历史文化不但表现为其时其地的著名人物、精彩故事，而且，在长期对三国文化和精神的传承过程中，被历代文人再创作、再发掘，不断产生经典文学作品，代代相传。

表4　襄阳三国历史文化经典作品（部分）

作者	篇名	主要内容	名句
诸葛亮	《前出师表》	劝谏后主	亲贤臣，远小人
	《后出师表》	倾诉衷情	鞠躬尽瘁，死而后已
	《诫子书》	告诫后人	非淡泊无以明志，非宁静无以致远
陈寿	《隆中对》	三分天下策略	霸业可成，汉室可兴
王粲	《荆州文学记》	荆州学派的确立过程	夫文学也者，人伦之守，大教之本也

续表

作者	篇名	主要内容	名句
羊祜	《让开府表》	推辞封赏、举荐贤才	匹夫之志，有不可夺
	《诫子书》	告诫后人	恭为德首，慎为行基
李兴	《晋故使持节侍中太傅矩平成侯羊公碑》	赞颂羊祜功业、德政	成其业不处其功，勤其勋不荣其禄
	《诸葛武侯故宅碑》	纪念诸葛亮	有知己之主，则有竭命之良
孟浩然	《与诸子登岘山》	吊羊祜	羊公碑尚在，读罢泪沾襟
吕温	《羊叔子传赞》	赞颂羊祜功德	江汉旧域，德膏潜蒸
欧阳修	《岘山亭记》	纪念羊祜	元凯以其功，叔子以其仁
范仲淹	《重建羊侯祠和王原叔句》	赞颂羊祜功德	休哉羊叔子，辅晋功勋大
佚名	《冠盖里铭》	纪念冠盖里	惟此君子，作汉之英
曾巩	《魏侍中王粲石井栏记跋》	纪念王粲	其文得之为可喜
	《隆中》	吊诸葛亮	孔明方微时，息驾隆中田
苏轼	《野鹰来曲》	吊刘表	野鹰来，万山下，荒山无食鹰苦饥，飞来为尔系彩丝
	《隆中》	吊诸葛亮	谁言襄阳野，生此万乘师
	《庞德公》	吊庞德公	襄阳庞公少检束，白发不鬏亦不俗
苏辙	《野鹰来曲》	吊刘表	野鹰来，雄雉走；苍茫荒榛下，琵琶大如斗；鹰来萧萧风雨寒，壮士台中一挥肘
陆游	《庞士元祠》	吊庞统	海内常推誉，天心岂易知
佚名	《檀溪》	纪念刘备	耳畔但闻千骑走，波中忽见双龙飞
曹璘	《凤栖书院记》	纪念庞统	策取刘璋，开陈三计
李敏学	《重修武侯祠记》	纪念诸葛亮	今日之魏然祠宇于襄中者，洵与莘野之踪并垂于不朽
王士禛	《隆中》	吊诸葛亮	地传卧龙久，山接鹿门深
	《放鹰台》	歌咏刘表呼鹰故事	走马铜鞮坊北路，少年齐唱野鹰来
	《岘山和孟公韵》	吊羊祜	岘山风景地，名士几登临

（五）精神遗产系列

1. 从"智圣"崇拜折射出求贤若渴的崇智精神

诸葛亮作为杰出的政治家、军事家，其智慧在当世已经被陈寿的如椽巨笔所展现，其用兵在长期流传中被逐步神化，到明代则由罗贯中《三国演义》一书集于大成。在政治谋略上，时方 27 岁的诸葛亮表现出对时局惊人的判断能力，在各方势力并不明朗的情况下，抓住关键，为刘备划定三分之策，这是政治的大智慧；在具体战役上，诸葛亮用兵如神、算无遗策已经到了"妖"的地步，《三国演义》对其刻画尤其鲜明，这是天才的军事智慧；在组建家庭上，诸葛亮也表现出非凡的人生智慧，他顶着"莫学孔明择妇，正得阿承丑女"的嘲笑，迎娶才德出众的黄承彦之女，真正做到了"娶妻娶德"。诸葛亮，可称千古"智圣"，他在当时和后世被崇拜、被神化充分表明，崇智精神是三国文化的一项基本内容。对智慧近乎狂热的追求，在三国时代有着极其广泛的社会基础。崇智精神在襄阳得到了很好的传承，今天，我们尊重知识、尊重人才就是崇智精神的最好表现。

2. 从关羽崇拜折射出勇者不惧的尚勇精神

荆州地区是关羽崇拜的发源地，也是其故事的主要流传地，并由此逐渐蔓延向全国。随着时间的推移，对关羽的崇拜不但没有淡化，反而呈愈演愈烈之势。数百年间，中国人信关帝、关圣、关公菩萨者，几乎与崇敬孔夫子的人数等量。关羽能得到如此广泛的崇拜，无疑与其鲜明的"忠""义""勇"标签有关。关羽在战场上叱咤风云、勇冠三军的神武风貌和大义凛然、以身殉志的高贵品质是如此深入人心，也无怪乎其精神永久流传了。剥开武圣崇拜的外壳，所传承的是敢于斗争、勇往直前、积极进取的尚勇精神，此乃三国历史文化精神的精粹之一。

3. 从尽忠报国的古老传统到尽忠职守的忠诚精神

除了以忠著称于世的关羽之外，襄阳三国人物演绎了大量尽忠报国的事件，如习珍的壮烈殉国、向朗的死难报效等，诸葛亮的"鞠躬尽瘁，死而后已"更是将忠诚贯彻到极致。忠诚文化是中国传统文化的重要内容，但我们要克服陈腐的"忠君""愚忠"，而是将传统的忠诚文化继承、发扬光大，并赋予时代意义，将对个人的、对集团的小忠诚，变为对党、对祖国、对人民、对工作、对事业的大忠诚。诚信也是忠诚文化的重要内容，它直通现代社会道德体系，其中积极的、有活力的文化内涵能够直接被现代社会道德体系所吸纳，促成传统文化内容的现代转化。

4. 从英雄辈出的三国时代到积极开放的人才观念

积极开放的人才观，构成三国时代的鲜明特点。三国对人才的使用，首先，最可贵的是打破了以往铁板一块的门第观念，许多普通家族子弟得以建功立业；其次，对人才赋予高度信任，即使来自敌方阵营也坦诚以待，给人才以最大的发展空间；最后，对人才极端渴求，诸如"卧龙凤雏，二者得一，可安天下""不喜得荆州，喜得蒯异度"等言论，正是其具体表现。正是如此，才形成三国英雄辈出的局面。这种积极开放的人才观不仅成就了三国，在今天也仍然具有积极的借鉴意义。

三、三国历史文化名城的建设方略

襄阳拥有的三国历史文化资源极其丰富，之所以构建三国历史文化名城，一方面是对襄阳三国历史文化的传承，将丰富的历史文化资源转化为城市发展的动力和引擎；另一方面也有效规避了城市建设同质化、"千城一面"的问题。

（一）构建三国历史文化记忆之城

从全国范围分析，襄阳在三国历史上的地位优势主要表现在拥有丰富的遗迹。全市范围内的遗迹近百处，遗物众多，且仍在不断丰富，2008年发掘贾巷三国大墓出土了一件小羽人，同年发掘蔡越大墓，出土了一批精美的铜器、玉器和一匹规模空前的大铜马等，这些都是历史馈赠给襄阳的珍贵遗产，正是这些遗迹、遗存和遗物，留住了襄阳关于三国的历史记忆，夯实了襄阳作为三国历史名城不可撼动的地位，也是襄阳建设三国历史文化名城的首要条件和物质基础。基于此，我们应该充分以历史实迹、实物为依托，最大限度地呈现襄阳真实的三国历史和传承，让襄阳成为三国历史文化的记忆之城。

1. 打造三国历史遗址核心区

在上文表3中可以看到，不管是现存还是已湮灭待恢复的三国地理子遗，大致集中在襄城区辖区内，鉴于此，建议将襄城区打造成为襄阳三国历史遗址、遗存核心区。在维护、完善现有遗址的基础上，有选择地恢复部分知名度较高、影响面较广的遗迹、遗存，将襄阳的三国历史外显、做实，并以此奠定整个三国历史文化名城的基础。

注重"真迹"，复建八大三国遗址。襄阳是三国许多重大历史事件的发生地，三国时代真实的历史遗存较为密集。它们天然携带着大量真实的历史信息，这是最宝贵的资源，也是先天优势，所以，在构建三国历史文化名城中，应该注重这些"真迹"的恢复和完善，使之呈现一个真实的襄阳三国史。除了众所周知的古隆中外，襄城区范围内可以复建的三国历史真迹还有相当的规模，可以逐步予以恢复。第一，复建王粲井。在万山按照汉制恢复王粲石井与石井栏，同时建亭（名仲宣亭），将"唐宋八大家"之一的曾巩题跋和有关诗文镌刻其上，道明来历，供人瞻仰。亭子也可作为游客、登山者的歇脚地。同时恢复近旁的幽兰寺（明改须弥寺，清称保堤寺）。第二，复建学业堂。在古城南二里处复建汉代风格官学，纪念诸葛亮和当时青年士子就读的学业堂，并展示汉代荆州学派的代表人物、学术成果。该场所还可用作青少年教育活动及汉服表演场所。第三，复建冠盖里碑。在岘首山南麓国道旁立"冠盖里"碑，镌刻经典铭文《冠盖里铭》，以昭示襄阳在汉末、三国的辉煌历史。第四，新建凤林关遗址。凤林关是孙坚跨江击刘表的殒命之所，该事件在三国历史上具有较大影响。在凤林关附近对该遗址给予适当指示和描述，以纪念这一历史事件，激活三国历史记忆。第五，复建岘首山羊祜遗址群。羊祜在西晋完成全国统一大业中居功至伟，其本人也一直被奉为中国德政文化的杰出代表。襄阳对羊祜的纪念从西晋一直持续到现当代，其在襄阳的纪念建筑堕泪碑、羊太傅祠（清改羊杜二公祠）、岘山亭历代被当作襄阳的象征。在岘首山原址上，按照历史风貌复建以上建筑，一则延续襄阳对羊祜近两千年的纪念传统；二则显示襄阳在"三国尾"——西晋统一中的重要作用，与"三国头"——隆中对策遥相呼应。第六，复建刘表墓遗址。刘表是襄阳三国史上最重要的一个历史人物，正是刘表治襄阳，才有了襄阳的辉煌，从对襄阳的贡献来说，其地位远远高于仅在襄阳度过青少年时期的诸葛亮。襄阳应该复建其墓地遗址，并在遗址附近建刘表纪念馆，对其才能、贡献、影响等充分展示，给这位三国俊杰以公正评价，隆重纪念这位襄阳城的真正缔造者。第七，复建刘表呼鹰台。刘表的《野鹰来曲》蕴含着三国慷慨激昂、锐意进取的时代精神，历来为人所欣赏，呼鹰台屡次重建，宋代苏轼、苏辙兄弟竞相续写《野鹰来曲》，清末亦有文人题咏。可于襄阳府城东二里恢复呼鹰旧台，以雕塑、浮雕等艺术形式表现刘表呼鹰的生动场景，镌刻历代有关名篇。第八，复建汉代名亭桃林亭。我国驿传制度始于春秋战国，大规模的驿亭建设则在两汉时期，汉代驿亭流传下来的并不多见，因此位于岘首山北麓的桃林亭尤为难得，可于原址复建桃林亭。其他可以复建的遗址还有庞德公、庞统故居、刘琦台、徐庶故里、蔡瑁墓、杜预沉碑处等。

  增加密度，复建三国纪念遗址。三国时代是襄阳最为辉煌的历史时期，襄阳人对这段历史也一直引为自豪，其后的近两千年，有关的纪念也层出不穷，屡废屡兴，这些纪念建筑是三国历史影响的延伸和三国文化在各个时代的新发展，无疑增加了三国遗存的密度，增加了三国文化的厚度，也应予以适当恢复。第一，复建的卢桥、的卢冢。桥、冢在马跃檀溪遗址附近，清代尚存。遗址北现有无名小桥，可将之命名为"的卢桥"，另辟隙地建的卢冢。第二，复建刘先主亭。在真武山靠近马跃檀溪处恢复清代古亭刘先主亭，仍采用旧名，以示历史传承。亭中镌刻《三国演义》所引《檀溪》古风诗。第三，复建庞靖侯祠。在原址上复建汉代风格的庞靖侯祠，以纪念三国时名动天下的襄阳本土士子凤雏先生庞统，同时恢复明代凤栖书院。第四，复建关帝庙。关帝文化在海内外影响极大，襄阳作为关羽的重要活动地点，而且是最早祭祀关羽的地区之一，不应在当今传统关帝文化传播中缺位。有选择地恢复关帝庙，将这一文化传统延续下去，并借此加强与海内外华人的文化交流，丰富襄阳三国历史文化名城的文化内涵，提升襄阳三国历史文化名城的知名度。

2. 创建三国历史博物馆

  博物馆的优势在于集中体现城市文化。在襄阳市博物馆之外，应再创建一座三国历史文化主题博物馆，凸显襄阳作为三国历史文化名城的特色。一是充分整合运用现有馆藏文物。将汉末三国文物资源予以甄别、归拢，另建三国历史博物馆，使襄阳三国历史得到最大程度的彰显。二是继续征集流散文物。从拍卖会、文物店、旧货交易市场，回购流散在各地的与襄阳三国历史文化密切相关的文物，包括出土器物、书画、文献等。三是加强活态文化传承。襄阳三国历史文化丰富，不仅表现在可见的遗迹、器物层面，还表现在襄阳民众的口头讲述和行为模式方面。博物馆通过现代科技手段，通过数字化音频、视频采集，使这些蕴含在民众集体记忆中的三国历史文化实现活态传承。四是与民间收藏信息共享。民间收藏越来越显示出巨大的潜力和能量。既鼓励指导民间收藏者科学收藏、合法收藏，也鼓励民间收藏者创办个人博物馆或陈列馆。同时，采取具名布展等方式，鼓励民间收藏者捐献、转让相关文物。五是科研教育与收藏陈列互动。新建的三国历史博物馆，既是展示襄阳三国历史的精品文物和悠久历史的殿堂，也能满足市民和游客休闲娱乐的需求。适应这一功能，应积极加强科研教育与收藏陈列互动，在科研方面开展馆藏三国历史文化相关文物图录的编撰，以及文献、善本的影印再现。六是建立网上博物馆、数字博物馆。利用现代传媒手段和社交网络，建设互动互联的网上博物馆、数字博物馆，为民众了解襄阳历史文化、参与襄阳文化建设打开更广阔的路径和平台。

（二）构建三国历史文化纪念之城

每个时代有每个时代独特的纪念形式。历史上，襄阳对于三国历史、三国人物的纪念，多以祠宇、书院等形式出现，历史传承至今，我们应该有一些创新的符合时代特征的纪念形式。让三国文化元素遍布城市，用无处不在的三国历史符号创建三国历史文化纪念之城。

1. 建设三国历史文化主题广场

襄阳城市广场存在随意性强、较为无序的问题，各个广场或者缺乏文化内涵，或者主题不够鲜明，这与襄阳作为历史文化名城的地位不符。针对这种情况，可将几个重要的城市广场进行优化，对其文化内涵重新定位，以三国文化为主题，命名、更名一系列广场，凸显古城三国色彩。一是充实诸葛亮广场文化内涵。诸葛亮广场建成于2001年，已与诸葛亮文化旅游节一起蜚声国内外，广场内巨大的诸葛亮铜像已经成为襄阳当代文化地标，其智慧主题较为鲜明，但仍有进一步丰富之必要。诸葛亮塑像高大雄伟，但塑像周边却显得空荡而粗陋，建议增加一组诸葛亮生平浮雕，展示在铜像后半围。广场内还可建诸葛亮博物馆等，以诗文、绘画、雕塑、影像等形式展现有关诸葛亮的内容，以此提升广场主题，让市民和游客受到智慧文化的熏陶。二是更名一批无特色的广场。一些文化定位不鲜明、文化内涵不丰富的广场，可以考虑对其重新进行文化包装，将之纳入三国文化体系。如明珠广场可以更名为关羽广场，以纪念关羽围樊城，水淹七军，生擒庞德、于禁的经典战役；人民广场可以更名为刘表广场，以纪念这位为襄阳城的建设做出巨大贡献的俊杰；南湖广场可以更名为习珍广场，以纪念壮烈殉国的蜀汉零陵北部都尉习珍。三是新建一批三国历史文化广场。一些较为著名的三国人物故地，也可以修建以之命名的广场。庞靖侯祠原址附近，可以建凤雏广场以纪念庞统；岘首山脚下，可以建羊祜广场，与传统纪念建筑相结合以丰富文化内涵。

2. 树立三国历史文化雕塑

在注重城市文化建设的今天，城市雕塑已经被广泛应用于公共艺术，与其他建筑等共同构成城市高雅美丽的环境。襄阳构建三国历史文化名城，同样可以借助城市雕塑提升城市形象，张扬文化内涵。由于三国历史文化在襄阳的分布呈散点式、多元化、群体性等特点，襄阳以三国历史文化为内涵的城市雕塑具有题材广泛、内容丰富、适用度广等优势，可以在城市的各个空间区域内，树立一系列三国历史文化雕塑，使其在城市均匀分布，可视可触可感，是襄阳三国文化最直观、最形象的表达，鲜明地凸显襄阳三国文化名城的城市形象。在襄阳的各个公共空间中树立一系列以三国历史文化为内涵的城市雕塑，可以选择：（1）人物雕塑。精心选择一系列三国历史人物，尤其以襄阳本土俊杰和在襄阳有活动、有影响的人物为主，对其内涵、精神、形象准确把握，塑造一组组精彩的三国历史人物群像，使其承载襄阳三国时代的历史记忆，得到民众的广泛认可。（2）事件雕塑。围绕三国人物，对发生在襄阳，或与之有关的重要三国历史事件以浮雕的形式进行演绎和记录，对一些内容丰富的事件，可以以组图式进行呈现，以达到在公共空间中展示、普及三国历史文化的目的。（3）场景雕塑。用大型雕塑对一些精彩历史场景进行历史再现，让经典瞬间永留世间，如马跃檀溪场景、水淹七军场景。雕塑作品的安放，也要考虑到与环境的协调性和融合度。一是与历史事件发生地相关联。城市雕塑作品本身具有纪念作用，将其放置在相关的历史事件发生地，具有重温历史、唤醒民众记忆的功效，例如刘表的塑像可以放置于刘表墓、呼鹰台，宋衷的塑像可以放置于学业堂，庞德公的塑像可以放置于鹿门山，关羽的塑像可以放置于水淹七军处等。二是与人物的出生地（故居）相关联。有一些属于襄阳本土的三国著名人物，但其建功立业或有历史影响的行为并不在襄阳，那么他们的纪念性雕塑宜选择在其出生地或故居，如习氏家族的习珍等人的塑像可以放置于习家池，杨氏家族的杨仪等人的塑像可以放置于历史记载的泂湖附近。三是与传统的纪念地相关联。一些三国人物的纪念在历史上已经形成传统纪念地，如庞靖侯祠纪念庞统、仲宣楼纪念王粲、水镜庄纪念司马徽等，其塑像的放置也仍沿袭传统。四是与以其命名的路（街）相关联。襄阳已有并在将来也可考虑以三国人物命名一批路（街）名，这些道路也是相关塑像的布局地。五是特定区域安放点。为了让三国历史文化呈现集中、集团优势，在一些特定公共场所，塑像可以高密度呈现，如主题广场或公园、主要景观干道、襄城、樊城、东津新区的滨江区域等地。

3.命名三国历史文化路（街）名、店名

城市的三国历史文化还应体现在细微处，与民众的生活发生经常性的联系。道、路、街、巷、（公交）站、店铺等的名称是人们交流中频繁出现的内容，命名一系列体现三国历史文化的路（街）名、站名、店名无疑也能起到加深民间三国历史纪念、活跃民间三国文化的良好效果。在命名上，一是以三国历史人物命名。襄阳市已经命名的有关羽路（高新）、关平路（高新）、景升路（鱼梁洲）等，一定程度上表现出襄阳对三国人物的景仰，但在数量上远远不够，与襄阳构建三国历史文化名城的要求不符，在今后新的道路、街巷的命名中，应该大量引入三国人物特别是本地俊杰姓名。二是以三国历史事件命名。例如三顾路、三分路、呼鹰路等。三是以历史地点命名。例如学业堂路、冠盖里路等。襄阳命名三国历史文化路（街）名，可操作空间较大。例如，就襄城区而言，可将整个檀溪片区所有主次街道，密集地命名一批三国历史人物路名或历史地名路名，并在巷道两侧的建筑物上展示相关的三国历史；正在兴建的庞公片区也可高密度地以三国历史文化命名路名。同时，在全市范围内特别是三国文化集中展示区，鼓励并引导商家使用具有三国元素的店名。

（三）构建三国历史文化创意之城

文化的影响力在于它是创意的不竭源泉，以三国历史文化为源，与产业创意相结合，将三国文化融入经济发展、旅游发展中去，赋予三国历史文化以现实意义，一方面增强了文化的影响力，另一方面则成为经济的推动力。

1.建造三国历史文化城

襄阳可以依托古隆中丰富的三国文化资源，在古隆中附近建设一座既古老又现代、既可赏又可玩的三国历史文化城。具体包括以下几个方面：

建造三国影视城。搭建一座三国影视城，以真山真水打造恢宏大气、现实感强的真实场景，同时邀请国家顶尖影视编剧撰写《刘表》《诸葛亮》等剧本，重新演绎荆州古治、隆中躬耕、马跃檀溪等在襄阳历史舞台上发生的三国历史的精彩篇章，利用名人效应，扩大影响力。以广泛流行的互联网RPG游戏（角色扮演游戏）"三国志"为蓝本，翻拍3D数字电影《襄阳英雄会》，吸引年轻一代观众，从各个年龄层面扩大襄阳作为三国历史文化名城的知名度。同时，打造三国实景街区。充分利用影视城建筑，进行实景街区的打造，以吸引投资，充实三国城的文化内容。对街区从业人员进行严格、精细培训，使其店堂风格与大环境整体契合。

建造高规格三国主题蜡像馆。精心选择诸葛亮、刘备、曹操、关羽、赵云等深受广大游客熟悉和喜爱的三国人物形象制作蜡像，游客可以与心仪的三国英雄近距离互动。将一些经典的襄阳三国历史故事情节如三顾茅庐、马跃檀溪等制作成富有趣味和互动性的场景，游客可以进入场景中扮演感兴趣的角色。设立现场制作蜡像项目，游客可选择喜爱的三国人物形象与自身相结合制成小蜡像，成为新奇可爱的旅游纪念品。

建造三国主题动漫馆。将青少年热爱的三国主题动漫如"三国志""火凤燎原""三国神兵""三国无双"等场景还原，以吸引青少年群体。定期发起、组织三国动漫真人秀、三国COSPLAY等时尚活动，让古老的三国历史文化逐步渗透到新生代中去，并带动相关产业的发展。

2. 运用三国文化建筑符号

所谓符号，就是"任何社会信息的物质载体"。符号在文化传播中具有非常重要的作用，城市文化的影响必须以那些具有高度代表性的符号来体现。建造三国历史文化名城，尤其需要在建筑上充分运用三国文化符号，体现鲜明的三国特征。三国建筑总体上属于汉代建筑，作为中国历史上第一个鼎盛王朝，呈现庄重典雅、恢宏大气的特点，具体表现为中轴线、汉阙、高台、明堂辟雍等建筑形式的应用，尤其是汉代宫殿建筑，呈现出高超的建设艺术成就。在一些体现三国历史文化的建筑中，如博物馆、纪念馆、风景区建筑等，要善于把握建筑形体文化内涵，大量、准确运用汉代建筑的经典模式和符号，营造典型的汉代建筑风格。此外，借鉴成都宽窄巷子等，设计形象鲜明的三国建筑LOGO，标示在风景区、街道、店堂的建筑物上，如古隆中以传统的"古隆中牌坊"为标志，诸葛亮广场以"羽扇纶巾的诸葛亮"为标志，岘首山风景区以"岘山亭"为标志等。

3. 发展三国历史文化创意产业

作为新兴的产业，文化创意产业的发展令人瞩目，襄阳丰富的三国历史文化需要好的创意对其进行新的解读，对其中所包含的文化元素进行重新解构，点石成金。大型互联网角色扮演游戏（RPG）"三国志"早已为游戏玩家熟知，目前新开发的"神雕"也有羊祜的角色形象，这是新兴的文化产业范例，襄阳除了积极融入全国三国文化创意产业外，还可以开发具有襄阳特色的三国文化创意产业，以此延长创意文化的产业链。注重科技与文化创意的结合。科技创新作用于文化创意，是文化产业发展的最大推动力，也是推动文化软实力必不可少的支撑力量，科技可以使文化创意的应用更加广泛，使文化创意产业的领域更为宽广，如借助科技的力量，开发三国动漫基地、三国穿越游等具有玄幻色彩的旅游产品。

（四）构建三国历史文化传承之城

目前，在全国范围内，襄阳对三国历史文化传承的影响如何？毋庸讳言，襄阳在传承三国文化的影响上，尚不尽如人意，这与襄阳所拥有的丰富的三国历史文化资源极不相符。我们在三国历史文化的研究上，缺乏话语权；在对三国历史文化活动项目的策划上，欠缺纯粹性；在对外的文化交流上，形式单一、范围狭窄。这就促使我们，首先在学术研究上下功夫，以学术研究引导节会举办、文化交流和精神传承。

1. 办出高质量的诸葛亮文化旅游节

诸葛亮文化旅游节已经办出特色，亮出品牌。继续打好"节会"牌，需要在细节上做文章。一是文化旅游节期间的文化活动，继续突出三国历史文化主题。襄阳市在历次"节会"期间，都有三国历史文化活动，但也在总体上存在文化主题过于芜杂的弊端。由于急于向嘉宾、游客展示襄阳深厚的历史和文化底蕴，"节会"期间的文化活动，往往将各个时代的文化内容不加选择地充塞进去，客观上冲淡了以三国历史文化为核心的诸葛亮文化旅游节应有的主题。节会应专注于三国历史文化的表达，使其名实相符，砍掉与三国不相干的活动，而在主题的深入、内容的丰富、形式的多样上做文章。同时抓住文化节期间客流空前增大的机遇，开发三国文化旅游产品精品线路，打造良好的旅游目的地口碑和品牌。襄阳三国旅游一直没有形成规模，这与旅游资源缺乏整合，各景点之间各自为政，旅游点分散，旅游线路设计不合理有关，应以古隆中为龙头，以襄城区遗址核心区为腹地，以周边县市为纵深对三国旅游资源进行深度整合，设计合理的旅游线路，让游客真正体会到襄阳三国历史文化的魅力，才能吸引游客。三国题材一直是影视剧的拍摄热门，电视剧《三国演义》，电影《赤壁》《见龙卸甲》《关云长》等都有相当高的知名度，在有着深厚三国历史文化的襄阳，它们理应受到更多关注，得到更多的放映机会。各影剧院应在节会期间开展三国电影周活动，各电视频道滚动播放《三国演义》电视连续剧。还可以利用手机客户端，在市民中广泛开展微影评、E考据等互动评论活动。结合襄阳本土历史，创作三国历史文化大型舞台展演节目和具有地方特色的剧目。在举办经贸活动过程中，注入襄阳三国历史文化元素。总之，在"节会"期间，所有活动围绕三国历史文化这一核心，一方面给外地客人留下鲜明的印象，另一方面也将每一届"节会"办成一次本地民众的三国历史文化课堂。

2. 活跃三国历史文化人文交流和精神传承活动

襄阳民众对三国历史文化知晓度、认可度高，有着非常深厚的三国历史文化物质基础、思想基础、群众基础，但与之不能匹配的是，襄阳在三国历史文化研究和传承方面，并没有在全国处于应有的领先地位。襄阳应该加大力度，活跃一系列三国历史文化人文交流和精神传承活动，逐步提高在全国乃至在整个华人世界中作为三国历史文化名城的知名度和影响力。

建立学术研究阵地。要在人文和精神层面取得影响，必须首先加强对三国历史文化的基础性研究，建立三国历史文化研究的专业性机构，组织专家、学者对襄阳三国历史文化做深入研究，创办《三国历史文化研究》专门期刊，走出去、请进来两条路并行，与全国知名机构、学者联合举办高规格论坛和讲坛，迈入三国历史文化研究的先进行列，在学术研究上取得话语权。

打造对外交流平台。建议由市政府牵头成立"中国三国文化名城联谊会"，加强与国内其他"三国文化之乡"如许昌、成都等的横向联合。加强对诸葛亮的系统研究，襄阳作为诸葛亮的主要成长地，与诸葛亮的出生地山东临沂、诸葛亮的主要活动地成都联合起来，三地共同做大做强诸葛亮文化。同时，扩大与海内外三国历史文化研究机构、团体和学者的交流，凝聚共识，合作共赢。

开展"文化寻根"活动。襄阳有着丰富的姓氏文化资源，若干姓氏以襄阳为郡望，襄阳可以借此支持一些历史名人宗亲后裔在襄阳寻根，如诸葛氏、羊氏、罗氏、习氏等宗亲联谊活动。支持海内外华人主题文化传承在襄阳寻根，如关公信仰、羊祜信仰、诸葛崇拜等，充分利用襄阳三国历史文化资源，参与、主导相关的"文化寻根"活动。

传承精神文化遗产。襄阳三国历史文化承上启下，既包含对秦汉及其以前历史文化的继承延续，也对两晋以后的历史文化产生了深刻影响。因此，必须从历史文化的纵向发展方面，激活襄阳三国历史文化的基因，传承三国历史文化的精髓，尤其应重视三国精神遗产的传承。三国留给襄阳的，不仅仅是历史、传奇、遗迹，更重要的是一些宝贵的精神遗产，我们要对三国历史文化的优秀内涵进行精心提炼，使其融入襄阳城市精神中去，顺应时代发展的脉搏，促进襄阳经济、社会和文化发展。

三国是襄阳历史上一个重要的历史时期，短短百年，在襄阳建城近3000年历史上仅是一瞬，但所创造的辉煌灿烂的物质文明和精神文明却辉耀古今，今天依然是襄阳历史文化和人文精神中不朽的部分。襄阳正在实施"一城两文化"品牌战略，对资源丰富、充满活力的三国历史文化，我们要坚持传承与挖掘并举、继承与创造同步，提升历史文化资源的保护与开发水平，实现文化效益、经济效益、社会效益的完美统一，着力构建一座特色鲜明、文化浓郁、精神丰满、传承经典的三国历史文化名城。

参考文献：

[1] 沈伯俊：《三国演义新探》，四川人民出版社2002年版。

[2]（南朝宋）范晔：《后汉书》，中华书局1965年版。

[3]（西晋）陈寿：《三国志·魏书·王粲传》，中华书局1959年版。

[4]《诸葛亮集》，中华书局1975年版。

[5]（清）陈锷纂修：《襄阳府志》，湖北人民出版社2010年版。

[6]（梁）萧统选，（唐）李善注：《昭明文选》（中），京华出版社2000年版。

[7]（唐）欧阳询撰：《艺文类聚》（上册），中华书局1965年版。

[8]（唐）孟浩然著，徐鹏校注：《孟浩然集校注》，人民文学出版社1989年版。

[9] 张春林编：《欧阳修全集》，中国文史出版社1999年版。

[10] 张春林编：《苏轼全集》（上），中国文史出版社1999年版。

[11] 启功等主编：《唐宋八大家全集·苏辙集》（上），中国国际文化出版公司1997年版。

[12]（明）罗贯中：《三国演义》，北京燕山出版社1999年版。

[13]（清）王士禛撰：《渔洋山人精华录》（上、下），商务印书馆1937年版。

[14]（清）王士禛著，惠栋、金荣注：《渔洋精华录集注》（下），齐鲁书社1992年版。

[15] 华劭：《语言经纬》，商务印书馆2003年版。

青山绿水和美城
——襄阳建设中国山水名城研究

张润昊

内容提要：关于城市建设，古人在构城理论中就指出"依山者甚多，亦须有水可通舟楫，而后可建"。现代"山水城市"的概念是杰出科学家钱学森先生提出来的，强调"山水城市的设想是中外文化的有机结合，是城市园林与城市森林的结合"。襄阳是中国山水城市的典型代表，"一江碧水穿城过，十里青山半入城"，"外揽山水之秀，内得人文之胜"使得襄阳山水名城有其独特魅力。襄阳山水名城由"森林之城""生态之城""园林之城""秀水之城""文化之城"多维构成。襄阳山水名城既有"山水美、自然美"的生境美，又有"形象美、艺术美"的画境美，还有"理想美"的意境美。襄阳建设山水名城需要唱好"山"歌，描好"水"色，扮好"洲"绿，写好"文"韵，塑好"美"景。

襄阳因有"一江碧水穿城过，十里青山半入城"的自然风光和丰富的"山、水、城、洲、文"城市元素及依托山水自然勾勒的"一心四城"城市形态，被评价为"中华腹地的山水名城"。专家们称赞襄阳"这才是一座真正的城！古老的城墙仍然完好，凭山之峻，据江之险，没有帝王之都的沉重，但借得一江春水，赢得十里风光，外揽山水之秀，内得人文之胜……"襄阳具备打造中国山水名城的独特禀赋和优势，但如何充分发挥自然资源优势和生态环境优势，努力打造宜居宜业的山水名城，是亟待解决的问题。

一、襄阳山水名城的多维构成

（一）"山水城市"概述

城市是人类文明发展的重要标志，是人类高效利用资源，创造物质文明和精神文明的区域，也是先进生产力最集中的地方。关于城市建设，《管子》书中写道："凡立国者，非于大山之下，必于广川之上，高毋近旱，而水用足；下毋近水，而沟防省。"滨水而居往往是城市发展的起点。

中国城市把"山水"作为建构城市的要素，形成山水一体的美景，究其原因，与中国传统的"天人合一"哲学理念和重视山水构图及城市选址布局的"风水学说"理论有关。风水理论中讲究山水和城市、人和自然的共生、共存、共荣，这在古典山水城市多有体现。山阳水阴是一对阴阳关系，在生态意义上强调"得水为上，藏风次之"，山水二者"实相乘也"。而城市则是嵌合于良好的山水关系之间，是山和水的产物，三者是协调共生的。

"山水城市"的概念是杰出科学家钱学森先生1990年7月31日给清华大学教授吴良镛先生的信中首先提出来的。钱学森先生在信中这样写道："能不能把中国的山水诗词、中国的古典园林建筑和中国的山水画融合在一起，创立山水城市的概念。"1993年2月，钱学森先生在《城市科学》杂志上发表《社会主义中国应该建山水城市》的学术论文，指出"山水城市的设想是中外文化的有机结合，是城市园林与城市森林的结合"。吴良镛先生在畅谈山水城市与21世纪中国城市发展时指出："'山水城市'这一命题的核心是如何处理好城市与自然的关系。""山水城市"——"山水"泛指自然环境，"城市"泛指人工环境。"山水城市"提倡人工环境与自然环境协调发展，其最终目的在于建立"人工环境"与"自然环境"相融合的人类聚居环境。美籍华人、著名城市规划师卢伟民先生对山水城市未来的景象作了富有创意的勾勒：首先，山水城市是"可持续的城市"，是"天人合一"的城市。这里的山水之自然美被增进，生态被恢复，在发展中把握山水之魂，遵循生态规律，明了自然的变化过程。山水城市了解土地的承载容量，保护山地而非破坏它。其次，山水城市是具有人情味的城市。它是生气勃勃的城市，有许多机会和工作供选择。它是人性尺度的城市，人们喜爱各自的工作和生活环境。这里拥有为全民服务的整洁、安全和可负担得起的住宅。这是一个绿色的城市，大大小小的花园遍布全城，所有人都可以方便地进入，给人们带来绿意与清新。最后，山水城市是具有东方气质的城市。这里珍视历史肌理，保护地标，并尽力修整这些地标使它们适应于新的高效使用，并热诚地学习本土建筑，同时寻找新的表达途径。

(二)襄阳山水名城界定

早在春秋战国时期的汉江流域，城市就体现了临水、近山的城市规划原则，如宜城楚皇城遗址就是凭依汉江、邻近荆山山脉。到了西汉，依山傍水成了城市规划与建设的美学准则，也是中国传统城市理念的体现。汉江中游的襄阳"南据荆山，北临汉江"，是汉代最鲜明、最典型的山水城市代表。古城襄阳与商埠樊城依江而建、隔江相望，城南与群山相依，城东南与鹿门山隔江相望。城内多条河流穿城而过，城边交汇，彰显着"一江碧水穿城过，十里青山半入城"，"外揽山水之秀，内得人文之胜"的独特魅力。

森林之城。森林之城是指襄阳城市生态系统以森林植被为主体，强调城乡绿化协调发展，注重森林多功能利用和多效益发挥，各项建设指标达到相关标准。城市森林覆盖率达到50%以上；绿化覆盖率达到40%以上，绿地率达到35%以上，人均公共绿地面积达到10平方米以上，城市中心区人均公共绿地达到5平方米以上；有多处以各类公园、公共绿地为主的休闲绿地，多数市民出门平均500米有休闲绿地；城市郊区建有森林公园等各类生态旅游休闲场所，基本满足本市居民日常休闲游憩需求。

生态之城。生态之城是指襄阳经济社会和生态环境协调发展，各个领域符合可持续发展要求。主要标志是：生态环境良好并不断趋向更高水平的平衡，环境污染基本消除，自然资源得到有效保护和合理利用；稳定可靠的生态安全保障体系基本形成；环境保护法律、法规、制度得到有效贯彻执行；以循环经济为特色的社会经济加速发展；人与自然和谐共处，生态文化有长足发展；城市、乡村环境整洁优美，人民生活水平全面提高。

园林之城。园林之城是指襄阳将园林与城市高度融合，"城中有园、园中有城"，重在"外师造化、内得心源"，巧在"善于因借、精在体宜"，兼顾生态景观和城市建设两大重点，是最适合人类聚集的城市模式。城市园林建设是城市建设的重要组成部分，园林城市建设不仅是建设范围的扩大，更是在空间上横贯整个城市，涵盖传统与现代园林内容，在时空上纵贯城市发展历史，体现城市发展的历史文脉，展示新时代园林文化风采。

秀水之城。秀水之城是指将襄阳建成具有完整功能的城市水生态系统，形成"水为脉络，连接组团，融合绿心，水绕城走，城依水建"的"水中大城市"

的格局。改善城市水生态环境，充分体现城市水环境的景观功能，将城市水利、城建配套、环境保护、文化布局、旅游开发诸多功能统筹布局。襄阳城市水系统除了防洪、蓄水、环保、城市建设的功能外，更赋予了其文化功能、景观功能。

文化之城。文化之城是指襄阳具有丰厚的历史文化资源。文化是襄阳山水名城的重要内容。城市文化既是城市的历史产物，又是城市发展中的动态现象。"山水名城"既要把握襄阳特性这一灵魂，达到良好的生态环境，还要塑造完美的文化环境。文化是山水名城的灵魂，文化建设是打造山水名城的重要环节，要把山水名城建设与襄阳山水诗词、山水画、山水园林联系起来，引导艺术家关注城市建设。要按照美的法则来建设城市，城市居民生活在美的空间环境中。

二、襄阳山水名城的特色分析

（一）襄阳"山"之特

1. 灵秀

"山不在高，有仙则灵。"襄阳地处秦岭大巴山余脉，地貌多姿，地势由四周向中部缓缓变低，构成汉江夹道向宜城开口的不规则盆地。北部地处武当山、桐柏山之间，波状土岗，素称"鄂北岗地"，西部为荆山山脉接武当山余脉的山区，南部为低山丘陵区，中部为汉江和唐、白、滚、清河冲积的较开阔平原，东部为大洪山和桐柏山之间的低山丘陵区。全市森林覆盖率为40.18%，海拔多在90～250米之间，全市最低海拔44米，400米以上海拔多在西部山区，全市最高海拔地——保康官山海拔2000米。

这样的地理环境造就了襄阳境内的山水不以高、险为主，而以清秀、丽雅为特色。保康的九路寨奇景、南漳香水河的七彩瀑布和水镜庄、谷城的薤山云海和南河"小三峡"、襄州的鹿门松涛、枣阳和老河口的鄂北岗地风光、市内号称"武当第一山"的真武山和历史名山岘山，电影《闪闪的红星》拍摄地回龙湖、"中原第一洞"九天娘娘洞等景观，无不以秀美奇绝为要领。罗贯中在《三国演义》中对古隆中如此描述："山不高而秀雅，水不深而澄清，地不广而平坦，林不大而茂盛。"卞和献玉、汉江穿天石、岘山名石、襄州漆样等山川风物无不彰显着襄阳山川的秀美。

2. 厚重

襄阳山川不凶不险、秀美可人、物产富饶，为人类历史的书写奠定了基础；襄阳山川历史厚重、底蕴深厚，承载着历代襄阳人的精神守望。

第一，山川物产丰饶。襄阳山川历史久远，山川进化回馈的大自然礼物数不胜数。时至今日，保康后坪镇的五道峡、龙坪镇的大水林场、歇马镇的九路寨、马桥镇的压洞河（临神农架林区）等地仍存有原始森林。综合来看，襄阳重峦叠嶂、岗翠峦青，山上林木叠翠、万木争荣，土特产众多；山下矿藏丰富，山间溪沟流水潺潺，水能蕴藏丰富，山水林结合，风光旖旎。现有种子植物162科778属1605种，囊括了红豆杉、银杏、珙桐、秃杉、钟萼木、苏铁、水杉和南方红豆杉等国家一级重点保护野生植物；境内陆生野生脊椎动物268种，其中兽类60种、鸟类151种、两栖类23种、爬行类34种，包含豹、林麝、白鹳和金雕等国家一级保护动物；矿产资源种类丰富，储量大，已探明有资源储量的矿种43种。枣阳大阜山金红石矿规模属亚洲第一，铝土矿探明储量全省第一，石榴子矿探明储量居全国首位。磷矿分布集中、规模大、质量好、矿层厚且稳定，为全国八大产区之一。

第二，从襄阳山川的命名由来看，襄阳山川得名的历史较为久远。例如：襄阳万山最早可追忆到西周的"方山"，《竹书纪年》《诗经》中都可寻其踪迹，这也使得我们可以较为准确地推算襄阳山川有文化记载的历史至少有2800年。南漳的荆山更是中外公认的楚国神圣之地——国之地望，《史记·楚世家》载："昔我先王熊绎辟在荆山，筚路蓝缕以处草莽，跋涉山林以事天子，唯是桃弧棘矢以共王事。"楚国八百年的历史中，襄阳参与的历史长达五百多年，荆襄地区亲历了楚国从"筚路蓝缕，以启山林"到"飞将冲天，一鸣惊人"，从"辟在荆山"到"问鼎中原"的进程。荆山中流淌的楚风汉韵至今仍然挖掘不尽，韩国至今沿袭汉朝建制，设有襄阳郡，保留有岘山、汉水、鹿门、太平门等襄阳的地名。海外及中国台湾、香港、上海、天津等地都有以襄阳命名的街道和公园。韩国人多次来襄阳寻根问祖。苏轼也曾吟诵："文王化南国，游女俨如卿。"

第三，从襄阳山川承载的历史传奇来看，襄阳山川文化叠加、互为犄角、悠远绵延。例如：中国有很多以岘山命名的山脉，但其中没有一座山脉的历史文化如襄阳岘山这般丰厚。刘备马跃檀溪处、凤林关射杀孙坚处、羊祜的堕泪碑与杜预的沉潭碑、习家池、张公祠、高阳池、王粲井、蛮王洞等古迹名胜群星拱月般包裹着岘山，使岘山成为一座名副其实的名山。向南，岘山与楚皇城、宋玉故里呼应；向东，与鱼梁洲、鹿门山隔江相望；向北，与米公祠、古邓国遗地等相对而视；向西，与古隆中、夫人城挽手向前。山间各有历史故事相铺垫，山与山之间又回环相扣，构成了襄阳山川特有的"扇面诗""藏头诗"，形成了襄阳山川"语淡而味终不薄"的底蕴。

3. 田园

襄阳山水的地质概况带来了襄阳古城布局的"道法自然"；襄阳望族对襄阳山水的艺术追求为崇尚自然。襄阳城依山傍水而建、山水环抱，襄阳古城、鹿门山、"小武当"真武山、岘山习家池、古隆中诸葛躬耕地、水镜庄、春秋寨、樊城九街十八巷等建筑既符合城市建设规划要求，更暗合乾坤八卦、阴阳相合的观念。山中有城、城中有水，一派田园格调。唐代第一个倾力写作山水诗的孟浩然现存诗歌中大部分是他在登临游览万山、岘山和鹿门山时所写遣兴之作，剩余部分多表现田园村居生活主题。王维、李白、皮日休等人的文学作品亦多有反映。

（二）襄阳"水"之特

1. 清澈

襄阳境内水系纵横、河网发达，大小河流600多条，分属长江、淮河两大水系，其中属长江水系的汉江、沮漳河两大河流流域面积占襄阳市河流流域总面积的绝大部分。具体说来，谷城县有北河、南河，襄州区有唐河、白河、唐白河，南漳县、宜城市有蛮河，枣阳市有滚河，保康县有清溪河，还有流经南漳、保康两县的沮、漳二河。襄阳历年平均降雨量876.2毫米，年均径流总量85亿多立方米，正常年过境水量约400亿立方米。全市大中小型水库845座，堰塘88461口，水力资源理论蕴藏量在10兆瓦及以上的河流多条。地下水储量极为丰富，开掘便捷。襄阳江水清澈、水质好，常年保持在国家二类水质标准，境内的汉江水系条件更是与欧洲著名的莱茵河相当。

优质的山水资源是大自然给襄阳的巨大馈赠：一方面诞生了适合生物可持续发展的自然环境，也为地处内陆的襄阳提供了优质港行的先决条件，奠定了襄阳作为汉江流域中心城市的地位，成就了襄阳的"南船北马、七省通衢"。据调查，未来襄阳港规划泊位为 102 个，其中货运泊位 54 个，年通货能力 2956 万吨；客运泊位（旅游）48 个，年通客能力 324 万人次。另一方面带来便利的生存资源。襄阳生活用水均为自供地表水。水产丰富，已查明的鱼类有 98 种，分属 11 目 20 科，其中汉江襄阳段鱼类以流水生态型鱼类为主，如华鳊、南方马口鱼、乐山棒花鱼、圆吻鲴等，年天然鱼产量曾在 8000 吨以上。与此同时，襄阳也收获了较好的农业基础，是全国百亿斤粮食生产大市，粮食年产量占全国的 1%、全省的五分之一，据称襄阳每年生产的粮食可以让全国人民吃一个星期。襄阳先后被确定为全国 20 个大型商品粮生产基地之一、十大夏粮主产区之一、三大芝麻产区之一、全国商品肉牛生产基地、秦巴山高香茶种植基地。据《太平御览》记载，东汉末年，襄阳的黄梨味道甚佳；据《百菊集谱》中记载，"襄阳红"菊花闻名遐迩；明清至民末初年，"襄阳花红"风靡一时，可做"花红茶""花红酒"，武汉三镇的商贩们争相抢购；襄阳粮食酒、茶叶及大头菜等在当代仍有较高声誉。《南齐书·州郡志》载："襄阳左右，田土良肥，桑梓野泽，处处而有。"

水质好、水体清澈缔造了"汉江风光带"，形成了如谷城汉江国家湿地公园、襄阳崔家营省级湿地公园等许多水域美景。清澈如镜是历代文人对襄阳水的主要赞誉，如南漳的七彩瀑布、谷城的薤山云海、襄州的鹿门松涛。李白曾赞叹清溪河水"清溪清我心，水色异诸水"，汉江水"遥看汉水鸭头绿，恰似葡萄初酦醅"。孟浩然曾说："北山白云里，隐者自怡悦。相望试登高，心随雁飞灭。秋因薄暮起，兴是清秋发。时见归村人，沙行渡头歇。天边树若荠，江畔洲如月。何当载酒来，共醉重阳节。"苏轼也有"襄阳逢汉江，宛似蜀江清"的惊叹。

2. 温暖

襄阳地表水及地下水的水体温度常年维持在人体感觉舒适温度范围之内，境内的温泉水常年保持在 36℃～39℃，含有丰富的微量元素。古人认为，是山都有精神，是水都有灵性。汉水的澄碧和温度适中，催生出"襄阳水"灵动、温暖、优雅、智慧的形象代言人——汉水女神。根据文献记载，汉水女神产生于春秋战国前，她比人们熟知的巫山神女、湘水二妃、洛神都要早，是中国文学史上第一个江河女神的形象。《诗经·汉广》道"南有乔木，不可休思。汉有游女，不可求思"；郦道元的《水经注》记载，万山曾是史上汉水女神的现身地，民间建有祭祀汉水女神的建筑——汉庙堆；宋玉的《神女赋》，张衡的《南都赋》，昭明太子的《琴赋》《列仙传》均有汉江女神的故事。综合这些作品来看，汉水女神既美丽、智慧，又谦和、温暖。这些温暖与才情也被李白及孟浩然等文人骚客传颂，唐代崔氏《襄阳作》便有"醉中求习氏，梦里忆襄王"的风雅诉求。

3. 包容

第一，襄阳水兼收并蓄，襄阳的径流水交汇了长江水系和江淮水系。《汉书·地理志》："襄阳，楚地，翼、轸分野。"襄阳是秦巴山川、江汉平原、中原大地的黄金连接点。水域方面，汉江从西北穿过襄阳往东南注入长江；在东北面，唐河与白河在襄阳境内交汇，注入汉江。《湖广图经志书》记载："挟大江以为池，而崇山以为固……南极湖湘，北控关洛，独霸汉上。"襄阳的一江碧水左手牵起《诗经》、右手牵起《楚辞》，让中国文学的两大源头在此发源、交汇并温润着后人，也催生了大量吟诵襄阳山水之胜和美丽传说的古代诗歌，有据可查的达3000多首。第二，襄阳的水与山相得益彰，襄阳人用襄阳水改造襄阳城，营造出山、水、城交相呼应、同生共荣的氛围。建城方面，巧借一江春水做文章，一方面，襄阳古城池以汉江为濠，引襄水（今南渠）入城，聚集城防、水利、生态功能，创意独具匠心，池宽冠天下，巧妙实现了城市与生态、自然与人文的和谐统一；另一方面，襄阳城、樊城依江而建、隔江相望，古城外南部岘山至宜城间是时称"冠盖里"的望族名士聚集之地，"南城北市""岘首名望"，顺山形水势自然勾勒出的空间格局全国少有。唐代诗人杜审言在《登襄阳城》中记叙："旅客三秋至，层城四望开。楚山横地出，汉水接天回。冠盖非新里，章华即旧台。习池风景异，归路满尘埃。"山、水、洲、城巧妙而完美地展现了襄阳的风光旖旎。

（三）襄阳"城"之特

1. 延绵存续

早在10万～20万年前，襄阳的土地上便留下了人类开拓、生息、繁衍的痕迹。《尚书·禹贡》中襄阳位列天下九州之一。襄阳建城史，至晚可追溯至2800年前的西周时期。1986年国务院在公布第二批中国历史文化名城时对襄阳的表述是"襄阳：位于湖北省北部，周属樊国……"综合串联《左传》《国语》《后汉书》《襄阳县志》等记载，可发现襄阳的建城史至晚始于周宣王封仲山甫于樊。而当时，襄阳境内封有邓、卢、鄀、罗、谷、阴、唐、楚等诸侯国。秦统一六国后，襄阳成为秦南控楚地的重要据点。至迟在西汉前期，襄阳县正式设立，隶属南郡。今襄阳城区在西汉时期便是由战国时秦聚落点聚集发展起来的一个相对较大的中心聚落区。东汉末年，荆州刺史刘表将荆州治所迁至襄阳，使襄阳成为下辖今中南地区大部分地域的一级行政区首府。建安十三年（208），曹操设置襄阳郡。历经两晋，到南北朝时期，襄阳或为郡府，或为州治，是一个管辖较大地域的中心。隋唐及五代时期，襄阳为襄州治所，辖16个州，管辖区域包括今湖北省西半部9个地（州）市，河南省南阳地区，陕西省安康、商洛地区，以及四川省万州区和涪陵地区一部分，大约78个县（市）的疆域。宋太宗淳化五年（994），废道设路，襄阳为路治所，为辖8州1军的行政建制，徽宗宣和元年（1119）改襄州为襄阳府。元代改襄阳府为襄阳路，路治襄阳，属河南行省，领1州6县。明代，襄阳为湖广行省的襄阳府治所。明末李自成攻破襄阳，改襄阳为襄京，称"新顺王"登基，建立政权。清代，襄阳为襄阳府治所，隶属湖北省。1914年成立实行省、道、县三级建置，襄阳为襄阳道治所，辖20个县。1950年，襄阳县城区与樊城合并设置省辖襄樊市。1958年属襄阳专区。1970年襄阳专区改称襄阳地区。1979年襄樊市改由省直辖。1983年，襄樊地市合并。1995年，襄樊市设立襄城区、樊城区。2001年，撤销襄阳县设立襄樊市襄阳区。2010年，襄樊市更名为襄阳市，襄阳区更名为襄州区。

2. 固若金汤

《汉书·地理志》："襄阳位于襄水之阳，故名。"晋代习凿齿在《襄阳耆旧记》中写道，襄阳"城本楚之下邑，檀溪带其西，岘山亘其南，为楚之北津戍"。从这个表述中我们不难看出襄阳城的直接历史来历及城市建设行政——军政重邑。顾祖禹《读史方舆纪要》称："襄阳上流门户，北通汝洛，西带秦蜀，南遮湖广，东瞰吴越。"在论湖北形势时说："湖广之形胜，在武昌乎？在襄阳乎？抑荆州乎？曰：以天下言之，则重在襄阳……"冷兵器时代，襄阳是中国南北东西交通的要道和枢纽，号称"天下腰膂"。襄阳城建设首要之义在于其无可替代的军事防御能力，其防御工事全国闻名，区域位置举足轻重。

襄阳城防建设合理利用"岘山亘其西南，汉水萦其东北"的地理优势。湍急的汉江是其北部天堑，西南群山为其自然屏障，东、南、西三面开凿宽阔的护城河做其排涝和防御体系，辅以坚城，构成了著名的"方城"，构筑起难以攻克的汉水防御体系。《图经》载："往者，常筑樊城以为守襄计，夫襄阳与樊城，南北对峙，一水衡之，固掎角之势。樊城固则襄城自坚，襄城坚，则州邑自安。然则襄阳者天下之咽喉，而樊城者又襄阳之屏蔽也。"依山就势，巧借山水增加古城池防御力量的精心布局，使得襄阳固若金汤。南宋抗金将领赵淳在面临金军重兵围攻和自己兵力不足的危难时刻，决然烧掉樊城，退守襄阳，打败了十多倍于己的金兵，取得了襄阳保卫战的全胜，也留下了"铁打的襄阳，纸糊的樊城"的后话。

今天，襄阳境内古城遗址富集、历史悠久。三座古城遗址聚集在市区建成区140多平方公里范围内：3000多年的西周邓城遗址，2800多年的樊城、襄阳城，是国内少有的一个城市内有三座独立建城的古城。襄阳古城墙、夫人城、护城河、古山寨、水淹七军等三国古战场、古邓国及楚皇城遗址等遍布全市。

3.恢宏大气

第一，城市布局方面规划印记深刻。襄阳因其经略南北、沟通东西的地理位置，成为兵家、商家必争之地，南北文化在此交融、渗透，城市建设古朴而厚重，襄城内外城建设标准践行了中国传统城市建设的"城郭"理论；襄城、樊城不同的城市角色分工符合中国传统城市建设"南城北市"的构建理念。襄阳城内的街道基本上是棋盘式结构。南门至小北门分别是南街、北街；东门至西门分别是东街、西街；街道直接贯通，呈偏西部的十字架形，构成襄阳古城的中轴线。围绕东、西、南、北四街开辟了多条横向基本平行的街巷，如马王庙街、城隍庙街、徐家巷、卉木林巷等。街巷路边分布着很多古井，如仁义井、四眼井、西街小井等，城内还留下了历史自然形成或挖土筑城形成的堰塘，如镜湖、母鸡坑、吃汤圆坑等。

从古城遗址上看，西周邓城城址、宜城楚皇城遗址、南漳楚寨群城址、枣阳九连墩古墓遗址等楚文化遗址，无不彰显着襄阳城市建设的大气。护城河、夫人城、绿影壁、陈老巷、九街十八巷无不体现襄阳城市建设的前瞻性。2004年魅力城市获奖词称赞襄阳城"借得一江春水，赢得十里风光。外揽山水之秀，内得人文之胜"，既是对襄阳城所处自然环境的赞美，更是对襄阳城市规划的高度认可。

第二，中心城区建设方面古朴典雅。襄阳古城居山临水，蔚为壮观。城北、东、南有滔滔汉水环绕，西靠羊祜山、凤凰山诸峰。城墙始筑于汉，宋改建砖城，后经历代整理，现基本完好，墙体平均高10.84米，底宽13～15米，顶宽6～11米，周长约7.4公里。明代李言恭诗赞襄阳城"楼阁依山出，城高逼太空"。护城河长5060米，最宽处达250米，平均宽度180米，面积91万平方米，被誉为"华夏第一城池"。

第三，城市人口与文化构成上开放大气。"南襄隘道""南船北马、七省通衢"的襄阳既是群雄逐鹿的古战场，更是文人骚客荟萃之地，历经2000多年商业文化洗礼，上古北方的中原文化和南方楚文化在这里和谐共生，彰显出城市发展时吐故纳新的大气度。李白《襄阳曲》写道："襄阳行乐处，歌舞白铜鞮。江城回绿水，花月使人迷。"欧阳修《乐哉襄阳人送别刘太尉从广赴襄阳》"嗟尔乐哉襄阳人，万屋连甍清汉滨。语言轻清微带秦，南通交广西峨岷"，集中展示了襄阳的富庶与人口交融。历代流民迁徙带来多民族的聚集。在民族文化上，襄阳汇聚了儒家文化、佛家文化、道家文化、基督教文化、伊斯兰教文化；在时代文化上，薅草锣鼓、端公舞、汉江民歌、口丝弦、沮水巫音、巫音喇叭、襄阳花鼓戏、宜城兰花筒、坠子曲艺等丰富多彩、多元开放。

（四）襄阳"文"之特

国学大师王国维认为："都邑者，政治与文化之标征也。"襄阳城作为沟通南北的连接点，都市文化特质鲜明，古朴厚重、风流蕴藉、文化元素灿烂多彩。

1. 缤纷璀璨

襄阳文化得地理和自然之优势，人文荟萃、群星璀璨，自古便是卧虎藏龙栖凤之地。襄阳文化从民族与宗教信仰角度来看，多元因子并行不悖、同生共荣，道家文化、儒家文化、佛家文化的交融发展，道教、佛教、伊斯兰教、基督教等宗教信仰和谐相处。从襄阳文化创作的个体而言，襄阳人物繁盛，既有本籍名人，也有众多大家迁徙至此或隐居或求学或著书或传道。据史载，从史前至民国初，襄阳历史名人130多位（其中2位皇帝、14位宰相），他们文治武功、理论建树、文采风流各有千秋，为人传颂。从艺术的属种看，襄阳既有两千多年前的薅草锣鼓、端公舞、汉江民歌、沮水巫音、口丝弦等，也有数百年历史的大越调、宜城兰花筒、襄阳花鼓戏、坠子曲艺以及新兴的现代都市歌舞剧。

2. 蕴藉深厚

中国古有"江河淮汉"之说，汉水流域是中华民族发祥地之一。襄阳是荆楚文化、三国文化、汉水文化的重要传承区，楚文化、汉水文化、宗教文化、军事文化、红色文化、都市文化交替融合，积淀了深厚的文化资源。

襄阳的诗赋文化、书画文化繁荣荟萃。第三次全国文物普查统计显示，襄阳有物质文化遗存4130处，襄阳现有非物质文化遗产项目300多项，南漳县、南漳县东巩镇、枣阳市为"湖北省民间文化艺术之乡"。襄阳既有汉水女神、下里巴人等文学艺术形象，也有穿天节、端公舞、牵钩戏、唢呐巫音、苞茅缩酒等特色鲜明的传统民俗。

3. 多元融合

汉水是我国古代内河最便捷、最畅达、最繁忙的"黄金水道"。作为汉水流域最重要的水陆码头，襄阳商业文明延绵2000多年。城市经济发展促进多元文化的融合与积淀。汉代襄阳"南援三州，北集京都，上控陇坻，下接江湖，导财运货，懋迁有无"；唐代襄阳"往来行舟，夹岸停泊，千帆所聚，万商云集"，唐代元和年间，襄阳跻身全国4个人口达10万户以上的州治所之一；明清时期的襄阳"商贾连檣，列肆殷盛，客至如林"，辖有30多个码头，建有山陕会馆、河南会馆、江苏会馆、浙江会馆、徽州会馆等全国20多个地区的商业办事机构，经济辐射黄河上下、长江南北。

经济生产力折射在文化上形成了襄阳南北文化交汇的特点，上古北方的中原文化和南方楚文化在这里交汇并发酵，正是"经市闹兼秦楚俗，画疆雄踞汉襄流"。襄阳文化衍生出既能让人感受到"文王化南国"时中原文化遗存的魅力，也能领悟"听歌知近楚"的南方文化习俗；既散发着仲山甫的风范之光，又是文采风流的楚歌流传之地。

东汉末年，文化中心南移，北方士人集团大量流寓襄阳，与本地的知识集团相结合，形成了一次以政治为中心的思想学术与文化高潮，出现了以诸葛亮、庞德公为代表的一大批政治、军事、文化人才。唐以后，襄阳"往来行舟，夹岸停泊，千帆所聚，万商云集"，以至骚人墨客，纷至沓来，流连忘返。著名诗人李白、杜甫、王维、欧阳修、苏轼等都曾游历襄阳。

4. 繁荣昌盛

从西周到北宋（除东晋、南朝短暂时期外），我国的政治中心在西北地区（以长安和洛阳为中心），襄阳得地缘之利，多次成为中央之下的一级政区治所，成为我国区域性的政治经济文化中心。春秋战国时期，襄阳是大国楚和中原天子交往的通道。两汉至隋唐时期，从京城西安、洛阳经襄阳到江陵的驿道，襄阳是汉水在此与唐白河汇合地，更是沟通南北政治、经济的大动脉。中国著名历史学家严耕望在《唐代交通图考》中记述，襄阳中古时代800多年的繁华"犹先秦之邯郸、明清之秦淮"。盛唐诗人张九龄写道："江汉间，州以十数，而襄阳为大，旧有三辅之家，今则一都之会。"杜甫诗曰："即从巴峡穿巫峡，便下襄阳向洛阳。"白居易记载的"下马襄阳郡，移舟汉阴驿"，生动描绘了襄阳"南船北马"、交通便利的繁荣景象。

商业文明的发展带来了文化的交流与碰撞，成就了襄阳都市文化的繁荣昌盛，例如七夕节、穿天节、牵钩之戏、龙舟竞渡、苞茅缩酒、端公舞等民俗，汉广、西曲歌、大堤曲、襄阳腔等艺术形式，这些文化虽时代不同、体裁有异，但均是襄阳都市文化的见证。唐宋以后，戏曲兴起，明清之际，襄阳腔成为汉戏、京戏、滇剧等各类戏曲的主要声腔。而在吸收西北秦腔和武汉、黄陂一带二黄的曲艺精华后，襄阳也形成了地方剧种——襄阳花鼓。"漆器襄样"亦是永久的见证。

5. 声名远播

襄阳"外带汉江，内阻山陵，有金城之固……若据而有之，此帝王之资也"，"其险足固，其土足食"，"水陆之冲，御寇要地也"，为历代兵家所瞩目。清吴庆焘在《襄阳兵事略》中说："世之言形胜者荆州而外必及襄。其用兵萌于春秋，茁于东汉，枝于三国，蔓于东晋六朝，而于宋之南渡，史策具在，可坐而稽也。"其中表现最为突出的是蒙元灭宋之战，究其原因是"元之图宋，举全国之力，围攻襄樊者七年，仅乃克之。襄克，而汉南以下无留行，非形胜之验欤？"解放战争时期，中共中央对解放襄樊战役的贺电是"这一汉水中游的胜利，紧接着开封、睢杞两大胜利之后，对于中原战局的开展帮助甚大"。据史料记载，襄阳历史上曾有172次有名的战争发生，《三国志》86卷中有18卷写到襄阳，《三国演义》120回中有32回故事发生在襄阳，这些战役成就了襄阳"兵家必争之地，天下之腰膂"，也书写了襄阳特有的军事文化。

首先，襄阳的军事文化彰显了古代军事思想的智慧和魅力。如楚巴攻邓鄾之战是春秋时期军事上运用"后退包围"战术的早期典型战例。岳飞收复襄阳六郡之战集中兵力攻防一地，分进合击、初期突袭的战法值得后人借鉴。解放襄樊战役中，人民解放军在战术上由外及内，成就了城池攻坚战的范本，被誉为"小的模范战役"。其次，襄阳的军事文化揭示了独特的精神内涵，铺就了襄阳人的侠义精髓。例如岳飞收复襄阳六郡之战是南宋立国后首次主动出击收复故土并胜利的战役，此后的130多年里，襄阳是南宋整个京湖地区的中心。岳飞及岳家军的忠义与英勇具备了文化符号的象征意义。抗战时期，枣宜会战中张自忠将军的尽忠保国便是其一脉相承的民族财富。再次，襄阳军事文化也留下了许多文化遗产，以飨后人。襄阳现存50余处三国历史文化遗址遗迹，如黄祖射杀孙坚的地点——岘山；前秦攻襄阳之战襄阳守将朱序的母亲筑起内城——夫人城。襄阳存有的军事故事更是不胜枚举，司马荐贤、三顾茅庐、马跃檀溪、水淹七军、刮骨疗毒、岳飞收复襄阳、金花小姐困襄阳……这些故事后来为小说、戏剧等留下了宝贵的创作素材。小说方面如《三国演义》《说岳全传》《七侠五义》《小五义》《射雕英雄传》《神雕侠侣》等，戏剧方面如《女驸马》《水淹七军》《三顾茅庐》等，电影如《战襄阳》等，这些传说成就了襄阳军事名城、文化名城。

三、襄阳山水名城发展定位

（一）襄阳山水名城个性特征

　　青岛的"红瓦绿树、碧海蓝天"，苏州的"小桥流水、粉墙黛瓦"，镇江的"山林城市、大江风貌"，三亚的"阳光、沙滩、大海"，这些简练的短语，形象地概括了城市的本质特征和独特风貌，且具有很强的唯一性、排他性。描述城市的靓词短语，对旅游者来说是认识一个城市的启示语，对市民来说是对家乡的认同，对决策层来说是指导城市规划建设的基本方针。襄阳迄今还没有说得上被广泛认同并能够简练概括城市独特形象的短语佳句。孔子云"仁者乐山，智者乐水"，王维赞美襄阳"江流天地外，山色有无中。襄阳好风日，留醉与山翁"。从建设山水名城的角度考虑，从襄阳山水的"近""亲""融"的特点，能否采用"乐山乐水乐襄阳"呢？

襄阳城是"山水城市意境"的典型体现。襄阳城是以襄阳古城为核心、由汉江和荆山山脉组成的自然山水系统，即"襄阳山水"。襄阳山水是由若干重要的山水环境节点组成的自然景观体系，包括襄阳护城河、汉江、岘山、习家池、虎头山、羊祜山、真武山、隆中山、鱼梁洲、鹿门山、万山等。同时所有这些景观又有其特殊的文化内蕴，它们分别构成"隆中文化走廊""岘山文化走廊""万山文化走廊"；若依据历史文化的逻辑联系，它们分别归属"三国之路""唐诗之路""女神之路"。在襄阳2800多年的发展史中，其悠久的文化融合到秀美的自然环境中，融入山水之间，形成了襄阳特质，表现为"山"—"水"—"洲"—"城"—"文"相互穿插、相互融合，自然环境与人文景观相互交织。襄阳坐拥山江之美与湖光之胜，更有护城河之阔。既有"山不高而险奇，岭虽小而高峻"的岘山，又有"傲帝隐山""千古诗山"的鹿门山。古人云"山得水而活，水得山而壮"，而襄阳更因据山临水，蔚为壮观。明人李言恭诗赞"楼阁依山出，城高逼太空"的古城以及平均宽度180米，最宽处250米，人称"华夏第一城池"的护城河；镶嵌在汉江之心"仙人在汉水落江，被项鳊腾跃救起"传奇的鱼梁洲，更可谓"洲得水而灵""城得文而久"。

（二）襄阳山水名城发展定位

生境美：是山水美、自然美。反映的是襄阳的生活美和自然美，即在襄阳山水名城体现出"木欣欣以向荣，泉涓涓而始流"的自然美意境和"悦亲戚之情话，乐琴书以消忧"的生活美环境，使"山水襄阳"达到"可望、可行、可游、可居"的目的。襄阳山水名城既要符合生态要求，又要给人们提供良好的居住、工作、游息、交通的聚居环境。

画境美：是形象美、艺术美。襄阳山水名城不是机械地模仿大自然的真山真水，而是对其进行精炼和筛选的艺术概括，取一于万，从而达到"本于自然，高于自然"的境界。这个层次主要是解决城市的艺术美和环境美，就是要用艺术家的审美品位、绘画的构图营造城市，创造艺术美的境界，为人们提供一个如画的城市空间。

意境美：是理想美。襄阳山水名城能让人有触景而生的浪漫主义激情。中国传统文化讲究"物在灵府，不在耳目"，这里的"物"意境不是指客观的物象，即不是耳目中的物，而是与心灵相接触、融入了人的情感、意志的"物"。襄阳山水名城不仅仅满足于客观描摹、写实，而是积极寻求"象外之象、境外之境、韵外之韵"。

（三）襄阳山水名城建设原则

1. 体现人文、生态理念

人文生态环境是历史形成的自然和文化的结晶。运用人文生态理念指导城市建设和管理，实质是通过合理开发利用人文生态环境，保证城市文明传承进步，市民身心健康愉悦，资源集约使用，物质、能量和信息高效利用，生态系统良性循环。在提升城市基础服务能力、对外吸引力、可持续发展能力和综合管理能力中体现人文生态理念。

2. 凸显城市历史文脉

著名建筑师沙里宁有一句名言："让我看看你的城市面孔，我就能说出这个城市在追求什么文化。"襄阳山水名城建设要注重历史文化名城保护，要克服"现代化"的负面效应，保留和延续城市的历史文脉，让城市的发展富有个性和魅力。要达到历史文化名城保护和发展和谐共赢的目标，呈现城市规划建设中的理想风貌，在多面性、平衡性和实践性上下功夫。

3. 保持布局的整体性与过渡的连续性

从城市发展整体性、连续性出发，延续历史文脉，突出"山、水、洲、城"的环境特色，从而体现襄阳的形象和突出襄阳鲜明的性格。在整体布局上将"科技现代、自然生态、文化历史"作为主线贯穿在整个山水襄阳的建设中，与城市规划和山水格局呼应协调。改变城市建设的"千城一面"，追求变化中求统一，统一中有变化。在建筑、景观、道路、色彩等要素组合上与襄阳历史文化理解的表达求得统一，与城市整体发展走向求得统一。

四、襄阳山水名城发展格局

襄阳山水名城发展要唱好"山"歌，描好"水"色，扮好"洲"绿，写好"文"韵，塑好"美"景。

（一）青山环抱——"山为伴"

1. 青山工程

以"山水森林城，宜居新襄阳"为理念，坚持城市、森林、园林"三者融合"，城区、近郊、远郊"三位一体"，林网、路网、水网"三网合一"，乔木、灌木、地被植物"三头并举"，生态林、产业林和城市景观林"三林共建"。通过对山、水、城、洲的科学规划、保护、治理、建设，形成林在城中、城在林中、车在绿中、人在景中的森林生态网络。

2. 绿道环绕工程

绿道环绕工程要结合襄阳实际，科学规划精心设计，遵循"生态化、本土化、多功能化、人性化"设计理念，按照有利于市民、游客观景，有利于安全，有利于整合文化旅游资源，有利于环境保护的要求，在规划设计上，既要充分体现襄阳的特色，体现襄阳人民群众的需求，还要综合考虑社会效益的最大化。

3. 山山相连工程

将岘山、习家池、虎头山、羊祜山、真武山、隆中山、鹿门山、万山"串"起来、"联"起来，实现统一发展、统一规划、统一管理、统一旅游线路，使其环环相扣，点点相连。

（二）碧水连天——"水为情"

1. 水"绿"工程

实施饮用水源地安全防护与应急水源建设，中心城区污水处理厂升级改造，重点工业污染源治理，畜禽养殖企业污水治理，餐饮业、医疗及垃圾渗滤液污染治理，水环境监测与应急系统建设等工程建设，切实改善襄阳水环境质量。

2. 水"动"工程

让汉江动起来，建设汉水文化小镇、低空运动项目基地、水娱乐中心，沿江建设汉江十渡（鱼梁洲码头、回龙寺码头、米公祠码头、瓮城码头、庞公码头、夫人城码头、月亮湾码头、长寿岛码头、观音阁码头、崔家营码头），汉江风光带申报突出汉水文化的国家生态旅游示范区。

3. 水"通"工程

将汉江与唐白河、小清河、七里河、襄水、连山沟、滚河、淳河、浩然河

8条主要河流与护城河连起来，形成独特的"九水润城"水系、水网。要引活水造清水，筑水网建绿网，建设有利于旅游资源开发、有利于环境、有利于美景塑造的防洪通道、滨水绿道、景观廊道。

（三）生态绿洲——"洲为心"

1. "绿心"建设工程

加快修复岘首山、万山、团山等山体生态，精心建设鱼梁洲"城市生态绿心"，加快建设岘山国家森林公园等"城市生态绿肺"，进一步增强襄阳汉江、长寿岛等"城市生态绿肾"功能，保护好"一江两洲三山八河"等自然生态环境。

2. 湿地公园建设工程

建设以汉江国家湿地公园为代表的湿地公园群，建成数个具有湿地保育区、生态恢复区、合理利用区、宣教展示区和管理服务区五大功能区的湿地公园，以洪泛湿地、草本沼泽湿地、少量人工湿地和山地森林为补充的复合生态系统。

（四）通城达江——"路（桥）为媒"

1. "山""水""洲""城"相连工程

通过"路""桥""舟""（绿）道"将襄阳"山"—"水"—"洲"—"城"串起来。将山引入城中，成为城市的"盆景"；将水引入城中，成为城市的"精灵"。

2. 一路一景工程

在公园、绿地建设中，要不断创新设计理念，坚持完成配套设施，强调自然式、组团式的景观效果。在城市主干道绿化中，要做到道路修到哪里，绿化就覆盖到哪里，"襄阳故事"就讲到哪里，"一路一景，一路一故事"，凸显襄阳的文化特色，凸显襄阳的生态特色。

（五）紫薇香城——"城为景"

1. 显蓝工程

将建设资源节约型、环境友好型社会，倡导生态文明建设摆在突出位置。把工厂迁出市区，关停并转移污染企业，发展循环经济，安装尾气排放净化装置，提升市民在日常生活中的环保意识、节能意识等，从根本上杜绝污染产生的源头。

2. 建园工程

建成中华紫薇园、襄阳梅花园，建设以郭靖、黄蓉为题材的大侠主题公园，建设襄阳汉水女神公园、三国文化园，建设古城旅游综合体等。建设园林生态景观要注重襄阳文化的植入，要使游人能亲近。

3. 飘香工程

飘起"紫薇香国"美名，开拓、挖掘"紫薇香国"的文化内涵，使之成为襄阳又一张亮丽的名片。加快老城区及新城区女贞、紫薇种植力度，切实突出襄阳城市的市树、市花精神。

4. 亮化工程

用灯点亮（靓）襄阳，用灯点亮（靓）汉江，规划设计襄阳夜景艺术照明方案，应用灯光艺术手法，通过色彩、线条、构图、空间、质感、层次、方向等设计要素展现亮丽襄阳。在关键节点融入文化元素，将城市的亮化与培育产业结合起来，发展古城"夜襄阳"旅游综合体，突出古今结合的"陶醉东巷子"（夜场、夜店、酒吧、酒肆），中西结合的"品味管家巷"（特色餐饮、西式餐饮、咖啡、茶艺），文商结合的"追忆古襄阳"（文化沙龙、茶楼、戏曲、工艺品），推动以旅游业为主的现代服务业发展。

（六）文化名城——"文为魂"

1. 古城保护工程

继承中国传统文化，将中国传统哲学观念以及中国山水画、山水诗词、古典园林所追求的意境和表现手法融入山水城市建设中，使整个城市空间充满诗情画意。以强烈的文化意识保护和传承文化，建一座有文化味的古城。未来20年襄阳古城保护的方向是减人口、矮建筑、弱交通、通城墙、连活水，明确了此方向，关键是如何以文塑城、以文兴城，在文化植入的精、准、细上做文章。

2. 文化识别系统

建设城市标志性建筑、城市雕塑、城市壁画、市标、市徽等城市个性识别系统，展示城市风貌，传播城市形象。在道路的命名和路灯、广告牌、候车站台等处尽量注入地域文化元素；在城市的出入口、主干道节点上，全方位展示历史文化名城、魅力城市、宜居宜业城市、书法名城等城市称号；精心打造主题文化歌曲、影视剧等宣传节目，形成襄阳文化"核心磁场"。

3. 文化产业发展工程

重点发展以唐城、汉城影视基地为载体的影视传媒、演艺娱乐、出版发行、文化创业、动漫游戏、节庆会展、文化产品制造等产业，将襄阳打造成文化产业高地。

4. 精品文化旅游工程

把文化产业与旅游资源的开发、旅游市场的培育、旅游产业的发展紧密结合起来，打造一批在国内外具有较强影响力和竞争力的精品文化旅游线路和文化旅游产品，打造具有鲜明"古城文化、汉水文化、三国文化"特色的旅游品牌，使襄阳成为旅游目的地，把文化旅游业培育成襄阳重要的经济增长点。

5. 原创文艺精品工程

充分挖掘襄阳"古城文化、汉水文化、三国文化"中蕴藏的丰富文艺创作题材，用开阔的视野、大胆的创意，开发一批实景剧、舞台精品、影视剧、文学艺术作品，推出一批优秀文艺精品，达到弘扬襄阳文化的效果。

参考文献：

[1] 王铎：《从洛阳城市建设看钱学森"山水城市"思想》，《工程研究》2010年第4期。

[2] 谭焯匀：《关于乐山"山水城"一体化旅游发展的思考》，《中共乐山党委党校学报》2012年第1期。

[3] 郑黎文：《"山水城市"的研究》，《福建林学院学报》1999年第4期。

[4] 唐凤鸣：《山水文化——山水城市的核心精神》，《湘南学院学报》2004年第1期。

[5] 张志云：《山水城市的魂在哪里》，《城乡建设》2006年第1期。

襄阳，我们的宜居家园
——襄阳建设中国宜居城市研究

张来斌　陈道斌

内容提要：宜居城市是指人文环境与自然环境协调、经济持续繁荣、社会和谐稳定、文化丰富厚重、生活舒适便捷、景观优美怡人、个人发展全面的人类宜居乐业的城市。襄阳建设中国宜居城市是助推汉江流域中心城市建设的需要，亦是满足全体市民日益增长的全面需求的战略选择。得天独厚的生态环境、源远流长的人文历史、功能齐全的公共服务、实力雄厚的经济基础是襄阳建设中国宜居城市的良好基础。本课题通过全面梳理襄阳建设中国宜居城市的优势条件和存在的问题，探讨了襄阳建设中国宜居城市的实现路径。

宜居城市理论是建立在可持续发展、人居环境、生态城市等相关理论上的一个综合性概念，与园林城市、生态城市、卫生城市等概念有本质不同，是对其内容的丰富和升华。

一、宜居城市的内涵、发展及评价体系

宜居城市就是适宜人类居住和生活的城市。

（一）宜居城市的内涵

宜居城市可分为狭义和广义两个概念。狭义的"宜居城市"是指气候条件宜人、生态景观优美、人文环境和谐、治安环境良好，适宜居住的城市。这里的"宜居"仅指适宜居住。广义的"宜居城市"是指人文环境与自然环境协调、经济持续繁荣、社会和谐稳定、文化氛围浓郁、设施舒适齐备，适于人类工作、生活和居住的城市。这里的"宜居"除了适宜居住外，还包括适宜就业、学习，

医疗及文化资源充足等。

宜居城市的内涵可以从四个方面来理解：一是宜居城市是所有城市的发展方向，是城市规划和建设的目标，并非某个城市的专有或代名词。二是宜居城市是一个相对的概念，一个变化和动态的目标，是相对于其他城市或本城市的过去而言的，是否达到宜居城市的标准要参照其他城市和自身发展的历史条件而定。三是宜居城市是城市居民对城市的一种心理感受，其与城市居民的年龄、性别、职业、收入和受教育程度等密切相关。随着经济水平的不断提高，收入的不断增加，居民对精神文化的需求不断增强，对生态环境的要求日益提升，对"宜居"的感受和心理的期望指数也在不断提高。四是宜居城市建设不仅要注重城市经济指标，更要注重城市建设是否能够满足居民在不同层次上对居住环境、生活质量和个人发展的要求。宜居城市的建设目标具有层次性，较低层次的建设目标是满足居民对城市的最基本要求，如安全性、健康性、生活方便性等；较高层次的建设目标应该是满足居民对城市的更高要求，如优雅的人文环境、舒适的自然环境、均等的个人发展机会等。

（二）宜居城市理念的发展历史

工业革命以来，城市得到了前所未有的发展，规模迅速扩大，但伴随而来的是一系列环境和社会问题。为解决城市化带来的负面问题，19世纪末以理想都市建设和田园城市运动等为背景，追求城市舒适、便利和美观等成为英国城市发展的重要理念，这种理念逐步传播到美国及其他西方发达国家。

第二次世界大战以后，随着社会发展，人们对居住环境的追求越来越高并在城市规划与建设中逐渐得到确认。这时的宜居城市理念又有了新的内容：一是公共卫生设施齐备所带来的宜居，二是生活环境优美所带来的宜居，三是建筑历史悠久所带来的宜居。

1961年，世界卫生组织总结了满足人类基本生活要求的条件，提出了居住环境的四个基本理念：安全性、健康性、便利性、舒适性。

20世纪70年代开始，宜居城市的研究更多地关注居民的生活质量以及影响居住区的综合因素，城市规划发展的核心是进一步强调提高居民生活质量。围绕核心问题，规划学、社会学、生态学、地理学以及行为科学等在研究方法和内容上相互交叉渗透，人本主义理念主导下的城市规划学逐渐形成。

20世纪90年代后，随着可持续发展理念在社会、经济以及人们日常生活中的深入发展，特别是1996年联合国第二次人居大会明确提出"人人享有适当的住房"和"城市化进程中人类住区可持续发展"理念后，可持续发展成为宜居城市发展的重要内容。

2000年以来，宜居城市规划开始关注公平性，明确将"公平"作为宜居城市规划建设的关键原则之一。

（三）国内关于宜居城市的研究

国内关于宜居城市的研究始于20世纪90年代对居住环境评价的研究。以吴良镛先生为代表的一大批学者主要从人居环境的理论和评价标准作了探讨和研究。2005年《北京城市总体规划》首次提出将"宜居城市"作为北京城市发展的目标，从此宜居城市理念引发了全社会的关注。2007年4月，建设部科技司通过了中国城市科学研究会立项研究的《宜居城市科学评价标准》并向社会公布。

国内对宜居城市的研究比较重视经济因素对宜居的影响，将经济、自然、社会、人文环境作为宜居城市内涵的综合要素。

（四）宜居城市的评价体系标准

宜居城市的评价标准可以从不同角度设定不同的标准体系，并随着社会的发展不断变化，内容不断完善，体系不断调整，是一个不断丰富的动态体系。

按照《宜居城市科学评价标准》体系的要求，一个城市是否为"宜居城市"可从六大方面来评价：一是社会文明度，包括政治文明、社会和谐、社区文明、公众参与。二是经济富裕度，包括人均GDP、城镇居民人均可支配收入、人均财政收入、就业率、第三产业就业人口占就业总人口的比重。三是环境优美度，包括生态环境、气候环境、人文环境、城市景观。四是资源承载度，包括人均可用淡水资源量、工业用水重复利用率、人均城市用地面积、食品供应安全性。五是生活便利度，包括城市交通、商业服务、市政设施、教育文化体育设施、绿色开敞空间、城市住房、公共卫生。六是公共安全度，包括城市政府预防应对自然灾难的设施、机制和预案，预防应对人为灾难的机制和预案，城市政府近三年来对公共安全事件的成功处置率等。

（五）国内宜居城市建设比较

中国城市竞争力研究会通过对中国289个城市进行调查、研究、评价，发布了"2013中国十佳宜居城市"排行榜，威海、珠海、金华、惠州、台中、信阳、南宁、衢州、曲靖、香港被评为"中国十佳宜居城市"。这些城市的共同特点主要是自然风光优美、生态环境优良、人文历史厚重、交通运输便捷、经济发展强劲、公共服务完善。

威海是山东省的一个地级市，位于胶东半岛最东端，风光秀美，四季分明，依山傍海，是我国知名的旅游城市。威海市是第一批中国沿海开放城市、中国第一个国家卫生城市，拥有"国家园林城市""国家森林城市""国家环境保护模范城市""全国文明城市""中国优秀旅游城市"等殊荣，并获得联合国人居奖。

珠海位于广东省珠江口的西南部，自然环境优美，山清水秀，海域广阔，有一百多个海岛，素有"百岛之市"的美称。良好的生态环境成为其发展的优势资源，城市规划和建设独具匠心，自然和谐，优雅别致，极富海滨花园情调和现代气息。

信阳位于河南省南部，东邻安徽，南接湖北，山清水秀，气候宜人，中原文化与古楚文化在此交融共生，形成了细腻浪漫的豫风楚韵淮上文化风情。信阳素有"北国江南，江南北国"之美誉，是中国南北分界线的最显著标志地，是中国著名的宜居之城、旅游之城、创业之城，也是全国唯一一个连续五年入选"中国十佳宜居城市"的城市。

二、襄阳建设中国宜居城市的优劣分析

襄阳地处华中腹地，是有着2800多年建城史的国家级历史文化名城，区位条件优越，经济首位度逐年攀升。"一江碧水穿城过，十里青山半入城"是襄阳优美生态环境的真实写照，历史上襄阳代为重镇，今天又是汉江之畔的一颗璀璨明珠。襄阳建设中国宜居城市是建设汉江流域中心城市的需要，也是满足全体市民日益增长的全面需求的战略选择。襄阳建设中国宜居城市的目标是"经济发达、文化繁荣、法治优良、功能完善、生态一流、人民幸福"。根据襄阳的

现实条件，建设中国宜居城市近期应以狭义的宜居城市建设为目标，以广义的宜居城市建设做远期规划。

（一）襄阳建设中国宜居城市的优势分析

得天独厚的生态环境、源远流长的人文历史、功能齐全的公共服务、实力雄厚的经济基础是襄阳建设中国宜居城市的基础条件。

1. 得天独厚的生态环境

襄阳市位于湖北省西北部，居汉江中游，地跨东经110°45'～113°43'，北纬31°14'～32°37'，总面积19719.77平方千米。襄阳具有南北过渡型气候特征，冬冷夏热，年均气温15℃～16℃，全年变化呈单峰型。光热充足，年均日照时数1800～2100小时，日均5～6小时，日照率在40%～80%，无霜期为228～249天。襄阳水资源丰富，既有充沛的降水，又有众多的河流和库塘，年平均降雨量820～1100毫米，地表径流量和地下水蕴藏量丰富。地表水矿化度低，总硬度适中，多属软水，可广泛用于灌溉和饮用；地下水矿化度一般也较低，多属中性及弱碱性水，均可作为生产和生活用水。丰富的水资源，为襄阳经济社会发展提供了十分优越的基础条件。

襄阳市是湖北省森林资源大市，森林覆盖率42.57%，高于全省的38.40%和全国的20.36%。湿地资源非常丰富，湿地面积达156300公顷，占全市国土总面积的7.92%，为全国、全省湿地资源较为丰富的地级市之一。襄阳市野生动植物资源丰富，并呈现出南北兼备的鲜明特色。据统计，襄阳有维管束植物189科828属1698种，国家一级珍贵树种8种，国家二级珍贵树种36种，国家重点保护野生植物80多种；有野生动物268种，国家一级保护野生动物10种，国家二级保护野生动物50种。

2. 源远流长的人文历史

襄阳是中国历史最悠久的地区之一。远在60万年前，人类已在此繁衍生息，历代多为州、郡、府治，自古就是文人荟萃、商贾云集和兵家必争之地，也是中原文化和楚文化的汇合地，有众多的历史文化遗迹和国家重点文物保护单位。全市共有全国重点文物保护单位15处、湖北省文物保护单位103处。襄阳作为行政辖区治所，在历史上有三次辉煌时期：一是东汉末刘表为荆州刺史时。襄阳为管辖今湖北、湖南两省和河南、贵州、广东、广西一部的荆州首府，荆襄成为天下大乱中一块安定的绿洲，而襄阳则是当时全国最繁华的城市之一。二是盛唐时期。贞观十三年（639），全国分十道，今襄阳属山南道之襄州。唐玄宗时设十五道，襄阳是山南东道的治所，属一级政区，为今湖北、豫南、陕南、川东的政治中心。三是北宋时期。襄阳为京西南路治所，领襄、郢、随、唐、邓、均、房、金八州，所辖区域大体上为汉水中上游地区。

3. 功能齐全的公共服务

近些年来，襄阳市科研机构集聚，科研水平凸显，已建立国家企业技术中心3家、省级企业技术中心31家、省级工程技术研究中心10家、省级校企共建研发中心6家。R&D（研究与开发）总经费占地区生产总值比重达2.12%，比全国平均水平高出0.42个百分点，远高于宜昌、洛阳、南阳、荆门、随州等城市。专利申请量和授权量均居全省地级市第一。日益完善的科技创新体系，为襄阳产业发展提供了坚实的科技支撑。

教育教学设施完备，教育质量较高。全市共有各级各类学校1362所，普通高校5所，高等教育毛入学率达到33.5%，高于全省和全国平均水平。普通高中48所，年招生能力达到7万人。有中等职业学校36所、普通中学237所、小学456所。有省级示范高中6所、市级示范高中20所、市级以上重点中等职业学校22所。

文化资源丰富，文艺团体活跃，能够满足市民的精神需求。全市有专业艺术表演团体8个、文化馆10个、博物馆7个；有公共图书馆9个，藏书量达1580千册，并建有30个城市社区流动图书站。广播综合人口覆盖率为98.8%，电视综合覆盖率为99.1%。

便利的就医条件保证了老百姓看病就医的需要。全市共有卫生机构3367个，三级甲等医院3所、二甲综合医院9所、二乙综合医院7所、专科医院5所；现有2所市级惠民医院、5所县级惠民医院、8个惠民医疗服务窗口，是全省第一个惠民医疗机构全覆盖的市。基本建立起结构合理、分工明确、保障充分的医疗服务体系。

在工业化、城市化加速推进的背景下，襄阳服务业以年均17.8%的增速快速发展，总量规模大幅提升。文化、体育、教育培训、中介服务等新兴服务业发展迅速，物流、金融、信息服务等生产性服务业带动作用凸显，大大提升了服务业对经济特别是对制造业的支撑能力。目前，全市共有27家A级景区，其中 4A 级 4 家，3A 级 12 家。襄阳旅游基本形成了食、住、行、游、购、娱为一体的旅游产业发展要素体系和水、陆、空齐备、四通八达的交通网络。

4. 实力雄厚的经济基础

襄阳经济基础雄厚，综合经济实力居全省前列，GDP 超过河南南阳市和山西省会太原市，经济首位度逐年攀升。襄阳地处我国内陆腹地中心地带，自古即为交通要道，素有"南襄隘道""南船北马""七省通衢"之称，历来为南北通商和文化交流的重要通道。襄阳处于武汉、长沙、郑州、合肥、西安、重庆、成都等都市圈的中心位置，且距离均在 1000 公里以内，是连接东西南北的重要交通枢纽。"一条汉江、两座机场、三条铁路、四条高速公路"是襄阳水、陆、空立体交通网络的真实写照。穿境而过的汉江属三级航道，全年可通航 500 吨级驳船，通长江达东海。襄阳机场已开通北京、上海、深圳等多个航班。汉丹、焦柳、襄渝三条铁路在襄阳交会，构成我国铁路运输的重要枢纽。襄十、襄荆、孝襄、樊魏四条高速公路通达全国，使襄阳的高速公路密度居全国前列。

（二）襄阳建设中国宜居城市的问题剖析

襄阳建设中国宜居城市虽具有上述优良的基础条件和比较优势，但也存在一些亟待解决的问题。

1. 生态环境的保护与修复是当务之急

生态环境是人类赖以生存和发展所必需的生态条件和自然资源的总和，也是"宜居城市"建设与发展的基础。襄阳虽然具有得天独厚的生态环境，但也存在着自然山体和森林遭到一定程度破坏、水环境受到一定程度污染等问题。

2. 人文历史的挖掘与传承是不能绕越的重要门槛

人文历史资源是以人的智慧和行为为核心的资源，并且随着社会经济以及科学技术的发展而不断扩充。襄阳在人文历史资源的保护、挖掘与传承上取得了一定成绩，但存在着缺乏系统和专门保护、开发利用不够等问题。例如诸葛亮是智慧的化身，是与文圣孔子、武圣关羽并列的智圣，但襄阳市与诸葛亮有关的产品开发却严重不足。

3. 公共服务的健全与完善是当前的迫切需要

公共服务的建设范围相当广泛，主要包括公共教育、公共卫生、公共文化等社会事业的建设及公共交通、公共通信等公共产品和公用设施建设，同时包括为解决人的生存、发展和维护社会稳定所需要的社会就业、社会分配、社会保障、社会福利、社会秩序等公共制度的建设。中国宜居城市建设对襄阳的公共服务体系提出了更高要求,公共教育、公共卫生、公共文化、公共交通、公共通信等资源需要合理配置,人才的培养和引进需要进一步加强。

4. 经济实力的提升与上档是必须面对的主要挑战

经济是一个城市发展的基础与动力,虽然襄阳市综合经济实力居全省前列,但仍存在着以下问题:

农业产业现代化比较低。襄阳农业发展仍处于传统农业向现代农业转变的攻坚阶段,农业生产机械化、自动化水平不高,农业科技创新能力不足,农民科技素质整体偏低,农业产业化组织形式和利益联结机制比较薄弱,深加工产品和出口产品少,精深加工不足。

工业产业结构不尽合理。受发展阶段等因素限制,目前襄阳工业产业发展很大程度上还是依赖资本、劳动力投入和资源消耗等方式外在扩张,低附加值产业模式仍未改变,高耗能、高污染产业占比较大。工业产业结构相对单一,汽车产业"一头独大",其他产业规模尚不突出,产业带动力较弱。食品加工、电子信息、装备制造等产业基本处于产业链上游和价值链低端,粗加工产品、初级产品多,科技含量高、附加值高的产品较少。行业内龙头企业带动作用不强,大中小企业之间没有形成充分的专业化与分工协作关系,生产效率偏低。与宜昌、株洲、九江、洛阳等城市相比,襄阳不具有明显的比较优势。

生产性服务业相对滞后。襄阳传统服务业比重偏高,研发与科技服务、营销、金融、信息、供应链管理、现代物流等现代生产性服务业发展相对滞后,对工农业发展的制约作用较为突出。交通运输、仓储、批发和零售业等传统行业增加值占服务业比重近50%,金融业增加值占服务业比重不足6%,租赁和商务服务业比重仅为2.5%。

三、襄阳建设中国宜居城市的实现路径

襄阳建设中国宜居城市应采取着眼长远、总体规划、分步实施的战略。参照目标是国内发展水平相当的城市,追赶目标是发展良好、全国知名、在一定区域内起着引领和带动作用的先发城市。这需要我们对照相关的指标体系,结

合襄阳经济社会发展的进程，以基础条件逐步形成、设施设备逐步完善、建设标准逐步提高为原则，通过具体的工程项目建设逐步推进。

（一）和谐优美的生态环境是建设中国宜居城市的基础

襄阳有山、有水、有丘陵、有平原，自然形态丰富多彩，"一江碧水穿城过，十里青山半入城"是襄阳的最美写照。在城市建设与发展中，襄阳的山水也不同程度地受到了破坏和污染。可以把生态环境的保护与修复工作当作一个综合性工程来实施，长远规划，分头推进，逐步提高。具体工程如下：

1. 十里青山半入城，襄阳拥山而秀丽——青山修复工程

在新中国成立后数十年的建设与发展中，由于思想认识不够，建设中的急功近利等多种原因，襄阳的山体遭受到不同程度的开发性或开采性破坏。应借襄阳创建国家森林城市之机实施青山修复工程。青山修复工程并不是简单的种树、绿化等，应结合森林提质、石漠化治理、采石（矿）区植被恢复等一起进行，同时建设便于市民休闲养身、亲近自然、走进森林的道路及其他设施，让市民真正感受到城市拥抱绿色、绿色装点城市的心境。

2. 一江碧水穿城过，襄阳依水而繁荣——绿水保护工程

水是生命之源、生产之要、生态之基。人类文明因水孕育、滨水而生、受水滋养、伴水而兴、与水共存、顺水发展、治水而盛。襄阳更是如此，依水而建城，傍水而兴起，因水而繁荣。然而，由于工农业生产和城市发展中未能有效保护水资源，襄阳境内各流域都存在不同程度的污染。特别是"南水北调"工程实施后，流经襄阳的汉江水量相对减少，合理利用和保护水源显得日益重要。应开展水源状况教育和环保宣传，鼓励市民参与水资源的保护，提高节水意识；要完善制度和保障机制、加强硬件建设，防治水污染，保护和改善水环境；要加强对水资源的统一管理，合理分配水资源，大力实施节水性工农业生产，倡导节水性生活方式。

3. 碧蓝天空更秀美，襄阳处处应多彩——蓝天清洁工程

蓝天清洁工程主要是减少和限制工农业生产及居民生活对大气造成的污染，保护大气环境。结合国家环保模范城市建设，改造传统农业生产模式、改革落后工业生产工艺、改变过去生活方式，提倡使用清洁能源，减少废气排放，努力做到生产生活低碳化、能源资源节约化。一是严格控制工业生产烟尘排放。

不审批和新建高烟尘排放项目,优化产业和能源结构,加大现有工业企业技改力度,强力淘汰落后产能,降低排放总量。二是改造传统农业生产模式。严禁秸秆焚烧,推广秸秆还田,加大沼气等为代表的清洁能源使用推广力度。三是全面实施机动车排气污染检验和环保标志管理制度,环保不达标车辆禁止上路行驶。积极推广环保节能车辆,逐步提高公务、公交、出租、城市管理等营运车辆清洁能源使用率。四是提高城区清洁能源使用率。市区全面禁止燃煤,提高居民和餐饮服务单位清洁能源使用率,推广油烟净化或分离装置,确保油烟达标排放。

(二)源远流长的人文历史是建设中国宜居城市的底蕴

人文历史资源是历史上人们所创造和积累的遗产,是以物质和精神两种形态表现出来的一种特殊的、其他资源无法替代的资源。

1. 三国文化看襄阳,智慧之都属古城——三国文化资源挖掘与保护工程

文化是人类的精神家园和心灵的归属地。三国文化是以三国时期的历史文化为源,以三国故事和三国精神的传播演变为主流,以《三国演义》及诸多衍生现象为重要内容的综合性文化。襄阳在三国时期政治军事上处于关键地位,学术文化上产生过深远影响,襄阳的三国文化资源急需深入挖掘、保护和利用。实施三国文化资源挖掘与保护工程将会使襄阳在城市发展、文化普及、市民素养提高、商业经营战略、旅游开发、动漫游戏设计等方面受益。可建设三国文化博物馆、三国文化主题公园、三国文化一条街等,以此来弘扬襄阳三国文化的厚重,并打上"三国城市"印迹,彰显襄阳三国文化的特色和精髓。收集、整理、研究、展示襄阳三国文化,更好地服务于宜居城市的建设和发展,目标即是"三国古城,宜居襄阳,全国唯一"。

2. 汉族汉语源汉江,文化渊源永不忘——汉江文化资源挖掘与保护工程

汉江是一条比黄河、长江形成还要早的母亲河,她是中华文明的发源地之一,我们称汉族、讲汉语、识汉字都源于汉江。襄阳依汉江而建城,靠汉江而发展,托汉江而繁荣,深深打上了汉江的印记。应组织专家、学者、民间文艺工作者对汉江历史文化资源进行综合性、全方位的挖掘、保护和传承,这包括有形的物质文化遗产和无形的非物质文化遗产。可建设具有汉江流域特色,集收集、研究、展示、宣传汉江文化为一体的汉江文化博物馆;树立具有汉江文

化特色的雕塑，建设以汉江文化为特色的汉江文化主题公园等。

3.古城古墙读历史，古街古巷唱传奇——襄阳古城体系恢复与建设工程

最能表现襄阳历史文化风采的是襄阳古城体系。襄阳古城体系不光是南岸的古襄阳城，还包括北岸的古樊城，更包括古水运码头、古商业会馆、古街古巷及环城防卫的护城河等。由于战争的破坏和现代化建设等原因，襄阳古城体系中的古襄阳城仅有北边的拱宸门和临汉门基本保存，其他几座城门不复存在，部分城墙墙体遭受一定破坏，环城存在大量不协调建筑，护城河水系受阻淤堵等。古樊城更是因为城市发展和现代化建设等原因几乎烟消云散，仅存一两座城门楼孤零零立在现代化的商业高楼之中。加快襄阳古城体系的恢复与保护，护城河的疏浚与水道贯通应纳入襄阳建设中国宜居城市的高度来看待，这不仅有利于历史文化名城建设，还有利于挖掘历史文化资源为现实发展服务，也有利于开发旅游，更有利于增强襄阳市民的文化认同。

（三）公共服务的健全完善是建设中国宜居城市的翅膀

公共服务体系是一个地区和城市发展水平的最好体现，是公民最能获得切身感受之所在。健全完善公共服务体系就是为襄阳建设中国宜居城市插上腾飞的翅膀。

1.教育卫生为基石，以人为本筑民生——教育卫生体系完善工程

百年大计教育为本。建设宜居城市就要打好教育这个基础，要完善教育体系，改革教育思想，坚持以人为本，促进教育公平，实施终生教育，完善投入机制。一是要加大教育公平，特别是义务教育阶段的公平力度，合理规划布局学校，扶持贫困地区学校的软硬件建设，实现"学校基础设施标准化、公共教育服务均等化、师资配备均衡化、教育教学质量一体化"。二是支持湖北文理学院进一步优化学科设置和专业结构，建成学科特色鲜明、专业结构合理，在全省、全国有一定影响的综合性大学。三是大力发展职业技术教育，支持基础条件优良、学科特色鲜明、师资力量雄厚、与襄阳产业结合紧密的中等职业学校合并组建大专体制的职业技术学院。建成专业结构合理、办学特色鲜明、办学层次完备，省内领先、全国一流的职业技术教育体系。四是完善现代国民教育体系，初步构建终身教育体系，建设学习型城市。初步实现学历教育与非学历教育，包括市民教育、农民工培训等协调发展，职业教育与普通教育相互沟通，

职前教育和职后教育有效衔接。

强身健体医疗卫生先行。积极贯彻和落实国家医疗卫生体制改革相关政策，加强和完善医疗卫生体系，强化政府责任。健全服务体系，创新体制机制，认真落实基本医疗保障制度、基本药物制度，加强基层卫生服务体系、疾控防疫服务体系建设，实现基本公共卫生服务均等化，提高基本医疗卫生服务覆盖水平，打造"15分钟社区（乡镇）卫生服务圈"。建设全时空、立体式的急救医疗体系，打造区域性医疗急救中心。切实解决"看病难、看病贵"等问题，使襄阳居民"看得上病、看得起病、看得好病"。

2. 宜居宜业先修路，东西南北畅交通——交通运输体系健全工程

交通设施对一个区域的发展具有"服务"和"引导"双重支撑功能。要秉持"以人为本、公交优先、节能环保、管理科学"的理念，坚持统筹城乡、适度超前、增量建设与存量改造并重原则，以高速铁路、高速公路、县乡公路、汉江航运、机场口岸建设为重点，着力构建铁路大动脉、公路大网络、水运大通道、空中大走廊的立体型现代化大交通。基本形成内畅外连、安全环保的交通运输体系，提升襄阳承东启西、南畅北通、网络全国的区域性交通枢纽地位。一是构建铁路大动脉。大力争取和积极支持高速铁路和城际铁路建设。力争襄阳至郑州、重庆、西安的高铁早日开工，逐步实现襄阳至武汉的铁路客运公交化，增强襄阳接受中心（省会）城市辐射能力。二是构建公路大网络。建成城市内、外环线，健全完善城市交通。建设串联枣阳、宜城、南漳、保康、谷城的快速通道，实现市区到县（市）通达高速化，国省干道高等级化，县乡公路畅通化，运输管理信息化，城乡交通一体化。大力支持和服务高速公路建设，形成以高速公路为主体，覆盖南阳、十堰、随州、荆门等周边地市的一小时交通网，加强襄阳的对外辐射能力。三是构建水运大通道。建设汉江航道水运主通道，提高航运能力，实现江河直达、江海联运；带动发展以港口物流、船舶修造等为主的"临港产业"。四是构建空中大走廊。改扩建襄阳机场，争取大机型，拓展新航线，加密航班次，实现全国主要城市通航。

3. 乐居尚需休闲处，景区打造显神功——旅游休闲体系升华工程

襄阳旅游休闲要以建设中部地区重要目的地和集散地、中国旅游强市、长江经济带及汉江流域旅游中心城市为发力点，以构建产业实力足、产业贡献大、产业竞争强和支撑产业发展能力强劲的现代旅游产业体系为目标，以资源整合、

项目驱动、品牌塑造、产业集聚、板块联动为手段，着力构筑国内一流、国际有一定影响力的生态文化旅游目的地。加强旅游资源整体开发和保护，培育一批文化旅游品牌，全面提升文化旅游吸引力和影响力。具体项目包括：一是历史文化街区保护开发项目。加快习家池核心区文物维修，岘山文化保护区、荆山山脉古山寨群保护性开发等项目建设。启动南漳古民居修复、陈老巷历史文化街区修复保护、老河口太平街保护等项目。二是文化品牌培育项目。突出三国文化和汉水文化，建设三国文化主题公园、汉江文化主题公园等项目，培育一批在全国具有影响力和感召力的文化品牌。可借鉴开封"清明上河图公园"、无锡"《水浒》影视城"等成功案例。三是文化产业提升项目。开发唐城影视基地、中国（枣阳）汉城等项目，展示"千古帝乡、智慧襄阳"的魅力。发展文化旅游、影视传媒、演艺娱乐、文博会展、创意设计等文化产业，推动文化旅游提档升级。四是文化旅游区建设项目。加快推进襄阳古城、古隆中、岘山、鱼梁洲、鹿门山、保康九路寨、南漳古山寨、谷城大薤山等重点文化旅游景区建设，打造三国文化旅游区、汉水文化旅游区和大荆山生态旅游区等特色旅游区。

4. 社区服务无小事，温馨利民促和谐——社区服务便民温暖工程

发展的根本是为人提供更便利、更优质的服务。应以服务群众为宗旨，以培育和发展连锁化、品牌化、规范化的社区服务企业为抓手，大力推进以便利消费进社区、便民服务进家庭为主要内容的"社区商业双进工程"。重点推进社区便民、利民连锁网络建设，鼓励有条件的商业服务企业深入社区建设公共服务站（点）；积极推动标准化菜市场改造，放心早餐店、放心肉专卖店、放心食品专柜等建设；加快发展社区医药保健、家电维修、代理代办等服务；鼓励发展家庭保洁、烹饪、家务管理、精神陪护、小学生接送、养老等多类型社区家政服务。进一步加大城乡社区建设投入，推进社区服务站和街道社区服务中心建设，完善其居民议事、公共服务、文体活动等综合服务功能。

（四）经济实力的提升上档是建设中国宜居城市的动力

一个城市的经济总量大小和经济结构合理度是衡量城市宜居性的支撑指标。

1. 农业产业是基础，现代科技助发展——农业产业提升工程

襄阳应顺应现代农业的发展趋势，以转变农业发展方式为主线，科技强农

为中心，粮食、畜牧、水产、林业和特色经济作物等优势农产品为重点，基地和项目建设为抓手，加快完善现代农业产业体系，提升襄阳农业的综合生产力和竞争力。积极发展特色农业，打造优质农产品生产基地；推动发展特色优势养殖业，壮大畜禽养殖业、优化提升水产养殖业；加快发展现代林业，打造千亿级林产业基地。

2.工业产业为支撑，优化链条提动能——工业产业优化工程

合理规划工业产业布局，优化产业链条。要准确把握国内外产业发展趋势，紧跟国家产业政策导向，以产业园区为平台，以重大工程项目为抓手，以技术创新为驱动，立足现有产业基础，拓展未来发展空间。进一步优化和深化已经基本形成的"一个龙头、六大支柱"产业布局，全面提升制造业发展水平，依托东风等国家汽车工业骨干企业，开放式、集约化发展汽车产业，积极与央企和具有核心竞争力的国内外汽车及零部件企业合作，把襄阳打造成为现代汽车和零部件产业基地，做大做强汽车产业以带动和提升其他产业发展。

3.服务产业乃翅膀，规模效益促增长——服务产业规模工程

按照发达国家产业结构演进规律，当人均GDP超过4000美元后，消费将成为服务业发展的新动力，推动服务业迅速崛起。襄阳的服务产业规模工程可分为几大配套组合工程：一是现代物流业做大做强工程。随着交通基础设施逐步完善，区位优势进一步提升，襄阳完全有条件成为区域性物流节点城市和区域性物流中心。二是区域性商贸中心打造工程。今后应按照"以人为本、扩大供给、拓宽领域、提升层次"的原则，以转变流通发展方式为主线，把商贸与文化、旅游结合起来，用先进技术和现代经营理念改造提升商贸流通业，不断提高行业规范化、便利化、现代化水平，建设服务中部、辐射周边的区域性商贸中心和消费中心。三是新兴服务业发展培育工程。加快发展金融服务，打造区域性金融中心；着力发展信息服务业，全面提高信息化水平；高起点发展商务服务，打造中部地区重要的商务中心。四是农村商业流通网络健全工程。结合城乡一体化建设，加快连锁超市下乡、标准化"农家店"和综合服务中心建设；加强鲜活农产品集配中心建设，建立从鲜活农产品生产基地到销售终端的全程冷链系统；健全以工业品下乡和农产品进城双向流通为特色的新型农村市场流通网络。五是房地产业健康稳步发展工程。要以城镇化建设为契机，加快城中村和棚户区改造，推进公租房和廉租房等保障性住房建设；积极发展中小

户型商品房，适度建设一批精品住宅和高档小区，着力构建全面的住房保障体系和合理的住房市场体系。以集约节约利用土地、改善农村居住环境为目标，逐步推动新农村、农民公寓建设，完善公共配套服务，促进农民向市民、农村向社区转变。

襄阳建设中国宜居城市还有许多工作要做，如"平安襄阳""法治襄阳"建设，预防和应对突发性自然灾害或人为灾难的体系建设，全民参与的科技创新、创造发明体系建设等。限于篇幅，在这里只能挂一漏万，提出一些不成熟的初步设想。建设中国宜居城市需要社会各界出谋划策，需要市民的广泛参与，更需要政府的全面规划，并在建设发展中不断提高、逐步完善。经过努力，争取在3～5年内把襄阳打造成"经济发达、文化繁荣、法治优良、功能完善、生态一流、人民幸福"的中国宜居城市，让居住在襄阳的人民能深深地感受到"居者能安、业者能赢、学者能益、食者能美、游者能爽、行者能畅"的愉悦和幸福。

参考文献：

[1]张文忠：《宜居城市的内涵及评价指标体系探讨》，《城市规划学刊》2007年第3期。

[2]李业锦：《宜居城市的理论基础和评价研究进展》，《地理科学进展》2008年第3期。

[3]吴良镛：《人居环境科学导论》，中国建筑工业出版社2001年版。

[4]冯毓奎：《两型社会建设：汉江区域发展报告（2009）》，中国社会科学出版社2011年版。

[5]冯毓奎：《两型社会建设：汉江区域发展报告（2011）》，湖北人民出版社2013年版。

[6]2013年襄阳市国民经济和社会发展统计公报。

[7]国家发改委宏观经济研究院：《"产业襄阳"发展战略规划》。

[8]国家林业局林产工业规划设计院：《湖北省襄阳市国家森林城市建设总体规划（2010—2020）》。

华中旅游城　诗意栖息地
——襄阳建设华中旅游名城研究

朱运海

内容提要：旅游业是名副其实的体验经济，旅游吸引力和体验质量往往受制于以历史印象为代表的城市知名度和以旅游审美为代表的城市美誉度。本课题从文化传播的角度，选取了人们喜闻乐见的名著、诗词、书画和传说四类历史记忆载体，从中梳理出襄阳旅游的历史印象；从旅游审美体验的角度，对襄阳的历史印象进行审美文化分析，解析出爱情、智慧、战争、帝王、高士和山水六大审美意象。为了建好华中旅游名城，襄阳必须抢抓建设汉江流域中心城市的历史机遇，做好旅游发展战略定位，即"一枢纽两门户三目的地"。

　　文化旅游的发展大都需要依托中心城市，文化旅游的竞争也日益表现为旅游中心城市的城市文化和城市品牌的竞争。城市文化与城市品牌的关系是，城市品牌的实质是向旅游市场传达价值诉求，城市文化则为城市品牌提供价值指引。因此，城市品牌定位成功与否往往取决于城市文化。国内外城市品牌运营的成功经验揭示出：文化高度决定品牌高度，文化力量决定品牌力量，文化影响力决定品牌影响力。襄阳及其周边地区文化旅游的发展必须依托襄阳这座正在崛起的汉江流域中心城市。为了推动文化和旅游的深度融合，使襄阳能够在全国文化旅游大格局中占有一席之地，襄阳提出了"一城两文化"的城市文化定位和"千古帝乡、智慧襄阳"的城市品牌形象。为实现把襄阳建设成为汉江流域重要旅游目的地和集散地的发展目标，必须按照文化旅游发展规律，在城市文化和城市品牌的指引下，对襄阳旅游的历史印象、审美意象和发展愿景等问题进行系统思考。

一、襄阳旅游的历史印象

从文化传播的角度讲，历史印象是指事物在历时性的传播过程中留在历史长河中的那些迹象，而记录这些迹象的往往是历史书籍和文学名著。从旅游认知角度而言，人们对襄阳的初始印象大多是通过对历史书籍、文学名著、影视歌舞艺术的阅读和观赏而获得。为了更好地把握襄阳的历史印象，我们选取了人们喜闻乐见的名著、诗词、书画和传说这四类历史记忆载体，从中梳理出襄阳旅游的历史印象。

（一）名著与襄阳

华中旅游城诗意栖息地名著一般包括诗词、戏曲、小说、散文、学术文集等形式的经典文学作品。本课题所说的名著是指除了古典诗词之外的名著，这些名著对襄阳在海内外的传播起到了非常重要的作用。《韩非子·和氏》是先秦时期除《诗经·汉广》外的另一篇记述襄阳人和事的名篇，被选入中学教材。由于《和氏》事件与历史上的和氏璧以及楚文化联系在一起，遂形成了"卞和献玉"的文化主题。如果说《和氏》只是一个从襄阳抽离出去的小故事，并未过多涉及襄阳的人文山川的话，那么以《襄阳耆旧记》《三国志》和《三国演义》为代表的三国文化系列则将历史的虚虚实实、是是非非都依附于襄阳的山水草木之上。《襄阳耆旧记》是我国最早的人物志之一，该书所写之人除"牧守"外绝大多数为"襄阳人"（此处的襄阳指郡或县）。另据叶植先生考证，《三国志》和《三国演义》中分别有18卷和32回发生在襄阳。作为中国谋略代表的《隆中对》因入选中学课本而广为流传。《荆楚岁时记》记录了以江汉流域为中心的古代楚地岁时节令风物故事，使得襄阳地方性的岁时节日流行全国。欧阳修在《岘山亭记》中对羊祜和杜预的功过得失给予评鉴，使得襄阳和岘山声名远播。《马可·波罗游记》中关于蒙古军队攻襄阳的记载对传播襄阳起到了重要作用。"三言二拍"的名篇《蒋兴哥重会珍珠衫》就发生在襄阳。

（二）诗词与襄阳

"汉有游女，不可求思"（《诗经·汉广》）中的"游女"被汉初的鲁、齐、韩三家解释为"汉江神女",而《韩诗内传》则明确记载郑交甫遇到神女的地方在"汉皋"。西汉刘向在《列仙传》、前秦人王嘉在《拾遗记》中都有对汉水女神的记载。这一传说到了宋代庄绰的《鸡肋编》中则成了"穿天节"的由来。东汉时期王粲的《登楼赋》《七哀诗》,魏晋南北朝时期流传甚广的《山公歌》、阮籍的《汉川咏怀》,梁朝萧衍和沈约共同创立的《襄阳蹋铜蹄歌》(又名白铜鞮,为襄阳街道名)等都为传播襄阳发挥了重要作用。陈子昂在《岘山怀古》中对以羊祜和诸葛亮、岘山和汉江为代表的襄阳人文山水进行凭吊。杜审言、杜甫祖孙两代都写下了大量歌颂襄阳的美丽诗篇。张柬之和张九龄两位贤相分别留下了《大堤曲》和《登襄阳岘山》两篇佳作。宋之问的《渡汉江》又为汉水增添了一抹思乡的色彩。襄阳人孟浩然所创作的260多首诗歌中几乎一半涉及襄阳。同为襄阳人的张子容有描绘汉江的《春江花月夜》留传后世。王维的《汉江临眺》则成为描写汉江气韵和襄阳美景的杰出代表。诗仙李白的《襄阳歌》《襄阳曲四首》等赋予了襄阳大气磅礴、豪放飘逸的"诗仙"精神。白居易《襄阳舟夜》中的"下马襄阳郭,移舟汉阴驿"成为襄阳"南船北马"之名的由来。刘禹锡《大堤行》中的"酒旗相望大堤头,堤下连樯堤上楼"再现了唐代襄阳的繁华。元稹则在《襄阳道》中咏吟了羊公、岘山、堕泪碑、襄阳城和汉水。诗鬼李贺的《大堤曲》又为汉江和襄阳增添了一丝浪漫气息。襄阳人皮日休尽管以散文见长,但也留下诸如《习池晨起》《襄州春游》等吟诵家乡山水名胜的诗篇。古隆中在宋代诗词中反复出现,大文豪苏轼和曾巩都写过同名诗作《隆中》。范仲淹的《寄题岘山羊公祠堂》,欧阳修的《汉水行》,苏轼的《万山》《岘山》,刘过的《襄阳歌》和《西吴曲·怀襄阳》等皆为吟诵襄阳的名篇。明代吴绶的《隆中十景》更为出名。清朝在南阳做官的襄阳人顾嘉衡写下了"心在朝廷原无论先主后主,名高天下何必辩襄阳南阳"的名联。

(三)书画与襄阳

襄阳地区在书画艺术方面的影响始于魏晋南北朝时期,考古发现了许多这一时期的高水平画像石、画像砖。三国时期,以刘表、诸葛亮为代表,开启了襄阳书法艺术史,其中诸葛亮的《远涉帖》经王羲之临摹得以留传后世。南朝宋时期的画家宗炳长期生活在荆襄一带,《南史·宗炳传》说他"好山水,爱远游。西涉荆巫，南登衡岳，结宇衡山，欲怀尚平之志"。在其所著的《画山水序》中提出了"山水以形媚道"，"神本亡端，栖形感类，理入影迹"，"万趣融其神思"，"畅神而已"的美学思想，赋予了自然山水一种有别于孔子"仁者乐山，智者乐水"的独立审美价值。襄阳独特的山水风光和书画艺术的积淀培育了一代大书法家米芾。米芾在《群玉堂米帖》中自叙其"七八岁作字，至大一幅，书简不成"，至十岁时已能"写碑刻，学周越、苏子美扎，自成一家"。另据《襄阳县志·古迹》和《韵语阳秋》卷十四记载，襄阳书法家罗让（或称罗逊）是他在这一时期的书法启蒙老师。米芾在17岁时随母亲离开襄阳到京都汴梁。米芾的山水技法被长子米友仁继承和发扬，奠定了"米氏云山"的特殊表现方式。米友仁对绘画的另一贡献是极大推进了画与诗、书的结合。尽管绘画的题款始自于苏东坡和米芾，但是大开诗、书、画结合之法门的却是米友仁——他的《潇湘奇观图》前画后题，又录入了许多别人所作的诗歌，这种诗、书、画三者浑然一体的绘画方法在米友仁之前绝无仅有。襄阳书画艺术之风鼎盛，历史积淀深厚，这一珍贵的历史遗产在襄阳有很好的应用与传承：隆中、岘山、鹿门山等襄阳名胜都有书法艺术的展示，如岘山摩崖石刻、隆中碑廊、鹿门山碑林、老河口南派木版年画等，因此，2011年襄阳获得了"中国书法名城"的称号。

（四）传说与襄阳

传说，是指人们利用口耳相传的方式来记忆和传承历史，内容由与历史事件、历史人物及地方风物有关的故事组成，属于民俗文化中民间口头叙事文学，是传统文化的重要组成部分。民间传说对于传播地方文化具有重要价值。由于襄阳的民间传说很多，本文根据研究主题的需要，仅选取和"一城两文化"相关的传说。经过初步收集和分类整理，发现这些传说多以市区的汉江、岘山、鹿门山、古隆中和襄阳古城等为背景，并且可以分为六类：（1）城市地名类。这一类传说比较有代表性的有"铁打的襄阳，纸糊的樊城"、老龙堤的传说、鹿门山的传说、凤凰山的传说等。（2）人心善恶类。该类故事传说多具有贬恶扬善的伦理宣导意味，比较著名的有谷隐寺大米洞、观音阁蛛丝拉金船、襄阳仁义街的传说等。（3）宗教信仰类。该类传说多和宗教祖师及名人有关，比较著名的有真武选址小武当、"四海习凿齿，弥天释道安"等。（4）爱情传说类。主要表达了汉江流域人民的爱情观和审美观，比较著名的有汉水女神、神女弄珠、穿天节的传说、望楚山虎精和虎皮井的传说等。（5）民间智慧类。该类传说反映了襄阳人民的生存智慧和生活情趣，比较著名的有绿影壁的传说、襄阳为什么只打四更等。（6）英雄人物类。如金黄小姐的传说、金花小姐的传说、白莲教起义和王聪儿的传说等。

二、襄阳旅游的审美意象

旅游审美的实质是旅游者内在心意与外在旅游景观之间完美契合的状态。旅游审美活动中"意"与"象"的关系是，"意"处于主导地位，决定了旅游者对景观的感知和情绪体验，"象"是以旅游景观为载体的有意味的形象，它通过旅游感知激发和唤醒旅游者的"意"，当二者完美契合时旅游审美体验就完成了。对于旅游地而言，旅游审美意象源于其对外传播中所形成的历史印象，那些流传越久远、越暗合人类永恒主题的历史印象就越具有审美意象性，从而也就越容易成为人们心目中向往的旅游目的地。

（一）浪漫传奇的爱情意象

爱情是人类的永恒主题，古今中外的文化名著无一例外都有爱情的话题。在漫长的历史长河中，襄阳的山水草木见证了许多具有浪漫传奇色彩的爱情故事。

1. 青涩甜美的柏拉图之恋

《诗经·汉广》篇写的是一位青年樵夫，钟情于一位美丽的姑娘，却始终难遂心愿，情思缠绕、无以解脱，面对浩渺的江水，他唱出了这首动人的单相思之歌。"汉有游女，不可求思"是中心诗句，表达了"不可求"却又不能不去"想"的纠结心理，清新自然、优美感人，诠释出回味隽永的初恋青涩味道和遗憾之美。

2. 浪漫传奇的人神之恋

郑交甫在襄阳万山解佩渚遇到令他心动的女子，尽管也打了招呼、要了信物，然而在一个转身之间，美女和信物都化为乌有，恍若一梦。这个梦吸引着襄阳人在郑交甫遇到神女的那一天，到汉江边去找寻象征美满爱情、幸福生活的穿天石。《汉广》篇的单相思之恋和郑交甫的人神之恋，共同表达了襄阳人对美好生活所持的那种"可求不可得""可求不必成""可成不必久"，但依然要积极追求的态度。

3. 始终如一的帝后之恋

《后汉书》记载，刘秀尚未发迹时就十分仰慕阴丽华的美貌，有"娶妻当得阴丽华"之叹。尽管后来出于政治需要迎娶了郭圣通并将其封为皇后，但始终没有忘记自己当年的爱情承诺，在19年后废黜了郭圣通，封阴丽华为皇后，实现了自己的爱情承诺。

4. 情投意合的雅士之恋

（1）诸葛亮和黄月英的月亮之恋。《三国志·诸葛亮传》中记载黄承彦曾对诸葛亮说："闻君择妇，身有丑女，黄头黑色，而才堪相配。"孔明许，即载送之。时人以为笑乐，乡里为之谚曰："莫作孔明择妇，正得阿承丑女。"黄月英是一位贤内助，对诸葛亮的事业帮助很大。诸葛亮重才不重貌的娶妻标准一直被后人传为雅谈。（2）苏蕙《璇玑图》的爱情智慧。女诗人苏蕙在丈夫窦滔镇守襄阳期间和他产生了矛盾。为了化解矛盾，她用五彩丝线在八寸见方的锦帕上织诗二百余首，计八百余言，纵横反复，皆为文章的回文诗，派人送至襄阳。窦滔读后，亲自备了车马，用隆重的礼节把苏蕙从秦州接到襄阳，从此恩爱如初，白头偕老。（3）魏玩与曾布琴瑟和鸣之乐。朱熹曾赞道，"本朝妇人能文者，唯魏夫人及李易安二人而已"。魏玩与曾布结成夫妻后，恪守伦理道德，夫妻感情和睦，多次受朝廷褒奖，封鲁国夫人。她的词清丽婉约、意境感人，写出了许多反映夫妻爱情生活的好词。

5. 经典永恒的武侠之恋

金庸先生创作的《射雕英雄传》《神雕侠侣》《倚天屠龙记》塑造了郭靖与黄蓉、杨过与小龙女、张无忌与赵敏三对经典武侠情侣，三部小说中都对襄阳有浓墨重彩的描写。三对武侠情侣中尤其以侠骨柔情的"靖蓉恋"深入人心，郭靖、黄蓉守襄阳的义举很好地诠释了"侠之大者，为国为民"的精神。

（二）扭转乾坤的智慧意象

有智慧的人被称为智者，襄阳从古到今涌现出一大批有智慧的人，并且襄阳的智慧往往与民族、国家的命运息息相关，因此可称其为扭转乾坤的大智慧。

1. 邓曼谏君的辩证天道思想

邓曼是春秋时期邓国人,为楚武王夫人,生子赀,后为楚文王。她才貌双全,汉朝司马相如曾称赞"若神仙之仿佛"。刘向《列女传》中称赞她:"楚武邓曼,见事所兴,谓瑕军败,知王将薨,识彼天道,盛而必衰,终如其言,君子扬称。"现代有观点认为她"盈而荡,天之道也",是一种物极必反的辩证天道观,对后来的楚国道家文化发展有启发作用。

2. 卞和献玉的求真精神

卞和因为知道璞玉是块真正的宝玉,尽管因不被理解而被砍掉了双脚但仍然坚持真理,终于使真宝名扬天下,并引出了蔺相如完璧归赵和秦始皇传国玺等诸多故事。

3. 光武中兴的政治智慧

史书称刘秀为人"多权略",遇事深思熟虑、谨慎决断。刘秀称帝前的两次婚姻颇具政治智慧,先娶梦中情人阴丽华,既实现了年轻时的梦想,又成功避开了更始帝刘玄的猜忌。后娶郭圣通不仅避免了一场血战,还因此促成和真定王刘杨的联盟,为平定北方打下江山做了有力铺垫。刘秀勤于政事、裁并郡县、精减官员、善待功臣,其间国势昌隆,号称"建武盛世",历史上称其统治时期为"光武中兴"。

4. 隆中对的战略艺术

《隆中对》被称为天下奇策,不仅在于其透彻分析了三分天下的形势,正确提出了一套发展的谋略,还在于其"志尽文畅"(刘勰),"简而且尽,直而不肆"(苏轼),是诸葛亮散文的名篇。在刘备三顾茅庐后和盘托出隆中对策,为其指明了战略方向。从此,刘备在诸葛亮的辅助下,实力由弱变强,并最终奠定了蜀汉政权。

5. 三国归晋的军事智慧

羊祜坐镇襄阳八年,都督荆州诸军事,于278年抱病回洛阳,同年十一月病故,并在临终前举荐了杜预。羊祜死后二年,杜预按他生前的军事部署一举灭吴,南北统一,当满朝文武欢聚庆贺时,武帝手举酒杯,流着眼泪说:"此羊太傅之功也!"晋灭吴的战争结束了汉末以来长期的分裂割据状态,使中国重归一统。羊祜为这场战争做出了不可磨灭的贡献。

6. 释道安的般若学与净土思想

释道安53岁时率领众弟子从北方南下襄阳，在襄阳研究佛学15年，颇有建树，成为东晋时期的佛教学者和领袖。释道安最突出的贡献，是用中国传统文化解释外来文化，做到"洋为中用"。道安在襄阳、沔州一带住了15年，多次讲说《放光般若经》，并对大小《般若经》进行对比研究，吸引"四方学士，尽往师之"。

（三）金戈铁马的战争意象

襄阳的前身是楚国北方边境的一个戍防渡口，其实质是楚国北方边防军事设施和北上中原的重要战略支点。西汉初年时襄阳始设县，因县治位于襄水（今南渠）之阳而得名，辖汉水以南，中庐县以东、以北的地区。可以说，襄阳是一座因战争而兴的城市。

1. 秦国大将白起攻鄢与长渠

这次战争发生在公元前279年，是楚灭亡前夕的一次战争。白起在今南漳武镇西蛮河中垒石筑坝，开渠引水灌鄢，破城，占领鄢地。白起所开之渠称白起渠，后来被用来灌溉南漳、宜城的农田，至今渠还在。渠所在地称南漳武安镇，因武安侯白起而名。

2. 三国战事之凤林关之战和水淹七军之战

191年，孙坚发兵攻打刘表，刘表派部将黄祖应战，与孙坚相遇于樊城、邓塞之间。双方交战，黄祖兵败坚守襄阳。熟悉襄阳一带山势地形的刘表命令黄祖在襄阳城南的凤林关设下埋伏，当孙坚乘胜夜追黄祖经过凤林关时，遭到刘表伏兵袭击，孙坚被乱箭射死，刘表取得战争胜利。219年，关羽与曹仁在樊城为中心的荆襄地区进行了一场震惊华夏的战争，俗称"水淹七军"。

3. 前秦苻丕攻襄阳与夫人城

378年，前秦苻丕攻打东晋要地襄阳。韩夫人登城观察地形，巡视城防，认为应重点增强西北角一带的防御能力，并亲率家婢和城中妇女增筑一道内城。苻丕果然向城西北角发起进攻，并很快突破外城。晋军坚守新筑内城，击退苻丕。为了纪念韩夫人筑城抗敌之功，后人称此段城墙为"夫人城"。

4. 萧衍起兵襄阳与昭明台

500年，雍州刺史梁王萧衍起兵襄阳，顺汉江东下反南齐，并于502年建立了萧梁政权。昭明太子为梁武帝长子,生于襄阳,辑有《昭明文选》流传后世。位于襄阳古城正中的昭明台就是为了纪念南朝梁昭明太子萧统而建。

5. 岳飞收复襄阳等六郡与襄阳城墙

1134年,岳飞进军收复襄阳等地。岳飞收复襄阳后重新加固了襄阳城墙,现在的襄阳城墙上依然有许多刻有"岳"字的城砖。

6. 李曾伯收复襄阳与岘山摩崖

1251年,京湖安抚制置使李曾伯在收复郢州城后,又向朝廷请求收复襄阳。同年四月,派荆鄂副都统高达率二万一千名荆湖军收复襄阳。此后,李曾伯在岘山摩崖纪录此事,遂留下"岘山铭"。

7. 宋元襄阳之战与射雕英雄

从南宋咸淳三年（1267）八月至咸淳九年（1273）二月,宋蒙襄阳之战持续了大约6年的时间。蒙古军队采取"围点打援"的战略和"先破樊城再攻襄阳"的战术,借助抛石机威力逼降襄阳。在襄阳被围的援襄战争中,值得大书特书的是由张顺、张贵率领的一支由三千民兵组成的敢死队,他们成为日后金庸小说中守襄阳的英雄原型。

8. 张献忠、李自成战襄阳与襄阳王府

崇祯十四年（1641）二月,张献忠率起义军智取军事重镇襄阳,破城并杀襄王朱翊铭,尽获城中兵器、饷银。1642年底,李自成率部40万南下湖广,连破襄阳、荆州等地,至崇祯十六年（1643）正月,又破承天、汉阳诸地,李自成改襄阳为襄京,设奉天倡义文武大元帅府,自任大元帅。

9. 张自忠枣宜会战与张自忠纪念馆

张自忠牺牲的这场战争就是发生在襄阳的枣宜会战,其魂归之地就在宜城长山,现建有张自忠纪念碑。

10. 襄樊战役与羊祜山烈士陵园

襄樊战役是刘邓大军着眼整个中原战局适时发起的著名战役,它从西门攻破"铁打的襄阳",打破了历来"取襄阳必先破东门"的常规,被朱德称为"小的模范战役",并作为我军"五路大捷"和"十大城市攻坚战"之一载入史册。为纪念解放襄樊而牺牲的革命烈士,特在羊祜山修建了烈士陵园。

（四）叱咤风云的帝王意象

此处的帝王主要指以汉光武帝刘秀为代表的帝王文化，主要包括出生于襄阳的古代帝王和龙兴于襄阳的外地帝王，此外还包括出生于襄阳的"一人之下，万人之上"的宰相（或相当于宰相）和被封于襄阳的王侯们。

1. 出生于襄阳的帝王

西汉末年，王莽乱政，天下大乱，出生于枣阳白水乡的刘玄和刘秀先后称帝。与傀儡皇帝刘玄不同，东汉开国皇帝刘秀缔造了"光武中兴"的盛世，被誉为"中国十大名君"之一，是中国历代帝王中唯一一个同时拥有"中兴之君"与"定鼎帝王"两项头衔的帝王。毛泽东曾评价刘秀是"中国最会用人、最有学问、最会打仗的皇帝"。

2. 龙兴于襄阳的帝王

南北朝时期是中国历史上的一个乱世，这一时期的南朝宋和梁两个朝代先后有宋孝武帝刘骏、梁武帝萧衍、梁简文帝萧纲、后梁宣帝萧詧四位皇帝龙兴于襄阳。

3. 出自襄阳的楚王

自周成王以子爵封熊绎于荆山（今南漳县境内）开始，到春秋时楚文王迁都郢城为止，楚国在襄阳境内存续了300多年。楚武王熊通于公元前704年自立为武王，楚开始称王。据考证，春秋时期楚国共有十王十四主出自襄阳。

4. 被封于襄阳的王侯

在历史典籍和武侠小说中襄阳侯和襄阳王频频出现，但是真正被封于襄阳的王侯则只有东汉初的襄阳侯习郁和明代的襄阳王。习郁本为襄阳人，因有功于东汉朝廷，被汉光武帝刘秀封为襄阳侯，为襄阳留下了千年古刹鹿门寺和私家园林鼻祖习家池。明代襄阳王封于永乐二十二年（1424），宣德四年（1428）就藩长沙府，正统元年（1435）移襄阳府。襄阳王共沿袭了9代，分别为襄宪王（朱瞻墡）、襄定王（朱祁镛）、襄简王（朱见淑）、襄怀王（朱佑材）、襄康王（朱佑楬）、襄庄王（朱厚颎）、襄靖王（朱载尧）、襄王（朱翊铭）、襄王（朱常澄）。崇祯十四年（1641），张献忠攻陷襄阳，朱翊铭遇害，襄阳王府被毁，仅存绿影壁。其子朱常澄，崇祯十七年（1644）进封，寄居九江府。

5. 出生于襄阳的宰相

从春秋时期至清代 2000 多年时间里，先后从襄阳地区走出了十六位宰相（或相当于宰相）。他们是：春秋时期的伍子胥，三国时期的张悌，南北朝时期的柳元景、柳世隆、柳文通、柳文深、柳忱、韦睿，唐代的柳浑、张柬之、朱朴，宋代的张士逊、范宗尹，明代的王之望、方岳贡，清代的单懋谦。

（五）俊逸高洁的高士意象

高士在中国文化中一般用于指称那些志趣、品行高尚出俗的人，在古代多指隐士。历史上襄阳涌现出一大批影响深远的高士，为襄阳积淀下了别样的高士隐逸文化。

1. 鬼谷子与南漳指山岩

鬼谷子是战国时期楚国人，纵横家鼻祖，一说其本名王诩，一说其自号鬼谷子，生卒年月不详，曾在河南、陕西、安徽以及湖北当阳和南漳县巡检镇指山岩等五处隐居讲学。《史记》上记载说战国著名的政治纵横家苏秦、张仪均出自鬼谷子门下。

2. 司马徽与南漳水镜庄

206 年，刘备落难路经水镜庄问贤于隐士司马徽，他向刘备推荐说"卧龙、凤雏，两人得一，可安天下"，遂引出"三顾茅庐"的千古佳话。水镜庄又称白马洞，其得名与鹿门山和庞德公有关。有一次在庞德公举行的酒会上，司马徽论古谈今，气质洒脱超凡，庞德公称赞他说："先生数典如流水，水清似镜，真乃水镜先生矣"。此后，"水镜"之名便名扬中原，白马洞遂改名为"水镜庄"。

3. 习郁与鹿门寺

据清同治年间《襄阳县志》记载："汉建武中（25—56），帝与习郁（巡游苏岭山）梦见山神（两只梅花鹿），命郁立祠于山，上刻二石鹿夹道口，百姓谓之鹿门庙，遂以庙名山。"后来，庞德公不受刘表数次邀请，携其妻栖隐鹿门。唐代时，孟浩然、皮日休效法前贤，山上遂有了孟浩然归隐处和皮日休书屋。

4. 三高祠与鹿门山

鹿门三高是为纪念曾隐居在鹿门山的庞德公、孟浩然、皮日休三位高士名人的统称。1613年，襄阳知府马朴所撰《重修鹿门三高祠记》称："（鹿门）山故有庞公祠，代纪葺不一。迨嘉靖四年，侍御王公重建，而以唐从事孟浩然、皮进士日休配享，曰三高祠。"至此，庞公祠被三高祠所取代并受后人祀拜。

5.释道安与谷隐寺

释道安出生于312年，7岁学习《诗》《书》《易》《礼记》《春秋》等儒家书籍。12岁出家为僧，学习印度佛理。53岁南下襄阳，在襄阳研究佛学15年。一般认为谷隐寺是释道安所建。宋代诗人曾巩在任襄州刺史时来游，并写了一首《谷隐寺》诗，诗中写道："岘南众峰外，幽然空谷深。丹楼依碧殿，蓊出道安林。"

6.习凿齿与习家池

习家池，又名高阳池，史载为东汉襄阳侯习郁于建武年间（25—56）所建。习郁后裔、东晋著名史学家习凿齿曾隐居于此，读史诵经，著《汉晋春秋》洋洋洒洒54卷。自汉晋以来，习家池就已成为襄阳南郊的游览胜地，在私家园林史上有着重要地位，在《园冶》中被誉为"私家园林鼻祖"。

7.山简与高阳池馆

山简是"竹林七贤"之一的山涛之子，其"身居节钺之重，雅慕放达之名"，实现了为官、立功、嗜酒、风雅的结合。因喜在习家池饮宴，所以取汉初郦食其自号"高阳酒徒"之意，将其改名为高阳池馆。"山公醉酒"成为文学史上久盛不衰的话题，王维有"襄阳好风日，留醉与山翁"，李白亦有"襄阳小儿齐拍手，笑杀山公醉似泥"歌行言其事，大大提升了岘山的话题性和知名度，给岘山带来了上层文人的名士风气和酒文化的流风余韵。

8.诸葛亮与古隆中

史书记载诸葛亮身长八尺，躬耕隆中十年，好吟诵《梁父吟》。诸葛亮读书独观其大略，常自比于管仲、乐毅，时人对他不屑一顾，只有好友徐庶、崔州平等相信他的才干。诸葛亮躬耕待时，终遇能识"千里马"的"伯乐"，得以施展自身的才华，成就千古名相。

（六）诗情画意的山水意象

《陋室铭》中的"山不在高，有仙则名。水不在深，有龙则灵"道出了襄阳山水的独特魅力。襄阳的山水和历史名人、襄阳古城是分不开的，离开了历代的历史名人和见证兴衰的古城墙，襄阳山水也就没了灵魂。

1. 智慧之山——隆中

隆中有"山不高而秀雅，水不深而澄清；地不广而平坦，林不大而茂盛"之誉，因智慧之星诸葛亮在此躬耕而名扬天下。"人事有代谢，往来成古今。江山留胜迹，我辈复登临"的岘山因羊祜在此发出岘山之叹而吸引后人不断登临，成为天下名山。"鹿门月照开烟树，忽到庞公栖隐处。岩扉松径长寂寥，唯有幽人自来去"的鹿门山正因为"一山隐三高，幽人自来去"，备受文人墨客喜爱，成为有名的隐逸之山。如果说隐居隆中、躬耕待时的诸葛亮和登临岘山、慨然而叹的羊祜多少还有积极入仕、建功立业以求不朽的追求，那么"红颜弃轩冕，白首卧松云"的孟浩然则是在青山绿水之间找到了生命依托的仁者和智者。诸葛亮、羊祜、孟浩然等智者因不同的人生旨趣，赋予了隆中、岘山和鹿门山不同的文化内涵和别样的风情，而这就是襄阳智慧之山的独特魅力所在。

2. 浪漫之水——汉江

《诗经》中一句"汉有游女，不可求思"牵动了古今文人墨客的心，后人因此演绎出了神女弄珠和汉水女神的神话故事，并将其和襄阳本土节日"穿天节"结合在一起。汉江与长江、黄河、淮河并称"江河淮汉"，这么重要的一条江，在儒家经典《诗经》中和一个"游女"形象联系在一起，创造出独领风骚的汉水女神文化意象，这不能不说是中国文化史上的奇迹。汉水游女、汉水神女、神女龙珠等神话传说又赋予了汉江以浪漫气息，为铮铮铁骨的铁血襄阳城增加了一抹温柔浪漫的情怀。

3. 魅力之城——襄阳古城

襄阳古城池最大特点不仅仅是古城墙，而是由城墙、护城河和外围作为屏障的山体，山水城三者有机组合的整体。襄阳古城由坚固宽敞的古城墙，东、南、西三面人工开挖的护城河和北面天然汉江共同构成的护城河系统，以及东、南、西"三岘"诸山和北面汉江所形成的里、中、外三道军事防御屏障。如若将这三道防御体系和城内古建筑看作一个整体，那么襄阳将会是一座"由建筑与山水环境的叠加而显示出鲜明个性特征"的"风景名胜型"的历史文化名城。襄阳古城"一江碧水穿城过，十里青山半入城"，山、水、城三元素有机融合，是典型而又奇特的山水城市，被誉为"一座真正的城"。

4.诗意之地——襄阳

诗词绘画中着墨最多的是岘山、鹿门山、万山、隆中山、汉江、襄阳城、古樊城等元素。襄阳的山水已不仅仅是自然的山水，而是已经充分人文化了的山水。襄阳山水除了有"楚山横地处，汉水接天回"（唐杜审言《登襄阳城》）的恢宏大气，"江流天地外，山色有无中"（唐王维《汉江临泛》）的清微淡远，"微云淡河汉，疏雨滴梧桐"（唐孟浩然《省试骐骥长鸣》）的静谧清幽，"山水观形胜，襄阳美会稽"（唐孟浩然《登望楚山最高顶》）的优美轻快外，还具有"水落鱼梁浅，天寒梦泽深"（唐孟浩然《与诸子登岘山》）的冰冷苦涩和"野树苍烟断，津楼晚气孤"（唐陈子昂《岘山怀古》）的凄苦悲凉。风情万种的襄阳山水再加上"楼阁依山出，城高逼太空"（明李言恭《汉江城楼》）的襄阳城，就构成了大诗人王维的那句"襄阳好风日"的盛赞。

三、襄阳旅游的发展愿景

襄阳旅游的历史印象和审美意象，为我们诠释了一个"华中旅游魅力城，诗意旅游栖息地"的美好愿景，同时也让我们深刻感受到襄阳这座城市的独特魅力和建设华中旅游名城的竞争优势。为了更好地推进城市品牌建设，襄阳市委、市政府确立了"一城两文化"的城市文化定位和"千古帝乡、智慧襄阳"的城市品牌宣传语，大力营销、推广襄阳。为了建设华中旅游名城，做大做强襄阳文化旅游产业，我们应该抢抓汉江流域中心城市建设重大战略机遇，在实现由功能城市向文化城市转变的同时，通过大力发展旅游产业，留住襄阳历史记忆，彰显文化襄阳魅力。尽管目前襄阳在区域旅游竞争中落后于省内的武汉、宜昌等地，但从当前的资源禀赋、区位优势、交通条件、经济实力等来看，襄阳旅游的战略定位应该立足现在、面向未来，大视野、高水平谋划在鄂西圈、湖北省、汉江流域乃至全国的旅游大格局中的位置，并把握好襄阳旅游的发展方向——未来襄阳旅游业的发展应定位于建设华中旅游名城，重点打造"一枢纽两门户三目的地"。

（一）成为重要的区域性旅游集散枢纽城市

枢纽的含义就是指事物相互连接的中心环节、事物的关键之处或重要的地点。所谓枢纽城市,就是指某一城市相对于周边其他城市更为重要,处于中心和关键的地位。我们认为被定位于区域性中心城市和汉江流域中心城市的襄阳,在汉江流域的旅游发展格局中,理应扮演流域内旅游集散枢纽城市的角色,而这又是由襄阳旅游交通枢纽地位和对周边城市旅游的辐射带动作用所决定的。襄阳对外的地理通达性决定了其区域交通枢纽地位,而区域交通枢纽地位又为区域性旅游集散枢纽奠定了基础。

襄阳在地理位置上西接川陕、东临江汉、南通湘粤、北达中原,是鄂、豫、陕、渝四省毗邻地区的交通枢纽,历来就是南北通商要道和文化交流通道,古有"南船北马、七省通衢"之称,今已形成水陆空铁四位一体的立体化交通网络。随着未来西武高铁、郑渝高铁的修建和通车,汉丹铁路的改造,襄阳机场向4D级升级以及谷竹、麻竹、保宜、保神、老谷、枣潜等高速公路建设,为襄阳构建21世纪空陆立体化、网络化的现代交通枢纽提供了机遇。未来随着汉江流域综合开发的深入进行,汉江干流梯级开发及航道标准化建设的持续推进,襄阳的水上交通优势会进一步挖掘。尤其值得一提的是规划建设中的西武高铁和郑渝高铁将再现襄阳当年"北通汝洛,西带秦蜀,南遮湖广,东瞰吴越"的"上流门户"地位。届时襄阳将成为勾连以西安、郑州、武汉和重庆为中心的关中—天水城市群、中原城市群、武汉城市圈和成渝城市群四大城市群的中心枢纽城市。襄阳自身旅游资源丰富,交通枢纽区位优势明显,完全有条件成为区域性旅游集散枢纽城市。

旅游集散枢纽城市的概念源于旅游集散地的概念:旅游集散地是旅游者进入旅游目的地的第一站,然后再由此分流到旅游目的地的各个景区。和旅游集散地概念不同的是旅游集散枢纽城市着眼于城市群,是指在某一城市群范围内扮演着旅游集散地角色的城市,它对城市群内的其他城市具有很强的辐射作用——集散地的集散功能越强,其对周边区域的辐射性就越强。旅游集散枢纽城市扮演者对外招徕集聚游客,对内向城市群内其他城市分流、输送游客的集散功能。目前,以襄阳为中心,依托高速公路、动车,3小时之内可以到达武汉、十堰、宜昌、随州、南阳等城市。随着汉江航道标准化建设和"黄金水道"功能的不断完善,汉江沿线城市群旅游将更为便捷。当前,襄阳建设汉江流域中心城市步伐不断加快,汉江中游城市群旅游集散中心城市地位将逐渐巩固。

（二）成为荆楚大地和汉江流域的旅游门户城市

门户的原意是指居民住房的正门、房屋的出入口，在互联网中常称呼那些集成了多样化内容服务的 Web 站点为网络门户或门户网站。网络门户就是人们上网浏览的出发地点和第一站，经由这道门才可以进入网络的大千世界。同门户网站之于网络"第一站"功能一样，门户城市也是出入某一城市群的"第一站"。门户往往具有集聚、脸谱和导入三大功能：集聚包括对区域内外旅游产业要素和外来旅游者的聚集和吸引；脸谱是指代表了一个区域的整体形象和脸面；导入是指将对外聚集的旅游要素和吸引来的旅游者向其所在区域引导和分散布局。因此，门户城市在地理位置上往往是某城市群内的综合交通枢纽所在地，在经济和社会发展方面也处于较高发展水平。城市群的门户城市能对外部产生极大的吸引力和辐射力，对城市群内特别是城市群腹地城市的发展有极大的促进和牵引作用。

1. 荆楚文化旅游门户城市

襄阳作为汉江旅游带的中心和鄂西圈的战略支点，因其丰富的荆楚文化旅游资源和得天独厚的区位优势，使其在湖北旅游发展战略格局中具有重要意义。从资源上看，襄阳本身就是荆楚文化旅游资源的富集地之一，境内的荆山山脉、沮漳河的上游，是楚人早期活动地之一，留下了包括端公舞、沮水巫音和扛神等一大批极具楚文化色彩的非物质文化遗产以及包括西周邓城旧址、南漳楚寨群遗址和玉印岩、宜城楚皇城遗址、枣阳九连墩古墓群等在内的楚文化遗产。从战略地位上看，全省可以承担荆楚门户的城市只有武汉、襄阳和宜昌。目前，湖北已形成出入荆楚大地的三大门户城市鼎足而立的格局，外地游客从任何一个门户城市进入均可方便通达另外两个门户城市。而襄阳不仅是荆楚文化发祥地，还是进入荆楚大地的重要门户之一，其辐射"武汉城市圈""鄂西生态文化旅游圈"，带动汉江旅游带的战略地位日益凸显。近年来，襄阳以建设汉江流域中心城市为抓手，大力推动文化与旅游的深度融合，推出了以襄阳古城池、三国历史文化和汉水文化为代表的"一城两文化"旅游品牌和"千古帝乡、智慧襄阳"城市品牌，极大地推动了襄阳旅游业的发展。随着经济状况、交通条件的日益改善和旅游开发力度的加大，襄阳旅游的崛起和腾飞也将指日可待。

2.汉江流域旅游门户城市

襄阳踞汉水中游,东西交汇、南北贯通,"汉晋以来,代为重镇",是汉水流域最重要的城市,是区域性经济、政治、文化中心,是汉水文化中具有重要影响和代表性的区域。从交通区位上看,襄阳是襄十随、襄荆荆城市带"T"形交叉点,其辐射范围除了本省的襄十随、襄荆荆外,还包括河南的南阳等城市。从旅游战略地位上看,襄阳既是汉江生态文化旅游带的中心节点城市,又是进入该区域的交通枢纽城市,还是该区域的重要集散枢纽城市,以襄阳为中心可以遍游汉江美景。随着襄阳机场的提级升档和西武铁路的修建,襄阳将成为陕西和湖北沿汉江一线的交通中心,南来北往的游客到达襄阳后可快速通过铁路、轮船和公路沿汉江向上下游城市自由、快捷流动。从旅游观赏的角度,以襄阳为中心可以饱览鄂西圈"半壁江山"的旅游胜景;由襄阳向西北可进入丹淅地区,追踪楚国先人的历史足迹;南下则可进入荆门和荆州,一览我国唯一的一个以楚故都纪南城为中心的楚文化大遗址保护区。随着襄阳建设汉江流域中心城市步伐的加快,襄阳所扮演的汉江流域旅游门户城市的地位将日益凸显。

(三)成为古城文化、三国文化和汉水生态文化旅游目的地

通俗地讲,旅游目的地就是旅游者最想去的地方,是吸引旅游者前往并在此停留、游览的地方。旅游界一般按旅游目的地、旅游吸引半径的不同将其划分为世界级、国家级、地区级和景区级四种类型。也可按照旅游资源的特性和旅游者的旅游体验特征将其划分为自然型、文化型和综合型旅游目的地。我们按照襄阳的旅游资源特性和旅游者对襄阳旅游的价值诉求特征认为,襄阳最具特色的是文化资源,而以襄阳古城、三国文化和汉水文化为代表的"一城两文化"在诸多文化资源中最具有旅游价值。

1.古城文化旅游目的地

襄阳是历史文化名城,古城资源丰富,被列入国家级文物保护单位的古城就有襄阳古城墙、樊城邓城遗址、宜城楚皇城等。除了这些被列入国家级文物保护单位的古城外,古城文化还应包括以襄阳北街、樊城太平店古镇、枣阳前湾明清古村落、老河口太平街、南漳漫云古村落、保康薛家庄古村落、谷城老街等为代表的历史文化街区旅游资源。这些古城、遗址和历史街区等是襄阳古城旅游目的地的重要组成部分,共同构成了襄阳千年古城的文脉。襄阳作为千

年古城旅游目的地，除了自身的古城资源丰富外，其所处的汉江中游地区本身就是一个古城资源非常丰富的区域：上有武当山宗教建筑群、中有襄阳古城墙、下有钟祥的明显陵，四者共同构成了包括宗教信仰、城市生活、军事战争、帝王陵寝等在内的明清古建筑群落，而襄阳就是这个明清古建筑带的中心。

2. 三国文化旅游目的地

襄阳是"中国三国文化之乡"，境内三国文化资源丰富。东汉末年荆州牧刘表将荆州的首府从汉寿迁到襄阳，使襄阳一度成为区域性政治、经济、军事中心和全国的文化学术中心。一般认为襄阳是三国故事的发源地和三国归晋的策源地，因此被称为"三国头、三国尾"——前者主要以水镜庄、古隆中为代表，后者主要以襄阳古城和岘山为代表。在襄阳市区从襄阳古城至古隆中一线是三国历史文化资源的富集带，可以以此为依托重点打造三国文化景观廊道。襄阳的三国文化主要以诸葛亮文化为代表，而汉江流域又是诸葛亮躬耕苦读、成家立业、南征北战、生命终结等人生重要活动的区域。如果说诸葛亮在襄阳未出隆中已知天下三分，那么，羊祜则是在镇守襄阳期间，提出了平吴策略，谋划好了三国归晋、天下一统的蓝图。羊祜在襄阳期间对岘山风景情有独钟，曾多次登临，留下了诸多历史遗迹，唐宋以来历代吟诵襄阳岘山的诗词都会涉及羊祜和堕泪碑。在东亚和东南亚，尤其是日本和韩国，诸葛亮和羊祜知名度非常高。襄阳重点发展三国文化，主打"智慧襄阳"牌，必将有力带动襄阳旅游的发展，而襄阳旅游的发展又必将向世界各国人民充分展示襄阳的文化魅力和城市品位。城市文化、城市形象是城市软实力的重要组成部分，也是招徕客商、吸引投资的重要因素之一，可谓一举三得。

3. 汉水生态文化旅游目的地

汉江穿城而过，是襄阳的一大特色，襄阳打造汉水生态文化旅游目的地，必须做足滨水文章。首先，以鱼梁洲为抓手，深挖汉水女神文化内涵，以修建汉水女神雕塑为契机，做足神女文化文章。其次，尽量恢复汉江沿岸、襄阳历史上十大名祠中的樊侯祠、羊杜祠、庞靖侯祠、忠列祠、郑公祠、三贤祠等。再次，在汉江两岸的滨江一线以绿化、雕塑、建筑小品等方式扮靓汉江，通过设置特色文化街区和主题文化广场展示汉水生态文化风情和满足人民群众的公共文化生活需要。最后，以崔家营湿地公园、月亮湾湿地公园等汉江湿地公园建设为抓手，汉江游轮为载体，搞好水上竞技项目和以穿天节、拔河运动、七夕节为代表的节事活动。

　　汉水生态文化旅游目的地的打造要以襄阳为中心，以汉江中游的十堰、荆门、南阳等城市为依托，实现汉水生态文化旅游组团发展，以汉江为旅游发展轴从上到下依次打造：（1）"丹河谷"旅游组团：以丹江口、老河口和谷城三地为依托，以汉江为发展轴，整合武当山、丹江口水库、谷城汉江国家湿地公园、薤山国家森林公园、承恩寺以及历史名人和非物质文化遗产等汉水生态文化资源。（2）宜城和南漳的荆楚文化旅游：可以宜城的楚皇城和南漳的长渠勾连起两地之间的楚文化旅游资源，打造"一渠一城一湖三人"襄阳荆楚文化旅游格局，即长渠、楚皇城、鲤鱼湖和写入了中国军事史的白起、张自忠以及楚文化的杰出代表宋玉。（3）枣阳最大的汉水生态文化品牌是以汉光武帝为代表的帝乡文化，要重点打造以白水寺、唐梓山、白竹园寺等为代表的帝乡文化品牌和以汉城、玫瑰园为代表的现代主题公园产品。（4）襄阳市区最为著名的汉水生态文化资源当属"一江二城三山四区五人六帝"的组合，即汉江；襄阳古城、老樊城；岘山、鹿门山、隆中山；三国历史文化景区（以古隆中、岘首山为代表），古城文化体验区（以襄阳古城池、樊城城门遗址、邓城遗址以及明清会馆为代表），汉水生态文化风情展示区（以鱼梁洲为代表），现代都市文化旅游区（以东津新区为代表）；诸葛亮、释道安、习凿齿、孟浩然、米芾；汉更始帝刘玄、汉光武帝刘秀、南朝宋孝武帝刘骏、南朝梁武帝萧衍、南朝梁简文帝萧纲、南朝后梁宣帝萧詧。按照"城是一个景，景是一座城"，将其打造成汉水生态文化体验的核心区。（5）钟祥是汉江中游的历史文化名城之一，境内有明显陵、莫愁女传说、莫愁湖等文化资源，同时也是汉江流域唯一的"中国长寿之乡"，这些都是汉水生态文化中的稀缺性资源，可将其打造成为以襄阳为中心的汉水生态文化体验延伸区。

参考文献：

[1]〔美〕凯文·林奇：《城市意象》，华夏出版社2001年版。

[2] 叶郎：《美学原理》，北京大学出版社2009年版。

[3] 朱运海：《襄阳文化旅游产品开发研究》，《襄樊学院学报》2011年第2期。

[4] 刘纯：《旅游心理学》，高等教育出版社2011年版。

[5] 马勇、李玺:《旅游规划与开发》,高等教育出版社 2012 年版。

[6] 朱运海:《汉水女神民俗文化旅游开发研究》,《江汉大学学报》(社会科学版) 2012 年第 6 期。

[7] 朱运海:《襄阳古城池的旅游价值及开发对策研究》,《襄阳职业技术学院学报》 2013 年第 6 期。

[8] 朱运海:《基于旅游审美三维理论的襄阳旅游形象策划》,《湖北文理学院学报》 2014 年第 2 期。

走向智慧之城
——襄阳打造中华智慧城研究

肖兆武

内容提要： 中华智慧城是以智慧文化为"魂"，以不断创新和可持续发展为核心的城市形态，它具有政治清明、教育发达、科技先进、经济繁荣、人才荟萃、环境优越等特征。襄阳是历史上的中华智慧名城，政治智慧、军事智慧、宗教智慧、建筑智慧、艺术智慧、商贸智慧等各具特色，尤其是刘秀、诸葛亮、释道安等人所彰显的智慧在国内外具有极大影响力。襄阳建设汉江流域中心城市，复兴中华智慧之城，进一步打造"智慧襄阳"城市名片，要以智慧文化弘扬城、智慧生态特色城、智慧人才聚集城、智慧经济创新城、智慧生活体验城为目标，通过多种路径将襄阳打造成为真正的中华智慧城，以此"让世界了解襄阳、让襄阳走向世界"。

汉江流域是中华民族优秀文化的重要发源地和贡献地，这里是两汉龙兴之地，也是汉民族兴隆之地，并发展形成了独特的汉水文化。三千里汉江，精要在襄阳。襄阳作为汉江流域的一座国家历史文化名城，历史上孕育和生活过众多杰出人物，如战国时期楚国辞赋作家宋玉、东汉开国皇帝刘秀、蜀汉丞相诸葛亮、东晋史学家习凿齿、唐代诗人孟浩然、宋代书画家米芾等。尤其是以刘秀、诸葛亮、释道安等为代表的智慧文化，享誉海内外。新时期，挖掘襄阳智慧文化资源，复兴襄阳中华智慧之城，对弘扬中华优秀传统文化，以文化引领汉江流域中心城市建设，具有重要现实意义。

一、中华智慧城的界定

（一）从技术层面的界定

近些年来，智慧城市作为探索城市可持续发展的一种新理念和新模式席卷全球，我国住房与城乡建设部也启动了国家智慧城市建设试点工作。目前，智慧城市建设处于探索阶段，还没有一个较为准确的定义，被广泛认同的智慧城市是指新一代信息技术支撑、知识社会下一代创新（创新2.0）环境下的城市形态。智慧城市不仅仅是物联网、云计算等新一代信息技术的应用，更重要的是通过面向知识社会的创新2.0的方法论应用，构建以用户创新、开放创新、大众创新、协同创新为特征的城市可持续创新生态。

（二）从文化层面的界定

中华智慧城是一个智慧文化城，在智慧文化视角下对城市的政治、教育、科技、人才、经济等方面进行研究，其主要内容是智慧文化，当然也包含了技术层面智慧城市的内容。中华智慧城首先是一个智慧文化丰富并具有特色的城市，具体表现为政治清明、教育发达、科技先进、经济繁荣、人才荟萃、环境优越等基本特征，其智慧文化是"魂"，不断创新和可持续发展是核心。如果一个城市具备上述基本特征中的一项或多项，并且在全国或区域内产生较大影响或特色较为鲜明，我们把它称为"中华智慧城"。

本文主要研究的是智慧文化层面的智慧城，即研究历史上的襄阳智慧城、现代的襄阳智慧城定位、目标构成及实现路径设计等内容。

二、襄阳打造中华智慧城的历史依据

襄阳具有2800多年的建城史，形成了丰富的历史文化，铸造了襄阳国家历史文化名城的地位。襄阳历史文化中智慧文化个性鲜明，政治智慧、军事智慧、宗教智慧、建筑智慧、艺术智慧和商贸智慧等影响较大，特别是以诸葛亮为代表的智慧文化享誉海内外，襄阳是中国历史上名副其实的智慧之城。

（一）刘秀、诸葛亮是中华政治智慧的杰出代表

开创"光武中兴"的东汉开国皇帝刘秀，和有"智慧化身"之称的诸葛亮，是襄阳政治智慧的杰出代表。刘秀出生于枣阳吴店，以一介布衣身份在舂陵起兵，打败王莽建立东汉政权。在位33年间，以柔保身、以柔服人、以柔养民、以柔驭臣，大兴儒学、推崇气节，促进东汉繁荣局面的形成。采用"柔道治国"

策略，充分显现了其治国理政的大智慧。王夫之说刘秀"三代而下，取天下者唯光武独焉"。毛泽东对他的评价极高，称刘秀为"最有学问、最会打仗、最会用人的皇帝"。

发生在襄阳隆中的"三顾茅庐"故事，成为千古佳话，这是司马荐贤、刘备求贤引智和诸葛亮寻找明君实现自我价值的典范。诸葛亮，三国时期蜀汉丞相，中国历史上杰出的政治家、军事家，被后人誉为"忠诚的代表，智慧的化身"，是中华智慧殿堂的璀璨明珠。他十三岁时随叔叔从山东来到襄阳，直到二十七岁出山，在襄阳隆中躬耕、苦读和交友，在襄阳生活的十多年时间是其知识、才能和智慧形成的重要时期，著名的《隆中对》就是在这里策划的。《三国演义》充分展现了诸葛亮在政治、军事、科技、人生等方面的智慧。在政治智慧方面，首先表现在善于把握天下大势，总揽全局，制订正确的战略方针。建安十二年（207），刘备三顾茅庐，向诸葛亮请教天下大事，诸葛亮《隆中对》的精辟分析，高屋建瓴，为三分鼎立规划了蓝图，为刘备集团制订了最佳的战略方针。其次是善于协调君臣、同僚之间的关系，和衷共济。诸葛亮与刘备鱼水相谐，推心置腹；与刘禅君臣相得，善始善终；与同僚的关系也表现出一种高超的政治智慧。第三是善于治国理政，造福一方。陈寿在《三国志·蜀书·诸葛亮传》中高度评价道："诸葛亮之为相国也，抚百姓，示仪轨，约官职，从权制，开诚心，布公道"；"可谓识治之良才，管、萧之亚匹矣。"当代史学大师范文澜也充分肯定诸葛亮："他所治理的汉国，在三国中是最有条理的一国。"另外，诸葛亮在善于识才、培养接班人等方面也表现出超常的政治智慧。

襄阳这块肥沃的土地上，在历史长河中，孕育了众多的政治人物，如楚庄王的"一鸣惊人"、刘表的"聚全国之贤士"、羊祜的"以德施政"等，都是中国历史上具有较大影响的政治智慧表现。

（二）"兵家必争之地"襄阳，演绎了灿烂的军事智慧

襄阳地理位置重要，历来为兵家必争之地，历史上曾经在这里发生过众多的著名战役，充分展现了襄阳军事思想的智慧和魅力。如楚巴攻邓鄾之战，楚巴军统帅斗廉利用"后退包围"战术击败邓国军队，是春秋时期运用此战术取得成功的早期典型战例。汉献帝初平三年（192），袁术派孙坚攻打荆州。刘表派江夏太守黄祖应战。起初，孙坚屡次挫败黄祖，黄祖败守襄阳城。刘表冷静

下来，凭借对襄阳山势地形的熟悉，让黄祖在凤林关设伏。结果孙坚被乱箭射死，正所谓"擒敌先擒王"，襄阳城转危为安。又如三国时，关羽率兵攻取樊城，"水淹七军"战役，成为关羽人生中最辉煌的一段经历。

襄阳的战役多与襄阳古城池有关，"一座襄阳城，半部中国史"，这座千年古城被誉为"铁打的襄阳"。东晋太元三年（378）二月，前秦苻坚派苻丕攻打东晋要地襄阳，时东晋中郎将、梁州刺史朱序在此镇守，他错误地认为前秦无船，难渡沔水（汉水），轻敌疏备。朱序之母韩夫人早年随丈夫朱焘于军中，颇知军事。当襄阳被围攻时，她亲自登城观察地形，巡视城防，认为应重点增强西北角一带的防御能力，并亲率家婢和城中妇女增筑一道内城。朱序及其母亲在"夫人城"积极应战，屡挫前秦军队成为流传千古的佳话。南宋时岳飞收复襄阳六郡之战，战略上针对伪齐分兵守城，互不支援的弱点，集中兵力攻打其重点防御的郢州，击其一点，震撼全局，最后轻取襄阳；战术上采用分进合击、出奇突袭的战法，一举收复襄汉大片失地。南宋将领赵淳率万余孤军坚守襄阳三个月，以顽强的意志和高度的智慧，击退了20万金兵的攻击，"铁打的襄阳"由此传开，名闻天下。1267年，蒙古军队进攻襄阳，襄阳军民孤军奋战，坚守近6年。元军采用"久围缓攻、待其自降"策略，把围困、打援、强攻和诱降结合起来，此战充分展现了敌我双方的军事智慧。解放战争中，王近山指挥的"襄樊战役"打破历史上取襄阳必先夺南山的惯例，用"猛虎掏心"的战术夺取了"襄樊战役"的胜利，被中央军委誉为"小的模范战役"。

（三）东晋安定的环境，造就了"东方圣人"释道安的宗教智慧

襄阳是宗教文化的富集区和高地，真武山是道教圣地，白水寺、承恩寺等与皇家有关，沈垭天主教堂曾是天主教鄂西北总堂并成为全国最大的传教场所之一，谷隐寺、铁佛寺、广德寺、观音阁、鹿门寺等是以释道安大师为首的高僧大德弘法之地。

释道安被称为"东方圣人"，佛教中国化第一人。他53岁南下襄阳，在襄阳弘扬佛法15年，在许多方面开创了佛教史之先河，尤其是他领导了般若学的研究，用中国传统文化解释外来文化，以老庄理论解释佛教般若思想，促进了佛、道、儒的融合，使佛教适应了中国传统文化，适应了中国国情，为印度佛教中国化奠定了基础，确立了"不依国主，佛法难立"的原则，主张佛教要

与所在社会相适应，强化了佛教的社会性。通过统一僧尼姓氏，制定僧尼规范，发挥了四海一家的真精神，强化了佛教的统一。释道安为佛教所做的贡献，在中国佛教史上是个重要的里程碑，当时的襄阳曾"一里一寺"，佛法在襄阳之兴盛，也一度使襄阳成为全国的佛教中心。在襄阳的15年是释道安一生中业绩最卓著、最有建树的时期。他对中国佛教做出了重大贡献，是佛教中国化的最重要推动者；总结出的"五失三不移"原则，对后世佛经翻译有深远影响；为寺院立规制，是佛教史上创立"清规"的第一人；统一僧尼姓氏一律姓"释"。

（四）襄阳古城池、习家池等是中华建筑智慧的优秀典范

古人构城理论中有"依山者甚多，亦须有水可通舟楫，而后可建"之说，"枕山、环水、面屏"成为古代城市选址的基本模式。汉代董仲舒提出的"天人合一"理论，追求与自然和谐统一是中国古代城市建设的突出特点，襄阳古城池的"山—水—城"有机融合为一体，充分体现了这一城市建设思想。襄阳古城池规划设计极其巧妙，北面，汉江是天然屏障，东、南、西三面，直接引汉江水形成护城河，护城河平均宽180米，最宽达250米，是我国最宽的护城河。护城河上的桥梁分为两端，中间以"子城"相连，防御及排水能力十分强大。就防洪排水功能来看，修筑坚固高大可以防御洪水冲击的城墙，修筑坚固的护城堤保护城墙，拓宽并疏浚护城河，以利泄洪；设闸以节制护城河水位，以利防洪。就军事层面来说，汉江还是襄阳城最好的后勤运输通道，城池的设计也充分考虑了这一优势，东北角的长门直通码头，并修有瓮城，可最大限度地保障后勤运输、部队调动之安全。在宋、元襄阳大战中，宋军之所以能够长期坚守，与能通过汉江进行补给有很大关系。

襄阳这座历史文化名城留下了众多的历史遗迹，据第三次全国文物普查统计，襄阳有古建筑697处、近现代重要史迹及代表性建筑126处。其中，省级重点文物保护单位习家池是中国唯一一处从东汉开始修建并使用和保存至今、国内最早的古代私家园林，堪称中国私家园林建筑典范的鼻祖。全国重点文物保护单位绿影壁位于襄阳城内东南隅，系明代襄阳王府门前的照壁，是中国现存四大影壁之一，为中国第二大影壁，至今已有560多年的历史。国家级重点文物保护单位襄阳广德寺多宝佛塔，是国内仅存的10多座金刚宝座塔之一。它是融合中国传统建筑特色元素与印度佛教建筑文化特征于一体的古代佛塔，是中国传统建筑的杰出代表，具有很高的艺术价值、科学价值和历史文化价值。

（五）山灵水秀襄阳，孕育了杰出的艺术智慧

襄阳人宋玉是《楚辞》的主要作者之一，《楚辞章句》的作者王逸也是襄阳人。中国文学的两大源头《诗经》《楚辞》均发源和交汇于汉水流域，开启了诗赋文化的繁荣。历史上咏襄阳的诗歌达2500多首，其中尤以唐诗为盛，达500多首。襄阳是我国文学史家公认的唐诗高地，李白、杜甫、王维、孟浩然、张继、皮日休、白居易等唐代著名诗人都有吟诵襄阳或涉及襄阳题材的诗歌，成为仅次于西安、洛阳的都市。襄阳人孟浩然，因放还未仕，后隐居鹿门山，世称"孟襄阳"。他继陶渊明、谢朓之后，开盛唐田园山水诗派之先声，其诗今存200余首。孟诗清淡简朴，感受亲切真实，生活气息浓厚，富有超妙自得之趣，如《秋登万山寄张五》《过故人庄》《春晓》等篇，《春晓》是其隐居襄阳所作，成为千百年来妇孺皆知的名篇。

襄阳还是"中国书法名城"，这里孕育了三国时期的梁鹄、邯郸淳，隋唐时期的丁道护、杜审言，北宋时期的米芾、米友仁、张友正等书画大师。"米襄阳"米芾与苏轼、黄庭坚、蔡襄合称"宋四家"，其《研山铭》成为千百年来人们习书临摹的法帖。米芾因个性怪异，举止癫狂，遇石称"兄"，因而人称"米颠"。米芾能诗文，擅书画，精鉴别，书画自成一家，创立了米点山水，宋徽宗诏为书画学博士，人称"米南宫"。

（六）"黄金水道"汉江，为襄阳创造了独特的商贸智慧

襄阳位于中国南北、东西交汇地，素有"南船北马""七省通衢"之称。汉水是我国古代内河最便捷、最畅达、最繁忙的"黄金水道"。作为汉水流域最重要水陆码头的襄阳，商业文明延绵2000多年。汉代襄阳"南援三州，北集京都，上控陇坻，下接江湖，导财运货，懋迁有无"；唐代襄阳"往来行舟，夹岸停泊，千帆所聚，万商云集"，唐代元和年间，襄阳跻身全国四个人口达10万户以上的州治所之一；明清时期的襄阳"商贾连檐，列肆殷盛，客至如林"。

早期清政府带来的繁华盛世及襄阳人的包容精神，引得南北各路商人纷至沓来，当时整个樊城临江一带成了南北商人和工匠们的生活区域，一时间襄阳市区及各县，几乎所有的手工业作坊和商号，均系外来移民所开设。他们带来

了先进技艺和商业文化，从而奠定了襄阳近代工商业的基础。在樊城，当时形成了"九街十八巷"城市格局，建有20多个商业会馆，襄阳30个码头中樊城有20多个，商业辐射到黄河上下、长江南北。清末，襄阳、樊城有商户300多家，1919年增至700多家，1933年仅樊城就有2000多家商店。这些独具特色的"九街十八巷"、老商号、码头、会馆不仅展示了襄阳悠久的商业历史，也折射出襄阳辉煌的商贸智慧文化底蕴。

三、襄阳打造中华智慧城的基本构想

（一）发展定位

历史上，襄阳是名副其实的中华智慧城。新时期，襄阳要通过"三步走"战略实现中华智慧城的复兴：一是打基础阶段，通过10年左右的努力，建成汉江流域中心城市；二是上规模阶段，再经过10年左右的时间，形成中部地区的节点城市；三是出成效阶段，再用10年左右的时间，基本建成中华智慧城。因此，襄阳打造中华智慧城的目标定位应做到三个结合：一是与襄阳智慧文化相结合，襄阳具有深厚的智文化底蕴，特别是古城文化、三国文化和汉水文化等在中华优秀文化中占有重要地位。古城文化、三国文化和汉水文化凝结了优秀的政治智慧、军事智慧、宗教智慧、建筑智慧、艺术智慧和商贸智慧，是中华智慧文化的宝库，具有鲜明的特色和较大的影响力，因此要把襄阳打造成智慧文化的弘扬城。二是与城市科学发展主题相结合，融入城市大系统，成为城市文化之魂。2013年省委、省政府把"两圈一带"战略丰富拓展为"两圈两带"战略，将汉江生态经济带开放开发上升为省级战略，汉江流域中心城市成为襄阳城市发展的新目标。为此，要把襄阳打造成智慧人才聚集城、智慧生态特色城、智慧经济创新城，促进城市可持续发展。三是与国家启动的智慧城市建设项目相结合，创新城市发展模式，把襄阳打造成智慧生活体验城。

（二）基本原则

传统性与现代性对接原则。襄阳的传统智慧是在当时特定环境下产生的，并经过后人不断提炼、总结、传播逐步形成的具有襄阳地方特色的智慧文化，它对后人具有启发性、指导性。但随着时代的发展，传统智慧文化需要创新、发展才能成为现代城市文化，建设中华智慧城就是要对襄阳传统智慧文化推陈出新、古为今用，因此要做好与传统智慧文化的对接，打造现代版襄阳智慧文化品牌。

前瞻性与可行性统一原则。襄阳建设中华智慧城应站在中国智慧名城的高度，理念要先进，特色要鲜明，前景才广阔。但也要结合襄阳的实际，在深入调查研究基础上，科学地进行论证，做到前瞻性与可行性的统一。

系统性与阶段性统一原则。襄阳建设中华智慧城要进行科学规划、系统设计，并以地方法规的形式固定下来，即使今后要修改、完善也要走相应的程序。在规划、设计时要把总目标分解为相应的阶段性目标，以便分步实施，分阶段评价考核，做到系统性与阶段性的统一。第一阶段：3～5年的时间，中华智慧城奠定基础。主要是在总体规划、设计上形成一个科学方案，在思想、观念上达成共识，在进度上启动相关项目，基本框架布局。第二阶段：5～10年的时间，中华智慧城初具规模。这一阶段有关项目已经建成，所有项目建设已全面铺开，规模效益初步显现。第三阶段：10～20年的时间，中华智慧城基本建成。这一阶段中华智慧城已能发挥整体效益、功能，特色明显，并且具有可持续发展的活力。

（三）目标构成

襄阳打造中华智慧城，就是以建设汉江流域中心城市为载体，进一步弘扬传统智慧文化，尊重知识、尊重人才，创新经济增长方式，实现城市科学发展，使襄阳成为智慧文化弘扬城、智慧人才聚集城、智慧生态特色城、智慧经济创新城和智慧生活体验城，以此"让世界了解襄阳、让襄阳走向世界"。

一是智慧文化弘扬城。智慧文化，无形无体，润物无声。在弘扬智慧文化方面，第一，要加大对刘秀、诸葛亮、释道安等为代表的智慧文化元素符号的宣传和推介力度，以其为元素创作海内外家喻户晓、脍炙人口的经典作品。第二，城市文化塑造中充分汲取智慧文化精髓，并注入城市建筑之中，使襄阳成为展现中华智慧文化的"无言史诗""有形语言""凝固乐章""动感实景"。第三，智慧文化精神得到发展和创新，在城市发展、经济建设、文化教育、居民生活等方面处处充满着忠诚和智慧。

二是智慧人才聚集城。紧紧围绕建设汉江流域中心城市这一目标，通过培养、引进和借用等方式，营造良好的智慧人才成长环境、引入机制和工作环境，打造教育高地与人才洼地，不断演绎新版"三顾茅庐"和"隆中对策"。一代智神谋天下大业，八方才俊起襄阳宏图。既重视诸葛亮级大人才的引进和培养，更重视人才团队的引进和培养，共谋襄阳建设发展大计。制订襄阳人才发展规划，建立人才长效机制，使襄阳智慧人才群星灿烂、众星捧月，成为全国的智慧人才聚集地和交流平台。

三是智慧生态特色城。充分发挥襄阳山、水、城、洲的生态优势，打造"山清水秀、天蓝地绿、城在林中、人在景中"的古城新姿，建设山水园林城市，让市民"开门有绿、推窗赏景、抬头见山、举足亲水"。汉江在南水北调之后，水质得到更好保护。沿岸江滩、江心洲景观成为城市的亮丽风景线和后花园，彰显城市内部生态特色。环境污染得到有效控制，襄阳的天更蓝、水更清、山更绿、洲更美。

四是智慧经济创新城。智慧经济是继农业经济、工业经济、信息经济、知识经济之后的第五大经济发展形态。襄阳应采取"智慧经济创新型"发展模式，经济发展不仅依靠能源、信息、技术等资本，更依靠高级管理人才等人力资本，智慧型劳动者成为推动经济发展的主体和决定因素。能源和资源可持续利用，社会结构平衡有序，国民经济核算不仅考虑经济上的效益，也应考虑能源成本、环境成本、生态成本及社会公平等实现的程度。用智慧统筹襄阳经济发展之魂，创新贯穿于经济发展的各个环节，使襄阳经济发展在宏观上始终保持最优规模，且具有可持续发展潜力和辐射功能，成为一种可预见的创新型智慧经济。

五是智慧生活体验城。襄阳社会财富更加充裕，居民生活更加殷实，人民群众充满幸福感、归属感和自豪感。城市建设规划科学，基础建设较为完善，通过智慧政府、智慧交通、智慧医疗、智慧教育、智慧旅游等项目的建设，使市民办事更方便、出行更便捷、社会更公平、居住更舒适、食品更安全，真正成为本地人自豪、外地人向往的宜业、宜居之城。

四、襄阳打造中华智慧城的主要内容与路径设计

（一）智慧之基在教育，打造教育的高地

分析诸葛亮的成才过程，人们联想到的是襄阳当时的教育环境，这无不与

刘表重视教育有关。诸葛亮的智慧来源于当时襄阳的大智慧。在刘表治理下，襄阳是全国的人才高地，这里聚集了一大批全国一流的人才，且信息通畅，这些为诸葛亮的成才打下了坚实的基础。如果身在其他地方，诸葛亮可能不会取得日后的功业。刘表兴办学业堂，大批人才云集荆襄，为办学提供了充足的师资，最盛时有学生三百多人，形成了政治、军事、文化人才高地，不少学生后来成为三国鼎立时期曹魏、蜀汉政权的肱股之臣。仅蜀汉政权管理团队中就有一半来自襄阳，他们中著名的有庞统、向充、向宠、向朗、廖化、杨仪、马谡、马良等。刘表还组织大批儒生对古文经学进行了大规模研究，亲自主持编撰的《五经章句后定》是我国历史上第一次集体编著的综合性五经教本。他广泛搜集图书资料，充实官府藏书，荆州官府藏书一时成为全国之冠，学子们可以博览群书，汲取成长的营养，使得以诸葛亮为代表的一批英才脱颖而出。这时的襄阳成为汉末全国唯一的学术文化中心，形成了著名的荆州学派，对当时其他地区乃至后世学术文化产生了重要而深远的影响。

襄阳历来重视教育发展，现在已经形成了较为完备的学前教育、基础教育、职业教育、高等教育和成人教育体系。基础教育处于全省领先地位，在全国也有影响，是名副其实的基础教育强市和高考强市，成为襄阳对外交流的一张亮丽名片。高等职业教育创新发展，襄阳职业技术学院被财政部、教育部确定为国家示范（骨干）高职院校，办学水平处于全省一流、全国领先位置。特殊师范教育是湖北省唯一的特殊师范学校和特殊师范教师培训基地，在全国特殊师范教育中有一定影响。高等教育近年来也有较大发展，湖北文理学院在全国高等学校排名逐步前移。可以说，襄阳的教育发展势头较好，且潜力较大，为打造中华智慧城奠定了基础。

襄阳的教育与中华智慧城的愿景相比，还有很大的差距。下一步，襄阳要努力打造"四品工程"：一是打造基础教育至尊版，实施素质教育工程。巩固襄阳四中、五中在全国的地位，扩大其他学校的品牌效应。以素质教育为突破口，深化襄阳基础教育改革，切实提高基础教育质量。二是打造职业教育动力版，实施职业教育对接工程。发挥襄阳职业技术学院国家骨干引领作用，积极支持其创办四年制本科，努力构建现代职业教育体系，形成襄阳的职业教育品牌，为汉江流域中心城市建设培养急需的技术、技能型人才。三是打造高等教育特色版，实施高等教育振兴工程。应把襄阳高等教育发展纳入省级战略，调整全省高等教育布局,在政策、经费、智力资源等方面支持襄阳高等教育发展,使襄阳高等教育与汉江流域中心城市建设同步发展,如优先支持襄阳发展研究生教育。可借鉴深圳开办南方科技大学、苏州开办西交利物浦大学、宁波开办宁波诺丁汉大学的经验,通过高等教育的"招商引资",形成襄阳高等教育办学主体、投资渠道多元化的格局。积极推进高等学校与中外名校、名企合作办学、合作培养、合作就业和合作发展。加强高校特色学科建设,尝试中外合作办学模式,形成襄阳高等教育品牌。四是打造国民教育升级版,实施国民教育输氧工程。统筹国民教育管理,加大经费投入,完善国民教育体系,进一步提升教育层次。

(二)智慧之魂在科学,打造科学的圣地

纵观襄阳智慧历史,无不充满科学内涵,无论是刘秀、诸葛亮的政治、军事智慧,还是襄阳古城池的建筑智慧、释道安的宗教智慧、宋玉的楚辞智慧、孟浩然的诗词智慧、米芾的书画智慧等,其共同点都是遵循科学规律,将其知识和经验进行科学运用的结果。诸葛亮的"隆中对",是其游学到过扬州、益州、汉中以及北方等地实地考察的结果,其神奇在于"走出隆中,放眼天下",他的智慧源于在调查基础上的科学谋划。

尊重科学,按规律办事是襄阳人的好传统。早在20世纪70年代,以潘云鹤院士为代表的科技队伍为襄阳发展做出了较大贡献。近些年来,襄阳经济有较大发展,农业基础地位不断巩固,由农业大市正向农业强市跨越,以汽车为龙头的工业主导地位不断增强,现代服务业快速增长。目前,襄阳拥有2个国家级开发区,13个省级开发区、工业园区,产业集群效应逐步显现。襄阳城市发展顺应时代潮流,由"南城北市"逐步演变为"一心四城",围绕着建设省域副中心城市和汉江流域中心城市,注重顶层设计和全域规划,绘就了襄阳科学发展的蓝图。

襄阳建设中华智慧城,要遵循科学规律,探索发展新路径。一是遵循自然规律,做到人与自然和谐。以建设中国山水城市、中国森林城市为目标,做好南水北调后汉江母亲河的保护工程、确定生态控制线的城市发展园林工程、城市(郊)休闲旅游的旅游开发工程以及生态农业工程等。二是遵循经济规律,做到人与城和谐。创新经济发展方式,促进传统经济转型升级,发展智慧经济、

生态经济、网络经济和文化旅游经济。比如，用智慧开发旅游项目，要做到智慧文化与科技手段相结合，通过旅游公共服务平台、旅游资源数据库、专题旅游咨询网、景区LBS定位、虚拟景区等项目，展现智慧旅游特色，以此吸引游客。又如实施智慧政府、智慧交通、智慧医疗等项目，使人们生活智能便捷、城市智能运行、政府智慧服务、企业智能运营，把智慧城市建设项目做出特色、做出智慧，让智慧助力经济腾飞。三是遵循社会规律，做到人与人和谐。重点实施"两胞一区工程"，即构建智慧家庭、智慧单位和智慧社区。强化智慧文化传播力度，特别是诸葛亮的智慧与忠诚，要大力宣传，进家庭、进单位、进社区，以此构建和谐社会。宣传作品要"大作品"与"小作品"结合。用刘备"三顾茅庐"的智慧聘请大师级文艺家对襄阳传统智慧文化进行传播；对影响较大的智慧文化元素符号，进行深度提炼和加工；在影响力较大的媒体上开辟专栏或专题，实行重金招标（邀标）和重奖，使智慧文化新作品成为展现襄阳的"精品"。同时也要注重智慧文化广度开发的"小作品"和对市民的普及性教育，使智慧文化形成产品、产业，在城市建设中发挥更大作用。

（三）智慧之本在人才，打造人才的洼地

人才是智慧的拥有者，也是智慧的创造者，还是智慧的实践者。襄阳历来重视人才，这里的政治、生活环境相对较好，曾多次成为全国有影响的人才洼地。东汉末年，大量北方移民南迁至襄阳，特别是有识之士，看重荆襄地区的富庶和荆州牧刘表保境安民的政治环境。《后汉书·刘表传》载：关西、兖、豫学士归者千数聚集荆州，使荆州首府襄阳替代洛阳成为全国的学术中心、人才洼地。如王粲、王叔和、诸葛亮、司马徽、杜夔、徐庶等，都是一代俊杰、社会精英。唐朝时襄阳涌现了一批杰出人才，如杜审言、杜易简、张柬之、张敬之、孟浩然、张子容、张继、朱放、鲍防、柳浑、皮日休等，还有许许多多的文人志士到访过襄阳，留下了许多遗迹或诗篇，襄阳也成为全国著名的唐诗高地。

襄阳人以海纳百川的胸怀，聚天下智慧为襄阳所用，集天下人力资源助襄阳发展，不断传承智慧文化。20世纪60年代末的三线建设，接纳和转移了一批科技人员，为襄阳现代工业的发展奠下了基石。70年代初的襄阳在全国率先打破户籍和干部管理体制，引进技术人才，逐步形成了门类齐全的工业体系，成

为全国十大工业明星城市之一。80年代中期建设东风襄阳基地,又聚集了一批技术人才,推动了襄阳由传统农业地区向新兴工业城市转变。进入21世纪,襄阳更加重视人才的引进,实施"双千"专业人才引进计划"隆中人才支持计划"等措施,大量优秀人才向襄阳汇集,在襄阳现代化进程中发挥了重要作用。

襄阳打造中华智慧城,要长期坚持实施引智工程,用智慧引人、用人和留人。一是"三顾茅庐"请人才。目前,襄阳的人才仍然匮乏,尤其是高端人才较少。要制订襄阳人才发展规划,实施人才"日月星"工程,要把领军人才、关键性人才和基础性人才结构比例优化,日月星同辉,重点是用智慧引进前两类人才及其相应的团队。对领军人才的引进要"动之以情、待之以礼、安之以利",以三顾茅庐的精神主动、真诚地去邀请。真正好的人才不是招来的,而是请来的。深圳聘请领军人才朱清时院士,在短短五年间把南方科技大学办成了知名大学,实现了深圳大学跨越式发展。襄阳要实现高等教育跨越发展,深圳经验值得借鉴。二是放手大胆用人才。对于引进的人才,建立健全激励机制,创造环境让领军人才干领军的事、关键人才干关键的事,人尽其才,使他们能够充分发挥作用。要避免只引不用、人才流失的现象发生。三是量身定制育人才。要处理好引进与培养的关系、本地人才与外地人才的关系、领军人才与其他人才的关系,根据所需人才的个性特点和层次差异性,确定哪些人才必须引进,哪些人才可以自己培养,使人才引进与培养相平衡。

(四)智慧之源在创新,打造创新的沃地

襄阳的智慧是在不断地实践中形成的,实践出真知,只有敢于实践、善于创新,智慧才能源源不断地产生。历史上,由于襄阳地处汉江中游,"南船北马""七省通衢"的黄金水道交通枢纽优势明显。顺应历史发展潮流,在襄阳人的不断实践探索中,城市得到了较好发展,曾数次成为有影响的区域性中心。就整个汉江流域来看,在三国至隋时期,南阳为汉江流域中心城市,襄阳为门户城市;到了唐代中后期,襄阳上升为汉江流域中心城市,武汉为门户城市,而南阳退为唐白河流域的地方性中心城市,这种地位一直延续至清朝中后期。

新时期,襄阳不断进行改革创新,经济、文化、生态等方面得到较大发展。目前,汉江生态经济带已上升为省级战略,襄阳主动担当汉江生态经济带开放开发的龙头,切实发挥战略引擎作用,提出建设汉江流域中心城市的目标。襄

阳连续多次被《福布斯》杂志列为"中国大陆最适宜开设工厂的城市"和"中国大陆最佳百名商业城市",全球著名的投资管理公司仲量联行把襄阳评为"中国新兴城市50强"。

襄阳打造中华智慧城,还面临着诸多制约条件,矛盾是前进的动力,差距是发展的空间,问题是创新的平台,只要能抓住机遇,善于创新,最终就能实现从矛盾向发展的转化,从问题到进步的升华。襄阳要借汉江流域中心城市建设东风,不断在实践中创新,在创新中继承、弘扬和发展传统智慧,成为实践创新的沃地。关键在坚持创新"三部曲":一是理念创新,以前沿的发展理念引领城市发展;二是制度创新,以完善的制度将理念现实化,作为城市发展的保障;三是实践创新,在实践中创新,在创新中实践,形成襄阳大众创业、人人创新的社会风气,以实际的创新成果推动襄阳经济社会不断发展。如襄阳要努力发展创意产业,形成创意文化,集聚创意人才,打造华中地区创意文化之都。创新发展模式,以产业带动城市发展,扩大产业规模,提升产业能级,打造区域产业高地。以旅游带动城市发展,把襄阳旅游品牌做大、做强、做精,使其成为独具特色的旅游胜地。以交通、物流促进城市发展,把汉江打造成黄金水道,重现历史商贸大通道景象,依托铁路、公路枢纽发展成为区域物流中心。以生态示范促进城市发展,保护生态环境,发展生态农业,建设绿色城市,构筑从安居到宜居的城乡一体化的人居环境。以文化引领提升城市发展水平,以汉水文化为载体,打造"一城两文化"品牌,弘扬智慧文化,以文化人、以文兴城。

(五)智慧之场在环境,打造环境的宝地

环境好,智慧之场就强,较强的智慧之场有利于孕育"大智慧"。如果说诸葛亮这棵参天大树植根于刘表创造的良好环境,那么释道安的宗教成就则与东晋时期襄阳军事重镇、学术中心的社会环境有关。正因为当时襄阳具有良好的环境,释道安才愿意接受习凿齿的邀请到襄阳弘扬佛法,领导般若学研究,成就了他的宗教大业。在明清时期,襄阳一度成为汉水流域中心城市,不仅与交通优势有关,也与社会环境有关。环境是城市发展的吸引力、软实力和核心竞争力,它是社会经济运行过程中发挥作用的各种要素的总和,主要包括改进城市物质生产效率的经营环境,增进城市社会组织能力的文化环境,促进城市系

统有序运转的创新环境。近些年来,襄阳重视环境的营造,逐步形成"襄阳气场"。省委书记李鸿忠以"六气"总结"襄阳气场",即人气很旺、财气渐升、名气大增、士气高涨、和气日盛、"神气"普见。

襄阳打造中华智慧城,还必须进一步优化环境,使其成为城市建设、经济发展、人才引进、居民生活的宝地。第一,塑造城市品牌形象。"千古帝乡,智慧襄阳"是襄阳的城市品牌口号,它能较好概括襄阳城市品牌形象,也是城市的文化名片。在传播这一城市品牌口号时,要把诸葛亮的"忠诚"和"智慧"作为城市的主要精神,融入城市的每一个角落,到处充满着"忠诚"和"智慧"。第二,营造公平正义的法制环境。在法制思想体系建设中,注重提高公民的法制意识和对法律文化的宣传;在法制行为模式建设中,应加强对公共权力的依法制约、依法尊重和保护公民权益;在法制制度体系建设中,应注重地方立法制度、地方行政执法制度和地方司法制度的不断完善。第三,营造效率型、服务型和责任型政务环境。突出公开、规范、高效和全民,以此解决群众关注问题、服务公正问题、办事成本问题和机关形象问题。第四,营造能干事业的社会环境,让人人都有事干,能干事的干成事,有能力的干大事,以此吸引更多企业家、更多科技人才、更多相关要素向襄阳汇聚,形成襄阳环境的宝地。第五,营造宜居的生活环境,包括出行、生活、娱乐等与人们息息相关的基础设施和条件,满足居民要求。第六,举办多种交流活动,活跃智慧文化交流氛围。比如举办"百姓书法星光大道",打造中国百姓书法第一舞台;举办"创意人才襄阳行",聚集襄阳在相关领域的人气。通过这些活动,增强襄阳城市知名度,叫响"智慧襄阳"城市名片,让襄阳真正成为中华智慧城。

参考文献:

[1] 刘群:"襄阳历史文化丛书"(历史襄阳、文化襄阳、魅力襄阳),湖北人民出版社2014年版。

[2] 余鹏飞:《近十年来"三顾茅庐"、〈隆中对〉研究综述》,《襄樊学院学报》2008年第1期。

[3] 漆福刚:《诸葛亮成才与襄阳隐士群体》,《伊犁教育学院学报》2005年第3期。

[4] 陈新剑:《历史文化名城襄阳之研究》,《襄阳职业技术学院学报》2011年第4期。

[5] 杜汉华等：《襄阳古城申报世界文化遗产的基本条件、意义和运作》，《襄阳职业技术学院学报》2012年第4期。

[6] 骆园：《智慧襄阳体系构建与实现策略研究》，《云南地理环境研究》2012年第3期。

[7] 齐继伟：《试论东晋高僧释道安的佛学贡献》，《河北旅游职业技术学院学报》2014年第1期。

[8] 刘能成：《关于光武帝刘秀评价的几个问题》，《贵州教育学院学报》（社会科学版）2005年第1期。

教育之城构想
——襄阳建设汉江流域教育名城研究

王道智 张文洲

内容提要：教育的改革发展助推汉江流域中心城市建设，反之，汉江流域中心城市建设"倒逼"教育的改革发展。建设汉江流域中心城市，需要全面发展教育，将襄阳建成"汉江流域教育名城"，并以此推进创新型城市建设，增强城市核心竞争力，促进襄阳从功能城市向文化城市的嬗变。建设汉江流域教育名城，必须放眼国际教育发展之趋势，对标发达城市教育之水平，定位自我发展之愿景，着力打造汉江流域"现代国民教育体系先进城"、"学习型社会模范城"和"人力资源开发集聚城"；必须立足现实，扬长补短，整体提升，走出一条符合教育规律、体现时代要求、彰显汉江特色的"襄阳路径"。

"十八大"以来，我们党把实现中华民族伟大复兴的"中国梦"作为重要指导思想和执政理念，并以"两个一百年"为时间节点，以"全面建成小康社会""基本实现现代化"为阶段目标，决心"一定能实现"。襄阳是湖北省省域副中心城市，也是汉江生态经济带的核心引擎，必能在"建成支点、走在前列"中实现率先跨越，谱写"中国梦"的"襄阳篇章"。

"教育为公以达天下为公。"（陶行知语）"教育者，非为已往，非为现在，而专为将来。"（蔡元培语）教育，是经济社会发展的奠基工程，也是区域"支点城市"的"支撑工程"。国际上现代化建设的实证说明：教育现代化是国家现代化的先导，人力资本的先期储备是经济腾飞的引擎。襄阳要开创汉江流域中心城市建设新局面，必须以教育的改革发展助推经济社会的全面进步，着力构建"汉江流域教育名城"。

一、襄阳教育之史上辉煌 —— 汉唐人文兴盛之地

嘉山秀水，自古襄阳钟灵地；文教昌明，从来古城毓秀乡。

襄阳，这座中华腹地的"国家历史文化名城"，于春秋战国时期便是大国楚和中原周天子交往的通道。两汉至隋唐，从京城西安、洛阳经襄阳到华南、江东的驿道是沟通南北政治、经济的大动脉。长江最大的支流汉江与唐白河在此汇合，襄阳成为"南船北马"汇聚之地。天高野阔，楚地雄浑。楚庄王终得"饮马黄河，问鼎中原"，雄视天下。楚庄王初年，他便重视生产，发展经济，充实国力。更值得称道的是，他还整肃法制，倡习周礼，以德取势。实际上，这便是"明刑弼教、以文化人"的教育过程。

北宋政治中心东移之前，因地缘政治优势，襄阳曾几度成为我国古代政治重心、南北经济区域中心和文化教育中心，是历史上的区域性教育之城、学术之城、人才之城。

（一）襄阳 —— 东汉末年人才荟萃之洼地

教育之城构想东汉末年，群雄并起，天下割据。刘表将荆州界内异己势力全部肃清后，便着手培养人才，全面提高居民文化素质。他开立学堂，广求儒士，让綦毋闿、宋忠等人撰写《诗》《书》《礼》《易》《春秋》五部儒家经典注释，谓之"后定"。当时，襄阳学者云集，"关西、兖、豫学士归者千数"，"洪生巨儒，朝夕讲诲，訚訚如也；虽洙泗之间，学者所集，方之蔑如也"。荆州学派迅速崛起，襄阳曾一度成为全国的人才洼地和学术交流中心。外籍人士先有王粲、宋忠、司马徽等"高端人才"，后有徐庶、诸葛亮等一大批谓之"俊杰"的"实用型人才"齐聚襄阳。完备的学官制度、兴盛的学术氛围也催生了一批又一批的襄阳本土人才脱颖而出，先有黄承彦、庞德公，后有庞统、蔡瑁、董恢、杨颙、杨仪、习祯、廖化、马良等大批政治、经济、军事、文化人才，他们是"三国鼎立"时期魏、蜀、吴政权的智力支撑和人才保障。

（二）襄阳 —— 唐朝盛世学术交流之高地

唐朝是诗歌的黄金时代。唐朝承袭隋朝科举取士制度，其考试科目分常科

和制科。制科由皇帝下诏临时举行，常科则属常规性考试，每年分期举行。常科的科目共有秀才、明经、进士、俊士等50多种，其中明经和进士是主要科目。明经重帖经、墨义，进士重诗赋。明经科目只需死记硬背，易考易中；进士科目则需具备诗赋文学才能，难得及第。故有"三十老明经，五十少进士"之说。唐朝天子非常重视诗赋取士：武则天曾在洛阳龙门为宋之问"赋诗夺锦"，唐中宗曾在昆明池命群臣赋诗并让上官婉儿评点排序，唐玄宗也曾在长安和洛阳八次殿试进士诗赋水平。

　　唐朝定都长安，以其前所未有的繁荣与辉煌开创了中国的新纪元。襄阳因地缘优势，再度成为华南、江东与西北首都联系的地理节点和区域性政治文化中心。当时，士人朝圣北上或官员遭谪南下，多经襄阳。在科举取士时代，襄阳因唐诗而璀璨，唐诗也因襄阳而富涵。诗歌为士人追崇，民歌成为民风时尚。唐代有80多位著名诗人留迹襄阳，现存咏襄阳诗歌约有500首，为唐诗存量的百分之一。诗赋在唐代一定程度上代表了学子的"学业水平"、士人的"学术成果"，从这个意义上讲，襄阳便是当时区域性乃至全国性"学术交流中心"或"学业成果汇集中心"。

二、襄阳教育之发展定位 ——"汉江流域教育名城"

　　华夏先民因水而居，因居而市，因市而城。"郡邑浮前浦，波澜动远空"，踞汉江中游的襄阳，就是这么一座城市。自然生态意义上的襄阳城到底产生于何时，考之乏证；但政治和军事意义上的襄阳城至少已具2800年，此说凿凿。岁月沧桑，侵风袭雨，古城岿然与汉江相拥相伴，岘山横岫，碧水环秀。史上之襄阳，乱世则兵家力争，剑锋齐向；盛世则商贾云集，文人荟萃。当今之襄阳，置于"中部崛起""两圈两带"战略格局，依然以其"得中独厚"的区位优势、"支点撬动"的战略地位发挥着重要的能级作用。未来之襄阳，将基于教育红利及其多重溢出效应，基于最具竞争力的人力资本资源，快速推进经济增长，加速社会转型，助力跨越发展，实现富民强市，建成汉江流域中心城市。襄阳，将成为汉江流域教育领旗城市。襄阳教育，将以科学先进的办学思想引领现代教育的航向之标，以优质精良的师资团队引领教学改革的探求之旅，以整体优秀的人才质量引领育人模式的创新之路，以活力强劲的总体实力引发汉江教育的勃兴之势。

当今世界竞争与发展之格局，彰显的是综合国力，竞争的是科技水平，比拼的是人才优势，依靠的是教育实力。国家如此，城市亦然。强国必先强教，兴市必先兴教；人才支撑发展，教育成就未来。建设省域副中心城市、汉江流域中心城市，就要着力推进城市文化建设，全面发展教育。以教育发展促进区域经济"硬指标"提升，助力城市文化软实力建设，塑造城市灵魂，从而实现襄阳从功能城市向文化城市的转变。襄阳要建成汉江流域开放开发的战略引擎，成为经济发达、文化繁荣、法治优良、功能完善、生态一流、人民幸福的名副其实的省域副中心城市、汉江流域中心城市，就要率先实现教育现代化，率先建成教育强市和人力资源强市，建成学习型城市，打造"汉江流域教育名城"。

"教育名城"是一个相对概念，它是基于现代社会教育职能分工、资源互通共享、教育交流协作和教育互动开放等教育社会活动而提出和产生的。一座城市成为区域性教育名城的外部要素为：重要的战略地位、较强的综合实力、优越的地理区位、通达的交通条件、厚重的人文底蕴、较大的人口规模等。

把襄阳建成"汉江流域教育名城"，就是在襄阳特定的政治、经济、文化、区位和人口等因素作用下，通过5～10年的努力，建成汉江流域的教育资源富集城、教育活动集聚地、教育成果展示区；建成区域内具有较高的教育现代化程度，相当的教育发展规模和实力，教育对经济社会发展匹配度和贡献率高，教育集聚力、辐射力和影响力强的中心城市；建成区域内首屈一指的教育强市和人力资源强市。

三、"汉江流域教育名城"之愿景——"三城"打造

打造"汉江流域教育名城"，就是让襄阳重拾史上人文之兴盛，再创当代教育之辉煌。未来，教育因襄阳而发展兴旺，襄阳因教育而令人向往。

襄阳要建设传统文化与现代文明交相辉映的汉江流域中心城市，就要把"建设教育名城"作为第一目标、第一任务。契合"产业襄阳"，办好人才教育，着力知识创新，助推经济发展；契合"都市襄阳"，办好民本教育，提升人文素养，培育城市精神；契合"文化襄阳"，办好传承教育，推动文化创意，塑造城市灵魂；契合"绿色襄阳"，办好生态教育，构建"两型"社会，促进

和谐发展。

打造"汉江流域教育名城",就是要将襄阳建设成"氛围浓厚、人才荟萃、充满活力、富有品位、极具特色"的学习型城市。其目标愿景——着力打造汉江流域"现代国民教育体系先进城""学习型社会模范城"和"人力资源开发集聚城"。

(一)"现代国民教育体系先进城"

现代国民教育体系是相对于传统国民教育体系而言的,它具有全面性、普遍性、开放性等特征,能够解决传统国民教育体系无法解决的难点、盲点问题,适应经济与社会发展和全体社会成员自身全面发展的需要,适应人才需求的多样性。它能够激发中华民族的教育创造力,合理配置现有教育资源,充分开发利用潜在的教育资源,形成教育资源优化配置和有效再生、扩大的机制。它具有严谨的体系和合理的结构,包括普通教育和职业教育两翼,初等、中等、高等教育各个层次,成长教育和继续教育各个阶段。完备的现代国民教育体系和完善的学校教育制度是打造汉江流域教育名城的首要目标。

打造"现代国民教育体系先进城",就是要形成从学前教育到地方高等教育各层次功能完备的现代国民教育体系,学校正规教育和非正规教育协调发展的终身教育体系。教育的硬、软实力对襄阳经济社会发展的匹配度和贡献率高,对周边地区的辐射力、影响力强。

——公益普惠的学前教育。"人生百年,始于幼学。"学前教育是"儿童的花园"、人生的起点,为人的一生做铺垫。未来襄阳,将构建覆盖城乡、布局合理的学前教育公共服务体系。学前教育资源充足,高水平实现"普及化、普惠性、公益性",保障幼儿接受较高质量的学前教育,促进幼儿健康快乐成长。全市建立"政府主导、社会参与、公办民办并举"的办园体制,形成"以县为主、县与乡镇(街道)共管"的管理体制,完善"政府统筹主导、教育部门归口管理、有关部门分工负责、社区和家长共同参与"的管理机制。

——优质均衡的义务教育。作为市民应接受的最基本的国民教育,义务教育成为政府提供的优质公共服务产品,实现"学校基础设施标准化,公共教育服务均等化,师资配备均衡化,教育教学质量一体化"的目标,确保适龄儿童少年接受良好义务教育。未来襄阳,要成为引领汉江流域义务教育均衡发展的先行区域和示范中心,成为优质均衡先导区、城乡一体融合区、素质教育样板区、体制机制创新区、人民满意认可区。

——全员覆盖的特殊教育。为残疾人等弱势群体提供优质、全员覆盖的特殊教育,是社会文明进步的重要标志。未来襄阳,作为区域中心城市,要建立健全特殊教育公共服务体系,真正实现特殊教育层次完整、全员覆盖的目标。形成残疾学生义务教育、学前教育主要由县(市、区)承担,高中教育和职业教育培训主要由市级特殊教育学校承担的办学格局。要筹建特殊教育资源中心,为全市残疾学生及其家长、教师和各级各类残疾人教育与管理机构提供指导与服务。

——优质特色的高中教育。高中阶段教育是学子成长、成人的重要阶段,是通往成才、成功的彩虹桥。未来襄阳,要在继续保持高考质量全省领先优势的基础上,进一步打造优质、特色、多样化发展的高中教育,为适龄学生提供继续学习深造的平台和通道。全市优质高中学校比例达到80%以上,普通高中资源布局进一步优化。各学校找准目标定位,扩大自主办学,推进内涵建设,丰富学校文化,更新人才观念,提供适应学生个性发展的高中教育。

——协调发展的职业教育。职业教育是获得职业知识技能的直接途径。未来襄阳,要构建适应经济发展方式转变和产业结构调整要求、体现终身教育理念、中等和高等职业教育协调发展的现代职业教育体系,打造汉江流域职业教育培训中心。职业教育学校基础设施、设备完善,人才培养满意率高,服务地方经济社会发展能力强。

——普及创新的高等教育。"优秀的城市必须拥有优秀的大学"。高等教育是培养现代化建设需要的高端人才的摇篮,是创新城市和文化都市建设的引擎,也是衡量一个国家、地区教育发展水平的重要指标。未来襄阳,要构建辐射周边地区、层次相对完备、结构优化、特色鲜明,与城市地位相符的地方高等教育资源板块。襄阳地方高等教育学校达到7所以上,拥有自己的综合性大学,教育层次涵盖专科、本科和研究生教育,普通教育与职业教育协调发展,力争襄阳早日实现高等教育由"大众化"向"普及化"的跨越。

(二)"学习型社会模范城"

倡导终身教育理念,推进学习型城市建设。终身教育的核心思想是以个人一生主动自愿学习为基础，以个性化、多样化、非职业化学习为特征，以个体发展多样性、个体享受丰富性为原则。它的实质是以人为本、品质为优、能力为先、服务为核，不断促进人的全面发展。终身教育强调学习内容与手段的选择性、连续性和丰富性。

——支撑有力的终身学习资源体系。坚持政府主导，统筹规划学校资源和社会资源，促进各级各类教育纵向衔接、横向沟通，提供多次选择机会。搭建终身学习"立交桥"，建立继续教育学分积累与转换制度，实现不同类型学习成果的互认和衔接。建设终身学习平台，除学校正规教育资源外，公民接受非正规教育的学习资源完善充实，公民终身学习的条件保障充分。"评价一座城市，要看它拥有多少书店。"（鲁宾斯坦读书格言）"没有书籍的屋子，就像没有灵魂的躯体。"（西塞罗读书格言）未来襄阳，要建成"汉水书城"，成为图书藏量、图书流量、市民年度阅读量较高的城市。同时，还要定期、长效性举办"市民读物展示会（节）"，让市民畅享书海，让书籍充盈古城。

——保障得力的终身学习政策制度。将学习型城市建设纳入全市经济社会发展总体规划，纳入精神文明建设总体目标。社区学院和其他学习型组织要相互密切联系，特色发展，形成适应不同学习者需要的办学新体制和机制。建立健全继续教育投入和成本分担机制，发挥学习型组织在建设学习型社会中的引领作用。建立学习推动机制、考核评价机制、学习保障机制和学习成果推介机制，加快各类学习型组织建设。健全继续教育激励机制，推进继续教育与工作考核、岗位聘任（聘用）、职务（职称）评聘、职业注册等人事管理制度的衔接。

——氛围浓厚的终身学习理念习惯。开展丰富多彩的全民终身学习活动周、全民读书月、社区终身教育节等群众性学习活动，使市民"时时学习、处处学习"成为良好习惯和自觉意识。积极引导市民不断提升职业能力，提高生活品位，增强幸福指数，让自觉学习、自主学习、自发学习成为市民的生活习惯和生存状态。

（三）"人力资源开发集聚城"

"人力资本是最终决定中国富裕的资产。"（詹姆斯·海克曼《被中国忽视的人力资本投资》）今后一个时期，我们要致力于教育发展与人力资本开发，全面建设学习型社会,将人力资源数量转化为丰富的人力资源优势,这是全面建成小康社会、实现中华民族伟大复兴"中国梦"的关键所在,也是襄阳打造汉江流域教育名城的重要目标。

——市民"普及化"的高等教育。我国学者根据"现代化"的特点和规律设计了第二次现代化的评价标准,这一标准以2000年为基准值共包括16项指标,其中对高等教育发展水平的考核指标为:大学普及率达到60%。今后一个时期,我们要通过发展地方高等教育,扩大教育规模,使更多的适龄人口进入高校学习;通过进一步提高基础教育的办学质量,让更多的高中毕业生能进入域外高校就读。至2020年,全市适龄人口进入高校就读的比例要达到60%以上,全市具有高等教育文化程度的人数比2010年增加一倍以上,达到100万人。

——受教育年限较长的劳龄人口。根据历史上发达国家经济社会发展实证和第二次现代化评价标准测算,至2020年,襄阳全市主要劳动年龄人口(20～60岁,国际通用的年龄区段为25～65岁)平均接受教育的年限达到12年以上(劳动年龄人口接受教育的平均年限接近或达到高中、中专毕业水平)。

——学历水平较高的新增劳力。基于完备的基础教育资源体系、职业教育培训机制和高等教育的"普及化"程度,至2020年,全市新增劳动力(大约以25岁人口为基准)平均受教育年限达到14.5年(相当于专科一年肄业)。

四、打造"汉江流域教育名城"之路径——扬长补短,提升超越

改革开放特别是进入21世纪以来,襄阳坚持把教育放在优先发展的战略地位,大力实施科教兴市和人才强市战略,有力推动了教育事业的健康、协调、可持续发展。但由于历史原因,襄阳教育发展水平距"省域副中心城市"和"汉江流域中心城市"建设的要求、与人民群众接受良好教育的强烈愿望等还有一定差距。主要表现在:(1)现代国民教育体系尚不完备,教育结构布局还不尽合理。学前教育和高等教育目前还是襄阳国民教育体系中的两块"短板";中小学基础教育城乡一体化水平有待提高;职业教育统筹发展不够,服务经济社会发展能力需进一步提高;终身教育体系不健全,学习型社会建设任务较重。(2)师资队伍结构矛盾突出,高水平领军人才相对不足。(3)教育体制机制活

力不足，教育对外开放程度不高。(4) 教育经费不充足，教育优先发展的战略地位尚未完全落实。

建设教育名城是一项教育领域的系统工程，同时也是一项社会工程，目标指向性明确，教育与经济社会发展和人民精神生活对接的粘连度更高。因此，未来的襄阳教育要有高远的发展视野、高点的目标定位、高标的发展水平、高速的推进过程。建设汉江流域教育名城，要立足现实基础，扬长补短，重塑构架，整体提升。需准确把握内涵，突出工作重点，既要注重文化传承，又要坚持"三个面向"，走出一条符合教育规律、体现时代要求、彰显汉江特色的"襄阳路径"。

（一）实施"三名战略"，打造教育名城的亮丽名片

——"名校发展战略"。城市教育的影响力往往取决于该城市拥有名校的数量及其知名程度。未来襄阳，必须要创办自己的综合性大学，并依托其带动普通高校、职业院校良性互动发展。要构筑区域性基础教育的"高地平台"，继续释放襄阳四中、襄阳五中等全国名校的品牌效应，以优质、特色的高中教育引领基础教育健康、和谐、可持续发展。要让更多不同层次、不同类别的"襄阳名校"在国际、全国、全省及襄阳本土有相应的位次、特色和影响。要让更多的学校既有基于物质形态的硬件实力，又有彰显自身历史底蕴、文化底色、办学理念、精神风貌和育人模式的"软实力"，并形成鲜明的民族特色、汉江特点、襄阳特长，提升其独树一帜的影响力。

——"名师带动战略"。大师成就大学，名师成就名校。"教育名城"定是名师富集之地。未来襄阳，要不断着力培养一大批不同类型的名师，形成不同类型骨干教师培养梯队和培养机制，鼓励和支持教师高位晋级、高端发展，引导他们以追求成为本土化的名师、大师为信念。基础教育学校要培养一大批特级教师、"隆中名师"，职业学校要不断提高"双师型"教师比例，高等院校要引进和培养一批教授、学科领军人物等"大师级"高端人才。

——"名校长培养战略"。一个名校长成就一所名学校。建设教育名城就要塑造一批不同风格的名校长。未来襄阳，要培养一批既具备现代校长必备的文化知识、专业技能和师德素质，又在办学理念、办学实践等方面具有独特风格和特质的名校长队伍；要倡导既倚重教育家办学，又注重校长实践能力和创新

精神培养的治校理念；要营造百家争鸣、百花齐放的校长办学氛围，成就一支具有独特人格魅力和学识魅力的"襄派校长"队伍。

（二）实施"三大项目"，构筑"基础教育改革发展示范高地"

——学前教育公共服务体系覆盖项目。至 2020 年，全市幼儿园总数达到 750 所左右，全市学前三年教育毛入学率达到 95%。

——义务教育学校标准化建设项目。积极实施"学校标准化建设工程"，按照国家相关部门颁布的标准，本着"安全、适用、够用、美观"的原则，搞好校园校舍建设；按照教育部发布的行业标准，加强教学辅助设施建设，强化现代化教学手段建设。

——高中教育优质资源扩容项目。调整优化普通高中布局结构，通过新建和改扩建，增加优质高中资源总量，进一步满足人民群众对优质高中的需求。全市省、市两级示范高中达到高中总量的 80% 以上。

（三）推行"两种模式"，打造"区域性职业教育培训中心"

——职教园区集约模式。为更好地服务经济发展方式转变和产业结构调整，促进职业教育与经济社会相辅相成，推进职业教育质量、结构、规模、效益协调发展，可整合相应存量资源，在城市新区规划建设科教园区，推动职业教育校企合作、工学结合、顶岗实习的办学模式和人才培养模式改革，建设区域性职业教育与培训中心。

——中高职集团化办学模式。依托高职院校，聚合中职教育资源，推进职业教育集群化、集团化、集约化发展。围绕襄阳市"一个龙头，六大支柱"产业布局和区域经济文化特点，优化职业教育学科专业结构，提升教育教学质量，扩大办学规模。通过校企联办、企业冠名等方式，支持职业院校与行业企业联合开展人才培训，推进襄阳汽车、襄阳机电、襄阳装备、襄阳旅游、襄阳电子、襄阳医药、襄阳化工、襄阳织造、襄阳农产品、襄阳新材料等职业教育学科专业品牌建设。

（四）实施"两项工程"，打造"区域性高等教育知识创新中心"

——综合性大学创建工程。以湖北文理学院为基础，积极创建综合性大学，使之成为区域经济社会发展的人才培养基地、科技创新基地、知识转移中心和智库中心，为将学校建设成为全国知名、区域一流、特色鲜明的综合性大学奠定坚实基础。同时，引领带动在襄其他高校协同发展。

——应用型大学转型发展工程。支持普通本科高校向应用技术型高校转型发展，推进建设城市协同创新机制和智库中心。支持职业类高校加强自身建设，推动校企合作、产教融合，提升职业教育对经济社会发展的匹配度和贡献率。

（五）落实"四项行动计划"，打造"教育合作与交流中心"

——襄阳教科研水平提升计划。大力开展科研兴教、科研兴校，以科学理论引领教育科学发展、健康发展、可持续发展。开展教育发展战略研究、教育政策研究、教育管理研究、学校制度研究、教育思想理念研究、教学教法研究、品牌课程研究。按照"兼容并蓄、学术自由、国际标准、关注本土"的指导思想和"思想与合作"的原则，聚集域内外权威教育专家、教育行政官员、校长及优秀教师，紧紧围绕教育改革发展的现状、趋势和中国教育的热点、难点、焦点问题开展全方位、多层次、广领域研讨，把襄阳建设成为一个平等、融洽、民主的教育科学研究中心和教育学术传播舞台。

——襄阳地方文化传承行动计划。围绕"一城两文化"和"千古帝乡、智慧襄阳"主线，以建设具有襄阳地域特色的学校文化为核心，鼓励和引导全市各级各类学校用文化的方式"筑学校魂魄、立教育风尚"，用文化发展战略统领学校发展。

——教育信息化建设行动计划。由于历史上政治中心不断东移，襄阳逐步丧失了邻近京都的地缘政治优势。随着人类抗洪防汛能力的不断提高，人口逐步向下游城市聚集，又使襄阳失去了中心城市地位。现代工业尤其是铁路、航运、通信业的发展，再次使襄阳丢掉了"枢纽"地位。进入21世纪，信息技术已渗透到经济发展和社会生活的各个方面，改变了人们固有的、传统的生产、生活和学习方式。在当今信息社会时代，襄阳一定要先抓住现代信息技术这个"牛鼻子"，抢占信息技术革命带来的发展战略制高点，进入科学发展、跨越发展的领军阵营。打造教育名城，就要坚持以教育信息化带动教育现代化，超前部署教育信息化建设。形成与教育现代化发展目标相适应的教育信息化体系，基本建成人人可享有优质教育资源的信息化学习环境，基本形成学习型社会的信息化支撑服务体系，基本实现所有地区和各级各类学校宽带网络的全面覆盖，教育管理信息化水平明显提高，信息技术与教育融合发展的水平显著提升。

——教育对外开放行动计划。建立与教育强市相适应的对外开放体制机制，着力提升襄阳教育的影响力和竞争力。积极创造条件，出台优惠政策，引进国外优质高校、职业教育机构、高中学校、学前教育机构来襄合作办学（办班），推进襄阳市大中专院校、示范高中、义务教育中小学、学前教育机构积极开展对外交流与合作，引进国际先进教育理念、优质师资、优质课程资源和科学的人才培养模式，全面提升襄阳教育对外开放水平、综合实力和区域竞争力。

（六）统筹"十项资源"，构建"学习型社会模范城"

统筹襄阳学校教育资源体系、广播电视大学、民间学会（论坛）、老年大学、非学历教育培训机构、社区流动书屋、企事业单位教育资源、农家书屋、开放的公共教育资源（图书馆、科技馆、博物馆、文化馆等）及现代信息技术资源，构建灵活多样、对接融通的终身教育学习平台。

健全宽进严出的学习制度，以广播电视开放教育为基础办好开放大学。加强和改进成人高等教育，改革和完善高等教育自学考试制度，加强以卫星、互联网、电视等为载体的远程开放继续教育及服务平台建设，建立和完善现代远程教育质量保证体系。加快发展城乡社区教育，争创国家社区教育示范城市。引导各级各类学校、科研机构、文化馆、图书馆、博物馆、科技馆等公共资源免费向全体社会成员开展继续教育，充分发挥公共文化设施、新闻媒体的社会教育职能，为构建终身教育体系和学习型社会服务。通过构建终身教育体系，形成覆盖城乡、惠及全民的学习网络和服务平台，使重学习、爱学习、善学习和想创新、敢创新、能创新成为广大市民的普遍行为和城市发展的重要环境。

（七）树立"三种理念"，营造良好的教育生态环境

教育生态环境是以教育为中心，由对其产生、存续和发展起制约和调控作用的外部自然环境、社会环境和规范环境等多元环境组成的体系。主要包括三个环境层面：以"大教育"为中心的层面、以学校或某一教育层次为中心的层面、以学生个体发展为主线的层面。打造"汉江流域教育名城"，需要树立"三种理念"，构建良好的教育生态环境。

——"教育为先"的行政理念。树立"人才第一资源、教育第一基础、科技第一生产力、创新第一驱动力"的发展理念,实施教育优先、人才优先的发展战略,着力调优教育结构布局,创新现代教育体系,提升教育现代化水平,持续增强襄阳城市的文化软实力、核心竞争力和对外影响力。

——"教育为重"的社会理念。将"尊师重教"融入城市血脉,让"党以重教为先、政以兴教为本、民以支教为荣、师以从教为乐"的理念植根城市土壤。教育让社会成员相互尊重,教育令个人拥有尊严,此为"教育名城"应有的特质和品质。

——"人本为要"的施教理念。教育的对象是人,应当把"人"作为教育发展的目标和主体,作为教育的出发点和归宿。"人的全面发展"是教育的最高理想和目标。

让襄阳以文化装扮城市,以知识熏育市民,以科技催生产业,以智慧繁荣经济,早日建成汉江流域中心城市。

让城市充满艺术魅力
——襄阳建设高品位艺术城市研究

黄有柱 赵德

内容提要：在襄阳推进建设汉江流域中心城市的战略目标中，提出建设高品位"艺术城市"的发展思路，对襄阳城市发展方式的转变、历史文化的传承与保护、居民生活品质的提升都具有重要的战略意义。本课题站在襄阳经济社会全面、协调发展的时代高度，对"艺术城市"的理念、内涵和特点进行了认真分析，选择了对襄阳建设"艺术城市"有可比性和可参照性城市的成功范例，如罗马、圣·彼得堡、爱丁堡、厦门等城市，梳理出这些"艺术城市"的发展历程，进而提出襄阳建设"艺术城市"的发展定位、基本要素、发展策略和实现路径等。

襄阳在 2800 多年的城市发展历程中，不断自觉地以艺术内涵经营和完善自己的城市意象，形成了今天的"山水为基、城市为形、艺术为魂、乐居为本"的魅力城市基本格局，构成了襄阳城市区别于其他城市的独特标志。新时期，市委、市政府提出加快建设汉江流域中心城市和区域性文化艺术中心的战略目标，从而使"艺术城市"的发展与城市转型发展形成一种良性互动，有利于在现代城市体系中全面提升襄阳城市的综合竞争力。可以说"艺术城市"的理念，在提升城市文化品质、促进城市优质资源要素集聚以及城市空间功能与审美重组等方面，为襄阳城市建设提供了全新的方向与目标。因此，探索建设高品位"艺术城市"对襄阳城市转型发展的战略引领与路径突破，有着重要的实践导向作用。

一、"艺术城市"的理念、内涵及特点

（一）"艺术城市"的理念

"艺术城市"是一种以城市科学和美学为理论基础、以艺术活动为实践中

介、以实现人的全面发展为目标的城市发展理念与模式。从一个城市的建设主体和目的来看,主要包含"城市的功能"与"城市的审美"两部分内容。"功能"的目的在于造城与造物,满足人的物质需求;"审美"的作用在于使人获得快乐与自由,满足人的精神需求。"功能"是基础,"审美"是提升。就当下的襄阳社会而言,日益增长的物质生活基础、不断完善的社会制度与保障体系已经为人们的生存与发展提供了条件,因而,提出建设高品位"艺术城市"的发展策略,积极提炼城市文化品牌,对于襄阳城市全面、协调发展显得越来越重要。正如费孝通所言:"美好的城市生活除了物质的需要,还需要艺术……这是高层次的超过一般的物质的生活,也是人类今后前进的方向……"由此可见,"艺术城市"是从"城市让生活更美好"这一命题出发,对传统的工业化、城市化模式的理性反思以及发展观、价值观的调整转变。

(二)"艺术城市"的内涵

"艺术城市"是指在城市发展过程中,充分利用一个城市独具特色的艺术优势、地域特点和文化定位,按照"以人为本"的原则,综合运用历史文化、艺术资源、当代综合艺术和各种环境艺术,所形成的以城市建筑、城市公共艺术、城市艺术行为为标志的个性化城市符号。创建"艺术城市"要求我们以强烈的文化意识指导城市建设和文化产品生产,从人文和生态环境等方面来权衡城市化进程中的利弊,更加注重城市审美内涵的积累,通过实施"艺术城市"战略为城市转型发展提供新的切入点。

(三)"艺术城市"的主要特点

让城市充满艺术魅力,第一,整体性。"艺术城市"是城市规划与建设理念、艺术形态、艺术活动等综合因素相互作用、相互依赖的有机整体,其实质是艺术化城市的社会价值、历史价值、艺术价值所共同形成的精神穿透力和形象辐射力,以及公众艺术化生活方式与现实体验相结合形成的美好感觉和满意度。第二,长久性。"艺术城市"的形成是一个长期的过程,其指标体系涵盖了多方面、多层次的内容。同时,"艺术城市"的形成又具有相对稳定性,许多东西可以在保持中传承下去,正是这种长期性与稳定性的结合,才能承载一座城市的文化精神和美的形式。第三,标志性。真正具有标志性的"艺术城市"往往拥有特殊的文化品格和精神气质，它与城市传统和地域风情息息相关。就城市的艺术符号而言，一个城市的建筑、音乐、美术等作品越能反映历史、地域的特点，就越符合人们的审美情感，其文化影响力就越强。我们建设富有特色的"艺术城市"，就是对富有个性魅力的襄阳城市形象的张扬。

二、国内外"艺术城市"的成功范例与经验借鉴

（一）"艺术城市"的成功范例

1. 罗马——以历史文化元素为载体打造"永恒之城"

罗马因建城历史悠久和拥有经典的古代建筑被称为"永恒之城"。谈到罗马柱、罗马雕塑，人们无不称赞其恢宏的气魄以及独特的艺术魅力。最早的罗马建筑艺术来源于希腊的神庙建筑，经过罗马人改造后用在为大众服务的公共建筑、竞技场、公共浴室上。罗马人爱好奢华，不断在希腊经典的造型柱式上进行装饰改造，令建筑形式更为精致华丽。同时，在罗马建筑文化基础上延伸的其他艺术为现代城市美学的发展奠定了基础，如绘画、雕塑、戏剧、诗歌等艺术作品很多都以罗马的建筑为蓝本。好莱坞众多的成功影片选在罗马拍摄，主要就是被罗马的伟大建筑艺术遗存所吸引。

罗马城市品牌形象成为世界瞩目的焦点，2013年的旅游业直接收入占到罗马全市收入的23.7%，间接收入更是多达一半以上。

2. 圣彼得堡——以博物馆建设为路径打造"艺术城市"

圣彼得堡市始建于1703年，位于俄罗斯西北部波罗的海芬兰湾东岸，是俄罗斯第二大城市。圣彼得堡市在一战时被更名为彼得格勒，1924年为纪念列宁，改名为列宁格勒，1992年恢复其圣彼得堡旧称。圣彼得堡被誉为欧洲建筑的博物馆，大多数建筑是十八九世纪建成的，雕塑是博物馆建筑的重要组成部分，为其锦上添花。其代表性的建筑是俄罗斯国家博物馆，它与卢浮宫、大英博物馆和大都会博物馆并称为世界四大博物馆，收藏着大量俄罗斯以及世界经典的艺术精品，包括中国四川的汉画像砖、敦煌莫高窟的壁画以及明清时期的文人画家作品。

圣彼得堡是一座真正的"艺术城市"，整个圣彼得堡就是一个艺术的博物馆，能够使这座城市保持旺盛活力并永不失魅力的则是艺术的价值和城市的品位！

3. 爱丁堡——以山水意境塑造"最美城市"

爱丁堡是苏格兰首府，这里依山（岩石峭壁）傍水（福斯湾海岸），地理位置优越。市中心以王子大街为界，一边是老城，保留着中世纪城堡和狭窄弄巷的鲜明风貌，另一边是18世纪后拔地而起的具有佐治亚设计风格（装饰精美、讲究门面）的新城。绿荫掩映的新城和老城浑然一体，神秘的城堡和大教堂、香醇的威士忌、穿着苏格兰格呢裙的风笛手等景致魅力无比。在市中心依偎陡峭悬崖的城堡内随时可饱览经典建筑，而走在街道上，也可以欣赏到城堡上时隐时现的城垛、冰冷的火山峰和高耸的山峦。在这些建筑物里面是各式各样的俱乐部，与建筑物外面的装饰相映成趣，形成古代与现代交错的时空感。爱丁堡作为苏格兰的艺术重镇，到处都是林立的画廊，如苏格兰国家画廊、国立现代画廊、大戏院，甚至连餐厅、酒吧都变成了小剧场，艺术类型应有尽有，艺术场所比比皆是。每年8月，爱丁堡都举办世界最大型的综合艺术节，主要有国际艺术节、艺穗节、军乐节、图书节、梅拉节等。其中，在艺穗节举办的3周时间内共有2000多场节目在室内外集中上演，能够吸引上百万观众。

爱丁堡成为国际"艺术城市"成功的典范，很大程度上得益于英国政府把文化创意产业作为这座古老城市繁荣发展的市场推手，同时在艺术管理上实行宽松有度的体制和特立独行的风格。爱丁堡"艺术之城"的经营理念，不仅面对世界游客，其艺术产品更被全球买家选择采购，旨在打造全球最大的艺术品交易市场。

4. 厦门——以地域风貌经营浪漫休闲的"艺术之城"

厦门市于2001年提出建设"艺术之城"的发展定位。厦门在从海岛型城市向海峡西岸中心城市的转变过程中，采取经济与艺术齐头并进、科教与艺术比翼双飞的发展策略，催生出独具厦门特色的"艺术之城"。厦门被誉为"民族音乐的活化石"，建设"艺术之城"的基础就是独特的音乐文化，主要以南音为代表的传统音乐，以钢琴为代表的西洋音乐；厦门还有以独特的民族民间文化为代表的高甲戏、漆画等。近些年来，厦门市政府共拨出专项补助资金20亿元，用于新建、改建社区基础文化场所。其中，4.5亿元专项资金用于改建14万平方米的集图书馆、博物馆、科技馆、文化馆、美术馆于一体的厦门文化艺术中心。在文化产业发展方面，厦门市扶持、培育的文艺演出、钢琴制造及艺术培训、商品油画、文物艺术品拍卖、电影放映等骨干产业群体，形成了自己独特的风格与产业链。

厦门扬长避短、独辟蹊径发展艺术并打好艺术牌获得较大成功,"艺术之城"引来了人才、资金和技术,产生了影响广泛的文化产业理念、生产方式、经营模式,并取得了良好的社会效益。

(二)"艺术城市"的经验借鉴

1. 先进的城市建设理念引导

成功的"艺术城市"都具有明确的符合人的物质与精神双重需求目的的城市建设理念。马克思有一个精彩的论述:"动物的生产是片面的,而人的生产是全面的——人是按照美的规律来建造。"城市建设就是"按照美的规律来建造",即造物和造美是高度统一的。我们在城市建设中应当坚持物质(造物)与精神(造美)的高度融合,走出二元对立的误区,避免出现够用不够美结果的发生。

2. 城市、艺术、旅游的功能结合

建设"艺术城市"要与文化旅游产业结合。襄阳拥有深厚的历史文化底蕴和丰富的旅游资源,文化旅游业比较优势明显,发展潜力巨大。建设"艺术城市"应把旅游营销作为突破口,尤其是对襄阳城区的历史文化古迹和历史文化街区进行整体保护、修复和高品质提升,突出其文化与旅游的双重价值,进行深度开发和保护,培育具有较大影响力的文化旅游品牌,实现文化与旅游大融合、大发展,着力打造在国内外有较大影响并富有独特魅力的文化生态型旅游目的地。

3. "文化创意"主导下的"艺术城市"路径方法

从"艺术城市"的"营造"方法上讲,就是应用"创意化"的策略手段,把一个城市独特的历史文脉贯穿于工业化、信息化背景下的城市发展进程中,实现古老城市的精彩"蝶变"。襄阳以"一江碧水穿城过,十里青山半入城"的山水园林生态格局为基础,构架了"中心对称式"的大时空格局,实现了传统与现代、宜居功能与审美形式的有机结合,对形成襄阳艺术城市的特色产生了深远影响。在此基础上,政府部门要进一步支持并建立完善公共文化服务平台。在政府的引导下让文化与艺术理念真正融入市民的生活之中,并进行城市形态、色彩、肌理的设计,塑造具有襄阳艺术风格的城市社区、商业街道等生活空间,

逐步实现集历史文化观瞻、时尚风情体验、生态休闲旅游为一体的"艺术城市"发展目标。

三、襄阳建设"艺术城市"的发展定位及要素分析

（一）多门类艺术"承古惠今、古今融合"的发展定位

1. 富有深厚文化底蕴的传统艺术展示区

在中国艺术发展史上，襄阳是一个开宗立派的地方，"米点山水""襄阳腔（西皮）"久负盛名；襄阳是一个孕育文学巨匠的地方，田园诗人孟浩然蜚声海内外；襄阳是一个产生过传世艺术精品的地方，《研山铭》被称为"天下第一难书"。襄阳悠久的人文传统和博大精深的文化资源是创建"艺术城市"的重要源头和宝库。要按照"承古惠今、古今融合"的原则与方法，把襄阳书画、音乐、戏曲等传统艺术精华的保护、利用与品牌展示结合起来，使传统艺术的精神潜移默化般渗透到襄阳人民的文化血脉之中。一是以视听艺术为载体，展示襄阳音乐与襄阳戏曲。音乐、戏曲是一座城市的听觉符号和情感寄托，要用襄阳的歌唱响襄阳的城，襄阳的戏演活襄阳的人。推广"群星音乐厅"，让市民唱出襄阳好声音。二是以视觉艺术为载体，全景观展示襄阳美术、历史文化遗产、民俗民间工艺等。襄阳被誉称为"中国书画艺术重镇"，拥有丰富的艺术珍品，这些艺术珍品不能仅出现在书本和口头传诵上，而应该深入挖掘，使其成为"艺术城市"的精彩看点。因此，要打造视觉艺术的文化展示工程，使艺术珍品进入社会公众的视觉审美空间，惠及广大市民。三是在传统艺术资源展示的方法策略上，体现古为今用的原则，力求达到"展示、传播、品牌"三位一体的目的。

2. 发展与创新驱动下的当代艺术引擎地

近些年来，市委、市政府确定的"坚持文化立市，建设文化襄阳，努力打造国内外有重要影响的文化名城"的发展定位，助推"艺术城市"的现代业态快速发展，建筑艺术、艺术展演、广告传媒、工业设计、时装设计、影视动画、音乐、出版、软件、电视广播正在形成文化创意产业集群，规划建设中的襄阳四大文化品牌、七大文化产业正以蓬勃之势悄然崛起。在这种当代文化大发展、大跨越的战略机遇期，要根据襄阳的实际情况，遵循"艺术城市"建设的客观

规律，进一步强化艺术引擎地"创意、研发、孵化、产品"功能，将"艺术城市"发展的基础、手段和目标结合起来，为"艺术城市"的襄阳模式明确目标和标准。

3. 公共文化服务示范区成效下的大众艺术普及地

不断丰富和满足广大市民的精神文化生活需要是建设"艺术城市"的落脚点。在建设"艺术城市"的目标下，牢牢抓住襄阳创建国家公共文化服务体系示范区契机，按照"公益性、基本性、均等性、便利性"的原则，对现有公共文化设施、品牌提档升级，同时，在公共文化服务标准化、服务设施布局合理化、服务内容精细化、服务程序规范化等方面加大投入，建设到位。最大程度发挥图书馆、群艺馆、美术馆、博物馆、艺术中心、大剧院、艺术学校等公共文化场馆的作用。在公共文化服务供给多元化格局下，形成城市"15分钟文化艺术活动圈"，以"欢乐襄阳""百里汉江文化长廊""群星音乐厅""重大传统节日文化活动"等文化活动品牌为载体实现公共文化服务优质化。

（二）襄阳建设"艺术城市"的五大要素

1. 文化资源是前提

文化资源是"艺术城市"的历史源头和文化宝库。"艺术城市"的创建就是对文化资源（基因）"扬弃"的过程。襄阳是历史文化资源大市，拥有独特的发展优势。概括地说，襄阳文化资源可以分为物化型资源、精神型资源和综合型资源三大类，包括众多的历史文化遗存、丰富的艺术门类、网络化的公共文化设施等。需要从建设"艺术城市"的目标出发，对这些资源进行科学整理，系统开发和利用。

2. 创意产业是基础

创意产业是具有艺术含量的智能化、知识化的高附加值产业。襄阳现有的部分企业文化含量低，品牌、创意、设计水平处于劣势。依靠廉价的劳动力、土地资源培养起来的产业，只能处于产业链的低端，而产品的核心技术依旧掌握在外来企业的手中。因此，襄阳发展创意产业，应实施产业集聚和人才集聚的战略，做强创意园区品牌、创意企业品牌和创意产品品牌，把发展创意产业作为推动经济转型的重要战略举措。以创意产业带动新产品、新市场和财富创造的新机会。

3. 领军人才是核心

在艺术型城市的劳动阶层中，除了传统的白领阶层（脑力劳动）、蓝领阶层（体力劳动）以外，真正起核心主导作用的应当是创意阶层。创意阶层人群的特点是擅长自主灵活的"制造"无中生有（创新想法）的新东西（艺术产品）。襄阳要建成"艺术城市"，还要继续加大对引导社会潮流的思想家、艺术家、设计师、策划家、手工艺人、数码工程师、文学家等人才的引进。

4. 宽容环境是保障

襄阳建设"艺术城市"，需要以宽阔的人文胸怀吸纳、包容各类积极的文化形态和艺术人才。在"艺术城市"里，各类人才都能发挥专长，一类是充满科学思维、严谨而认真的设计师、工程师；另一类是充满异想天开创造力和想象力的艺术家、传媒工作者和文化自由职业者。由于具有多种文化背景和不同类型人才的聚集，才能带来严谨与浪漫。本土与新潮的思想相互碰撞，进而产生创意风暴。在引人、用人观念上，我们要有筑巢引凤、接纳天下人才为我所用的博大胸怀。

5. "乐居"生活是目标

"诗意化栖居"（乐居）是"艺术城市"建设的高级目标。在物质生活得到基本满足后，人们对城市公共艺术、生态景观、音乐、绘画等人文环境的需求就会越来越高。因此，襄阳"艺术城市"建设的惠民成效就是要营造便利的"乐居"意境，让市民在轻松愉悦的工作、生活环境中，激发最大的创造热情。

四、襄阳建设"艺术城市"的品牌战略及实现路径

（一）建设"书画名城"，营造翰墨书香的襄阳气息

在襄阳2800多年的文化传承中，诗歌、书法、绘画艺术源远流长、相得益彰。襄阳是一座墨色生香的书画城市，是一座诗意盎然的诗歌城市。"诗中有画、画中有诗"，"诗、书、画相映成趣"是襄阳诗歌、书法、绘画艺术联袂生辉的真实写照。如何做实、做强襄阳"书画名城"品牌，可由三个环节来主导，从七大项目上推进。

三个环节主导：一是顶层设计到位。经营襄阳"书画名城"的金字招牌是一个承古立新的系统工程，需要科学谋划，精心设计，其核心是进一步明确发

展目标和路径，实施有效推进。二是软、硬件配套到位。襄阳美术馆、博物馆、展览馆以及米公祠正在启用，航母级的"艺术馆"建筑群在不久的将来就要建成。要在襄阳书画的体制机制和商业运作模式上下功夫，从根本上解决书画市场不健全、不景气的问题。三是出精品、出名家。"精品"是彰显当代襄阳书法艺术水平的重要窗口，"名家"是推动襄阳书法艺术发展的决定性因素，因此，要为书画出精品、出名家提供保障。七大项目推进策略：定期举办"襄阳米芾书法、绘画大展赛"；建立集书画家作品收藏、拍卖、研究、推广于一体的综合服务体系；培养一批学术研究和策展人才；设立全国书法、绘画创作基地；将书画文化渗透到城市主题文化的核心内容中；制定襄阳书画艺术的评价标准；每年开展书画组织请进来、走出去活动，尤其是加强跨文化交流活动。

（二）推广"群星音乐厅"，让市民唱出襄阳好声音

城市音乐随着城市公共文化服务体系的建设不断深入发展，建构着城市特色的音乐文化体系和音乐文化模式。近些年来，襄阳根据新时期群众文化事业发展的需要，以推进文化艺术活动持续化、常态化、品牌化为手段，以促进全市音乐艺术事业和艺术教育事业发展、全面推进"文化襄阳"建设为目的，推出了"群星音乐厅"这一公益文化活动平台。这一平台的建立，有效凝聚了襄阳音乐人才，还提出了"只要你有实力，就为你免费举办音乐会"的口号，得到广大音乐人才的一致响应，充分发挥了公共文化服务体系"文化惠民"的作用，丰富了城市对外文化交流平台，提升了襄阳城市文化形象，值得进一步完善和推广。

推广"群星音乐厅"的主要思路、内容和形式：第一，建立每月都有音乐会的模式，以常态化的音乐会扮靓城市艺术星空。为使此项活动真正做到长久化、常态化，采取活动时间和地点相对固定的方式引导广大市民养成"每月都可以去欣赏音乐会"的固定习惯。第二，建立"人人争上音乐厅"的机制，以品牌化的艺术平台激励艺术发展。文艺人才可打破身份、年龄、艺术经历的限制，向主办单位申报"群星音乐厅"专场音乐会演出。对于尚未达到举办音乐会水平的音乐爱好者，专家评审委员会也要对其进行指导。第三，建立长效化的体制机制，以制度化的规范运作保证良性发展。"群星音乐厅"符合襄阳老百姓对音乐文化的需要，符合音乐艺术发展规律，具有开创性。应加强专门管理，

进一步完善和规范群众申报机制、节目评审和指导机制、组织保障机制、活动宣传报道机制等长效运作机制，努力把"群星音乐厅"打造成对外宣传襄阳的文化品牌。

（三）挖掘"襄阳戏窝子"，以襄阳的戏演活襄阳的人

襄阳是南北文化交流的重要通道，历史上曾被称为"襄河道"。正是这种独特的地理位置形成了多种戏曲艺术门类汇聚的优势，被人们称为"戏剧窝子"或"曲艺窝子"。戏剧品种包括襄阳腔（西皮）、襄阳越调、襄阳花鼓等。襄阳戏剧特色明显，"演"与"唱"形式生动，富有感染力，锣鼓伴奏，节奏鲜明，气氛浓烈，饱含了浓郁的地方色彩和生活气息，在中国戏曲发展史上具有重要的地位。

如何发挥襄阳"戏窝子"的戏曲文化品牌效应，是一个综合性的问题。第一，需要相关部门加强对襄阳戏剧（曲）文化相关制度和政策的制订。要加大对襄阳地域民俗戏剧文化的相关投入以及优先政策支持。第二，由政府部门牵头成立"襄阳戏剧文化基金会"，为襄阳戏剧发展、保护与传承提供物质基础。同时，进一步研究制订和完善有关政策措施，还可以多方筹集保护资金，拓展经费来源渠道，实现"政府主导、社会参与"的良性循环和互动。第三，实施"精品"品牌战略，探索戏剧艺术的市场运作规律与策略。加大"引进来"和"走出去"展演活动的频次，在文化产业模式上积极与国际国内市场接轨，在戏剧艺术产业化经营渠道上与旅游、民俗、主题文化节会结合，在内容与形式创新的基础上真正创作出老百姓喜闻乐见的"有看头"的作品。

（四）塑造"公共艺术"，丰富"文化襄阳"的精彩看点

公共艺术可以成为艺术城市的"点睛"之笔。公共艺术凝聚城市特色、维系都市空间，并作为空间的节点起着起承转合的中心作用，从而使城市更具丰富的表情和更饱满的"精神"空间。

襄阳塑造公共艺术，要从建设城市艺术形象的高度出发，认真把握其规律。襄阳城市公共艺术设计、建设的思路主要包括：第一，襄阳城市公共艺术的创作原则——彰显襄阳精神、符合城市规划、展示襄阳形象、创作文化精品、凸显襄阳特色。第二，襄阳城市公共艺术的空间布局——在城市核心位置树立

标志性雕塑，在高速公路出入口进行主题雕塑建设，在步行街、主题公园、商业区、体育场等城市公共功能空间布局现代性雕塑。第三，襄阳城市雕塑的题材——主题性雕塑（建议将汉水女神作为襄阳城市标志性雕塑）、纪念性雕塑、民俗生活雕塑等。第四，公共艺术的造型风格——传统类40%，现代类60%，运用新材料、体现新工艺。第五，建立和完善公共艺术创作实施的相关制度机制。建议宣传文化部门和城市规划部门组织专家队伍编制《襄阳市城市公共艺术规划》，制定《公共艺术工程的质量标准》，成立由规划、美学、雕塑等方面专家组成的艺术专家委员会，尽快编制完成高水平的公共艺术作品创作计划。树立精品意识，邀请国内外知名雕塑师参加，创作精品力作，体现城市特色，树立城市新气象。挖掘公共艺术的文化精髓，突出特色与形象的同时，还要和襄阳的城市格局、山水意象、旅游环境相协调。公共艺术的发展将解决襄阳艺术城市形象中"有说头，没看头"的问题。

（五）培育"影视动漫产业"，演绎三维空间的襄阳风情

襄阳拥有丰富的影视动漫资源和深厚的影视文化氛围，为建设"艺术城市"奠定了坚实的基础。一是襄阳汇聚了历史文化、军事文化、三国文化和革命传统文化的风采。同时，襄阳独具特色的山水风光、城市空间是理想（"恰到好处"——陈凯歌语）的影视动画创作、制作基地。二是襄阳有八一电影制片厂湖北分厂作为坚强后盾，这里拥有设施完备的现代化影视生产基地。三是襄阳"影视城"已经初具规模，成为目前国内最大的"唐朝古城"。四是襄阳有着广泛的影视产业市场。"中国襄阳大学生电影节"成为大学生的浪漫青春品牌节日。襄阳还出现了一批在国内颇具影响的影视编剧和制片人、影视企业家。五是襄阳动漫创意产业兴旺发达，是湖北省首屈一指的动漫体验和展示区。

发展襄阳影视动画产业的主要策略与建议：第一，认准目标，梳理脉络，整合资源，抓住当前影视产业快速发展的机遇期，高起点制订动漫产业的战略规划与推进方式。当前，重点是要制订系统的经营战略与拓展市场的策略，向高、新、精、尖方向发展。第二，依托高新技术产业园建设动漫基地，制订优惠政策，吸引国内外优秀动漫企业和人才向基地集聚，发挥基地孵化、提升、集聚、创新的功能。多出、快出成果，塑造襄阳动漫产业的区域品牌形象。第三，实现动漫创意成果产业化。根据襄阳影视旅游资源的特征和消费市场的构

成,可开发的项目包括:影视主题产品、影视拍摄地产品、影视节庆产品、影视博物馆产品、影视文化旅游产品等。第四,建立动漫原创产品的创作、生产、发行和推广机制,加大动漫原创产品的扶持与奖励。第五,与高等院校、科研院所联合,构筑影视人才、技术高地。包括影视创作和制作人才、经营型人才和兼通经济、文化的复合型人才的引进培养。建立共享机制,搭建动漫游戏产业公共服务平台,为动漫产业发展提供技术支撑。

(六)创办"主题艺术馆",多方位展示"艺术城市"的独特风貌

襄阳市有各类公立、私立主题艺术场馆35家左右,这些主题艺术馆群分布在各个社区内,构成了一个相互依存的网络系统,正在自发或自觉地发挥着特殊的作用。第一,内容丰富的主题艺术馆群是城市的文化品牌。主题艺术馆群包罗万象,包括书画、民俗、古玩、戏曲、音乐、陶瓷、民艺等。分门别类的主题成为城市历史文化的信息库,也是文化品牌。第二,星罗棋布的主题艺术馆群成为健康高雅的文化休闲场所。主题艺术馆的追求是"世俗化",旨在成为每个人都想去和能去的地方,担负着大众公共休闲消费的功能。艺术馆中的咖啡馆、纪念品商店等设施为参观者提供便利。第三,雅俗共赏的主题艺术馆群增强大众文化的普及与传播。场馆文化是区域竞争力的核心内容,影响并引导着社区文化的走向。尤其是从传统的功能城市到今天的公共城市,艺术场馆正在成为现代城市的精神聚集地,成为城市人的生活方式。第四,各具特色的主题艺术馆有效拉动旅游消费。近些年来,主题艺术馆的旅游功能日益突出,逐渐成为展示襄阳城市独特历史文化、提升旅游吸引力的重要载体。国家要求文物系统博物馆全部开放,参观人数的成倍增长证明了艺术馆旅游的重要价值。

办好襄阳城市"主题艺术馆"的主要思路:第一,办好历史(名人)类主题艺术馆。展示襄阳城市起源与发展的来龙去脉,包括襄阳重大历史事件、著名历史人物等主题。第二,办好建筑类主题艺术馆。主要包括码头文化类、民居建筑类、宗教建筑类等内容。第三,办好产业类主题艺术馆。全景式展示襄阳南北交汇的产业中心和繁华的商业中心与贸易港口地位,展示襄阳历史上出现过的商业及品牌。第四,办好艺术类主题艺术馆。主要包括民间艺术主题艺术馆,书法、绘画艺术馆,工艺美术艺术馆,音乐曲艺艺术馆等。第五,办好生活类主题艺术馆。包括襄阳人的主要生活方式,如美食、婚嫁、穿天节等,

突出"襄味、古味、雅味"。第六，办好数字类主题艺术馆。在数字类主题艺术馆里，观众可以通过电脑数字模拟直接参与现场，体验身临其境的感觉。

通过主题艺术馆建设，襄阳城市原有的历史文物和人文元素都将得到质的提升。主题艺术馆是襄阳文化的宣传者，能够对外展示襄阳独特的文化艺术魅力。

（七）设立"公共艺术区"，以"实验法"探索创意襄阳新生活

襄阳的艺术区建设正处在发展期，在这个时期，需要综合考量襄阳的实际情况，遵循艺术区的建设规律，选择一个合适的原初空间、专业的聚居群落、切实可行的发展步骤，城市艺术区才可能发展壮大。

推进建设襄阳艺术区的思路与主要办法是：第一，选好位置，精心打造。应按照艺术区"廉""闲""便"的特点做好选择，一是利用历史文化街区，二是保护现代工业遗产旧址，三是依附大学园、科技园新建。综合分析，襄阳艺术区的建设，现代工业遗产旧址是较为良好的地域选择。主要理由是：从城市发展的历史来看，城市建筑形态应当选择有价值的"作品"保留下来，现代工业遗产旧址将成为延续城市文脉的"名胜古迹"。同时将"价廉物美"旧工业厂区的"名胜古迹"用作艺术区有古为今用、废物利用的多重价值。建议有关部门进行工业遗址调查时，选择具有代表性、有历史价值的厂房、设施进行保护和利用。第二，艺术品质，魅力吸引。艺术区之所以具有强大的吸引力，是因为艺术创作的私密、新奇特点，可满足游人猎奇艺术家生活、工作状况的好奇心理；艺术品的独特个性和价值，既可观看又可以购买。从建筑发展的角度看，砖瓦房建筑是现代建筑风格的"活化石"，其建筑的高大、极简、敦实，让人产生自然、怀旧、回归的感受。第三，保持特色，表里如一。襄阳留存的现代工业厂房是新中国成立后工业大发展的产物，建筑风格具有典型的"包豪斯建筑"（现代主义建筑）功能和形式特征。艺术区的改造和装修，应体现艺术的内涵和时尚因素，与艺术区创作展示空间的时尚性风格相一致，不能破坏老厂房的建筑风格和格局。第四，政策宽松，租金便宜。艺术区得以持续发展，宽松的环境和低廉的租金是重要条件之一。从整体上看，时尚、前卫的艺术工作者往往生活并不十分富裕，租金太贵让他们无法扎下根来，踏踏实实从事艺术创作和展示。政府应对艺术区采取一些特殊优惠政策，鼓励时尚艺术家在此扎根，潜

心创作时尚精品。

总之,从人类"艺术城市"的建设实践可以看出,"艺术城市"的产生与发展,是城市管理理念、发展战略、发展动力的科学转变。从发展工业主导的城市到发展经济主导的城市,再到建设"艺术城市"这一发展历程,是人类城市文明不断进步的重要体现。在城市经营中不断吸收人类文明积累的理性精神,不断校正过去对城市建设不全面的认识偏差,襄阳在建设汉江流域中心城市的伟大实践中定能早日建成高品位的艺术之城。

参考文献:

[1]〔德〕马克思:《1844年经济学哲学手稿》,人民出版社2000年版。

[2] 费孝通:《更高层次的文化走向》,《民族艺术》1994年第4期。

[3] 中共襄阳市委、襄阳市人民政府:《关于加快建设汉江流域中心城市的实施意见》(2014年7月28日)。

[4] 刘克勤:《文化襄樊》,湖北人民出版社2009年版。

[5] 陈新生、陈瑶:《欧洲城市公共艺术》,机械工业出版社2012年版。

擦亮"襄阳制造"城市名片
——襄阳打造中部地区制造名城研究

王礼刚

内容提要：襄阳与中部地区同类城市相比，制造业发展水平处于领先地位，产业基础扎实，配套产业门类齐全，具有较强的先发优势。今后，襄阳应坚持以全面深化改革，促进汉江流域中心城市建设，着力壮大制造业规模，努力提升制造业核心竞争力，全力推进先进制造业基地建设，打造中部地区制造名城。襄阳打造中部地区制造名城的具体战略措施包括：形成健康的产业生态、制订科学的品牌战略、提供强大的制造支撑、培育先进的研发能力、配置合理的生产要素、营造良好的发展环境等。

制造业是区域经济的基石和竞争力的基础，发展先进的制造业，打造制造名城是经济社会发展的重要主题。当前，中部地区制造业的发展面临着环境、资源和科技创新能力等条件的束缚，打造中部地区制造名城是襄阳的必然选择，也是襄阳制造业实现跨越发展的重要机遇。《福布斯》杂志曾连续三年把襄阳列为"中国大陆20个最适宜开办工厂的城市"和"中国大陆最佳百名商业城市"，商务部把襄阳确定为国内加工贸易梯度转移重点承接地，这些都说明襄阳已具备打造中部地区制造名城的现实基础。

一、制造名城相关范畴与指标体系

（一）制造名城的概念与特征

1. 制造名城的概念

所谓制造名城，是指依靠科技创新、降低能源消耗、减少环境污染、增加居民就业、提高经济效益、提升竞争能力，能够实现可持续发展的制造业城市。

本课题认为,"制造名城"对于襄阳的特定含义为——襄阳建设汉江流域中心城市,要始终坚持"工业领先发展"的理念,把襄阳打造成为中部地区先进制造业基地。通过制造业的新突破,加速带动金融、物流等现代服务业的发展,加快促进汉江流域中心城市产业规模、辐射功能、结构优势和综合竞争力的形成,实现制造业综合实力进入中部地区"第一方阵"的目标。

2. 制造名城的特征

与传统的制造城市相比,制造名城的特点主要体现在:

第一,在生产方式上,由单一产品的大规模、标准化生产转变为可根据社会需求小批量、多品种生产,具有更强的灵活性和适应性。

第二,在增长方式上,更注重依靠科技进步来减少能源消耗、环境污染和提高经济效益,使产业和产品的科技含量更高,人力资源优势得到更充分发挥。

第三,在发展观上,更注重信息化程度、无形资产的比重、技术创新的能力,更重视节约、集约和可持续发展。

概括起来,"制造名城"的内涵主要体现在四个方面:一是以人为本,二是科技创新,三是资源环境友好,四是面向未来。制造名城是以科技进步和创新为动力,注重劳动者素质和能力的提高,强调生产与生态的和谐、发展与环境的和谐,坚持高效益、高技术、低消耗、广就业的发展价值取向,是一种资源节约型的、面向未来的、可持续发展的以制造业为基础的城市。

(二)制造名城的评价指标体系

本课题从经济、教育科技、资源环境三维角度出发,基于宏观和微观层面的分析,构建制造名城的评价指标体系。采用主成分分析法,基于已有指标体系进行评价研究。主成分分析法可以在保证数据信息丢失最少的情况下,对高维变量空间进行降维处理,即用少数几个综合变量代替原先较多的指标,只要求出主超平面和相应的各个主分量,即可在简化的数据表中比较样本的状况。基于《中国城市统计年鉴(2013)》、各城市2012年国民经济和社会发展统计公报、《中国环境统计年鉴》及《中国科技统计年鉴》相关数据,采用计量软件SPSS 16.0对2012年中部六省(湖北、湖南、河南、江西、安徽、山西)27个主要制造城市的经济创造能力、教育科技创新能力、资源环境保护能力进行评价,并在此基础上进行襄阳打造中部地区制造名城的战略分析。具体评价指标体系如表1所示。

表1 制造名城评价指标体系

A 经济创造能力	A1 规模以上工业企业总产值（万元）
	A2 规模以上工业企业数量（个）
	A3 规模以上工业企业利润总额（万元）
	A4 制造业就业人数占全部就业人数的比重（%）
	A5 规模以上工业企业本年应缴增值税（万元）
	A6 人口密度（人/平方公里）
	A7 工业用电量（万千瓦时）
B 教育科技创新能力	B1 地方财政用于制造科技支出占财政收入总量比重（%）
	B2 互联网宽带接入用户数（万户）
	B3 普通高校专任教师数（人）
	B4 普通高校数（所）
C 资源环境保护能力	C1 工业废水排放量（万吨）
	C2 工业烟（粉）尘排放量（吨）
	C3 一般工业固体废物综合利用率（%）
	C4 污水处理厂集中处理率（%）

资料来源：根据郑伟、张昕：《中国制造业强市评价研究——基于我国31个城市制造业的实证》（载《统计与决策》2012年第2期）整理而得。

二、襄阳打造中部地区制造名城的综合评价

（一）襄阳打造中部地区制造名城的实证结果

根据主成分分析法，可以计算出27个城市的制造水平及排序情况，如表2所示。

表2 襄阳等27个中部城市制造水平的主成分得分及排序表

城市序号	城市	总量因子 排序	总量因子 得分	要素因子 排序	要素因子 得分	资环因子 排序	资环因子 得分	综合评价 排序	综合评价 得分
1	武汉	2	7.30	25	-1.71	5	0.88	1	5.64
2	黄石	20	-1.59	5	1.08	22	-0.68	20	-1.01
3	十堰	23	-1.89	11	0.58	25	-2.16	23	-1.49
4	宜昌	11	-0.18	26	-1.86	24	-1.90	8	0.13
5	襄阳	9	-0.02	6	1.03	18	-0.17	7	0.15
6	长沙	3	3.82	8	0.87	13	0.44	3	2.89

续表

城市序号	城市	总量因子		要素因子		资环因子		综合评价	
		排序	得分	排序	得分	排序	得分	排序	得分
7	株洲	14	-0.85	9	0.67	17	-0.11	12	-0.49
8	湘潭	18	-1.10	14	0.41	12	0.45	15	-0.64
9	衡阳	13	-0.80	21	-1.05	7	0.79	16	-0.65
10	常德	19	-1.28	20	-0.90	4	0.95	19	-0.94
11	郑州	1	8.14	18	-0.28	20	-0.28	2	4.94
12	开封	12	-0.73	7	0.90	8	0.68	11	-0.27
13	洛阳	6	1.26	19	-0.54	27	-2.35	6	0.50
14	安阳	10	-0.15	12	0.54	15	0.29	10	0.02
15	南阳	15	-0.98	10	0.65	11	0.49	14	-0.52
16	南昌	5	1.40	16	-0.11	10	0.57	5	1.03
17	景德镇	27	-2.75	13	0.41	9	0.64	25	-1.79
18	萍乡	24	-2.10	15	0.35	2	1.25	22	-1.26
19	九江	17	-1.05	22	-1.17	26	-2.26	21	-1.22
20	合肥	4	2.25	4	1.36	3	1.08	4	1.96
21	芜湖	7	0.54	2	2.05	19	-0.18	18	-0.68
22	蚌埠	21	-1.62	1	2.14	6	0.87	17	-0.66
23	马鞍山	17	-1.05	3	1.44	16	-0.10	13	-0.50
24	太原	8	0.39	17	-0.22	23	-0.93	9	0.12
25	大同	25	-2.54	24	-1.51	14	0.37	26	-2.00
26	长治	22	-1.71	23	-1.30	21	-0.62	24	-1.50
27	临汾	26	-2.71	27	-3.82	1	1.98	27	-2.33

为了更加直观、清晰地了解襄阳等 27 个城市主成分分析的结果,在对制造水平的 15 项原始指标数据进行主成分分析的基础上,以 Euclidean Distance(欧氏距离)为间隔距离的测量项,对其采用层次聚类分析方法进行分析,得到以下 4 类分析结果:

第一类:高水平制造城市集合(4 个)——武汉、郑州、长沙、合肥;第二类:较高水平制造城市集合(6 个)——南昌、洛阳、襄阳、宜昌、太原、安阳;第三类:中等水平制造城市集合(14 个)——十堰、芜湖、长治、萍乡、九江、黄石、常德、株洲、马鞍山、南阳、衡阳、蚌埠、湘潭、开封;第四类:较低水平制造城市集合(3 个)——景德镇、大同、临汾。

根据上述评价结果，2012年襄阳制造水平总量因子指数为-0.02，名列中部地区27个主要制造城市第9位；要素投入因子指数为1.03，列第6位；资环因子指数为-0.17，列第18位；综合评价指数为0.15，列第7位。除了5个省会城市和洛阳以外，襄阳制造水平综合评价得分高于中部其他同类城市。

总体而言，中部地区27个主要制造城市制造水平综合评价指数位列前5位的武汉、郑州、长沙、合肥、南昌，均是省会城市和省域经济体的核心增长极，区位优势突出，制造业基础雄厚，经济一体化程度较高，城市制造水平较高。而襄阳制造水平综合评价指数为0.15，高于同为省域副中心城市的宜昌0.02个单位，比南阳高0.67个单位，比洛阳低0.35个单位，这表明襄阳与中部地区同类城市相比，制造业综合发展水平处于领先地位，产业基础扎实，配套产业门类齐全，具有较强的先发优势。现阶段襄阳打造制造名城的目标，应该瞄准并超越聚类分析结果第二类地区的南昌、洛阳，中远期目标是追赶第一类城市（武汉、郑州、长沙、合肥）。

襄阳工业基础较好，是国家老工业基地、全国重要的汽车制造业基地、"中国织造名城"和三线军工企业聚集地。根据以上实证分析的结果，结合襄阳制造业的历史基础与现实发展状况，可得出襄阳打造中部地区制造名城的比较优势与制约因素。

（二）襄阳打造中部地区制造名城的比较优势

1. 制造业基础较为雄厚

经过多年发展，襄阳形成了制造业门类较为齐全的制造体系和"一个龙头，六大支柱"的产业发展格局，工业增加值在省内位居前三，仅次于武汉和宜昌，远高出荆门、十堰、随州等城市。2013年，襄阳市工业总产值首次突破4000亿元大关，达到4728.6亿元，同比增长19.1%；完成工业增加值1372.7亿元，同比增长13.8%；汽车产业累计实现产值1512.6亿元，同比增长13.4%，比2012年底增速-5.7%提高19.1个百分点，对全市产值增长的贡献率为23.6%。六大支柱产业累计完成产值3375.7亿元，同比增长21.1%，快于全市平均增速2个百分点。其中，新能源汽车产业、医药化工产业、装备制造产业、电子信息产业增速在25%以上，分别为54.5%、32%、28%、25.4%。

2. 制造业比较优势突出

襄阳市汽车和装备制造业在全国范围内具有较强的竞争实力。汽车产业已形成了较为齐备的产业门类和产品结构体系，其中东风汽车作为襄阳市汽车产业龙头企业近些年发展迅速，带动了汽车配套企业的发展。东风汽车的天籁等产品在全国市场具有相当占有率，在同类型产品中表现突出。基于汽车产业的发展基础和作为国家新能源汽车示范推广试点城市，襄阳市新能源汽车产业已经初具规模，形成了"两纵三横"的产业格局。此外，襄阳的装备制造业具有一定规模和技术水平，并形成了一批特色产业集群。装备制造业自主研发创新能力进一步增强，发展速度提升。金鹰重工、南车集团等专业性强、掌握自主创新技术的大型装备制造企业在全国同行业乃至海外市场都具备较强竞争力。

3. 制造业集群效应显著

近年来，襄阳市制造业发展势头良好，已形成一批企业相对集中、特色比较鲜明、市场份额较大的产业集群。目前拥有国家级开发区2个和省级开发区、工业园区13个。高新区汽车产业园、樊城区航空航天产业园、谷城县再生资源产业园等一批园区已成为独具特色的产业园区；南漳磷硫硅钛循环经济产业园、襄州农产品深加工产业园和纺织服装工业园等特色园区建设正加快推进。至2012年底，襄阳市销售收入过10亿元的成长型产业集群已发展到29个，其中过100亿元的产业集群8个，集群内企业达2915家。襄阳有9个特色产业集群入围2013年度湖北重点成长型产业集群（共83个），入围数量位列全省第二。入围的9个产业集群分别是：襄阳市轴承产业集群、襄阳市再生资源产业集群、襄阳市电机节能控制产业集群、樊城区纺织产业集群、老河口市食品加工产业集群、襄阳市（襄州、南漳）农产品加工产业集群、枣阳市汽车摩擦密封材料产业集群、谷城县汽车零部件产业集群、宜城市食品加工产业集群。

4. 政策支持力度较大

襄阳市委、市政府历来重视制造业发展，近年来先后出台多项政策，为制造业的快速发展提供政策支持。2011年，发布了《关于推动工业经济跨越式发展的若干意见》，其中包括实施骨干企业成长工程、实施产业人才保障工程等多项举措。此外，还发布了《关于大力发展微型企业的意见》和《关于加大企业帮扶力度促进工业经济平稳较快增长的意见》等政策指导性文件。2013年7月，出台了《关于加快建设特色产业园区培育优势产业集群的意见》，明确提出到

2016年全市力争建成富有竞争力的特色产业园区20个左右，园区营业总收入突破3000亿元。2013年10月，制定了《关于进一步促进工业经济平稳较快增长的意见》，并出台了适宜于不同县市区发展的发展规划、行动计划和招商指南等政策性文件。因此，襄阳已经形成了以国家级产业政策为根本，以省级政策为依据，以市级政策和各行业规划为指导的完整政策体系。

5. 区位交通条件优越

襄阳历来为南北通商和文化交流的通道，已形成汉丹、焦柳、襄渝3条铁路大动脉交汇于市区，3条国道公路贯通市区，汉水、南河、唐白河等5条河道全年通航，襄阳和老河口两座机场连接空中走廊的立体交通网络。以市区为中心的孝襄、襄十、襄荆和樊魏四条高速公路呈"十"字形与周边城市相连，基本可与1000公里左右的城市朝发夕至，并与长沙、西安、郑州、合肥、成都、重庆等大城市连通，300公里内辐射武汉、宜昌、南阳、十堰、随州、荆州、荆门、孝感等城市。优越的交通条件和基础设施为襄阳工业发展提供了重要支撑。

（三）襄阳打造中部地区制造名城的制约因素

1. 制造业基础竞争力暂时较弱，与全国其他先进城市差距较大

总体来讲，襄阳制造业的发展水平与其地理、经济、人口等条件基本相符，处于协调均衡发展阶段、全国中上游水平。但是从产业规模、工业增加值、工业利润总额、百亿元企业数量、高科技产业占GDP比重、进出口总额、外商直接投资额、万元工业增加值能耗、固体废弃物综合利用率等工业发展重点指标来看，还有一定差距，制造业竞争力依然较弱，制造业发展的质量和效益还有待大幅提升。

2. 制造业发展不均衡，新兴产业规模较小

目前，襄阳虽然形成了以汽车产业为龙头的七大制造产业，但是各产业之间发展不均衡，汽车产业、农产品深加工、装备制造业初具规模，但新能源汽车、电子信息、新能源新材料等新兴制造产业规模还比较小，产业竞争力较弱，受宏观经济和政府政策的影响较大。当前，襄阳国制造业领域产能过剩严重，转型升级步伐明显加快。襄阳市新兴制造业的发展滞后导致了制造业经济发展后劲不足，对保持制造业稳定增长、打造中部地区制造名城带来不利影响。

3. 产品附加值不高，大部分产业链较短

当前，襄阳制造业很大程度上仍依赖资本、劳动力投入和资源消耗等方式外在扩张，低附加值的产业发展模式仍未根本改变，"高、精、尖、名、优、特"等高附加值的产品少，缺乏自主知识产权，导致竞争力较弱。虽然襄阳汽车产业具有一定的规模，但是重要核心零部件如发动机、汽车电子设备等产品的研发能力依然较弱。此外，除了汽车产业以外，其他产业的链条较短，企业之间关联度低，没有形成承接产业转移的良好配套环境。产品的本地化配套能力不强，设备本地化采购量不大，重点产业布局相对分散，产业协作能力不强。

4. 龙头企业缺乏，中小微企业竞争力不强

龙头企业对制造业发展具有重要带动作用，但襄阳市制造业领域规模过百亿元的龙头企业较少，缺乏在国内外具有较大品牌影响力的大型企业集团。另外，受国内外经济环境日益复杂的影响，中小微企业经营也面临着很大的困境。襄阳市拥有众多为龙头企业配套的中小微企业，但规模普遍较小，产品市场有限，总体竞争力不强，相关体制机制还不够完善，企业成长还面临着诸多挑战。

5. 对外开放水平不高，尚未形成区域合作机制

当前，发达国家掀起新一轮区域自由贸易谈判，试图重构全球贸易格局。党的十八大以来，我国持续深化改革开放，成立了中国（上海）自由贸易区，对外开放进入新的阶段。与东部地区相比，襄阳在对外开放方面还有很大差距。2013年襄阳外贸进出口总值累计16.2亿美元，比2011年同期增长28.8%，但利用外资水平不高，"走出去"企业不多，对外投资规模较小，品牌影响力有限，利用两类资源、两个市场的能力还有待提升。此外，在区域经济合作方面，襄阳与周边省市尚未形成区域合作机制，制造业发展缺乏有效配合和衔接，导致区域竞争压力较大，不利于资源的合理有效配置。

三、襄阳打造中部地区制造名城的目标定位

2012年，襄阳被仲量联行评为"中国新兴城市50强"。仲量联行是唯一连续3年入选福布斯白金400强企业的房地产投资管理及服务公司，业务遍及全球60个国家逾700个城市。2012年5月底，日产（NISSAN）公司决定将旗下豪华车品牌英菲尼迪投放到襄阳工厂生产，而这是襄阳击败竞争对手——广

州、武汉、大连三个重量级城市换来的结果。目前，襄阳拥有200多家汽车及零部件生产企业，拥有研发、零部件、整车生产的全产业链，汽车已形成千亿级龙头产业，这也是吸引日产最终将英菲尼迪落户襄阳的重要原因。

（一）襄阳打造中部地区制造名城的总体定位

"两步走"定位：到2020年，把襄阳打造成为以高新技术产业为主导的中部地区现代制造业基地；到2030年，把襄阳打造成为中部地区领先、国内一流的制造名城。

（二）襄阳打造中部地区制造名城的具体目标

1. 基本目标

根据《襄阳市万亿工业强市建设三年行动方案（2014—2016）》划定的目标，2016年襄阳市工业发展的质量和效益明显提高，工业总产值突破1万亿元，年均增速保持在25%左右，其中，规模以上工业总产值达到8200亿元，规模以上工业增加值达到2500亿元。制造业转型升级将取得重要进展，战略性新兴产业规模大幅提升，对外开放水平明显提高，成为仅次于武汉市的湖北省第二大制造城市，初步形成以自主创新为核心动力、结构高端、布局合理、环境友好、中部地区领先的区域性制造名城。争取到2030年，襄阳成为制造业规模在全省排名第二、中部地区排名前五、国内同类城市排名前十的国家级制造名城。

2. 经济创造目标

按照全市"一核两带"（中心城区现代服务业发展核，枣—襄—老、襄—宜两大先进制造业发展带）产业总体布局，襄阳市主要县市区工业发展规模快速提升。2016年，高新区工业总产值达到3000亿元，襄州区、枣阳市、谷城县工业总产值分别突破1000亿元。

3. 质量效益目标

2016年，襄阳市战略性新兴产业在工业中的比重达到16%以上，传统产业技术改造取得明显成效，单位增加值能耗显著降低，主要污染物排放比2010年降低20%以上，主要产品质量接近或达到国际先进水平。企业盈利能力明显增强，主营业务利润率提高5个百分点，劳动生产率增长20%。规模以上企业研发投入占销售收入比重超过5%,拥有研发机构的企业比例超过40%。新产品设计、开发能力和品牌建设能力明显增强,实现新产品产值率50%,在云计算、物联网、集成电路与元器件、汽车电子、智能仪器仪表、高端装备等领域突破一批核心关键技术,力争达到国际先进水平。

四、襄阳打造中部地区制造名城的战略措施

襄阳正谋划打造中部地区制造名城,助推汉江流域中心城市梦的实现。针对以上实证结果和襄阳制造业发展实际,课题组认为应通过以下六大战略来实现。

(一)形成健康的产业生态

推进产业形态优化。不断推进襄阳制造业转型升级,提升先进制造业综合竞争力,以先进制造业快速发展支撑襄阳建设汉江流域中心城市,推进先进制造业产业结构从加工制造环节为主的"纺锤型"向加工制造与研发服务环节协调发展的"哑铃型"转变。完善产业链条和配套服务,培育一批"专、精、特、新"的装备配套零部件生产企业,建立和完善大、中、小型企业之间的专业化分工和产业化协作机制。

推进产业均衡发展。在继续发展一个龙头产业——汽车产业,六大支柱产业——农产品深加工、装备制造、新能源汽车、新能源新材料、电子信息、医药化工的同时,应大力发展电气机械、仪器仪表、光电产业和风电产业等优势先进制造业,使襄阳市先进制造业产业结构更加合理。

完善专用车、乘用车、汽车零配件及汽车贸易和物流配送产业链。做大、做强专用车整车制造产业,完善和优化专用车产品结构。引进汽车尤其是新能源汽车整车制造企业,推进汽车尤其是电动汽车零部件产业升级,重点支持有一定产业基础的汽车电子、专用模具、五金塑料件等配套产品加快发展。加强与周边城市进行产业合作,加快引进国内汽车整车生产的一、二、三级配套供应企业,扶持发展汽车产业中介服务机构,鼓励与汽车密切相关的汽车维修服务、汽配物流、汽车金融服务等产业的发展。

努力改造提升传统优势制造业。襄阳是纺织大市,纺织工业一直是传统优势制造业,产业综合实力位居湖北省市州第一,在全国有着重要影响。未来

应以服装、家纺、产业用纺织品等终端产品为龙头，以染整织造技术进步、织造水平提升、织物面料开发为突破口，完善服装产业链条和配套，实现从简单加工向深度加工和全过程设计制造升级，建成区域性纺织服装设计、生产、信息、贸易中心。支持际华三五四二、银河纺织公司、新四五印染公司、鑫方圆实业公司等企业优化升级，引导产业集聚发展和有序转移，集聚有潜力、有前景的企业，转移淘汰落后产能与技术。推广应用计算机集成制造系统（CIMS）、PAC可编程序控制和数字式喷射印花、计算机测色配色等技术。

（二）制订科学的品牌战略

纵观美、日、德等制造业强国，无一不是因拥有众多的世界知名制造企业和产品而成为世界经济强国，福特、松下、奔驰等著名制造品牌，数十年乃至上百年享誉世界，经久不衰。品牌是无形资源和增值源泉，是企业应对市场的强势武器。品牌买不来、借不来、"贴"不来，要靠科学的品牌战略。2014年3月，襄阳汽车产业集群入选国家首批品牌建设示范区，是湖北省入选的两个产业集群之一。目前，襄阳已形成集研发、生产、试验、检测为一体的汽车产业链，是亚洲最大的中重型车桥生产基地、全国最大的汽车动力生产基地。未来，应积极实施"襄阳汽车产业集群"区域品牌战略，努力把襄阳打造成为中部地区重要的整车及零部件生产基地。加强招商，重点瞄准国内外知名的汽车制造一、二、三级配套供应企业，特别是一级配套供应企业。扶持英菲尼迪、"天籁"轿车、"东风小霸王"轻卡、"东风金刚"专用车、"东风莲花"轻客等一系列知名整车品牌、系列整车项目的建设，重点支持中高档乘用车、商务车、特种车规模扩大。鼓励外资企业单独或合作设立技术研发机构，引导本地优势民营企业与外资企业合作发展。积极加强与湖北省、武汉市相关部门和企业沟通，搭建对外交流合作平台，帮助企业融入武汉的整车生产配套体系，协同武汉打造国际汽车制造基地。

在打造农产品深加工品牌方面，应引导和支持龙头企业增加科研投入，鼓励大中型农产品加工企业建立工程实验室、企业技术中心、校企共建研发中心、工程技术研究中心等研发机构，加大对与农产品加工相关联的生物技术、信息技术、制造技术等关键技术的攻关力度，加强产品设计和研发，提升自主创新能力，培育自主品牌。坚持"一个产业一个主导品牌"的发展思路，支持企业开展稻米、面粉、油脂、茶叶、肉类、酒类、大头菜等行业的品牌整合，形成一批知名度较高的农产品加工品牌。扩大奥星、梅园等现有品牌的影响力，提高产品市场占有率，增强产品竞争力，把优质特色农产品推向国内外市场。争取到2020年，培育3～5个国际知名和若干国内、省内驰名的农产品加工品牌。

（三）提供强大的制造支撑

加强基础设施建设。按照现代产业发展要求，加快交通、通信、仓储等物流基础设施建设，降低制造业物流成本；推进智能交通建设，优化综合运输网络布局，着力提高交通设施的通行速度和运能，完善襄阳制造基地与其他地区的快捷物流通道；加快能源项目建设，构建智能电网，保障能源供应；按照"四化融合"的要求，完善信息基础设施，积极构筑市、区、镇（街）公共信息平台、地理信息系统、信息服务系统、电子政务、电子商务等信息基础设施，构建"智慧襄阳"；全力构筑产业载体（工业园区）、水利工程、综合交通、供水管网、污水处理、电网建设、石油天然气管网等现代产业体系基础设施支撑平台，营造优良硬环境。

加强人才培养和引进。高水平技能人才和现代管理人才是襄阳打造中部地区制造名城的必备条件。应切实重视企业管理专门人才和先进制造技术专门人才的培养，努力构筑人才激励机制，营造留住人才的良好氛围。大力推进人才强市战略，依托现有人才资源，利用市场机制，抓好培养、引进、使用三个环节，造就一支包括企业家、经营管理者、研发领军人才、高技能人才、技术工人、熟练工人在内的多层次、多类型高素质制造业精英队伍。加强职业院校建设，力争建立起一批面向产业群的职业培训示范基地，加强校企合作，实行"订单式"培养方式，促进职业教育与企业人才需求的有效衔接。整合中高等职业院校的师资、设施等资源，大力开展职工岗前培训、在岗培训、转岗培训，适应先进制造业发展需要，提高新入职、在职职工专业技术水平。培训先进制造业发展需要的紧缺型人才，积极引进高端人才，为打造中部地区制造名城提供强有力的人才支持，增强制造业研究开发与技术创新能力。对企业引进的中高层次专业技术人才提供一定的收入补贴、住房补贴和研发项目启动经费。加快制订鼓励科技人才进驻和创业的优惠政策，在企业注册、资金支持、经营场所、户籍政策等方面提供实际便利和扶持。

(四)培育先进的研发能力

增强科技创新能力。立足襄阳市制造业现有基础,推进代表先进制造技术发展方向的研究开发和成果转化。认真落实制造技术改造、先进成果转化、科技创新、产品研发、先进技术设备进口等方面的优惠措施,为企业发展创造优良的技术政策环境。实行政府牵头、企业界和学术界广泛参与的方式,结合襄阳制造业发展的特点,积极开展符合先进制造业发展特征共性技术的预测和计划的制订。加强与国内科研机构合作,促进企业技术研发中心等创新平台建设,提高企业自主创新能力。以建设技术研发中心为抓手,提高先进制造企业的自主创新能力,促进制造企业与武汉、襄阳的高等院校、科研院所紧密合作。对成立技术研发中心的企业,予以一定的资金技术资助。对技术研发中心开展的引进技术消化吸收项目与自主开发项目,设立技术创新专项基金。积极协助技术研发中心申报各类国家级、省级技术创新资助项目和技术进步评奖项目。

搭建检验检测平台。加快检验检测平台建设,对提高检测服务能力、确保制造产品和工程质量安全、促进产业结构升级、增强区域竞争优势具有重要意义。襄阳需要结合产业发展需求,围绕构建自主创新体系,发展高新技术和战略性新兴制造业,充分发挥科研院所、高校和重点企业的实验室及专业人才综合优势,构建与襄阳自主创新需求紧密结合的重大基础性先进技术检验检测平台体系。一是要加强装备制造、电子信息、新能源汽车、食品药品等重点制造业的产品检验检测中心建设,在大型仪器设备配置、实验室建设、高端人才培训和能力提升等方面提供支持。二是要充分发挥设备、人员、技术等优势,大力开展面向社会和中小制造企业的咨询和技术服务,推动检验检测平台向功能多元化、服务社会化方向发展。三是要建立高效的运行机制。以创新机制、增强活力、科学管理、强化服务为重点,进一步深化检验检测平台体制改革,建立开放、流动、竞争、协作的运行机制。

(五)配置合理的生产要素

不断优化金融生态环境,建立完善的征信体系。鼓励企业进行股份制改革,大力推进市内优质中小企业上市融资。推动发展创业风险投资基金、产业基金等,支持企业自主创新和新兴产业的发展。加强政、银、企的沟通协调,落实信贷合作协议，积极运用银团贷款、融资租赁、项目融资等多种方式，支持重大制造业项目建设。鼓励引导金融机构主动向制造企业提供融资服务，引导中小企业积极进行业务、产品创新。大力推进中小企业信用担保体系建设，发挥好财政出资建立的信用担保基金的作用，切实帮助传统企业解决融资问题。探索符合条件的企业参与中小企业集合债券、公司债券、集合票据融资等，拓宽融资渠道，助力襄阳打造中部制造名城。

创新招商引资方式。襄阳作为国内经济后发地区，吸引国内外制造资本的投资，是发挥大企业大项目带动效应、高起点发展战略性新兴制造业进而全面提升制造业发展层次的有效方式。要加快完善招商工作机制，从单个项目招商向集群招商、产业链招商转变，从招商引资向招商选资过渡，结合制造业发展的中长期方向，引进一批综合效益好、带动力强的制造业项目。建设高水平、专业化的招商队伍，进一步调动企业招商的积极性，从行政招商为主向市场化招商、以商引商为主转变。细化招商市场，明确主攻对象，由分散化招商向重点招商、集中招商转变。把招商引资的重点放在龙头企业培育引进和关键配套能力建设上，积极承接国际资本和沿海产业转移，围绕主导产业、新兴产业、央企和军工集团抓招商，力争在引进世界500强、国内500强和行业领军企业上有大突破，在引进能够完善制造业链条的填平补齐项目上有新进展。重点支持驻襄军工制造企业和其他驻襄中央企业向上争取集团公司的项目投资。优化投资环境，强化服务意识，提高引资相关服务的积极性和主动性，对重大投资项目全程跟踪、协调服务。

（六）营造良好的发展环境

制造业是城市经济最重要的组成部分之一，也是衡量一个地区竞争能力的主要指标。如何为"襄阳制造"营造良好的发展环境，消除制约制造业发展的不利外部因素，使制造业获得新的发展动力，对襄阳打造中部地区制造名城意义重大。

强化政府行政服务，营造公平竞争的经营环境。按照建设服务政府、效能政府和责任政府的要求，编制政府服务项目目录和办事指南，明确政府服务内容、标准、程序和时限。严格实行服务承诺制、限时办结制和首问负责制。严格执行《行政许可法》，实行行政许可目录管理，优化行政审批程序，提高行政审批效率。完善行政服务中心建设，行政审批项目全部进驻行政服务中心，并推进联网办公、联网审批、联网监管，打造高效便民的政务平台。加强政府门户网站和电子政务建设，充分发挥"12345"行政服务热线的功能，完善互联网信息交流平台建设，加强与重点企业网上互动交流，认真办理网络咨询和投诉事项。贯彻政府信息公开条例，重点推进财政预决算、公共资源配置、重大建设项目批准和实施，为襄阳打造中部地区制造名城创造良好的环境。

加强诚信体系建设，营造文明守信的商务环境。加快征信系统建设，建立全覆盖的社会信用信息记录机制。积极推进建立自然人、法人和其他组织统一社会信用代码制度，依法收集、整合区域内公民、法人和其他组织的信用信息，完善信用信息基础数据库，逐步实现信息采集全覆盖。建立信用信息共享机制。促进各地各部门信用信息系统统筹整合，依法推进信用信息互联互通和交换共享。建立健全激励诚信、惩戒失信长效机制。各地各部门在确定经济社会发展目标和发展规划，出台经济社会重大政策和重大改革措施时，要把讲社会责任、讲社会效益、讲守法经营、讲公平竞争、讲诚信守约作为重要内容，形成有利于弘扬诚信的良好政策导向和利益机制，全力构建诚实守信的经营环境。

加强城市环境综合整治，营造舒适方便的生活环境。积极适应制造名城的发展需要，逐年加大对市政和交通基础设施的财政投入，尽快改变基础设施不适应城市发展需要的局面，并在此基础上适度超前规划、建设城市设施。加快市政公用事业单位改革，不断提高经营、服务水平。积极解决交通安全问题，实现城市道路的安全畅通，为外来投资者和本地市民生活、工作、出行提供更加安全、方便、舒适的环境。

强化服务意识，营造安定和谐的社会环境。坚持为重点制造业发展开"绿灯"的原则，把服务重点制造项目作为党政机关履行职责的中心任务。实行重点企业联系制度，完善"一个重点企业（项目）、一名领导、一个部门"的定点联系帮扶制度，定期召开会议，切实帮助企业解决生产经营中遇到的困难与问题，推进企业健康发展。加大社会治安综合治理力度，严厉打击影响招商引资和项目建设的各种违法犯罪，从严从快查办涉及外来投资者的案件，确保投资商的合法权益不受侵犯。

参考文献：

[1] 李廉水、袁克珠：《长三角制造业区域一体化研究——基于制造业强省的比较分析》，《江海学刊》2007年第1期。

[2] 郑伟、张昕：《中国制造业强市评价研究——基于我国31个城市制造业的实证》，《统计与决策》2009年第2期。

[3] 襄阳市经济和信息化委员会，中国电子信息产业发展研究院：《襄阳市万亿工业强市建设三年行动方案（2014—2016）》。

[4] 王世文、贝政新：《建设高端产业城市的挑战、路径与建议》，《经济问题》2010年第4期。

[5] 国家统计局：《中国城市统计年鉴2013》，中国统计出版社2014年版。

[6] 谢治春：《制造业集聚与城镇化推进：基于省际面板数据的空间计量分析》，《当代经济科学》2014年第4期。

[7] 李廉水：《中国制造业发展研究报告（2013）》，科学出版社2013年版。

[8] 吕薇、李伟：《中国制造业创新与升级：路径、机制与政策》，中国发展出版社2013年版。

第二篇

复兴之路

穿越襄阳时空 绽放城市之光
——"千古帝乡、智慧襄阳"城市品牌研究

朱运海

内容提要：襄阳已进入文化城市建设新阶段，而文化城市建设需要品牌化经营，"千古帝乡、智慧襄阳"城市品牌遂应运而生。"千古帝乡、智慧襄阳"彰显了襄阳厚重的历史底蕴和独特的精神气质，极大地提升了襄阳的文化品位和文化功能，有利于统领襄阳以及汉江流域文化旅游发展方向，盘活文化资源存量。为了更好经营城市、传播品牌，需要在城市品牌化经营上做好城市品牌氛围营造、品牌资源整合和品牌产品打造这三件事；在城市品牌传播上做好发挥传统媒体定向传播的优势、新媒体即时无边界的优势、节事活动引爆性的优势和影视创作文化叙事的优势，多维度、多层次对外推广襄阳城市品牌，让"千古帝乡、智慧襄阳"城市品牌走向全国，走向世界。

2015年4月，仲量联行发布了《中国城市60强》，其中襄阳位列第59位，属于三线起步型城市。襄阳能够从全国600多个城市中脱颖而出，一方面体现了襄阳在现代中国城市之林中据有一席之地；另一方面也表明了襄阳在新的历史时期面临着新的机遇和挑战，需要快速起步、加快发展。目前，中国已进入城市竞争时代，人、财、物等城市发展资源要素的配置取决于城市之间的市场竞争。市场竞争的必然结果就是城市走品牌化发展之路。襄阳进入中国城市60强，既是对襄阳多年来城市发展的肯定，同时也是对襄阳未来的城市品牌化经营与发展提出了新的要求和挑战。能否在城市之林中脱颖而出，取决于如何更好地进行品牌化经营。

一、城市品牌化经营的必要性

（一）城市间的竞争催生了城市品牌构建

经济一体化的世界正在品牌化，城市竞争力、城市品牌正紧紧交织在一起。城市竞争的时代已经来临，各城市纷纷通过品牌化经营提高城市竞争力。城市品牌是各城市相互竞争的产物。

城市品牌的构建不是无中生有、一蹴而就的，它是城市的历史文化和政治经济等因素在社会公众心目中长期积淀而形成的稳定影响和整体评价，具有较强的路径依赖性。城市品牌需要独具特色的城市名片，国内外城市品牌建设的成功经验显示，以产业、企业和产品为城市品牌的代表，远没有以独特的历史文化作为城市品牌更为有效和持久。

（二）文化城市建设需要城市品牌化经营

从人类发展史来看，城市生活代表了人类居住文明的最高阶段。为了谋求更好的生活，人们自觉地步入城市。然而，随着城市化进程的加快，越来越多的人从传统的乡村向城市集聚，并由此导致了交通拥堵、环境污染、失业、棚户区的蔓延和城市中心人口逃离等"城市病"。

为了应对大工业时代所导致的这些"城市病"，1933年国际现代建筑协会（CIAM）在《城市规划大纲》（后来被称作《雅典宪章》）中提出了以人为本和城市功能分区的思想，认为城市需要具备居住、工作、游憩与交通四大功能。在此后的城市规划实践中，由于刻意追求功能分区，人为地将城市分割为不同的功能单元而忽视了城市地理空间与人文历史、城市建筑与城市居民之间的多元有机关系，牺牲了人与物的有机联系。

为了弥补功能城市的不足，1977年签署的《马丘比丘宪章》中提出了城市"宜人化"的理念——城市规划必须努力去创造一个综合的、多功能的生存环境和生存空间。"宜人化"的理念在1999年通过的《北京宪章》中得到了进一步体现——城市规划和建设要避免"大发展和大破坏"，把人类的家园营建得更加美好、宜人。

由此可见，文化是凝聚区域合作的重要纽带，也是抢占区域竞争制高点的重要支撑。文化城市是以功能城市为基础,是对功能城市的扬弃,从功能城市向文化城市的转变体现了人类对城市生活实践探索进入新阶段,是谋求更好生存的必然结果,是对人类自身生存价值和生活意义的回归。

(三)文化叙事语境有利于城市品牌传播

目前,我国已普遍进入了城市经营(City Management)阶段。城市经营不仅要关注城市功能的完善,更要关注城市个性和品牌塑造。城市经营不仅要思考以城市功能为代表的城市共性问题,更要思考以城市文化为代表的城市个性问题。城市个性问题是城市经营的关键。

目前,主流的城市品牌话语环境是营销语境。城市品牌营销语境注重的是城市功能,更多强调"有什么"的城市属性特征,传递的是一种单向度的情感诱导,通过轰炸式的作秀节奏将城市推向目标受众。营销语境下,很容易将城市品牌等同于知名企业、产品和城市标志性建筑等功能性的物质因素。可见,营销语境恰好背离了城市的居住本质——生活方式。和营销语境不同,城市品牌的叙事语境传达出的是柔性的价值感召和开放的情感想象,通过一种贴切的、绵绵不绝的生活方式的传承,将目标受众吸引到城市。和王婆卖瓜式的向外推销模式的营销语境不同,叙事语境是说书讲故事式的吸引招徕模式。

总之,相对于城市营销语境,城市叙事语境传递出的是柔软的价值观,而不是坚硬的属性;是开放的情感想象,而不是单向度的情感诱导;是绵绵不绝的生活方式的传承,而不是轰炸式的作秀节奏。对于襄阳这座2800年的历史文化名城而言,城市创新和品牌建构同样面临着营销语境(以产品和功能的思维经营城市)和叙事语境(以生活方式和文化价值的思维经营城市)的抉择。我们认为在当下城市品牌建构与传播的营销语境大环境下,襄阳的城市创新和品牌建构更需要讲好城市故事的叙事语境。

二、"千古帝乡、智慧襄阳"品牌价值解读

城市品牌是一种具有独特个性和丰富内涵的符号。"帝乡"和"智慧"这两大符号具有丰富的文化内涵和独特的精神气质,在叙事语境中,通过文化叙事更有利于我们领会"千古帝乡、智慧襄阳"这一城市品牌的独特价值。

（一）继承城市发展经验，开创品牌经营新局面

城市的发展需要产业做基础。新中国成立后，襄阳经过多年的积淀，终于在20世纪80年代成为"全国十大明星工业城市"之一，既为当时的"襄樊"挣得了一块响当当的城市名片，也为现在的襄阳奠定了良好的工业基础。曾几何时，城市的发展开始呼唤文化，并日渐表现为城市文化的竞争。为了延续这座城市的千年文脉，2010年12月9日国务院批准恢复了本就该属于这个地方的名字——襄阳。在多年的城市经营中，襄阳在文化传承方面积累了众多的城市名片：中国历史文化名城、中国优秀旅游城市、中国魅力城市、国家园林城市、中国三国文化之乡、中国书法名城……

襄阳在城市品牌塑造和城市形象宣传上，以2014年为界可分为两个阶段。2014年以前采用过"名城襄阳、源头三国、流金汉江、忘情山水"，"荆楚发源地、三国文化乡"，"传奇仍在继续——古隆中、新襄樊"，"诸葛千古一智圣、孟米诗书两襄阳"，"智者乐居地、传奇襄阳城"，"天下隆中对、传奇襄阳城"等宣传口号，其中尤以2013年推出的"天下隆中对、传奇襄阳城"影响最大。这些口号所传达的不外乎名人、古城、三国文化和襄阳山水，所依托物质实体主要是襄阳古城池、古隆中、汉江。第二个阶段则是2014年，出于襄阳旅游"二次创业"的需要而推出的"千古帝乡、智慧襄阳"城市品牌以及与此相配套的"一城两文化"。如果说"智慧襄阳"和"一城两文化"是对第一个阶段襄阳城市品牌建设成功经验的总结的话，那么"千古帝乡"则是对襄阳城市形象和文化内涵的创新和拓展。多年来，出于行政地域的分割和惯性思维的束缚，以刘秀为代表的古帝乡文化一直湮灭无闻。在以强烈的文化意识经营城市发展理念的推动下，古帝乡这一极具文化内涵和极高文化势能的金字招牌被重新发现，并被吸纳到城市品牌之中。这种文化自觉和文化自信对于我们更好地进行文化城市建设至关重要。

（二）高举帝乡文化旗帜，展示厚重的历史底蕴

帝乡一般是指中国古代帝王出生或居住的地方，在古代诗词中频频出现"帝乡"一词，更有"思帝乡"的词牌。此处的帝乡则主要指以汉光武帝刘秀为代表的帝王故里文化，主要包括古代帝王出生之地和外地帝王的龙兴之地。为了彰显襄阳帝乡文化气质，这里还将出生于襄阳的"一人之下、万人之上"的宰相（或相当于宰相）和被封于襄阳的王侯们也包括在内。

这些出生或崛起于襄阳的王侯将相，在不同的历史时期以不同的方式影响和改变了中国历史，他们的是非功过由后世评说，本身就极具文化故事性。更为重要的是，和这些人相关的历史记载、文化遗迹、民间传说等文化事项在丰富了中国文化历史的同时，也揭示了襄阳这座城市厚重的历史文化底蕴。

襄阳帝乡文化人物代表及文化类型一览表

类别	代表人物及事由	文化类型	所在地区
劳作于襄阳的圣王	尧帝和其子丹朱帝（因丹朱做过三苗部落联盟首领，所以《竹书纪年》《山海经》等古籍称丹朱为"帝丹朱"）在此治水，后人为纪念尧帝便将其命名为尧治（子）河。	德政文化、治水文化、尧帝文化、史前文化	保康尧治河
出自于襄阳的楚王	自周成王以子爵封熊绎于荆山开始，到春秋时楚文王迁都鄀城止，楚国在襄阳境内存续了300多年。楚武王熊通于公元前704年，自立为武王，楚开始称王。据考证春秋时期楚国共有十王十四主出自襄阳。	先楚文化、楚城遗址、非物质文化遗产	南漳、保康、宜城
出身于襄阳的帝王	西汉末年，王莽乱政，天下大乱，出生于枣阳白水乡的刘玄和刘秀先后称帝。与由绿林军拥立的毫无作为的傀儡皇帝刘玄不同，东汉开国皇帝刘秀缔造了"光武中兴"的盛世，被誉为"中国十大名君"之一。	帝乡文化、名人文化、非物质文化遗产	枣阳、襄州
龙兴于襄阳的帝王	北朝时期是中国历史上的一个乱世，襄阳在这一时期军事战略地位非常重要。这一时期的南朝宋和梁两个朝代先后有宋孝武帝刘骏、梁武帝萧衍、梁简文帝萧纲、后梁宣帝萧詧等四位乱世王朝的皇帝龙兴于襄阳。	帝乡文化、战争文化、名人文化、非物质文化遗产	襄阳
崛起于襄阳的闯王	襄阳在历史上一度被改为襄京，此事和明末农民起义军领袖李自成有关。1643年李自成攻取襄阳，建立新顺政权，定都襄阳，改襄阳为襄京，称新顺王。后在河南汝州歼灭明陕西总督孙传庭的主力，乘胜进占西安。次年正月，建立大顺政权，年号永昌。不久攻克北京，推翻明王朝。	农民起义英雄文化、古城王府文化、非物质文化遗产	襄阳
被封于襄阳的王侯	在历史典籍和武侠小说中襄阳侯和襄阳王频频出现，但是真正在襄阳做官的则只有东汉初的襄阳侯习郁和明代的襄阳王。习郁本为襄阳人，因有功于东汉朝廷，被汉光武帝刘秀封为襄阳侯，为襄阳留下了千年古刹鹿门寺和私家园林鼻祖习家池。明代襄阳王封于永乐二十二年（1424），宣德四年（1428）就藩长沙府，正统元年（1435）移襄阳府。襄阳王共沿袭了9代，崇祯十四年（1641），张献忠攻陷襄阳，杀襄阳王、烧襄阳王府，仅存绿石影壁。	园林文化、宗教文化、王府文化、名人文化、非物质文化遗产	襄阳

续表

类别	代表人物及事由	文化类型	所在地区
出生于襄阳的宰相	从春秋时期至清代这2000多年里，先后从襄阳地区走出了16位宰相（或相当于宰相）。他们是：春秋时期的伍子胥，三国时期的张悌，南北朝时期的柳元景、柳世隆、柳文通、柳文深、柳忱、韦睿，唐代的柳浑、张柬之、朱朴，宋代的张士逊、范宗尹，明代的王望、方岳贡，清代的单懋谦。尤其是襄阳柳氏一门六宰相被世人所称道。	名人文化、祠堂文化、非物质文化遗产	襄阳

（三）打造智慧襄阳品牌，诠释独特的精神气质

智慧是哲学的最高追求，哲学也因此被称为爱智之学。从根本上划分，智慧分别体现在真善美三个方面：真是指实事求是、求真务实的认知智慧；善是指追求道德完善和富国安民的实践智慧；美则是指感悟人生、超越现实的发现和创造的智慧。

1. 历史积淀的智慧

（1）求真的智慧。以邓曼谏君的辩证天道观和卞和献玉的求真精神为代表。邓曼是春秋时期邓国人，为楚武王夫人，生子赀，后为楚文王。她才貌双全，后世汉朝司马相如曾称赞"若神仙之仿佛"。刘向《列女传》中称赞她："楚武邓曼，见事所兴，谓瑕军败，知王将薨，识彼天道，盛而必衰，终如其言，君子扬称。"现代有观点认为她的"盈而荡，天之道也"是一种认为物极必反的辩证天道观，并且对楚国后来道家文化的发展有启发作用。卞和献玉是因为知道璞玉是块真正的宝玉，尽管他因不被理解而被砍掉了双脚但仍然坚持真理，终于使真宝名扬天下，并引出了蔺相如完璧归赵和秦始皇传国玉玺等诸多故事。

（2）为善的智慧。以世俗界光武中兴的政治智慧、隆中对策的战略谋划、三国归晋的战争方略为代表实践智慧，超越界则以释道安的净土般若思想为代表的宗教智慧。①光武中兴的政治智慧。史书称刘秀为人"多权略"，遇事深思熟虑、谨慎决断，勤于政事，裁并郡县，精减官员，善待功臣，其间国势昌隆，号称"建武盛世"，历史上称其统治时期为"光武中兴"。②隆中对策的战略策划。《隆中对》被称为天下奇策，不仅在于透彻地分析了三分天下的形势并正确地提出了一套发展的谋略，还在于其"志尽文畅"（刘勰），"简而且尽，直而不肆"（苏轼），是诸葛亮散文的名篇。③三国归晋的战争方略。羊祜坐镇襄阳八

年，都督荆州诸军事，于公元278年抱病回洛阳，同年11月病故，并在临终前举荐了杜预。羊祜死后两年，杜预按他生前的军事部署一举灭吴，完成了统一大业。羊祜虽然没有亲自参加这次战争，但他为规划、准备这场战争做出了不可磨灭的贡献。④释道安的般若学与净土思想。释道安53岁时率领众弟子从北方南下襄阳，在襄阳研究佛学15年，颇有建树，成为东晋时期的佛教学者、佛教领袖。道安在襄阳、沔州一带住了15年，每年都多次讲说《放光般若经》，并对大小《般若经》进行对比研究，"四方学士，尽往师之"。

（3）显美的智慧。主要以米芾、米友仁父子的"米氏云山"书画艺术，以汉水女神为代表的民间文学艺术和以襄阳山水诗为代表的诗词艺术等为代表。①"米氏云山"的书画艺术。米芾在《群玉堂米帖》中自叙其"七八岁作字，至大一幅，书简不成"，至十岁时已能"写碑刻，学周越、苏子美扎，自成一家"。米芾在17岁时随母亲离开襄阳到了京都汴梁。米芾的山水技法被长子米友仁继承和发扬，奠定了"米氏云山"的特殊表现方式。②汉水女神与穿天节。"汉有游女，不可求思"（《诗经·汉广》）中的"游女"被汉初的鲁、齐、韩三家解释为"汉江神女"，而《韩诗内传》则明确记载郑交甫遇到神女的地方在"汉皋"。西汉刘向的《列仙传》和前秦人王嘉的《拾遗记》中都有汉水女神的记载。这一传说到了宋代庄绰的《鸡肋编》中则成了"穿天节"的由来。③襄阳山水诗。唐代是诗的黄金时代，众多文人在襄阳的集聚也成就了诗的荟萃。襄阳成了唐诗中一个夺目的亮点，而唐诗也成了襄阳的一大文化奇观。唐代至少有80多位诗人在襄阳留下了风雅行踪，其中声名较著的诗人就有50多位。现存唐人咏襄阳的诗歌约有500首左右，相当于现存唐诗的百分之一，对于一座古代的府城来说，这样的记录很不简单。

2. 当代创新的智慧

（1）以智慧城市为代表的现代城市智慧。随着科技的高速发展，我们生活的这座城市，又被注入了"智慧城市"的新内涵。城市信息化、智能化水平体现了一个城市的软实力。襄阳是科技部和国家标准委2012年公布的首批智慧城市技术和标准试点（简称智慧城市双试点）20座城市之一，同时也是住房和城乡建设部2013年第二批试点城市之一。通过智慧城市技术和标准的双重试点建设，有利于提升城市品位，改变我们的发展环境。

（2）以汽车产业为代表的现代工业智慧。襄阳是湖北汽车走廊的主要节点和全国知名的汽车城，聚集了东风、日产、德纳、雪铁龙、英菲尼迪、康明斯等一批汽车产业巨头。襄阳在做好传统能源汽车的同时积极布局新能源汽车，并在2013年成为第一批新能源汽车推广应用城市，在新的历史起点，襄阳正以饱满的热情和高超的实践智慧全力打造"中国新能源汽车之都"，成为襄阳最具特色的城市名片之一。

（3）以电子商务为代表的商业智慧。2014年，凭借城市信息化方面的良好基础，襄阳成功入围"国家电子商务示范城市"30个城市名单之列。创建工作有利于襄阳建立健全电子认证、物流配送、移动支付、信用信息共享、电子商务统计制度等政策法规体系，进一步深化电子商务在农特产品、汽车零配件、云制造、社区服务、公共服务等特色领域应用。通过电子商务，企业相对集中发展，实现了电子商务集群化、规模化、专业化发展。

（4）以信息消费为代表的信息智慧。信息消费主要包括智能信息终端产品、软件产品及服务、电信业务三大部分。21世纪是信息经济时代，信息消费将成为主流，因此抢占信息消费高地对于未来城市发展具有举足轻重的作用。2014年，襄阳成为工信部确定的首批68个国家信息消费试点市（县、区）之一，试点工作使襄阳可以利用国家政策，在建设信息基础设施、开发智能信息产品、引导信息消费体验等方面开展试点示范，从而促进信息消费升级和产业转型。通过不断加大信息基础设施建设力度，努力搭建两化融合公共服务平台，加快智慧城市建设，极大提升襄阳城市品位，带动"物联网""云计算"等新兴信息产品和服务的消费。

（5）以科技创新为代表的现代科技智慧。科技进步与创新是影响一个国家和地区发展的重要因素，决定了其发展的速度和高度。2013年，襄阳正式成为国家创新型试点城市和可持续发展实验区，襄阳也成为全国唯一一个同时拥有国家创新型试点城市、国家可持续发展实验区和国家科技进步示范市3张"国家级名片"的城市。

（6）以创新创业为代表的创业智慧。"大众创业、万众创新"已成为当今中国的时代需要，创业精神、创业素质、创业氛围和创业扶持等非常重要。2014年，团中央首次在非省会城市襄阳举办了"创青春"全国大学生创业大赛MBA专项赛，襄阳以此为契机，围绕建设汉江流域中心城市、打造创新创业型城市，为创新创业者提供资金、政策、技术培训、项目指导等全程服务。

（四）深挖品牌符号价值，塑造独特的文化形象

品牌最为重要的特征是以尽可能简单的符号，尽可能多地传达具有唯一、第一等属性的高势能文化信息。在2800多年的建城史中，襄阳沉淀了种类繁多的文化类型，而文化又是人的文化，优秀人物是优秀文化的代表。汉江流域出过许多帝王，也有很多有智慧的人物，但同时荟萃帝王和智者这两类出类拔萃人才于一地的却唯有襄阳——光武帝刘秀和"智圣"诸葛亮的绝妙组合堪称襄阳一绝。

东汉王朝的缔造者汉光武帝刘秀被誉为"中国十大明君"之一，在中国为数众多的帝王中，刘秀是唯一一个同时拥有"定鼎帝王"与"中兴之君"两项桂冠的皇帝，毛泽东同志曾称赞他是"历史上最会用人、最有学问、最会打仗的皇帝"。南怀瑾也曾说"在中国两千多年左右的历史上，比较值得称道，能够做到齐家治国的榜样，大概算来，只有东汉中兴之主的光武帝刘秀一人"。刘秀及其故乡承载着很多历史文化资源，要充分发掘。对于诸葛孔明，尽管鲁迅先生在《中国小说史略》中称"孔明之智近乎妖"，但丝毫不影响中国老百姓将"智圣"的桂冠戴到他的头上。千百年来海内外华人对于诸葛孔明的人格崇拜随着文学名著《三国演义》的传播而长盛不衰。襄阳是智慧化身的诸葛亮成长、成才和成家之地。公元207年受刘备三顾茅庐之请，遂发表了著名的《隆中对》，并出山辅佐刘备，形成三国鼎足之势，成就了丰功伟业。后世评价他"尽瘁国事、忠心辅政"，"任人唯贤、清正廉明"，"坚韧一心、竭尽人谋"，无不彰显诸葛亮的"人生智慧"。

刘秀和诸葛亮两个伟大人格具有内在的相通性：诸葛亮在《论光武》中称刘秀"神略计较，生于天心，故帷幄无他所思，六奇无他所出，于是以谋合议同，共成王业而已"。生于襄阳的刘秀于乱世之中力挽狂澜，延续汉家江山近两百年。同样生于乱世的诸葛亮，在襄阳提出隆中对策，帮助刘备建立蜀汉政权，并以光复汉室江山为终生奋斗之志。刘秀和诸葛亮的组合无论是在汉江流域还是放眼全国都具有唯一性，可以整合宣传，推广城市品牌。

（五）提升襄阳文化高度，统领本土特色文化

城市品牌塑造和城市文化建设既需要系统思考，也需要创意策划，文化的

高度决定了以此为基础开发出的文化产品的市场广度，文化的厚度决定了文化产品的体验深度。

中国文化的最高价值追求简单地说就是"内圣外王"，因此圣人和贤王变成了中华文化中具有最高文化势能的文化符号。以刘秀为代表的帝乡文化和以诸葛亮为代表的智慧文化是襄阳1.97万平方公里的土地上、2800多年历史长河里所孕育的高势能文化杰出代表。帝王尤其是像具有"光武中兴"这样美誉的刘秀更是稀缺性资源，在中外历史上都具有巨大的文化价值和象征意义。智慧是人之为人的本质特征，诸葛亮以近乎完人的形象而被誉为中华智慧的象征。一个龙飞白水、一个卧龙出山，这在整个汉江流域乃至全国都是绝无仅有的，但过去一直没有将其整合成一个完整的城市品牌形象。汉江流域有两处世界文化遗产都与帝王有关，荆州古城和襄阳古城都和战争有关，而汉江是一条文化母亲河，是《诗经》和《楚辞》的重要发源地。因此，"千古帝乡、智慧襄阳"的品牌不仅是襄阳的城市品牌，而且对于汉江流域也有重要的提升和整合作用。

（六）盘活汉水文化存量，整合高品质文化资源

近些年来，尽管襄阳因其显著的经济实力正在成长为汉江流域中心城市，但襄阳这座城市在社会上的文化影响力却有待提升。通过对旅游经济数据的统计分析可知，襄阳周边的武汉、十堰、宜昌和南阳等地区的文化旅游发展速度和质量均优于襄阳。因此，襄阳必须重构城市品牌，并以此提升文化软实力。

从汉江流域的发展来看，襄阳因其独特的地理交通区位条件和相对较好的经济发展水平而扮演着非常重要的中心角色。襄阳无论是在汉江流域、湖北省域或中部地区都具有非常重要的地缘区位优势，以及在此基础上形成的经济比较优势。首先，襄阳是汉江生态经济带的战略支点，肩负着沟通东西、撬动南北的重要作用；其次，襄阳也是湖北"一主两副"城市格局的重要支点，是鄂西北地区区域经济发展的增长极；第三，襄阳还是西武高铁和郑万高铁的交汇地，凭借高铁的串联，襄阳将成为中原城市群、关中城市群、武汉城市圈、成渝城市群环绕中的区域性中心城市。但是，襄阳在城市品牌建设方面远未将这些优势凸显出来，城市形象模糊，影响力有待提升。

襄阳不仅是汉江流域的中心城市，也是名副其实的汉江之腰，腰不强则难以舞动汉江生态文化旅游发展。长期以来，汉江旅游品牌都是以武当山和武当

道教文化为龙头,经过多年发展,武当旅游已经取得了骄人的成绩,但是整个汉江中下游地区的旅游发展并未因此取得相应的大发展。究其原因就是汉江流域的文化旅游发展没有因襄阳旅游的发展而得到良好的整合,使得汉江流域的文化资源优势一直难以转化为文化产业优势。其实,从汉江流域的文化禀赋和内在文脉上讲,比较出名的大都和帝王有关,如十堰的武当山、襄阳的古城池(包括襄阳城墙、护城河、楚皇城遗址、邓城遗址、襄阳王府等)、随州的炎帝祭典、钟祥的明显陵等。可以说,帝乡品牌的统领性远远超出襄阳一隅之地而具有全流域整合的延展性。帝乡和智慧品牌可以整合汉江流域的山、水、城等生态文化资源,凸显汉江城市群的帝乡文化底色和厚重的历史,引领城市群的发展方向。

三、"千古帝乡、智慧襄阳"城市品牌经营

具有独特叙事价值的"帝乡"和"智慧"品牌,是在系统梳理襄阳历史发展的脉络、横向比较襄阳文化势能的基础上,对襄阳内在文化品质高度概括和符号化的结果。品牌凝聚和认同是区分和识别的逻辑前提,因此,城市的品牌化经营就显得尤为重要。

(一)"千古帝乡、智慧襄阳"城市品牌的氛围营造

1. 在城市建设中留住历史记忆、彰显文化魅力

城市代表某一国家或地区的形象,建筑是城市的骨架和城市历史的见证者,是一本凝固的书。但是,城市建设和发展又是在除旧立新的基础上进行的,因此城市建设中首当其冲的就是城市建筑新与旧的冲突。新中国成立60多年的实践表明,"破旧立新"和"喜新厌旧"是我国大多数城市的通病。在"现代"和"进步"等现代性价值的指引下,历史和传统成了落后和愚昧的象征。但是,随着20世纪中后期后现代思潮的传播,一股充满浓郁乡愁气息的怀旧情绪开始兴起,人们对古建筑、历史街区等情有独钟起来。随着遗产旅游的兴起,通过旅游开发可以赋予历史建筑以独具特色的旅游体验价值,并由此带来显著的经济效益。国内的平遥和丽江古城因世界文化遗产的荣耀为其带来旅游宣传效应,随之而发展起来的旅游业给当地居民的生存环境带来了巨大的改变。当今人们

普遍重视城市文化遗产的保护，尽管具有很浓重的经济上的功利性动机，但在客观上却保护并留住了城市的历史记忆。

襄阳在城市建设中同样存在两难选择，但值得庆幸的是古城的轮廓——古城墙和护城河依然还在，不幸的是城墙内外的古城传统风貌已经不复存在。为了营造品牌气氛，可以从微观和宏观两个层面进行复兴。（1）微观层面：首先，保留城市主副中轴线，恢复代表性历史街区，主交通干道沿线尽量恢复和保留传统地名和建筑；其次，在城市旧城改造时，不具备整体保留的要挑选出极具代表性的文化建筑进行点状保留，使新与旧有机融合、传统与现代和谐混搭，留下城市的记忆和岁月的回声。（2）宏观层面：襄阳城市品牌氛围营造，可以分两步来恢复和展示：第一步，继续维持好当前的"以分散在全城各处的文物古迹为历史传统体现主要方式"的"一般史迹型"的历史文化名城的现状，在此基础上恢复重建重要历史建筑；第二步，以历史上襄阳古城池的城墙、护城河、汉江以及东西南三面的山体作为一个整体，利用东津新区建设和"两改两迁"逐步迁出襄阳古城内的企事业单位，保留原居民、恢复古城旧貌，经过若干年的恢复改造，将其打造成一座"由建筑与山水环境的叠加而显示出鲜明个性特征"的"风景名胜型"的历史文化名城。

2. 在乡村建设中注重民俗传承、留住文化乡愁

乡村是中国传统文化的根，承载着民族的记忆。随着联合国教科文组织于2001年正式开始实施的非物质文化遗产保护目录，世界各国对非遗的保护热情都被调动了起来。从非物质文化遗产的空间地理分布来看，有很大一部分流传于乡村地区。对于广大的城市居民而言，以非遗为代表的乡村文化构成了乡愁的重要文化内核。但是，在我国的乡村建设和城镇化改造的过程中，乡村文化和乡愁却正在被连根拔起。遍布在乡间的古村、古树、故事，以及小桥、流水、人家的乡村文化意象对于久居闹市的人具有一种独特的文化吸引。在乡村建设中如何才能做到"望得见山，看得见水，记得住乡愁"呢？第一，围绕听、说、吃、玩做文章。可围绕帝乡和智慧品牌，在非遗传承地，弘扬和宣传以《黑暗传》《刘秀的传说》《伍子胥的传说》和《诸葛亮的传说》等为代表的民间文学，在民间红白喜事和节日庆典期间倡导以沮水巫音、巫音喇叭、司老爷查街、端公舞、东巩高跷、襄阳花鼓戏等为代表的传统音乐、歌舞和戏剧，在民间饮食中普及大头菜、金刚酥、牛杂面等地方传统小吃。第二，在古村落和乡土文化

上做文章。收集整理关于襄阳人、物和事方面的旧照片,创作《梦襄阳》《襄江月》之类的乡愁歌曲,以文学、音舞、摄影、美术等形式推出系列乡土文化精品力作,让乡土文化绽放异彩。此外,还要保护性开发一批古村落,留住乡村生活记忆,如太平店古镇、枣阳前湾明清古村落、老河口太平街、南漳漫云古村落、保康薛家庄古村落、谷城老街等在襄阳各县市区具有一定的代表性,可以在保留乡村原有特色风貌前提下,挖掘历史文化村落淳朴乡土风情文脉,让人们感受浓浓的乡愁。

(二)"千古帝乡、智慧襄阳"城市品牌的资源整合

1. 市内整合

城市品牌具有对内整合城市文化资源做实品牌内涵,对外区分形成自我识别这两大功能。通过对帝乡和智慧品牌文化资源的梳理,对内整合资源:(1)以尧治河景区为依托,集中展现尧帝文化;(2)以保康和南漳为依托,通过文化演绎的方式展示先楚文化,以宜城的楚皇城为依托展示楚都文化;(3)以樊城的邓城遗址,襄城的古城池、襄阳王府等为依托展示古城文化和王府系列特色商品;(4)以枣阳汉城、白水寺、白竹园寺,襄阳的鹿门寺、万山、习家池等景点为依托展示光武文化;(5)以古隆中、多宝佛塔、黄家湾、水镜庄等为依托展示三国文化和智慧品牌,并延伸开发系列三国和智慧创意产品和文化商品。

2. 市外整合

以襄阳为中心的汉江中游地区高度聚集着与帝王相关的历史文化资源,如武当山道教建筑群、钟祥明显陵、襄阳王府、宜城楚皇城和荆州楚纪南城大遗址保护区等。随着汉江生态经济带开放开发进程的推进,以汉江为发展轴,整合汉江沿岸的生态文化旅游资源,整体打造汉江生态文化旅游廊道已非常必要而又可行。帝王品牌旅游线路理应成为汉江生态文化旅游廊道的扛鼎之作。最为直观的就是作为大明王朝家庙的武当山道教建筑群、作为大明王朝重要藩王拱卫京师的襄阳王府和襄阳古城、作为明代重要帝王陵寝代表的钟祥明显陵,这三地的明代建筑群落分别体现了大明王朝往生、现世和宗教期待这一完整的人生线索。再加之丹江口是南水北调中线工程的水源地,一渠清水将湖北和首都北京紧密联系在一起,同时也将分属南北两地的明清帝王宫殿与陵寝联系在

一起。此外，襄阳、十堰又都同属于秦巴地区重要组成部分，随着西武高铁的规划建设，以西安为龙头的关中城市群将和"襄十随"城市群实现有机对接，届时宝鸡（经西宝高铁联系）和随州两地之炎帝故里文化，西安秦汉帝王文化资源与汉江中游的明清帝王文化将串联起来，形成跨越千古的帝王文化体验之旅。

（三）"千古帝乡、智慧襄阳"城市品牌的产品打造

历史总是人的历史，为了使人的经历不随着时间流逝而湮灭无闻，就需要记述，其中每个时代最具有影响的人的经历就成了历史记述的重点。中国的历史传统是由后人记述前人的历史，从而形成了蔚为大观的二十四史。尽管鲁迅先生曾言"二十四史非真史也，帝王将相之家谱也"，但也在一定程度上道出了历史的真相——如果把历史当作故事来看，诚然英雄人物的故事更精彩，而帝王将相大多为一时之豪杰，他们的人生经历本身就极具故事性。

从城市文化建设和旅游产品打造的角度而言，要想真正做实"千古帝乡、智慧襄阳"城市品牌，必须将其真正落实在城市品牌产品上，而打造城市品牌产品的关键就是要贯彻"三化原则"：历史符号化、文化有形化、产品体验化——将帝乡符号化为光武帝、将智慧符号化为诸葛亮，按照历史的维度和地理的经度在不同地方打造系列帝乡和智慧产品。襄阳对智慧品牌经营较多，已在襄阳市区形成了以古隆中和襄阳古城池为代表的较为完整的智慧品牌产品。而襄阳帝乡品牌的主要历史依据就是汉光武帝刘秀，对于市区而言最大的问题在于刘秀故里在枣阳，而不在市区。尽管刘秀生于枣阳，但是襄阳市区有不少关于刘秀的历史记载和文化遗存，这些都是打造城市品牌产品的重要资源。对于帝乡品牌产品的打造可以按照以下思路进行：第一，通过营销宣传，将帝乡襄阳与光武帝刘秀形成稳定的联系，将帝乡文化符号化为光武帝刘秀；第二，在枣阳以汉城为依托，修复和完善与刘秀相关的文化景点，如被张衡赞誉为"龙飞白水、松子神陂"的圣地白水寺，始建于东汉建武年间的白竹园寺和唐梓山风景区，在此基础上连带开发九连墩楚墓和雕龙碑遗址；第三，在襄阳市区重点开发为纪念刘秀梦白鹿而修的鹿门寺和被刘秀所封的襄阳侯习郁所修的习家池景区，作为帝乡品牌产品的代表；第四，光武品牌的运营，开发系列帝乡特色旅游商品，如光武酒、玫瑰花饼等；第五，收集整理民间流传的刘秀故事，

通过创意策划，打造和光武帝刘秀相关的影视、戏曲和文学作品，多角度、多层次展示帝乡文化内涵。

四、"千古帝乡、智慧襄阳"品牌形象传播

城市品牌的传播直接影响到城市的知名度和美誉度。为了更好传播这一升级版的城市品牌，我们在做好传统营销手段的同时，还要借助当前襄阳正在进行智慧城市和智慧旅游建设的契机，搭乘"互联网+"的东风，向海内外推广"千古帝乡、智慧襄阳"城市品牌。

（一）发挥传统媒体优势，定向传播城市品牌

传统的大众传播方式主要包括报刊、户外、通信、广播、电视等传统意义上的媒体。尽管媒体变革速度很快，但是传统媒体依然有稳定受众和独特的优势。在以报纸、广播和电视为代表的传统三大媒体中，报纸（杂志）主要以文字传播为主，广播主要以声音传播为主，电视具备了声音和画面相结合的优势。一般而言，传统媒体具有时间上的周期性、地点上的相对固定性和媒体受众的相对稳固性这三大特点。

合理利用传统媒介优势，从以下几个方面进行城市品牌传播：第一，在专业报纸杂志上（如《中国旅游报》《旅行者》《旅行家》）刊登系列文章、报道，向该报纸杂志既有的稳定用户传播襄阳城市品牌；第二，利用好广播新闻，尤其是交通广播新闻，向选择公交、出租和自驾等交通方式的群体定向传播襄阳城市品牌形象；第三，充分利用好机场、车站、高速沿线等外来人口流量较大的室内和户外广告牌、LED看板和广告灯箱等，投放广告宣传语和宣传短片；第四，在中央和省市电视台的旅游展播频道投放襄阳城市品牌宣传片，向电视观众进行城市品牌定向传播。

（二）依托智慧城市建设，构建"互联网+"城市品牌

我们可以将智慧城市界定为"运用物联网、云计算、大数据、空间地理信息集成等新一代信息技术，促进城市规划、建设、管理和服务智慧化的新理念和新模式"。从表面上看，智慧城市就是指在城市的规划、服务和管理过程中广

泛应用信息技术，但智慧城市建设并不仅仅只是一种技术的运用，实质是在信息时代，以技术为手段对城市进行重构后所形成的城市新形态。通过信息技术的重构，将城市规划建设理念从传统的以资源投入为主、强调发展速度和数量的方式，转变为以资源配置为主、强调供需匹配和发展质量的方式。城市智慧化的过程中，通过政府、居民、企业和第三方组织等建设主体的共同参与，一方面实现了对现有资源的科学配置，提升了城市资源配置的社会效率；另一方面又培育和营造了城市的创新环境，提升了城市在未来的发展潜力，增强了城市的竞争力和吸引力，从而最终实现市民生活品质的提高。

襄阳不仅是2012年科技部和国家标准委公布的首批智慧城市技术和标准试点城市，同时也是2013年住房和城乡建设部第二批公布的智慧城市试点。相较于其他城市，襄阳在智慧城市建设方面具有更为明显的优势，同时智慧城市建设也是襄阳"智慧"品牌的现代体现。智慧城市所强调的供需匹配和发展质量的理念是通过互联网和信息化技术为手段来真正落实的。资源和产品供需的有效匹配是政府、市场、企业和消费者共同关心的问题，以阿里巴巴、京东和淘宝为代表的新型电子商务模式正是对这一领域的成功尝试。因此，襄阳城市品牌传播亦可搭乘智慧城市建设的东风，通过互联网、微信、微博、APP等新型传媒进行传播，构建襄阳城市品牌传播与展示的"互联网+"。

（三）精心策划节事活动，形成品牌传播引爆点

无论是利用传统的大众传媒还是利用新型媒介，都需要通过策划一定新闻事件、形成新闻价值，才能形成有效的传播。对于传统媒介而言，如果没有吸引眼球的新闻事件，难以引起新闻媒体的注意，新闻媒体也就更不会去主动报道。对于以微信、微博为代表的新媒体，尽管具有传统媒体所不具备的优势，但借助新媒体传播城市品牌的前提是：所借助的新媒体平台本身要成为某一领域的佼佼者，否则同样达不到有效传播的目的。因此，无论是采用哪种方式传播城市品牌都需要策划相应的活动，以活动聚人气、以人气创造新闻价值、以新闻价值提升关注度，既直接传播城市品牌，还可推广微信、微博等新媒体，为后续推广做好准备。

襄阳这些年围绕着"让世界了解襄阳，让襄阳走向世界"主题策划了诸多活动：如在襄阳本地举办的诸葛亮文化旅游节、大学生电影节、大学生方程式

汽车大赛、环中自行车赛（襄阳赛段）等大型节事活动以及主动走出去的一些城市文化交流活动，如"千古帝乡、智慧襄阳——2014宝岛·襄阳文化旅游交流"等，都很好地传播和推介了襄阳的城市品牌。这里需要重点介绍襄阳诸葛亮文化旅游节：它始于20世纪90年代，并于1993年、2001年、2002年举办过三届；2007年襄阳市隆重举办了纪念诸葛亮出山1800年大型庆典活动，在海内外产生了广泛的影响；从2010开始连续举办了四届诸葛亮文化旅游节。襄阳诸葛亮文化旅游节从举办第一届至今，已有二十多年的历史，前后共举办了七届，诸葛亮文化旅游节已经成为襄阳的一张城市名片。尤其难能可贵的是，从2011年开始，襄阳诸葛亮文化旅游节就自觉地主打"智慧"品牌，如2011年的"集天下智慧·谋跨越发展"，2012年的"智慧点亮未来——梦想大典"，2013年的"智慧点亮未来、创业成就梦想"，通过这些活动很好地宣传推介了襄阳的"智慧"品牌。

（四）依托襄阳影视基地，传播城市品牌

电影作为当代人的一种重要文化消费，其影响早已超出了电影本身，从产业运营角度来看，已经形成了蔚为壮观的电影周边产业。从文化传播角度来看，电影从产生之日起就扮演着非常重要的关于时代、民族和地方的文化叙事功能。从城市营销和旅游宣传的角度来看，影视旅游早已为普通老百姓所熟知，简单地讲，影视旅游就是"以影视拍摄、制作的全过程及与影视相关的事物为吸引物的旅游活动"，其中最为人们所熟知的就是因电影热播所带动的电影拍摄地的旅游发展，如《大红灯笼高高挂》惹火乔家大院，《卧虎藏龙》成就了蜀南竹海等。

襄阳在文化旅游方面最为人诟病的就是"有说头，没看头"。但是，在城市品牌叙事语境之下，这些有说头的襄阳人文故事，恰好是诠释和丰富城市品牌的绝佳材料。随着电影产业的发展和摄影录像技术的普及，再辅以畅通的互联网传播渠道，专业和业余两支影视创作队伍同时活跃在世人面前。从专业队伍方面来看，随着唐城影视基地的建成和一批大牌古装宫廷大片的拍摄与放映，势必会对襄阳城市品牌起到很好的宣传作用。除了市场化运作的专业队伍和平台外，还应给民间团队提供机会和平台，鼓励和引导社会力量，策划襄阳题材的影视剧作，用摄像镜头"讲述"襄阳故事，通过银幕传播襄阳故事，通过影

视故事培育襄阳情节。襄阳目前已初步搭建了"襄阳大学生电影节"这一面向青年学生的影视制作和传播平台,借助这一平台,动员一切DV爱好者,用脚步丈量襄阳,用镜头描绘襄阳,走自己的路,讲自己心目中的襄阳故事。从文化叙事的角度来看,影视的本质就是诉诸视听形象来讲故事,而襄阳本身就是一个有故事的地方,如能通过影视传媒将襄阳故事以襄阳为背景讲出来,城市的文化和品牌内涵将通过影视的传播而传播。

如果说,襄阳将近三千年的漫长历史,犹如三千里汉江,大浪淘沙,洗尽铅华,为世人留下了"千古帝乡、智慧襄阳"文化印记。那么,在21世纪文化城市建设大潮的当下,就必须利用好"帝乡"和"智慧"这一宝贵的历史遗产,再创新的辉煌。在城市品牌化经营过程中,既不能文化自卑、看不到希望,也不能文化自恋、盲目自信,必须要有一种历史感、时代感和市场意识相统一的心态,秉承"一切历史都是当代史"的思想,通过现代手段,以现代人喜闻乐见的方式讲好襄阳故事,传承好襄阳的历史文化,经营好襄阳城市发展环境,传播好襄阳独特的城市品牌形象。

参考文献:

[1] 〔美〕凯文·莱恩·凯勒著,李乃和等译:《战略品牌管理》,中国人民大学出版社2009年版。

[2] 〔美〕菲利普·科特勒、凯文·莱恩·凯勒著,王永贵、于洪彦等译:《市场营销》,格致出版社2012年版。

[3] 单霁翔:《从"功能城市"走向"文化城市"》,天津大学出版社2007年版。

[4] 〔美〕刘易斯·芒福德著,宋峻岭、倪文彦译:《城市发展史》,中国建筑工业出版社2014年版。

[5] 朱运海:《襄阳文化旅游发展研究》,华中科技大学出版社2014年版。

[6] 吴必虎、俞曦:《旅游规划原理》,中国旅游出版社2010年版。

[7] 〔美〕托马斯·弗里德曼著,何帆、肖莹莹、郝正非译:《世界是平的》,湖南科学技术出版社2006年版。

与城市同行　与文化相伴
——襄阳"一城两文化"城市特色研究

肖兆武

内容提要： "一城两文化"是襄阳城市特色的根脉，它具有鲜明的代表性、地域性和发展性等特点。"一城两文化"城市特色主要由山水城洲的城市环境、南城北市的城市格局、众多文物古迹的年轮记忆、街区码头的民俗传承等要素构成。新时期，在汉江流域中心城市建设中，需要彰显"一城两文化"城市特色，促进城市科学发展。在古城及传统街区的保护中、在汉江及沙洲的保护中、在岘山生态及古迹的保护中延长城市的根脉；在实现汉江流域中心城市梦想中、在创建城市品牌中、在创建全国文明城市中凝聚城市精神；在城市格局发展中、在城市交通和绿化中、在城市建筑风格中塑造城市的个性形态；在城市品牌形象定位中、在城市热产品打造中、在传播模式创新中宣扬城市的名气，将"一城两文化"打造为城之魂、业之根、民之望。

历史文化是城市的灵魂，是一个城市兴起和成长的源泉，是城市间的本质区别所在。在汉江流域中心城市建设中，为了突出城市个性，避免"千城一面"，襄阳主打"一城两文化"城市品牌，将优秀的历史文化融入到城市建设之中，以强烈的文化意识指导城市建设，以此形成城市特色，促进城市发展。

一、襄阳"一城两文化"的内涵及其特点

城市要传承文化，城市化不是城市的扩大化，城市发展要和地域文化相适应。襄阳"一城两文化"，是指襄阳古城、汉水文化和三国文化。在建设汉江流域中心城市过程中，为了进一步突出襄阳历史文化特色，打造城市文化品牌，将襄阳历史文化的精髓提炼并总结为"一城两文化"，以此铸造城市之魂，促

进城市特色发展。与其他城市文化品牌相比，襄阳"一城两文化"具有代表性、地域性和发展性等特点。

（一）"一城两文化"是襄阳历史文化的概括版，具有较高的代表性

襄阳有着2800多年的悠久历史，孕育了灿烂的荆楚文化、汉水文化、三国文化、古城文化、宗教文化、军事文化等，形成了襄阳历史文化的"多元化"特征。从襄阳独特的历史地位及文化特色来看，"一城两文化"是襄阳历史文化美誉度及知晓度最高的文化元素，能够较好地体现襄阳历史文化特色，具有较高的代表性。

1. 襄阳历史文化的"活化石"

襄阳古城的前身是楚北津戍，自刘表莅襄任荆州牧治始，历为州、郡、府、县治。据考证，古城池始建于汉朝，宋改建砖城，现在保留下来的大部分是明清时期的墙体。护城河北段利用天然屏障汉江，其余三面为人工开掘，是我国最宽的护城河。襄阳古城军事文化印迹深刻、声名远播，自古以来就是兵家必争之地；从关羽水淹七军，到岳飞收复襄阳之战，乃至近代解放战争中的襄樊战役，无不彰显着襄阳在历史上的重要地位；历史上曾有172次有名的战役发生在襄阳，被誉为"铁打的襄阳"。襄阳古城文化悠久深厚，曾是中国历史上为数不多的大都市之一。古城布局"道法自然"，是中国古代山水城市的典型代表。今天，古老的城墙依然完好，没有帝王之都的沉重，但借得一江春水、赢得十里风光，外览山水之秀、内得人文之胜，襄阳古城是襄阳历史的见证。目前，襄阳正在与南京、西安、荆州、兴城、台州等城市联合申报世界文化遗产。

2. 汉水文化的核心区

汉水流域是人类文明起源的重要地区，这里是楚文化、汉文化及三国文化的发祥地，多元文化在这里融合，在全国区域文化中形成了一个独特的风俗文化圈，汉水在楚文化、中原文化乃至整个汉文化的发展中起到了无可替代的作用。襄阳踞汉水中游，东西交汇、南北贯通，"汉晋以来，代为重镇"，曾为汉水流域中心城市。一是汉文化的发源地。如果说汉江上游的汉中地区是西汉源头的话，那么汉江中游的襄阳地区就是东汉源头。刘秀在舂陵（今枣阳市吴店镇）起义，中兴汉室，成为东汉开国皇帝，使襄阳在汉水文化传播中具有重要

影响力。二是商业文明历史悠久。"驿道通南北,汉水贯东西。"襄阳凭借汉江"黄金水道",成为汉水流域最重要的水陆码头、汉水流域的商业文化中心,商业文明绵延2000多年,既是装卸货物的港口,更是传承文化的载体。三是诗赋文化繁荣荟萃。中国文学的两大源头《诗经》《楚辞》均发源和交汇于汉水流域,这里产生了大量吟诵襄阳山水之胜和美丽传说的古代诗歌,是我国文学史家公认的唐诗高地。四是书画文化具有重要影响。襄阳是"中国书法名城",历史上代表性人物有三国时期的梁鹄、邯郸淳,隋唐时期的丁道护、杜审言,北宋时期的米芾、米友仁、张友正等。

3. 中国三国文化之乡

襄阳是"中国三国文化之乡",有着十分丰厚的三国历史文化底蕴。东汉末年,刘表将荆州的首府移到襄阳,使襄阳成为当时荆州地区的政治、经济、军事、文化中心,并一度成为全国的文化中心和学术中心,是当时全国最繁华的十座城市之一。襄阳不仅是三国头,还是三国尾,"三国头"即三分天下始于襄阳,"三国尾"即三国结束(三国归晋)于襄阳。这里是三国时期的人才高地、文化高地、精神高地。《三国志》86卷中有18卷写到襄阳,《三国演义》120回中有32回与襄阳有关,襄阳现存有50余处三国历史文化遗址遗迹,司马荐贤、三顾茅庐、马跃檀溪、水淹七军、刮骨疗毒等发生在襄阳的三国故事家喻户晓、广为流传,尤其是诸葛亮"静以修身、俭以养德","淡泊明志、宁静致远","鞠躬尽瘁、死而后已"的精神和品格,世人尊崇,享誉海内外。这一时期襄阳人才汇聚、文化繁盛,给世人留下了一笔宝贵的精神财富,对后世影响深远。

(二)"一城两文化"是襄阳文化元素的组合版,具有独特的地域性

对于城市品牌推广、营销和传播来讲,多元文化并非最佳选择,面面俱到难以形成特色,也无法给人们留下深刻印象,必须以最少的文化元素为基础,寻找最佳的文化元素组合,形成独特的城市特色文化品牌。

1. "一城两文化"的地域特点

襄阳历史悠久,不同历史时期表现为不同的文化特征。历史上,在襄阳这块肥沃的土壤上形成的汉水文化、三国文化、荆楚文化、古城文化、宗教文化、军事文化等都是中华民族的优秀文化。在这些灿烂的优秀文化中,"凭山之峻,

据江之险""古老的城墙仍然完好"的古城文化,"借得一江春水、赢得十里风光,外览山水之秀、内得人文之胜"的汉水文化以及孕育了王侯将相却"没有帝王之都的沉重"的汉文化、三国文化和帝乡文化等,使得它们成为襄阳知晓度和美誉度最高的文化元素,其中的任一文化元素都可以成为襄阳城市特色的品牌文化,但任何文化的形成都具有地域性,这个地域内的城市都有分享在这个地域形成的优秀文化的权利和自由。襄阳是诸葛亮隐居地,刘备三顾茅庐,向诸葛亮请教天下大事,诸葛亮作《隆中对》,高屋建瓴,为三分鼎立规划了蓝图。由于当时襄阳隶属于南阳区划,《隆中对》中的一句"躬耕于南阳"成为后来襄阳、南阳争夺诸葛亮躬耕地的焦点,这对襄阳独打三国文化牌带来了困难。同样,其他襄阳历史文化元素虽具有较大影响,也都非襄阳独有,很难单独成为城市特色的文化品牌。因此,襄阳城市特色的文化品牌打造,需要进行文化元素组合,形成合力。

2."一城两文化"的组合特点

目前,汉江流域中襄阳、荆州、上津等古城(镇)墙保存完好,武汉、江陵、南阳、襄阳、随州、钟祥等城市被国务院公布为历史文化名城,汉江流域是古城文化的富集区。历史上,汉江是汉朝的发祥地,"汉民族""汉文化""汉学""汉语"这些名词都是因有了汉朝才定型的,而汉朝得名于汉江,西汉发祥于汉中,东汉发祥于襄阳、南阳,汉中、南阳、襄阳都曾经先后成为汉江流域(区域)的中心城市。三国时期,襄阳、荆州、南阳、汉中都是诸葛亮活动的重要区域,并且襄阳、荆州先后被中国民间文艺家协会命名为"中国三国文化之乡"。从以上分析可以看出,如果选择襄阳古城、汉水文化、三国文化要素中的任意二元组合,会使襄阳城市特色的文化品牌效应更加突出,但仍然与南阳、荆州、汉中等城市的文化品牌内容有较多的重叠。若将襄阳城市特色的文化品牌进行三元组合,集襄阳古城、汉水文化和三国文化于一体,则既具有独特的地域性,又具有唯一性。由此可见,"一城两文化"是凸显襄阳城市特色文化品牌的较好选择,是对此前城市品牌成功经验的总结和城市文化意识的自觉,这种文化自觉对于我们更好地进行文化建设至关重要。

3."一城两文化"的建构特点

进入21世纪以来,襄阳驶入了经营城市品牌的快车道。襄阳提出打造"一城两文化"的品牌,目的就是要集中展示最具襄阳印记、最富襄阳特色的主打文化，使之对"文化襄阳"建设起到"画龙点睛"的功效。城市品牌宣传要好记、好听、好用，还要让本地人喜欢、外地人向往。纵观国内外优秀城市品牌经营的经验，凡是能够充当城市品牌的文化符号必须具备"记得住、分得开、传得远"三大特征。"记得住"一方面是指符号所代表的文化本身具有良好的知名度和美誉度，人们喜闻乐见，代代相传；另一方面是指城市品牌语本身要通俗易懂，好说好记。"分得开"是指被选作品牌的文化符号要具有稀缺性、唯一性，能够将自身和其他文化区分开来。"传得远"是指城市品牌及其背后的文化要具有思想性、时代性和适应性，生命力强，能够延续历史、引领现在和开创未来。"一城两文化"是围绕城市定位，通俗易懂、个性鲜明、印象深刻、便于传播的城市文化品牌，是襄阳的"文化名片""文化地标"和城市文化交流传播的"通行证"。

（三）"一城两文化"是襄阳城市文化的传承版，具有良好的发展性

城市的优秀历史文化是靠一代又一代传承下来的，"一城两文化"也是在这样的历史发展进程中形成的城市特色文化品牌。

1. 城市文脉的延续

城市是人类社会发展的产物，每个时代都在城市的发展史上留下了自己的痕迹和烙印。这一延续至今的历史，形成了一个文化脉络，记载着城市的兴衰，使城市成为历史的产物，这就是城市的文脉。襄阳"一城两文化"是襄阳一代又一代居民传承下来的优秀历史文化，是城市的"生命信息""遗传密码"和城市的 DNA。襄阳城市的遗存记载着城市不断演化的过程，在这个过程中，一方面城市与其赖以生存的自然地理环境紧密结合在一起，形成了城市固有的地域特征；另一方面，在城市演化的不同历史时期所产生的人文历史印记反映了特定时期的政治、经济、文化特征。这种地域及人文特征共同构建起城市独特的景观风貌。襄阳在历史发展长河中，既有古城等城市主体标志物，也有传统街区（如九街十八巷）及众多文物古迹，具有复杂、多样和多元的形态，与地段的功能一一对应，它们是人们多样性生活内容的物质反映和历史沉淀。保护城市的历史文脉信息不仅要保护实体环境，更多的是要保护该地段人们的真实的生活方式和传统心理，张扬优秀传统民俗、民风，使其与物质环境共同传承下

去。实体环境是历史存在,而传统心理却是历史记忆,传统心理的延续也是历史文脉的延续。襄阳城市文脉既是城市的基本设施、名胜古迹、文物遗址的积累,更是一代代襄阳人的文化和智慧的结晶,足以保持城市的记忆,提供调节人地关系和适应变化发展的经验。

2. 城市精神的继承

城市精神是一个城市历史文化传统、社会制度理念、市民行为方式等表现出来的城市文明素养,是一种源于历史、基于现实、紧跟时代、引领发展的现代城市文化理念。城市精神是城市历史文化和现实发展的精神结晶,是孕育市民精神的母体,传承着城市的优良传统,开拓着城市的未来。历史上,襄阳城市的每一次蜕变,既需要物质空间的生产与更新,更需要城市精神的传承与培育。"一城两文化"经过时间的淘洗、实践的锤炼、长期的孕育,是一个在长期发展过程中形成的襄阳历史文化的内核,它使广大市民能够触摸到襄阳文化脉搏,感知到襄阳文化神韵,汲取到襄阳文化营养,不断增强对襄阳文化的认知和认同,自觉成为襄阳文化的守望者、传承者、创造者,并以面向未来的境界,追求人文素养的进步与升华。三国时期刘备"三顾茅庐"引人才,至今襄阳还不断演绎新版的"三顾茅庐",促进城市建设和发展。以上事例表现出的开放性、包容性、多元性、融合性等文化特征,都是襄阳城市精神的传承和延续。

3. 城市发展的见证

襄阳位于汉江流域中游,已有2800多年的建城历史。城市文明是受政治、经济、社会发展的影响,在岁月的流转中不断积累,每个时代都在城市的发展史上留下了自己的痕迹和烙印。从汉江流域看襄阳城市的发展历程,"一城两文化"在襄阳城市发展中得到不断传承和延续。西汉初,襄阳设县,三国时期由县治上升为郡治。晋统一全国后,襄阳开始成为"诏命所传,贡赋所集"的漕运枢纽港以及"四方凑会"的商货转运港,逐步成为门户城市。隋至南宋时期,襄阳获得了前所未有的发展机遇,由门户城市一跃成为汉江流域中心城市。这时成为汉江流域中心城市的襄阳,急需找到对外联系的窗口,而武汉正好处于汉江与长江的汇合处,自然而然地成为襄阳的门户城市,担负着汉江流域中心城市货物的转出与输入重任。元朝以后,武汉政治地位上升,城市发展较快,逐步取代了襄阳中心城市地位,成为集门户城市与中心城市为一身的城市,襄阳变身成为汉江流域上中游中心城市。不过仍然保留着往日繁华,"官兵守潼关,财用急,必待江淮转饷乃足,饷道由汉沔,则襄阳乃天下喉襟,一日不守,则大事去矣","运天下之财,可使大集","贡赋所集,实在荆襄",都说明襄阳在汉水流域中的交通枢纽地位。

二、襄阳"一城两文化"城市特色构成要素

历史文化名城特色主要由山水环境、古城格局、文物古迹和历史街区等要素构成。襄阳"一城两文化"城市特色主要体现在山水城洲的城市环境、南城北市的城市格局、众多文物古迹的年轮记忆、街区码头的民俗传承等方面。

(一)山水城洲,襄阳城市特色的独特山水环境

襄阳城依山傍水,山、水、城、洲元素独特,孕育了国家历史文化名城,是中国典型的山水园林城市。

1. 山水元素的独特性

襄阳城临水依山,周围被群山环抱,从东南到西北走向的岘山,分别是岘首、岘中、岘尾,直到万山。襄阳万山最早可追忆到西周的"方山",《竹书纪年》《诗经》中都可寻其踪迹,这也使得我们推算襄阳山川有文化记载的历史至少在2800年以上。襄阳岘山是座丰富的历史文化名山,刘备马跃檀溪处、黄祖凤林关射杀孙坚处、羊祜的堕泪碑与杜预的沉潭碑等古迹名胜群星拱月般地包裹着岘山。与此同时,岘山与周围的山川名胜又共同构成了一个大卫星群。山间有历史故事相铺垫,山与山间又回环相扣,构成了襄阳山川特有的"扇面诗""藏头诗",形成了襄阳山川"语淡而味终不薄"的底蕴。襄阳北城脚下就是著名的汉江,汉江水澄碧、温度适中,催生出"襄阳水"灵动、温暖、优雅、智慧的形象代言人——汉水女神。根据文献记载,汉水女神产生于春秋时期前,她比人们熟知的巫山神女、湘水二妃、洛神都要早,是中国文学史上第一个江河女神的形象。襄阳城三面环水,一面靠山,古城墙坚固、城高池深、易守难攻、固若金汤,素有"铁打的襄阳"之美称。汉江在襄阳城区形成串珠式沙洲,其中以鱼梁洲为大,其位置居中、水质优良、面积较大,历史文化内涵丰富,在国内外城市江滩景观中非常少见,与岘山、汉江共同组成了襄阳城市的山水环境。

2. 古城选址的合理性

城市作为人类的聚居地，居住是城市最重要的功能，要选择一个地理环境好的地点。古代城市选址有"山水大聚会之所必结为都会，山水中聚会之所必结为城镇，山水小聚会之所必结为村落"，襄阳城位于汉江中游与唐白河的汇合处，南靠岘山，是理想的城市选址。在古代的山水理念中，襄阳的风水负阴抱阳，汉江河水玉带环抱，两大阴转为两大阳，是最佳利用山水形势由阴转阳的经典之作。"楚山横地出，汉水接天回"，初唐诗人杜审言一千多年前就有了这种审美体验。这在中国古代风水的择地理论中，叫"藏风聚气"，负阴抱阳、金带环抱、聚山水之精华，故讲究山清水秀、山环水抱，强调天人合一，即人与自然、人与人、自然与自然的和谐，具有一定的科学道理。古城池以汉江为濠，引襄水入城，创意独具匠心，池宽天下第一，充分体现了城市与生态、自然与人文的和谐。

3. 山水环境的和谐性

襄阳人并不完全陶醉于山水好形势，而是在利用山川好风水的基础上，还做了许多提升风水生气的工程，使襄阳风水更宜居宜人，更能保护环境生态。首先是修堤筑城。一条像铁链般的老龙堤连接山、水、城，牢牢拴住襄阳古城，让外地人羡慕襄阳人的安全感，使襄阳"山水相济，山川相映"。二是修挖护城河。襄阳古城自古曰"方城汉池"，城内基本呈方形，护城河呈圆形，宽阔的水面，简直就是一个人工湖。护城河引襄水入城，集城防、水利、生态功能于一身，创意独具匠心，巧妙实现了城市与生态、自然与人文的和谐统一。三是岘山绿化。襄阳城南的屏障岘山上林木葱茏，而且当时的人们还加上几个字"岘山普翠"。"树木是衡量风水好坏的标准之一"，"有了树木，就有了生机之气，就能调节生态"。四是修建文化设施。"风水思想鼓励教育，主张在每一处居住聚落修建文峰塔或魁星楼"。古代襄阳东有文笔峰，西有幽兰寺，南有岘山诸寺，北有水星台，城中有昭明台。"风水景观是文化与自然的交融，有利于促进山、水、城、洲的和谐，人与自然的和谐。"

（二）南城北市，襄阳城市特色的经典古城格局

历史上，襄阳城市发展长期处于"一江两城""南城北市"的城市格局，襄阳在汉江东南，樊城在汉江西北，是我国典型的城市结构。

1. 南城襄阳固若金汤

襄阳自楚国设北津戍，西汉初设县，三国时期行政地位上升到州治，此后历代为州、郡、府治所。襄阳古城依山傍水，襄阳古城始建于汉，现在保存完好。城墙坚固高大，唐以前为土城，宋改筑为砖城，明代以大石筑"聂公城"，各城门均修筑瓮城，现城墙高1.8米、顶宽6～10米、底宽13～15米。城墙外为护城河，为"中国第一宽护城河"，最宽处250米，平均宽约180米。并且开渠引檀溪水入护城河，在渠首设闸、城东北处又建一泄水闸，将多余的水及时排入汉江，以设闸节制护城河水位等措施，大大地增强了襄阳古城的防洪减灾和御敌功能。在城墙、护城河之外又筑护城堤，成为城防的第一道防线。护城堤、护城河、城墙组成了城防的三道防线。襄阳古城易守难攻，历来为兵家必争之地，特别是发生在襄阳坚持六年之久的宋元之战，充分体现襄阳城固若金汤的防御体系，故襄阳古城有"铁打的襄阳"之美誉，正是对其城墙坚固、城高池深、易守难攻的军事重镇的最佳诠释。

2. 北市樊城商业繁华

樊城政治、军事地位不及南城襄阳，但商业较为发达。秦汉以后，生产力有较大发展，北方城市与其他地区物资交流开始增多，大多数从南方运往北方城市的货物需要在襄阳港进行转运，从而促进了襄阳的商业发展。在樊城逐渐形成了"九街十八巷"的城市格局，建有20多个商业会馆，襄阳30个码头中樊城就有20多个，商业辐射到黄河上下、长江南北。清末襄阳、樊城有商户300多家，1919年增加至700多家，1933年仅樊城就有2000多家商店、商行、货栈、银楼、店铺、手工作坊等。这些独具特色的"九街十八巷"、老商号、码头、会馆充分展示了樊城悠久的商业历史。

3. 南城北市完美组合

南城北市是襄阳城市的明显功能分区，在实现城市综合功能方面发挥了重要作用。襄阳凭借地处我国南北、东西交会的地理位置，以及汉江这条我国古代内河最便捷、最畅达、最繁忙的"黄金水道"，共同演绎了襄阳由一个小城镇发展为汉江流域门户城市、中心城市的辉煌历程。唐代元和年间，襄阳跻身全国4个人口达10万户以上的州治所之一；明清时期的襄阳"商贾连檐、列肆殷盛、客至如林"，仍是全国繁华的商业中心城市之一。"南城北市""岘首名望"，名山秀水自然勾勒出的空间格局全国少有。

（三）文物古迹，襄阳城市特色的历史年轮符号

古老的襄阳，在发展进程中留下了众多的历史年轮符号，成为我们宝贵的文化遗产。它们包括古遗址、古墓葬、古建筑、石窟寺及石刻、近现代重要史迹及代表性建筑等众多文物古迹。

1. 连续的历史遗址

襄阳历史悠久，文物古迹众多。据第三次全国文物普查数据，襄阳共有文化遗址4293处，其中，古遗址1519处，古墓葬1711处，古建筑697处，石窟寺及石刻239处，近现代重要史迹及代表性建筑126处，其他类1处，被列为全国重点文物保护单位的有15处。既有旧石器时代的樊城太平店军营坡等遗址，又有新石器时代的枣阳雕龙碑等遗址；既有夏商周的襄城区庙王树岗等遗址，又有秦汉的襄州古驿朝阳城等遗址。西汉以后，襄阳古城建立，成为古遗址、古建筑、古墓葬、石窟寺及石刻、近现代重要史迹及代表性建筑的富集区。这些古遗址、古建筑、古墓葬、石窟寺及石刻等连续的年轮符号，记录了襄阳历史发展进程，是襄阳宝贵的历史文化遗产。

2. 有影响的文化遗迹

在襄阳遗址遗迹中，许多在全国有着重大影响力。一是帝乡遗址遗迹较多。历史上从襄阳这片土地上走出不下于20位帝王，其中既有本土皇帝，也有外籍龙兴于襄阳的皇帝；既有开国皇帝，也有继位皇帝；既有皇家正统，也有平民龙兴，以出生于春陵（今湖北枣阳吴店）的刘秀影响最大。二是一代名相"智圣"诸葛亮的隐居地，著名的"三顾茅庐"故事发生地古隆中。三是李自成在襄阳建立政权，改襄阳为"襄京"，自立为新顺王，后一把火烧掉了明王府，只留下绿影壁。四是佛教中国化的奠基人释道安与净土宗初祖释慧远的襄阳遗迹檀溪寺、大铁佛寺等。五是最有影响的布衣山水田园诗人孟浩然的故居所在地和隐居地、中外医学交流史中最早影响到外域的医学家王叔和的埋葬地。此外，还有"米点山水"创始人、诗书画巨匠米芾的家祠，沿用时间最长的私家园林鼻祖、郊野园林典范习家池，关羽水淹七军古战场，闻名遐迩的十里大堤"老龙堤"等国内外知名的文化遗迹。

3. 标志性的四大古城

在襄阳这块土地上，最有影响的四大古城是襄阳城、樊城、邓城和楚皇城。

近年来，襄阳城内及周边和岘山发掘遗迹60余处，品类全，级别高，价值大，涵盖了襄阳城肇始、建城、发展等各时期的遗迹，是襄阳城变迁的"活地图"。邓城城址聚落群，由20余个遗址、墓地组成，延续时间长，发掘出土的大量珍贵文物证实邓城先后为古邓国都城和楚、秦、汉邓县县治，为襄阳城市的根。尽管历史文献对邓城的记载不多，但仍可看出三国时期的邓城依然有一座城池。《晋书》卷七十四载"慕容垂、毛当寇邓城"，这间接证明了邓城到东晋时期依然存在的事实。楚皇城遗址位于宜城市郑集镇皇城村。城址年代上自春秋下至秦汉，是春秋战国时期襄宜平原上规模最大的中心城市，为春秋时期楚国的都城。城址面积2.2平方公里，略呈矩形。四边各有两座城门，四角皆有烽火台。城内有紫金城、晒金城、跑马堤、金银冢、白龙池等古迹。城外还有许多东周至秦汉的古墓葬和文化遗迹，对研究楚史、楚文化有十分重要的价值。

（四）街巷码头，襄阳城市特色的民俗传承载体

城市特色不仅表现在物质文化遗产的传承上，非物质文化遗产也同等重要。作家王雄"汉水文化三部曲"小说笔下的描述正是襄阳古老民风习俗的生动写照。而大量的非物质文化存在于历史街区里。襄阳古城里的街巷，樊城的九街十八巷以及众多的会馆、码头，是襄阳民风习俗传承的典型载体。

1. 九街十八巷

樊城位于汉水之北，为商业区，随着商业的昌盛，人口逐渐增多，城市面积不断扩大，截止新中国成立前，已有"九街十八巷"之称了。在文化上，襄阳南北文化交会的特点更为显著。商业文明的发展使襄阳成为南北文化交流的通道，催生了襄阳特色的文化形式。上古北方的中原文化和南方楚文化在这里汇合交融，正是"经市闹兼秦楚俗，画疆雄踞汉襄流"。这里既受到"文王化南国"的中原文化熏陶，又受到"听歌知近楚"的南方文化风俗的深刻影响；这里既散发着孔子所崇拜的仲山甫的风范之光，又是文采风流的楚歌流传之地。九街十八巷是襄阳民风民俗传承的重要载体。

2. 会馆

明清以来，襄阳的商业经济辐射到黄河上下、长江南北，先后建立了山陕会馆、黄州会馆、抚州会馆等全国20多个地区的商贸会馆。会馆来自于全国各地，进行了文化大融合，形成了具有襄阳地域特色的民俗文化。会馆建筑往往

建有戏楼,成为戏曲传播重要场所,如抚州会馆本为江西抚州商贾行旅的聚集地,因为戏楼临近中山前街,于商民熙熙攘攘之地,无意中首创了襄阳的歌市。作为汉戏四大流派之一的主流襄河派,首先就多在这里登台献艺而沿汉江及支流传播的。说唱堂会,是当年会馆经常举办的演艺活动。西北的秦腔和武汉、黄陂一带的二黄在这里交会,而襄阳花鼓则是南北戏曲与本地民间曲调融合而成的具有独特风格的地方剧种。会馆还将当地的民俗带到襄阳,如从江苏会馆的《财神胜会》碑文看,会馆里客居襄阳的江苏商人,把自己在家乡供奉财神和迎接财神的习俗带到了襄阳,并为了约定俗成,相因成袭,还郑重其事地勒碑立石给予铭记。

3. 码头

水与陆地的交汇点就是码头。早在西周时期,汉江上就有了可以承载多人的大船。有船,即有码头。襄阳是汉江上的重要城市,码头的兴旺与繁荣,形成襄阳独特的文化特征。襄阳人民在汉水边生生不息,不断吸收外来文化,形成南北交融的本土文化,具有文化的开放性。襄阳城外的小北门古渡口乃襄阳之咽喉,北聚川北、陕南、豫西南之舟,南汇江湖、湘沅之船,商埠码头,水陆联运,自古就有"一口锁方城"之说。脚夫的号子声,卖艺人的吼叫,上下的人流、物流,渲染着码头的繁荣。码头文化的流动性,赋予襄阳人更多的开放性和包容性;码头文化的竞争性,赋予襄阳人更多的危机意识和较强的求生意志;码头文化的多元性,则赋予襄阳人更多的自由精神和适应能力。唐代是我国封建经济的繁荣时期,水陆交通发达,以长安为中心,从长安通向东南的驿路平线经过襄阳,沿路"皆有店肆,以供商旅",南北客商纷至沓来,在江汉间十数州之中,襄阳最大。唐代襄阳商业的活跃,出现了一些固定的商船停泊码头。著名的有两处:一处是襄阳城西的大堤,一处是襄阳城南五里的岘首山南。到了明清时期,随着城镇经济力量的增长,樊城建起了较为坚固的石堤,岸线相对稳定,成为港口码头活动的中心,尤其是起卸商贸活动从南岸的襄阳向北岸的樊城迁移。一时间,"樊城码头丰盛",遍及沿江。码头是襄阳民风民俗传承的又一经典载体。

三、襄阳"一城两文化"城市特色的保护与创新发展

襄阳不仅是一个历史悠久、对文化有着自信的城市，更是一个充满活力、现代感强、文化不断创新的城市。在汉江流域中心城市建设过程中，需要不断挖掘自己的文化内涵，彰显"一城两文化"城市特色，使城市的根和魂能不断通过文化体现，以文化特色促进城市发展。

（一）在保护中求发展，延续城市的根

随着我国城市化的快速发展，城市的现代化气息浓厚，但很难看到它的个性和特质。城市是一个生长的有机体，它有历史年轮，在历史发展和演变中形成的自己独特的历史文化是这座城市的根脉。一座城市特色的孕育只有留住并延续自己的根脉，才会生长得更加富有朝气、更久远。

1. 重视古城的保护与延续

一个有文化底蕴的城市就应在城市建设中，对于历史文化建筑、文化街区和现代城市建设有合理的定位，就是既要保护文物又强调再利用。襄阳古城、历史文化街区（如九街十八巷）及文物古迹的保护，要在保护的过程中，使其融入到经济和生活，让文物保护成为经济社会发展的积极力量。在历史文物保护和利用中要寻找合适的度，既不要伤害襄阳文脉之根部，又要让它能源源不断地为城市发展输送"营养"。目前，要结合襄阳古城申遗，最大限度地保持对历史遗存的敬畏，在古城的保护与开发、城内的商业之城与生活之城等方面找到平衡。

2. 塑造江滩文化景观

古代襄阳的繁华与汉江有关，历史街区及码头是历史的见证，是应当保护的重要文物。通过塑造江滩文化景观，留住历史记忆，延长城市的根脉，有利于彰显城市特色。目前，襄阳江滩文化景观塑造做了大量工作，取得了一些成效，但要充分挖掘码头文化的内涵，让码头文化成为留住人们记忆的重要载体。应挖掘并提出新时期"码头文化"的精神，善于吸收、开拓和进取，对襄阳可持续发展具有重要意义。要部分恢复面江而居的传统建筑及在沿江留出传统节会活动的大型广场，让人们感受到汉江"水的灵性"，品味原汁原味的民

风民俗。

3. 科学开发岘山文化带

襄阳城西南诸山称为岘山，位于襄阳城西南1公里处，东临汉江，西至207国道，北至环城路，总面积约68平方公里，是国家森林公园。这里既是襄阳市区南部的生态屏障、天然氧吧，也是一座历史文化名山、襄阳城市特色的重要构成要素。历史上，优雅的自然环境吸引了羊祜、庞德公、庞统、杜预、习郁、释道安、孟浩然、杜甫、皮日休等人先后在此隐居、休憩、游览、求学、著书、传教，并留下了众多文人墨客的壮丽诗篇，还有刘备马跃檀溪处、黄祖凤林关射杀孙坚处、羊祜的堕泪碑与杜预的沉潭碑、张公祠与高阳池等重要遗迹，游憩价值很高。目前，襄阳正在进行保护性开发，如新建唐城、修缮习家池、建岘山文化广场和上山绿道等。需要注意的是，岘山区域不大，生态很脆弱，其游憩承载力有限。岘山原生态环境与襄阳古城、汉江同等重要，其根脉需要留住、修复和延长。首先，要把保护岘山生态作为第一要务，坚持做到"三不"，即不破坏山体、不破坏植被、不建现代建筑。在开发中科学地确定其游憩承载力，并以立法的形式制定生态控制红线，迁建还林，对文化景点及内部交通要适度开发，保护岘山的历史风貌和生态环境，尤其是原始生态环境更是宝中之宝，是毁坏了再也不能修复的城市特色的根脉，它将造福子孙后代。其次，对岘山区域内的历史文化景点（区）进行适度修复和开发，坚持突出特色，打造精品。就是在不影响生态环境的条件下进行开发，且勿认为开发景点（区）就是保护生态，真正地留住了原生态环境才是留住了襄阳城市特色的风水宝地。

（二）在发展中育精华，聚集城市的神

襄阳不同时期有着不同的城市精神，新时期要大力培育和弘扬襄阳城市精神，并作为建设汉江流域中心城市的原动力，把城市精神培育弘扬与物质建设相结合，在物质建设中聚集襄阳人的精气神。

1. 圆梦工程聚神

筑梦襄阳需要借汉江流域中心城市建设契机，提炼和培育襄阳城市精神，并以襄阳城市精神推动汉江流域中心城市建设。历史上襄阳曾多次成为汉江流域中心城市，现在省委、省政府把襄阳作为省域副中心城市和汉江流域中心城市建设，这是襄阳人一直期盼实现的"中国梦"的襄阳篇。襄阳城市精神不仅

要靠先天的积淀，也需要后天的培育，在实现襄阳人的梦想中，让襄阳城市精神不断更新、不断丰富、不断扬弃、不断化育。

2. 品牌工程聚神

早在 2010 年，襄阳成功地将"襄樊"更名为"襄阳"，城市品牌效应大大提升，与"襄樊"相比，"襄阳"这个地名实在是历史太悠久、名气太大、文化底蕴太深，可以说它早已融进中国人的记忆。2014 年 7 月，襄阳城市品牌口号"千古帝乡、智慧襄阳"出炉，又大大强化了襄阳城市品牌的传播。不仅如此，襄阳城市精神还必须在发展经济中，通过创造物质方面的品牌，如打造"新能源汽车之都"等，提振精气神，聚集襄阳城市精神。

3. 创建工程聚神

城市精神的培育和弘扬需要一个坚实的社会基础，这个基础就是由全体负责任的市民所组成的社会。市民现代意识的养成应该是城市精神培育的核心，也是城市文明引导人类发展的基础。襄阳开展的"五城同创"，尤其是创建全国文明城市，是聚集城市精神的重要载体，是提高全体市民文明素质的有效途径，也是提升城市精神的重要举措。

（三）在建设中彰个性，塑造城市的型

城市形态是指一个城市在地域空间上的分布构成，如城市与自然环境的关系、城市的几何形态、城市的格局、城市的交通功能组织分区、城市历代的形态演变等空间布向形式。襄阳是山水城市，城市形态及建筑要彰显山水元素个性特征，形成彰显城市特色的重要景观。

1. 彰显"一心四城"个性

历史上，襄阳城市沿汉江发展，襄阳、樊城，两城联系的内部交通主要靠水运。随着襄阳城市的发展，由"南北两城"逐步演变为"一心四城"的城市总体空间结构，形成"两轴三环九放射"的快速路和主干道系统。但最能彰显城市特色的还是汉江、唐白河、鱼梁洲及岘山等，这是形成具有襄阳城市形态自身特色的天然基础。目前，以汉江、唐白河、小清河为界划分城市为五块的界线要明朗，要有文化气息，比如，打造襄阳特色的"桥文化"，彰显城市交通主干道"历史文化"，突出鱼梁洲的"水文化"及岘山的"生态文化"，让岘山、襄阳古城、汉江、鱼梁洲在彰显城市特色中发挥作用。

2. 塑造"九水润城"特色

如果说鱼梁洲是城市的"绿肺"和"后花园"的话，那么襄阳的"九水润城"则是城市的血脉，纵横交织于城区四面八方，滋润着城市的肌体。然而，我们知道襄阳除汉江、唐白河常年有较大径流量外，其余河流的径流量较小，甚至多月份是干涸的，且部分河流存在污染问题，九水如何"润城"将受到严峻的考验。要做好规划和建设，实现"水美水清、水丰水畅、九水润城、水在城中、城在水中、人水和谐"的目标。

3. 形成"襄阳风格"建筑

襄阳山水环境中，山和水是两个重要元素，由于襄阳山不高而俊、水不宽而清，提出"显山露水"的理念完全是科学的，必须严守"显山露水"底线。城市建筑是构成城市的主要元素，那么，城市特色即是对城市建筑的提炼与升华，建筑创作过程实质就是城市特色的形成过程。城市建筑是城市人工要素中重要的组成部分，它作为城市的基本组成"细胞"，以其特有的"基因"为城市的特色定下了基调，一个城市最直观的"名片"就是它的建筑风格，襄阳完全可以分类规划、恢复建设一些具有襄阳特色的传统建筑群，以彰显城市特色。

（四）在传播中出品牌，宣扬城市的名

"酒好还怕巷子深"，一座城市的特色需要品牌传播。城市品牌传播不仅要有清晰的城市品牌形象定位，还需要不断打造城市新的"热产品"，创新城市传播模式。借助于传统媒体，开拓传播新途径，尤其是要抢占网络高地，开展适合自身特点的、具有重大影响力的"活动"，这也是扩大城市影响力和知名度的重要途径。要充分利用"互联网＋"的现代优势，扩大襄阳城市品牌的影响力。

1. 确立襄阳城市品牌形象定位

品牌是一种商品区别于其他同类商品的特色、特质和标志。城市品牌是指一个城市在历史、自然、环境、建筑、文化、经营、管理、服务和社会生活等各个不同方面的城市形象与城市精神的综合体现，是一个城市区别于其他城市内在与外在的良好特色、知名度和美誉度的凝结。从城市品牌建设角度上讲，"襄樊"更名为"襄阳"，是因为"襄阳"的名气更大，影响更深远，"襄阳"名称本身就是城市品牌。襄阳古城、汉水文化、三国文化是襄阳在长期的历史发展过程中形成的文化精髓，其组合具有与其他城市不同的个性和特色，是襄阳

最引以为自豪的地方，既是城市的特色，也是城市的品牌。新时期，在襄阳城市品牌传播中，应围绕着省域副中心城市和汉江流域中心城市建设，让世界了解襄阳，让襄阳走向世界的战略，确立襄阳城市品牌形象定位，要在某一时期内期望在城市的内部公众与外部目标公众心目中形成一个具有鲜明个性特征与优势的城市品牌印象，即进行不第一即唯一的城市品牌定位。

2. 打造襄阳城市新的"热产品"

所谓"热产品"是指产品能够大卖、热卖且长卖，也就是如何让产品畅销、长销且高价销。打造城市的"热产品"就是要把城市特色找出来，这座城市最引以为豪的地方，即它的闪光点，就是这个城市特色的"热产品"。襄阳有厚重的历史文化，这个"热产品"一直都在。罗贯中的《三国演义》、金庸的《射雕英雄传》把襄阳推介给了海内外，使襄阳世人皆知，家喻户晓。国家历史文化名城、中国三国文化之乡、国家森林城市等称号都是传播城市的精品。新时期，还要围绕着襄阳所特有的，赋予了襄阳深厚品牌内涵的"一城两文化"，对襄阳历史上的名人、名家、名作、典故、传说、故居、故地等文化资源，进行深入挖掘、系统整理，对当代各类文艺作品进行收录编撰，建立襄阳文库、城市文化信息数据库，出版一批襄阳历史文化精品，使其成为有较大影响的襄阳城市的"热产品"，为襄阳历史文化保护和利用奠定坚实基础，提供权威的信息数据。

3. 创新襄阳城市传播模式

城市品牌建设必须借助于品牌传播。传统的电视广告对城市品牌的传播效果并不明显，必须借助于各种各样的传播方式和工具，即所谓的软传播。软传播就是整合利用各种传播工具，不仅仅是电视、报纸等传统媒体，一切有利于城市品牌传播的方式都可以利用。一是注重信息传播的一致性，即以一种有效、连贯的方式传达一个清晰、明确并且是一致性的城市品牌信息。二是要注重营销创新、积极培育"卖点"。可借鉴哈尔滨冰雪节、大连服装节、潍坊风筝节、昆明世博会等成功案例，进一步总结经验，把诸葛亮文化旅游节、中国书法节等节会办成襄阳城市品牌。三是要培育知名产品，丰富城市品牌内涵，用出色的产品和产业烘托和支持城市品牌，形成"产业品牌助威城市品牌"的效应，品牌产品与品牌城市互为提升、相得益彰。四是抢占网络传播高地。当今社会是网络社会，据报道，截至2014年12月，我国网民规模达6.49亿人，互联网普及率为 47.6%，手机网民规模达 5.57 亿人，在网民中的占比已经处于相当高位，未来一段时间我国手机网民还将不断增长。要结合智慧城市、智慧旅游建设，将"一城两文化"品牌广泛地在网络中传播，比如可以游戏形式将襄阳"一城两文化"的历史故事、作品等植入网络之中，以此提高品牌传播效力。

总之，襄阳山水城洲的独特环境、南城北市的经典格局、文物古迹等历史年轮符号、街巷码头等民俗传承载体，共同构造了襄阳"一城两文化"经典的城市名片。这张名片是襄阳历史文化的高度概括、襄阳文化元素的高度融合和襄阳城市文化的高度传承，是襄阳凝聚力和自信心的源泉，是城市竞争力的核心内容。打造这张亮丽的城市名片需要在保护中求发展，延续城市的根；在发展中育精华，聚集城市的神；在建设中彰个性，塑造城市的型；在传播中出品牌，宣扬城市的名。让"一城两文化"在汉江流域中心城市建设中，创造出符合时代、展望未来、求得更新的城市特色。坚持传承与挖掘并举，继承与创造同步，提升城市文化资源的保护与开发水平，实现文化效益、经济效益和社会效益的完美统一。

参考文献：

[1] 刘群：《襄阳历史文化丛书（三卷本）》，湖北人民出版社 2014 年版。

[2] 杜汉华、杜睿杰：《襄阳历史特色与旅游开发》，《襄阳职业技术学院学报》2010 年第 5 期。

[3] 王先福、范文强、黄健：《古老的历史名胜，生动的历史记忆》，《襄阳职业技术学院学报》2012 年第 2 期。

[4] 王玉德：《寻龙点穴——中国古代堪舆术》，中国电影出版社 2006 年版。

[5] 吴庆洲：《襄阳古城历代防洪体系的建设及减灾措施》，《中国名城》2013 年第 4 期。

[6] 邓祖涛、陆玉麒：《汉水流域中心城市空间结构演变探讨》，《地域研究与开发》2007 年第 1 期。

[7] 石坚：《保护城市历史，延续城市文脉》，《规划师》2003 年第 7 期。

巧夺山水天工　打造美丽襄阳
——襄阳构建"山水园林城市"研究

张泽鸿

内容提要：20世纪90年代以来，国内外出现了诸多关于建构山水园林城市的理论成果，在城市建设实践中也涌现了诸多成功范例。山水园林城市的基本理念是追求人、自然与城市的和谐。当代襄阳山水园林城市规划，应立足区域整体布局，整合大范围内的山水环境，着力打造城市空间形态与山水环境相衬、山、水、城、洲融为一体，人与自然和谐共存的美好城市环境。襄阳在构建山水园林城市的进程中，要注意吸收借鉴国内外的成功经验，实现特色文化与现代城市风貌的有机衔接，对照标准寻找差距，制定建设规划方案；发挥山水自然优势，设计视觉空间印象；融入历史文化特色，重构城市人文环境；打造景观系统，展现生机盎然生态意境，形成山水园林城市的"襄阳模式"，成为特色鲜明的城市品牌，从而创造出山水园林城市的"襄阳意境"，把襄阳建设成为充满个性特色的魅力之城。

襄阳是一座有着2800多年建城史的中国历史文化名城。改革开放以来，襄阳实现了从"省级园林城市"到"国家园林城市"再到"全国绿化十佳城市"的三级跳。2013年以来，襄阳着力建设"本地人自豪、外来者向往"的山水园林城市、辐射带动力强的汉江流域中心城市。因此，在城市规划建设中需要自觉构建山水园林城市的自身特色和典型形态，坚持以强烈的文化意识指导城市建设和管理；尤其要注重把深厚悠久的历史文化元素融入到城市建设之中，将内在的文化内涵物化为外在的城市建筑，实现特色文化与现代城市风貌的有机衔接，避免"千城一面"，传承历史文化，守住城市根脉，留存城市记忆，真正把襄阳的现代化建设和传统历史文化有机地结合，建设一座极具特色的山水园林城市，促进襄阳城市的可持续发展，为当代中国城市创新做出有益探索。

一、山水园林城市的基本内涵

20世纪90年代以来，国内外学术界和城市规划专家们关于山水城市、园林城市和山水园林城市建构的理论和应用研究取得了诸多成果，主要涉及山水园林城市的概念内涵、城市规划设计、城市功能定位、城市生态系统和城市空间打造等诸多层面的问题。

（一）山水园林城市的内涵及特点

1. 山水园林城市的内涵

学界关于"山水园林城市"的讨论已上升为探索中国未来城市发展模式的问题。从目前国内规划界对山水园林城市的界定可以看出，"山水园林城市"的概念涵盖多种学科对未来城市发展的要求，它反映出人类对其赖以生存和生活的环境的理解，它追求的是人、自然与城市的和谐，涉及人类居住环境的一切功能与环境因素。将山水城市的研究与风水理论、城市规划设计、环境艺术等研究结合起来，将我国的城市规划理论引向更高的层次。

"山水城市"是具有中国特色的提法，它看似通俗却背景深刻、内涵丰富。从钱学森先生"山水城市"概念形成过程来分析，"山水城市"这一概念是植根于中国古典传统文化和历史，反思当代城市建设实践，并且面向城市未来发展需要所提出来的跨学科、跨文化概念。从"山水城市"到"山水园林城市"，是城市发展理念的一种新提法。

"山水园林城市"中的"山水"，狭义上是指山脉和水体，广义上是指自然环境；"园林"是指由绿色植被构成的整个生态系统，这里的"城市"则泛指聚居的人工环境。因此，所谓"山水园林城市"，狭义上是以山水为基本地理形态，以大面积绿色植被为城市生态系统，以天人和谐为居住特色的城市形态；广义上是提倡人工环境与自然环境协调发展，其最终目的在于建立"人工环境"（以城市为代表）与"自然环境"（以山水为代表）相融合的人类聚居环境。

2. 山、水、城、洲的结构关系

山水园林城市理念是人类对其赖以生存的生活环境的思考，其主旨是追求人、自然与城市的和谐。襄阳古城规划建设十分符合中国传统风水理论和山水城市理念，其构成包括自然环境要素、人工环境要素和社会环境要素。襄阳的山水园林城市规划，要挖掘城市丰富的历史文化内涵，立足区域整体布局，整合大范围内的山水环境，着力打造城市空间形态与山水环境相衬，山、水、城、洲融为一体，人与自然和谐共存的城市可持续发展环境。

中国山水园林城市中的山、水、人（城）的三种关系模式：

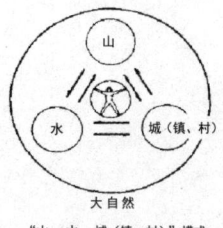

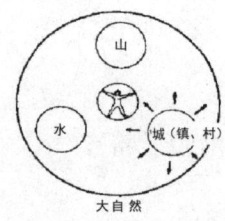

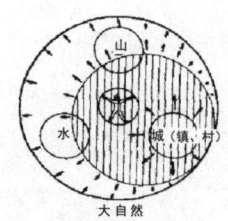

"山—水—城（镇、村）"模式　　"山—水—城（镇、村）"失去平衡　　"山—水—城（镇、村）"模式被否定

3. 山水园林城市的特点

山水园林城市是对传统的生态文明城市的升华，是山水城市/园林城市的升级版本，它具备以下特点：规划设计科学，构成布局合理、丰富均衡的绿地系统；突出生态效益，提高生态环境质量，创造良好生态系统；实施自然与艺术的融合，提高景观环境质量，是城市历史文化的载体；以植物创造景观，多种植物科学配置，互生共存，促进物种结构的多样性；以人为本，天人合一，崇尚自然，返璞归真，创造舒适、安全、健康、方便的宜居环境，打造民生工程；高起点规划，高标准建设，高效能管理，政府组织，群众参与，是一项社会系统工程；提升城市形象，增强城市竞争力，是可持续发展的战略工程；全面保护自然环境、地形地貌、文物古迹、人文景观，延续和发展城市文脉，增加时代特色。

（二）山水园林城市的来源与基础

"山水园林城市"概念反映了人们对城市环境的一种期望。它是建立在天人合一哲学基础上的城市环境观，体现了人们对理想城市环境的追求，也是用于指导城市环境规划建设的一种总体思想。除此之外，山水园林城市建构的思想基础主要还与风水学、生态学、环境美学、园林美学、山水思想、城市规划、景观设计等学科相关。因此，创建山水园林城市是一项社会系统工程。

我国古代山水园林城市的思想主要受到古代自然哲学与宇宙观的深刻影响，

同时吸收了周礼的礼制思想与《管子》的顺应天时地利观念。从中国古代的园林建构历程来看，在奴隶社会后期的商末周初出现了"囿""苑"，供天子、诸侯狩猎游乐，这就是园林的雏形。至秦汉时期有了"建筑宫苑"，就是散布在广大自然环境中的建筑组群。到魏晋南北朝时期，由于文人、士大夫崇尚自然、寄情山水，为追求自然风光和山林野趣的享受而建的私家园林，使园林由建筑宫苑转向了创造自然山水环境，从而奠定了中国风景式园林的思想基础，即追求山水园林的整体性、自然性、隐逸性和田园性。唐宋时期，园林创作从单纯模仿自然环境发展到在较小的境域内体现山水的主要特点，产生了"写意山水园"。明清时期，我国传统园林形式也完全成熟，达到了最高峰。今天保留下来的古代园林，多是明清时期的，包括北方的皇家园林（如北京的颐和园、承德的避暑山庄）和江南的私家宅第园林（如苏州的拙政园、留园，扬州的个园、片石山房等）。明清园林主要是建立一个美的居住环境，为了游憩和满足视觉的享受，以达到精神寄托的目的。

中国当代山水园林城市建构还应吸收古代园林美学、传统风水思想的精华。风水又称"堪舆"，风水学属于民俗文化范畴，它的根源仍然是"天人合一"的哲学思想。风水术作为一种山水文化观念，长期影响着我国古代山水园林城市的规划建设。

另外，山水园林城市与当代城市规划学、景观设计学、环境美学以及生态科学等也有紧密联系。总的来说，城市景观环境与自然山水形成呼应关系。山水园林城市的景观组织应因地制宜、随机赋形，总的原则是尊重生态原貌，人工构筑宜少而且贵在巧。通过借景、对景、点景、补景等手法，从自然山水之中取得背景、衬托、层次与轮廓，突破其有限的空间限定，着力追求一种人工与自然相结合的、赏心悦目的景观环境。

近代的中国城市也非常注重园林风景建构。1911年辛亥革命前后，城市开始建造了一些公园，以后陆续出现街道、广场绿化，以及校园、公共建筑、住宅区等多种形式的绿地。这一时期的园林绿地在内容和性质上有所发展、变化，除了私人所有的园林之外，还有了向公众开放的公共园林，形式也从只有封闭的内向型园林，增加了外向型园林。兴造园林已不仅仅是为了获得视觉景观之美和精神陶冶，也成为市民公共游憩和交往活动的场地。1949年新中国成立后，中国当代园林城市的体系建设，主要学习苏联的城市园林绿化理论，把传统园林扩大到整个城市绿化,并提倡城市绿化形成系统,城市园林绿化有了很大发展。但是由于认识上和经济上的原因,我们的园林绿化还处在较低水平上。直到近20年来,由于工业、交通高速发展,人们逐渐认识到环境保护的重要性,这就是要创建园林城市——建设城市大园林,把创造合理的城市生态系统作为根本诉求,并与国土绿化、大地景观联系在一起。园林的范围更加扩大,内容更充实,必将为城市可持续发展提供条件,向着人类期望的理想环境而努力奋斗。

(三)襄阳建构山水园林城市的当代意义

襄阳作为鄂西北重镇和汉江流域中心城市,市区南依岘山、真武山,西环隆中山,汉江穿城而过,护城河环绕古城墙,青山绿水,山水相映,江、河、山、城等要素相互衬托,构成了以江为枢纽、以城为基础、以河为点缀、以山为背景的山、水、城交融的城市空间,具有建设山水园林城市的良好条件和规划格局。襄阳在建构山水园林城市的过程中,需要对照国内外山水园林城市的成功经验和基本标准,寻找襄阳的地理优势和主要差距,发挥自身优势,从而制定科学合理、符合襄阳实际的山水园林城市建设规划方案。通过构建山水园林城市的"襄阳模式",打造中国城市发展的升级版,为创造襄阳奇迹、促进经济文化社会发展做出贡献。

二、山水园林城市的成功范例

(一)国内外山水园林城市的发展历程

1. 西方理想城市发展模式的主要观点

"城市,让生活更美好",这句2010年上海世博会的口号早在古希腊时期,亚里士多德在他的《政治学》里面就有表述:人们来到城市是为了生活,人民居住在城市是为了生活得更好。18世纪以来,城市化继工业化之后席卷全球,城市化带来了巨大的物质文明,使人们的生活空前富足;同时,城市化也带来了严重的交通拥堵、工业污染、气候变化、能源短缺和环境恶化等"城市病"。因此,城市建设者们需要采取一种综合性的措施来应对。

早在19世纪末,西方学者就提出了理想城市发展模式,先后有霍华德的"园林城市"、索里亚·伊·马塔的"带形城市"、勒·柯布西耶的"阳光城市"、莱特的"广亩城市"以及沙里宁提出"有机疏散论"等。至今，英、美等国仍以霍华德的"田园（园林）城市"作为当代城市发展方向，美国城市规划学家西蒙兹出版的《21世纪园林城市》可以为证。西欧、美国城市化大发展时期，由于当时缺乏经验，缺乏规划，城市居住条件很差，城市环境恶化，于是美国出现了"城市美化运动"，英国出现了"田园城市的思潮"。所有这些都反映了人们的渴望——获得与自然相协调的良好优美的城市生活环境。理想城市不仅仅是对未来世界的预测，同时也是对现实人居环境的批判、改进和设计。其中"田园城市"的设想，更带有理论性、理想色彩。它的基本出发点是缔造具有"城市"和"乡村"两者的优点，而又避免其各自缺点的新型城市，后来不少规划学家从类似的方式思考城市空间规划和城市形态问题。

2. 中国城市现代化进程中的经验探索

20世纪80年代以前，中国城市的现代化进程较为模糊，城市人居和生态环境逐渐退化。在此情况下，国内在研究山水园林城市建构问题上先后涌现了钱学森、吴良镛、郑孝燮、汪菊渊、卢伟民、朱畅中、孙筱祥等学者的重要理论成果。1990年，钱学森提出了更加科学、全面、更有针对性和中国特色的21世纪中国城市发展模式和路径——"山水城市"。钱学森提出"社会主义中国应建山水城市"，强调"山水城市是21世纪的城市""山水城市将是社会主义中国的世纪性创造"。"山水城市"是钱学森在长达24年的时间里用151篇文章和信函反复论述的一个城市哲学命题。它包括建设园林城市、文化城市、艺术城市、高科技城市和建设全方位的人民大众的社会主义城市，是一个系统科学理论。钱氏"山水城市"概念旨在"把一个现代化城市建成一座大园林"，因此，园林化是"山水城市"的第一要义。钱学森指出："建'山水城市'就要用城市科学、建筑学、传统园林建筑的理论和经验，运用高新技术，以及群众的创造。"山水城市的核心精神主要是"尊重自然生态，尊重历史文化，重视科学技术，运用环境美学，为了人民大众，面向未来发展"。钱氏"山水城市"学说的根本文化内涵是为民造福，建设山水园林城市是重大的民生工程。

中国城市现代化进程中对山水城市、园林城市模式的探索，可以追溯到20世纪80年代。当时国内的一些城市已经从不同侧面、不同角度赋予城市发展的阶段性功能定位和区域特征，饱含了几代人的艰辛努力和勇敢探索。近些年来，全国很多城市都明确提出了建设"山水园林城市"的目标定位。这一定位是对以往中国城市定位的继承和发展，是对政治经济、历史文化、产业发展、建筑美学、资源环境等城市各类要素的系统集成，是在科学发展观和以人为本理论指导下对"花园城市"和"山水城市"理论的概括和升华，为新一轮城市建设和发展指明了方向，就是要建设最适宜人居、旅游、创业的山水园林城市。

（二）山水园林城市的国外范例

1. 京都模式

日本京都是一个地势由北向南倾斜，四周被东山、北山、西山山脉所环绕的一个内陆都市。京都府位于本洲岛的中西部，京都盆地北部，拥有人口260万，面积为4613平方公里。京都府气候宜人，风景秀丽。

京都于公元794年被定为日本首都，此后逐步发展成为历史和文化的中心。京都仿照7世纪中国唐代长安和洛阳城的建筑式样，在此建立新都，并命名为平安京，意为和平与安宁。1467年毁于战争，后经安土桃山时代重建，人口增至20万。京都作为日本首都的时间长达1075年，故有千年古都之称。1869年日本迁都东京之后，京都仍是宗教和文化中心。1889年设京都市。京都也被称为园林城市，在日本堪称杰作的园林，约半数在京都。由于它拥有丰富的文化遗产，京都一直以来都是日本历史和文化上的重镇。京都的文化遗产远不止这些建筑物，还包括与这些建筑物相依相伴的周围环境，一些未登录为世界遗产的建筑和风景。1994年京都被列入《世界遗产目录》，作为日本文化中心，它具有一千年的历史，跨越了日本木式建筑、精致的宗教建筑和日本花园艺术的发展时期，同时还影响了世界园林艺术的发展。

2. 匹兹堡模式

匹兹堡是美国治安最好的城市之一，也多次被评为"全美最宜居城市"第一名。匹兹堡位于美国东海岸的宾夕法尼亚州，坐落在阿勒格尼河、莫农加希拉河与俄亥俄河的交汇处。匹兹堡的地理位置也十分重要，三河交汇，向东可至大纽约区，向北可通达五大湖区，是美国东海岸连接中西部的重要节点。因此匹兹堡交通十分便利，公路、铁路和水路运输发达，匹兹堡国际机场位于城市西部，为美国东部著名的大型航空港，驻扎有18家航空公司。开车往东与纽约距离 6 小时，往东南到首都华盛顿特区 3 小时，往东到费城 5 小时，往西到克利夫兰 1 小时，往北到伊利湖 2 小时，往东北到尼亚加拉大瀑布 5 小时。市区面积约 144 平方公里，三条大河穿城而过，为匹兹堡带来了充沛的水量和内河运输通道。从华盛顿山上可以眺望全城风景，每到夜晚，河面上倒映出一个灯火辉煌的魅力城市。匹兹堡曾经是美国的"钢铁之都"，典型的重工业城市。二战后匹兹堡进行了大规模的城市改造，转型为以医疗、教育、休闲、人文艺术为主，匹兹堡兼具悠久的历史记忆与现代化的都市景象。

（三）山水园林城市的中国范例

近年来，国内有很多城市被赋予了山水城市或园林城市的称号，形成了山水园林城市的中国模式和范本，如重庆、武汉、桂林、常熟、福州、柳州、三亚、肇庆、滁州、吉安、镇江、温州等。这些城市在营造山水园林城市的文化特色上已具备了较为成功的经验模式，这是襄阳在构建本土特色的山水园林城市过程中可资借鉴的对象。

1. 镇江模式

镇江，一座浑然天成的山水园林城市，三面环山，一江横陈，城在山中，山在城中，山水与城市交融，自然与人文辉映。近年来，镇江十分重视城市园林绿化工作，把创建国家山水园林城市作为城市环境建设的中心工作，紧紧围绕"显山、露水、透绿、现蓝"的工作要求，着力打造"城市山林，大江风貌"的独特个性，实现人与环境的和谐统一。

镇江市按照"山水园林城市"定位，着力加快区域中心城市建设，优化发展空间，完善服务功能，提升内涵品质，强化科学管理，推动城市发展转型，建设全国知名的宜居宜业城市、旅游文化名城，彰显"山水园林"的城市形象。2001 年实施了"引资大道、城市客厅、珍珠项链"等重点绿化工程，2002 年又实施了百米宽南徐路生态大道、长江路风光带三期、金山景区、丹徒新区太和广场、通港路景观大道等城建重点绿化工程，实现了城市绿化的跨越发展，创造了城市绿化史上的辉煌业绩。镇江市在"十五"期间就开始加强山水环境建设，全面推进市区山体水系治理，优化城市山水景观。深入实施"青山绿水"工程，形成"一山一景、一河一廊"的城市景观，实现山水城林融为一体。实施城市绿化、美化工程，2015 年，建成区绿化覆盖率达到 47% 以上。

2. 桂林模式

桂林是广西壮族自治区最重要的旅游城市，享有"山水甲天下"之美誉，是我国重点风景游览城市和园林城市，又是国务院命名的第一批历史文化名城。桂林位于广西壮族自治区东北部，湘桂走廊南端，东、北与湖南省相邻，以其奇特的山水和悠久的历史文化闻名天下。1979年1月，国家领导人指出桂林市为社会主义风景游览城市；1982年2月，国务院公布桂林市为全国首批24个历文文化名城之一；1985年10月，国务院把桂林市确定为中国重点风景游览城市和历史文化名城。

21世纪初，桂林市提出，用15年时间把桂林建成国家山水生态园林城市，打造世界旅游自由港。桂林市自2003年荣获国家园林城市称号后，继续巩固和扩大创建成果，2007年又被国家住建部确定为全国创建国家生态园林城市试点城市。桂林坚持依托山水，以公园建设为主要形式拓展城市园林绿地，使得桂林处处是公园。据统计，桂林城市建成区公园绿地面积达753.7公顷，人均公园绿地达11.44平方米，且公园布局合理，分布均匀，公园绿地服务半径覆盖率达93.46%。公园内各项设施较完备，公园规范化管理率更是达到100%。十余年来，桂林市人民再挥如椽"绿笔"，巧借甲天下山水，打造生态园林城。如今的桂林，山更青，水更绿，家园更宜居。得天独厚的自然山水条件和丰富的名胜资源，使公园在桂林城市园林绿化中的现实地位非常突出。

通过以上对国内外山水园林城市模式的简要分析，可以看出，每一个山水园林城市的成功建构，都与该城市的地理区位、自然条件、人文环境和科学规划等综合因素分不开，这对于襄阳打造山水园林城市具有重要借鉴意义。因此，襄阳在建构山水园林城市的过程中，要在综合考虑各方面构成要素和科学规划设计的基础上，打造属于襄阳地方特色和基于历史传承的城市品牌，创造当代中国山水园林城市的新样板。

三、山水园林城市的"襄阳模式"

（一）襄阳构建山水园林城市的优势和条件

建设山水园林城市是个复杂的、综合的系统工程，涉及诸多学科。通过对各种要素归纳分类，可将襄阳打造山水园林城市的基本构成要素简要分成三大类,即"山水—自然"环境要素、"人工—物质"环境要素和"文化—社会"环境要素。

1."山水—自然"环境要素

自然环境要素是襄阳规划建设山水城市的首要基础因素,是指襄阳的地理位置、山形水势、气候植被与自然地理条件,包括山脉、江湖、森林、溶洞、气候、特产等。它是城市生存发展的基础,构成了襄阳丰富的城市园林绿化与风景游览系统,城市只有立足于自然,与自然相协调、相适应,根据城市独特的山水特色,因势利导,使城市与自然浑然一体,才能创造出适宜城市的山水意境。

襄阳位于汉江中游,秦岭大巴山余脉,其贯通南北、承启东西的地理位置,自古即为交通要冲,有"南船北马、七省通衢"之美誉,自古以来是川豫鄂三省物资集散之地、交通要道。襄阳城"檀溪带其西,岘山环其南,为楚国之北津"。襄阳因地处襄水之阳而得名,汉水穿城而过,分出南北两岸的襄阳及樊城,隔江相望。襄阳位居中华腹地,扼守汉水中游,所谓"楚山横地出,汉水接天回";襄阳"凭山之峻,据江之险,借得一江春水,赢得十里风光,外揽山水之秀,内得人文之胜,自古就是商贾汇聚之地"。商业文明历史悠久,诗赋书画文化繁荣荟萃。襄阳古城规划布局奉行"道法自然"的原则,是中国古代山水城市的典型代表。古城外南部岘山至宜城间是时称"冠盖里"的望族名士聚集之地。"南城北市""岘首名望",顺山形水势自然勾勒出的空间格局全国少有,彰显着"一江碧水穿城过、十里青山半入城",秀美山川与鼎盛人文相得益彰。这些都构成了襄阳山水园林城市规划建设的环境基础。

2."人工—物质"环境要素

"人工—物质"环境要素是指人们在城市建设过程中所产生的人造环境,包括襄阳的城市结构形态、空间格局、道路系统、文物古迹、民居古宅、商业街市、建筑尺度、公园绿地、公共空间等。它是在自然环境要素的基础上,根据人切身需要而创造出来的要素。大多数"人工—物质"环境要素都是"实物"。襄阳自古是汉水流域的重要城市,有丰富的历史人文资源和名胜古迹,拥有古城墙、习家池、古隆中等国家、省、市级重点文物保护单位。襄阳古城在营建过程中将中国传统的城池营建思想与自然条件、地域文化充分结合,形成了极具地方特色的传统民居和商业街市。襄阳古城既有城防功能,还有水利、生态功能，古城池以汉江为濠，引襄水（今南渠）入城，创意独具匠心，池宽天下第一，充分体现了城市与生态、自然与人文的和谐。这些都是襄阳规划建设山水园林城市的物质基础。

3."文化—社会"环境要素

"文化—社会"环境要素是指人们在城市中生活风貌和文化习俗的环境体现，包括襄阳的城市历史、社会特征、文化脉络、民族特色、文化艺术、生活习俗、地方传统等人文因素。相比于人工环境要素"实"的性质，山水园林城市的社会环境要素则是一种"虚"的属性。正是这种"虚"的因素，在山水园林城市创造中发挥着真正的主导作用，是影响山水园林城市的"看不见的手"，它具有地方性、民族性和时代性。襄阳既是三国文化的发祥地之一，也是汉水文化的中流砥柱，更是连接长江文化与黄河文化的重要枢纽；因而襄阳所体现的"文化—社会"环境具有独特的价值，突出反映了重商、开放、包容和乐观的文化特点和民俗风情。因此，襄阳作为历史文化名城，千百年来人文荟萃、智慧传承。襄阳的"文化—社会"环境要素是规划山水园林城市中必不可少的因素。

襄阳建构山水园林城市的三要素围绕着以人为本的理念，共同作用于城市的规划设计和功能布局。山水园林城市的基础是"山水—自然"环境要素，精神内涵则是"文化—社会"环境要素，而"人工—物质"环境要素则是其具体的表现形式。襄阳打造山水园林城市三要素之间的关系如下图所示：

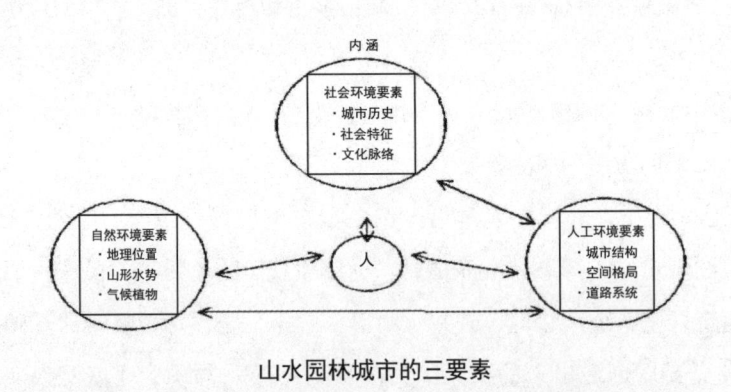

山水园林城市的三要素

（二）襄阳构建山水园林城市的理念和原则

1.确立基本理念，处理四种关系

山水园林城市的规划建设要贯彻文化引领、科学谋划、历史延续、人本主义、生态系统和品牌特色等六大原则，同时要处理好经济发展与生态保护、国际视野与城市特色、新区开发与旧城改造、整体规划与局部协调的四重关系。襄阳建构山水园林城市的规划首先要深入研究城市历史，找出城市发展规律，挖掘城市丰富的历史内涵；其次要立足于区域整体布局，以系统、有机的联系整合大范围内的山水城市环境；再次应将城市空间形态与山水自然相匹配，使山—水—城融为一体；最后要注重人文历史环境的保护，塑造以人为本的可持续发展的宜人城市环境。

2. 重构城市空间，提炼城市形态

通过对襄阳山水环境和生态条件的具体分析，可提出建构襄阳山水园林城市空间的基本构架。总体来说，襄阳山水园林城市空间应是"山水中城市""城市中山水"的结构关系。襄阳中心城区要以提升生态功能为重点，构建"一心、一环、多廊"的城市生态格局。加强城区主次干道、街道小巷及环城道路的景观绿化，建设覆盖主城区及连接周边6个县市的绿色网络。加快推进鱼梁洲开发，着力水岸绿化和水文化景观建设，形成水秀岸绿的滨水景观带，建设生态绿心。加强山林、湖库保护，构筑城郊绿环，保护好古隆中、张公祠、黄家湾、万山等城市近郊林地。加强"一江四河"治理，加强城市内河水体疏浚治理和绿化，建设水系绿廊，完善城市中心与郊外森林连接的"生态走廊"。加强风貌区保护、公园改扩建、道路绿化、社区绿化、屋顶绿化，完善绿地系统。促进城市与森林连为一体，让森林走进城市，让城市拥抱森林。

3. 加强生态建设，打造环境工程

襄阳建设国家级山水园林城市，要继续高标准实施生态城市建设规划，强化目标责任考核，完善多元化投入机制，健全社会监督体系，重点实施一批生态城市建设重大工程。建成完善的城市绿色生态体系，加强重要生态功能区保护。加强对自然保护区、风景名胜区、森林公园、饮用水源地和重要山体等重要生态功能区的保护，开展生态修复，确保襄阳受保护面积占国土面积比例超过17%，提升区域生态服务功能，保障城乡饮用水安全。建设汉江湿地公园，加强汉江珍稀动植物资源保护开发。实施绿色家园工程，建设沿江、沿河、沿路生态防护林等。加快丘陵岗地、荒山、荒滩植被恢复和山坡复绿建设，提高森林覆盖率。强化环境保护，进一步实施蓝天工程、碧水工程、清洁家园工程等。

(三)襄阳构建山水园林城市的路径和方法

1. 对照标准寻找差距,制定建设规划方案

襄阳构建山水园林城市,要规划先行,重点突破。规划是城市发展的龙头,决定着城市建设的品质;城市的定位要靠规划来体现,城市的特色要靠规划来引领。加强山水园林城市规划研究,高水平修编城市总体规划方案。我们要充分利用"山水一体、一心四城"这一得天独厚的地理优势,对照国内标准,寻找差距,制定建设规划方案。需要科学编制《襄阳城市绿地系统规划》,划定各类绿地绿线,做到定性、定位、定界、定量。与此同时,还要完成《襄阳风景名胜区规划》的修编工作,编制《襄阳山水园林城市形态规划》《历史文化名城保护规划》等各项规划,将整座城市作为山水园林来建设,对城市各类绿地建设统筹考虑,针对存在的薄弱环节,采取缺什么补什么的原则,着力加以解决,使各类绿地均衡发展,形成布局合理、功能优化的城市绿地系统。

2. 发挥山水自然优势,设计视觉空间印象

在构筑襄阳山水园林城市的视觉空间方面,要充分发挥山水自然的优势。从山水园林城市的构成要素来看,襄阳具有优越的自然山水环境条件和深厚文化底蕴。从现代化城市建设的要求出发,打造襄阳山水园林城市空间特色的具体思路主要有:

着眼大范围山水空间来思考城市发展形态。襄阳具有良好的自然山水环境条件,以汉江为主要的水空间轴,襄城多山,樊城为平原。城市的规划设计和布局应充分尊重这些区域自然特征,以此作为城市设计构图的主要依据。

尊重历史文化和保护传统山水城市空间特征。文化是一个城市发展和形成特色的基础。襄阳具有2800多年的历史文化和山水城市营造的传统,在当今现代化城市建设中,要发扬光大。以山水审美的情趣来设计城市空间,山水城市的建设不仅要利用自然的山水环境条件,还要把山水诗和山水画这些诗情画意的文化内涵融于城市空间环境中,使城市的山水空间有更加丰富的内涵和多样的形式。

运用现代城市设计学方法来分析、研究和探求城市空间关系。古典园林庭院式建设已无法适应现代城市高强度开发的要求,新的山水园林城市建设要考虑现代城市的尺度关系和空间序列来满足现代化城市的基本功能。要处理好街

道、广场、建筑与山水的关系。在重要的山水空间视域，高层建筑要避让，建筑的尺度要与周边山水空间相协调。另外，高层建筑可视为城市中的人工山，在大的滨水区、广场周围，布局高层建筑，使高层建筑成为城市的标志与景点。城市空间需从城市的不同区域来进行分析研究，从不同角度和视野进行设计，塑造"横看成岭侧成峰"的画境。

山水城市空间的创造要树立以人为中心的观念。人是城市的主体，一切物的中心，山水空间环境要充分考虑人的可达性、安全性、驻留要求，把最佳的视角位置让给观赏者。人不仅要欣赏山水景观，而且还参与城市空间活动。空间的尺度、形态、布局应考虑人的活动习惯、生理、心理和审美需求。在自然山水空间中要重视行人交通，尽量避免机动车的干扰。

创造具有襄阳特色的山水园林城市空间环境和公共场所。公共设施建设是创建山水园林城市的关键一步，必须加快市政设施建设步伐，配套完善市政设施，努力改善市民生活环境，提高市民生活质量。

3.融入历史文化特色，重构城市人文环境

襄阳是一座有着悠久历史的文化名城，外揽山水之秀，内得人文之胜，必须坚持把文化作为城市发展轴心，以强烈的文化意识指导城市建设和管理，以文化铺底编制城市规划、推进城市建设、实施城市管理，使文化元素和文化特征回归，使襄阳成为充满个性特色的魅力城市。

（1）充分彰显城市文化特色，贯穿文化理念于城市规划全过程。用好用活"山、水、城、洲、文"的资源禀赋、"一心四城"的形态优势、"中国历史文化名城"的金字招牌。按照城市规划体现文化脉络的要求，推动规划设计与城市开发建设、基础设施配套与经济社会发展、生活方式变革与生产方式进步、城市管理体制机制与城市现代化发展相同步；促进城中空间与城郊空间、私密空间与公共空间、地上空间与地下空间、动态空间与静态空间相协调，培育鲜明的文化形象。增强规划执行意识，坚持不搞没有规划的建设，坚决不建未经设计的建筑，确保厚重的历史文化得以物化的展示，使襄阳成为三国文化和汉水文化的"无言史诗""有形语言""凝固乐章""动感实景"，把襄阳建成富有荆楚文化特色的"湖北大客厅"。

在建构山水园林城市过程中，从规划设计到工程实施细节，都要充分彰显文化的品牌特色：①不同地段要体现不同风貌，襄城文韵段穿越古城，沿路有众多历史遗迹，要凸显历史文化气息；樊城演绎段是古商贸街区，要注重保护与开发，传承历史文脉，展示古韵新风；樊城新貌段见证城市发展之路，要彰显现代都市风采，展示城市门户形象。②道路绿化、亮化，要提档升级，要有审美眼光，追求美化效果。③道路标志系统，凡能体现襄阳地域文化元素的，都要充分注入，让人们直观地了解襄阳历史。④沿街外立面改造，要注重简洁大气，在色彩设计、改造风格等方面，要与道路景观相协调、与古城风格相协调。⑤道路沿线的城市雕塑、公共设施等，都要体现襄阳文化，充满地域特色。

（2）实施文化注入与表达工程，融汇历史文化到城市形态之中，将内在的文化内涵物化为外在的城市建筑。要做活历史文化与山水资源、现代都市与千年古城、城市形态与人文元素结合的文章，将文化元素充分体现到城市的规划建设、功能区划、建筑风格等各个方面，都要彰显文化内涵。要精心打造具有襄阳地域特色的标志性建筑、标志性街区，拓展三国文化、汉水文化的表达空间，传承历史文化，守住城市根脉，留存城市记忆。坚持以审美眼光开展城市绿化，以艺术追求打造城市景观，以品牌效应展示城市魅力。绿满襄阳，优化城市，美化社区，实施"绿化三进"战略（进郊区、进社区、进城市），全盘绿化城市，美化市容环境，构建"五百米见绿、一千米见园、两千米见水"绿地生态系统，打造"点线面相结合、一路一景、一街一品"的城市景观系统。坚持以自然为基础、特色为根本、文化为灵魂、市场为导向，促进文化与旅游深度融合，抓好古隆中、习家池、岘山、鱼梁洲、米公祠等重点景区建设，建成引领汉江生态经济带城市组群发展的"璀璨明珠"，实现特色文化与现代城市风貌的有机衔接，避免"千城一面"，传承历史文化，守住城市根脉，留存城市记忆。

4. 利用园林景观体系，营造山水诗画氛围

打造景观系统，展现生机盎然的生态意境。城市生态系统、景观设计和道路改造等，都要服从和服务于山水园林城市建设的需要。通过构建以森林植被为主体的城市生态系统，推动城乡一体化的生态建设，提高森林覆盖率、完善森林生态网络、建设森林生态文化体系、提升森林健康程度、推动城乡绿化。加大环境保护投资力度，强化环境综合整治，加强水、土、空气、噪声等环境的保护，大力发展低碳经济和循环经济，把襄阳建设成为充满活力、富有魅力和可持续发展的生态绿色城市和环保模范城市。①突出山水园林城市的宜人功

能，按照"绿满襄阳"要求，把道路绿化、公共设施等融入自然，展现优美的生态环境。②展现山水园林城市的美好色彩，注重道路绿化，不搞"千路一面"；注重滨水岸线建设，减少现代建筑材料做成的工程化护坡；注重利用道路周边园林资源，适当点缀城市雕塑，打造森林式、园林化、环保型的道路。③折射山水园林城市的生态意境，做活历史文化与现代文明、千年古城与现代都市、山水园林与城市建筑相结合的文章，使大道景观与汉江、岘山、古城墙、护城河、小广场、商业街等相得益彰，展现生机盎然的城市意境。

四、山水园林城市的"襄阳意境"

（一）灵秀山川

山水园林城市"襄阳意境"的第一个核心层面是灵秀山川。所谓"灵秀山川"，就是指襄阳以灵动秀美的山水体系来架构襄阳山水园林城市的基本空间形态布局，形成山水一体、灵动多变、秀美丰盈的城市审美意境。

自然山水是襄阳城市最重要的资源之一，也是城市最重要的造园元素之一。襄阳古城布局"道法自然"，得山川之胜，是中国古代山水城市的典型代表，被誉为"中华腹地的山水名城"。襄阳古城位于汉江南岸，三面环水，一面靠山，是一座山清水秀、景色宜人的古城，因"城在襄水之阳，故曰襄阳也"。襄阳城池始建于汉，周长7公里，护城河最宽处250米，堪称华夏第一城池，自古就有"铁打的襄阳"之说。如今，雄伟壮观、古朴典雅的城池与仲宣楼、昭明台等历史名胜融为一体，交相辉映，意境优美。

今天，城市与山水共生共荣这样一种理念，已日益成为21世纪城市展示的品牌特色。未来襄阳作为山水园林城市，以山水为中心（骨架）而展开，以文化引领城市建设方向，自然山水不是城市环境的陪衬和点缀，而是要作为城市环境的主体和中心。因而，"以山水为体，以文化为魂"是实现理想、和谐、宜居的城市环境的必然途径。从山川胜境的角度来看，未来襄阳的城市愿景必将是充分利用了城市中原有的地形地貌，显山露水，山水相得益彰。要让襄阳的名山胜水充分展示出来，让人们尽情地去领略、享受山水风光。同时，襄阳的山川美景还体现在"借"山"用"水、山水与城市融为一体。所谓"借"是指造园借周边环境之势，以山为重点，以水为中心，以山引水，以水衬山，达到

"有山皆是园，无水不成景"的效果。襄阳建设山水园林城市，可以北借平原、中借汉江、南借群山，获取"江天一览""江流天地外，山色有无中"的恢宏景观。用心灵去呵护，精心"借""用"城市中的山水所既存的天工之巧、自然之趣，彰显襄阳灵秀山川之盛景。

（二）九水润城

山水园林城市"襄阳意境"的第二个核心层面是九水润城。水是城市的生命，没有水系的城市是干枯乏味的，缺乏鲜活灵动的生命力。所谓"九水润城"，指的是以汉江、唐白河、小清河、七里河、襄水、连山沟、滚河、淳河、浩然河九条主要河流为纵横交叉网络，实现活水润城，让城市灵动起来，营造出丰盈妩媚的城市景观之美。

城市水系是体现城市资源、生态环境和空间景观质量的重要标志，是提升城市品位、建设美丽襄阳不可或缺的组成部分。襄阳临汉江而建，因有襄水而得名。襄阳城市水系得天独厚，还因护城河而获"华夏第一城池"的美誉。市区水网四通八达，汉江穿城而过，另有唐白河、小清河、七里河、襄水、连山沟、滚河、淳河、浩然河八条主要河流，犹如城市血脉，纵横交织于城区四面八方，加之面积达91万平方米与襄水相连通的护城河，形成了独特的"九水润城"水系水网。承借襄阳之独特山水优势，襄阳市已在实施"蓝天碧水"工程，加快"九水润城"建设项目，水系引入城市，让城市活起来。

襄水流经岘山一带，是重要的汇水河流之一，同时与内环南线、长虹南路、汉江三桥、胜利街等城市主干道交汇，沿线历史、人文景点众多，具有独特的自然环境和悠久的历史背景。今后将结合襄阳城发展历史，通过生态修复、滨河用地景观化的建设，将襄水打造成为市民提供休闲娱乐场所的滨河带状公园，展示城市风貌的景观生态廊道，弘扬襄阳悠久历史的文化长廊。在具体建设中，要尊重水系自然规律，坚持生态优先，注重顶层设计，统筹兼顾，重点从"九水"与城市空间布局、"九水"与城市特色塑造、"九水"与城市生态环境美化、"九水"与宜居城市建设、"九水"与城市可持续发展等方面廓清关系，明确重点。突出"理水"理念，以汉江为主线、其余八水为经线、周边水库和湿地为补充，高起点、高水平地制定融合水安全、水环境、水景观、水文化、水经济的城市水系建设专项规划，实现"九水"与城市建设的有机融合。

"九水润城"即实施活水入城，是改善生态环境、提升城市品位、服务民生的惠民工程，更是建设山水园林城市的需要。"九水润城"规划的实施将使襄阳城市风貌更加宜居和美好。

（三）诗画田园

山水园林城市"襄阳意境"的第三个核心层面是诗画田园。所谓"诗画田园"，是指以艺术美学的眼光来打造田园美学风光，以田园美景来铺陈和弥补襄阳整个城市周边的景观艺术体系，营造一种城乡一体、风光旖旎、田园牧歌式的城市美学意境。

襄阳不仅有优美诗画般的城市风光，田园也是构成襄阳意境的一个重要因素。东津新区、襄城、樊城、襄州等具有广袤的田园风光，以周边乡村为基础，建设现代生态农业景观，将田园风光纳入城乡一体化的建设中，打造襄阳的诗画田园之意境。

建设山水园林城市，重要的是要营造实现城市中诗意生活的理想之所。钱学森的"山水城市"的主要精神是把山水诗词、古典园林建筑与中国的山水融合在一起，使人离开自然又返回自然。只有融山水文化、名城文化、园林文化、诗词书画文化、建筑文化和农业田园景观文化等于城市规划之中，才能将襄阳建设成为形神兼备、诗意生活与田园风光融为一体的理想家园。田园风景是襄阳在建构山水园林城市过程中不可或缺的一环。当代襄阳城市建设和城市意境审美，应以古典诗画为底蕴，吸纳传统艺术的美学精华，着力构建诗画田园般的自然人文胜境。在田园景观审美方面，力求体现古典诗画的审美追求，以唐诗之韵、米氏云山为至高理想，运用艺术情怀来提升城市周边环境。

（四）生态名都

山水园林城市"襄阳意境"的第四个核心层面是生态名都。所谓"生态名都"，是指襄阳在山水园林城市建设中，应始终追求人与自然的和谐统一，始终把生态宜居作为第一原则，着力建构天人合一的城市生态意境，创造属于自己的生态名片和品牌特色。

襄阳"山水园林城市"的理念在于构建一种理想栖境，完美处理人与自然的关系，彰显一种"生态名都"的不凡气度。山水园林城市的构想思路是以山水自然环境为载体，考虑环境承载量。在襄阳山水园林城市的构建中，不应仅仅局限于道路、建筑物等硬件建设，而且还包括人、植物、动物、气候等复杂的生态系统。山水园林城市环境模式的要求高于一般城市，山水体系既是生态模式也是人文模式，其目的在于充分发挥自然潜力和人的创造力，从而达到以最小成本为人类创造最大的财富。城市建设中讲究营建城市与自然生态、整体环境的有机结合，必须提升城市整体特色之美。

可以畅想，襄阳作为山水园林城市，不仅是一种诗意的人居环境，同时也是人文和生态环境。山水在中国传统文化里，既表现为一种生态意识，又表现为一种文化理想。人和山、水、天地万物是不可分割的整体。襄阳的山水园林特色是要融汇山水自然之美与人文之美，使两者相互协调，山水在城中，城市在山水中，创造出一种山川城人交相辉映的意境之美。

从对襄阳作为生态名都的角度考察，襄阳意境之美首先要体现宜人宜居的功能，在视觉上是"绿满襄阳"，道路绿化、公共设施等与自然景观融为一体，展现优美的生态环境。其次，襄阳作为生态名都，折射了山水园林城市的生态意境，体现了历史文化与现代文明、千年古城与现代都市、山水园林与城市建筑相结合的大布局，抒写了大道景观与汉江、岘山、古城墙、护城河、小广场、商业街等各功能区相得益彰的大文章，也彰显了生机盎然、宜居宜游的千年古城换新颜的大境界。

通过对中外山水园林城市的理论基础和成功范例的梳理，为襄阳构建具有自身品牌特色的山水园林城市提供科学借鉴。襄阳要以山水为依托，以文化引领城市建设，注重科学规划和设计，让襄阳的山川盛景和文化精髓贯穿于城市建设当中。要从建设功能型城市出发，充分发挥好特殊的自然资源优势和生态环境优势，努力打造宜业宜居的山水园林城市。通过建构山水园林城市，来提升襄阳的城市影响力。着力沟通传统与现代，融汇自然与人文，把文化、自然和思想有机地结合起来，提升襄阳城市建设水平，形成山水园林城市的"襄阳模式"。以"灵秀山川""九水润城""诗画田园""生态名都"为品牌特色，努力创造山水园林城市的"襄阳意境"，把襄阳建设成为当代中国充满魅力的山水园林名城。

参考文献：

[1]（晋）习凿齿原著，舒焚、张林校注：《襄阳耆旧记校注》，荆楚书社 1986 年版。

[2]《襄阳县志》，湖北人民出版社 1989 年版。

[3]《襄阳府志》，湖北人民出版社 2009 年版。

[4]（晋）习凿齿：《汉晋春秋》，商务印书馆 1936 年版。

[5]〔美〕凯文·林奇著，项秉仁译：《城市意象》，华夏出版社 2001 年版。

[6]〔美〕特兰西克著，朱子瑜等译：《寻找失落的空间：城市设计的理论》，中国建筑工业出版社 2008 年版。

[7]〔法〕柯布西耶著，李浩译：《明日之城市》，中国建筑工业出版社 2009 年版。

[8]〔英〕霍尔著，童明译：《明日之城：一部关于 20 世纪城市规划与设计的思想史》，同济大学出版社 2009 年版。

[9]陈杨：《论唐诗中的襄阳意象》，《名作欣赏》2013 年第 21 期。

绿色之谷 希望田野
——襄阳打造"中国有机谷"研究

宋茂华

内容提要：国以民为本，民以食为天。发展有机农业、打造襄阳"中国有机谷"，是主动适应经济新常态、确保农产品质量安全和保障国家粮食安全的重要战略举措，为全国山区农业转型升级提供"襄阳样本"；是实现襄阳由农业大市向农业强市飞跃的内在要求；是推进襄阳生态文明建设、实施湖北"两圈两带"战略的重要抓手；是保障食品安全、推动全国城乡消费结构升级的重要保障；是新常态下提高农民收入的加速器、建设美丽襄阳的必然选择。襄阳打造"中国有机谷"，需要建设有机产品种植、生产基地，促进"中国有机谷"规模化、产业化发展；开拓国内、国际两个市场，促进有机产品生产和市场对接；打造一批全省第一、全国领先的有机产品品牌；强化农产品质量安全体系建设，培育一批国家级、省级的龙头企业、农民合作社和家庭农场等新型农业经营主体；建立多元化、专业化的有机农业服务体系，将"中国有机谷"打造为"生态之谷、产业之谷、创新之谷、幸福之谷"。

2014年中央农村工作会议指出，食品安全源头在农产品，基础在农业，必须正本清源，首先把农产品质量抓好。2015年中央一号文件指出，要以满足吃得好吃得安全为导向，大力发展优质安全农产品，努力走出一条生产技术先进、经营规模适度、市场竞争力强、生态环境可持续的中国特色新型农业现代化道路。

襄阳西南山区群山绵延，植被丰茂，生态环境得天独厚，是发展生态农业、开发优质安全农产品的天然沃土。经过充分的调研、分析、论证，襄阳市顺势而为，提出将南漳等四县市相邻区域约1万平方公里范围内的农业资源整合起来，提升产业层次，建设全国优质安全农产品示范区"中国有机谷"，打造"舌尖安全之谷""绿色发展之谷""田园风光之谷""财源茂盛之谷""小康幸福之谷",建设有机农业发展、生态休闲旅游、新型农村社区、美丽乡村建设深度融合的现代农业综合示范区。2014年,"中国有机谷"建设已上升为湖北省级发展战略。

一、襄阳打造"中国有机谷"的战略意义

我国经济发展已进入新常态。如何适应新常态、引领新常态,尽快提高农业的劳动产出率和资源配置效率是现代农业发展面临的重大挑战。发展有机农业、打造襄阳"中国有机谷",是襄阳主动适应新常态,提高农业生产水平,促进农村可持续发展,推动襄阳城乡协调发展,以农业转型带动襄阳经济转型的重要举措。

(一)打造"中国有机谷",为全国山区农业转型升级提供"襄阳样本"

襄阳是农业大市,农业是襄阳的支柱产业之一。随着工业化和新型城镇化进程的加快,资源、环境对农业发展的约束日趋严重,襄阳农业发展面临越来越严重的挑战。有机农业遵循资源规律和生态学原理,协调农业发展与环境保护的关系,不使用化学合成的化肥、农药、饲料添加剂等物质,采用一系列可持续发展的农业技术,维持农业的稳定、持续发展。襄阳打造"中国有机谷",发展有机农业,有利于采用现代农业技术和现代农业机械提升襄阳农业技术水平、装备水平和生产效率;打造"中国有机谷",有利于建设资源节约型、环境友好型农业生产体系,通过种养结合的循环农业生产方式,低成本地解决种养分离造成的农业污染问题,运用生态农业措施保护生态平衡,使襄阳农业走上可持续发展的道路,加快襄阳农业转型升级,为全国山区农业转型升级提供"襄阳样本",是建设"绿色襄阳"的创新举措,并为"产业襄阳"提供新的支撑。

(二)打造"中国有机谷",是建设国家优质、安全农产品示范区的重要保障

传统农业依靠化肥、农药和各种饲料添加剂的大量使用,在提高农产品产

量、满足城乡居民消费需求的同时，也带来了严重的食品安全问题，严重威胁着百姓的身体健康。随着城乡居民收入的提高和消费者权益保护运动的兴起，食品安全问题越来越引起人们的关注。有机农业拒绝使用化肥、农药、生产调节剂和饲料添加剂，用生物学的方法施肥和防治农作物病虫害，产品从田间到餐桌有一套严格的质量控制体系，能够从源头解决食品安全问题，也不用基因工程生物技术及其产物。有机食品作为纯天然、无污染产品的代表，满足了消费者对安全、优质、营养食品的需求，越来越受消费者的推崇。打造"中国有机谷"，采用生态化有机农业生产方式为消费者提供安全、健康的农产品，确保舌尖上的安全，是推动城乡消费结构升级的重要保障。

（三）打造"中国有机谷"，是建设汉江生态农业开发示范区和现代农业科技创新推广示范区的重要载体

党的十八大报告站在全局和战略的高度，把生态文明建设与经济建设、政治建设、文化建设、社会建设一道纳入中国特色社会主义事业总体布局，国务院印发了《关于加快推进生态文明建设的意见》，对推进生态文明建设进行了全面部署。推进生态文明建设，首先要加快生产方式的绿色化，就是要通过生态文明建设，构建起科技含量高、资源消耗低、环境污染少的产业结构，大力发展绿色产业，培育新的经济增长点。而发展有机农业则是推进生态文明建设、加快生产方式绿色化的重要抓手。有机农业是一种能维护土壤、生态系统和人类健康的生产体系，它遵从当地的生态节律、生物多样性和自然规律，而不依赖会带来不利影响的投入物资。有机农业是传统农业、创新思维和科学技术的结合，它有利于保护我们所共享的生存环境，也有利于促进包括人类在内的世间万物的公平与和谐共生。有机农业强调农业发展的生态本质，以健康、生态、公平、关爱为原则，尊重生态经济规律，强调生态、经济和社会效益的优化和统一，体现了绿色发展、循环发展、低碳发展理念的辩证统一，是生态文明建设的一项重要内容。

（四）打造"中国有机谷"，是培育和发展襄阳现代农业新的经济增长极的内在要求

襄阳享有农业大市的美誉，有悠久的农业发展历史和适宜农业生产的自然、

地理条件。但是，襄阳农业发展水平与汉江流域中心城市对现代农业的要求存在一定差距。襄阳地理位置优越，有得天独厚的气候、土壤和水资源条件，森林覆盖率高，具备发展有机农业的先天优势。充分发挥襄阳已有的优势，大力发展有机农业，打造"中国有机谷"，生产具有襄阳地域特色的有机产品，形成襄阳农业的核心竞争力，提高农业生产效率，提升农产品附加值，有效地助推南漳等三县一市经济的发展，补齐和提升山区农业经济的短板，打造县域经济发展的增长极，进一步促进农业转型升级，推进农民增收和农业增效，有利于襄阳实现由农业大市向农业强市的跨越。

（五）打造"中国有机谷"，是提高农民收入的可靠而有效的基本路径

由于工农业产品价格剪刀差，近几年来，农民面临增产不增收的窘境。传统农产品面临生产成本上升、价格下降、附加值低以及国际农产品竞争等挑战，农民增收效果日渐式微。而有机食品因其自身具有高附加值、强竞争力及国际性等特性，将是解决这一严峻问题的有效途径，也是维持农业可持续发展的有效措施。有机农业是集生态效益、经济效益、社会效益于一体的农业生产体系，具有常规农业无可比拟的优势，发展有机农业不失为一条解决农民增收问题的有效途径。有机农业可以减少购买化肥、农药的支出，降低生产成本；有机农产品天然、安全、优质，为消费者提供健康、安全、营养的农产品，从源头上解决了食品安全问题，改变了消费者的生活方式，提高了消费者的健康水平。消费者愿意为有机产品支付较高价格，市场上有机农产品价格比常规农产品价格高出50%至300%。与常规农业相比，有机农业具有成本低、产量高、品质好、价格高的优势，是农民增收可靠而有效的路径选择。有机农业具有多样化、地域性特点，采取差异化发展战略，生产出具有浓厚地方特色的有机产品，对国外同质化、规模化农产品产生"挤出效应"，形成一道无形防御，参与国际农产品市场竞争，开拓国内、国际两个市场。在历年举办的中国农产品交易博览会上，襄阳生产的地方特色的有机产品受到中外客商的青睐，不仅在国内市场站稳脚跟，而且大举进军海外市场，出口到美国、俄罗斯、印度、日本和欧盟等国家和地区。发展有机农业与国际接轨，用高品质、高安全性的农产品占领国际市场，进而增加农民收入。

（六）打造"中国有机谷"，是建设生态休闲旅游体验中心和美丽乡村的必然选择

党的十八大报告提出了建设美丽中国的宏伟目标，明确提出了推进"绿色发展、循环发展、低碳发展""建设美丽中国"的战略构想。在建设美丽襄阳进程中要以建设美丽乡村为基础。美丽乡村建设本质不仅是建设一个美丽的外表，保护和培育"青山绿水"的核心在于改善农村生态环境，提高农民的生活水平、生活质量和文化道德素质。襄阳打造"中国有机谷"就是以协调人与自然关系为基础，以促进农业和农村经济、社会发展为目标，遵循"整体、协调、循环、再生"的基本原理，通过实现生态良性循环和资源高效利用，建成农业生产、农村经济发展和环境保护融为一体的新型农业综合体系。打造一批有机粮油、蔬菜、林特、养殖等生产基地，生产高端的有机农产品，成为中国有机农产品知名生产基地。重点围绕有机粮油、蔬菜、林特、禽畜农产品精深加工，顶层设计，谋划项目，发展现代有机产业园区，延长产业链，做精有机加工产业，形成重点突出、结构合理、在全国有影响的有机加工产业集群。利用规划区丰富的自然景观和深厚的文化底蕴，充分挖掘农业多重功能，建设不同年龄段皆适宜的休闲、养生、旅游和科普基地。树立低碳循环理念，因地制宜对重点乡村进行改造，使"中国有机谷"更美。实践证明，打造"中国有机谷"可以为美丽乡村建设提供产业支持，是建设"绿水青山"的基础保障和有效途径，是美丽襄阳建设不可替代的内容。

二、国内外有机农业发展的经验及启示

世界有机农业发展已有近60年的历史，各个国家或地区在政府政策、有机农产品认证、有机农业技术研发等方面积累了一系列成熟的经验，有力地推动了本国有机农业的发展。

（一）国内外有机农业发展的经验

1. 实施多元化有机农业支持政策

为推动有机农业的发展，各国和地区政府采取有力措施，支持和推动有机

农业发展。20世纪90年代，韩国政府决定将持续农业发展政策作为一项重要的农业政策。作为持续农业重要的一部分，有机农业被列入韩国农业政策框架。为促进农业与自然相协调，政府制定了相关政策，政府启动环境友好型农业区促进工程，支持农户发展有机农业。根据工程规模，每个工程可以获得2亿韩元至10亿韩元的资助，以改善有机农业的基础设施。此项目从1995年至2004年，679个地区获得资助，资助金额2103亿韩元；2005年韩国政府又拿出168亿韩元资助63个地区。1999年，韩国政府直接给予补贴支持农户发展有机农业，弥补农户由于发展有机农业造成的损失；支付标准是400美元/公顷，1999年共支付了大约52亿韩元，支付对象是有机农作物种植者、有机禽畜产品生产者和有机农产品加工者，目的是保护环境。政府通过立法，为有机农业的研发和技术推广提供资金支持和市场推广。

  2004年6月10日，欧盟委员会提出了"欧洲有机食品和农业行动计划"。在行动计划中，共出台了21项具体的政策措施，支持欧盟有机农业发展。比如在信息促进方面，更好地组织与有机农业和欧盟有机标志相关的信息促进运动；建立各种私人标准和国家标准的在线数据库；更好地收集有关生产、供应和需求的统计数据。在财政支持方面，行动计划强调有机农业有助于达到欧盟共同农业政策（CAP）改革中的目标之一——环境友好、生产高质量的产品。这使得欧盟的有机农业与其他国家相比极具竞争力。具体措施包括：允许各成员国对有机水果和有机蔬菜生产者提供财政支持；在网上公布欧盟对有机农业生产、交易和信息所规定的所有支持措施；在农村发展框架内制定国家及地区层次的行动计划；加强对有机生产新方法的研究。为了解决农业发展问题，欧盟建立了4项结构性的发展基金，其中一项是农业发展指导保障基金，这是列入欧盟预算中的一笔专项基金。这笔基金分为指导基金和保障基金两部分，其主要功能是为落实欧盟共同农业政策提供必要的财政支持。农业指导基金主要是向落实欧盟各成员国结构性的政策提供必要的资金帮助。农业保障基金主要是为欧盟共同市场行为提供资金，诸如干预收购、各项不违背市场准则的补贴以及支持出口等。以上基金项目都从各个不同的方面为有机农业的发展提供了重要的保障。

  美国是最早发展有机农业的国家之一，在全球有机农业生产中占有重要地位。20世纪90年代，美国实施了一系列政策以促进有机农业发展。这些政策主要包括实施全国性有机标准、分摊有机认证成本、资助有机农业研究、分摊有机转型成本等。(1) 实施有机农业认证标准。为克服有机农业认证标准不统一带来的问题,1990年美国通过了《有机食品生产法案》,为有机农业制定全国性标准,以规范有机产品市场、建立消费者对有机产品的信任以及促进有机产品的州间贸易。(2) 分摊有机认证成本。有机认证成本分摊政策向有机产品生产者和加工者提供补贴,返还部分有机认证费用,以减轻有机认证成本负担。(3) 资助有机农业研究。2002年起,美国开始实施有机农业研究与推广计划。根据2002年农业法案,2003—2007年,每年拨付300万美元用于资助有机农业研究,5年间的总资助额1500万美元。根据2008年农业法案,2009—2012年对有机农业研究的资助经费提高到7800万美元,资助力度显著增强。(4) 分摊有机转型成本。2008年农业法案不仅提高了有机认证成本分摊与有机农业研究资助力度,而且将补贴范围扩大至有机转型成本分摊。有机转型成本分摊政策对正在向有机农业转型而尚未获得有机认证的生产者和加工者给予支持。

2. 建立严格、规范的有机产品认证体系

欧盟制定了有机产品生产及质量控制标准,以提高有机生产的透明度和取得消费者的信任。具体措施包括:明确界定有机农业的基本原则,强化标准的制定和执行,标明过渡期结束的日期;建立一个允许用于动物产品加工的添加剂和加工助剂的名单,改进有关动物福利的相关标准;组建一个负责提供技术咨询的独立的专家小组;进一步阐明禁止使用转基因生物的现有标准;通过采用基于风险的方法来改善检验体系;研究开发可用于有机农业的抽样检验和分析的新方法;探讨能否利用共同农业政策所采用的土地性质识别方法来监督有机农场的问题;改进检验机构和执法部门之间的合作和交流;建立一个特别的检验机构资格鉴定体系,各成员国每年公布对检验机构进行监督的情况;以国际食品法典委员会的要求为基础,加快实现在全球范围内统一有机食品与有机农业相关的概念;敦促第三国承认欧盟有机标准和检验体系。

美国建立了完善的有机农业认证体系。根据1990年美国联邦政府颁布的《有机食品生产条例》,由联邦农业部建立有机农业国家标准和组建"国家有机农业项目",负责全国范围的有机农业认证工作。美国有机农业认证体系主要有:第一,美国有机农业的认证操作程序。认证的操作程序着重于生产中运用的方法和材料,包括生产中运用的材料和方法必须符合有机农业标准,生产中运用的材料和方法必须有清楚、连续的记录，每个产品必须有一个文字记录用来追溯其生产地点，从而验证生产中运用的材料和方法。第二，美国有机农业的标准。包括有机农作物生产标准要求、有机畜产品生产标准主要要求和有机农产品加工生产标准等。

韩国政府制定了有机农产品质量标准。根据该标准，韩国有机农产品分以下四类：（1）低农药产品（比传统耕作的农药使用量少50%左右）；（2）无农药产品；（3）转换期有机农产品，即超过一年不施农药和化肥；（4）有机农产品。为了有效地执行有机农产品标准，韩国国家农产品质量管理局被指定为国家持续农业的认证机构，农产品质量管理办公室指定为韩国唯一的有机农产品认证机构，每个县都设立分支机构。该标准还制定了有机农产品认证证书的发放程序：生产有机农产品前，农民向国家农产品质量管理办公室提交生产计划；地方质量管理办公室分析农场土壤；地方质量管理办公室对农产品分析测试，检测有无农药残留，是否使用化肥；通过以上程序后，方可贴上有机农产品标签。

3. 加强有机农业技术研发

中国台湾地区加强农业科技研究，积极研发相应的替代产品。一是加强畜禽废弃物等有机废弃物处理和利用。将畜禽粪便及作物秸秆等有机废弃物堆积腐熟制成有机肥利用，并添加有益微生物制成生物肥料。二是积极研制生物农药和中草农药防治病虫害。通过向植物叶片涂抹植物油、糖醋液、微生物制剂等防治病虫害，采取向土壤施用蓖麻油等防治土壤病虫害。农技部门还研制开发了用大蒜、辣椒、苦艾等天然植物萃取物作中草农药。三是选育肥料利用率高的作物品种，加速应用生物技术抗病虫和育种。

澳大利亚活跃着很多致力于研究有机食品生产和市场发展的组织和机构，如致力于产业组织、教育和发展研究的非盈利组织有机农场主联盟、可持续发展农业协会等；致力于有机农业政策改革创新的墨尔本创新小组等；致力于行业发展研究的澳大利亚园艺协会、有机草药栽培协会、饲养者协会等。

日本加大有机农业的开发和普及，以推动有机农业的发展。在有机农业普及方面，2010年共有22个县配备有机农业技术普及员，并定期对有机农业技术普及员进行培训，编写有机农产品栽培指导书。在有机农业技术开发方面，主要从两个方面开展：一是探明有机农业的科学依据和成立条件，具体包括有机水稻的栽培技术、蔬菜和水果的病虫害抑制、有机农作物代谢成分解析；二是结合地域条件和特征，进行有机农业生物技术开发。目的是为了研发出能够对应不同地域条件杂草和病虫害的防除技术。

2002年起，美国开始实施有机农业研究与推广计划。2003—2007年，美国有机农业研究与推广计划资助的重点领域包括：应用先进的基因学、田间试验等方法来鉴别有机产品的特点；应用传统育种和分子标记辅助育种来研发适于有机系统的品种；识别限制有机农业发展的市场与政策因素。2009年至2012年，美国有机农业研究与推广计划增加了两个重点研究领域：一是研究有机农业的环境效果，二是研发适于有机生产系统的新品种和改良品种。

（二）国内外有机农业发展对襄阳的启示

第一，强有力的政府支持是有机农业发展的驱动器。有机农业发展在襄阳处于起步阶段，生产分散、规模小、市场发育不成熟，政府必须对其进行必要的扶持和引导。首先，要制定完善的有机农业发展支持政策，从制度建设、机构设置等方面为有机农业发展提供保障；其次，建立有机农业发展金融支持体系，满足有机农业发展资金需求。

第二，完善的有机农业认证制度是有机农业发展的安全阀。制定完善的有机产品认证体系，加强对有机产品生产、加工的质量控制和监管，增强消费者对有机产品的信任，做到运作规范、确保质量；通过"从田头到餐桌"的完整检查与认证以及相配套的监管和有机标签制度，减少市场中欺诈、假冒等机会主义行为，净化市场秩序，化解消费者和生产者之间的信任危机，促进有机农业稳定发展。

第三，前瞻性的品牌战略是有机农业发展的导航仪。粮食安全问题始终是我国不可回避的问题，我们必须大力发展有机农业。我国蔬菜、水果、水产品等具有价格优势。另外，坚果、食用菌、茶叶、杂粮等国际市场前景看好，所以我们应把有机农业重点放在附加值高的经济作物和园艺作物上。

第四，持续不断的有机农业技术开发是有机农业发展的助推器。襄阳可以借鉴有机农业发展水平较高国家和地区的经验，设立专项基金支持有机农业技术开发，针对有机农业生产、有机农产品加工环节中的薄弱之处，确定重点支持的环节和领域，补齐襄阳有机农业发展的短板。

第五，先进的农民职业教育是有机农业发展的基本保障。要提高有机农业科研机构人员的科研水平，以便更好地为广大农民服务，使农民掌握有机农业科技知识和有机农业操作规范，使农民了解农业产业化理论、产业生态学理论、现代育种技术、土壤培肥技术、病虫害防治技术等高新技术。

三、襄阳打造"中国有机谷"的有益探索

（一）加强顶层设计，发挥规划对"中国有机谷"的引领作用

一是完成了总体规划的编制和报批。总体规划由中国农科院编制，2014年5月30日通过由省委农办、省发改委共同组织的专家评审，2014年9月上升为省级发展战略。二是分区域编制详规。至2015年上半年，保康、南漳分区详规已通过评审；老河口市详规编制完成，即将组织评审；谷城县详规编制已经完成初稿，正组织进一步修改。三是精心策划南漳核心区重要节点建设。南漳对核心区内的重要节点进行了精心布局和重点打造。占地面积1549亩的有机谷综合服务区修建规划编制完成，其标志性建筑——"展示中心"和"支持中心"两个单体建筑已完成施工图设计，土地征迁已经启动，正进入开工建设阶段；在肖堰镇集中力量开建"中国有机谷种植养殖基地集中展示区"；在起步区巡检镇汉三村制定了"文明东方"生态园建设规划，目前有机茶园、有机水稻、精品柑橘、黑珍珠大樱桃基地、万亩油菜观光园建设成效初显。

（二）整合优势资源，发挥"中国有机谷"核心区带动作用

"中国有机谷"建设需要突出重点，点面结合，快速推进，尽快形成南漳核心区和核心区形象。为此，南漳统筹涉农专项资金重点投向"中国有机谷"核心区建设。2014年共整合涉农专项资金2.3亿元投入项目建设，支持核心区尤其是肖堰镇集中展示区的"一线四带十区"建设。"一线"即251省道沿线（张林村至西泉庙村）41公里范围内的11个村新农村建设，已经完成刷白墙面、杂物建筑拆除或转移、违建房和危房摸底调查。"四带"即①花庄—陈家榜9公里茶叶景观带；②陈家榜—响水洞7公里自然景观带；③响水洞—观音堂8公里林果景观带；④曲阳坪—西泉庙5公里有机农业富集带。目前核心区建成有机产业示范基地14个，获得有机食品认证3个，基地面积1342亩；有机转换产

品认证6个，基地面积34840亩；绿色食品认证9个，基地面积6.6万亩；无公害食品认证30个，基地面积22万亩，同时获得地理标志产品认证4个。

（三）建设生产加工基地，发挥有机农业规模效益作用

老河口市按照"一带镶三珠、一线领两园、两区建六产"的总体规划布局，沿汉江流域重点打造以桃、梨和绿色有机蔬菜为主的生态农业景观带，沿汉江水果、蔬菜产业区已基本形成。全市水果种植面积达12万亩，蔬菜种植面积保持在21.6万亩以上（复播），其中设施蔬菜面积达3800亩。目前该市获得绿色食品标志使用权的企业有6家、共12个产品，有机食品认证企业1家，无公害食品企业3家。

保康县提出打造全市最美乡村建设先进县、全省特色农业发展重点县、全国休闲农业示范县，围绕中国有机谷保康项目区规划，重点发展有机绿茶、有机核桃、有机蓝莓、有机菌类、高山绿色蔬菜五大产业，目前全县已有茶叶、蓝莓、核桃3个产业开展了有机认证，其中，3.8万亩有机茶获得欧盟有机认证，1600亩有机茶获得国内（中农质量认证中心）有机认证，1.2万亩核桃、2500亩蓝莓获得有机转换认证，并顺利通过2014年的有机认证检查。成功申报注册"保康有机绿茶""保康黑木耳""保康香菇"中国地理商标。建设无公害蔬菜面积8万亩，成为全省高山无公害蔬菜重点县。

谷城县在组织编制区域有机产业发展规划的同时，按照已经确立的茶叶、茶油等重点有机产业，围绕建设全国休闲农业和乡村旅游示范县，与有机产业发展相结合，稳步推进有机谷建设。目前全县已有"三品一标"申报认定认证标志15个，其中农业"中国驰名商标"4个，有机产品4个，绿色食品2个，无公害农产品6个，农产品地理标志产品3个。

（四）培育新型经营主体，发挥市场主体的核心辐射作用

建设中国有机谷必须充分发挥市场主体作用。各县（市）通过确立扶持一批有机产业的先行先试企业，招商引进外地优质工商资本，大力发展农民专业合作社、家庭农场等新型农业经营主体，集聚发展有机产业，取得一定成效。

目前已经进入和确立的有机产业重点企业，包括南漳县的文东集团、水镜茶业、羊角山茶业等，保康县的荆山锦茶业、佰蒂生物科技公司和圭萃园农林

公司等，谷城县的汉家刘氏茶业、玉皇剑茶业、正全农业科技公司等，老河口的仙仙果品公司、春雨苗木合作社等。

南漳县通过积极培育市场主体，在南漳核心区已经形成了一定的有机产业集聚度。目前，进入南漳有机谷核心区的农业企业16家、专业合作社60家、家庭农场12个。

（五）注重科学技术，发挥科技创新的推动作用

"中国有机谷"通过与国内高校、科研院所和行业协会合作，借助外部力量助推"中国有机谷"发展。一是南漳县与中国有机农业发展联盟合作，成为联盟的政府成员单位，聘请联盟主席杜相革教授为"中国有机谷"首席专家。二是与中国农业大学达成战略合作意向，拟在襄阳挂牌成立有机农业专家教授工作站。三是与北京东方嘉禾认证公司达成意向，拟在襄阳建立中西部地区有机产品认证分中心。四是与华中师范大学达成合作意向，在襄阳组建"中国有机谷"绿色农药研究院。五是引进武汉光碳生物科技公司在南漳开工建设。该企业首创以二氧化碳捕集形成碳基肥料的生产技术，其生产的光碳工程产品，已经获得欧盟和中国有机农业生产投入物认证，目前正在核心区部分企业推广应用。六是引进中国建设企业联合集团有限公司投资2亿元建设蛮河（张林）综合服务区展示中心、支持中心两个单体建筑和相应的配套项目建设。通过与科研院所、大专院校和生产企业合作，加大有机农业相关技术的示范与推广，加大对从事有机产业的企业和广大农民的培训，为有机谷建设提供强有力的全过程配套服务和技术支撑。

四、襄阳打造"中国有机谷"的路径选择

（一）培育主导产业，构建有机农业产业集群

"中国有机谷"重点发展有机种植、有机养殖、有机林特、有机农产品加工和生态休闲观光产业。优化有机产品生产基地和有机农产品加工业布局，将襄阳"中国有机谷"打造成中国有机产品生产、加工示范区。打造南漳高端粮油产业工程，到2020年，南漳实现30万亩农田通过无公害、绿色、有机产地认证，其中种植基地60%获得有机产地认证（近40%布局在核心区），水稻10万

亩、玉米8万亩，油菜轮作面积10万亩，实现产业产值280亿元。建设南漳有机蔬菜示范园工程。以南漳西南河谷地区巡检、肖堰和东巩为核心，建立有机蔬菜和食用菌生态示范园，发展家庭农场有机蔬菜生产及农家乐餐桌拓展项目，配合本地区休闲观光农业发展需求。到2020年，建设有机蔬菜生态示范园1200亩，庭院农场有机蔬菜生产点400个，发展有机食用菌生产3600万袋。实施精品果业工程。到2020年，核心区"三品一标"果树总面积稳定在12万亩，果品产量达到7500万公斤，果品收入2.1亿元；果品生产全部达到标准化无公害生产，安全果品率达到100%，绿色有机果品率达到85%以上，获得有机产地认证的果品率达到50%以上，基本实现山区果业的转型升级。建设内容主要包括：（1）优质种源基地建设工程；（2）果品有机化生产基地建设工程；（3）现代化有机果业示范及栽培技术应用工程；（4）特色观光采摘专业村建设工程。发展有机特色养殖建设工程。保康主要发展有机核桃、茶叶、蓝莓和油用牡丹，大力发展生态旅游观光产业。谷城主要发展有机茶叶、有机茶油和观光旅游产业。老河口主要发展有机水果、有机水产养殖和水生态风光旅游产业。

（二）开拓国内、国际两个市场

为将"中国有机谷"打造成国内外有机产品集散地，需要加强"中国有机谷"农产品市场体系建设，保证有机农产品"存得住，运得出，卖得掉，赚得到"。根据有机产品特性、市场定位，有计划有步骤地建立一批区域性大型有机农产品批发市场或物流中心、产地市场、销地综合市场，重点支持有机农产品冷链、质量安全可追溯两大系统，以及检验检测、结算、信息、监控、废弃物处理五大中心建设，逐步培育一批档次高、质量优、辐射力强，集物流、集散、信息发布、价格引导、现代服务等为一体的专业有机农产品流通大市场。推进产销衔接，减少流通环节。积极推动农超对接、农校对接、农批对接等多种形式的产销衔接，鼓励批发市场、大型连锁超市等流通企业，学校、酒店、大企业等最终用户与农业生产基地、农民专业合作社、农业产业化龙头企业建立长期稳定的产销关系，降低对接门槛和流通成本，扩大对接规模。积极探索有机农产品拍卖、电子交易、期货等交易方式，降低成本，适应价格，引导生产。建设湖北省有机产品网络数字化交易市场等基础设施，推动"中国有机谷"实现产品交易信息化、产品流通标准化、市场营销品牌化的现代市场流通体系，将"中国有机谷"打造为湖北省汉江生态经济带最大的有机产品综合物流中心与交易平台。培育农民专业合作组织等新型农业经营主体，提高农民参与农产品流通的组织化程度，使其成为有机农产品市场营销新型主体；积极培育、壮大农产品经纪人队伍，引导和帮助他们从单纯的有机农产品直接交易向生产、加工、保鲜、贮运、营销等一体化经营转变，增强农民合作经济组织进入市场、参与市场、竞争市场、驾驭市场的能力。

（三）培育一流品牌形象

打造一批全省第一、全国领先的有机产品品牌，以品牌建设带动"中国有机谷"发展。充分发挥农业龙头企业、农民合作社、家庭农场等新型农业经营主体在品牌建设中的主体作用，主动适应市场化、信息化和消费升级的要求，率先实现标准化的生产和完整的质量安全认证，建立全面的可追溯质量体系；提高品牌科技含量，加快有机农业科技产学研一体化进程，建立健全产前、产中、产后全过程相配套的技术服务体系。引导企业与高校、科研院所、高科技企业实现联姻，鼓励和支持企业建立有机产品研发中心、实验室和科技成果转化基地，开展主要有机农产品深加工和综合利用关键技术研究与示范，形成一批有机农业产业拓展和有机农产品价值提升的关键技术和特色产品，全面提升有机农产品科技含量。加大品牌农产品营销和宣传力度，鼓励农业龙头企业、农民合作社、家庭农场等新型农业经营主体在大中城市建立有机农产品专卖店，专柜专销、直供直销，建立稳定的销售渠道。创新品牌农产品营销方式，发展电子商务、直销配送、农超对接等新型营销模式，实现线上线下结合，生产、经营、消费无缝链接。以互联网、电台、电视台、报刊为平台，以车站、港口、机场为节点，构筑有机品牌农产品国内外宣传网络，宣传品牌农产品，扩大品牌农产品美誉度和影响力。研究制定"中国有机谷"有机产品品牌目录制度。研究制定农产品品牌征集办法，明确征集范围、对象和程序；研究制定审核办法，明确审核的要求、内容和责任；研究制定评价办法，包括消费者评价、生产者评价和第三方评价；研究制定品牌目录的动态管理办法，强化农产品品牌保护和监管。建立市场准入和退出机制；加强农产品商标管理，防止商标恶意抢注和侵权行为。力争在2020年以前，打造一个在全省第一、全国领先、享有较高知名度和影响力的"中国有机谷"农产品整体品牌形象。

（四）强化有机产品质量安全体系建设

将襄阳"中国有机谷"打造成中国有机产品质量高地。完善农产品质量安全法规体系，健全农产品质量安全管理体制、技术标准体系、认证体系、检测监督体系、检测追溯体系建设。重点加快制定、修订与有机农产品质量安全有关的有毒有害物质限量、检验、加工、包装、储运等标准，增强有机农产品应对国际市场绿色技术壁垒的时效性和适应能力。加大农业投入品监管力度，严厉查处违禁农药生产、销售、使用等违法行为。实施农产品质量安全追溯能力建设，推行农产品条形码制度，加快建立产销一体化的农产品质量安全追溯信息网络，实现生产记录可存储、产品流向可追踪、储运信息可查询，明确责任主体，确保质量安全。建立执行一套标准、制作一张有机生产模式图、健全一份生产档案的有机农业标准化实施模式，以粮油、蔬菜、果树、畜禽、蚕桑、中药材、水产为重点，编写操作简单、易于复制、适宜推广的不同作物（动物）有机种植（养殖）技术规程，切实做到有机生产有标准可依。积极探索有机标准技术培训与推广方式，引导有机生产经营主体按有机标准生产。完善监管制度，实现常态化监督管理：一要规范认证程序。督促认证机构做好资料评审、现场认证、产品检测、过程监管等工作，重点检查认证企业在基地建设、投入品使用、生产经营管理、标志使用、记录档案等方面是否规范有序。二要制定和完善《有机农产品管理办法》，切实做到"事前有制度，事中有记录，事后有文档，证后有监管"。

（五）实施龙头企业带动战略

培育一批国家级、省级龙头企业、农民合作社和家庭农场等新型农业经营主体，按照"公司＋基地"的生产模式，以工业的理念来发展有机种养业。加强有机农业产业组织的创新，提高有机农业生产者抵御风险的能力、开拓市场的能力和自我发展的能力，切实推动我市有机农业生产由传统农业生产方式向现代农业生产方式转变。培育农民合作社、家庭农场、专业大户和农业产业化龙头企业等新型农业经营主体，发挥新型农业交易主体在资金、技术和市场方面的优势，发展有机产品研发、深加工，延伸有机产品产业链，提高有机产品附加值，做大、做强"中国有机谷"。推进农民土地承包经营权依法、有序流转，引导农村土地承包经营权流向专业大户、家庭农场等经营主体，建立土地规模经营扶持专项资金，引导农村土地流向达到适度经营规模的专业大户、家庭农场。引导专业大户、家庭农场与承包农户签订中长期租赁合同，稳定土地经营规模。探索建立"公司＋基地""公司＋基地＋农户""公司＋合作社＋农户"等有机农业产业组织模式，发挥公司、合作社和专业大户在技术、资金和市场营销等方面的优势，提高农民组织化程度，实现有机农业生产适度规模经营，促进有机农业生产与市场的有效对接。完善公司、合作社和农户的利益联结机制，形成"风险共担、利益共享"的机制，保障襄阳"中国有机谷"健康、稳定发展。

（六）实施服务拉动战略

建立多元化、专业化的有机农业服务体系，不断完善相关政策，坚持主体多元化、服务专业化、运行市场化的方向，加快构建公益性服务与经营性服务相结合、专项服务与综合服务相协调的新型农业社会化服务体系，为各类新型农业经营主体创建农产品品牌提供更多领域和更有效的服务。一方面，完善公益性服务体系，加强农业公共服务能力建设：一是要整合为农服务资源，加强政府主体地位，打破部门、领域、行业界限；二是加强农业以外涉农力量的参与，形成以农业部门为主、其他部门配合，合力提供基础性、公益性社会化服务的局面；三是要增加政府购买公益性农业服务的投入预算，鼓励向经营性服务组织购买易监管、可量化的公益性服务。另一方面，扶持经营性服务组织发展，形成多元竞争的服务格局：一是要支持将龙头企业作为农业技术推广项目重要的实施主体，承担相应创新和推广项目；二是要壮大农民专业合作社、专业服务公司、专业技术协会等经营组织；三是要加强对家庭农场、种养大户、农机户、农村经纪人等农村各类专业户的培育力度。建议研究设立针对农业社会化服务的专项补贴，提高农业社会化服务的瞄准度和有效性；四是构建多层次、多样化、适度竞争的农村金融服务体系，鼓励发展为有机农业服务的小微金融，成立有机农业发展融资担保公司，满足"中国有机谷"资金需求；五是大力发展农产品电子商务，搭建一批农产品电子商务平台，培育一批农村电商带头人，加快农村电商发展，以"互联网＋"的现代营销模式推动有机产品的销售。

打造"中国有机谷",是襄阳主动适应新常态,充分发挥襄阳地理位置优势和资源禀赋,以襄阳农业的转型升级带动襄阳经济转型升级的重要举措。"中国有机谷"的建设具有重要战略意义,是全国首次提出的大区域有机产业规划,具有前瞻性、科学性和可操作性,它必将为全国山区农业转型升级提供示范,为全国"舌尖上的安全"提供样板,为推动湖北"两圈两带"战略提供产业支撑。"中国有机谷"的建设还将推动襄阳生态文明建设和美丽襄阳建设,促进襄阳由农业大市向农业强市转变,为将襄阳建设成汉江流域中心城市提供强有力的保障。

参考文献:

[1] 徐更生:《国际有机农业运动的启示》,《世界经济》2005 年第 5 期。

[2] 刘蒙:《美国有机农业的发展概况》,《世界农业》2013 年第 3 期。

[3] 陈彤:《台湾有机农业发展特点与启示》,《台湾研究》2013 年第 3 期。

[4] 吴昌华:《我国有机农业发展问题探讨》,《经济纵横》2009 年第 11 期。

[5] 单吉堃:《认证制度的构建与有机农业发展》,《学习与探索》2004 年第 4 期。

新能源 新车城 新华章
——襄阳建设"新能源汽车之都"研究

唐克敏

内容提要：全球能源问题突出，新能源革命风起云涌，传统汽车产业面临转型升级，建设以新能源汽车产业为未来主导产业的"新能源汽车之都"，前景广阔。襄阳新能源汽车产业起步相对较早且初步具备了产业化条件，以其调整优化产业结构并引领未来经济发展，可行性强。"新能源汽车之都"建设重在产业演进和区域经济协同发展。建设过程中要注意规避车都建设的环境影响，精准提炼汽车文化，用旅游业态思维建设绿色文化车都，以美化都市环境，全面打造襄阳版"新能源汽车之都"。

城市创新驱动城市发展，产业创新则是城市创新的重要形式。本文拟从全球能源问题、经济发展新常态、区域产业经济和环境保护四个视角剖析襄阳建设"新能源汽车之都"的必要性、可行性以及具体思路。

一、新能源革命风起云涌，"新能源汽车之都"建设前景广阔

如果说在第一次科技革命前全球资源没有得到充分利用，那么经历了两次科技革命并正处在第三次科技革命浪潮之中的全球资源紧张问题越来越成为经济社会发展的瓶颈，能源问题表现得更加突出。

（一）能源基本问题与传统能源问题解决思路

电力资源是当今社会普遍运用的能源，它是由其他能源转化而来的。这些能源大致可以分为以火电、水电和核电为代表的传统能源和以太阳能、潮汐能、

生物能、地热能、风能等为代表的新能源两大类。每一种能源都有其自身无法克服的弱点（见表1）。

表1　各类电力资源的能量来源和基本问题概览

类别	能量来源	基本问题（典型案例）
传统能源	火电（煤油气）	资源全球分布不均；需要大量燃烧总量有限的一次性能源；大气污染主要来源（美国洛杉矶光化学烟雾事件）
	核电（核能）	存在核安全、核辐射问题（苏联切尔诺贝利核事故和日本福岛第一核电站事故）
	水电（水力）	拦河筑坝行为破坏了原始环境，易诱发地震、滑坡、泥石流等大型地质灾害；可能使生物多样性和沿途人文资源受损；可能需要大规模迁移人口（三峡工程）
新型能源	潮汐能	沿海地区富有潮汐资源（1913年德国在北海海岸建立了第一座潮汐发电站，1957年我国在山东建成了第一座潮汐发电站）
	光能	对阳光高度依赖，看天色行事
	生物能	仅次于煤油气的第四大能源；经济增长和环境保护的双重压力下，用现代技术开发利用生物质能意义重大；能量转化效率偏低
	地热能	依赖地热资源（美国加州吉塞斯地热电站，西藏羊八井地热电站）
	风能	依靠风力，适合于风大风多地区（沿海、高山高原区）

综合来看，由于存在总量有限、不可再生、无法持续问题，由于囿于安全、环境保护问题，再加上高度依赖自然力量，致使当前社会经济状态下能源资源更加紧张，能源问题成了各国首先要解决的问题。

首先，煤、油、气等一次性能源问题的解决思路。以石油资源为例，共性思路是：加强科技攻关，提高能源资源利用效率；探明新基地、开辟新来源，突出表现在新的油气田陆续被发现，包括海上油气田项目；加强石油资源战略储备，以备紧要之需；进行国际石油贸易，购买富油地区的原油。

为了确保石油安全，各国甚至相继进行国际战略布局。波斯湾地区是全球最主要的石油产区。为了确保其利益，沿岸阿拉伯国家联合拉美、非洲主要产油国组建了石油输出国组织（欧佩克）。美国选择了其中东地区利益代表，比如沙特阿拉伯、科威特、埃及、以色列等国，而沙特和科威特则明显地基于石油利益考虑。由于中东地区长期存在民族、宗教等意识形态领域的分歧，追逐石油利益则加剧了其复杂多变性，甚至常被激化而升级为战争。历次中东地区战争尤其是海湾地区战争都对全球经济造成了深刻影响，甚至引发全球性能源、经济危机。美国为了维护其自身利益，既支持以色列建国，与阿拉伯世界对立，又培植阿拉伯世界的亲美势力以确保其石油利益。

伴随中国经济多年来的持续快速发展，中国已成为世界第二大石油消费国。中国也有相应的石油安全战略。除了国内生产实现部分自给以外，石油资源高度对外依赖。比如中俄经贸关系长期以来很重要的组成部分即为石油贸易。能源多元化供给则会进一步降低风险，美国从阿富汗撤军让中国进入西亚地区更加便捷，当前的"一带一路"建设与亚投行、金砖银行的组建都对中国石油安全形成有力支撑。不仅如此，海上油气田勘探、保护与开发也在紧锣密鼓地进行中。

其次，核电站与水电站建设问题。核电站与战略核资源储备、核武器紧密联系，基于核武器巨大杀伤力和核电站事故的前车之鉴，各国对核电项目慎之又慎。水电站建设则主要是基于环境生态环保之压力而不被主张。近年来水电开发呈现前所未有的态势，但它对地质、环境会造成不同程度地破坏、干扰，若与气候灾害叠加在一起，则极可能发生重大地质灾害，甚至是群发性的。国际河流水电项目之困，可全面反映水电站建设利弊。

一次性能源总量有限、不可再生的特点决定了其逐步衰落趋势，突出表现在化石类燃料得以普遍运用百年后的今天，人类处于能源焦虑之中。资源型国家与城市也面临资源枯竭、产业结构单一、国民经济脆弱的巨大压力，比如西亚地区的很多石油国家和俄罗斯以及我国大庆和克拉玛依地区，因资源而兴，同样也会因资源而没落。核电、水电的弊端逐渐显现，传统能源问题日益引起人们的担忧和重视，促使世人把目光转向各种新型能源，甚至寄希望于太空资源。许多国家大规模地开展了新能源的探索工作。

（二）新能源革命与"新能源汽车之都"建设前景

关于新型能源的系列研究进展很大，也得到了大量推广应用，但是社会大众对其认识仍然极为有限，以传统化石能源为主的消费格局、观念并未改变，新型能源更多的是必要补充，是能源多元化以确保能源安全的辅助手段之一。2013年美国加州硅谷特斯拉汽车公司当年一季度首次盈利的消息，让人类看到了电动汽车的美好前景，感受到了电力资源在消费领域将会对传统油气资源进一步替代。如果说之前的新型能源产业是星星之火，那么以特斯拉为代表的电动汽车时代中的新型能源产业则会以燎原之势发展壮大。当前则可视为新能源革命之整装待发期。

公路交通方式和电力资源的难以替代、油气资源的日益衰竭、汽车寿命的有限性、绿色环境的时代呼唤、经济持续发展的要求，使得传统汽车产业面临转型升级的巨大压力。新能源汽车产业，以电力资源为动力，不再高度依赖一次性能源，并以其广阔持久的消费市场，为多元化的新型能源开辟了潜力无限的新市场，同时也避免了传统汽车社会的负面干扰。无论是基于汽车产业、新型能源产业的利益诉求，还是社会经济持续发展之要求，都应该把它作为战略支柱产业来大力扶持培育。新能源汽车代表世界汽车的发展方向，加快推进新能源汽车产业化，不仅有利于技术进步和节能减排，还能促进我国汽车产业的持续发展。以新能源汽车产业为主线来逐步调整产业结构、科学合理布局企业、引导地区经济发展，努力形成区域经济优势特色与品牌以实现经济社会持续发展的"新能源汽车之都"建设，前景广阔。

二、规划"新能源汽车之都"建设，引领襄阳经济新常态

为了在新的全球汽车市场格局中占有一席之地，各国都在规划建设新能源汽车产业，中国也不例外。2010年，新能源汽车产业被列入国家战略性新兴产业。2012年7月9日国务院印发了《节能与新能源汽车产业发展规划（2012—2020年）》，认为加快培育和发展节能汽车与新能源汽车，既是有效缓解能源和环境压力，推动汽车产业可持续发展的紧迫任务，也是加快汽车产业转型升级、培育新的经济增长点和国际竞争优势的战略举措。未来十年，是汽车工业实现低碳发展和创新变革的关键十年，也是中国汽车工业实现产业转型升级，由汽车产销大国向汽车强国的攻坚十年。作为一个以汽车产业为经济支柱的老工业基地，规划建设"新能源汽车之都"，对于襄阳做大做强汽车产业并引领襄阳经济新常态具有重要意义。

（一）襄阳建设"新能源汽车之都"的意义

首先，有利于促进襄阳经济转型提质，引领襄阳经济新常态。目前，襄阳经济结构存在农业基础薄弱、传统产业比重过高、战略性新兴产业与现代服务

业支撑不足等问题,如果能以传统汽车产业为支撑,大力发展新能源汽车产业,以其为新经济增长点来布局、调整各个产业,加快传统汽车产业转型升级,对于最终形成各产业协同发展、空间布局合理的襄阳经济新结构是极为有利的。襄阳产业结构基本是枣核形态,第二产业比例较大,可以通过制造业服务化的"新能源汽车之都"建设来转型升级第二产业、提升第三产业比重,并进一步提升第二、第三产业就业比例。襄阳规划建设"新能源汽车之都",有利于构建合理经济结构,有利于产业向高级形态演化,并通过财政税收、投融资环境建设以及要素市场调控等手段,以常态化的结构调整和产业演进来促进襄阳未来经济又好又稳地发展。

其次,有利于做强湖北经济,实现中部崛起。襄阳规划建设"新能源汽车之都",利于东风汽车公司投资项目布局更加合理,利于其依托湖北省市场和汽车生产制造基地等优势参与全球新能源汽车领域的竞争。就湖北省而言,襄阳与东风汽车公司发挥各自优势、合力建设襄阳"新能源汽车之都",利于襄阳经济发展,利于省内各汽车生产基地的协同科学发展,利于央企做大做强,从而利于"支持央企发展,以央企带动地方经济发展"来增强湖北省经济实力的发展战略,并最终利于中部经济崛起。

最后,有利于推进我国汽车产业转型升级,增强国际竞争优势。发展新能源汽车是我国汽车产业与国际汽车产业同时起跑的一次绝佳机遇,既能有效缓解能源和环境压力,又能增强汽车产业持续竞争优势,推进汽车产业国际化。新能源汽车将是未来汽车产业战略突围的制高点。

(二)襄阳建设"新能源汽车之都"的基础

作为湖北省两个省域副中心城市之一的襄阳,建设"新能源汽车之都"有较好的经济、产业、城建、文化和政治基础。

首先,汽车产业贡献很大、影响深远。2014年全市地区生产总值增长9.6%,站上3000亿元新台阶。根据襄阳政府网站公布数据,同期襄阳规模以上汽车产业实现产值1512.6亿元,同比增长13.4%,占全市工业总产值的32%,位居国内汽车产业地级市行列第二位;汽车零部件产值达到1092.29亿元,同比增长197.2亿元,同比增幅达到22.03%,高于国内汽车产业平均增幅9个百分点,位居国内地级市第一位;汽车产业提供税收占全市税收四分之一;汽车产业吸纳就业人数占全市职工三分之一。襄阳成为全国产业集群区域品牌建设（汽车产业）试点地区，国家新能源汽车零部件创新集群示范基地。全省新能源汽车产业2014年实现产值33亿元，襄阳实现产值30.1亿元，同比增长4.9%，襄阳新能源汽车占全省新能源汽车总产值的91.2%。这些数据揭示了汽车产业对于以工业立市强市的襄阳具有重大战略价值。

其次，汽车工业基础深厚、门类齐全。襄阳位于湖北汽车走廊中心，建有亚洲最大、功能最完备的东风汽车公司试车场，有亚洲规模最大的车桥公司、东风轻型车总装厂和具有国际先进水平的轿车研发中心和车桥研发中心，也是东风公司轻型商用车、中高档乘用车等整车和关键零部件总成的主要生产基地。法国标致—雪铁龙公司、美国康明斯公司、中国台湾裕隆汽车公司、日本日产公司、日本康奈可公司、美国德纳公司和德国西门子公司等多家国际知名跨国公司先后在襄阳大规模投资，已经形成了以东风汽车有限公司、东风汽车股份有限公司、风神襄阳汽车有限公司、东风康明斯公司、东风德纳车桥公司、东风仪表系统公司、东风电气有限公司和神龙公司襄阳工厂为主体的企业集群，形成了整车和零部件研发、试验、制造、物流、贸易和文化为特征的汽车产业链，具备了齐全的产业门类和产品结构体系、多元配套的供应体系。2013年规模以上汽车以及零部件企业317家，其中100亿元以上3家、50亿元以上6家、亿元以上221家。在襄阳获得的31个城市荣誉中，汽车产业有5个；全市工业领域18项国际国内之最，9项属于汽车产业领域。

第三，新能源汽车起步较早、发展良好。21世纪初，襄阳有一批企业、研究机构和科技爱好者自发地进入新能源汽车领域。2009年，针对国内外新能源汽车产业发展趋势，中共襄阳市委、襄阳市人民政府下发了《关于发展新能源汽车产业的意见》，将新能源汽车纳入汽车产业发展规划，自此新能源汽车产业进入迅速发展期并取得了很大突破（见表2）。目前从事新能源汽车研发生产的企业院所有30多家，获得了200项专利和实用技术，初步形成了"两纵三横"（纯电动汽车、混合动力、动力电池、驱动系统、控制系统）的产业形态，逐步发展了以整车研发、生产——检测基地——动力电池——驱动、控制系统——充电器生产和充电辅助系统——教育（培训）基地——示范运行——推广应用——售后服务等产业链，发展态势很好，具备了"新能源汽车之都"建设的产业基础。

表2 襄阳新能源汽车领域要事一览

时间	主要事件
2009年	襄阳出台《关于发展新能源汽车产业的意见》
2009年10月10日	东风公司首批15辆商品化纯电动客车下线
2009年12月28日	襄阳首条新能源客车公交示范运营线路开始试运行
2010年2月3日	市委、市政府与省电力公司签署《推进电动汽车充电设施建设战略合作框架协议》
2010年4月27日	市委、市政府与东风汽车公司签订《促进襄阳汽车产业发展战略合作框架协议》
2010年7月28日	财政部、科技部、工信部和发改委下发襄阳为新能源汽车示范推广试点城市通知
2010年8月18日	东风股份新能源客车项目在高新区新能源汽车产业基地奠基、开工
2010年9月	市汽车办会同武汉理工大学编制了《襄阳新能源汽车产业战略发展规划》
2010年12月23日	工信部正式批准襄阳为国家新兴产业（新能源汽车产业）示范基地
2011年1月10日	国家质检总局批准筹建国家动力电池产品质量监督检验中心
2011年10月	以东风试车场（国家汽车质量检测中心）为主体的研发、试验、检测改造完毕
2011年12月	市政府组织开展新能源汽车灾害事故应急救援联合演练并取得成功
2012年2月8日	襄阳国家动力电池产品质量监督检验中心正式开工
2013年下半年	东风公司明确将襄阳作为东风新能源商用车生产基地
2013年底	财政部、科技部、工信部、发改委公布襄阳等86个城市为新能源汽车推广应用城市
2006—2012年间	东风股份获得国家纯电动汽车和插电式混合动力汽车生产公告；宇清科技研发的驱动系统申报专利成为上海世博会新能源汽车配套指定企业；以海博思创为代表的一批新能源汽车零部件企业入驻襄阳；"襄阳版"纯电动汽车和插电式混合动力汽车出产；东风新能源汽车、襄阳宇清科技公司IEDS分别列为国家863计划和国家新能源汽车创新工程项目

第四，东风汽车公司实力雄厚，新能源汽车研发与生产基础良好。东风汽车公司始建于1969年，是由国务院国资委主管的集科研、开发、生产、销售于一身的特大型国有骨干企业，旗下拥有3家分别在港交所、上交所上市的公众公司。截至2011年底，东风汽车公司总资产达2320亿元，员工数16万人；2012年销售汽车307.85万辆，营业收入3904亿元，位居2012年《财富》世

界500强第142位、中国企业500强第16位和中国制造业企业500强第3位。2004年东风整合旗下东风汽车有限公司、神龙汽车有限公司、东风本田汽车有限公司、东风电动车辆股份有限公司、东风越野车有限公司等主要业务,成立了东风汽车集团股份有限公司并于2005年12月在港交所上市,2014年总资产超过1162亿元。另外,拥有同期总资产分别为195亿元、43亿元的东风汽车和东风科技2家沪市上市公司。其中,1999年上市的东风汽车股份有限公司注册地在襄阳高新区,其母公司为中外合资的东风汽车有限公司。东风公司是国内首批进行新能源汽车研发和生产的企业,东风新能源汽车是国家863计划项目,襄阳新能源商用车平台初步具备产业化的条件,特别是东风电气与德国博世的合作,将会较快提升关键部件和整车水平。

第五,国家级高新区建设管理经验丰富、保障能力强。襄阳高新区是1992年11月经国务院批准设立的国家级高新区。目前拥有国家新型工业化产业示范基地、国家创新型特色园区、国家新能源汽车关键部件创新型产业集群试点等20张国牌,形成了以汽车及零部件产业为龙头,以高端装备制造、电子信息、新能源新材料、新能源汽车、生物医药等战略性新兴产业为支柱的、实力雄厚且特色鲜明的产业体系,聚集了全市100%的百亿级企业和67%的50亿元级企业、80%的上市公司、84%的博士硕士、68%的高新技术企业。2013年实现汽车产业产值989.75亿元,占全市规模以上汽车及零部件企业工业产值65.5%,占全市规模以上工业企业产值20.9%,位居国内各大经济技术开发区汽车产业排名前十位,地级市行业第二位,汽车零部件产值规模位居国内地级市第一位。襄阳高新区下设"一区四园"。其中,汽车工业园是以"服务东风、配套东风"为宗旨,重点发展汽车及零部件、新能源汽车等产业的工业园区。目前,已经形成了以东风汽车公司襄阳基地为主体、200多家汽车及零部件企业构成的配套体系,拥有汽车研发、制造、检测等完整的产业链和整车、发动机、变速箱、车桥等关键零部件在内的产品链;新能源汽车产业也已形成了"两纵三横三平台"的较为完整的产业链条。另外,在较为完善的金融服务体系基础上,正着力打造"襄阳云谷"和中部第一的检验检测基地,正大力发展电子商务和汽车物流以求现代服务业突破发展。

最后,汽车产业合作基础好、前景广泛。汽车产业在湖北省有较好基础,是其五大支柱产业之一。2013年,湖北省汽车行业实现产值4538亿元,增长

23.1%，仅次于食品行业和石化行业。汽车产业发展很大程度上依赖于东风汽车公司带动，主要涉及地域是武汉市、襄阳市和十堰市。凭借东风公司的汽车项目区域性投资布局，三地在汽车领域基本形成了分工明确、合作紧密的业务关系。

综合来看，襄阳目前已经形成了以汽车产业为支柱的经济体系，汽车工业对经济与社会的影响举足轻重，以汽车产业园区为中心的高新技术工业园区建设发展良好、成果丰硕，新能源汽车产业起步相对较早且初步具备了产业化条件，形成了较为浓厚的以发展汽车工业为导向的政治、文化氛围。展望未来，在湖北省委和省政府的支持、统筹、协调下，在东风汽车公司的引领带动下，襄阳以新能源汽车产业为新的经济增长点来建设"新能源汽车之都"，积极对接"一带一路"战略，融入长江中游城市群，加快推动汽车产业发展，以引领未来经济发展，助推中部崛起，具有较强的可行性。

三、推进"新能源汽车之都"建设，突破汽车制造业发展困境

"新能源汽车之都"建设必须面对现代汽车制造业和中国汽车产业的发展困境，并结合本地汽车产业、新能源汽车产业的实际问题，探究原因，提出对策，有序推进以新能源汽车为导向的产业布局和经济结构调整。

（一）全球汽车制造业发展困境

自19世纪末现代汽车诞生以来，全球汽车产业大致经历了发展期、普及期、产能过剩期到更新革命期的演变。全球汽车生产与销售的地域格局也由20世纪80年代前的美、德、英、法、意、日等国为主转向北美、东亚（中日韩）、西欧地区，几乎是各占三分之一，其间也逐步形成了全球著名的汽车工业地域，比如美国以底特律为中心的汽车三角、日本以丰田为中心的汽车三角。全球汽车生产管理与技术领域也出现了一些新特点，不再像福特公司、大众公司生产国民普及车一样地关注生产规模，而是转为小众化、个性化的批量生产；不再追求同款规模生产以降低成本，而是努力追求质量、降低生产小众化引发的成本问题以及提高劳动生产率；为适应多样化的市场需求，对新车型开发要求加

速,并加强了专业分工与协作等。严格来说,现代汽车制造业是第二次科技革命的产物,主要是靠内燃机技术和石油资源为动力的,相对于当代的以原子能、电子计算机、空间技术和生物工程的发明和应用为主要标志的第三次科技革命,技术上并不领先,甚至是日渐式微的。早在20世纪80年代,以德国、美国为代表的全球主要汽车生产国已经敏感地察觉到了这一点,在本国汽车销售市场日益达到饱和的情况下,面对过剩的汽车生产能力,积极进行全球汽车产业布局,抢占全球汽车产业市场,以海外生产并消费的方式来宣泄过剩的生产能力,并因此主导了汽车业的全球并购浪潮。不仅如此,各国还加速对车用电池、车载信息系统、关键零部件、车用材料等研发,甚至是研发新能源汽车,以期通过技术更新或革命来延缓汽车业的衰老并进入一个崭新的生命周期。然而,以底特律为典型的汽车城市,依然进入了发展困境。2013年,负债180亿美元,人口从180万锐减至70万,企业撤离、税收减少,底特律不堪忍受财政困难向政府提出了破产申请。作为美国三大汽车巨头的所在地,汽车业下滑是底特律破产的最主要的原因之一,80%的经济依靠汽车产业,违反了城市多元化的本性,陷入了因汽车而兴也因汽车而衰的困局。

(二)中国传统汽车产业尴尬处境与新能源汽车产业发展契机

汽车产业为各种新科技应用提供的平台之广,可以带动的行业面之宽,可创造的产值、税收和就业岗位之多,对国民经济拉动作用之大,让其他产业都难以望其项背。正是看到了这一点,刚刚确定了改革开放为基本国策的中国政府,基于时代背景和经济发展实际确立了以市场换技术的汽车产业发展战略。于是,外资车企大多以合资方式陆续进入中国,对中国汽车工业的发展客观上起到了一些促进作用。然而,市场并未能换来技术,中国民族汽车产业基于技术弱势仍然有很大的生存发展压力。以老汽车城长春市为例,2013年长春市明确了其工业结构由原汽车产业独大逐步调整为汽车、农产品加工、轨道客车的三足鼎立态势。2015年《长春市政府工作报告》中回顾2014年工作成绩,排在首位的是积极克服下行压力,实现经济平稳健康增长,并提出2015年GDP增长7.5%左右的目标。据此可知,中国传统汽车生产领域既面临国际汽车市场的共性压力,也存在民族汽车产业发展出路问题。

新能源汽车作为传统汽车产业的出路之一,全球各汽车集团皆高度重视。

比如本田公司在20世纪80年代、通用汽车公司在20世纪90年代初期就分别展开了相关研究，并有产品问世。与传统汽车制造业相比，中国的新能源汽车研究几乎与世界同步，并且在部分领域技术领先，为民族传统汽车产业的转型升级和新能源汽车产业的广泛深入发展奠定了基础、赢得了与外企同等机会。发展新能源汽车产业不仅仅是一个产业（群）内部的目标，也是中国先进制造业走向国际甚至领先全球的民族要求。

（三）襄阳新能源汽车之都建设面临的主要问题及对策

如果说建设"中国新兴汽车城"给人的方向感还不够明确，那么建设一个拥有"新型工业化的现代汽车产业体系"的"新能源汽车之都"则是非常准确、具体的——这正是襄阳汽车工业发展与新车都建设的基本思路。立足当前，"新能源汽车之都"的建设存在的问题、原因及解决路径，主要表现在：

1. "新能源汽车之都"建设的主要问题

襄阳建设"新能源汽车之都"主要面临产业实力支撑、老工业基地转型、央企与地方政府关系、三地协同发展等问题。

首先，新能源汽车产业综合实力较弱，短期内难以作为"新能源汽车之都"建设的产业支撑。2014年襄阳三次产业结构为12.8∶57.7∶29.5，规模以上工业总产值突破5000亿元。分产业看，汽车产业实现产值1695.1亿元，同比增长12.4%；装备制造、医药化工、电子信息、新能源新材料、新能源汽车产业分别实现产值821.8亿元、531.1亿元、402.7亿元、200.7亿元和30.1亿元。可以看出，襄阳"一个龙头、六大支柱"的产业结构并未改变，结构调整的复杂性、渐变性，决定了它还会持续一段时间。实际上，新能源汽车作为汽车家族新成员，公众刚刚瞩目。在襄阳新能源汽车制造领域，主要以东风股份为主生产少量商务车，用在环卫、公交、物流等领域；配套设施方面相对落后，仅建有三座电动汽车充电站；技术方面，在整车研发生产、驱动控制系统、动力电池、充电器生产和充电辅助系统建设以及电池汽车检测等项目基本形成了国内相对优势，但在国际上仍有差距；研发领域缺少功能性研发平台、领军人才，科研经费、项目偏少；整车和关键零部件生产企业偏小，产业规模效应不具备，产业链条还未形成，产品和市场处于培育期，基本靠政策扶持，对襄阳汽车产业、GDP贡献尚未形成正效应。

其次，发展新能源汽车产业的诸多困扰。新能源汽车是一个发展方向，起步阶段不可避免地会存在产业基础脆弱、需要扶持的问题，但它会逐步打破传统汽车市场的利益分配格局、对传统汽车业进行替代，形成一种以新能源汽车为主导的汽车产业新秩序。其间，利益冲突难以避免，比如老新产业链条之间、新老利益集团间、区域间经济利益等。

第三，传统汽车产业转型升级问题。中国传统汽车产业当前形势虽然很好，但鉴于全球汽车产业发展压力与态势，尽早进行结构性调整，对于避免陷入产业依赖惯性陷阱是有利的。另外，需要同步思考产业合理布局、渐进国企改革以及下岗分流再就业等问题。

第四，三地经济协同发展问题。汽车产业一直是湖北省主导产业之一：依托东风汽车公司，建立了武汉—襄阳—十堰汽车产业带。其中，武汉作为东风公司总部所在地，突出总部经济，以生产乘用车为主；十堰以生产商用车为主，做强做大汽车产业；襄阳则重点发展新能源汽车，打造新的经济增长极。然而，三地经济并非单纯依靠汽车产业，多元化发展可以降低经济运行风险，统筹各产业发展、统筹汽车产业发展以协调三地经济利益、实现三地经济协同发展，既是"新能源汽车之都"建设中不可规避的矛盾之一，又是建设的方向与出路之一。

第五，央企与地方政府之间关系协调对接问题。襄阳建设"新能源汽车之都"，离不开东风汽车公司的实业支持，离不开各级政府尤其是湖北省委省政府的支持与协助。然而，东风汽车公司是大型中央企业，隶属于国务院国资委主管，遵循垂直管理模式，与地方之间多是工作层面交道。从央地关系来看，需要加大协调对接力度。

新能源汽车产业是项系统工程，从起步期到发展期有一个循序渐进的过程，襄阳需要一些时间来形成产品产业特色与优势，进而发展成为在国内有一定地位和竞争力的产业城市。

2. "新能源汽车之都"建设的基本思路与具体建议

"新能源汽车之都"建设需要各方协同合作，共同攻坚克难。基本思路是：基于当前经济、产业、科技发展现状，结合资源城市发展之困、襄阳市情以及区域经济发展相关理论，建议以新能源汽车产业为未来主导支柱产业来构建各次产业协同发展的、具有动态调整空间的经济结构；通过国企改革和系列配套改革来逐步落实国家经济产业政策、科学引导调整区域产业,并最终形成布局科学、结构合理的新车都新经济架构,展现襄阳经济新面貌;同时,新车都经济建设应该尽量避免重复建设,可以借助政府和市场力量来逐步形成省内、新老产业链之间乃至企业内部的分工合理、互补共赢的发展格局;最后,产业发展与结构调整、国企改革的推动需要大量资金和系列多元化的平台来保障或便于操作,资金来源和平台搭建问题也就凸显了其重要性,应该同步考虑。具体建议如下:

首先,以新能源汽车产业发展为引领,努力勾画合理经济结构。反思底特律之困和长春之忧,襄阳"新能源汽车之都"建设应该避免产业结构单一化。鉴于现有基础,襄阳新型车都建设应该是一个基于当代科技水平的以新能源汽车产业为主导、各产业协同发展、和谐稳定的服务业态化的制造之城。新能源汽车产业链应该作为未来主导产业来培育、扶持,以大交通、大物流、大数据为支撑,以先进制造业来推动,辅以其他高新科技产业,大力发展现代金融、现代服务业、现代农业,高度重视精品项目的科学布局,以工业服务业态化、管理园区化的方式来为襄阳带来人气,促进经济发展。

其次,在湖北省内各区域之间、新老汽车产业链条之间、东风公司内部形成合理分工。就武汉、襄阳、十堰三地市来讲,以武汉市为中心的经济圈是湖北省经济的重要一极,襄阳市则作为两个省域副中心城市之一带动鄂西北经济社会发展,十堰市则是鄂西北地区另一个重要的工业城市。鉴于武汉市的省会城市优势,应以发展总部经济和现代服务业为主,制造业可以适度保留以协调产业、就业等平衡,比如凭借市场优势来生产乘用车;襄阳市和十堰市作为老工业基地之一,应该突出其工业优势,鉴于襄阳构建汉江流域中心城市之战略,建议有诸多共性的襄阳市与十堰市组群发展、统筹绩效考核,以外部矛盾内部化的方式解决问题。从新老汽车产业链条协同发展的角度来看,传统汽车产业链条暂时不可替代,现金流优势应该继续保持,并借此培育、提升、强化新能源汽车产业链条,逐步完成传统汽车产业升级甚至转型。从东风汽车公司的三地业务来看,建议提请省委、省政府加强与东风公司沟通、联系,协议分工、统筹业务,共同谋划汽车产业持续发展。

第三,构建多形式的新车都建设支撑与发展平台。可以通过现有的或新设立的特色经济园区、三板四板交易市场、互联网、项目投融资平台、科研平台和技术转化平台等来保障落实新车都建设规划,并通过搭建与其他领域的央企合作平台(包括石油石化类、电力类)以及与国家经济发展战略对接平台等办法来促进襄阳"新能源汽车之都"建设。

四、化解传统车都生态窘境,提炼建设襄阳汽车文化

(一)传统汽车社会之生态窘境

1943年美国洛杉矶上空出现了光化学烟雾,大多市民眼红头疼,调查结果与汽车燃油有关。世界银行早有报告现示中国汽车污染有上升趋势、中国肺病发病率在过去30年翻了一番。汽车业发展离不开公路等基础设施,2013年中国高速公路通车总里程达到104万公里,跃居世界第一。据估算,公路每延长1公里,意味着1000吨沥青、400吨钢筋水泥以及大量砂石等填料被铺在耕地上;中国公路和停车场面积若达到"美国水平",相当于把江西或山东全部铺上水泥和沥青。众所周知,人均耕地面积美国最多,中国则是最少国家之一。汽车产业也是高耗能产业。中国人均能源为世界七分之一,机动车耗油占全国石油消费三分之一以上,石油消费60%对外依赖。汽车业发展也会造成交通堵塞,全国每年因交通堵塞和交通事故造成的经济损失约为GDP的2%。

其他如环境污染、耕地破坏、粮食安全、能源紧张、交通堵塞等问题,在人多、资源相对少的中国更加突出。关于中国汽车社会有一些非常著名的论调。原国务院发展研究中心副主任鲁志强认为,对汽车产业的调控要尽快实现几个转变,即从关注生产到关注消费,从关注产业到关注社会,从关注微观转向关注宏观,从人治转向法治,从管制转向服务。中国科学院院士何祚庥认为"普及轿车的国策是否会和'人口问题'一样的又犯一次历史性错误?"美国前总统比尔·克林顿说,中国正在迅速发展,如果每个中国人最终都有一辆轿车,而你又不想让地球大气层燃烧起来,那么最好还是再找一种有效的交通方式。

(二)植入车文化,全面建设襄阳模式"新能源汽车之都"

不加扼制的传统汽车社会会陷入发展窘境。欲解此困,政府要加快推动节能车和新能源汽车的研发、生产与使用,要及时归位于汽车主导的公共设施、城市规划、金融信贷等公共服务,要加强公众节能环保教育,努力建设资源节

约型、环境友好型的生态城市。"新能源汽车之都"建设与这些目标是一致的。襄阳建设"新能源汽车之都",必须充分植入车文化,以车文化来实化都市内涵,以环保理念来解释车概念,以车品牌来丰富都市形象,以车元素来装点城市,并最终把襄阳建成一个基于当代科技水平的、以新能源汽车产业为主导、各产业协同发展的、和谐稳定的服务业态化的"新能源汽车之都"。

首先,提炼形成车文化以充实都市内涵。作为汽车领域新生事物,有实力的国家、城市都在规划"新能源汽车之都"。如何让襄阳版"新能源汽车之都"脱颖而出、走向国际,必须融入当地基本元素、赋以本色之美。襄阳具有代表性的有形资源是襄阳古城、汉江和汽车工业,古城军事文化、汉水文化和汽车文化即应赋予特色都市概念之中;无形资源主要是历史人文古迹,其中三国时期的襄阳历史比较灿烂,古隆中可作为代表,另有刘秀故里、楚皇城、习家池等代表性遗迹,三国文化、帝乡、智慧城等应融入都市色彩。提炼形成车文化以彰显当代新襄阳为当务之急。可基于环保节能、车城史、汽车产业发展、汽车企业、名家名士、战略理念、荆楚文化等角度展开。

其次,传播转化车文化以丰富都市形象。襄阳的城市名片很多,如国家历史文化名城、国家园林城市、全国科技进步城市、全国可再生能源示范城市、承接东部产业转移示范区城市、中部最佳投资魅力城市、中国书法名城等。新能源汽车主题的名片也有几个,全国首批新能源汽车示范生产基地、襄阳新能源汽车关键部件创新型产业集群试点、节能与新能源汽车示范推广试点城市和推广应用城市。襄阳在打造中国新兴汽车城、新能源汽车之都的过程中,可以车元素来丰富都市形象,通过车历史、车故事、车标示、车项目等大力宣传车企、车品牌、环保车、新能源、零排放等车概念,树立新型车都形象,并借助汽车工业园区、汽车博物馆、车展、车赛、车主题会议、智能车、开放式生产线等来传播转化车文化。

最后,规划建设车文化以美化都市环境。当代科技条件下需要融入城市建设中的要素理念很多,如生态城市、信息化城市、智能城市等。"新能源汽车之都"建设离不开车元素。以车为主题,以车文化、环保节能概念统筹经济、城市建设,以旅游业态思路进行各级各类项目规划设计,以工业旅游、园区旅游、汽车旅游、新车都旅游项目思维进行新车都建设,美化都市环境,以全面打造襄阳版"新能源汽车之都"。

习近平同志在考察上海汽车集团有限公司时明确指出,发展新能源汽车,是我国从汽车大国走向强国的必由之路,新能源汽车产业是国家七大战略性新兴产业之一,是世界汽车产业发展方向和未来竞争制高点。对于襄阳这座汽车城而言,发展新能源汽车,不仅意味着生产方式的变革、产业的转型升级,更能从长远上提升整个城市的品牌影响力和核心竞争力。襄阳将进一步加大新能源汽车推广与生产力度,积极建设充电基础设施,扶持本地新能源汽车零部件企业。展望未来,基于新能源汽车产业主导的系列经济社会变革和城市建设必然会使襄阳旧貌换新颜,"新能源汽车之都"梦想定会实现。

参考文献:

[1] 万桃元、陈宏基:《襄阳市新能源汽车产业研究报告》,《襄阳文汇》2014年第4期。

[2] 赵英:《汽车市场:跨国公司全方位竞争》,《世界知识》2002年第12期。

[3] 唐克敏:《混合所有制改革面临的主要难题与对策》,《经济问题》2015年第6期。

[4] 张文魁、袁东明:《中国经济改革30年》(国有企业卷),重庆大学出版社2008年版。

[5] 唐克敏:《关于国有企业改革的系列问题思考》,《经济问题》2014年第1期。

[6] 王立彬:《中国拿什么直面汽车社会的巨大挑战》,《中国青年报》2004年2月27日。

[7] 王浦生:《中国必须选择轿车吗?》,《世界知识》2002年第9期。

云联天地　智慧襄阳
——"襄阳云谷"建设研究

张 樊

内容提要："襄阳云谷"是以襄阳东津新区和襄阳高新区为主要载体，以云计算产业为核心，大力发展相关产品、服务及应用，引领物联网、电子商务等支柱产业创新发展，带动电子信息制造业与软件和信息技术服务业协同推进，形成信息技术产业特色化发展的聚集区。"襄阳云谷"刚起步，在学习借鉴国内外云计算产业发展经验的基础上，应当从制定发展战略、优化发展环境、创新发展模式三大路径来建设，使之成为我国中西部地区重要的云计算产业基地，助力"智慧襄阳"建设。

自2006年谷歌提出云计算以来，世界主要国家和跨国企业都积极加快战略部署，推动了云计算高速发展和普及应用。我国也将云计算上升到国家战略高度，国务院发布了《关于促进云计算创新发展培育信息产业新业态的意见》，地方政府、产业界共同推动我国云计算应用和发展。"智慧"是襄阳城市最为耀眼的文化符号，科技的高速发展增加了"智慧襄阳"的内涵。在世界云计算快速发展的今天，襄阳提出建设"襄阳云谷"，推进云计算产业集群式创新发展，是对襄阳城市品牌的极大提升。"襄阳云谷"夯实"智慧襄阳"的基础，为"智慧襄阳"提供动力源泉。

一、全球云计算产业发展方兴未艾

2006年，埃里克·施密特（Eric Schmidt）首次提出了云计算（Cloud Computing）的概念，之后，Amazon率先推出了基于数据中心计算能力的弹性中小型企业服务云模型（Elastic Compute Cloud，EC2），至此云计算开始正式服务于商业活动。2008年,IBM提出了"智慧地球""智能商务"等全新的商业理念,将云计算与智能技术全面应用于社会经济活动,扩展了商业模式的相关概念。

(一)云计算与云计算产业

1.云计算

云计算产业作为国家七大战略性新兴产业——IT信息技术产业的核心议题之一,将对整个社会生产力和生产关系的变化起到至关重要的作用。云计算产业来势汹涌,但人们对云计算的定义还没有达成统一的意见;虽然云计算成为了炙手可热的话题,但人们对云计算真正的意义、云计算未来发展的方向以及存在的问题都还没有深刻的认识。

关于云计算概念有不同的观点。美国《IEEE互联网计算》杂志将其定义为:云计算是这样一种范式,其中信息永久地存储在互联网中的服务器上,而且只是暂时性地缓存于包括桌面电脑、娱乐中心设备、平板电脑、笔记本电脑、手持设备、感应设备和监视设备等在内的终端上。有的观点认为,云计算是指将应用、数据及IT资源通过网络服务的方式来提供给用户的业务模式,提供资源的计算网络被称为"云",而"云"中的资源在使用者看来是可以无限扩展的,并且可以随时获取,按需使用,随时扩展,按使用付费,因此云计算不仅可以降低IT成本、简化IT管理和快速响应市场变化,还可以规范流程、降低成本、节约能源、快速处理更大的数据量、服务更多用户。所谓"云"就是将过去独立的特定区域、特定行业或部门(单位)提供服务的信息基础设施或计算机(服务器)、软件系统,通过采用云技术处理,以互联网为传输媒介动态地为任一区域的任一用户提供服务。

我们认为,云计算是指基于互联网等网络,通过虚拟化方式共享IT资源的新型计算模式。其运作模式是通过网络统一管理和调度计算、存储、网络、软件等资源,实现资源的整合与配置优化,以服务方式满足不同客户端随时获取信息并扩展资源、按需使用并付费,最大限度地降低信息成本。

2.云计算产业

国家《国民经济和社会发展"十二五"规划纲要》已经明确把以云计算为代表的新一代信息技术产业确定为战略性新兴产业的发展重点。2010年10月,国家发改委和工信部印发的《关于做好云计算服务创新发展试点示范工作的通知》中明确把北京、上海、深圳、杭州、无锡五个城市先行作为开展云计算产业的服务创新发展试点示范基地。《通知》中提出，现阶段云计算创新发展的总体思路是"加强统筹规划、突出安全保障、创造良好环境、推进产业发展、着力试点示范、实现重点突破"。云计算创新发展试点示范工作要与区域产业发展优势相结合，与国家创新型城市建设相结合，与现有数据中心等资源整合利用相结合，要立足全国规划布局，推进云计算中心（平台）建设，为提升信息服务水平、培育战略性新兴产业、调整经济结构、转变发展方式提供有力支撑。

由此可见，云计算产业是指所有为支撑云计算平台搭建、运维管理及服务的软、硬件设备与产品的总和。云计算产业由电子信息产品制造、软件与服务业、互联网产业、通信产业等产业融合而产生。其产业链涉及四个层级，即基础设施层、平台与软件层、运行支撑层与应用服务层。云计算服务的提供方主要包括云基础设施提供商、云平台提供商、云软件提供商以及支撑厂商。

（二）云计算产业的构成

目前云计算产业链主要有六大关键环节：

一是硬件设备制造商：云计算市场的积极参与者以及基础设备提供者。众多的服务器、存储硬件厂商以及网络设备厂商都希望通过云计算平台将自己的产品推广给云计算服务提供商，为各类企业提供服务，并将其IT环境锁定在自己的设备上。其主要包括：服务器制造商、存储设备制造商、芯片制造商等。

二是软件开发商：开发、提供云计算应用软件及解决方案。主要包括：数据库、虚拟化、信息安全等软件厂商。

三是服务提供商：将云基础资源服务提供商、云平台服务提供商、云应用服务提供商统称为云服务提供商。

四是网络运营商：为云计算服务到达最终用户提供了接入手段。网络运营商提供的带宽能力将直接影响用户的体验和满意度。网络运营商是云计算服务的必要通道。

五是支撑服务商：包括云计算集成商、咨询服务商、交付/外包服务商、运维服务商、终端设备提供商、行业解决方案提供商等。例如，系统集成商是将软硬件设施相连接，提供云计算平台建设的解决方案。

6. 最终用户：云服务的最终归属地，价值链的最终环节。主要包括：企业用户、个人用户和政府用户。

（三）云计算产业发展的价值

2014年，我国云市场规模达到68亿元。同时，云计算的发展也带动和促进了上下游电子产品制造业、软件和信息服务业的快速发展，预计2015年，我国云计算上下游产业规模将超过3500亿元。根据中研普华发布的《2014—2018年中国云计算行业全景调研与发展战略研究咨询报告》显示：云计算在我国尚处于市场导入阶段，但其发展的速度及影响力惊人。预计"十三五"期间，我国云计算产业链规模可达7500亿至1万亿元人民币。

云计算产业发展的价值主要表现在以下几个方面：

一是政务领域应用率先开展，有力推动了政府管理模式改革。云计算在电子政务公共服务、民生保障等领域得到广泛应用，有力地促进了政府管理模式创新和社会治理体系建设。海南、浙江、贵州、广西、河南、河北、宁夏、新疆、甘肃、广东、吉林、天津等12个省市利用阿里云"飞天"云计算核心自主技术，搭建政务、民生、公共服务领域的数字化服务平台，推动政府公共服务的电商化、无线化和智慧化。国家药监总局与阿里云合作，实现了对境内每盒药品从生产、批发到配送、零售各个环节所有信息的完整记录与实时监管，药品流通效率极大提高。

二是传统行业应用日益增多，加快推动了产业转型升级。云计算相关新技术、新业态、新模式在重要行业领域的应用愈加深化，有效帮助传统企业提升产品附加值、提高生产效率、创新商业模式。海尔、创维、金立等传统制造企业依托云服务创新推出消费者对企业的商业模式，向智能化、个性化、定制化迈进，实现了由硬件制造商向"制造＋服务"提供商的升级。传统电器销售商苏宁电器加速向基于云计算的零售服务、互联网金融服务转型。众安保险在阿里云的支持下，用低成本高灵活性的信息技术能力拓展互联网保险业务，创造了互联网金融发展的新形态。

三是创新创业应用成为亮点，带动大众创业和万众创新。云计算在降低创新创业门槛方面取得众多成绩，为大众创业和万众创新提供了良好条件。云计算已成为我国互联网创新创业的基础平台。百度云平台已汇聚超过50万个中小企业及开发者用户，带动就业 100 万人以上，累计为用户节约成本超过 20 亿元。腾讯云开放平台已有超过 60 万户开发者注册，分成收入突破 10 亿元。

二、"襄阳云谷"的建设成就

（一）"襄阳云谷"的建设与发展

1. 何谓"襄阳云谷"

"云谷"是云计算产业的一种表现形式，其实质是和云计算产业一致的。"襄阳云谷"是以襄阳东津新区和襄阳高新技术产业开发区为主要载体，以云计算产业为核心，大力发展相关产品、服务及应用，引领物联网、电子商务等支柱产业创新发展，带动电子信息制造业与软件和信息技术服务业协同推进，形成信息技术产业特色化发展的集聚区。"襄阳云谷"经过建设已经吸纳了包括中国移动湖北公司襄阳创新基地"四个中心"、IBM 华中云计算中心、湖北锦云科技华中呼叫产业城、联通公司鄂西北通讯枢纽中心、上海斐讯数据通信技术有限公司、宇易云计算科技服务有限公司等多家云计算产业项目入住。

2. "襄阳云谷"之于"智慧襄阳"建设的重要意义

（1）"襄阳云谷"建设有助于提升襄阳城市品牌价值——"智慧襄阳"。"智慧"是襄阳城市最为耀眼的文化符号，已成为了襄阳的城市品牌。现代社会的快速发展，"智慧襄阳"不能停留在对古人智慧的发古思幽上，更应该引入现代智慧标志的云计算产业，提升"智慧襄阳"。以云计算产业为核心的"襄阳云谷"建设代表着世界未来的产业发展方向，通过"襄阳云谷"建设吸纳国际国内一批高科技企业入驻，高科技人才汇聚襄阳、助力襄阳，成为国内的产业发展高地、人才基地，使"智慧襄阳"现代化。

（2）"襄阳云谷"建设有助于打造汉江流域中心城市——"智慧城市"。襄阳已经吹响了建设汉江流域中心城市的号角，作为汉江流域中心城市，襄阳应具备"经济发达、文化繁荣、法治优良、功能完善、生态一流、人民幸福"六个特征，而城市的基础设施需要靠"襄阳云谷"建设去带动城市智能化即建设"智慧城市"。"襄阳云谷"建设带动襄阳利用先进的信息技术，实现城市智慧式管理和运行，进而为城市中的人创造更美好的生活，促进城市的和谐、可持续发展，成为汉江流域中心城市。

(3)"襄阳云谷"建设有助于推动传统企业转型升级——"互联网+"。根据2015年《政府工作报告》要求,国务院总理李克强6月24日主持召开国务院常务会议,部署推进"互联网+"行动,促进形成经济发展新动能。会议通过《"互联网+"行动指导意见》,明确了推进"互联网+"战略,促进创业创新、协同制造、现代农业、智慧能源、普惠金融、公共服务、高效物流、电子商务、便捷交通、绿色生态、人工智能等若干能形成新产业模式的重点领域发展目标任务,并确定了相关支持措施。云化就是互联网化,就是推动未来企业的互联互通。未来企业的互联互通,一定是数据层面的互联互通。在中国社会落实"互联网+"首要的就是普及云计算。以"襄阳云谷"建设来推动襄阳传统企业转型,推动襄阳"互联网+"产业发展。

3."襄阳云谷"的建设成就

我国已经将云计算上升到国家战略高度,国务院发布了《关于促进云计算创新发展培育信息产业新业态的意见》。国家、地方政府、产业界共同推动我国云计算应用和发展。襄阳市政府非常重视"襄阳云谷"建设,2014年,襄阳市政府下发了《关于加快建设"襄阳云谷"促进信息技术产业倍增发展的意见》,2015年,襄阳市政府工作报告明确提出要加快"襄阳云谷"建设。

在云计算产业带动下,襄阳软件和信息服务业延续了近年来高速增长的态势,一批知名电商企业已签约落户,动漫等新兴领域也实现了零的突破。目前,在襄阳工商注册的具有软件开发业务的企业近160家,其中以软件开发为主的企业近55家,电子商务企业78家。同城一家、百腾科技、灵动信息技术有限公司等一批实力较强的公司从业人员都超过200人,规模不断扩张,发展势头迅猛。同城一家将电子商务作为公司主要增长点,积极开展电子商务技术平台研发,总投资500万元的指南网电商云平台项目,集中小商家平台、商业中心平台、企业电商平台、城市垂直电商平台为一体,研发周期1年,已投入300万元,完成了大部分的研发工作。灵动信息技术有限公司2013年主营业务订单约163亿元,灵动公司正发展成为以移动互联网、大数据展现和云计算为核心竞争力,年收入超过10亿元的华中地区软件信息产业龙头企业。公司将依托智慧教育、智慧物流、智慧金融等三个云计算平台进行业务推广,为客户提供数据存储及挖掘服务。

襄阳高新区将物联网产业确定为该区"十二五"规划中重点发展的新兴产

业之一。2013年1月31日，襄阳高新区与深圳中格集团签署进区协议，标志着总投资30亿元的中格产业园项目落户襄阳。中格产业园项目建设内容为移动物联网及移动终端产品的研发、生产及应用，包括移动互联网、移动通信终端、物联网、车联网的研发大厦建设，以及现代化通信终端组装生产线、注塑生产线、移动通信终端产品和物联网终端产品制造基地、物流中心等。项目全部投产后，预计年产值将达100亿元。2014年2月，湖北省人民政府发布了《湖北省物联网发展专项行动计划（2014—2017年）》，进一步提出促进襄阳物联网的发展。

截至2013年6月，襄阳电子商务企业达到8000余家，95%以上的中小企业接入了互联网，大部分企业建立了自己的门户网站。市区网民超过100万人，参加网购超过20万人。淘宝网公布的国内首个《中国城市网购发展环境报告》中，襄阳被列为三线网购城市，在2300个城市中排名85位，成为网购发展的重点潜力区域。2013年8月，襄阳市政府出台了《襄阳市区促进电子商务发展暂行办法》。办法中规定，对市区（不含襄州区）依法设立的运营型、应用型、结算型等5类电子商务企业，市政府将拿出2000万元专项资金扶持和奖励其发展，大力支持电子商务的发展。2014年，国家商务部等八部委联合下发通知，批准全国30个城市创建国家电子商务示范城市，襄阳名列其中。淘宝中国襄阳特色馆、一号店、当当网等一批知名电商企业先后落户襄阳。这些举措，进一步促进了襄阳电子商务产业的发展。

（二）"襄阳云谷"发展中需要面对的若干问题

近年来，国家、湖北省和襄阳市制定了一系列支持"襄阳云谷"发展的政策，如襄阳成为创建国家电子商务示范城市，《湖北省物联网发展专项行动计划（2014—2017年）》支持襄阳物联网的发展，襄阳制定的《关于加快建设"襄阳云谷"促进信息技术产业倍增发展的意见》等，这些政策极大地促进了"襄阳云谷"的建设和发展。从总体来看，"襄阳云谷"已经取得了一定的成绩，但与来势汹涌的云计算产业发展相比，"襄阳云谷"建设还存在一些短板，仍需要加油发力。

一是行业标准规范滞后掣肘信息技术在"襄阳云谷"中的运用。我国信息化建设标准规范滞后、不一致的问题突出，物联网行业应用标准缺失，导致设备不能互相兼容、互操作性差。云计算缺乏统一的系统部署、迁移等标准，使得各厂商的解决方案无法实现互通。电子政务缺乏相关标准规范，或对已有标准规范落实不力。电子商务各业务系统数据标准不同，导致交易过程出现障碍。"智慧城市"也缺乏成熟的体系架构、功能组件、指标体系等标准规范。这些标准规范滞后，制约了襄阳云计算产业的发展，同样制约了"襄阳云谷"的建设。

二是"襄阳云谷"的产业发展规划有待细化。襄阳在云计算产业链的搭建、云计算行业推广应用、云计算人才培养等方面缺少细化的发展规划。政府部门不仅要提供云计算发展的基础设施，还应当制定配套规划并推进实施，真正起到推动云计算产业发展的主导作用。云计算产业的发展还必须将政策导向和市场机制有机结合，才能有效地发挥作用。

三是"襄阳云谷"园区建设档次有待提升。襄阳尽管已经建立了庞大的数据中心集群，仍然还需要系统地引入数据中心涉及的一系列产业链，如服务器、存储及配套产业等。云计算园区本质上应该是提供多种类型的云服务，其要义是通过对园区内计算资源的整合，进而达到对计算资源的节省。但当前襄阳主要集中于硬件基础设施的投资，对作为搭建在基础设施之上的空间系统构置和组织体系建设却相对滞后，这就需要对云计算产业园区进行更合理的规划。提高"襄阳云谷"园区云计算产业设施的运行能力，为做好云计算产业配套设施的匹配和产业链的延伸拓展空间。

四是"襄阳云谷"的市场和资源集聚能力不足。市场和资源集聚能力是云计算产业集群形成的必要条件。襄阳在城市化进程中，需要研究解决"襄阳云谷"面临的市场和资源配置问题，需要研究解决云计算产业基地的资源集聚能力问题。否则，云计算产业发展必受制于基础薄弱、抗风险能力差、缺乏核心技术、市场竞争能力弱、产业规模小等问题。襄阳还存在云计算应用的市场空间狭小问题，本地市场带动云计算及其相关产业聚集能力有限，制约了其产业链的延伸和拓展。

五是"襄阳云谷"的云计算专业人才供给缺乏。云计算的相关人才是其产业发展的核心推动力。云计算涉及IT、物流管理、经济管理等方面，主要涉及电子信息产品制造、软件与信息服务、互联网通信等行业领域。襄阳在涉及云计算产业方面的人才缺乏，云计算专业人才尤其是高端人才缺乏，不能满足产业发展的需求，成为制约未来襄阳云计算产业发展的主要掣肘。

三、国内外云计算产业发展的启示

（一）国外云计算产业的发展

1. 全球云计算产业的发展趋势

根据国际数据公司（International Data Corporation，IDC）报告显示，2013年全球云计算市场规模为442亿美元，未来4年全球云计算市场平均每年将增长26%。就像其他的产业发展一样，云计算产业也会经历导入期、成长期、成熟期，最终走向衰退期。目前云计算技术已经步入成熟并普及的阶段。

从技术和产品角度来讲，云计算产品和服务定型（例如亚马逊的云服务，百度的SaaS云软件服务等），技术成熟，成本下降（例如已存在各类免费的云平台）。

从行业和产业链发展角度来讲，行业内企业数量已很多、产业链完整，竞争日趋激烈，新企业进入门槛变高。

从市场需求角度来讲，云计算需求逐渐被满足，包括政府方面的需求（例如各类政务云、医疗云、教育云）、工商界需求（例如大型银行、工业企业的服务器云化处理）以及个人用户需求（例如三星、苹果等的个人云、网盘等）。

从标准角度来讲，已有大量组织和团体完成"云计算"相关标准化工作，针对云计算架构、服务接口、安全等多个方面，例如亚马逊的EC2、EBS已经形成的市场标准，分布式管理任务组DMTF、存储工业协会SNIA、开放网格论坛OGF、云计算互操作论坛CCIF、云安全联盟CSA、开放云联盟OCC等组织也都在积极参与标准制定。

从专利角度来讲，截至2014年8月19日，云计算产业的专利整体数据经过检索后得到在华申请30250件，全球64327项。从1990年开始，专利申请量从112件攀升到2000年的1499件。从2001年开始至今，专利申请量一直呈现飞速增长态势，特别是从2008年开始几乎呈直线上升趋势，2012年达到10498件。

2. 世界主要国家云计算产业的发展

当前，全球云计算发展整体呈现以下态势：一是各国政府日益关注。美国全力推进云计算计划，进一步整合商业、社交媒体、生产力应用与云端IT服务。

美国经过最初几年的普及和市场预热后，近年来云计算开始逐步迎来规模化发展。云计算产业链逐渐形成了软硬件平台提供商、系统集成商、服务提供商、应用开发商的产业架构，价值链上、下游各个部分都已经有了自己的代表群体。最先在企业内部进行云计算部署实践的几家企业，如谷歌、亚马逊、微软，在云计算方面投入最大的前若干名公司，如 HP、IBM 等，都是总部设在美国的跨国企业。美国云计算的市场中也不乏众多中小企业，这些中小企业表现出了强劲的发展潜力，提供云计算产业上下游某个环节的产品、服务，由此出现了诸多可行的云计算商业模式。

在美国云计算市场的发展过程中，大企业扮演了"第一推动力"的角色，基于以往美国 IT 互联网市场的发展历程，这是一个必然的结果。大企业在把云服务推向市场之前，就已经在内部运营了多年，不仅能够保证服务质量水平，而且大企业本身就是云服务最大的用户，这也能有效地降低扩张云计算平台投资带来的风险。例如 Google 是业界闻名的服务商，同时其自身就是最大的云计算使用者。2012 年，IBM 已投入超过 200 亿美元进行并购，开发云端运算，以获取新的营收增长来源。2010 年，微软投资 95 亿美元用于研发，其中很大一部分投资用于云计算领域。2010 年美国云计算统计调研中，业界人士最关注的云计算问题排序为成本节约、虚拟机可见性、部署控制、安全；认为需优先改善的云计算问题为操作安全、管理、检测、可用性。云计算在过去一年的安全性仍是不容乐观，25.8%的用户在公共云的数据受到感染。

同时，企业加快项目布局。云计算技术主要由大型 IT 企业掌握。美国硅谷目前已经约有 150 家涉及云计算的企业，新的商业模式层出不穷，微软、谷歌、IBM、亚马逊以及业界领军人物 Salesforce 等 IT 巨头都进入云计算领域。产学研合作不断密切。云计算能够快速发展，学术界、企业间的密切联动与合作起到重要作用。IBM 在推出"蓝云（Blue Cloud）"计划后，与政府机构、大学和互联网企业展开云计算方面的合作，于 2008 年向客户正式推出第一套支持 Power 和 X86 处理器系统的"蓝云"产品。谷歌等与卡内基梅隆大学、麻省理工学院、斯坦福大学、加州大学柏克莱分校及马里兰大学等高校加快云计算的合作研究。同时，谷歌宣布在中国台湾地区激活"云计算学术计划"，与台湾大学、交通大学等学校合作，将云计算技术推广到校园。

日本内务部和通信监管机构计划建立一个大规模的云计算基础设施，以支持所有政府运作所需的信息系统。日本政府大力推进云产业的主要措施和方法为：第一，制定发展战略。日本IT产业一直居世界前列，发达程度仅次于美国，个别领域居世界首位。在这种技术背景下，日本政府利用长期形成的市场导向性的政府指导经济体制，采取一些行政和法律举措大力推进云产业发展，谋求用云计算创造新的服务和产业，并为此制定实施了"有效利用因特网，创造云计算新产业"的发展战略。

早在2010年，研发和推广云计算技术已列入《欧洲2020战略》，德国还制定了《云计算行动计划》，英国启动了"政府云战略（G-Cloud）"，韩国制定了《云计算全面振兴计划》。

（二）国内云计算产业的发展

国内云计算产业发展虽然晚于世界主要发达国家，但其势不可当。目前我国已有20多个城市开展云计算相关研究和项目建设。北京市发布的"祥云工程"行动计划，致力于形成2000亿元产业规模，建成亚洲最大超云服务器生产基地；上海市发布的"云海计划"三年方案，致力打造"亚太云计算中心"，带动信息服务业新增经营收入1000亿元；广州市部署的"天云计划"，预期到2015年，打造世界级云计算产业基地，达到国内云计算应用领先水平。陕西、福建、天津、黑龙江、重庆、广东、呼和浩特、宁波、深圳、武汉、杭州、无锡、廊坊等省市均加强了对云计算产业的研究与部署，并联合大型信息技术企业积极推动云计算产业发展，加强云计算基础设施建设，重点搭建商务云平台、开发云平台和政务云平台三大云计算服务平台。

当前我国云计算产业发展的趋势为：

首先，我国云计算产业将结束发展培育期，步入快速成长的新阶段。我国云计算持续快速发展，产业规模不断扩大，年增速远超国际水平，创新能力显著增强，产业链日趋完善，产业环境不断优化。我国云计算发展面临新的形势，政府重视程度持续增加，指导性政策陆续出台，市场需求空间不断扩大，产业将结束发展培育期，步入快速成长的新阶段。

第二，产业指导性政策出台，地方城市云计算建设进入攻坚阶段。自《国务院关于加快培育和发展战略性新兴产业的决定》将云计算列为战略性新兴产业以来，我国政府制定了一系列指导及规划政策促进云计算发展。2013年，工业和信息化部发布《关于数据中心建设布局的指导意见》，规范我国数据中心，特别是大型数据中心的合理布局和健康发展。我国云计算发展指导性文件的出台，将进一步优化我国云计算发展环境，推动产业快速成长。

第三，地方政府对发展云计算保持高度热情，云计算产业如火如荼。我国累计已有30多个省市发布了云计算战略规划、行动方案或实施工程。广东等省制定发布《广东省云计算发展规划（2013—2020年）》，厦门市印发《闽台云计算产业示范区总体规划（2013—2020年）》，天津市在国民经济和社会发展规划中提出重点发展"六云"（云感知、云计算、云存储、云安全、云方案、云灾备）产业。地方城市云计算发展将迎来转折点。北京、上海、深圳、杭州等率先开展云计算建设的城市经过三年的前期探索，已在技术、产品、基础设施建设方面取得一定成果，将进入产业攻坚阶段，加速关键技术突破，推进云计算应用在各行业、各领域广泛展开。同时，一批二三线城市也将启动云计算发展计划，开展基础设施建设与行业应用，进一步完善我国云计算布局。

第四，中小企业和个人用户需求空间加速扩大，国内外企业激烈争夺我国市场。随着云计算产品服务不断创新，应用加速落地，企业和个人用户的数量都实现了迅猛增长。百度、腾讯、奇虎等企业的云服务平台聚集用户均已超过1亿，阿里和金蝶云服务支持的中小企业数量超过70万家。但出于对服务安全性和稳定性的考虑，目前我国企业对云服务普遍持有怀疑态度，勇于尝试的企业数量仍然偏少。我国云计算市场空间将进一步扩大，用户数量将加速增多。中小企业级市场，随着云服务认定办法陆续出台，企业云服务功能不断加强，用户对云服务的认可程度将普遍提高，使用信心将逐渐增强。个人应用方面，随着移动互联网和互联网金融的发展，人们对各种关系到日常生活、工作、娱乐的云服务需求将不断增多，推动个人应用服务快速发展，预计2016年将有个人用户数超过2亿的云服务企业出现。

第五，亚马逊、IBM、微软等跨国企业的公有云服务纷纷入华，加速抢夺我国市场。微软云服务Azure在上线半个月内就获得金蝶软件、观致汽车、PPTV和蓝汛通信等本土客户，观致汽车将其Qoros Qloud业务除移动客户端以外的所有开发、测试工作都放在Windows Azure云端完成。随着云计算快速发展，市场需求不断增长，中国将成为全球竞争最为激烈的云计算市场之一。跨国企业将继续通过与国内企业合作等方式，加速进入国内市场。国内以百度、腾讯、阿里巴巴为代表的互联网服务企业，华为、中兴、用友等传统软硬件企业，以及其他云服务提供商也将继续在云计算领域开疆拓土，国内市场竞争将愈加激烈。

总体来看，我国云计算将从发展培育期步入快速成长期，地方政府云计算建设进入攻坚阶段，产业规模持续增长，产业结构呈现软化趋势，新的产业格局正在形成。同时，我国企业面临着激烈的市场竞争和创新商业模式与关键技术的压力。

（三）国内外云计算产业发展对襄阳的启示

国内外云计算产业的发展现状、趋势及其所采取的措施，对襄阳发展"襄阳云谷"有一定的借鉴意义。

第一，政府主管机构应尽快出台具体规划和支持措施。中国云产业的发展比美国、日本大约晚了三四年。日本大力推动云产业的政府机关是日本的总务省，推动产业发展的行政机构级别最高。日本政府在采用某种提案之前，往往成立名义上隶属于政府的专门研究会进行理论研究，由研究会向政府提出行政建议，供政府参考。我们可以学习借鉴日本的经验，政府主管机构应尽快出台具体规划和支持措施，促进云计算产业加快发展。

第二，优化云计算产业的发展环境。国内一些地方经验表明，地方政府在推动云计算产业发展中应当有所作为。政府应当积极部署云计算基础设施建设，优化布局数据中心建设，做好运营商集聚布局，围绕互联网产业打造公共平台。鼓励企事业单位积极开展研究工作，促进云计算技术、产品服务、解决方案取得创新突破。鼓励建立云产业行业协会，由与云产业相关的行业协会充分发挥充当政府与企业、云计算这种服务商品与消费者之间的桥梁与纽带作用，为稳定产业市场做出贡献。襄阳应该借鉴这方面的经验，鼓励企业间建立有学者参加的行业协会，为云产业的发展提供服务。

第三，政府机构带头应用云计算服务，进行政府采购，以带动全国云产业的发展。日本政府在确立了大力发展云产业战略之后，率先投入巨资为中央政府直属机关建立电子行政云（霞关云），不仅率先垂范地推动了云产业的发展，也极大地提高了政府行政办公效率，节约了办公成本，促进了社会的进步。政府带头应用云计算服务，以鼓励和支持云计算产业的发展，也是襄阳可以参考和学习的。

第四，鼓励企业尽快提高技术能力，让企业具有自主培育市场的能力，创新产业发展模式。日本是一个政府主导型的市场经济国家。日本政府通过制定云产业发展战略，引导了日本云产业的发展，但对云计算企业的商业运营并不干预。日本云计算企业一切以市场为导向，始终把培育市场能力作为企业的努力方向和生存之道。向消费者提供更加便捷、更加有价值的服务是云计算产业的宗旨。不止日本，国内一些地方云计算产业发展的经验，也是值得学习的。

四、"襄阳云谷"发展的愿景与路径

襄阳已经具备建设和发展"襄阳云谷"的基础和条件，还应当从以下几个方面进一步完善。

（一）制定"襄阳云谷"发展战略

制定"襄阳云谷"发展战略，必须注重发挥市场和政府的作用，协调好两者之间的相互关系。

首先，发挥市场的决定性作用。在"襄阳云谷"的建设中，要发挥市场在资源配置中的决定性作用，完善市场准入制度，鼓励企业根据市场需求丰富服务种类，提升服务能力，对接应用市场。建立公平开放透明的市场规则，完善监管政策，维护良好市场秩序。加强云计算相关基础研究、应用研究、技术研发、市场培育和产业政策的紧密衔接与统筹协调。发挥企业创新主体作用，以服务创新带动技术创新，增强原始创新能力。

其次，发挥政府的指导和协调作用。充分发挥襄阳云计算产业发展领导小组统筹协调作用，重点解决制约云计算产业发展的重大及关键瓶颈问题。聘请国内云计算领域专家和企业代表组成云计算专家咨询委员会，为产业发展和项目推进提供决策咨询。组建"云服务认定小组"，负责云服务企业认定工作。组织实施一批云综合应用示范项目，创新产业模式，充分发挥市场的引导作用，支持一批龙头企业开拓市场，加速形成产业链各细分领域的要素聚集。积极推动电子政务建设向云模式迁移，各部门新建和已建业务系统升级，原则上必须按照政府采购的要求，使用政务云服务，避免重复建设。

(二)优化"襄阳云谷"发展环境

一是鼓励创新产业联盟。建立产业创新联盟,发挥骨干企业的引领作用,培育一批特色鲜明的创新型中小企业,健全产业生态系统。完善云计算公共支撑体系,加强知识产权保护利用、标准制定和相关评估测评等工作,促进协同创新。

二是出台政策支持。在全面落实国家、省出台的各项支持云计算及高新技术企业税收优惠政策的基础上,统筹市级电子商务及其他信息技术产业专项资金,重点支持云计算相关产业的招商引资、应用示范项目建设、企业培育等。

三是重视高端人才引进。对于云计算的高端人才,政府应按照规划需要以引进为主。对于云计算产业长期发展,要以应用型人才培养为主。政策层面上,可以人才引进为媒介,在人才引进上向云计算产业倾斜,引进产业发展需要的高端研发人才;社会层面上,则以高等院校和科研机构为主体,联合人力资源认证培训机构,根据产业发展规模和市场需求,培养云计算技术研发与产业化的应用型人才。通过政策导向支持企业与高等院校、科研院所、培训与咨询机构合作,对云计算技术研发、市场推广、服务咨询等方面的人才进行职业培训。

四是优化融资环境。深化"政银企保"合作模式,支持商业银行对襄阳云计算企业进行整体评估授信,支持符合条件的企业发行中小企业集合债券、中小企业区域集优债、企业债券、中期票据、私募债券以及其他非公开定向发行债务融资工具等,重点服务云计算中小企业融资需求。加快推广政府与社会资本合作(PPP)模式,推进云计算中心等基础设施投资项目建设。加大政策资金支持,研究建立补贴机制,给予适当补贴。在电子政务云领域,鼓励通过政府购买服务方式,加快一批云计算项目建设。对已建成的云计算项目,尝试进行PPP模式改造,成立特殊目的公司,通过项目租赁、重组、资产转让等方式对原项目进行升级改造或合作经营。

(三)创新"襄阳云谷"发展模式

首先,"襄阳云谷"要以襄阳高新技术产业开发区和东津新区为主要载体,以云计算产业为核心,大力发展相关产品、服务及应用,引领物联网、电子商务等支柱产业创新发展,带动电子信息制造业与软件和信息技术服务业协同推进,形成信息技术产业特色化发展集聚区。在已经吸纳包括中国移动湖北公司襄阳创新基地"四个中心"、IBM华中云计算中心等企业的基础上，以互联网促进产业转型升级，重点围绕智能化生产、网络化供应等领域，鼓励和支持传统产业利用互联网技术、平台及应用，创新产品与服务，优化流程和管理，形成网络经济与实体经济联动发展新态势；培育互联网发展新业态、新模式，加快发展知识产权交易、互联网金融、大规模个性化定制等应用，形成拉动经济增长的新动力。

其次，"襄阳云谷"要探索电子政务云计算和大数据开发与利用的新模式。鼓励应用云计算技术整合改造现有襄阳电子政务信息系统，实现各领域政务信息系统整体部署和共建共用，大幅减少政府自建数据中心的数量。政府部门要加大采购云计算服务的力度，加强大数据开发与利用。应当充分发挥云计算对数据资源的集聚作用，实现数据资源的融合共享，推动大数据挖掘、分析、应用和服务。在保障信息安全和个人隐私的前提下，积极探索地理、人口、知识产权及其他有关管理机构数据资源向社会开放，推动政府部门间数据共享，提升社会管理和公共服务能力。充分发挥云计算、大数据在"智慧襄阳"建设中的服务支撑作用，加强推广应用，挖掘市场潜力，服务城市经济社会发展。

其三，"襄阳云谷"要构建云服务体系、打造云应用平台、形成云产业集群。加速集聚云计算相关产业及项目资源，聚焦云服务和云应用领域，辐射带动软件与创意、融合通信、文化教育、移动互联网、物联网等相关产业发展，全面提升"襄阳云谷"园区的综合竞争力，打造国内知名的云产业集群。建设智慧基础云、食品及医疗健康云、文化教育云、企业云、交通云、旅游云、电子商务云、电子政务云等全面、健全的云服务体系，创新"襄阳云谷"产业发展模式。

总体来看，我国云计算将从发展培育期步入快速成长期，地方政府云计算建设也进入攻坚阶段，产业规模持续增长，产业结构呈现软化趋势，新的产业格局正在形成。同时，我国企业面临激烈的市场竞争和创新商业模式与关键技术的压力。"襄阳云谷"已经取得了一定的成绩，但需要研究解决前进中可能存在的一些问题，如云计算的发展和利用标准规范滞后、"襄阳云谷"产业发展规划有待细化、"襄阳云谷"园区建设档次有待提升和"襄阳云谷"云计算产业的专业人才供给不足等方面。国内外一些发展云计算的措施，如政府主管机构应尽快出台具体规划和支持措施、优化云计算产业的发展环境、鼓励企业尽快提高技术能力，让企业具有自主培育市场的能力、创新产业发展模式等，对"襄阳云谷"的建设和发展有一定的借鉴意义。应当从制定"襄阳云谷"发展战略、优化"襄阳云谷"发展环境、创新"襄阳云谷"产业发展模式三大路径来建设和发展"襄阳云谷"，以顺利实现将"襄阳云谷"建设成为我国中西部地区重要的云计算产业基地的目标。

参考文献：

[1] 梁晓琴：《基于云计算的政企互动电子政务模式研究》，天津大学2013届博士学位论文。

[2] 谢振兴：《中国云计算产业发展分析及政策建议》，对外经济贸易大学2012届硕士学位论文。

[3] 刘明超、刘明越：《呼和浩特市云计算产业发展可行性研究初探》，《前沿》2013年第23期。

[4] 刘甜甜、张清、岳强、李俊杰：《云计算产业发展现状和趋势分析》，《广东通信技术》2015年第1期。

[5] 常凤霞、鲁彦真、张志宇：《日本云计算产业的发展及对中国的启示》，《经济研究导刊》2014年第16期。

[6] 李淑华：《主要发达国家培育发展云计算畜牧业的经验与启示》，《中国科技投资》2014年第2期。

[7] 俞东进：《杭州市云计算产业发展报告》，浙江大学出版社2013年版。

[8] 李虹：《物联网与云计算：助力战略性新兴产业的推进》，人民邮电出版社2011年版。

[9] 工业和信息化部电子科学技术委员会：《中国云计算技术和产业体系研究与实践》，电子工业出版社2014年版。

高新前沿　创新热土
——襄阳高新区创新发展研究

何晓红

内容提要：新时期，襄阳高新区建设如何对标全国一流高新区，打造升级版襄阳高新区？本课题通过总结分析襄阳高新区创新发展的历史及面临的挑战与机遇，以国内外高新区理论研究的成果和国内典型高新区创新发展模式作为借鉴，结合我国经济转型发展与产业结构优化升级的时代背景，探索襄阳高新技术产业持续健康发展的路径，推动襄阳城市建设和品牌创新。襄阳高新区创新发展，必须强化顶层设计，优化发展空间；推行先行先试，改革试点出成效。让创新创业的生态更完善、产业发展的环境更健康、城市建设和社会发展更美好，以高新区建设带动襄阳城市品牌的打造和建构。

2015年6月13日，国家科技部火炬中心在武汉东湖高新区召开建设世界一流高新区工作座谈会。北京中关村、武汉东湖、上海张江、深圳、成都、西安、杭州、苏州工业园区8家国家高新区就加快创新驱动、建设世界一流高科技园区达成"武汉共识"。国家高新区发展正迈入新的重要战略机遇期，面临新常态、新机遇、新挑战。一流高新区必须增强责任感和紧迫感，主动对接"一带一路""京津冀协同发展""长江经济带"等国家发展战略布局，积极响应"大众创业、万众创新""互联网+""中国制造2025"等国家重大战略部署，当好创新驱动发展先锋。科技部数据显示，目前全国共有国家级高新区129家，2014年实现营业总收入22.9万亿元，工业总产值17万亿元，净利润1.4万亿元，实缴税金1.2万亿元，出口创汇4272亿美元。

新时期，襄阳高新区建设如何对标一流高新区，打造襄阳升级版高新区？本课题拟从展望襄阳升级版高新区建设的规划和愿景、总结襄阳高新区自主创新发展的历史贡献入手，借鉴全球高新区创新发展的宝贵经验，分析经济新常态下襄阳高新区创新发展，如何通过制度创新实现更高质量更高效益的可持续发展方略。

一、襄阳高新区创新发展的历史贡献、机遇与挑战

（一）襄阳高新区创新发展的历史贡献

1. 发挥战略提升潜力，创新政策不断优化

襄阳市委、市政府高度重视高新区的建设和发展，出台得力措施，加大投入，加快襄阳高新区建设，促进高新技术产业发展，创新政策环境进一步优化。

襄阳高新区是1992年11月经国务院批准设立的国家级高新区，下设"一区四园"，即襄阳科技商务区和高新技术产业园、汽车工业园、深圳工业园、保康工业园，辖团山、米庄两个镇和刘集、紫贞、七里河、东风四个街道办事处。经过20多年的建设发展，襄阳高新区的辖区面积由建区之初的7.5平方公里扩大到现在的200平方公里，常住人口由3.2万人增加到20万人，各类注册企业由17家发展到7804家，营业总收入由3.7亿元增长到2078亿元，拥有国家新型工业化产业示范基地、国家创新型特色园区、国家新能源汽车关键部件创新型产业集群试点、国家产业促进科技服务体系试点等20张国牌。聚集了全市100%的百亿企业和67%的过50亿元企业、80%的上市公司、84%的博士硕士、68%的高新技术企业，为全市经济社会发展做出了重要贡献，已成为襄阳高新技术产业的聚集区、新兴产业的引领区、科技创新的示范区、高端人才的集中区、体制机制改革的先行区，在全国129家国家级高新区中的地位和影响力不断提升。

一系列成绩的背后，凝集着襄阳决策者们的战略眼光和指导艺术。新时期，《中共襄阳市委、襄阳市人民政府关于全力推进襄阳高新技术产业开发区创新型特色园区建设的意见》《中共襄阳市委、襄阳市人民政府关于襄阳高新区学习借鉴上海自贸区经验开展先行先试改革试点工作的实施意见（试行）》等一系列文件的出台，高新区在招商引资、人才引进和企业技术创新等方面也纷纷制定出台了一系列政策措施，不断进行战略提升，优化发展环境，有力推进了高新区的快速发展。

2. 发挥自主创新优势，区域创新能力不断提升

发挥自主创新优势是高新区实现可持续发展的灵魂，而高新技术企业则是

自主创新的主体。高新区的建设是否成功,关键是看能否培育出一批具有自主知识产权、具备国际国内市场竞争力的高新技术企业,企业的自主创新能力已成为区域创新能力的集中表现。据国家知识产权局公布的数据,2015年5月,湖北发明专利授权量进入全国十强。

2015年5月全国发明专利申请授权量排名

排名	地区	申请		排名	地区	授权	
		当年累计	月合计			当年累计	月合计
1	江苏	44678	12238	1	北京	13249	3247
2	广东	32439	7724	2	江苏	12668	3243
3	北京	29325	6374	3	广东	12417	3144
4	浙江	22714	5454	4	浙江	8252	2091
5	山东	21918	5253	5	上海	6616	1526
6	安徽	20981	6099	6	山东	6079	1537
7	上海	16340	3555	7	安徽	3702	912
8	四川	11373	2664	8	四川	3291	880
9	广西	10216	3000	9	湖北	2949	695
10	湖北	7824	2151	10	陕西	2554	755

从湖北省各国家级高新区专利申请情况看,襄阳高新区2015年1—6月专利申请状况比2014年同期增长12.98%。

2015年1—6月湖北省国家级高新区企业专利申请同期对比表(单位:件)

高新区名称	申请总量	发明申请	同比增长
武汉东湖新技术产业开发区	3086	1564	33.36%
襄阳高新技术产业开发区	296	64	12.98%
孝感高新技术产业开发区	249	83	9.21%
宜昌高新技术产业开发区	86	38	-13.13%
荆门高新技术产业开发区	84	16	110.00%

除武汉东湖高新技术开发区外,在处于地市州的高新区企业专利申请同期对比中,襄阳高新区在申请总量和发明申请及同比增长均居于前列。(资料来源:湖北省知识产权局 http://www.hbipo.gov.cn/show/32276)

3. 发挥创新集聚效应，创新产业特色不断体现

近些年来，襄阳高新区坚持创新驱动战略，发挥创新集聚效应，高新技术产业保持快速增长的态势，高新区对区域增长的贡献不断增强。襄阳高新区产业特色进一步明晰，形成了特色的高新技术产业群，即以汽车及零部件产业为龙头，以高端装备制造、新能源汽车、新能源新材料、电子信息、生物医药等战略性新兴产业为支柱的产业发展格局。为了支撑产业发展，襄阳高新区提出"一区四园"的发展思路，不断筛选优质项目充实到襄阳科技商务区和高新技术产业园、汽车工业园、深圳工业园、余家湖保康工业园。

加强高新区高新技术创新产业建设是提高襄阳高新区竞争力的重要途径，也是在地方经济发展中发挥引领、示范、带动作用的重要手段。现阶段，襄阳高新区高新技术产业结构调整和升级，关键在于如何进行创新产业建设，真正带动一大批新兴产业的发展。在科技部火炬高技术产业开发中心2016年年底发布的《国家高新区创新发展报告》中，从创新资源集聚、创新创业环境、创新活动绩效、创新的国际化和创新驱动发展五个方面，对全国115个国家级高新区的创新发展进行了评价。襄阳高新区创新发展取得了好成绩，总体排名第二十九，在中部地区排名第五，在创新型特色园区中排名第四。

4. 发挥创新推动效能，创新创业服务不断完善

为增强自主创新能力，发挥创新推动效能，高新区充分整合和利用国内外的科技资源，打造技术创新平台，构建了多层次、网络化的创新创业体系。创新行政审批管理服务，组建襄阳高新区行政审批局，是襄阳学习借鉴上海自贸区经验在高新区开展先行先试改革的重要方面之一。除少数特殊部门实行派驻外，通过"政府授权、部门委托"的方式，将襄阳市直其他部门相关的涉企行政审批职能全部下放到高新区，集中到区行政审批局办理，建立"一口受理、综合审批、高效运作"的服务模式，实现"一枚印章管审批、一个窗口办完事"。新成立的高新区行政审批局，设有2600平方米的行政审批工作区，配备工作人员95名，其中，高新区工作人员55名，市直部门派驻人员40名。涉及26个部门，121项涉企审批事项，全部集中在行政审批局办结，共有48个审批窗口。一个窗口受理、分头审批、协同会审、联合踏勘、统一收费、限时办结，在创新审批体制的同时，高新区行政审批局积极实施审批流程再造，探索采用并联审批方式，使群众和企业享受到了更加便捷的审批服务。

近几年，襄阳高新区在创新驱动的道路上不断前行，创新政策不断优化，区域创新能力不断提升，创新产业特色不断体现，创新创业服务不断完善，引领全市产业转型升级的战略地位越来越突出。改革创新激发了企业投资创业的热情。2015年第一季度，高新区在建项目284个，总投资2022亿元；新开工项目61个，总投资360亿元；比去年同期分别增长50.7%和35.9%，再创襄阳"新速度"。

（二）襄阳升级版高新区建设的机遇和挑战

"一带一路""京津冀协同发展""长江经济带"等国家发展战略布局的出台，"大众创业、万众创新""互联网+""中国制造2025"等国家重大战略部署的落地，区域发展的新格局也给襄阳带来了重塑"七省通衢"交通枢纽地位的新机遇。

襄阳地处"一带一路"、长江经济带等国家战略辐射区，尤其是3条干线铁路、6条高速公路以及襄阳机场改扩建、现代航运体系等重大基础设施的陆续开工，将显著提升襄阳区域性综合交通枢纽地位，打开对接国家战略的大通道。

国家以中西部为重点的新型城镇化布局为襄阳城镇化发展模式转型带来了新机遇。襄阳是中西结合部的重要节点城市，必将获得更多的政策和项目支持。国家改革创新试点示范带来了集聚要素的新机遇。近几年，襄阳相继开展了103项国家试点示范，体制机制创新的效应逐步释放，扩大了襄阳的城市影响力，形成了吸引投资、集聚项目的强大磁场。

但是，襄阳高新区在力争国家一流创新工业园，冲刺国家高新区一流方阵的过程中，还存在不小的差距和不足，主要表现为五个"不够"，即：思想解放的程度不够、产业集聚的高度不够、产城融合的发展度不够、人才队伍素质的适应度不够、科技创新的引领度远远不够。特别是经济总量不大，产业结构不优，工业占全市的47.7%，而服务业只占全市的4%；在工业中，汽车产业占了60%多，而其他5个主导产业加起来只占30%，"一业独大"的格局还未完全改变；在全国高新区比较坐标系中的优势不足，和武汉东湖高新区、沌口开发区及宜昌、南阳等周边高新区相比，襄阳高新区的优势并不明显。开放意识和发展文化不足、管理体制不活、建设理念不新等问题制约着襄阳高新区的创新发展。

（三）襄阳升级版高新区建设的规划和愿景

襄阳将以高新区为改革试验田，学习借鉴上海自由贸易区经验，开展先行先试改革试点工作，力争在多项改革事项上实现突破，打造襄阳版自由贸易区创新发展模式，努力把襄阳高新区打造成为内陆地区营商环境一流的开发高地、引领汉江流域扩大开放的核心引擎、湖北先行先试改革的排头兵，"大众创业、万众创新"的有效载体，实现转型升级、培育新的经济增长点。

进一步解放思想，全面深化改革，破解发展难题，破除体制机制障碍。要坚持市场导向、问题导向，积极探索创新政策和改革措施的先行先试，充分发挥好市场配置创新资源的决定性作用，最大限度释放人的创造性与活力。进一步发挥好襄阳高新区自主创新示范区的作用，让创新创业的生态更完善、产业发展的环境更健康、城市建设和社会发展更美好。

坚持以企业作为创新的主体，以产业发展需求为导向，不断推进技术创新、管理创新、组织创新、商业模式创新。积极参与国家重大科技计划，重点推进一批原始创新技术和关键共性技术攻关。着力加强原始创新，推进集成创新，积极探索基于互联网、大数据的跨界创新、迭代创新和颠覆式创新。围绕产业发展关键环节搭建一批多方参与的开放性创新平台，积极探索建立跨行业、跨领域、跨区域的协同创新模式与机制。

优化创新创业生态、大力发展众创空间、激励大众创新创业是襄阳高新区工作的重要抓手。要通过发展众创空间，不断集纳创业要素、集聚创业人才、培育创业主体、发展创业资本、繁荣创业经济。让创新创业的血液自由流动，让创新创业的精神蔚然成风，让创新创业真正成为创新驱动发展的核心要求。

要成为新产业、新业态的发源地。要加快互联网与实体经济的跨界融合，推进"互联网＋""中国制造2025"和产业跨界创新。大力发展科技服务业，不断催生新业态、发展新模式。

二、创新全球化视野下高新区发展的必然趋势

（一）国内外关于高新区的研究成果

关于高新区创新发展，国外的研究主要集中于产业集聚、知识溢出、区域

创新、社会网络等方面。一种观点认为,要用增加高新区知识存量和知识流动的方式提升区域科技竞争力;另一种观点认为,知识溢出和劳动力迁移是高新区创新发展的源泉。还有学者提出企业间技术溢出是通过日常经营合作实现的,合作公司间知识流动和动态社会网络对科技创新具有驱动作用,高新区创新发展的动力是大型企业需求拉动和小公司生产推动共同作用的结果。

关于高新区创新发展现状,国内学者们认为高新区的发展在政策资金和规模的驱动下完成了初步发展,为了更好地发挥高新区的作用,解决发展中存在的问题,高新区要全面推进二次创业,以创新求发展;关于高新技术产业化载体建设方面,国内学者对影响高新区产业集群发展的因素和高新区发展产业集群存在的问题进行了分析,指出培育战略性新兴产业和推动创新型产业集群发展是当前国家高新区创新发展的重要任务,高新区创新创业载体的建设不仅是各种高新技术服务平台等创新创业平台的建设,还是创新网络和创新创业环境的重要组成部分;关于高新技术产业化主体培育方面,加强高新技术产业化主体培育主要表现为:一要大力培育科技型中小企业,二要加快推动高新技术企业的发展,充分发挥创新型企业的示范作用;关于先进技术转移和科技成果产业化方面,国家高新区先进技术的转移和科技成果的产业化需要科技服务机构的支持和推进,高新区方便快捷的服务体系能大大提高科技成果产业化的效率,高新区加速推进先进技术转移和科技成果产业化,要求必须不断完善技术转移和科技成果产业化服务体系,发展包括企业孵化器、生产力促进中心加速器等在内的科技服务机构,以科技创新服务业的发展推动技术转移和成果的转化,同时,大力发展产权交易所等技术交易机构和技术交易服务平台;关于优化高新技术产业化环境方面,学者们指出高新技术产业化依赖良好的政策环境,要建设高新技术产业化的投融资环境,优化高新技术产业国际化发展环境,建设高新技术产业化的文化环境等。

(二)国内典型高新区创新发展模式的借鉴

截至 2014 年 8 月,经过 20 多年的发展,全国高新区总数达 115 家,2013年实现营业总收入 20.3 万亿元,55 家成为"千亿俱乐部"成员,其中不乏特色鲜明、具有借鉴意义的高新区创新模式。

1. 上海张江高新区创新模式

"张江创新模式"的核心在于敢于突破。张江高新区出台的职务科技成果股权和分红激励办法，是利用国有股权收益部分对创新个人、创新团队进行的股权激励试点。参加试点的高校和科研院所可采取科技成果入股、科技成果收益分成等激励方式，激发20%核心人才的创新激情。

"张江创新模式"的基础在于科技与金融的结合。张江高新区管委会与中国银行共同打造的金融服务品牌，树立了融资创新的一大样板。年销售收入在5亿元以内的科技型小微企业中符合条件的企业，最高可实际获得中国银行5000万元的授信融资。中国银行还在审批环节打造了贴合科技型企业生命周期的产品体系，开辟了专业高效的"张江绿色服务通道"。该区为辖区内科技型企业提供科学的授信方案和灵活的组合担保方式。另外，张江高新区还充分发挥规划和资金的杠杆调节作用，围绕上海重点发展的"5+2"战略性新兴产业，织起了门类众多的公共服务网络平台，已拥有230余个公共服务平台。

2. 武汉东湖高新区创新模式

作为我国第二个国家自主创新示范区，武汉东湖国家自主创新示范区已经基本形成了光电子信息为主导，生物医药、新能源环保、高端装备制造、高技术服务业竞相发展的"131"产业格局。这片"以光而名"的热土，不断"聚光成谷"。

作为全国唯一的国家知识产权示范园区，东湖高新区在加快促进知识产权拥有量增加的同时，积极探索知识产权与金融的对接，将知识转化为财富。

为吸引海外人才，东湖高新区设立了人才特区专项资金，每年投入不少于1.5亿元，对引进的世界一流创新团队给予最高1亿元资助；对"3551人才计划"入选者给予60万至500万元支持，其中对入选"千人计划"者给予300万元资助。

东湖高新区通过人才＋创意、人才＋科技、人才＋管理、人才＋金融的综合运用，用"人才＋"模式锻造"中国光谷"。创新是各创新主体、创新要素相互作用下的一种现象，其中涉及多个主体要素、资源要素、环境要素。要避免就人才谈人才，需注重人才和其他创新要素的结合，以"人才＋"的形式，塑造共同作用的创新生态。

2015年，武汉东湖高新区政务中心首试新模式——将公务员从窗口咨询、预审收件等简单工种中"解放"出来，一心一意抓审批与监管，而窗口工作则交给外包公司完成。同时东湖高新开发区政府携手技术公司打造开发区网上行政审批新模式，实现"互联网＋"真正落地。

3. 东莞松山湖高新区创新模式

东莞松山湖高新技术开发区坐落于"广深港"黄金走廊腹地，南临香港、深圳，北靠广州，地理位置十分优越。松山湖规划控制面积72平方公里，坐拥8平方公里的淡水湖和14平方公里的生态绿地，是一个在国内具有示范意义、人与自然和谐共存的科技新城。

自2001年开发建设以来，松山湖按照成为"东莞乃至珠三角科学发展示范区、转型升级引领区"的发展目标，努力打造"科技创新高地、人才聚集高地"，快速推进各项事业，招商引资、招才引智成效显著，产业聚集水平、自主创新能力不断提高，逐步发挥出产业龙头和研发龙头的双带动作用，已成为东莞乃至珠三角高水平崛起的强大引擎。

松山湖高新区结合自身发展战略，通过比照全国众多一流国家级高新区，对园区的创新政策体系进行了一轮深度调整，制定并推出"1+3+1"的重磅政策方案。"1+3+1"政策体系，第一个"1"是指《东莞松山湖高新区关于争创国家创新型科技园区的实施意见》，简称"松湖18条"；"3"是指培育中小微科技企业的"扬帆起航计划"实施办法、引进培育高层次人才的"梧桐计划"实施办法、营造创新氛围提升自主创新能力实施办法；第二个"1"是指建设金融改革创新服务区实施办法。

松山湖通过实施创新型企业打造计划、校地合作改革推进计划、金融工具箱打造计划、孵化器能力提升计划、科技政策优化计划、科技行政体系再造计划、"一区多园"联动战略计划、创新人才引进培育计划八大计划，创建国家创新型科技园区。

4. 西安高新区创新模式

作为我国高新技术产业重要产业基地，西安高新区长期以来以卓越的体制与机制而得到各方的肯定，同时也以其完善且便捷高效的服务获得了跨越式发展。

创新服务与快捷服务一直是西安高新区发展的利器。在经济社会高速发展的今天，西安高新区也在不断地创新对企业与区内从业人员的服务方式。高新区顺应时代发展潮流，不断推出各类移动服务平台，以使高新区的服务更加简单化与快捷化。积极利用当前最新信息技术，陆续推出了搜企APP、掌上社保、"聚智"及"高新圈"APP等服务平台，极大地拉近了政府与企业、从业人员的距离，使得高新区的服务更快捷、更方便。

西安高新区一直坚持"企业第一、服务至上"的理念，推行了服务承诺、超时默认等制度，不断在自主创新的"土壤"和"空气"上下功夫。近年来，高新区实施流程再造，涉及企业和居民的205项审批服务事项中，65%以上的事项实现了网上办理，85%以上做到即来即办。特别是高新区勇于探索，实行"零收费"政策，进一步降低了高新区企业的创业和商务成本，减轻了企业的经营负担，为科技型企业营造了更加高效、低廉、便捷、优越的投资环境，也加快了西安高新区建设国家统筹科技资源示范区、国家自主创新示范区和世界一流科技园区的发展步伐。

5. 国内城市高新区实践发展的创新经验

国内城市高新区在创新实践中取得了一些经验，如中关村的互联网跨界融合，上海张江自主创新示范区和自贸区"双自叠加"，深圳的创客发展行动，西安的科技大市场，成都的中欧创新合作平台，杭州的智慧e谷，苏州的内外贸一体化等均已成为国家高新区在建设世界一流高科技园区过程中取得的有益经验，值得我们借鉴。

第一，建立以产学研为核心的知识创新体系。北京和南京是高校和科研机构云集的城市，他们的特色经验在于突出产学研合作机制创新。例如中关村自主创新示范区，与众多大学建立多种联系，建立了SCDMA无线宽带等40多个产学研联盟，提升知识转化的效率和能力，力求成为具有全球影响力的科技创新中心。而南京高新区则与北京大学、南京大学、东南大学、南京理工大学等高校建立了协同创新中心、院士工作站，发展壮大了北斗信息产业和新材料产业。这类模式的做法主要包括：一是通过开展基础研究和应用研究，为区域乃至国家的经济与社会发展提供知识增量储备；二是与区域外进行创新知识要素的交换与融合，从而产生更大的创新能量，以此来支持技术创新活动；三是为知识创新与技术创新之间的有序联结搭建桥梁、创造连接通道。

第二，建立以企业为主体的技术创新体系。深圳是以企业为核心进行创新的典型城市。例如深圳以企业化运作方式成立了光启研究院，吸引了一支跨学科、跨领域的全职高端人才队伍，在充满活力的交叉学科合作中，建立起具有广阔国际视角的科研环境,引领超材料技术的长远发展。通过以企业为主体的创新机制,深圳涌现了华为、TCL、中兴通信等一批跨国企业,在南山区就集聚了100多家上市公司。深圳的做法和经验在于以强化企业技术创新主体地位为目标,以正确处理政府与市场的关系、完善市场经济体制建设为基础,以健全技术转移体制机制和组织为突破口。

第三,建立以产业组织和管理为主要内容的产业创新体系。一些城市通过国家的政策支持,在相关产业的组织和管理上实现了创新发展。例如上海张江科技园的前瞻性规划,早在1996年上海市和国家科技部、卫生部、中科院、食品药品监督管理局签署了共建"国家上海生物医药科技产业基地"的合作协议,确定在张江高科技园区发展生物医药产业,经过多年的建设和发展,形成了"人才培养—科学研究—技术开发—中试孵化—规模生产—营销物流"的现代生物医药产业创新体系。天津市滨海新区聚集了国家级开发区、保税区、高新区、出口加工区、保税物流园区和我国面积最大、开放度最高的保税港区,力求建成高水平的现代化制造、研发和转化基地,北方国际航运中心和国际物流中心,全力振兴与海洋经济相关的航运、物流等产业,并加快发展高新技术产业和现代服务业,着力形成产业集群效应。上海张江、天津滨海新区的共同做法包括:一是产业管理完善。为了实现区域产业发展和国家宏观调控目标,设计并维护一种良好的产业发展环境,对产业进行规划、组织、协调、沟通和控制。二是产业组织优化。即完善产业发展过程中企业组织结构、市场组织结构、政策体系,以求达到合理的产业组织结构来保证企业规模,并获得规模经济效益。三是产业引领超前。即引导产业的发展方向,将创新技术融入新兴产业发展中。

第四,建立以领军人才为纽带的服务创新体系。无锡没有著名大学和科研院所,没有北上广的地理位置,更没有特殊的国家政策支持,却走出了依靠引进和培养领军人才的服务创新之路。其主要经验在于,聚焦特定对象,制定特殊政策,营造特殊环境,吸引并留住高素质人才,满足人才创新创业、安居乐业的各方面需求,充分调动人才的创新积极性,实现高新技术产业的跨越式发展。

三、经济新常态背景下襄阳升级版高新区创新发展方略

2014年5月,习近平总书记在河南考察时指出,我国发展仍处于重要战略机遇期,我们要增强信心,从当前我国经济发展的阶段性特征出发,适应新常态,保持战略上的平常心态。新常态体现了我国经济社会发展的阶段性特征,凸显了我国经济社会发展历史性规律和阶段性特征的辩证统一,对于襄阳高新区来讲,实现新常态下的新发展,是需要我们认真思考的一个课题。中国经济进入的新常态,不仅是从高速增长换挡转向中高速增长,更重要的是从规模扩张型粗放增长,转向质量效率型集约增长;从增量扩能为主,转向调整存量、做优增量为主;从传统增长点,转向新的增长点。

引导中国经济进入新常态的国内因素是投资消费的结构以及推动生产的要素发生了变化。从投资视角看,传统产业投资相对饱和,但基础设施互联互通和一些新技术、新产品、新业态、新商业模式的投资机会大量涌现,"互联网+"的投资潜力巨大。投资内容和投资方式的转型,决定了中国的投资规模将从高速增长进入中速增长。从消费视角看,模仿型排浪式消费阶段基本结束,个性化、多样化消费渐成主流,保证产品质量安全、通过创新供给激活需求的重要性显著上升。满足新的消费需求的创新型生产和供给,也决定了经济增长从高速向中高速换挡。另外,从生产要素相对优势看,过去劳动力成本低是最大优势,引进技术和管理就能迅速变成生产力;现在人口老龄化日趋发展,农业富余劳动力减少,要素的规模驱动力减弱,经济增长将更多依靠人力资本质量和技术进步,这也决定了经济转型不可避免。

国家批准设立上海自贸区后,又相继提出了启动建设京津冀经济圈、丝绸之路经济带、21世纪海上丝绸之路、长江经济带等一系列发展构想,并将部分内容先后写入全面深化改革决定和政府工作报告,上升为国家战略。国家战略为区域经济的发展注入了强大的发展动力。但同时也要看到,新一轮国家战略的实施,与以往依靠资金、土地等方面优惠政策扶持不同,而是更加注重鼓励在尊重自然规律和经济规律的前提下,通过制度创新实现更高质量更高效益的可持续发展。这是新常态在国家战略层面的体现,也是实现新常态下新发展的客观要求。

襄阳高新区是襄阳高新技术产业发展的核心载体、区域经济发展的重要支撑和国际竞争的前沿阵地，应主动适应经济新常态，转变发展方式，将依靠规模扩张、过度消耗资源的区域粗放型发展转向注重效率、质量、效益的区域可持续发展做出引领和示范，打造襄阳升级版高新区。

（一）强化顶层设计，优化发展空间

1.加大国家、省级和市级层面政策的争取

一是要以国家实施全国资源型城市可持续发展规划为契机，对照规划内容，结合区情实际，抓紧梳理产业、民生、资源等方面的扶持政策，提出切实可行的落实方案承接政策落地，并努力争取将襄阳高新区列为示范基地，充分发挥政策优势。二是要以建设国家创新型科技园区为契机，对照指标，查找不足，大力争取国家部委支持，推动襄阳高新区在自主创新、产业发展、结构调整等方面加快发展成为重要引擎、先行区域、核心载体。

2.加快改革，优化机构设置

新常态下，改革创新将成为大势，这不仅要求我们要在思想上紧盯大势，更要在行动上紧跟大势。一是要进一步完善机构设置。成立全面深化改革办公室，潜心研究国家在全面深化改革等方面的重大政策和省市的落实意见，积极梳理高新区已有的基础条件和需要国家、省市支持的对策建议，为切实把握改革方向，争取政策红利提供强大支撑；成立发展战略研究所，梳理急需破解的热点难点问题，以课题的形式面向社会公开征集，通过整合区内外高校和科研院所资源，为高新区加快创新发展提供智力保障；成立招商引资局，专门负责高新区的招商引资工作，抓紧谋划策划、储备一批符合新常态下招商引资趋势的新项目。二是要进一步加快流程再造。要承接好市级行政权力下放，建立实施行政权力清单制度，同时探索建立负面清单制度，彻底清除市场准入的各种门槛，打造更加宜业的发展环境；要理顺内部运行机制，重点是进一步理顺产业局、综合局和园区载体之间在产业发展、项目建设等方面的职责关系，优化整合，凝聚合力；要加快信息化建设，以建设国家级云计算产业基地为牵动，通过实施电子政务云社区服务、云安全预警等众多子工程，实现信息化技术在高新区各领域的覆盖，进一步提高办事效率。三是要进一步加强监督约束。成立临时性的工作领导小组，督促各部门、单位以更高效率做好各项承接工作，

避免权力下放和便民服务之间隔着"一公里",同时加快政务公开,确保各项改革工作不走形式,不走过场,不应付了事。

(二)推行先行先试,改革试点出成效

2014年7月19日,襄阳高新区被确定为全省5个先行先试改革试点之一。创新驱动发展战略是以思想观念为引领,以体制机制改革为动力,以科技创新为核心的全面创新,是逐渐将经济发展从过去的人才、资本、技术等单一要素驱动型模式转向为要素集聚、全面创新驱动型模式,是加快转变襄阳经济发展方式、破解经济发展深层次矛盾和问题、增强经济发展内生动力和活力的根本措施。

1. 创新环境培育

创新驱动,首先是培育创新环境,以优良的环境,促进全面创新。创新行政审批服务、深化工商服务便利化改革、创新市场监管体制、探索建立综合执法体制、构建社会信用体系,以推动科学发展、创新发展、可持续发展为核心,全力打造一流的服务,创造一流的环境,吸引一流的人才,培育一流的产业。完善"创新驱动"功能,打造品牌服务环境。

2. 创新制度构建

一是体制机制实现新突破。利用襄阳高新区综合配套改革等有利抓手先行先试,全力破除体制机制障碍,大幅提升发展效率。高新区学习上海自贸区经验先行先试改革试点成效显著,在全省率先探索建立了"一枚印章管审批、一个部门管市场、一支队伍管执法"的"三个一"管理机制;在全省率先探索了"园办一体化"改革,完善了"五个一"的特色产业园区建设管理机制;重点领域综合执法体制探索有序展开,我市成为全国行政执法体制改革试点。高新区行政审批局运行前七个月,共受理并办结行政审批事项8515件,办结率达100%;注册登记企业1100多家,平均每个工作日注册7家,被《经济日报》等中央媒体誉为"襄阳速度"。

二是政策体系实现新突破。结合襄阳工业产值发展迅猛、传统产业转型升级及大力发展科技金融和科技型中小企业的有利条件,探索建立科技服务业自由选择税种、知识产权做市商制度、成立知识产权交易中心等创新举措。襄阳高新区还着手构建包括政务诚信、商务诚信、社会诚信在内的社会信用体系建

设,建设信用信息平台,促进信用信息在地区、部门、银行、企业之间的互联互通、资源共享,营造公平公正的市场环境。一手抓深化改革改善发展软环境,一手抓创新驱动抢占发展制高点。

三是汉江流域协同发展实现新突破。紧紧抓住汉江流域协同发展的重大机遇,着力集聚高端要素,形成有效发展路径,通过要素流动、产业合作和模式输出,辐射带动周边区域共赢发展。扎实推进汉江流域科技创新中心建设,实施科技孵化器体系建设计划,加快建设汉江流域创新创业中心;实施创新平台建设计划,加快建设汉江流域创新平台中心;实施科技投融资计划,加快建设汉江流域科技金融中心;实施创新人才培养引进计划,加快建设汉江流域创新人才汇聚中心;实施创新载体建设计划,加快建设汉江流域高新技术产业聚集中心;实施科技中介培育计划,加快建设汉江流域科技信息服务中心。

四是创新创业生态系统实现新突破。强化政产学研用的深度协同,完善、培育、壮大产业创新链,避免出现"科技孤岛",最终形成包括企业、科研机构、高等学校、各类中间组织甚至政府、个人等在内的共存共享共赢的创新创业生态系统。以健全产学研合作机制为基点,建立以企业为主体、以高校和科研院所为依托的产学研合作模式,以创新驱动产业转型发展,以研发平台建设推动产业技术创新。依托高新区、经开区,按照"1(工业技术研究院)+N(产业技术研究中心)"的模式,加快推进华中科技大学工研院和校地企共建产业技术研究中心建设,创建一批国家级和省级企业技术研发机构。第一,以市场和企业技术需求为导向选择和制定重点支持的技术领域。制定符合产业需求的技术前瞻战略以及建立企业技术需求征询机制。第二,加大高校和科研院所知识创新和产学研合作驱动力。以政策倾斜和资金支持方式促进高校间建立知识创新联盟,同时要创新技术人才的流动机制,解决高校和科研院所科研人员走出象牙塔和实验室、走向企业的后顾之忧。第三,以中小企业为突破口,确立企业在产学研中的主体地位。从立法层面使国拨经费项目及其成果向中小企业倾斜,在人才联合培养和技术转移税收优惠上加大对中小企业的支持力度。第四,营造产学研合作的外部环境。完善法律制度,明确产学研合作主体的责权利关系,尤其是对创新成果的知识产权拥有权、技术转移收益分配权和分配方式以及产学研合作契约规范化等方面要通过立法予以明确。

3. 创新平台搭建

搭建创新平台，为创新驱动发展服务。一是搭建科技金融平台，提供综合的金融服务。二是搭建信息交流对接的平台。三是搭建创新创业的辅导平台，建立大学生创业训练营，构建科技型中小企业运行风险的预警机制，建立对中小企业辅导培训系统。四是搭建中小企业创新中心、技术交流中心等平台，链接国际资源和人才团队，形成中国功能区的升级版示范。五是搭建产业转型平台，为"中国制造"转型升级做出示范。

4. 创新能力提升

区内企业的创新能力和创新绩效是高新区创新能力涌现的前提与发展水平的标志。因此，加快构建高新区龙头企业的培育机制，通过大力实行政策引导、企业兼并重组与创新联盟，形成一批具有制造、研发、设计、营销能力，占据价值链高端的核心企业成为提升高新区创新能力的必要措施。瞄准三个方向：一是创新驱动，走科学发展之路。要充分尊重创新驱动的先导性、基础性及驱动性，并据此高水平编制发展规划纲要、产业发展规划和空间发展规划，实现从立足自身的资源配置方式向协同创新的产业组织方式转变；从要素集中、企业集聚的产业基地向创新型产业集群转变；从单纯依靠要素优势向依靠创新驱动体系转变，实现科学发展。二是特色拉动，走率先发展之路。要聚焦发展现代信息技术、智能装备、新能源、新能源汽车高端产业链，着力打造科技金融、产业信息交流与对接、创新创业辅导、国际产业创新交流、产业转型五大产业创新平台，探索具有襄阳特色的示范区发展新路径。三是辐射带动，走共赢发展之路。抓住襄阳建设汉江流域中心城市和东津新区积极申报国家级新区的有利契机，充分整合汉江流域特别是襄阳市优势产业型资源和基础型资源，加快建设汉江流域区域高新区示范区，打造陕豫鄂科技新干线核心节点，走共赢发展之路。

5. 创新文化建设

加强高新区创新文化建设，成为文化创新的引领者。高新区的综合实力取决于是否拥有持续的自主创新能力，而自主创新能力是否可持续的先决条件之一就是创新文化。襄阳高新区正面临着新的发展机遇，迫切需要创造良好的创新文化环境，成为创新文化的引领者，带动区域经济又好又快发展。

一是建立高新技术产业发展与创新文化建设同步发展战略。抓好创新文化环境的总体规划，统筹考虑创新精神、规章制度、形象标志、创新体系环境等要素，将高新技术产业发展与创新文化协调发展的战略列入政府工作重点，并作为长期的、渐进的系统工程。

二是加强企业自主创新文化建设。通过引导高新区内高新技术企业管理者的创新意识、制定人性化的企业管理制度、优化企业人才资源配置、建立有效的人才激励机制等措施，培育企业市场经济忧患意识，加强企业间的竞争、合作、创新文化建设，打造以企业为主体的高新区自主创新体系。

三是建立允许失败的创新机制。从体制、组织管理的视角制订一套既尊重创新实现个人价值，又能进行群体间相互协作的制度和措施，并能够做到鼓励和激励高新技术企业进行创新，形成允许失败的创新机制。

四是管理部门实行模糊管理并实现管理创新。高新区管理部门应建立模糊管理制度，实现模糊管理，将"授权与释能"相结合，给高新技术产业发展和科技人员以极大的自由。减少管理层次，与产业机构等建立平等合作的关系，共同促进区域内的创新文化系统构建。

总之，襄阳高新区以建设国家创新型一流科技园区为目标，对照国家一流高新区建设规划，抓住湖北建设长江经济带的有利契机，围绕汉江流域协同发展的重大机遇，着力集聚高端要素，形成有效发展路径，加快体制机制改革，依靠技术、管理、组织和商业模式上持续不断的创新，促进经济稳定增长的同时，加快产业发展的转型升级和提质增效。大力发展众创空间，激励大众创新创业，为高新区注入全新的经济生态和活力；加快互联网与实体经济的跨界融合，大力发展科技服务业，积极参与全球科技合作与竞争。依托"襄阳云谷"建设，加大"国家电子商务示范基地"建设，使高新区电子商务基地成为国际国内知名企业的集聚地，推进新兴产业发展。让创新创业的生态更完善，产业发展的环境更健康，城市建设和社会发展更美好，以升级版襄阳高新区建设带动襄阳城市品牌的打造和建构。

参考文献：

[1] 曹云：《国家级新区比较研究》，社会科学文献出版社2014年版。

[2] 滕堂伟、曾刚：《集群创新与高新区转型》，科学出版社2009年版。

[3] 宋刚、张楠：《创新20：知识社会环境下的创新民主化》，《中国软科学》2009年10期。

[4] 辜胜阻、王敏、李洪斌：《转变经济发展方式的新方向与新动力》，《经济纵横》2013年2期。

[5] 肖永红、张新伟、王其文：《基于层次分析法的我国高新区创新能力评价研究》，《经济问题》2012年1期。

[6] 赵凌云：《将创新驱动纳入湖北"一元多层次"战略体系》，《政策》2012年4期。

[7] 王崇锋、徐强：《基于区域创新网络的高新区转型路径研究》，《中国高新区》2013年5期。

东津新城　战略高地
——襄阳东津新区建设与发展研究

张文洲

内容提要：东津新区是湖北第一个上升为省级战略的城市新区，承载着襄阳人民的"中心城市"梦想，它既是襄阳建设汉江流域中心城市的"发动机"和"火车头"，也是对接长江中游城市群的重要战略节点。本课题以国家新型城镇化、长江中游城市群规划、湖北省"两圈两带"战略为背景，着力研究襄阳东津新区的历史方位与发展方向，认为高标准建设和发展东津新区，必须抓住新型城镇化建设新机遇，从汉江生态经济带和长江中游城市群的视角思考和定位东津新区发展方略，立足于服务三大战略，将东津新区打造为中部地区新型城镇化之样板、汉江生态经济带开放开发之高地和长江中游城市群之示范新区。

改革开放以来，我国城市建设步伐日益加快，特别是1992年设立第一个国家级城市新区——浦东新区以来，城市新区建设已经成为许多城市加快发展面临的新机遇、新课题。积极探索城市新区开发的经验并上升为理论指导，对解决我国城市新区建设中面临的问题具有重要的现实意义。在当前国家大力推行新型城镇化建设、湖北实施"两圈两带"发展战略、国务院批复同意《长江中游城市群发展规划》的大背景下，考量东津新区历史方位，明确东津新区发展方向，是我市开创汉江流域中心城市建设新局面的迫切需要，也是落实国家、省级经济发展规划的题中之意。必须进一步明晰发展方向，高标准建设和发展东津新区。

一、打造中部地区新型城镇化建设之样板

推进新区建设，必须走新型城镇化之路，把东津新区打造为中部地区新型

城镇化之样板。党的十八大报告明确指出：" 坚持走中国特色新型工业化、城镇化、信息化、农业现代化道路，推动信息化和工业化深度融合、工业化和城镇化良性互动、城镇化和农业现代化相互协调，促进工业化、城镇化、信息化、农业现代化同步发展。""四化同步"作为中国特色社会主义现代化建设理念的重大创新，为新型工业化、城镇化、信息化和农业现代化的协调发展指明了方向。同时，也为探索如何进一步推进传统城镇化向新型城镇化转型提供了理念支撑。

改革开放以来，襄阳城镇化得到了快速推进，吸纳了大量农村劳动力转移就业，加速了城乡生产要素双向流动，推动了经济社会持续快速发展，城乡面貌发生了显著变化，城乡居民生活水平全面提升。但这些成绩的背后，仍然存在一些突出矛盾和问题，如城镇规划建设管理水平不高、城镇基本公共服务供给不足、城镇经济支撑力不强、城镇资源环境承载力趋弱等。

我国已进入城镇化快速发展的新时期，特别是近些年出现的以城乡统筹、城乡一体、产城互动、节约集约、生态宜居、和谐发展为基本特征的新型城镇化，更进一步促进了我国社会的整体进步。东津新区是襄阳快速城镇化发展到一定阶段后的产物，其发展目的就是要加强与完善城市功能、繁荣与发展城市经济、推动城市社会进步。东津新区的建设与发展关乎襄阳汉江流域中心城市建设的成败。推进东津新区加快发展，不能走旧有的城镇化老路，必须转变发展方式，加快东津新区新型城镇化进程，促进东津新区"四化同步"发展。

（一）打造新型工业化的东津新区

新型工业化是信息化、工业化深度融合，科技含量高、经济效益好、资源消耗低、环境污染少、人力资源优势得到充分发挥的工业化。新型工业化与新型城镇化互动发展，是实现新型工业化、新型城镇化和农业现代化联动发展的核心环节，是遵循工业化城镇化发展客观规律、提升区域竞争力的必然选择，是推进汉江流域中心城市建设的有效途径。

襄阳已制定十大主导产业链建设工程，明确主导产业领域包括汽车、纺织、食品、化工4个传统优势产业，以及以云计算为主的电子信息、新能源汽车、再生资源利用、航空航天、智能制造装备、生物医药6个战略性新兴产业。目前，东津新区的华为项目已开始设备安装和调试，九华互联项目已开工建设，海尔（襄阳）虚实网服务园项目等已签约。高端装备制造产业方面，华中科技大学工研院项目已开工建设，西北工业大学通航研究院、力诺光伏产业基地等项目已签约。软通动力大数据产业园、亿赞普跨境电商产业园、凯蒂亚智能装备等项目即将入驻。

东津新区应进一步抓住襄阳战略性新兴产业布局的有利时机，加快三大产业园区建设步伐，重点发展以云计算为主的电子信息产业，以智能制造为主的高端装备制造产业和文化创意产业。坚持以创新创业为动力，以项目建设为支撑，以集群发展为导向，着力营造良好环境，推进产业发展。依托现有产业基础，着眼于产业链的延伸与扩展，创新招商引资方式，合理规划，有序发展。实现新型工业化和城镇化的互动互促，使工业化城镇化达到时间上同步演进、空间上产城一体、布局上功能分区、产业上三产融合。

（二）打造信息化的东津新区

城镇化是信息化的载体和依托，信息化是城镇化的经济内容。城镇化能拓展信息化应用范围，使信息化在城镇规划、建设、运行等方面全方位渗透，从而实现城镇信息化；信息化能够提升和整合城镇功能，改善城镇产业结构、提升城镇化水平，使城镇化在信息中升华，从而实现城镇信息化。

东津新区的战略定位是建设成为具有国际化水准、现代城市功能、承担现代化区域中心城市辐射带动作用的新中心。围绕这一战略定位，东津新区重点发展了以云计算为主的信息产业，编制了电子信息产业规划，实行园局一体化管理机制，搭建了招商平台，启动了相关产业平台建设工作。东津新区的信息化与城镇化的融合，将为信息产业带来新的推动力，也为智慧城市打开了广阔市场空间。

一是大力推进信息化与新区建设融合。加大智慧新区建设步伐，用数字化手段统一处理城市问题，促进东津新区城市规划、建设、管理和服务的智慧化，最大限度地整合、利用城市信息资源，提升城市生活品质，建设和谐城市。以先进信息技术为载体，推行电子政务，加大对社会的信息开放程度，实现服务型政府的信息化。在智慧城市基础设施上坚持推进实体基础设施和信息基础设施相融合，如智能交通、节能建筑、医疗信息化等；在城市安防方面大力推进"平安城市"和"3111"工程建设。

二是大力推进信息化与工业化融合，发展现代产业体系。运用物联网、云计算、大数据、移动互联网等新信息技术，发展新区城市经济；做到资源与环境、社会与经济、科技与教育、生产与市场四个方面的信息化有效对接。在建设智慧新区、推进电子政务的基础上，打造政府公共信息平台；创建企业公共信息平台，促进新区内中小企业开展电子商务，实现企业信息化等。

三是大力推进信息化与生态化融合。运用信息化促进生态流程整合，建立产业生态设计、评估和管理体系。建立电子信息产品生态参数数据库，适时制定行业标准和电子信息产品生态评估模型。出台推动新区产业生态发展的管理办法。

（三）打造新型城镇化的东津新区

新型城镇化的推进与产业战略、户籍制度、社会保障等体制机制的改革创新密切关联。近些年来，襄阳市人口城镇化水平明显提高，城乡结构不断优化。东津新区规划面积为218平方公里，辖56个行政村、1个社区，现有人口约14万人。东津新区发展，必须走新型城镇化之路，要统筹推进物的城市化与人的城市化、产业化和城镇化，实施一批提升城镇综合承载能力、改善人居环境的重大基础性、功能性建设项目，为新型城镇化提供鲜活样本。

一是坚持以人为核心的城镇化。新型城镇化归根结底是人的城镇化，东津新区建设中，要切实保障农民权利，实现基本公共服务均等化，采取切实有效措施，增加就业岗位，改善居住条件，为农民转变为市民创造条件，顺利实现市民化。

二是用工业化理念发展农业。用工业化的生产方式改造传统农业，促进农业产出增效，农民持续增收。推进基地化生产方式及产业链的形成，促进规模化经营及以市场为导向的生产加工流通体系。同时采用公司化运作方式，以股权为纽带建立多种合作形式。

三是用城镇化理念发展农村。按照城乡一体化要求推动农村城镇化，通过土地整理，促进适度集中，加快农村社区化进程；完善土地流转机制，促进城镇化人口转变从业方式；大力发展农村公共事业，提高社会保障水平。

四是用市场化的理念富裕农民。让农民真正成为发展致富的主体，使城镇化的成果真正惠及农民。促进城乡土地资源、资产、资本有序流动，使农民获得土地收益权和财产权。

（四）打造农业现代化的东津新区

城镇化是农业人口转化为非农人口、传统乡村生产生活方式转化为现代城镇生产生活方式的过程。只有实现了农业现代化，才能把更多的农民从土地上解放出来，真正走向城镇化。实现东津新区农业现代化应以信息化平台建设和物流枢纽建设为焦点，即充分利用现代信息技术打造融合物流服务的农产品交易服务平台，汇集信息互动交流、交易、宣传等功能，引领传统农业向信息化、标准化、品牌化的现代农业转变。要实现农业现代化，关键在于"两个出来、两个进去"，即做到富余劳动力从农村出来，将他们占有的土地"流转"出来；资本和知识进去，以资本推动农业产业化、组织化水平提高，吸引知识进入农业生产，提升农业生产的科技含量、信息含量、知识含量。

一是建立覆盖城乡、惠及全体的社会保障体系。整合城镇居民基本医疗保险制度和新型农村合作医疗制度，统筹城乡居民养老保险，推动社保体系由城乡二元保障向城乡一体化保障转变。

二是加快土地经营权规模化流转的制度设计和监管。稳固农村土地交易平台，制定交易规则，避免权力寻租和特权操控，确保农民利益。

三是推进农业农村的政府可调控的市场化进程。以产权交易市场来推动农村土地流转，以市场化机制来推进农业产业化提高。建立起包括农产品市场、农村金融市场、技术市场、劳动力市场、生产资料市场等在内的农村市场体系。

四是切实提高农民的生产技能和就业能力。多渠道增加就业岗位，多途径加强职业培训。加强对农村劳动力的职业技能培训，加快提高农民自身的就业增收能力，实现农民收入的可持续增长。

"四化"之间不是彼此孤立的，而是相辅相成，互动发展的，"四化同步"的本质是"四化"之间的良性互动。其中，新型城镇化是发展载体，工业化是根本动力，信息化是重要手段，农业现代化是坚实基础。东津新区只有牢牢把握科学发展的主题和加快转变经济发展方式的主线，统筹谋划和协调推进"四化"，才能形成城乡发展的一体化新格局，同步实现现代化，成为中部地区新型城镇化建设的鲜活样本。

二、打造汉江生态经济带开放开发之高地

东津新区是湖北省第一个上升为省级战略的城市新区，推进新区建设，就要把东津新区打造为汉江生态经济带开放开发之高地。2015年6月15日正式发布的湖北汉江生态经济带"一总四专"规划以"一极四带"为区域定位：长江经济带绿色增长极、全国生态文明先行示范带、全国流域水利现代化示范带、全国生态农业示范带、世界知名生态文化旅游带。在湖北汉江生态经济带及"两圈两带""一主两副"战略的大背景下，将东津新区打造为汉江生态经济带开放开发之高地，既是襄阳建设汉江流域中心城市的要求，也是复兴襄阳的历史使命、提高区域竞争力的必然选择。

2014年7月，襄阳明确了汉江流域中心城市建设的战略性、支撑性目标——成为汉江生态经济带产业支撑有力、辐射功能强大、营商环境一流、资源配置高效、最富发展活力的中心城市，充分发挥在汉江流域开放开发中的战略引擎作用。在高度上，东津新区的开放开发着眼于依托和引领整个汉江生态经济带，积极开拓新领域，真正成为"两圈两带"的支点、节点；在广度上，从新区开放向全市及整个生态经济带开放扩展；在深度上，奋力打造汉江流域开放开发核心区。使东津新区成为汉江生态经济带的开发高地、开放前沿，改革的试验田和生态保护的示范区。

（一）打造汉江生态经济带的开发高地

东津新区是襄阳建设汉江流域中心城市的"发动机"和"火车头"，肩负着襄阳在新时期全面深化改革和扩大开放、建设汉江流域中心城市的重要使命。

东津新区要按照"统一规划、分片建设、突出重点、全力突破"的建设方针，扎实推进新区开发建设，成为汉江生态经济带独具魅力的开发高地。

规划是开始的基石、成功的保障。东津新区的设计一开始就站在世界的高度，保证未来50年不落后。按照"一次规划、分步实施、系统推进、长期努力"的理念，坚持规划优先，以国际化视野、全球化眼光，聘请国际、国内知名设计团队，编制了《东津新区总体城市设计》《东津新区起步区控制性详规》等系列规划，并以此为基础编制专项规划。东津新区的特殊魅力将成为一个成

功的样板：赢在起跑线，胜在规划上。

一是坚持基础优先。同步推进交通、水、电、气、绿化景观等市政配套工程建设。集中布局建设市民中心、技师学院、中心医院、优质高中等公共服务工程，完善城市功能、提升新区品质。

二是坚持产业优先。通过打造高端、高质、高新化的产业体系，加强与整个汉江生态经济带的产业合作，通过联合建设重大项目，联合发展龙头企业，联合打造知名品牌，推动重点产业间的延伸、整合，实现共同发展。建设三大产业园区，重点发展以云计算为主的电子信息产业，以智能制造为主的高端装备制造产业和文化创意产业。

三是坚持文化优先。以强烈的文化意识指导新区建设，突出"品质至上"的理念，精心打造地标性建筑，精心布局建设城市雕塑，精心设计城市建筑形态、建筑风格、建筑色彩。

四是坚持民生优先。把保障改善民生、维护群众利益作为一切工作的出发点和落脚点，努力营造人民安居乐业、社会和谐稳定的良好环境。

五是坚持服务优先。通过提升高端服务功能，优化区域要素配置。大力发展生产性服务业，加快建设各类要素市场，带动汉江生态经济带生产要素的交易和流通，实现优化配置，增强区域的整体竞争力。

（二）打造汉江生态经济带的开放前沿

东津新区的开发与建设是襄阳进一步深化改革开放的伟大实践，肩负着襄阳在新时期加快政府职能转变、积极探索治理模式创新、促进经济转型升级，为全面深化改革和扩大开放探索新途径、积累新经验的重要使命。

一是推进思想解放，增强发展内在动力。作为湖北第一个上升到省级战略的城市新区，东津新区建设和发展要进一步解放思想，增强科学发展的内在动力。增强改革意识、创新意识和发展意识，努力形成敢想敢干、敢闯敢试、攻坚克难、奋力争先的浓厚氛围。在经济全球化和区域经济一体化的时代，要树立全球思维和战略思维，进一步开阔视野，大力倡导"敢为人先、勇立潮头"的观念，大力倡导"海纳百川、有容乃大"的观念，打破"盆地观念"和"小农意识"，以开放和包容的胸襟，成为汉江流域各种生产要素资源的充分汇聚地。

二是加快体制创新，创造最优发展环境。要发挥东津新区在襄阳建设汉江流域中心城市的引擎和领跑作用，推进行政体制创新，构建服务型政府。（1）不断完善"小政府、大社会、大服务"的治理模式。重视市场"无形之手"和政府"有形之手"的有效结合，对区、镇、街道等不同层面政府职能进行合理分配，科学设计政府组织架构，加强与整合社会管理和公共服务部门，适当增加公共服务部门在政府机构中的比例。（2）梳理规范各类行政审批事项，强化过程服务和事后监管，加快转变区域经济发展方式，利用规划指导、政策引导和先进服务推动产业结构优化升级，加强现代服务业重点行业建设，大力推进经济区和重点项目建设，增强联动发展能力。（3）构建政社互动合作的社会治理体系。积极培育社会组织，建设行业协会服务基地，吸引国家级、区域级、地市级行业协会以及国际组织或分支机构入驻新区。（4）探索多元化的民主协商和利益协调机制，强化居委会的功能与作用，健全基层社会调解机制，拓展诉求表达渠道。

三是统筹内资外源，创新经济发展方式。加大统筹内外源经济发展力度，围绕建立内外联动、互利共赢、安全高效的开放型经济体系，优化投资和招商引资结构，巩固并提高现有高新技术企业，拓展市场空间，加速实现产业化，扬外源型经济之"长"，补内源型经济之"短"。

四是搞好消化吸收，学习借鉴外地经验。要学习借鉴其他城市新区的成功之处，特别是城市新区发展中的新理念、新思路、新做法，找准切入点和结合点，抓好消化、吸收工作，真正把这些好经验、好做法体现在进一步解放思想、推进新区建设的实践中。如西安高新区坚持专业化聚集、集群化推进和园区化承载，打造新一轮西部大开发先行区。

（三）打造汉江生态经济带的改革试验田

打造东津新区为湖北汉江生态经济带的改革试验田，起到示范、辐射和带动作用，降低改革风险成本，获得成功经验予以推广，对繁荣汉江生态经济带有良好的促进作用。

一是积极探索创新社会治理机制。区域治理模式的选择十分重要，东津新区发展战略的制定、投资环境建设、法制建设、企业治理、技术引进以及政府的宏观调控等若干问题，都属于区域治理，无不与区域治理思想相联系。因此，区域治理水平的高低会直接或间接地影响到新区的其他各项工作。(1)以改善民生、共享普惠、和谐发展为目标,改变单一以政府为核心的治理模式,积极培育社会组织、行业中介组织等新区治理主体,让公众有效参与进来,引入市场竞争机制,加强社会合作,形成主体多元的合作性城市新区治理网络,创新社会治理和社会服务。(2)借鉴成功经验,大胆创新,形成科学合理的安全生产、治安防范、交通秩序、物业家政、社会保障体系等各种社会治理体系网络。

二是积极探索统筹区域发展方式。提高统筹发展水平,促进城乡、区域协调发展。利用襄阳城镇化发展的良好基础,率先在统筹城乡、区域协调发展上取得较大突破、构筑领先优势。

三是积极探索建设新型农村社区。建设新型农村社区是继家庭联产承包责任制之后农村发生的"第二次革命"。必须坚持规划先行和树立新区全域城市理念,逐步打破城乡二元结构,把新型农村社区纳入城镇体系。加快编制适应现代城镇体系发展需求的城乡统筹发展空间规划,统筹布局城乡产业发展、基础设施建设、社会事业发展、生态环境建设,形成城乡一体高度衔接的规划体系,让农民共享经济发展、社会进步所带来的物质和精神文明成果。

四是积极探索创新农村金融服务。农村金融是农村经济的核心,承担着新时期优化资源配置、统筹城乡发展、构建和谐社会的历史重任。要大胆创新符合农业农村特点的金融服务模式。东津新区可以探索开展和推进互联网金融。互联网金融具有开放包容、简便高效与低成本的特质,可以较好匹配农村金融小额、非标准化业务,同时规避传统金融机构标准化运营成本较高的弊端。

五是积极探索创新招商引资方式。坚持优化软环境招商,软环境主要体现为法律政策、行政效率、服务理念、文化氛围上,采取"一站办公""限时办结""特事特办""一企一策"等方式提高行政效率。坚持产业链招商,以优势项目和龙头企业为核心,吸附优质企业批量落户。坚持多种渠道促进招商,努力把东津新区打造成为汉江流域吸引投资的洼地、集聚人才的高地、掘金挖宝的贵地。坚持既面向外资,也面向内资的招商引资大趋势。

(四)打造汉江生态经济带的生态保护示范区

《湖北汉江生态经济带开放开发总体规划》明确了以加大环境保护力度、大力推进重大基础设施建设、构建生态产业体系、统筹城乡发展、扩大对内对外开放、创新体制机制六个方面为重点任务。拟到规划末期（2025年）把湖北汉江生态经济带建设成"五个汉江"：绿色汉江、富强汉江、幸福汉江、安澜汉江、畅通汉江。

近些年来，襄阳一直稳步推进生态文明建设，着力建设国家级生态文明示范区。打造东津新区成为襄阳并上升为汉江生态经济带的重要生态功能区，不仅必要而且可行。相比老城改造，东津新区作为一个高端谋划的城市新区，在空间格局、产业结构、生产方式诸方面，建设成生态系统完整、山水特色突出、人文环境优美、人与自然和谐相处，成为汉江生态经济带生态文明、绿色发展、生态保护示范区有着众多的先发优势。

一是推进农业生态化改造。包括农业生产环境的生态化改造、循环经济的建立、农产品的质量控制、农业产业链延伸和农民收入增加。要改变传统农业的物质交换方式，建立循环利用的农业生产体系；积极发展有机农业，做好农业面源污染防治；开发利用新型清洁能源，促进农业、农村经济发展方式转变。

二是推动工业生态化建设。要合理构建新区的纵向主导产业链和横向耦合产业链，利用循环经济理念进行整体设计，积极发展三大产业园区，构建资源节约、环境友好、经济效益和社会效益双高的生态工业体系。

三是赋予服务业生态内涵。与传统服务业不同，东津新区的服务产业应是智力要素集中度高、产出附加值高、资源消耗少、环境污染小的服务业，呈现新技术、新业态、新方式"三新"的发展态势，如生态文化旅游、绿色商贸、生态物流、金融服务等产业。坚持服务业的生态内涵，要树立服务是生产性劳动的观念，深化对人力资本、知识资本和技术资本的认识，加大公共服务平台建设，促进服务业集聚式发展。

三、打造长江中游城市群发展之示范新区

长江中游城市群是实施促进中部地区崛起战略、全方位深化改革开放和推进新型城镇化的重点区域，在我国区域发展格局中占有重要地位。《长江中游城市群发展规划》赋予了襄阳重要的战略地位。襄阳及东津新区在长江中游城市群中具有独特的区位优势，是承东启西、连南通北的重要节点。中部崛起需要襄阳的支撑，长中游城市群如何协调发展，东津新区负有探索的使命。打造东

津新区为长江中游城市群的经济新区、文化新区、金融新区和创新新区，契合中部崛起的需要和促进湖北协调发展的迫切要求。

（一）打造长江中游城市群的经济新区

襄阳已成为全国中西部地区的重要交通网络中心和重要通信枢纽、南北物资流通的重要集散地、沿海发达地区产业转移的重要承接地。《长江中游城市群发展规划》赋予了襄阳重要的战略地位，明确了襄阳的重要节点城市地位，是沟通北部湾经济区和中原经济区、关中—天水经济区等地区的重要轴线。在装备制造业方面，以襄阳等城市为重点，共同打造具有世界影响的装备制造产业基地。在汽车及交通运输设备制造业上，将引导襄阳等地开展汽车产业合作与企业重组，建立汽车产业联盟，打造全国重要的汽车产业基地。

城市新区发展是区域经济竞争的重要体现。以新区来进行区域规划布局，已成为当前提高城市竞争力和促进城市经济发展的重要手段。从国际城镇化的实践经验来看，城镇与经济的空间分布具有强烈的空间分异性，只有城镇高度密集的城市新区及城市群地区才能够成为城镇化推进和经济发展的"增长极"。打造东津新区为长江中游城市群的经济新区，意味着东津新区要敢于尝试，敢于担当，为中国的经济改革积累宝贵经验、做出有益探索。

第一，积极争取和用足用活政策。一是积极争取自由贸易区选址东津新区。湖北已经确定以武汉东湖高新区为主体，重点在七大领域先行先试，力争成为我国内陆首个自由贸易区，襄阳高新区成为重点支持开展内资工业投资负面清单管理模式试点区域之一。目前，关于自贸区的选址问题尚未明确。考虑到东津新区是襄阳新的发展极，是襄阳在建的国际化水准、现代化城市功能新区，襄阳东津站将带来大量人流、物流、信息流，应积极争取自贸区落户东津。二是大力推行开放政策。制定有效的扶持政策，并采用减免关税办法，创造方便安全的投资环境，订立优惠条例和保障制度，吸引外资。授予新区行政管理机构更多权力以便因地因时制订管理条例，授予区内企业享有更多的自主权，鼓励引进国内外先进技术和经营管理方法。

第二，加大招商引资力度。大力引进带动性强、支撑作用大的工业项目，科学规划、合理布局、加强调度，狠抓项目落地。把科技创新摆在更加突出的位置，坚持研发与引进并举，强化技术和市场驱动。大力加快高新技术产业发展，吸引技术先进的产业结构转移到新区。

第三，着力延伸产业链条。加强产业整合，引导先进要素向优势区域、领域集聚，推动集约发展、集群发展，促进工业经济结构升级、规模扩大、质量提升。

第四，优化升级产业结构。推动经济增长由数量规模型向质量效率型转变，实现产业结构优化升级，处理好市场手段与政府调控的关系，从制度上更好地发挥市场在资源配置中的决定性作用，形成有利于科学发展的宏观调控体系。要加快结构调整和重大项目、重要平台及重点区域建设。大力推进自主创新，加快推动经济发展由要素驱动向创新驱动转变，把东津新区建设成创新型经济新区。

第五，坚持融合共生发展，完善协调合作机制。深度融入长江中游城市群合作发展，既注重纵向沟通衔接，也要加强横向合作联动机制。

（二）打造长江中游城市群的金融新区

现代金融业拥有聚集资金、配置资源、信息支配等功能。湖北汉江生态经济带"一总四专"《规划》明确了支持社会资本发起设立汉江银行，研究发起汉江产业发展基金。随着湖北构建中部崛起支点战略的提出和产业由东向中西部转移的进程加快，襄阳经济已步入跨越式高速增长的轨道，襄阳创建长江中游城市群以及鄂豫陕渝毗邻地区金融中心具有必要性和可行性。而金融集聚区作为金融业发展的载体，其有力的辐射和带动力，是推动金融产业乃至区域经济快速发展的强大引擎。东津新区以项目投资拉动的经济增长模式，高速的经济发展必然会产生资金的缺口，这就对金融服务业产生需求。所以，东津新区应在相关政策的支持下，尽快打造新区金融产业集群并使其早日成形，既满足新区发展对金融的需要，也能在支持襄阳创建金融中心上发挥作用，同时与即将发起的汉江银行呼应，在长江中游城市群中取得先发优势。

金融产业集群是金融中心的微观基础，金融企业的集聚最终会形成金融中心。襄阳要实现建设金融中心的目标，必须首先建设完善的金融产业集群。东津新区应主动打造以金融监管机构为核心、以金融机构分部为龙头、以新兴金融机构和金融要素市场为基础的金融产业集群。

一是扩大法人金融机构数量。大力促进法人机构良好发展，是加快金融中心建设和金融产业发展的重要抓手和关键所在。二是搭建一系列金融平台。组建汉江发展银行，设立汉江流域产业开发基金，发展民营金融机构，支持和争取股份制商业银行在襄阳设立区域性分行，加快建设区域性金融后台服务中心、区域性数据中心、后台操作中心、客户服务中心，积极创建区域性资本要素交易市场。三是搞好信用体系建设，保证金融安全。首先是个人和企业征信数据库系统建设，实现二者信息的对接，其次是建立权威的企业信用评级机构或者机制。四是扶持中小企业，扩大有效需求。夯实金融产业集群发展的实体经济基础，建立特色中小企业的融资服务体系。

（三）打造长江中游城市群的文化新区

回首历史，东津是一座历史悠久、文化底蕴深厚的古镇。早在战国时期，东津就和襄阳（北津）并存，且名称一直沿用至今。晋史学家习凿齿在《襄阳耆旧记》中记载"楚有二津"，襄阳为楚之北津，汉水东岸为东津。历史上众多名人都曾在东津之南的鹿门山留下遗迹和诗篇。放眼未来，东津又是一座新城，是襄阳建设汉江流域中心城市不可或缺的副城，承载着襄阳走向现代化都市的梦想，是长江中游城市群的重要战略节点。东津新区作为区域经济发展的强有力载体，是推动区域经济发展和技术研发创新的制高点和前沿阵地。东津新区要获得竞争优势，就必须创新发展，尤其是要在城市文化规划和品牌建设上下大功夫，形成独特优势，因此就要充分挖掘自身特点，塑造文化品牌，谋求长远发展，把东津新区打造为长江中游城市群的文化新区。打造东津新区为长江中游城市群的文化新区，要努力做到以文化引领明晰新区定位，以文化延续凸显新区形象，以文化特色打造新区灵魂，以城市品牌指导新区建设，以市民道德建设营造新区环境。

第一，注重文化特色传承。文化传承可以分解为"传"和"承"。"传"即传递、接续，指在历史的变迁中所传递下来的一些文化资源，这是东津新区乃至整个襄阳文化传承的根本和基石。"承"乃承接、沿袭和创新，是对文化资源所进行的保护、开发、利用等能动性活动，以及衍生发展出的新的文化空间及内涵等，"承"离不开政府等决策部门对东津新区发展方向的定位以及发展政策的制定。襄阳有着2800多年的城市发展历史，深厚的历史文化背景，为东津新区的文化传承提供了坚实的基础支撑，是文化传承之根本。而政府的科学决策则为东津的文化传承提供了明确的行动指向和有力的政策保障，是文化传承之推手。东津新区开发建设路径要注重对城市文化资源的挖掘，通过对新区各类文化设施的建造，构建文化体系，形成与襄阳中心城区文化的相互呼应。按照高品位的设计，高标准建造城市建筑物、街道、城市等，通过这些城市独特文化元素的实体组合，创造出未来城市的文化遗产。同时，要大力发展文化创意产业，更好地展现新区"开放、多元、创新"的精神。

第二，搞好城市品牌建设。城市品牌包括多层次品牌系统，其中有文化品牌、企业品牌、产业品牌、旅游品牌以及人居品牌等。东津新区开发建设进程中要注重挖掘和塑造具有自身特色的品牌要素，重点发展核心品牌，以发挥示范和带动效应，将文化贯彻到底，将新区的经济实力、政治优势、文化底蕴，共同和谐发展形成展现中心城市品牌的独特形象窗口。一是建设经济发达的东津新区。提升经济实力是新区品牌建设永恒不变的主题。二是建设文化内涵的东津新区。构建城市新区现代文化形象，把丰富的历史文化物化为城市发展的基因，彰显城市独特个性魅力。三是建设时代精神的东津新区。城市精神譬如一面旗帜，凝聚着新区的思想灵魂，引领新区的未来发展。只有打造出自己的城市精神，才能对外树立形象、对内凝聚人心，使新区上下团结一致、共谋发展，真正实现"经济发达、文化繁荣、法治优良、功能完善、生态一流、人民幸福"。

第三，加强公民道德建设。要通过媒体宣传、社区宣传等多种方式加强公民的思想道德建设，提供多种公共文化设施和文化产品，丰富人民群众的精神文化生活。探索中国特色社会主义文化发展道路，扎实推进社会主义核心价值体系宣传，深入开展各项文明创建活动，努力营造健康向上的社会文化环境。

（四）打造长江中游城市群的创新新区

东津新区创新体系是指各创新主体（企业、高等院校、科研机构、中介机构、风险投资机构、政府等）在交叉作用与协同创新过程中，建立彼此之间相对稳定、长期的关系网络。微观上与东津新区创新环境相互融合，宏观上成为湖北汉江生态经济带乃至长江中游城市群的创新模板和创新基地。在东津新区形成有利于新知识、新信息、新技术等快速转移和扩散的创新氛围。区域创新体系中的各创新主体根据自身角色分别承担着不同职能，相互协调、共同作用，形成一个可持续循环的网络系统。区域创新资源得到科学合理配置，各主体的创新优势得到充分发挥，从而产生最优化的社会效益和经济效益。

要从强化企业的创新主体地位、产业集群建设、科技创新平台建设、资金支撑体系、政府调控作用的发挥等方面来着手构建东津新区创新体系。强化企业创新主体地位，使企业成为研发投入的主体、技术创新的主体、成果应用的主体。加快推进东津新区五大产业集群建设，实施科技创新平台战略，推进政产学研金结合平台建设、推进企业研发平台建设、推进科技企业孵化平台建设、推动公共技术研发服务平台建设。

完善创新投融资体系建设。拓宽资金来源，实现投资主体多元化；健全担保机构、完善担保机制。完善中介服务体系建设。按照政府引导、社会联办的原则，鼓励高等院校、科研机构和科技企业设立科技中介服务机构，重点培育一批技术和产权交易所、信息服务中心、专利事务所、商标事务所、资产评估事务所、律师事务所等中介服务组织，加快形成从创新产业到市场各个链条紧密结合的、比较完善和高度诚信的中介服务体系。积极发挥政府保障作用。加大对创新活动资金保障，加大知识产权保护力度，大力培育创新文化，营造良好创新氛围，引进和培育大量创新人才。建立健全人才发展机制、创新机制，加强适应跨越发展需要的各类人才队伍建设。支持龙头企业联合组建产业技术创新联盟，打造区域性政产学研合作示范基地。

东津新区承载着襄阳人民的"中心城市"梦想。建设和发展东津新区，是襄阳转型发展的必由之路，也是襄阳区域经济竞争力的重要体现和城市可持续发展的实践需要。建设和发展东津新区，既要脚踏实地，以新型城镇化"四化同步"为突破口，也要登高望远，从汉江生态经济带和长江中游城市群视角考量发展方略，即将东津新区打造为中部地区新型城镇化之样板、汉江生态经济带开放开发之高地和长江中游城市群之示范新区。

参考文献：

[1] 吴德成、周淼鑫：《信息化与工业化深度融合研究》，《大众科技》2013年第12期。

[2] 张成芬：《我国城镇信息化建设实现路径研究》，《商情》2011第48期。

[3] 襄阳市政府门户网站:《襄阳市2013年新闻发布会东津新区专场》2013年6月19日。

[4] 李鸿忠:《涵养文化长江 建设生态长江 繁荣经济长江》,荆楚网2015年4月9日。

[5] 雷斌:《襄阳建设汉江流域中心城市的战略研究》,《湖北社会科学》2015年第3期。

[6] 杜守雨:《鼓风扬帆新征程》,《襄阳日报》2011年4月7日。

[7] 李地宝:《襄阳东津新区战略定位思考》,《襄阳市委政策研究室调研成果选编》2013年。

红河谷　新天地
——丹河谷组群协同发展研究

王　翔

内容提要：丹河谷（即红河谷）城市组群的战略定位要置于长江中游城市群、汉江生态经济带、鄂西生态文化旅游圈及全省新型城镇化大格局中去思考，要把丹河谷城市组群打造为中国内陆中小滨江城市组群之样板、全国城乡一体化之示范、汉江生态经济带综合开放开发试验区、中西部地区就近城镇化之标杆。为此，应将丹河谷城市组群上升为省级战略来实施：突出规划协同，加强空间对接；发挥资源优势，强化产业协同；加强基础设施共建，深化基础设施协同；走新型城镇化之路，加强城乡一体化协同；注重民生社会建设，推进公共事务管理协同；走生态发展之路，推进环境共治协同；共建投融资服务体系，探索投融资保障协同。

一、丹河谷组群的战略定位

在全球化的大背景下，国家之间、地区之间的相互依存度日益加深，地缘相邻、人文相近、利益相关的区域合作与共同繁荣是大势所趋。从国际范围来看，欧盟、北美以及东盟自贸区等区域合作，极大影响着世界经济格局。国内长三角、珠三角、环渤海等区域合作，为筑就中国梦增添了强劲动力。鄂湘赣三省携手建设长江中游城市群，合力打造中国经济增长第四极，成为跨省合作的生动实践。因南北水调而结缘的京鄂、津鄂的战略合作也正逐步推进。

当前，湖北正加快实施一元多层次战略，武汉城市圈、鄂西生态文化旅游圈等组群，携手长江中游城市群建设、汉江生态经济带开放开发，成为推进湖北经济社会发展的重要引擎。全省经济呈现出总量扩大、质量提升、位次前移的良好态势，区域协调发展正在朝着深层次、新格局方向发展。

除体量较大的城市群外，小区域范围的城市组群也在逐步兴起。由丹江口、老河口和谷城三县市组成的丹河谷组群处在秦巴山区向南襄盆地过渡地带，是汉江水道黄金枢纽所在，历史上曾多次同属一个行政区域，地域相连、文化相近、经济相融，既有协调发展的有利条件，又有融合共进的强烈诉求。

在湖北，丹河谷组群谋划已久，建设大幕已开启。2012年7月，《湖北省城镇化与城镇发展战略规划（2010—2030）》这一"长视距"规划指出，"促进老河口、谷城、丹江口三县市的联合发展"。2013年8月28日，丹江口、老河口、谷城三地政府在汉签署《加快构建丹河谷城市组群战略合作框架协议》，标志着湖北首个中小城市组群建设正式启动。2015年6月15日，湖北汉江生态经济带开放开发"一总四专"规划对外发布。生态与经济并重、保护与利用并举、开放与开发并进，着力打造长江经济带绿色增长极是这一宏伟蓝图的战略目标。随着系列规划的逐步实施，作为汉江生态经济带重要成员的丹河谷组群必将开辟先发展、快发展、大发展的协同共进之路，为汉江生态经济带开放开发提供持久动力。

近年来，三地积极接触，共同谋划，在规划、交通、旅游生态等方面达成了合作共识，充分体现了三县市唇齿相依的现实状态，充分反映了三方互利共赢的殷切期待，合作前景广阔。随着南水北调中线工程正式通水和汉江生态经济带战略地位的不断上升，丹河谷城市组群必将成为鄂北乃至湖北开放开发的重要节点和亮点。

作为内陆中小城市组群，丹河谷在战略定位上要高端谋划，做到大气魄、大手笔，使丹河谷组群品牌具备国家参考价值，成为内陆中小滨江城市组群之样板。丹河谷城市组群的建设目标，要置于长江中游城市群、汉江生态经济带、鄂西生态文化旅游圈及全省新型城镇化建设的大格局中去思考，要有利于未来组群更好发挥比较优势，展现组群特色，在全省县域经济发展中，闯出一条经济绿色发展、区域协调发展、民生幸福小康的新路子。

（一）打造中国内陆中小滨江城市组群之样板

在现代城市发展中，中小城市的发展不能仅靠单打独斗，更需要加强合作，走资源共享、合理分工、组群发展之路，只有这样才能获得更大的发展空间，实现共赢，组群建设正成为中小城市发展的有效模式和必然趋势。丹江口、老河口、谷城三县市作为平等主体，三县市依汉江毗邻而立，水相通、地相连、习相近、人相亲，建设城市组群具有得天独厚的优势和基础。通过合力构建丹河谷城市组群，以区域共同利益诉求为基础，共同担当区域核心功能，广泛开展交流沟通和务实合作，多层次、多途径、多形式扩大区域共同利益，必将激发三地内生动力，凝聚强大合力。

《加快构建丹河谷城市组群战略合作框架协议》的顺利签订，标志着湖北省首个中小城市群建设的正式启动。随着南水北调中线工程通水、汉江生态经济带以及长江中游城市群在全国地位和知名度的不断上升，丹河谷三地通过进一步密切经济联系，实现共同利益诉求，目前已初具组群雏形，正逐步发展成为汉江之滨的耀眼联合体。在我国，大型城市群如长三角、珠三角、环渤海城市群发展成效卓著，而中小城市群发展还处在起步阶段。有理由相信，未来的丹河谷城市组群必将在汉江流域乃至全国沿江层面，率先树立中国内陆中小滨江城市合作发展的样板。

总体上看，丹河谷及周边区域已初步形成了公路、铁路、水路、航空等多种交通方式并立的立体化综合交通体系。通过组群发展，实现资源共享、分工协作，完全可以积小成大，握紧拳头，成为鄂西北乃至全省经济的重要增长极。丹河谷城市组群的提出和建设，有利于进一步丰富我国区域合作的地域单元形式，向全国输出"内陆滨江中小城市组群发展样板"的经验。丹河谷城市组群建设，有利于落实省委、省政府提出的"加快推进汉江生态经济带开放开发"的决策，是对"一元多层次战略体系"的丰富和完善。丹河谷的特色、优势、出路都在组群，要强化组群协作机制，完善省、市、县三级战略布局，形成省级领导牵头挂帅，襄阳、十堰积极主导，丹河谷三地主动作为的工作机制；充分调动各方积极性，深化全方位多领域合作，推进组群向更深更广领域发展。丹河谷组群建立后，应以新型城镇化为引领，共同推动上升为省级战略。在组群范围内，共享"中国水都""汽车产业带""国家城市矿产示范基地"等品牌；在组群范围内，大力推进基础设施、产业布局、城镇建设、生态保护和公共服务等方面的一体化步伐，实现在汉江生态经济带综合开发中争先进位。

（二）打造全国城乡一体化组群之示范

21世纪，我国已进入城乡一体化发展的新时代。丹河谷组群发展，重在统筹城乡，成为全国城乡一体化示范组群。丹河谷三地依汉江毗邻而立，可通过推动组群科技教育互动促进、医疗卫生联动共享、社会保障全域统筹，构建符合区情、覆盖城乡的城乡一体化公共服务体系，共同探索完善公共事务管理机制和管理模式，打造全国城乡一体化示范组群。积极出台实施相关政策和措施，在城镇规划、旧城改造、城镇街道建设和供排水、供电供气、加油站等公用基础设施建设等方面给予支持，推进丹河谷城市组群城乡一体化建设；将丹河谷城市组群纳入农业转移人口市民化试点，在户籍、土地、人口政策等方面进行改革探索。

依托丹江口市区、谷城城关和石花、老河口市区、李楼、仙人渡等重点镇，推动乡镇特色化发展，打造一个组合型"大城市"，实现集约联动发展。依托汉江、汉十和老宜三条重点轴线，辐射带动丹河谷中小城镇发展。土地制度改革先行先试，综合推进丹河谷城乡建设用地增减挂钩、低丘缓坡开发利用、城镇闲置低效土地再开发、荒滩荒坡荒地开发利用等工作，统筹安排三地土地指标，优先支持重点建设项目，建设汉江流域的城乡一体化示范区。

（三）打造汉江生态经济带综合开放开发试验区

丹河谷三县市均位于秦巴生物多样性国家重点生态功能区范围内，同时也是汉江中游水源涵养与水土保持的生态功能区，在国家层面上具有生态环境优势明显与敏感度极高并存的双重特性。创建丹河谷城市组群，以绿色发展为理念，对于深入推进已正式纳入省级战略的汉江生态经济带综合开放开发建设事业具有重大而深远的意义。

强化开发与保护并重理念，依托汉江等自然资源打造优美公共空间，着力打造"一带两核四廊"生态安全格局。"一带"即汉江生态经济带，"两核"即丹江口水源区核心和梨花湖生态核心，"四廊"即引丹干渠百里生态廊道、老河口城东生态环廊、谷城北河生态廊道、南河生态廊道。

汉江生态经济带综合开放开发是一项前无古人的事业，对于地处汉江流域核心地带的丹河谷城市组群而言是一个重大机遇，必须综合开发、先行先试。丹江口、老河口和谷城都是汉江生态经济带沿线具有良好发展基础的节点城市，水能、航运、沙洲等资源禀赋丰富，要积极果断抢抓机遇，主动作为，将汉江生态经济带的资源禀赋转化为生态经济优势，使丹河谷这一汉江"金三角"打造成为推进汉江生态经济带综合开放开发的引爆点。

丹河谷城市组群要创建汉江生态经济带综合开放开发试验区，形成示范效应，重点在绿色发展，特色在生态经济。加快汉江流域开放开发，探索流域水资源整体优化配置、水生态环境保护与修复、现代水利航运建设新路，走出一条人水和谐的现代水利建设和流域开发道路。以全国循环经济建设示范区、全国重要生态涵养区、全国宜居生态区等为抓手，把丹河谷城市组群建设成为集现代水利建设、转型发展、生态文明建设示范为一体的汉江生态经济带综合开放开发试验区。

（四）打造中西部地区就近城镇化之标杆

2014年国务院《政府工作报告》指出：今后一个时期，将着重引导约1亿人在中西部地区就近城镇化。就近城镇化是社会代价最小、幸福感最强的城镇化方式，有助于逐步减少大规模"候鸟式"迁徙，为人们创造更美好、更有效的生活和就业环境。就近城镇化的空间载体应更多地依赖于中小城市，丹河谷通过组群式发展，形成集聚效应，不断提升人口吸纳力，全力打造汉江生态经济带重要集群，以跨区域组团形式为湖北乃至于我国中西部地区就近城镇化提供示范。

实现丹河谷组群发展，共同打造区域型大城市，逐渐形成立体化、多中心、深融合的城镇空间格局，扩大城市人口承载能力，可以加快三地人民就近城镇化进度。丹河谷城市组群连绵成片后，面积有望超过120平方公里，城镇人口有望突破100万人，力争形成重点明确、结构清晰、宜商宜居的带状串珠式城镇发展格局，成为鄂西北一个跨地市的新兴增长极。

构建丹河谷城市组群，有利于丰富襄阳、十堰两市的重要空间节点，有利于以跨区域组群形式推动湖北新型城镇化进程，为其他中小城市提供就近城镇化借鉴。丹河谷城市组群可以通过构建由"中心城区—中心镇—一般乡镇—新型农村社区"构成的有序化城乡等级结构，形成组群中心城区辐射带动、小城镇连接顺畅的城镇化新局面。

丹河谷城市组群通过抱团聚力，推进新型城镇化，提升中心城区和重点乡镇服务功能，吸纳更多的农村人口在城区和城镇就业居住生活，努力缩小城乡差别，为就近城镇化探索新路作出贡献。农业转移人口市民化问题是就近城镇化的关键环节，丹河谷城市组群可以在就业、户籍、人口政策等先行先试，在用地指标、税收分成、投融资、城乡建设乃至行政审批管理体制等方面作出一些开创性探索，树立中西部地区就近城镇化样板。

二、典型中小城市组群的经验借鉴

城市组群协同发展是一个复杂的系统工程，必须摸清家底、明确方向，构建协同机制，方能实现组群整体效应。国内已有一些中小城市组群，如江苏江阴—靖江城市组群、湘鄂两省的龙凤组群、安徽芜马城市组群、渝西城市组群等，已进行了中小城市组群的探索，取得了一定成就，其经验可供借鉴。

（一）各级政府高度重视

城市组群是跨行政区域的，或跨省市、或跨地区。城市之间被行政区划阻隔着，如果没有上级支持，很难取得成功。在安徽和江苏两省，其城市组群都已纳入省级战略决策。江苏江阴—靖江城市组群不仅得到了上级两个地级市的支持，更是得到了江苏省的全力推动，将江阴—靖江工业园上升为省级战略，并给以各种优惠政策支持园区建设。

"龙凤配"（湖南龙山县和湖北来凤县），不仅得到两县各自上级湘西土家族苗族自治州和恩施土家族苗族自治州的鼎力支持，而且湖南、湖北两省还为龙凤组群建立了跨省协调机制。国务院批复的《武陵山片区区域发展与扶贫攻坚规划（2011—2020年）》明确提出设立武陵山龙山—来凤经济协作示范区，龙凤示范区由此上升为国家战略。国家发改委等部委也十分重视龙凤示范区建设，建立了部际推进机制。两地省、州多次召开联席会议，出台了具体的工作方案。安徽芜马城市组群受到了安徽省高度重视，安徽省第九次党代会报告明确提出，推进芜马跨江联动发展，构建滨江组团式城市群发展格局。

（二）加强优势互补

城市组群融合发展还在于能否形成优势互补。隶属于不同行政区划的城市各自有着自身的优势和劣势，城市组群发展，各城市可以取长补短，优势互补。在达成协同发展战略共识基础上，科学研判组群共同体的特色和比较优势，避免重复投资、重复建设和产业同构现象。比如，正式起步较晚但成就卓著的龙凤城市组群是武陵山片区唯一的国家级经济协作示范区，是全国14个集中连片特困地区率先启动建设的试点。两地政府能因"同"而合作，因"异"而互补，正确看待各自利益，规范竞争行为，有效维护整体利益，合作动力持久。

　　城市组群融合发展需要各城市根据自身条件，理性选择要素、形成特色，实现优势互补。产业融合是城市组群融合发展的出发点，特别强调在一个更大的组群区域内的子系统之间实现产业优势互补，发挥整体效应，克服"诸侯经济"，通过协作享用对方资源，提高组群整体竞争力。在江苏起步最早、效果最好的江阴—靖江城市组群，江阴资金充裕而发展空间不够，靖江土地富余而缺资金，江阴—靖江的组群式合作实现了二者优势互补。芜马城市组群（芜湖市、马鞍山市及江北产业集中区）依托丰富的空间资源，通过统一规划、错位发展，实现资源共享，减少重复建设，推动组群产业形成了互补合作关系。龙凤两县具有区位独特、资源富集、政策集成等跨省协作的良好基础，在产业布局过程中，两地共同制定发展规划。不仅产业领域相互协同，目前在公共交通、金融同城、通讯同网、平安共建等一体化建设方面也取得了巨大成就，实现了两地居民在组群内共享公共产品及公共服务。

（三）建立利益协调机制

　　城市组群取得成功的关键，就看有着各自利益的组群城市内部能否形成超越各自局部利益的协同机制。这就需要推进各成员县市间的互动常态化，通过建立工作协调、利益共享、互动合作等机制，破除各自狭隘局部利益的羁绊，促使生产要素自由流动和资源优化配置，加速组群内部全方位融合。

　　利益协调分配机制是城市组群系统协调体系中的核心问题，应综合运用政府间缔结协议、谈判和上级政府统筹以及通过领导集体磋商和非正式沟通等方式，解决协同过程中的利益分歧。在多数较为成功的组群地区，均建立了利益补偿与共享机制，获利较大的城市要向受到损失的城市给予一定补偿或政策照顾。对于受益各方的共建共享项目，在合作项目签约之前，充分协商完成产权分割与利益划定，政府按投资比例共同分享税收。大型跨区域纯公益性项目的费用摊分，按受益程度大小确定出资比例。

　　就江阴—靖江组群而言，靖江产业园产生的税收和利润分配等方面采取收益十年后五五分成，GDP可分别计入两地，共建的投资园区已成为两市经济增长和产业升级的发动机。龙凤示范区在区域经济发展和生产要素流动方面淡化甚至消除行政区划界限，通过在扶贫开发、经济协作、民族团结、生态文化旅游资源开发与生态环境保护等方面实现政策协同，综合运用国家扶贫开发政策、民族地区发展支持政策，争取国家在生态补偿制度构建上的政策协同，走出了优势互补，向协同要效益的新路子。

渝西城市组群建立了区县联系机制，定期召开区县党政主要领导联席会议，构建了统一协调的职能部门和行业合作机制，就产业引进、税收政策、资源配置等形成统一意见。旅游协调小组主要负责旅游研究和旅游产品开发，交通网络协调小组主要负责城际铁路、高速公路修建规划研究，农产品清洁生产协调小组主要负责"绿色食品、有机食品"的开发与研究。

（四）协同规划统领全局

城市组群内各城市隶属于不同的行政辖区，以往的规划多按行政辖区编制，为引导城市之间合理分工协作，形成一体化合力，需要制定注重基础性和系统性的组群规划，发挥其引导功能。

江阴—靖江组群建立伊始，就由上海同济规划研究设计院编制园区共建规划，规划面积60平方公里，首期实施8.6平方公里。

龙凤示范区认真探索跨省区域一体化发展机制，按照国务院批复的《武陵山片区区域发展与扶贫攻坚规划》，编制了《龙凤示范区发展战略规划》以及城区、基础设施、产业发展、酉水河保护与利用、旅游开发、公共服务、生态环境保护、金融服务、平安创建和人才发展十个专项规划，形成了功能互补、体系完善、覆盖城乡、刚性执行的全域规划体系。

芜马城市组群，其《城镇体系规划（2012—2030）》中明确，组群范围包括芜湖和马鞍山的全部行政辖区，规划面积达10030平方公里，是配置芜马组群空间资源、优化城乡空间布局、统筹基础设施和公共服务设施建设的基本依据。

渝西组群在渝西区域规划的总框架下，编制了区县城镇化发展规划，构成空间地域综合规划体系，强化了区域规划的横向协调作用。

（五）基础设施协同先行

完善的基础设施网络是实现组群融合的必要条件。重大基础设施，尤其是跨江通道在跨江城市组群的联动开发中起着关键作用。即使对于同处江河一侧的城市组群，仍然要对重大基础设施（包括过江通道）建设高度重视。

芜马城市组群自创建初就十分注重推动基础设施建设一体化，协调推进城际轨道交通、港口、跨江通道等重大基础设施。马鞍山长江公路大桥 2013 年投入使用，芜湖长江公路二桥于 2017 年底建成，公铁两用芜湖长江三桥已于 2014 年开工建设，马鞍山长江隧道正在筹划建设，实现城市组群基础设施共建共享。

龙凤示范区正在积极构建区域统一的基础设施体系，优化区域交通网络布局。一桥跨两省，两省融一城，连接来凤与龙山的标志性工程——湘鄂情大桥已于 2014 年 2 月正式通车，龙凤示范区的融城计划进入加速推进阶段。龙凤示范区规划的七座大桥将贯通两城连接线，全面构筑立体化综合交通枢纽体系。

渝西城市组群已建成通车渝昆、渝蓉、渝黔、渝沪、渝遂等高速公路和成渝、渝遂、渝黔等干线铁路，重庆三环高速公路全面推进。成渝客专、兰渝铁路即将全线开通运营，交通四通八达，纵横交错，加快了城市组群的形成。

（六）实现全面一体化

除了产业规划、基础设施建设等一体化外，较为成功的城市组群无一例外地还在积极推动公共服务、生态环保、社会治理等全方位一体化。龙凤城市组群共同开发酉水文化和生态旅游资源，还初步实现了公共交通、移动通信、天然气、污水处理等一体化建设，投资 26 亿元启动了龙凤科教示范园、民族中心医院、民族文化中心、全民健身中心等项目建设；共同创新社会治理方式，建立了案件协查、治安共管、联防联调、预警预报、信息同享等多项平安共建机制。

渝西城市群建立了一体化的公共服务体系，合理配置公共服务项目，基本实现了组群内油、气、电同网同价。建设国家级高技能人才培训基地，提升组群职业教育服务能力；加快西南医院等国家级分院建设，满足组群市民就医需求；同时，加强应急平台合作建设，提高组群应急响应和救援能力。

芜马城市组群通过签署同城化建设合作框架协议，明确了包括生态保护、社会事业、公共事务等八大领域的协同发展路径，正在努力走出一体化联动新路，组群经济社会呈现良好发展态势。

三、丹河谷组群协同发展方略

学习借鉴国内中小城市组群经验，奋力实现丹河谷组群的战略目标，需要以务实的态度探讨切实可行的组群协同发展方略，全力推动跨区域协作机制的建立和"四化同步"改革红利的释放，实现相向发展、对接发展、融合发展。

（一）构建上下联动工作机制，推进战略协同

湖北省正在实施涉及全省17个市州的"一元多层次"战略体系，除"两圈两带"区域总体战略、"一主两副"城市带动战略、"四基地一枢纽"等覆盖全省的战略以外，还有一些省级区域战略。如荆门农谷、荆州壮腰工程等均是以市州实施为主。与上述战略不同，丹河谷组群跨越了地市，这个战略唯有上升到省级战略由省级来实施，自上而下或上下联动，否则举步维艰，难以实施。

构建丹河谷城市组群要建立起省级推动、市级协调、三县市联动的工作机制。建议省委、省政府成立"湖北丹河谷城市组群建设领导小组"，形成1个省级领导牵头挂帅，襄阳、十堰积极主导，丹河谷三地主动作为的"1+2+3"工作机制。省级层面做好顶层设计，建立一年一度的省政府现场办公会机制，省发改委及省直其他各有关部门、襄阳、十堰及丹河谷三县市参加，加强规划编制及实施督导，创造良好外部环境。一是省有关部门编制丹河谷组群发展规划及行动实施计划；二是省直相关部门结合各自职能，加强专项规划具体编制及实施指导；三是加强同水利部、交通部、国务院南水北调办公室、国务院扶贫办、环保部、国家旅游局、国土资源部等国家机构的联系协调，争取在项目、资金、政策等方面获得支持。

积极争取省委、省政府出台专门政策，加大对丹河谷组群的政策支持力度。可以借鉴"计划单列"模式，赋予丹河谷城市组群先行先试的自主权，支持开展行政管理、要素市场和投融资体制改革。扩大丹河谷三县市的县级管理权限，将地市级发改、财政、金融、土地、人事、规划、环评等行政审批事项下放、委托、授权给三县市，赋予丹河谷建设项目管理、土地审批、证照发放、人才

引进、计划上报、税收管理、资质认证等事项审批或审核权，实行"自行审批、报市备案；自行审核、报市审批、报省备案"的管理机制。

建立务实高效的对接协调机制。建议建立两市三地行政首长会商机制、三地政府部门协调制度，形成有效的合作推动与利益分配机制。三县市政府轮流作为召集人，每半年召开一次联席会议，就合作中需要解决的重大问题进行集体磋商，共同研究组群发展战略和政策制定，协调推进规划编制、基础设施建设、产业分工协作等重大事项，集体协商建立公平合理的利益分享与补偿机制。建立部门工作对接机制，应定期轮流举行发改、招商、开发区等部门工作对接会，围绕规划衔接、生态环境、基础设施、产业发展、行政审批、财政金融、用地政策、收费减免等重点工作，共同研究制定专项合作规划和实施方案，并具体负责督促落实。

（二）加强空间对接，突出规划协同

三地行政隶属不同，在城镇空间发展和协调上不可避免存在整体与局部的关系，如何发挥城乡规划作用，处理好整体与局部的关系显得尤为重要。就整体而言，丹河谷三地要加强空间对接，增强规模效应，从更大范围合理配置资源。在当前不可能马上解决行政区划限制和暂时没有上升为省级战略的背景下，两市三地需要依靠自己的政策和协调机制，建立多层次多部门的合作机制，建立规划局长联席会议制度，推动两市三地空间规划的协同对接。

在规划编制方面，应坚持与国家的大战略、大规划对接，与省市的发展战略对接，与周边省市的发展战略与规划对接，发挥三地比较优势，展现三地城镇特色，推进抱团发展。由省发改委制定丹河谷城市组群总体规划，住建厅制定空间规划，国土资源厅制定土地利用规划，规划评审通过后，由省政府批准印发、公布实施。除了抓紧编制高起点、高质量的丹河谷组群发展规划外，还应配套编制综合交通、现代产业、生态环保专项规划，进一步明确城市组群的发展思路、目标定位及主要任务，细化推进目标的时间表，策划重大项目，强化具体措施，发挥好规划的引领作用。

强化组群空间布局的协同性。重构规划体系、功能分区，打造现代化组群承载平台。按照整体规划、分片开发的思路，对组群总体规划、控制性详细规划、土地利用规划等多级规划体系进行调整修编，对新区建设、基础设施、产业布局、公共建设进行统一规划和布局。

科学谋划共建区。共建区是当前城市组群协同发展的重要抓手，共建区的设立应有利于空间资源互补，为建设用地紧缺的丹河谷组群提供可持续发展空间。可采取交界地区模式，跨界选址，统一规划，分头组织实施。一地选址，集中管理，按照要素投入比例，协商分配股权和收益。

实施空间扩容提质战略。加强对外通道建设，合理选择可持续发展空间，通过产业、土地等要素向核心发展区倾斜，实现组群扩容提质。老河口西北方向重点建设洪山嘴新区，向南靠近谷城方向重点建设南部鄘阳新区；谷城向北方向重点建设城北新区、子胥新城，西北方向规划建设江南谷丹连接线，与丹江口三官殿一带对接；丹江口应重点向东南老河口和谷城方向发展，江北向老河口付家寨、江南向谷城沈湾延伸。

构建生态公共产品。生态公共产品是最大的公共福利产品，生态建设也是生产力。三地共同划定生态保护区、控制区、引导区等，设定好生态功能区的战略定位和空间，构建生态一体化的核心空间构架，依托汉江等自然资源打造优美公共空间。

（三）发挥资源优势，强化产业协同

城市组群最核心的是产业，最重要的是产城融合。结合现有基础和资源优势，丹河谷组群要策划建立产业项目库，明确责任单位和路线图，按照产业链、产业集群和产业一体化的思路，构筑多极有序、相对均衡、功能互补的组群产业格局。

建立产业合作联动机制。三县市应定期召开发改、招商等部门及开发区工作对接会，统筹布局新引进项目，促进产业分工协作。建立健全企业、项目跨行政区转移的利益协调和补偿机制，避免产业同构和无序竞争。共享"中国水都""汽车产业带""国家城市矿产示范基地""国家区域性大型再生资源回收利用基地""国家可持续发展试验区""全省循环经济示范县"等金字招牌，放大组群招商引资效应。积极参与全球经济合作，鼓励各类企业抱团以"湖北丹河谷"名义参加广交会、深交会、西洽会、华创会及港澳、欧美、中东等境外展览会，开展境内外贸易促销活动。做好组群功能和开发区定位，打造集约发展、优势互补的组群产业承载平台，共同承接发达地区产业转移。

巩固优势产业地位。按照"错位发展、突出个性、彰显特色"的思路，以产业园、工业园为载体，强化丹河谷城市组群的产业优势，重点建设汽车及零部件、再生资源利用、农副产品加工和纺织服装四大产业集群。以三环车桥、创普公司为龙头，做大做强专用车、改装车、总成零部件企业，建成汉十工业走廊重要的汽车及零部件制造基地；以丹江口电站、王甫洲电站为基础，加快建设河谷新城路口电站项目，打造水电、煤电、光伏三联供的能源示范基地；以粮油、软饮料、酒业等产业为重点，以农夫山泉、奥星粮油为龙头，加快推进粮油、软饮料、酒业等产业的深度开发，提升丹河谷农业品牌竞争力，打造区域性农产品精深加工基地。以金洋冶金、楚凯冶金为龙头，培育再生铅、再生铝、再生钢等产业链，充分发挥"国家级城市矿产示范基地"和"再生资源回收利用基地"国牌效应，打造千亿级再生资源利用产业基地。

加强旅游对接。认真编制丹河谷旅游一体化发展规划，共同策划和承办全国性、国际性重大旅游活动，同举丹河谷旗、共打丹河谷牌。以环江生态景观公路为纽带，串联各镇，着力建设水生态滨江村居；沿汉江打造丹江口至老河口、谷城沿线两岸湿地公园景观带。合理利用汉江生态景观和历史人文资源，充分发挥古隆中、武当山、丹江口水库三张旅游名片，构建"三区三带"的旅游空间格局（"三区"即丹江口水库风景名胜区、冷集—梨花湖休闲养生度假区、薤山—小三峡风景旅游度假区；"三带"即汉江旅游发展带、环库山水文化旅游带、南河旅游发展带）。

共同培育新兴产业门类。南水北调中线工程给丹河谷组群培育新兴产业带来了发展机遇，北京、天津均已表示支持水源地发展新兴产业。丹河谷组群应借此加快培育新能源、新材料、生物科技、电子信息等战略性新兴产业，构建多点支撑的产业格局。抢抓"北煤南运"机遇，支持河谷新城路口电站项目优先建设，带动新能源示范项目建设。推进沧浪海旅游港、中华梦幻谷文化旅游产业园、红河谷生态旅游度假区、汉江湿地文化展示区等重大项目建设，全面提升现代服务业层次。

（四）加强基础设施共建，深化基础设施协同

丹河谷区域综合交通条件既具有自身优势，也存在明显短板。三地交通仍自成体系，对外南北向快速通道尚处于形成阶段，东西向快速通道仍需继续完善，城市间对接通道建设相对滞后。组群协同发展在基础设施领域较易进行，应建立重大建设项目选址报省住建厅审核备案制度，积极向上级申请，提高获批可能性。需要注意的是，丹河谷组群综合基础设施发展不应简单地另起炉灶，关键在于全面整合现有交通资源，依托襄阳、十堰，增强优势、补齐短板。结合组群发展战略及空间规划，加快提升组群基础设施建设与管理水平，引导组群基础设施协同发展。

着力构建高效、便捷、通畅、安全的现代化交通运输和物流体系，打造半小时经济圈承载平台。实现组群范围内国省干线在通行能力和服务水平方面全面对接，加快打造对外快速通道，优化组群路网布局，提升区域交通枢纽地位。以公路交通为重点，完善内部交通网络，加大城际交通建设投入力度，促进交通基础设施共建共享，形成公路、铁路、水运、航空为一体的立体化交通网络，打造鄂西北、襄十宛区域交通枢纽，以及汉江生态经济带交通一体化示范区。

公路方面，加快推进老河口至谷城、谷城至竹溪等高速公路建设，尽早打通南北向快速通道，形成丹河谷对外公路主通道。对316国道、302省道、222省道、303省道提档升级，提高丹河谷组群对周边县市的辐射带动能力。铁路方面，积极推动汉丹铁路老丹段电气化改造，推动铁路老河口城区段东移西延，恢复汉丹铁路客运。提升汉丹铁路老丹段和襄渝铁路的运输能力，依托两条线路连接丹江口、老河口和谷城，建设组群城际铁路。水运建设方面，以提升汉江通航能力为重点，加快推进汉江航道整治工程，促进千吨级航道向丹河谷延伸。有序推进老河口陈埠码头、谷城喻家湾码头等一批港区的综合码头建设，逐步实施丹江口、王甫洲通航设施的新建升级，畅通西向水运通道。

加快三地基础设施共建共享，在垃圾处理、供水、供气、供电等基础设施上加快一体化建设，实现无差别化服务。在河谷公交一体化基础上，吸纳丹江口加入，依托新建环汉江景观路，形成丹河谷公交大外环。实施汉江堤防和水利的统一规划和建设，加快实施汉江丹河谷段堤防建设及河道综合整治。建设雨、污分流引水管网体系，加快洪山嘴、陈埠、仙人渡、马台村、石花等地污水处理厂建设。完善城市供水系统，新建扩建老河口二水厂和三水厂、谷城尖角水厂、石花潭口水厂和丁家营水厂等多个乡镇水厂，建设丹江口新城区水厂，推进城乡水网一体化建设。搭建城际、城乡信息高速公路，建立组群大型动态数据网络平台，实现三地间网话变市话。建立组群报纸、电视台和广播台，实现信息资源共享。

（五）走新型城镇化之路，加快城乡一体化协同

"双轮驱动"，构建一体化发展带。依托"三核两带"（"三核"即丹江口、老河口、谷城三县市的主城区，"两带"即汉江生态经济带和汉十城镇发展带），走新型城镇化建设和新型农村社区建设"双轮"驱动一体化之路，打造组群辐射带动、小城镇连接顺畅、新型农村社区星罗棋布的一体化发展带。明晰组群中心城区和特色乡镇职能分工，中心城区（包括三县市城区及李楼、仙人渡、冷集、洪山嘴、石花等乡镇）打造一个组合型"大城市"。经济基础较好的乡镇探索特色化发展之路，生态资源较好的乡镇探索生态型发展模式。

推进基础设施和公共服务向农村延伸，加快新农村建设和发展。推进城镇交通、供水、供电、环保等基础设施和公共服务向农村延伸，逐步实现城乡规划、产业发展、基础设施、公共服务、社会管理等领域城乡一体化，建设城乡统一、共建共享的公共服务设施。全力推进新型农村社区试点建设，扶持推进现代农业示范区建设，增加土地整治项目资金，开展低丘岗地改造。加强农村环境综合治理，治理农村面源污染；搞好垃圾收集、清运和无害化处理，防止环境污染。推广谷城五山镇经验，开展"生态文明示范村""生态文明示范户"创建活动，净化美化农村环境。

创新体制机制，鼓励先行先试。支持组群大力推进行政管理、要素市场、投融资体制等领域的改革。统筹城乡户籍管理制度改革，消除城乡户籍差别，实行统一身份管理。将丹河谷纳入农业转移人口市民化试点，建立农业人口随就业和居住变化自然进城的制度通道，有序引导具备条件的农民自愿转户进城，落实就业、住房、医疗、教育、社保等配套政策，确保转户居民真正享受城镇居民的同等待遇。实施差别化土地政策，创新土地利用模式，建立耕地保护制度、重点项目优先用地和集约、节约用地制度。将丹河谷纳入全省城乡建设用地增减挂钩试点和土地治理、村庄整治试点，创新耕地占补平衡机制，大力推进新城镇、新园区和农村新社区建设。

（六）注重民生社会建设，推进公共事务管理协同

在行政审批、管理体制、开发区建设等方面大胆先行先试，共同探索完善公共事务管理机制和管理模式，建立充满活力、管理规范的同城化行政管理机制。以改革创新为动力，推动组群科技教育互动促进、医疗卫生联动共享、社会保障全域统筹。取消三地社会公共服务行政区域门槛，逐步实现社会保障、社会服务无障碍转移接续和信息对接。

探索建立丹河谷城市组群文化、医疗、社保、教育等领域合作新机制。建立文化部门联席会议制度，推进三地文化基础设施的共建共享，在演艺市场开发、文物保护利用、非物质文化遗产开发性保护等领域开展深入合作。共同保护和开发武当山道教、湖北吉仙桃木、谷城根雕和老河口木版年画等文化资源和品牌，实现在文化资源开发利用过程中共同获益。同时，对公共文化设施实行对接，如公共图书馆、文娱设施等，满足居民精神文化生活需求。

统一规划、合理配置卫生资源。在大型仪器设备资源、人力资源上共享互补，实现三地同级医疗机构检查、检验结果互认，加快构建双向转诊机制。推动三地新农合医疗信息系统互联互通，逐步实现参合农村居民信息资源共享、定点医疗机构互认和跨地网上实时监管。加快推进社会保险政策对接，逐步统一组群社保标准，探索实现保险关系无障碍转移。对三地师资队伍和教学资源在组群范围内做出协调，推行可视化多媒体网络教学，共建共享优质教学资源。研究建设跨区域的社会网格化治理，积极推行农业转移人口市民化试点，为就近城镇化探索新路。

（七）走生态协调发展之路，推进环境共治协同

共同建立涵盖主要污染物减排、城乡环境质量、环保重点工作等方面的生态环境保护目标责任体系，在重点生态地区实施最严格的节能减排措施和环境影响评估制度。

以水环境保护合作为重点，走"两型"协同道路。建立健全流域环保联防联控机制，协调重大项目环境影响评价，统筹规划组群内重大环境基础设施建设，改善流域环境质量，提高流域生态安全水平。建立组群防洪协调机制，对接长江水利委员会防洪规划和管理，协调三县市防洪设施建设。推动水环境保

护合作，构建水污染防控物联网，在水资源综合利用、水污染综合治理方面展开合作，促进资源合理开发与生态环境保护。

加大生态补偿机制探索力度，建立跨流域生态补偿机制。共同争取国家对南水北调中线水源区和汉江中下游生态环境设立中央单列生态补偿专项资金，对丹江口实行增值税全留地方政策，将南水北调中线工程规划水电站的发电量以优惠分配给丹河谷地区，弥补大坝下游水电损失。建立水源区、影响区与受益区之间的权利与义务平衡渠道，在资金项目补偿的基础上，向上建议将补偿重心逐渐由"输血"向"造血"转变，确立丹河谷与受益区都可接受的补偿方式。

推动资源利用规模化，共同推动循环经济发展。按照立足丹河谷、辐射鄂豫陕的思路，以回收站为基础、以集散市场为核心、以加工基地为终点，积极打造以省、县、乡道和通村公路为网的废旧物资回收体系，推动资源回收网络化。将丹河谷整体纳入省级循环经济试点，以谷城湖北金洋公司为龙头，整合三地再生资源，共建循环经济产业链。树立"大园区"概念，将丹河谷打造成为有较大影响力的废旧金属加工利用基地和国家级循环经济示范基地，提高行业规模和工艺技术水平。

（八）共建融资服务体系，探索投融资保障协同

建立以财政为基础、政府融资平台为主渠道、土地增值收益为补充、综合金融服务为支撑的丹河谷组群建设投融资服务体系。

积极争取中央及省级财政资金支持。力争推动"丹河谷城市组群"平台上升到省级战略，加大与中央大战略对接的力度，以利于获得中央和省级财政支持。抢抓南水北调中线工程和湖北推进汉江生态经济带综合开放开发的重大机遇，加大与受益区对口协作的沟通力度，在重大产业、基础设施、民生改善、生态和农业开发等项目上，争取国家及有关部委对组群提供更多的项目、资金和政策支持。提请湖北省建立面向组群重大基础设施建设项目、产业结构调整的中长期财政转移支付制度，积极争取在用地指标、税收分成、土地流转及整治等方面的政策支持。

探索市场化运作机制。探索建立组群发展基金和风险投资基金，发展并完善企业融资平台。积极探索采取"PPP"方式，通过丹河谷品牌吸引民间融资，

鼓励以公有民营、民办公助、股份制等多种形式，吸引社会及境外资本投资参与丹河谷公共设施、城镇基础设施和功能区的建设运营。大胆引进国内外有实力、有经验的投资机构，进行园区设计及整体开发。共同到沿海发达地区招商引资，积极承接国际国内产业转移，鼓励省内外大企业通过委托管理、投资合作等形式共建产业园区。鼓励各金融机构加大对重点企业、重点项目及中小企业信贷力度，落实组群银行业金融机构新吸收存款主要用于在当地发放贷款政策，增加信贷投放。

适当调整财政投资方向。成立丹河谷组群财政协调工作机构，建立三地财政协调机制和经常性联系制度，增加城建资金预算安排，支持重点产业跨地区布局。积极争取省项目资金支持、省财政补贴和贴息等政策，加大对交通、通讯、水利、物流、旅游、社会事业等领域投入。

加快投融资平台建设。建立由上级政府财政资助、三地政府出资及发行地方债券作为主要资金来源的组群发展共同基金，在推进产业协调发展和均等化公共服务等方面强化合作根基。将组群基础设施建设项目和符合国家产业政策的企业贷款纳入省级贴息支持范围。在资金筹措上大开放，支持丹河谷组群利用各类融资平台申请世界银行和亚洲开发银行贷款，加快引进资金实力雄厚、开发经验丰富、融资渠道畅通的战略投资者，组建股份制投资公司。

通过组群抱团发展正成为中小城市发展的有效模式，丹河谷建设城市组群具有得天独厚的优势和基础。作为内陆城市组群，丹河谷在战略定位上要高端谋划，要置于汉江生态经济带、长江中游城市群、鄂西生态文化旅游圈及全省新型城镇化建设的大格局中去思考，使丹河谷组群品牌具备国家参考价值。丹河谷城市组群的崛起，需要以务实的态度探讨切实可行的协同发展方略，全力推动跨区域协作机制的建立和"四化同步"改革红利的释放，实现相向发展、对接发展、融合发展。

参考文献：

[1] 刘惠：《我市推动红河谷组群发展渐入佳境》，《襄阳日报》2014年3月13日。

[2] 《"红河谷"城市组群横空出世》，《湖北日报》2013年8月30日。

[3] 邓洪涛、艾丹:《红河谷中小城市群建设起航,首提"就近城镇化"》,《湖北日报》2013年8月29日。

[4] 秦尊文、彭智敏等:《唱响湖北"红河谷",舞动汉江经济带》,《湖北日报》2013年7月15日。

[5] 孙勇、帅瑜等:《"丹河谷"生态优先路径确立》,《湖北日报》2014年9月30日。

[6] 龚莉:《襄阳十堰签署行动框架,"丹河谷"组群建设先行先试试验区》,《襄阳日报》2014年6月27日。

[7] 湖北省社科院:《舞动汉江生态经济带——湖北红河谷城市组群推介会文集》2013年12月。

大交通　新襄阳
——襄阳复兴"七省通衢"交通枢纽地位研究

张来斌　陈道斌

内容提要："大交通"是指所有资源产生位移的载体，也是指各种事物在原有基础上发生地理空间的移动、传播和交换，它不仅包括传统的有形交通，而且包括现代电子商务、"互联网＋"等无形领域。"大交通"就是要打破旧有观念，突破传统束缚，用新的眼光看待交通，用新的含义定位交通，用新的思维规划交通，用新的方式建设交通。用"大交通"之含义建设新襄阳的意义在于落实长江经济带战略，对接"长江中游城市群"之发展；适应"互联网＋"新常态，培育经济发展新引擎；引领产业转型升级，推动汉江流域中心城市建设；打造城市宜居环境，顺应人民追求幸福生活之需求；塑造城市形象新品牌，弘扬历史文化旅游名城之风貌。"大交通"概念下新襄阳交通枢纽建设应全地域、立体化推进。

交通是人类社会的基础，是社会及经济活动等各项事业发展的必要保障与支撑，是确保社会及经济活动得以顺利发展和正常进行的前提条件。从古至今，交通对经济发展、社会进步的重要性越来越凸显，交通的重要性已经成为学者重点研究的内容。交通有助于区域经济的发展，不但会对经济活动的区位选择带来影响，而且还能够促使形成区域空间结构，并通过扩散效应和集聚效应，来不断推动区域经济的可持续发展。谋划襄阳又好又快发展，不仅需要稳步发展传统交通，还要引进"大交通"理念，用"大交通"谋划襄阳的发展，复兴襄阳"七省通衢"交通枢纽地位，建设全面腾飞的新襄阳。

一、"大交通"之提出

（一）"大交通"之含义

传统交通的含义是人和物在地理位置上的空间移动，一般包括公路、铁路、航空、水运等方面。现代交通的含义是人、物和信息在地理位置上的空间移动，在传统交通基础上增加了邮政、通讯等现代科技因素。"大交通"则是指所有资源产生位移的载体，也是指各种事物在原有基础上发生地理空间的移动、传播和交换。其分为有形和无形两种，有形部分主要是指传统交通，属于看得见、摸得着的事物，主要包括公路、铁路、航空、水运、公交、邮政、物流等；无形部分主要指现代意义和互联网环境下的资源位移，属于看不见、摸不着的事物，主要包括电力、信息传输、电子商务、"互联网+"等领域。

（二）"大交通"提出之背景意义

随着信息时代的到来，以计算机网络技术为代表的科技发展对交通理念带来了革命性的冲击，交通再也不仅仅是传统意义上的一般交通，交通的内涵逐渐丰富，外延不断扩展，尤其是互联网的发展为社会与经济发展注入了前所未有的活力，因此我们有必要提出"大交通"这一概念，用"大交通"理念来拓展、充实现代城市发展。"大交通"就是要综合所有保障产业实施、促进产业发展、优化产业布局、引领产业升级、加速产业提高的要素和措施于交通概念之下，全方位、全角度、全时空、全天候为产业服务。对一个城市来讲，"大交通"就是要促进城市崛起、巩固城市地位、塑造城市品牌、推动城市发展、引领城市产业升级、打造城市宜居环境。"大交通"就是要打破旧有观念，突破传统束缚，用新的眼光看待交通，用新的含义定位交通，用新的思维规划交通，用新的方式建设交通。我们认为"大交通"属于服务性第三产业，"大交通"能促进、引领和带动其他产业发展壮大，是为第一、二产业提供服务、支撑和保障的，是围绕第一、二产业而生存、发生和发展的。用"大交通"的含义发展交通，必将给城市交通建设带来新的发展思路、提供新的发展空间、达到新的发展水平、产生新的发展效果。

二、"大交通"之襄阳挑战

（一）"大交通"下襄阳交通之基础

用"大交通"审视襄阳交通，襄阳已具备"大交通"发展的良好基础。襄阳地处我国内陆腹地中心地带，得"中"独厚，区位优势明显，"东瞰吴越、南遮湖广、西带秦蜀、北通宛洛"，自古即为交通要道，素有"南襄隘道""南船北马、七省通衢"之称，历为南北通商和东西文化交流的重要通道。

襄阳与武汉、长沙、郑州、合肥、西安、重庆、成都等距离均在1000公里以内，是华中、西北、西南"Y"形交通网络的中心，连接东西南北的重要交通枢纽。"一条汉江、两座机场、三条铁路、四条高速公路"是襄阳水、陆、空立体交通网络的真实写照。

襄阳主要通航河流有汉江及其支流唐河、白河、唐白河、南河、蛮河和三道河等，通航总里程达597.5公里。汉江在襄阳境内长达195公里，现为Ⅳ级航道，日常维护水深1.6米，可通行500吨级船舶或2000吨级船队，通长江达东海。唐白河由唐河和白河在双沟镇龚家咀（两河口）交汇而成，唐白河两河口至张湾镇黄沙堖（汉江口）22.5公里航道在崔家营枢纽建成后成为库区航道，河口段枯水期水深达3米以上。南河、蛮河等支流航道处于自然状态，能通行20～100吨级小型船舶。

襄阳现有襄阳（刘集）和老河口两座机场。襄阳（刘集）机场位于襄阳东北部，张湾镇东北约8公里处，距襄阳市中心18公里，占地1828.3亩，建有进出机场的专用公路2条。机场现有跑道长2400米，宽45米，飞行区等级为4C，已开通至北京、上海、深圳等多个航班，可起降波音737等大中型客机。停机坪面积24720平方米，有4个机位，可同时停靠4架B737型飞机。航站楼总建筑面积3800平方米，设计吞吐能力15万人次/年，货运区面积1500平方米，可同时处理货物500吨，停车场面积为16000平方米。老河口机场位于老河口市，为军民合用机场。

襄阳域内铁路网主要由焦柳、汉丹、襄渝三条铁路干线及铁路支线构成，铁路营运里程约330公里。襄阳铁路枢纽位于大湛通道和沪汉蓉货运通道的结合部，是连接川、鄂、陕、豫的重要交通枢纽，是北煤南运和川、渝地区与中南、华东地区货物交流的重要铁路枢纽。焦柳铁路起自河南焦作附近的月山，经洛阳、襄阳、枝城，到达广西柳州市，全长1645公里。焦柳铁路是我国铁路"十五"规划中"八纵八横"主骨架之一大湛通道的重要组成部分，是"三西"煤炭南运的主要通道之一，是联系中南地区与华北地区的主要南北通道之一。目前焦柳线以货物运输为主，兼顾部分客运。汉丹铁路起自武汉枢纽汉口西站，经襄阳，到达湖北西部丹江口，全长416公里，武康二线（汉丹线汉口西至襄阳段）湖北段于2009年开通运营。汉丹线作为我国南北干线京广线和焦柳线的连接线，承担着中西部地区能源、原材料运往东南、西北地区的运输任务，是目前北煤由焦柳线经本线进入中南、华东地区的重要线路。襄渝铁路起自湖北襄阳，经陕西安康、四川达州，到达重庆枢纽，其中襄阳北站至老河口东站段与汉丹铁路共线。襄渝铁路是联系中南、西南地区的铁路干线，全长850公里。襄渝铁路是继宝成线、川黔线、成昆线后第四条出入四川省及重庆市的通道，特别是由中原入川，为加强川东地区、重庆市与湖北等省的联系起到了重要作用。同时，汉丹线、襄渝线也是沪汉蓉大通道中的一条重要线路，为通道中的北线，货运为主兼顾客运，是沪汉蓉通道中承东启西的重要一段。目前，襄阳范围内铁路车站包括焦柳线上的邓营、襄阳北、襄阳、襄阳南、余家湖、王树岗、朱市、宜城、上大堰，武康线上的襄阳东、枣阳、兴隆集、随阳店、陈家湖、谷城和黄家营以及汉丹线上的老河口、洪山咀、丹江等20多个车站。其中襄阳站为主要客站、襄阳东站为辅助客站，襄阳北为编组站，其余为中间站。

襄阳公路网密度达到132公里/百平方公里，高出湖北省平均水平21公里/百平方公里，基本形成了以福银、二广"一纵一横"两条高速公路为主骨架，以国道207、国道316及15条省道为脉络，以农村公路为基础，横穿东西、纵贯南北、沟通周边的公路网格局，基本形成了襄阳与省内其他城市"1—3小时交通圈"，市域范围内"1小时交通圈"（除保康外）。目前，襄十、襄荆、孝襄、樊魏四条高速公路已全部建成通车，使襄阳的高速公路密度居全国前列。从公路行政等级结构看，襄阳国省道里程为1699公里，占总里程的6.5%，其中国家高速公路270公里，普通国道321公里，省道1108公里；农村公路24466公里，占总里程的93.5%。从公路技术等级构成看，高速公路270公里，占总里程的1.0%；一级公路291公里，占1.1%；二级公路1741公里，占6.7%；二级及以上公路里程合计2302公里，占8.8%。襄阳建有等级客运站86个，其中一级站3个、二级站8个、三级站2个、四级站8个、乡镇五级站65个，农村简易站及招呼站1913个。旅客日发送能力达到7.6万人次。其中，襄阳市区现有一级客运站2个，二级客运站3个，三级客运站3个。初步形成了以中心城区站场为核心，县市客运站场为节点，辐射乡村，外联全国各地的市域公路客运站场体系。

截至2014年，全市公路里程27134.9公里，基本实现村村通，村村通客车率达到100%。交通运输安全服务保障能力进一步提高，全市公路货物周转量483.2亿吨公里，增长14.4%；公路旅客周转量47.6亿人公里，增长23.2%。襄阳机场现已开通13条航线，全年累计完成运输起降8662架次；旅客吞吐量67.7万人次，增长12.6%；货邮吞吐量2388.3吨，增长10.9%。全市邮政业务总量3.2亿元，2016年年末全市移动电话用户442.6万户，固定电话用户73.5万户，互联网宽带接入用户数80.6万户。

（二）"大交通"下襄阳交通之挑战

用"大交通"审视襄阳交通，襄阳交通也面临巨大挑战。近年来，随着我国铁路、高速公路、航空等建设的大发展，襄阳交通也有了跨越式腾飞，但相对于其他地区，相对于历史上襄阳交通的重要地位，襄阳交通发展的速度有所放慢，历史形成的襄阳"七省通衢"地位面临着严峻挑战。

一是高速铁路发展落后，运输布局仍需完善。在高速铁路大发展的今天，襄阳还没有建成一条高速铁路线；随着宜万铁路线等的建成和运营，部分进渝入川铁路车组不再经过襄阳，襄阳铁路交通枢纽地位受到挑战。

二是汉江水利开发缓慢，运输潜力有待挖掘。襄阳每年仅有7%的货物通过水路运输，汉江航运的历史优势并未得到充分体现，汉江襄阳段仅能承载500吨级驳船航行，离汉江现代化航运体系建设所要求的1000吨级通航标准相去甚远；襄阳除了余家湖港外，其他港口都小而散，现代化程度低；运输能力不适应经济社会发展的新要求，汉江"黄金水道"作用没有得到应有发挥。

三是襄阳机场等级较低，客运有限货运较弱。襄阳机场目前还只是4C级支线机场，运营航线只有十多条，通航城市只有十多个，对周边城市的辐射和带动能力较弱，离襄阳建设成为汉江流域中心城市的要求还有较大距离。

四是城区快速通道缺乏，相互间通达性较差。襄阳主城区域间交通拥堵越来越严重，特别是上下班高峰时段的区域间呈现"规律性"堵塞，严重影响了人民生活。不同运输体系之间更是缺乏有效衔接，不能实现"零距离换乘"，严重影响"联动"综合效益的发挥。

五是交通节点地位不显，经济联系作用不强。襄阳与武汉、长沙、郑州、合肥、西安、重庆、成都等距离均在1000公里以内，地处武汉城市圈、中原城市群、成渝城市群、长株潭城市群、关中—天水城市群的结合部，应该在这些城市群交通中成为重要节点，但现有交通基础设施已经不能充分适应和满足襄阳与大城市群之间的经济联系与合作，未能发挥应有的作用。

六是公交线路不尽合理，场站设计有待优化。襄阳公共交通存在着线路设计不科学、覆盖性不足等问题，特别是老城区多为占道式站台，严重影响道路流通。

七是辅助交通配置不足，出租型公交待统筹。辅助性交通和出租型公交是城市公共交通的重要组成部分，有利于满足市民出行差异化的需要，应该加以科学引导和适度鼓励发展。

八是物流整体水平偏低，公共平台亟待搭建。襄阳物流服务大多处于价值链底端，物流企业仍以运输、货代企业为主，除部分汽车物流企业外，全市大部分物流节点的设施及装备技术水平较低，高附加值的现代物流服务尚未形成。物流信息化建设处于起步阶段，缺乏统一的行业管理平台和公共物流信息服务平台，物流信息统计管理系统尚未建立，现有信息系统尚未实现互联和共享。

九是信息建设有待加强，"智慧襄阳"仍需努力。信息化水平是衡量一个城市发展的重要尺度，襄阳的信息化水平还处于较低地位，与"智慧襄阳"的品牌不相衬，与省域副中心城市的地位不相衬，落后于汉江流域中心城市建设的要求。

三、"大交通"对新襄阳之意义

襄阳要建设汉江流域中心城市，交通要先行。襄阳交通要实现跳跃式发展，跨越式发展，要引领其他产业或行业发展，必须跳出交通之外看交通，必须跳出交通之外研究交通，用新的眼光看待交通，用新的含义定位交通，用新的思维谋划交通，用新的手段建设交通，用"大交通"来谋划、建设交通。因此，建设"大交通"对新襄阳有着重大意义与非凡作用。

（一）对接长江经济带战略，融入长江中游城市群之发展

国家发展改革委 2015 年 4 月 16 日发布了《长江中游城市群发展规划》，这是贯彻落实长江经济带重大国家战略的重要举措，对于加快中部地区全面崛起、探索新型城镇化道路、促进区域一体化发展具有重大意义。长江中游城市群承东启西、连南接北，是长江经济带的重要组成部分，也是实施促进中部地区崛起战略、全方位深化改革开放和推进新型城镇化的重点区域，在我国区域发展格局中占有重要地位。长江中游城市群将成为中国经济新增长极、中西部新型城镇化先行区、内陆开放合作示范区、"两型"社会建设引领区。6 月 19 日，湖北省政府《关于国家长江经济带发展战略的实施意见》出台。这份作为湖北"落地"国家长江经济带发展战略行动指南的纲领性文件，明确了湖北在长江经济带中的发展定位，以及提升长江中游黄金水道功能、完善长江中游综合立体交通体系、建设产业转型升级支撑带等七个方面的重点任务和保障措施。意见提出努力把湖北建设成为中部地区崛起重要战略支点、支撑长江经济带发展的"龙腰"。湖北要建成承东启西、连南接北的"祖国立交桥"。加快"襄十随"城市群发展，襄阳要建设成为汉江流域中心城市和综合交通枢纽，把武汉、襄阳、宜昌等省内的重点城市建设成为货物的集散和转运基地，构建综合立体交通运输体系。以"大交通"的概念建设新襄阳，必将使襄阳在长江中游城市群三省三十一市中发挥举足轻重的节点作用。

（二）适应"互联网+"新常态，培育经济发展之新引擎

2015 年 3 月 5 日，李克强总理在政府工作报告中首次提出"互联网+"行动计划。"互联网+"概念是以信息经济为主流经济模式，体现了知识社会创新 2.0 与新一代信息技术的发展与重塑。"互联网+"是希望用国内相对优质的互联网力量去加速国内相对落后的制造业的效率、品质、创新、合作与营销能力的升级，以信息流带动物质流，同时与"一带一路"整体战略相结合，提升整体产业的国际影响力。推动移动互联网、云计算、大数据、物联网等与现代制造业结合，促进电子商务、工业互联网和互联网金融健康发展，引导互联网企业拓展国际市场。2015 年 5 月 7 日，国务院发布的《关于大力发展电子商务加

快培育经济新动力的意见》指出,加快建立开放、规范、诚信、安全的电子商务发展环境,进一步激发电子商务创新动力、创造潜力、创业活力,加速推动经济结构战略性调整,实现经济提质增效升级。到2020年,基本建成统一开放、竞争有序、诚信守法、安全可靠的电子商务大市场。电子商务与其他产业深度融合,成为促进创业、稳定就业、改善民生服务的重要平台,对工业化、信息化、城镇化、农业现代化同步发展起到关键性作用。以"大交通"之理念建设襄阳,就是要为襄阳培育经济社会发展新引擎,使襄阳主动适应"互联网+"新常态。

(三)引领产业转型升级,推动汉江流域中心城市之建设

2003年,湖北省委、省政府首提"一主两副"战略;2013年,汉江生态经济带开放开发启动,将"两圈一带"战略丰富拓展为"两圈两带"战略,明确要求襄阳在汉江生态经济带建设中发挥战略引擎作用。2014年,襄阳市委提出,把襄阳建设成为"经济发达、文化繁荣、法治优良、功能完善、生态一流、人民幸福"的汉江流域中心城市。襄阳必须"把完善城市功能、提升城市核心竞争力作为重要支撑","把保障和改善民生作为出发点和落脚点",襄阳要建设引领产业转型升级的经济中心,"建设区域性金融服务中心、科技创新中心、教育中心、医疗卫生中心、文化艺术中心和开放高地,使襄阳成为产业支撑有力、辐射功能强大、营商环境一流、资源配置高效、最富发展活力的中心城市,充分发挥在汉江流域开放开发中的战略引擎作用"。复兴襄阳"七省通衢"交通枢纽地位对于实现上述宏伟目标具有基础性支撑作用和引领式带动作用。建立"大交通"的概念,推动"大交通"建设,将对其起到助力、推动与升华作用。

(四)打造城市宜居环境,顺应人民追求幸福生活之需求

"宜居"是指人文环境与自然环境协调、经济持续繁荣、社会和谐稳定、文化氛围浓郁、设施舒适齐备,适于人类工作、生活和居住。因此,"宜居"除了适宜居住外,还包括适宜就业、出行、学习,医疗及文化资源充足等。宜居城市的内涵可以从四个方面来理解:一是宜居城市是所有城市的发展方向,以及城市规划和建设的目标,并非某个城市的专有或代名词。二是宜居城市是一个相对的概念,是一个变化和动态的目标,是相对于其他城市或相对于过去而言

的，是否达到宜居城市的标准要参照其他城市和自身发展的历史条件而定。三是宜居城市是城市居民对城市的一种心理感受，其与城市居民的年龄、性别、职业、收入和受教育程度等密切相关。随着经济水平的不断提高，人们收入的不断增加，居民对精神文化的需求不断增强，对生态环境的要求日益强烈，城市居民对"宜居"的感受和心理的期望指数也将会不断提高。四是宜居城市建设不仅要注重城市经济指标，更要注重城市建设是否能满足居民在不同层次上对居住环境、生活质量和个人发展的要求。

宜居城市建设目标需要具有层次性，较低层次的建设目标是满足居民对城市的最基本要求，如安全性、健康性、生活方便性和出行便利性等；较高层次的建设目标应该是满足居民对城市的更高要求，如人文和自然环境的舒适性、个人发展的机会等。随着社会的发展，生活质量的提高，"全力保障民生，努力实现劳有厚得、学有优教、病有良医、老有颐养、住有宜居，不断提高人民群众的幸福感、归属感、自豪感"成为襄阳建设发展的最大任务，"大交通"就是要打造"宜居宜业"新襄阳，顺应襄阳人民日益增长的幸福生活之需求。

（五）塑造城市形象新品牌，弘扬历史文化旅游名城之风貌

城市品牌是指城市建设者分析、提炼、整合城市独特的（地理、人造自然）要素禀赋、历史文化沉淀、产业优势等差异化品牌要素，并向城市利益相关者提供持续的、值得信赖的、有关联的个性化承诺，以提高城市利益相关者对城市的认同感和满意度，增强城市的聚集效应、规模效应和辐射效应。城市品牌的凝聚力、吸引力和辐射力集结起来就会大大增强城市的竞争力，因此，城市品牌无疑是一笔巨大的无形资产，拥有巨大的价值。城市品牌体现在以下几个方面：一是展现城市特点，增强城市魅力；二是增强城市居民的凝聚力与自豪感；三是推动城市精神文明建设；四是有助于吸引人才；五是有利于吸引外资；六是带动旅游业的发展；七是增强公众对政府的信任感。

"千古帝乡、智慧襄阳"是襄阳的城市形象品牌，它既能反映襄阳厚重的历史，也能彰显襄阳的文化魅力，更能助推襄阳经济社会发展。努力巩固和加强襄阳交通枢纽地位，加快"大交通"的建设是强化与塑造襄阳"千古帝乡、智慧襄阳"城市形象品牌的需要，更是推广、介绍和促进襄阳历史文化旅游名城建设义不容辞的责任。

四、"大交通"含义下襄阳交通枢纽建设之路径

交通事业要完成新时代赋予的新使命，助力襄阳全面建设发展，必须打破旧有的交通含义与模式，以"大交通"的理念谋划交通，以"大交通"的含义建设交通，以"大交通"的服务模式经营交通；必须抢抓国家宏观经济政策调整的机遇，加快公共基础设施和综合运输体系建设，统筹推进铁路、公路、机场和航道等交通建设，构建贯通南北、连接东西的立体交通网络体系，重新确立襄阳交通枢纽之地位，再造襄阳"七省通衢"新优势，引领襄阳跨越发展。

（一）牢基础，构建公路大网络

公路交通是支撑城市发展壮大的重要基础，是促进城市对外交流的重要依托，是发挥城市竞争优势的重要保障。襄阳基本形成了以福银、二广"一纵一横"两条高速公路为骨架，国道207和316及15条省道为脉络，农村公路为基础的，横穿东西、纵贯南北、勾连四方的公路网络，在省内处于领先的发展水平。

加快襄阳公路交通网络建设，原则上应以加快推进高速公路建设为突破点，以加强国省干线公路改造升级为着力点，以优化场站枢纽网络布局为切入点，全面满足汉江流域中心城市建设的要求。

建议以现已建成的高速线路为基础，建设完善两个"环绕型"高速公路。一是建设担负主城区各区域之间快速通达的"绕城环绕型"高速公路，彻底改变主城区各区域之间的"时段性""规律性"堵塞现状，全面解决主城区各区域之间的快速通达较差的问题。二是建设担负市域内各县（市）之间快速通达的"绕域环绕型"高速公路，彻底改变市域内各县（市）之间以及各县（市）与主城区之间交通联系距离过远、耗时过长的现状，实现县县通高速，全面解决市域各县（市）之间及各县（市）与主城区之间经贸关系不密、协作关系不强的问题。

以现已建成的县乡线路为基础，加强县乡道路建设，提升县乡公路建设等级，提高县乡和乡镇间的通达水平，形成"循环型"县乡公路网络，以起到优化域内通达，强化域内凝聚的作用。

对接《国家公路网规划》和《湖北省省道网规划纲要》等，依靠国家及省级建设规划，服务建设大局、支持建设需求、优化建设环境，争取更多更大的国家及省级建设项目与投入，依托线路走向规划产业布局。构建以襄阳为中心，以高速、国道、省道为依托，以"环绕型"高速公路、"循环型"县乡公路为主的域内"协作凝聚"公路与"放射型"域外"交流辐射"公路相结合的襄阳公路大网络。

（二）固民生，扩建公交大平台

完善城市公共交通。公共交通是一个城市区域内交通的主渠道，是以常规公共交通为主体、出租型交通等为辅助的公共交通系统。襄阳现有的公共交通还存在着主渠道作用不明显，线网整体覆盖性不充足，场站位置分布不合理，辅助公交发展不匹配等问题。完善襄阳公共交通，一是襄阳城市区域交通的建设发展应汲取国内外城市交通的发展经验，坚持以公共交通优先的发展方向，大力发挥公共交通的主渠道作用。二是以城市建设，特别是新城区开发为契机，优化线路布局和网络建设，提高公交覆盖率。三是根据城市发展需要，合理设置场站布局，减少换乘频率，缩短通达时间。四是大力建设公交专用道路，在新建城区道路中推广港湾式站台设计，在旧城改造中逐步把占道式站台改造为港湾式站台，减少公交站台对交通的负面影响。五是合理配置辅助交通，科学统筹出租型公交发展。辅助交通是指自行车、观光型人力车和电动车等交通辅助工具；出租型公交是指城市出租车和租赁汽车等交通工具，其是城市公共交通重要组成部分，主要满足市民出行的差异化需要，应该加以科学引导和适度鼓励发展。六是充分利用襄阳水利资源丰富、河道贯穿中心城区的特点，科学规划线路，积极发展耗能少、环保型水上公共交通。开通水上公共交通，既有恢复古襄阳传统特色的水上运输意义，又可提供便捷出行缓解陆路交通之压力。如：可开通襄阳小北门—樊城米公祠码头、襄阳小北门—鱼梁洲码头—东津水上公交等。七是积极发展通达城市"背街小巷"的"微循环"小公交系统，解决市民"最后一公里"的交通难题。八是大力推广与使用以新能源为动力的公共交通工具，为保护环境、改善空气质量、提高市民幸福指数做出应有贡献。九是提高公共交通的信息化管理水平，发挥信息技术在管理、查询、监控、调度、应急等服务中的作用，实现各种公共交通工具之间的"一卡"式联通，实现真正意义的"智慧襄阳"之"智慧公交"。

开拓城市旅游公共交通。可根据襄阳古迹景区众多、相距较近的特点，开通连接景区的"点对点"旅游公共交通，方便市民旅游休闲，实现各古迹景区之间的"零距离"搭乘；开拓水上旅游公共交通线路，如通过水上旅游公共交通工具把"长寿岛—万山解佩渚—襄阳大堤—米公祠—临汉门—拱宸门—鱼梁州—唐城—习家池"等串通一起，造就"四小时"看襄阳的水上旅游公交线路。

（三）抓机遇，筑建铁路大动脉

铁路是现代社会的主动脉、大动脉。襄阳市域内，现有铁路网主要由焦柳、汉丹、襄渝三条铁路干线及铁路支线构成，位于大湛通道和沪汉蓉通道的结合部，是连接川、鄂、陕、豫的重要交通枢纽，是北煤南运和川、渝地区与中南、华东地区交流的重要铁路枢纽。襄阳位于武汉城市圈、关中城市群、中原城市群、成渝城市群的中心位置，随着郑西、京广、沪汉蓉高铁的相继建成，武汉等中心城市对周边的辐射和吸引力大幅度提升，周边地区也更多地选择武汉、郑州、重庆、西安四大中心城市中转，襄阳高铁建设滞后，传统普通铁路交通的比较优势不复存在，"十字交叉"线路的枢纽地位逐渐削弱。

未来五年，是襄阳铁路建设的关键期。襄阳要主动融入国家"一带一路"、长江经济带发展战略，抢抓国家加快推动中西部铁路发展的重大建设机遇，动用一切可以运用的力量，利用一切可以利用的资源，积极配合国家及湖北省战略布局，有效对接国家及湖北省发展规划，用足用活政策，借力高铁建设，全面提升襄阳与外界的通达性，确立襄阳铁路的枢纽中心、打造区域交通中心。襄阳必须全力协调、全面配合、全员服务于蒙华、汉十、郑万铁路规划设计和工程建设，形成以襄阳铁路枢纽为中心的放射性路网格局。以郑万、西武高速铁路通道为主要依托，焦柳、汉丹、襄渝、"北煤南运"等铁路为补充的"三纵三横"米字形干线铁路网布局，与武汉、郑州、西安、重庆等区域中心城市（两小时交通圈）及荆门、宜昌、南阳、十堰、随州等周边城市（一小时交通圈）之间实现高速铁路连通。襄阳还要加快提高传统的汉丹、襄渝、焦柳等普通铁路电气化改造速度与水平，全面提升其运输能力；加强场站建设，对现有场站进行煤、货、客的合理专业分工及功能分划；改扩建襄阳北枢纽编组站、搬迁位于市中心且对市民生活影响较大的襄阳站货场等；全力支持金鹰轨道、南车襄阳工厂等涉路企业发展经营，借力铁路建设拉动铁路服务业及相关产业发展。

（四）挖潜力，重建航运大体系

水是生命之源、生产之要、生态之基，也是航运之道。人类文明因水孕育、滨水而生、受水滋养、伴水而兴、与水共存、顺水发展、治水而盛。汉江是一条比黄河、长江形成还要早的母亲河。汉江是中华文明发源地之一，我们名汉族、讲汉语、识汉字、称汉人、着汉服都源于汉江。襄阳是汉江流域中心城市，依汉江而建城、靠汉江而发展，伴汉江而兴起，托汉江而繁荣，深深打上了汉江的印记，汉江就是襄阳生存与发展的动力源。

汉江航运是襄阳交通不可或缺的组成部分，对于打造与汉江流域中心城市相适应的交通枢纽具有至关重要的意义。在各种运输方式中，水运具有成本低、污染小、占地少的优势，最适合大宗货物运输。襄阳航运历史悠久，早在春秋时期就开始营运，西汉时期襄阳码头已成为汉水中游物资集散的重要港口。襄阳港是我省五大枢纽港之一、汉江唯一的枢纽港，是国家"西煤东调、北煤南运"的主要中转港口，更是汉江中、上游广大地区物资交流的一个重要节点和平台。襄阳要顺应国家《长江中游城市群发展规划》，紧跟汉江生态经济带开放开发的省级战略，奋力推进汉江现代航运体系建设，实现与长江航运体系一体化发展。早在2007年颁布的《全国内河航道与港口布局规划》中，汉江航道就是长江水系高等级航道布局方案"一横一网十线"中的重要"两线"，是全国内河高等级航道网的重要组成部分。襄阳应以国家大力发展内河航运的战略和汉江生态经济带建设为契机，加快推进汉江干支流梯级开发及高等级航道建设，加大汉江航道的综合开发与整治。以三级航道为标准，采取科学的疏浚手段，合理布局综合水利枢纽，以防洪、抗旱、航运、发电为主的梯级开发措施建设汉江干流主航道，使其达到1000吨级通航能力，实现与长江"黄金水道"的高标准贯通；以四级航道为标准，采取科学的疏浚手段，合理布局综合水利枢纽，以防洪、抗旱、航运为主的梯级开发措施建设唐白河等支流航道，力争使其达到500吨级通航能力，实现汉江航运的最大效益；把对南河、蛮河等支流"自然状态"航道的综合开发与治理提上规划与建设日程，通过工程手段改善其通航条件,使其通航能力提高到200至300吨级。

襄阳的港口建设应以汉江生态经济带建设为契机,以现代化港口为目标,以优化布局、合理分工、统筹发展为原则。现存襄阳城区的11个港区,除了余家湖港外,其他都小而散,现代化程度低,特别是主城区的众多小港区占用大量城区滨水岸线资源,已经成为汉江生态和饮水安全的隐患,且严重影响了汉江襄阳段旅游景观的开发与建设。针对上述问题,应采取撤销拆除、规范转型、升级改造等手段进行治理。撤销拆除主要针对影响汉江生态和饮水安全且经济效益差的港区,规范转型主要针对分布在主城区的且利于民众生活、益于旅游开发的港区转型为景观旅游交通港区,升级改造主要针对离主城区有一定生态安全距离、对民众生活影响较小且有较好发展潜力的港区。针对城区其他港区及沿汉江两岸的谷城、老河口、宜城港口,应采取合理划分功能分区,应用现代化手段进行专业化改造,使其形成功能完善、专业高效、自动化程度高的港口体系,增强襄阳港在北煤南运、铁陆空多式联运中的枢纽作用。

努力形成规划合理、分工明确、协调配合、开发适度,保障民生与环保、保驾工农业生产、兼顾旅游与发展、辐射与带动周边经济社会发展,与汉江流域中心城市相适应的、现代化的综合航运中心体系。

(五)促腾飞,搭建航空大走廊

航空运输是现代社会腾飞的翅膀,其对社会、经济、贸易、旅游等的重要性无需多言。随着生活水平的提高,航空运输的重要性将越来越凸显。

襄阳处于武汉、郑州、西安、重庆四处航空干线机场之间,这四个航空干线机场之间的区域内尚无干线机场或支线枢纽。随着襄阳及周边地区经济的快速发展,这一区域必须有一干线机场或支线枢纽来承担沟通南北、连接东西、完善航空网络的作用,襄阳的地理位置和迅速崛起的经济决定了襄阳机场是完善这一航空网络的不二选择。襄阳要提升对周边城市的辐射力,建成区域中心城市,干线机场或支线枢纽是必要的支撑。襄阳必须抢抓这一历史机遇,加大襄阳航空基础设施建设力度,推进襄阳机场改、扩建工程,逐步提升襄阳(刘集)机场起降等级;加快海关、检验检疫、边检等空港口岸设施建设;全力争取襄阳(刘集)机场纳入有关规划,早日建设成为区域性干线机场或支线枢纽。积极争取有关部门支持,适度规划建设老河口机场,为襄阳(刘集)机场提供配套、应急和备降等服务。

襄阳的航空运输业还要立足于现有军工"三线"工业的航空航天产业之基础，加快航空工业园建设，为航空航天工业发展配套生产服务。延长航空航天产业链，推动航空航天工业中的试验、救生、防护、检修、培训等服务业发展；在大学及高职高专中依托现有专业，创办乘务、地勤和维修等相关专业，培养应用和实用性人才，全面服务新襄阳空中大走廊建设。

（六）提效益，铺建能源大通道

管道运输是"大交通"的重要内容，是随着石油和天然气等能源产量增长而发展起来的一种优势显著的运输方式，其具有运量大、全天候、距离短、无污染、占地少、成本低和损耗少等优点。运量大是指管运可以连续运输大量物质；全天候是指管运不受气候影响，送达货物的可靠性高；距离短是指管道可以走捷径、实现最佳路线；无污染是指管运环境效益高，没有有害物质排放，基本不产生污染；占地少是指管运工程量小，管道运输只需要铺设管线，修建泵站，土石方工程量小，在平原地区大多深埋地下，不占农田；成本低是指管运在各种运输方式中耗能最小，成本最低；损耗少是指管运处于封闭运输环境，安全可靠，运输过程损耗较少。

管道运输在襄阳也具备一定的基础并占有一定地位，其始建于1978年，当时主要是因要将河南油田原油输送到荆门提炼而兴建，通过汉江时为管道穿越；后来为避免污染汉江，于1984年改建成管桥穿越，其全长1045米，主跨长度500米；管桥工程设计、施工具有开创性，采用这样大跨度斜拉索管桥形式当时在国内尚无先例。西气东输工程实施以后，襄阳又相继建成了五条天然气管道，逐步形成了以天然气、原油运输为主的管道运输网络。根据国家有关政策和《湖北省能源发展战略规划》《湖北省天然气利用中长期规划（2011—2020）》等，未来湖北省"三横两纵"的国家天然气管线中将有三条经过襄阳，襄阳将形成西气东输二线、西气东输三线、新粤线三条国家干线，两条省内干线和三条省内支线共计八条天然气管道，襄阳将成为湖北省天然气管道运输网络中的重要节点。同时，有关规划还将改建南阳至荆门原油运输管道，新建中石化荆襄成品油运输管道和保康磷矿至南漳化工园区管道运输工程。襄阳要保持在管道运输中的节点地位，应成立管道运输管理与服务专门机构，为重点工程服务、保驾护航，努力促进国家重点工程的规划与实施，争取更多管线从襄阳过境，强力配合管道线路的建设与维护，奋力保障管道运输的安全与高效，使襄阳在为管道运输服务中获得最大效益。

由于科学技术的迅猛发展，管道运输的物质种类也有了拓展。鉴于襄阳处于"北煤南运"大通道的节点位置，建议襄阳主动与国家有关部门和科技单位协作与配合，积极研究煤炭、化工产品等物质通过管道运输的可能性，大力拓展襄阳管道运输领域，努力巩固襄阳管道运输的地位。

襄阳不光是"北煤南运""西气东输"的大通道，更是"西电东送"的中线大通道。承担着"西电东送"中线和三峡电力外送的重大任务，特别是襄阳火电厂更是肩负着三峡调峰的重担。襄阳要充分利用"西电东送"和三峡电力外送的"高速公路"节点之利，大力发展与三峡电力配套的火电，大力支持襄阳火电厂的发展，配套发展电力产业，努力使火电和电力产业成为襄阳支柱产业之一，造就与三峡的"水火互济"局面，巩固襄阳的电力产业地位，牢固襄阳能源大通道的地位。

（七）树品牌，拓建邮政大流通

邮政行业是国家重要的社会公用事业，邮政网络是国家的重要通信基础设施，同时也是信息交流、物品递送、资金流通、文化传播的基础网络和平台。近年来，随着市场经济的发展、改革开放的深入以及"互联网+"产业和电子商务的发展，传统的邮政行业受到了挑战和冲击。除邮政普遍服务受国家有关法律、法规保护以外，快递方面已有20多个快递经营品牌在襄阳设有400余处经营网点和代办点，7家快递企业在襄阳建有分拣中心，从业人员2000余人，市场主体呈多元化发展趋势，已经形成国有、民营、外资等多种经济形式共同竞争的格局。襄阳在支持各种经济成分和经营主体参与快递市场竞争的同时，应依据有关精神，大力扶持中国邮政在快递市场中发挥主渠道作用。

襄阳邮政（中国邮政襄阳分公司）除了承担法律、法规赋予的普通邮政服务和特殊服务业务外，更应当勇敢投身市场经济主战场，主动适应经济发展新形势，发挥"中国邮政"品牌的价值和作用，在襄阳建设汉江流域中心城市的大潮中担当起应有的历史责任。积极拓展业务范围，投身快递物流大市场。一是加大原有国家二级邮件处理中心的改扩建力度，拓展其功能、完善其作用、提高其效率，使其更加适应日益增长的快递业务需求；二是加快基层便民服务网点建设，向民营快递经营者和国外快递企业学习，延伸服务线路，打通"最后一百米"；三是加大支农服务网络建设，在支农、便民服务中充分发挥主渠道作用，做大做强自己；四是在国家政策和规定许可下，发挥主渠道优势，发挥人才集聚和网点众多的优势，积极拓展空间，开辟新市场，上马新服务项目，增经济效益，做大做强，再创光辉。

（八）优布局，促建物流大集散

在国家实施西部大开发、中部地区崛起和促进东部产业转移战略推动下，有关规划分别将襄阳列入全国二级物流园区布局城市、全国性铁路物流节点城市、鄂豫陕渝毗邻地区物流中心和全国区域性物流节点城市。随着相关规划的实施和措施的落实，襄阳物流业将迎来前所未有的发展机遇。襄阳物流业应以优化物流空间布局为基础、以提高效率为目标、以信息化为手段、以降低物流成本为根本、以提升服务质量为前提，努力形成与襄阳产业发展相适应的物流环境，充分发挥襄阳物流在湖北省、汉江流域乃至全国应有的作用，建设立足湖北、服务中部、辐射全国、面向国际的物流节点和物流产业核心城市。一是优化货场、市场及物流园区布局，搬迁中心城区发展受限、规模设施不达标、影响市内交通的场站、市场和园区，积极推动特色物流园建设，努力形成分工合理、专业明确的物流集散分布；二是加快物流信息化建设，努力搭建全市各行业共享的公共物流信息平台，联通与整合航运、公路、铁路、航空等各种形式运输的场站和物流园，实施信息共享、资源共用、提高效率和"多式联运"；三是打破地域、管理主体、资本主体、运输方式等各种限制，建立覆盖全物流行业的管理服务平台，政府层面以政策、措施等手段加强对物流行业的鼓励、引导、促进和服务。

（九）顺需求，兴建信息大节点

现代社会是一个信息化的社会，信息无处不在、无时不在，它已经成为人们生活、生产和发展的灵魂，主导了我们生活的方方面面。襄阳信息服务业起步较晚、水平较低，与"智慧襄阳"品牌不相衬，与汉江流域中心城市的要求不适应。襄阳要着力发展信息服务业，全面提高信息化水平。一要重点发展软件、信息传输服务以及云计算、物联网等新兴服务业。二要做大做强信息服务外包、网络增值服务等通信服务。三要促进信息服务业在其他产业中的广泛应用和全面渗透，大力开发与汽车制造、数控装备、工业设备等领域相配套的应用软件和解决方案。四要加强农业信息化基础设施建设，组建服务农业生产、林业需求、渔牧发展等的信息服务平台和交易平台。五要充分发挥襄阳历史、文化、旅游、医疗和基础教育的比较优势，运用现代互联网手段，开发计算机游戏、网上购物，发展远程教学与远程诊疗等服务业。六要依托襄阳软件园，以中国移动襄阳"四个中心"基地、"襄阳云谷"建设为支撑，加快发展和提升软件业，积极发展高端业态和新兴业态，使襄阳顺应电子商务迅猛发展和"互联网+"时代到来的需要，建设成为区域性信息服务中心城市。

（十）谋发展，筹建地铁大捷运

地铁作为安全、快捷的城市公共交通，是大都市的血脉和标志。随着襄阳建设汉江流域中心城市步伐的加快，一座承载着襄阳人民美好愿望的都市襄阳呼之欲出。我们要未雨绸缪，规划筹建襄阳地铁。

建设地铁之条件。城市的发展与繁荣也带来了越来越严重的交通拥堵问题，地铁作为一种便捷的交通工具，是大城市的"治堵"良方。一般而言，一个城市要建设地铁体系必须满足四个条件：一是地方财政一般预算收入100亿以上，二是国内生产总值达1000亿以上，三是城区人口300万人以上，四是规划线路的客流规模单向高峰每小时3万人以上。

筹建地铁之意义。就上述条件而言，襄阳目前只具备前两项。但地铁的规划、论证与建设往往需要十多年，甚至数十年之久。筹划建设地铁的意义主要在于规范城市发展、引导城市建设，控制地块功能、降低建设成本，构建立体交通、合理利用土地，缓解交通矛盾、打通区域阻隔，提高交通品质、提升民众生活，拉动经济增长、强化公交主体。襄阳要未雨绸缪，提前做好基础工作，征求民众建议、凝聚各方智慧，规划地铁方案、优化线路设计，为将来的地铁开工建设做好、做实、做足准备工作。

建设襄阳"大交通"要统筹谋划，注重各交通方式之间的衔接与联通，使各交通方式之间实现无障碍、零距离的沟通与联合，合理运用现代化科技手段，实现各交通方式之间的扬长避短、优势互补、信息共享、资源共用、联程共赢，充分发挥各交通方式最大效益。

建设"大交通"就是要把襄阳建设成为引领产业转型升级的经济中心、现代化"七省通衢"交通枢纽、区域性金融服务中心、科技创新中心、教育中心、医疗卫生中心、文化艺术中心和开放高地，使襄阳成为产业支撑有力、辐射功能强大、营商环境一流、资源配置高效、最富发展活力的中心城市，充分发挥在汉江流域开放开发中的战略引擎作用。把襄阳真正建设成为"经济发达、文化繁荣、法治优良、功能完善、生态一流、人民幸福"的汉江流域中心城市。

参考文献：

[1] 汉江网：中共襄阳市委襄阳市人民政府《关于加快建设汉江流域中心城市的实施意见》，2014 年 3 月 28 日。

[2] 湖北省人民政府门户网站：《湖北省汉江生态经济带综合开放开发总体规划》，2014 年 2 月 11 日。

[3] 新华网：国家发展改革委《长江中游城市群发展规划》，2015 年 4 月 5 日。

[4] 新华网：国务院《关于依托黄金水道推动长江经济带发展的指导意见》，2014 年 9 月 25 日。

[5] 新华网：国务院《关于大力发展电子商务加快培育经济新动力的意见》，2015 年 5 月 7 日。

[6] 中国公路网：国家发展改革委《国家公路网规划》，2013 年 6 月 21 日。

第三篇
复兴之帆

让历史启迪未来
——襄阳国际交往历史研究

甘忠银

内容提要： 襄阳是一座国家级历史文化名城，这里山川秀美、名人辈出，有数不尽的人文传奇、道不完的历史故事。"一座襄阳城，半部中国史。"历史上的襄阳，不仅在国内是一个人文荟萃、兵家必争之地，而且在国际上也有一定影响。襄阳虽地处内陆腹地，但由于其独特的地理位置和战略地位、繁荣发达的经济与文化，自古以来就与其他国家和地区有着密切的国际交往。襄阳是佛教中国化的发源地，襄阳的唐诗传播海外，马可·波罗在襄阳留下过足迹……在"一带一路"对外开放新的时代背景下，襄阳要延续历史荣光，提升开放水平，坚定不移地把扩大对外开放作为发展的战略举措。在此背景下，本文对襄阳的国际交往历史加以梳理，通过梳理各历史时期襄阳的国际交往大事件，探究国际交往历史的当代启示，以期对当下及今后襄阳的国际交往有所启迪。

襄阳地处湖北省西北部、汉水中游，有"铁打的襄阳""华夏第一城池"的美誉，为历代兵家必争之地。自古以来，襄阳就以悠久的历史、灿烂的文化、丰富的古迹、壮丽的山川闻名遐迩。历史上的襄阳是一座重要的军事名城、文化名城、商贸名城，同时还是一座国际交往名城。上自先秦，下迄明清，历史时期的襄阳不断与国外进行着广泛的经济、文化交流。

一、中韩襄阳同渊源

（一）中韩襄阳文化渊源

位于朝鲜半岛的韩国有一郡名襄阳郡，与中国襄阳同名，韩国襄阳郡（以下简称"襄阳郡")位于江原道东北部,是一个面向日本海的多山地区,境内分布有襄阳、岘山、堕泪碑、鹿门山等与中国襄阳相同的一系列地名。襄阳郡对外宣传材料介绍说:"襄阳本是中国湖北省汉水沿岸的一个小城之名,它的美丽自然景色和地理环境、人们的禀性以及对自然规律的认识态度和士大夫精神、习俗等都和我们襄阳相似。"这一切无不表明,韩国襄阳郡与中国襄阳市有着相同的文化渊源。

除地名外,襄阳郡的民俗文化与中国楚文化渊源甚深。"苞茅缩酒"是古代楚人的一种祭祀仪式,苞茅盛产于荆山山麓南漳、保康、谷城一带,是楚人向周天子上贡用于缩酒祭祀的贡品。《左传·僖公四年》记楚成王十六年(前656)时,齐桓公率中原诸国南下攻楚,理由之一就是"尔贡苞茅不入,王祭不共,无以缩酒"。荆楚习俗中的"苞茅缩酒"这一祭祀仪式如今还保留在韩国江陵端午祭中。端午祭的形式之一是"儒教式祭仪",由当地政府官员做祭官的主持。酿制祭酒的大米和酒曲由市民捐献,在准备做神酒的大米上,有十小捆裹束整齐的菁茅与酒曲并放在一起。制作神酒时,先将菁茅、酒曲和米饭搅拌在一起,使米饭发酵成酒,然后用菁茅过滤掉酒糟,把酒浆装进大瓦缸,沾过灵茅的酒即成为神酒。最后将神酒装进陶瓶内,在瓶口系上一束茅草,以用于祭奠山神、城隍等巫祝祭祀。巫祭中酿制神酒的仪式几乎是楚人习俗"苞茅缩酒"的翻版。

起源于襄阳地区的拔河运动传播到韩国,作为祈愿丰收的一种农耕游戏广泛流行。唐代百科全书式著作《封氏闻见记》记载:"拔河,古谓之牵钩,襄汉风俗,常以正月望日为之。相传楚将伐吴,以为教战。梁简文临雍部,禁之而不能绝。古用篾缆,今民则以大麻绹长四五十丈,两头分系小索数百条挂于前,分二朋,两向齐挽。当大绹之中立大旗为界,震鼓叫噪,使相牵引,以却者为胜,就者为输,名曰'拔河'。"公元7世纪初的《隋书·地理志》也记载襄阳有牵钩之戏:双方拔河时,用大鼓敲击出有节奏的声音,围观的人们高声呐喊助威,并且还唱起歌谣,声音"震惊远近"。再后来,这项运动又由襄阳传到国内其他地区,进而传到朝鲜半岛。韩国的拔河比赛被称为"大拔河",2015年被联合国教科文组织列入人类非物质文化遗产。

先秦时期襄阳地区的卢国、罗国文化曾远播到朝鲜半岛地区。有学者提出,韩国古辰韩的居民来自楚国,是位于今襄阳地区的古罗国、古卢国后裔,新罗在辰韩基础上发展壮大,新罗文化是韩国的主流文化,韩国文化与中国楚文化有着深厚的渊源关系。

（二）中韩襄阳渊源探索

韩国襄阳郡的地名、文化、风俗等和中国襄阳市较为接近的原因，以往学界多以为是受《荆楚岁时记》等汉文书籍影响和双方文化交流的结果，但近些年来学术研究表明，这些地名、文化和风俗是由元朝驻高丽新附军（主要由襄阳遗民构成）带过去的可能性更大。地名迁移在历史上是极为普遍的现象，历史上的大规模移民与侨置州县都是地名迁移的实例，其远距离迁移多与人口迁移有关。

至元十年（1273）二月，历时六年的宋元襄阳大战以南宋惨败而告终。随后，蒙古军长驱直入灭宋，大批宋军尤其是辖今湖北、湖南大部的荆湖军相继降元，被元人称为新附军。当时的宋朝军队实行口券制度，军人出戍时发放"生券"和"熟券"，作为领取钱粮的军用凭证。地方部队多驻守乡土屯田，故而发放熟券；戍守边地的军人则在发放熟券之外，另发一种补助津贴性质的券，称为"生券"，凭券可另支一份军饷。生券军兵士多为年轻未成家的军人，相较屯田成家于驻地的士兵战斗力更强。元廷对熟券军采取了就地屯田的政策，赏以田牛鼓励农耕。对于战斗力较为强悍的襄阳生券军，元廷则借口日本战事在即，敕命枢密院将"襄阳生券军无妻子者，发至京师"，到达大都之后，世祖诏命"释其械系，免死罪，听自立部伍，俾征日本"，将他们作为有生力量投入东征日本的战场。根据史料记载，他们曾被分派到高丽忠清、全罗、江原等道镇戍，元末更有人留居当地入籍高丽，在遥远的异乡，他们将故地的地名、文化、风俗等移植到了异国的驻地，以慰思乡之情。韩国襄阳郡很可能即是曾经的南宋襄阳新附军屯驻地。

（三）中韩两襄阳的当代启示

中韩两襄阳异地同名，有着深厚的文化渊源。两襄阳都拥有汉江、岘山、堕泪碑、鹿门寺等许多相同的山水名、建筑物名。唐代大诗人李白所写的《襄阳歌》，至今在襄阳郡广为传唱，是韩国优秀传统歌曲《李朝十二歌》之一。拔河、赛龙舟等共同的传统习俗，使中韩两襄阳人缘相亲、文缘相通、商缘相连、诗缘相续，把两地人民的深厚情感紧紧凝聚在一起。

中韩襄阳有着密切的合作关系和深厚的友谊，多年来，两地在政治、经济、文化等领域的合作日益密切，官方往来日益频繁，民间交往日益活跃。1997年，喜爱"三国文化"的韩国襄阳郡人在中国地图上发现了与襄阳郡同名的襄阳县（今襄州区），便通过多种渠道，表示希望同名的两个襄阳建立长期的友好合作关系。经过多方努力，1998年襄州区（原襄阳县）与韩国襄阳郡结为友好关系郡县，自此以后两地建立了广泛而深入的合作关系。十几年间，双方进行了公务员交流、农业研修生交流、青少年书画交流、小记者交流等政治、教育、文化领域的交流，并加强了经贸领域的合作。2015年3月，中韩襄阳政府友好交流代表团进行了互访。襄阳市应积极与襄阳郡建立长效互访机制，这种长期的双边友好互访有助于扩大两地的合作交流范围，拓宽两地的合作深度，对于促进两地人民之间的友好交往有着积极的推动作用。

中韩两襄阳深厚的文化渊源启示我们，在新的历史时期，中韩两襄阳要进一步深化双方合作，更好地挖掘两地文化资源，共同提升"襄阳"这一文化品牌在国际上的影响力和知名度，进一步增进两地的合作交流，开创合作共赢的新局面，并以此创新交流形式，扩大交流领域，提高交流质量，携手推动交流合作向更宽领域、更大规模、更高层次发展，共同谱写两地合作新篇章。

二、佛教中国化发源地

（一）襄阳佛教传播的历史背景

襄阳历来是兵家必争之地，也是文化交融重镇。东晋十六国时期，这里是佛教兴盛之地，成为南北佛教交集的重要区域。释道安在襄阳完成佛教的中国化，与襄阳当时安定的社会环境、浓郁的文化氛围是分不开的。东汉末年，北方战乱，刘表领荆州牧（190—209），"爱民养士，从容自保"，把襄阳治理得经济繁荣、社会安定，成为乱世中一片安宁的"绿洲"，数以千计的士人纷纷来到襄阳，诸葛亮、司马徽、庞德公、庞统、徐庶、崔州平等一批谋略精英，经学家宋忠、文学家王粲、书法家梁鹄、音乐家杜夔等一批杰出人物汇聚襄阳。当时的襄阳，人才荟萃、盛极一时，成为全国的学术中心，呈现出蔚为大观的文化景象。泰始五年（269），西晋名臣羊祜以尚书左仆射、都督荆州诸军事出镇襄阳。羊祜曾著《老子传》，在襄阳期间，"开设庠序，绥怀远近，甚得江汉之心",他镇守襄阳十年,临终举荐杜预自代。杜预是西晋著名的学者,他镇守襄阳期间,"修立泮宫,江汉怀德,化被万里"。三国两晋时期的襄阳虽是兵家必争之重地,但因远离北方战争而富庶安宁。襄阳浓厚的文化氛围,为释道安在襄阳完成佛教中国化奠定了坚实的文化基础。

(二)襄阳与佛教中国化

佛教是中国古代历史上影响深远的外来宗教,佛教传入中国之后,为了适应中国社会的需要,经历了一个不断中国化的过程。释道安在佛教中国化过程中起到了重要作用,他受襄阳名士习凿齿的盛邀,来襄阳弘扬佛法。这一过程完成于襄阳,使得襄阳成为佛教中国化的发源地。

释道安是西域佛学大师佛图澄的弟子,俗姓卫,常山扶柳(今河北冀州)人,早年父母双亡,七岁读书,过目不忘,立时背诵,为人称奇,十二岁剃度出家。东晋哀帝兴宁三年(365),释道安应襄阳名士习凿齿之邀,亲率僧团四百余众到襄阳驻锡弘法。道安在襄阳深居十五年,襄阳是他居住时间最长的地方,这十五年也是他一生弘法事业中最为辉煌的时期。他在襄阳整理了大量的佛教经典,使得襄阳的佛教文化活动盛极一时,一度成为全国佛学研究中心。他在襄阳创立学派,以玄释佛,运用《老》《庄》《易》的理论解释印度佛教般若学,特别是以王弼"贵无"思想解释般若思想,以"无"释"空",促进了佛、道、儒的融合,标志着中国佛学理论的形成。道安的般若学理论是印度般若思想与中国老庄思想的合流,从而使印度佛教中国化。

道安在发展中国佛教方面,有很多创造:

第一,确立佛教"法依国主"的原则,主动承担对社会施行"教化"的使命,使佛教由原先以个人或"众生"为本位的学说转变成为以国家和社会为本位的学说,强化了佛教的政治色彩。

第二,促进佛教中国化的进程。道安勤于翻译佛典,使佛教适应中国的情况,满足"今时"的需要。他用玄学的观点剪裁佛教的义理,又把佛教的内容融入玄学的潮流之中,外来的佛教最终通过玄学进入中国上层思想领域。

第三,制定僧尼轨范,统一佛徒姓氏。中国僧侣的日常修习和活动仪轨由道安制定的"僧尼轨范"开端,"天下寺舍,遂则而从之"。汉魏以来,僧尼名前多加异国或异族名称以为姓氏,如安、支、康、竺等。道安以为,佛徒莫不尊崇释迦，"乃以释命氏"，遂为永式。僧尼以"释"为姓，减少了由姓氏上表现的国界和民族差别，强化了宗教统一的色彩。

总之，道安是中国僧制的首创者、佛门释姓的统一者、净土信仰的倡导者，被佛教界尊称为中国佛教的祖师。道安这一系列创世之举都是在襄阳完成的，他创立中国佛教也有襄阳名士参与，可以说，襄阳是佛教中国化的发源地。佛教的中国化对于中国传统文化的变革具有重大意义，它催生了与儒、道鼎立的中国佛教，深刻影响了中国的历史进程和世道人心。

（三）襄阳佛教传播的当代启示

道安之所以能够完成佛教的中国化，在于他对待外来文化的态度。他在接受和吸取印度佛教这种外来文化时，并没有完全照搬、全部接受，而是对其中一些不适合中国情况的成分进行改造或扬弃，使之易于为中国老百姓所接受，这就需要有海纳百川的胸怀、熔铸百家的气魄和科学分析的态度。

这一态度值得今人借鉴。当代中国，我们仍然面对着多种外来文化，如何对待这些文化，我们可以从道安的成功经验中得到一些启示：对外来文化要有开放的态度，应该以宽广的胸怀，积极借鉴、吸收外来文化。对外来文化要具体分析，适当改造，以适应中国现实，相互借鉴、求同存异。

宗教的传播是文化交流的生动例证，也是国际交往的重要内容。以佛教文化为中心的外来文化，使中国文化在信仰、哲学、文学、艺术、民俗等多方面得到了一次极有深度的更新。而儒、释、道鼎立格局的形成，深刻地改变了中国传统文化的架构。今天襄阳的国际交往和"文化襄阳"建设，应该重视宗教的文化传播作用，着眼于以宗教为媒介，介绍中国的文化、中国的宗教、中国的现状和中国的发展，搭建世界性文化交流平台，借此使襄阳文化在互动、融合中获得广泛的能量，完成新一轮的文化升级。

三、襄阳唐诗海外传

（一）襄阳唐诗在国内的地位

襄阳的历史是诗歌的历史。据不完全统计，从春秋到明清，吟咏襄阳的诗词多达数千首。襄阳是唐诗的故乡，《全唐诗》收录的近50000首诗歌中有300

多首歌咏襄阳的诗篇，仅《唐诗三百首》中与襄阳相关的诗歌就有 27 首之多。

重要的政治地位、发达的经济、便利的交通，带来了唐代襄阳文化的繁荣。《全唐诗》里收录的属今湖北的诗人大多是襄阳人，当时全国著名的襄阳籍诗人有张柬之、柳浑、朱朴、孟浩然、皮日休、张继、张子容、杜审言、杜位、杜易简、孟简、朱放、席豫等。唐朝其他著名诗人，如李白、张说、张九龄、元稹、李逢吉、李德裕、徐商、白居易、王维、韩愈、柳宗元、杜牧、常建、王昌龄等都曾游历过襄阳，写下了脍炙人口的不朽诗章。其中，李白多次到过襄阳，并写下了大量吟咏襄阳的诗篇。杜甫的祖父杜审言是襄州襄阳人，杜甫本人虽未到过襄阳，但其诗歌中多次提及襄阳，并对襄阳倾慕有加。白居易 19 岁时随父在襄阳客居近十年，对襄阳颇有感情。包括李白、杜甫、白居易三大诗坛巨星在内，横跨有唐一代的这些大名鼎鼎的诗人，都不约而同地把诗的目光投射到襄阳，形成了唐诗在襄阳的一片璀璨星空。

（二）襄阳唐诗在海外的传播

唐代襄阳诗人张继的《枫桥夜泊》，千百年来为中国人吟唱不绝，使寒山寺成为吴中胜景。施蛰存先生在《唐诗百话》中说："一首七言绝句，数百年来，为国内外人士如此爱好和重视，它又使一个荒村小寺成为千秋名胜，这是《枫桥夜泊》诗独有的光荣。"寒山寺本非声名显赫的胜景，却因《枫桥夜泊》而名声大显，至今名闻江南。清人程德全《重修寒山寺碑记》说："苏之有寺，是见于张懿孙（张继）《枫桥夜泊》一诗。是诗也，神韵天成，足为吴山生色。"正可谓寺因诗名，成为中国诗歌史上为人乐道的千古佳话。张继的《枫桥夜泊》以其特殊的美感价值远播海外，在日本家喻户晓，甚至被编入日本教科书，影响远超同是唐代诗人的李白和杜甫。清代俞樾在《重修寒山寺记》一文中说："吴中寺院，不下千百区，而寒山寺以懿孙一诗，其名脍炙于中国，亦且传诵于东瀛。""凡日本文墨之士，见则往往言及寒山寺，且言其国三尺之童，无不能诵是诗。"

另一位襄阳大诗人孟浩然的诗歌也不仅在国内影响深远，还传播到邻近的高丽。自高丽中叶竹林诗人们开始活用孟浩然诗之后，经过高丽后期以及朝鲜时期，孟浩然在韩国受到了高度重视。朝鲜思想界"大儒"栗谷曾编选了一部中国汉诗选集《精言妙选》，收录了 140 位诗人的 520 首诗歌，其中收录孟浩然诗20首，为盛唐诗人中入选最多。尤其是14世纪中叶以后，《孟浩然诗集》在韩国得到广泛流传。《新增东国舆地胜览》卷四十四《襄阳·宫室》"东轩"条下录有姜浑《咏东轩》诗："襄阳来忆故人贤，残雪晴峰映画轩。孟浩空吟驴背句，山公犹欠习池筵。"诗中"孟浩"即指孟浩然。高丽著名诗人李齐贤（1287—1367）在自己的作品里好几次言及孟浩然，有"令人却忆孟襄阳，驴背吟诗忍饥寒"的佳句。李齐贤门生郑枢（1333—1382）的《廉副令用孟襄阳集中韵见示，即次韵》一诗，反映了当时《孟浩然诗集》之流传状况。还有李崇仁（1347—1392）的《道上遇雪》诗："雪华如席乱飘扬，驴背吟高兴更长。我本陶斋好诗者，旁人错比孟襄阳。"足见当时孟浩然及其诗已经脍炙人口。韩国著名文人兼诗歌批评家许筠（1569—1618）高度评价孟浩然诗，他读完明代徐祯卿《迪功集》后写了一首《读徐迪功集》诗："中原何李帜词场，江左徐郎亦雁行。应似开天推李杜，清高还有孟襄阳。"可见孟浩然诗传入韩国后，其人其诗一直为很多文人所喜爱。

（三）襄阳唐诗传播的当代启示

在国际交往中，文化交流有着不可替代的作用。唐诗是中华文化的精华，自古即在中外文化交流中扮演着重要的角色。在韩国、日本文化中，唐诗不仅是可用来吟咏欣赏的异国文学作品，更是诗歌创作的楷模，集中体现了唐诗及中国诗文化对韩国、日本文学、文化的深刻影响。美国日本问题专家埃·赖肖尔在《日本人》一书中指出："日本人非常清楚，他们的文字、词汇、艺术和许多传统的价值观念都来源于中国。中国是他们的希腊、罗马。"日本人对寒山寺有着一种特殊的情结，寒山寺一直是日本人心目中的文化圣地。每年除夕，千年古刹寒山寺的钟声就在古城苏州的上空鸣响。值得一提的是，每年寒山寺的除夕钟声都会吸引大批日本友人前来聆听和祈福，这很大程度上与唐代襄阳诗人张继的千古名作《枫桥夜泊》在日本广泛流传有关。可惜的是，襄阳作为诗人张继的故乡，对张继的研究还远远不够，甚至在襄阳已找不到任何与张继相关的古迹，更没有借由张继这位中日"文化大使"发展对日文化交流，这不能不说是襄阳对外交流的一大遗憾。

孟浩然被称为"孟襄阳"，他的名字早已与襄阳融为一体、密不可分。晚唐诗人卢延让有诗句赞孟浩然云："高据襄阳播盛名，问人人道是诗星。"现代学者闻一多先生也在《唐诗编》中说："张祐曾有过'襄阳属浩然'之句。我们却要说，浩然也属于襄阳。也许正惟浩然是属于襄阳的，所以襄阳也属于他。大半辈子在这里度过，大多数诗章是在这地方、因这地方、为这地方而写的。没有第二个襄阳人比孟浩然更忠于襄阳，更爱襄阳的。"可以说，孟浩然是襄阳的形象代言人，他不遗余力地把襄阳推介到世界，使世人了解襄阳、认识襄阳，理应成为襄阳的一张重要名片和文化符号。遗憾的是，今天我们对孟浩然旅游品牌的宣传、挖掘、开发的力度还远远不够。

　　襄阳作为唐诗高地，襄阳诗人的诗歌在海外广泛传播，这是襄阳发展对外交流的一笔宝贵财富。今天的襄阳，应大力挖掘与弘扬以孟浩然、张继等文化名人为代表的襄阳诗歌文化，在新形势下重新梳理与定位"文化襄阳"的品位与内涵，特别是借助唐诗这一文化媒介，扩大对外尤其是对日本、韩国的人文交流，搭建襄阳与世界之间的文化交流桥梁。它对于扩大襄阳在国内外的影响和旅游知名度的提升都将起到极大的作用。

四、马可·波罗在襄阳

（一）元代的中外交往

　　元朝是中国历史上对外关系发展的极盛时代。蒙古人建立起连通欧亚两大陆、衔接三大洋的超级帝国，使东方与西方的交往出现了前所未有的发达景象。元朝建立后，金帐汗国与伊利汗国虽然逐渐独立，但仍然与元朝保持着政治、经济和文化的联系，商人、教士与使节的往来更为频繁。元朝与亚、非、欧三大洲的各国建立了多种联系，对外交流的范围空前扩大。蒙古帝国地跨欧亚，不仅使经中亚通往波斯、阿拉伯各地的陆路交通得到恢复，来往更频繁，而且范围更加扩大，向西直达欧洲。元人形容其时"适千里者如在户庭，之万里者如出邻家"，足见当时交通之便。元朝政府容许和鼓励各国商人在境内经商或经营国际贸易，蒙古贵族利用回回商人为之牟利，给予种种特权，因而各国商人来华者极多。元朝统治者对各种宗教、文化采取兼容并蓄政策，也有利于东西文化的交流。波斯、阿拉伯以及欧洲的商人接踵而来，他们留下的游历记录，有助于欧洲人了解东方，对以后欧洲人的东行起了巨大的推动作用。

（二）马可·波罗笔下的襄阳

随着东西交通的通畅和欧洲人对东方的了解，欧洲商人、使臣、教士东来者渐多。1260年前后，威尼斯商人尼哥罗兄弟至萨莱、不花剌等地经商，后随旭烈兀所遣入朝大使到达上都。忽必烈向他们询问了欧洲情况，并派他们出使罗马教廷。1271年，尼哥罗携其子马可·波罗回元朝复命，于1275年到达上都。从此，马可·波罗留居中国十七年，游历了很多地方，于1291年随护送伊利汗妃的使者由海道回国。回国之后，马可·波罗参加了一场海战，结果兵败被俘入狱。他在狱中口述其在东方的见闻，由狱友笔录成书，这就是举世闻名的《马可·波罗游记》，这本书对后代欧洲人了解中国影响极大。

《马可·波罗游记》是世界史上西方人感知东方的第一部著作。从游记中可看出，马可·波罗在南宋咸淳四年（1268）七月到咸淳九年（1273）正月的宋元襄阳之战期间来过襄阳。书中写襄阳的这段内容叫"襄阳府"，在记录襄阳府的近千字内容当中，他描述了襄阳府的富庶和繁荣，这些记载表明元代的襄阳是一个较大的工商业城市。马可·波罗以更多的笔墨记录了宋元襄阳之战的一个细节。马可·波罗说，他在襄阳向元军献新式大炮，参与了攻陷襄阳之役，元军之所以能攻下襄阳，他的新式大炮起到了至关重要的作用。

马可·波罗向欧洲打开了神秘的中国之门，而西方人初步了解襄阳也是从他的这部游记开始的。

（三）元代襄阳对外交往的当代启示

元代的襄阳，物产丰富，经济发达，商业繁盛，交通便利，这是吸引马可·波罗前来的重要原因。

宋元之际，战乱频仍，北方和两淮地区农业生产遭到严重破坏。元朝建立后，把恢复和发展农业生产作为巩固新政权的紧迫任务，并采取了一系列措施。宋将吕文焕投降后，元廷于襄阳府留"熟券军"屯田。廉希宪在江汉"泻蓄水于江，得田数万亩，为贫民业"。游显在襄阳"复堰铁拘壅湍水为渠，溉稻田千数百顷，人赖其利"。襄阳城滨临汉水，岁有水患，至顺元年（1330）任襄阳路达鲁花赤的谙都剌率民筑堤城外，遂以无虞。汉水流域一带土质肥沃，物产丰富。宋代陆九渊说："荆襄之间，沿汉沔上下，膏腴之地七百余里，土宜麻麦。"

马可·波罗盛赞襄阳"是一极重要之大城,所辖富裕大城十有二所,并为一种繁盛工商业之中区。凡大城应有之物,此城皆饶有之"。这些记载表明襄阳在元代是一个较大的工商业城市,这应该是襄阳吸引马可·波罗前来游历的一个重要原因。这也启示我们,发达的经济实力是形成国际交往吸引力的重要方面。近些年来襄阳经济实力增长快速,但经济发展水平仍然远远落后于沿海发达城市,新形势下,襄阳仍然要坚定不移地发展经济,不断增强城市实力,借此形成国际交往的强大吸引力;同时,也可以利用《马可·波罗游记》在西方社会的巨大影响力,更好地推介和宣传襄阳,使襄阳在对外开放中扩大城市影响力。

五、万里茶道重要节点

(一)万里茶道与中俄经济交流

"万里茶道"是一条始于18世纪末,繁荣近两个世纪的国际古通道。这条古商道从中国福建武夷山起,经江西、湖南、湖北、河南、河北、内蒙古向北延伸,穿越蒙古戈壁草原,抵达蒙俄边境的通商口岸恰克图,然后由东向西延伸,横跨西伯利亚,继而通往欧洲和中亚各国,全长约一万三千公里。

万里茶道是继丝绸之路之后又一条中国通向世界的重要国际商贸通道,是连通中俄两国的"世纪动脉"。中俄万里茶道虽然开辟时间比丝绸之路晚了一千多年,但是其经济意义以及巨大的商品负载量可以与丝绸之路相提并论。这条茶叶贸易商道繁盛近两个世纪,创造了前所未有的商业辉煌,是近代经济全球化的一个成功典范。

根据《茶叶贸易实务》记载,早在明朝崇祯年间,中国茶叶就开始由西北边境运销俄国,由张家口经蒙古、西伯利亚至俄国。贩运茶、丝为主要商品的俄国商队日趋活跃,茶叶交易量不断增加,致使中俄贸易有"彼以皮来,我以茶往"的说法,可见茶叶在中俄经济交往中的重要地位。1727年中俄《恰克图条约》的签订,为两国茶叶贸易发展奠定了基础。俄国对茶叶的巨量需求,催生了"万里茶道"的繁荣。

（二）万里茶道的襄阳节点

襄阳是万里茶道的枢纽之一。在古代中国版图上，它因汉水之利，连接起了长江与黄河、南方与北方，扼住了南北咽喉，素有"南船北马、七省通衢"之称。襄阳是万里茶道上的重要水陆联运节点，明清时期的襄阳"商贾连檐，列肆殷盛，客至如林"，建有20多个商业会馆、30多个码头，商业辐射到黄河上下、大江南北。作为我国茶叶产区的北缘、销区的南缘，襄阳历史上就是我国茶叶贸易的主要集散地和中转站。清朝时，襄阳得水运之便，成为晋商将中国茶叶输送到欧亚大陆的主要中转站之一，在中国茶叶贸易史上记下了光辉的一笔。据记载，19世纪，俄国商人从汉口经襄阳销运至西伯利亚及蒙古的茶叶运量巨大。形成于1892年至1901年的《通商华洋贸易总册十年报告》上记载，从清同治十年至光绪二十年（1871—1894），俄商经襄阳转运的茶叶占总量的15.9%，最高年份占到64.7%。

汉水是中国古代内河最便捷、最畅达、最繁忙的"黄金水道"。受地形的影响，中国大部分河流都是自西向东流淌，大致南北流向的汉水连起了长江与黄河，也连起了南方与北方，而襄阳正位于汉水中游，这里水道南北纵横、道路四通八达，自然而然成为商贾云集、货流通畅的商品集散地。襄阳作为北上水道的必经之地，商贸地理位置十分重要，因而云集了各地商人，自然也备受晋商们重视，位于现襄阳二中内的山陕会馆就是最好的见证。商帮修建会馆，目的是为给家乡人落脚、歇宿、谈生意提供方便。襄阳的山陕会馆坐落在樊城靠近汉水的当年商业贸易最为繁盛的地方，是樊城保存状况最好的一座会馆，于康熙五十二年（1713）由山西、陕西两省商人共同建立的，其规模之宏伟浩大、建筑之精美华丽、建筑等级之高，居樊城二十余家会馆之首。

（三）襄阳万里茶道的当代启示

襄阳市地处北纬32°附近名优绿茶生产黄金纬度线上，自古以来即为我国重要的茶叶产区。这启示我们，襄阳需要立足优势，积极与国际社会进行茶文化交流，打开欧美市场，打造现代"万里茶道"，再续往日辉煌。一百多年前，谷城人刘竣周带着种茶技术到俄罗斯、格鲁吉亚等国种茶、制茶，开创了襄阳人到外国投资的先河。如今，襄阳汉家刘氏茶再次走进俄罗斯，已在俄罗斯的莫斯科州、弗拉基米尔州和科斯特罗马州等地开设加盟店50余家,为襄阳企业"走出去"发挥了示范引领作用。同时,2016年1月中旬"万里茶道"旅游城市联盟成立,襄阳作为"万里茶道"沿线城市参加峰会,并加入此联盟,将大大有利于襄阳推介旅游资源,提升城市形象。

万里茶道作为宝贵的历史文化资源,也是珍贵的世界文化遗产。这启示我们,需要深挖万里茶道蕴含的丰富文化内涵。在2013年第二届"万里茶道"与城市发展中蒙俄市长峰会上,中、蒙、俄三国共同发起万里茶道申请世界文化遗产的倡议。2015年,湖北省文物局公布《万里茶道(湖北段)调查评估报告》,首次公布了湖北初选的23处万里茶道申遗点,襄阳有4处古迹(襄阳码头、襄阳城墙、山陕会馆和太平街商铺)列入名单。襄阳虽然是文化古城,但没有世界文化遗产,如果万里茶道申遗成功,对襄阳的文化、旅游、经济发展都将会有很大的推动作用,并对襄阳积极融入"一带一路",打造区域性开放高地提供一个重要平台和机遇。

六、欧美别墅遍薤山

(一)避暑胜地大薤山

薤山位于汉水中游西南岸,东邻襄阳,西偎武当。据《谷城县志》记载,明朝"医圣"李时珍去武当山采药路过此山,发现满山薤露雪白,故称薤山。薤山"雄伟耸秀,直插云霄,峰峦环峙,林壑深郁",主峰海拔高1099米,夏季平均气温仅22℃,是避暑的好去处。一位到过薤山的意大利旅行家称大薤山"是和承德南北并辉的一颗明珠,是中国南避暑山庄"。

(二)薤山欧美别墅群

薤山避暑的历史可追溯到20世纪初。1901年八国联军攻入北京,与清政府签订了《辛丑条约》,为外国传教士在中国传教打开了大门,一些西方国家的传教士纷纷来到中国各地设立传教点。一位在薤山脚下石花街福音堂传教的北欧挪威籍传教士,不堪忍受当时夏季的炎热,四处寻找后发现了薤山这个地方。1903年,挪威、英国、加拿大、德国、美国、丹麦、荷兰和葡萄牙八国在华部分教会投资,由在湖北、河南、陕西传教的牧师监工,结合薤山地理环境,利用当地能工巧匠，在薤山建造了五十余幢带有中西合璧建筑风格的别墅，以供传教士及其家属避暑之用，规模庞大的别墅群让薤山在清末就有了"中国南避暑山庄"的美誉。如今留存的还有"朗宁别墅""博登别墅""沙麻别墅""布朗别墅""怀特别墅""挪威别墅""查利别墅""瑶池别墅""云霄别墅"等十余幢。从建筑风格上看，这些别墅有着中式的横脊飞檐斜坡面屋顶和欧式的拱形门窗外回廊，堪称中西建筑文化合璧的精品，成为近代襄阳中西文化碰撞、交流的见证。

（三）薤山别墅群的当代启示

建筑是科学与艺术的结晶，是凝固的历史，同时也是文化传播的重要载体之一。薤山别墅建筑群留存至今，这些西洋风格的建筑，在襄阳甚至湖北境内都不多见，具有相当高的文物价值，也是西方宗教文化在襄阳地区传播的重要实物见证。襄阳历史悠久，留存了较多的古代建筑，但襄阳地区近现代西方建筑较为稀缺，这体现了薤山别墅建筑群的独特性与稀缺性。

同时，襄阳的古代建筑也是杰出的建筑艺术瑰宝，主要建筑襄阳城墙、绿影壁、昭明台等，在建筑艺术上均有独到之处，成为研究襄阳乃至中国政治、经济、历史、文化的珍贵历史文物，具有无可比拟的文物价值，是中华民族内聚力和向心力的物化表现，是人类文化遗产的重要组成部分，是极其珍贵的文化资源，应该成为襄阳本土文化传播的重要平台和襄阳国际交往吸引力的重要部分。襄阳市在构建国际交往吸引力的进程中，应该重视传统建筑文化的挖掘与保护，恢复襄阳古城的历史风貌，打造一座古色古香的古典之城，形成襄阳独特的城市特色与魅力，进而增强国际交往的吸引力。

七、天主教堂建谷城

（一）天主教在襄阳的传播

天主教传入湖北最早可追溯到明代，从明末至清中叶的二百余年里，有数位耶稣会士以及其他隶属罗马教廷的传教士在湖北传教，使天主教在湖北广泛传播。万历十五年（1587），意大利耶稣会会士罗明坚从广东肇庆到湖北襄阳府附近短期传教，堪称湖北开教第一人。明朝末年耶稣会传教士开始在谷城传教，以谷城沈垭天主教堂为基地发展教务。

（二）湖北境内最早的天主教堂

沈垭天主教堂是湖北境内建立最早的教堂之一，主建筑群坐落于谷城县紫金镇沈垭磨盘山麓，占地面积三十余亩。据史料记载，天主教始于1634年传入此地。雍正元年（1723），清政府颁布天主教禁令之后，内地大肆逮捕天主教徒，襄阳、安陆、武昌等地天主教骨干纷纷逃到谷城西部山区茶园沟（紫金沈垭）定居，并修建教堂，继续从事传教活动。沈垭天主教堂从清朝雍正年间便是天主教在鄂西北的总堂，在全国颇有影响，甚至在罗马教廷档案中也有记载。清末天主教传教士刘和云所著的《湖北襄郧属教史记略》记载："木盘山（今磨盘山）会堂乃中华全国公教堂重要地区之一，仅稍亚于北京耳。"19世纪中期，英法联军强迫清政府签订《北京条约》后，清政府被迫打开国门，允许外国人在内陆各地租赁购买土地。1880年，法国、意大利两国开始在沈垭大兴土木，历时18年，先后建起大众经堂、育婴堂、圣心堂、墓堂等数百幢造型各异的西式建筑，形成了一处规模宏大的西式建筑群落。1982年，沈垭天主教堂成为湖北省重点开放的教堂之一。1987年，国务院拨款予以修缮、扩建。现在，沈垭天主教堂是鄂西北地区重要的天主教活动中心，影响遍及谷城、房县、保康等地区。沈垭天主教堂曲折的发展过程见证了天主教在中国的发展，书写了襄阳国际文化交流史上浓墨重彩的一笔。

（三）谷城天主教堂的当代启示

宗教是国际文化传播的一条重要途径，天主教在襄阳的发展历程启示我们，应该重视宗教在国际文化交流中的重要作用。宗教文化往往历史悠久，影响深厚，在民众中有很深的根基，在很多国家的文化中居于重要地位。随着国家和民族间经济社会文化交流的发展，宗教又具有了世界性的特点。在全球化、信息化的背景下，宗教文化的世界影响不断扩大，使得宗教具有了超越地域性的特点，可以成为促进国际交往的重要平台。襄阳市宗教资源十分丰富，有佛教、道教、伊斯兰教、天主教、基督教五大宗教，有佛教协会、伊斯兰教协会、天主教爱国会、基督教协会和基督教三自爱国运动委员会等宗教团体，有道安祖庭谷隐寺、皇家敕建名寺广德寺、汉代古刹鹿门寺、深山古禅承恩寺，以及素有"小武当"之称的真武山等。这些宗教团体和寺庙、道观可以成为国际交往的重要媒介，为襄阳的国际交往提供平台和载体，向国际社会展现襄阳文化的丰富多彩，并可以有力推动襄阳市文化事业、文化产业和经济社会协调发展。

八、外国友人在襄阳

（一）中加友谊奠基人——朗宁

切斯特·朗宁（1894—1984），1894年12月13日出生于襄阳鸿恩医院，是襄阳这座古城出生的第一个白人。切斯特·朗宁从小与襄阳当地小伙伴们一起玩耍、学习和生活，度过了他快乐的童年和少年时光。他自幼接受襄阳当地文化和风俗民情的熏陶，除了西方人的长相之外，一切都融入了这个使他终生难忘的地方。

1908年朗宁回到加拿大，1945年进入加拿大外交界，1946年10月担任加拿大驻南京大使馆临时代办，成为加拿大驻华首席外交官。1949年中华人民共和国成立后，切斯特·朗宁向加拿大外交部建议立即承认中华人民共和国，在之后的20多年中，他自始至终不遗余力地推动中加建交，呼吁联合国恢复中国的合法席位，促进西方国家对中国的了解。朗宁大使为推动1970年加拿大政府承认中华人民共和国做出了关键贡献，名垂青史，被授予加拿大最高荣誉——联邦一级勋章。

切斯特·朗宁对中国有着特殊的感情，1965年退休之后，他曾四次访华，其中三次回到出生地襄阳。朗宁是"中国人民的伟大朋友"，是"一位事实上把他的一生都献给了中国人民事业的人"。加拿大前总理克雷蒂安称赞他是"中加友谊的奠基人"。

（二）襄阳外国友人的当代启示

襄阳历史名人资源丰富，但外国友人并不多见。作为"中加友谊奠基人"朗宁先生的出生地，襄阳对朗宁先生的宣传还远远不够，反而是国外和国内其他地方走在了前头。加拿大阿尔伯塔大学建有朗宁中心，朗宁大使的故乡加拿大阿尔伯塔省卡姆罗斯市建有朗宁小学，印度首都新德里的一条大街以朗宁的名字命名，加拿大驻华大使馆的一间会议室以朗宁大使的名字命名，加拿大国家电影局曾拍摄纪录片《切斯特·朗宁的中国使命》，2010年云南师范大学加拿大研究中心正式更名为朗宁加拿大研究中心。

朗宁先生虽已去世，但他的后裔对襄阳感情很深。2008年10月，朗宁先生的女儿奥黛丽·朗宁·托平到访襄阳，给襄阳捐赠了许多老照片，同时捐赠了朗宁的半身铜像。2012年4月，以朗宁家族后裔为基本成员的旅行团一行25人又不远万里从美国来到襄阳，寻根问祖，传承友谊。

朗宁先生是襄阳与加拿大政府经济、文化交流合作的重要使者，襄阳应该整理、宣传朗宁与襄阳的相关事迹，主动与朗宁先生的故乡加拿大阿尔伯塔省卡姆罗斯市联系，加强两地的人文交流，为襄阳市与加拿大政府及相关部门的全面合作奠定基础。

通过以上对襄阳国际交往的历史考察，我们发现，地处内陆的襄阳，历史上并不是一个封闭之地，而是与其他国家有着密切的经济、文化联系。这启示我们，在今天全球化的时代背景下，襄阳要继续扩大对外开放，积极主动走出去，开放胸怀引进来，延续历史荣光，开创美好未来。

纵观历史上襄阳的国际交往，**繁荣的经济、繁盛的文化是国际交往的吸引力所在，而发达的交通使襄阳的国际交往成为可能。**

襄阳自古经济繁荣。襄阳地处我国南北过渡地带，有着优越的地理环境，《舆地胜览》盛赞襄阳"风物秀美，泉甘土肥"，"尽是桑麻之野，亦为鱼稻之乡"，有利于农业的发展。著名史学家严耕望称，襄阳繁华八百年，"犹先秦之邯郸，明清之秦淮"。

东汉末年，蔡邕《汉津赋》谓荆州首府襄阳"南援三州，北集京都，上控陇坻，下接江湖，导财运货，懋迁有无"，成为当时全国最繁华的十座城市之一。唐代襄阳"往来行舟，夹岸停泊，千帆所聚，万商云集"，是全国为数不多的大都会之一。元和年间的襄阳是全国四个人口达十万户以上的州治之一。唐代诗人张九龄描述："江汉间，州以十数，而襄阳为大，旧多三辅之家，今则一都之会。"

襄阳自古文化繁盛，特别是在三国和唐代，襄阳文化在全国影响巨大。东汉末年，文化中心南移，北方士人集团大量流寓襄阳，与本地的知识集团相结合，形成了一次思想学术与文化高潮，出现了以诸葛亮、庞德公为代表的一大批政治、军事、文化人才，襄阳替代洛阳成为全国学术中心。襄阳在唐代成为唐诗高地，有唐一代，至少有八十多位诗人在襄阳留下了风雅行踪，其中声名较著的诗人就有五十多位，在《全唐诗》中留下了三百多首咏襄阳的美妙诗篇。钟灵毓秀的襄阳不仅孕育了三位才华超群的本土诗人——孟浩然、皮日休、张继，而且其他大诗人杜审言、宋之问、陈子昂、张九龄、王昌龄、王维、岑参、李白、杜甫、白居易、元稹、韩愈、刘禹锡、李贺、贾岛、杜牧等，都不约而同地把诗的目光投射到襄阳，形成了唐诗在襄阳的一片璀璨星空。唐以后的历代诗人对襄阳仍不绝歌咏，苏轼、曾巩、范仲淹、宋祁、薛瑄、袁中道、王士禛等众多诗人均在襄阳留下了吟唱。据不完全统计，历代歌咏襄阳的诗作达上千首之多。

因特殊的地理位置，襄阳成为历代交通要地，而发达的交通是发展国际交往的基本条件。历史上的襄阳，就陆路交通而言，"南襄隘道""荆襄大道"构成我国古代南北交通的中线。就水路交通而言，襄阳北部可以通过汉江的支流唐白河通往南阳盆地，南部沿汉江则可以直达江汉平原。独特的地理位置使得襄阳成为南北水陆交通的枢纽、"南船北马"的汇集之地。杜甫的诗句"即从巴峡穿巫峡，便下襄阳向洛阳"，白居易的诗句"下马襄阳郭，移舟汉阴驿"，均生动地记述了襄阳"七省通衢"的交通地位。这启示我们，当代襄阳要大力发展交通，为国际交往提供基本条件，特别是要积极谋划新的交通格局，重塑现代化"七省通衢"交通枢纽地位，以已纳入国家规划的干线铁路项目蒙西华中铁路、武汉西安高铁、郑州万州高铁三大铁路建设为契机，构建纵贯东西、直通南北的运输大通道。除铁路交通外，航空在国际交往中的作用更为重要，机场是对外开放的重要平台，是国际交往的空中桥梁。目前，襄阳机场已开通了14个国内城市的航班，但尚没有开通国际航线，应创造条件，争取早日开通国际航线，实现从襄阳飞向世界的夙愿。

总之，历史上的襄阳有着悠久的国际交往传统。在当今"一带一路"对外开放的时代大背景下，地处丝绸之路经济带向东南延伸和21世纪海上丝绸之路向西北延伸交点的襄阳是"一带一路"一个绕不过去的节点。要大力实施"双向拓展"战略，即向西融入丝绸之路经济带，向东融入21世纪海上丝绸之路。今天的襄阳要延续悠久的国际交往传统，不断提升对外开放水平，争取早日建设成为具有国际影响力的汉江流域中心城市。

参考文献：

[1]《隋书》，中华书局1973年版。

[2] 彭定求：《全唐诗》，中华书局1999年版。

[3] 蘅塘退士：《唐诗三百首》，中华书局2004年版。

[4] 严耕望：《唐代交通图考》，上海古籍出版社2007年版。

[5]〔意〕马可·波罗著，梁生智译：《马可·波罗游记》，中国文史出版社1998年版。

[6] 胡佳明：《襄樊港史》，人民交通出版社1991年版。

[7] 赵贞信：《封氏闻见记校注》，中华书局1958年版。

[8] 杨伯峻：《春秋左传注》，中华书局1981年版。

[9] 施蛰存：《唐诗百话》，陕西师范大学出版社2014年版。

[10] 闻一多：《唐诗编》，湖北人民出版社1993年版。

[11] 杨万娟：《韩国文化与中国楚文化渊源关系初探》，《中南民族大学学报》2005年第1期。

[12] 叶植：《中韩两襄阳地同名、民同俗试解》，《湖北文理学院学报》2014年第4期。

走向国际 拥抱世界
——襄阳城市国际化水平提升战略研究

王礼刚

内容提要：城市国际化不仅是一个结果，更是一个与国际逐步接轨的过程。当前，"一带一路"倡议的实施，长江中游城市群发展规划的出台，以及"一极两中心"建设的推进，对襄阳城市国际化水平提出了更高的要求。襄阳城市国际化定位既要着眼于发展性和前瞻性，又要立足于现实性和可行性。提升襄阳城市国际化水平，可分为两步走：力争经过十年左右努力，建成单体性国际城市；再经过二十年左右努力，初步建成区域性国际城市。本课题从体制机制、运行平台、基础设施、人文环境等方面提出了提升襄阳城市国际化水平的路径参考。

城市国际化是一个城市广泛参与国际经济循环和社会文化交流，逐步升级为国际城市的过程。这一过程伴随着日益频繁的国际性物资流通、信息流动和人员往来。从20世纪80年代以来，"城市国际化"概念在全世界被广泛接受，成为衡量一个城市国际影响力和竞争力的重要标志。

党的十八大提出："必须坚持开放的发展、合作的发展、共赢的发展"；"必须实行更加积极主动的开放战略，完善互利共赢、多元平衡、安全高效的开放型经济体系。"2015年，湖北省委《关于制定湖北省国民经济和社会发展第十三个五年规划的建议》指出："整合武汉、宜昌、襄阳等地优势，积极申报建设中国（湖北）内陆自贸区，着力构建开放型经济新体制。"2016年9月，湖北自贸区获国家批复。这些国际化新战略部署，为提升襄阳国际化水平指明了新方向、新坐标。提升襄阳城市国际化水平，是加快集聚全球高级要素，进一步促进襄阳经济社会发展、产业层次优化提升、城市功能完善、地域文化传播和市民观念开放的有力举措，也是积极发挥襄阳在湖北乃至中部地区支点带动作用，推进湖北及中部地区区域经济协调发展、增强综合实力和竞争力的必然选择。

一、城市国际化问题研究的理论概述

（一）关于城市国际化内容与特征

学术界认为，城市国际化包括三个方面的内容：城市职能国际化、城市运行机制与运行方式国际化、城市运行环境国际化。其中职能国际化是核心，运行机制与运行方式、运行环境国际化则是职能国际化的实现条件。城市国际化包括硬件和软件两方面的内容，涉及城市的政治、经济、文化、社会各个方面。

一般认为，城市国际化具有五个主要特征：一是普遍性，每一个城市都涉及与国际上其他城市、地区交往的问题，每个城市都以不同的方式、内容参与国际交往；二是动态性，城市的国际化强调的不是结果、水平，而是发展的过程，这个过程表现出动态发展的特征；三是开放性，城市的国际化发展预示着城市与国际上其他地区之间方方面面交流的加强；四是层次性，城市在其交流的国际地域范围上存在着明显的地域层次性；五是特色性，城市国际化要求有自己的特色和优势，靠特色打出去、引进来。城市国际化是全球化时代每个城市都可能有的发展趋势，所不同的是各个城市参与的程度不同。

（二）关于城市国际化评价标准

我国关于城市国际化评价标准的研究起步较晚，始于20世纪80年代。随着城市现代化建设步伐的加快和国际化程度的提升，国内学者对城市国际化评价标准的界定日趋完善，评价指标的选取日趋合理。概言之，城市国际化主要标准有：

第一，具有较强的综合竞争力，成为国际经济必不可少的重要节点。从经济和产业发展水平分析，城市国际化进程一般都伴随着城市综合竞争力的增强，主要表现为城市经济实力雄厚、生产力高度发展、产业结构合理。具体而言，城市主导产业在国际产业分工中占有一席之地，生产的产品和提供的服务拥有广阔的国际市场；城市外向型经济比较发达，城市中聚集了众多国际金融机构和跨国公司；城市功能趋于多样化和综合化，城市正在加速成为区域乃至全球性经济政治文化综合性服务中心，或者贸易、金融、旅游等专业化服务中心。

第二，拥有特大城市规模，城市发展进入多中心分散化阶段。从城市规模及其发展阶段分析，城市国际化必然伴随城市人口规模扩张，外籍人口比重上升，以及城市空间外延拓展。一是城市国际化会对外来人口形成巨大的吸引力，城市人口达到特大或超大城市规模。二是城市国际化会对外籍人员形成较强的亲和力，成为海内外人士共同生活的宜居城市。国际化城市一般要求外籍人口达到城市常住人口的5%及以上。三是城市国际化会促进城市空间跨越式发展，促使城市加快进入多中心、组团式空间发展阶段。中心城市极化效应向扩散效应转变，城市化呈现区域城市化、泛城市化、农村城镇化等特点，城市及其周边腹地一体化程度提高，出现城市连绵区。

第三，拥有多样化和包容性文化，逐步在市民中确立开放的国际观念。开放、创新、发展的社会人文环境是城市国际化的重要保证。一是城市文化开放多元、和谐共存，各种文化既谋求共同发展，又容纳彼此间存在的差异。二是广大市民在认同本地文化的基础上，能在一定程度和范围内包容、接纳外来文化。三是城市崇尚与时俱进、开拓创新的发展理念，建立健全传统文化更新发展的体制机制，不断完善激发人才创新创业的软硬件环境，培育与国际化要求相适应的城市社会人文环境。

第四，拥有现代化城市设施和服务体系，加快提升城市综合服务功能和辐射能力。城市国际化进程必然伴随着城市综合功能的不断完善，即城市硬件设施符合现代化要求，城市管理和服务水平达到国际标准。具体标准有：

其一，城市人居环境条件优越。城市生活环境舒适、就业创业环境优良、生态环境优美。城市中央商务区功能完善，管理和服务水平达到国际标准，能够承担国际商贸、金融、会展、旅游等交流活动。城市基础设施与市政设施完善。城市具有个性化特色，历史人文资源和自然资源丰富，成为世界各国人员频繁往来，开展政治访问、经贸洽谈、文化交流、旅游观光等活动的重要场所。

其二，科教文卫事业发育成熟。城市各项社会事业开放发展，科教文卫等领域对外合作不断扩大。拥有若干所国际知名高等院校和较多国际科研机构，科技资源丰富，信息反馈灵敏。科研和生产紧密衔接、互相促进，科研成果能有效转化为生产力。创新人才大量涌现，创业创新体系不断完善。本土文化和外来文化和谐共存，外籍人员和国民享受同等的教育、医疗和社会保障政策。

其三，对外交通通信方便快捷。城市位于国际生产要素流动的必经之地，拥有高效能、网络化的对外交通通信系统，与世界其他重要地区联系方便。城市内部交通和外部交通衔接情况良好，高速公路、世界级港口和国际航空运送能力强大，是国际贸易和物流中心。城市通信设施先进，能为全球化信息传递提供良好服务，跻身国际信息枢纽城市。

二、提升城市国际化水平是襄阳对外开放的必然选择

今天的襄阳，正在以前所未有的开放姿态拥抱世界。要想跟上世界前进步伐，就要以国际视野审时度势，在全球范围谋篇布局。走上世界舞台，面向国际、国内两个市场配置全球资源，提升城市国际化水平已成为襄阳对外开放的必然选择。

（一）全球化视野下提升襄阳国际化水平的必要性

城市，是全球化时代进行竞争和战略推广的重要场所。如今，中国正掀起第二轮建设国际化城市的浪潮，这绝不是城市决策者一厢情愿的雄心，更不是心血来潮和盲目从众，而是区域中心城市在全球化驱动下的现实选择。襄阳建设国际化城市就是要尽快融入世界城市网络体系之中，在全球化的惊涛骇浪中站稳脚跟，增强抵抗冲击的能力。只有不断加快城市国际化步伐、提升城市国际化水平，才能使"人流、物流、信息流、资金流在全面开放的大格局中奔涌"，才能有效汇聚全世界的资金、技术、人才、市场等种种经济要素并实现最佳组合，才能使襄阳在更广的平台和更高的层次上参与全球竞争，分享全球经济、社会和科技发展的最新成果。

（二）"一带一路"视野下提升襄阳国际化水平的必要性

随着习近平总书记提出的"一带一路"倡议的实施，处于中西结合部的襄阳，又一次迎来了重大发展机遇。北上、西行可与丝绸之路经济带紧密相连，南下、东进可与21世纪海上丝绸之路无缝对接，这必将对襄阳打造区域性对外开放高地、加快提升襄阳国际化水平起到十分重要的促进作用。同时，在"一带一路"视野下，努力创建襄阳国际陆港城市，加快申报设立保税物流区，融

入国际物流大通道,把襄阳培育成为外商投资湖北的最佳城市,对于襄阳切实担负起省委、省政府赋予的在湖北经济社会发展中发挥"一极两中心"引擎作用的历史重任,具有重要的战略意义。

(三)长江中游城市群视野下提升襄阳国际化水平的必要性

长江中游城市群是以武汉城市圈、长株潭城市群、环鄱阳湖城市群等为主体形成的特大型城市群,范围包括武汉市、长沙市、南昌市、襄阳市等31个城市。随着高铁网络的逐步建成,襄阳将成为连接武汉、中原、成渝、关中四大城市群的区域性铁路枢纽,从而加快融入长江中游城市群的步伐。对襄阳来讲,也可从汉江出发,对接长江,走向蓝海,融入全球,以建设大平台、大通关、大通道为重点,形成全方位、多层次、宽领域的对外开放新格局,建设长江中游城市群营商环境一流的开放高地,全面提升开放型经济的质量和效益,为引领汉江流域对外开放提供有力支撑。

(四)"一极两中心"视野下提升襄阳国际化水平的必要性

建设"一极两中心",是湖北省委、省政府赋予襄阳的神圣历史使命和重大政治责任,是实现跨越式发展的迫切要求,是经济实力的跃升工程,也是城市竞争力的提升工程,更是利民惠民的幸福工程。在"一极两中心"视野下,要把开放作为一种思维方式、一种行政理念、一种制度安排来推进。国际化将推动襄阳现代化进程,提高现代化水平;国际化将助力襄阳各项社会事业发展,提高社会事业发展水平;国际化将增强襄阳对周边地区的辐射和集聚能力,推进襄阳与周边地区实现功能整合和错位竞争,在共赢中加快推进省域副中心城市和汉江流域中心城市的发展进程。

三、襄阳城市国际化水平综合评价体系构建与实证研究

(一)城市国际化水平的评价标准、特征与指标体系

城市国际化水平是一个相对概念,通过城市之间横、纵向比较才能作出较为科学的判断。这里选取在全国与襄阳同为省域副中心城市的12个较为发达的城市作为比较对象,它们是:大连、宜昌、烟台、苏州、宁波、九江、厦门、

深圳、珠海、柳州、洛阳和常德。

  城市国际化是一个涉及多层次、多目标的复杂体系。本着全面性、系统性、科学性和可操作性等原则，结合本文开头阐述的城市国际化主要标准，我们可以从城市发展规模、城市社会经济状况、城市国际开放程度三个方面拟定城市国际化相关指标体系。通过对包括襄阳在内的全国13个较为发达的省域副中心城市统计年鉴中提供的各种数据的采集与比较，得出襄阳在其中的国际化水平位次。具体评价指标体系如表1所示。

表1 城市国际化水平评价指标体系

目标层	准则层	指标层	单位
城市国际化水平	城市发展规模	X_1-GDP	万元
		X_2-全市平均人口数	万人
		X_3-城市建设用地面积	公顷
	城市社会经济状况	X_4-外贸依存度	%
		X_5-金融机构年末存贷款总额占GDP的比重	%
		X_6-FDI占全社会固定资产投资比重	%
		X_7-人才指数	/
		X_8-创新投资指数	/
	城市国际开放程度	X_9-民用航空港年旅客吞吐量	人
		X_{10}-港澳台及外商投资企业数	个
		X_{11}-当年与外商新签项（合同）数量	个
		X_{12}-年入境旅游人数	万人次
		X_{13}-港澳台及外资企业总产值占全市工业总产值的比重	%
		X_{14}-国际旅游外汇收入	万美元

  基于《中国城市统计年鉴2010—2014年》《各省域副中心城市2009—2013年相关国民经济和社会发展统计公报》《中国环境统计年鉴》及《中国科技统计年鉴》相关数据，采用计量软件Stata 12.0提供的关于2009—2013年13个主要省域副中心城市（襄阳、大连、宜昌、烟台、苏州、宁波、九江、厦门、深圳、珠海、柳州、洛阳和常德）的面板数据，分为城市发展规模、城市社会经济状况、城市国际开放程度三个准则层进行评价，并在此基础上进行襄阳提升城市国际化水平的战略分析。

(二)襄阳等13个省域副中心城市国际化水平的时间测度与分析

根据动态因子分析法,运用Stata 12.0软件对各省域副中心城市国际化水平时间差异进行测度,得出公因子的特征值、方差贡献率和累计方差贡献率,由于3个公因子的累计方差贡献率为89.44%(>85%),达到可以替代14个指标所表征信息的程度,因此提取这3个公因子作为计算因子来完成各省域副中心城市国际化水平的时间测度(如表2所示)。解释公因子是利用因子载荷矩阵通过迭代公因子方差的主因子法来得到(如表3所示)。

表2 公因子特征值、方差贡献率和累计方差贡献率结果

公因子	F_1	F_2	F_3
特征值	6.42473	2.06418	1.37355
方差贡献率	0.4865	0.1563	0.1040
累积方差贡献率	0.4865	0.6428	0.7468

表3 旋转后的因子载荷矩阵

指标	F_1	F_2	F_3
X_1	0.8715	0.1809	0.1961
X_2	0.6687	0.3332	0.4958
X_3	0.6561	0.1469	0.2915
X_4	0.6876	-0.0304	0.2922
X_5	0.9260	0.2236	0.1409
X_6	0.9287	0.2353	0.0860
X_7	0.3757	0.8868	0.1172
X_8	0.7600	0.1438	0.3592
X_9	0.9182	0.0838	0.3399
X_{10}	0.4880	-0.0094	0.7470
X_{11}	0.8552	0.4441	0.0198
X_{12}	0.0115	0.0171	0.3855
X_{13}	0.5241	0.1166	0.0940
X_{14}	0.1581	0.1279	0.5844

根据表 2 和表 3 可得出，城市国际化（X_1、X_2、X_3、X_4、X_5、X_6、X_8、X_9、$X1_1$、X_{13}）在主因子 F_1 上有较高载荷，方差贡献率为 48.65%，说明 F_1 基本反映了这些指标的信息，而这些指标几乎全面反映了城市国际化水平，所以可以将此称为"城市国际化的总量因子"。F_2 的方差贡献率为 15.63%，从表 3 中可以得到 X_9、X_{10} 载荷较大，说明 F_2 基本反映了这些指标的信息。X_7 基本反映了城市国际化的人才状况，所以可以将此称为"城市国际化的人才因子"。F_3 的方差贡献率为 25.16%，可以从表 3 中发现 X_{10}、X_{14} 载荷较大，说明 F_3 基本反映了这些指标的信息，而这些指标基本反映了城市国际化的旅游发展程度，所以可将此称为"城市国际化的旅游发展因子"。以 F_1、F_2、F_3 的方差贡献率（如表 4 所示）为权重进行加权平均，则 13 个省域副中心城市的综合评价模型即平均得分为：

$$E=0.4865\times F_1+0.1563\times F_2+0.2516\times F_3$$

将各公共因子得分代入模型得出平均得分矩阵。同时根据第 n 年各指标的平均值，计算出各省域副中心城市在 2009—2013 年具体的动态得分矩阵和平均综合得分（如表 5 所示）。

表 4　主因子 F_1、F_2、F_3 静态得分

序号	城市	总量因子 F_1	人才因子 F_2	旅游因子 F_3
1	大连	-0.2454	-0.2567	1.2690
2	宜昌	-0.3531	-0.1615	-1.3586
3	襄阳	-0.2731	-0.1195	-1.1727
4	烟台	-0.3351	-0.1040	-0.8796
5	苏州	0.2184	-0.1916	0.0583
6	宁波	-0.2127	-0.1784	0.1812
7	九江	-0.5204	-0.0746	0.7475
8	厦门	-0.4847	-0.2262	0.4499
9	深圳	-0.2809	-0.1150	0.7650
10	珠海	2.4442	3.1143	0.0214
11	柳州	-0.1149	-0.6918	0.1433
12	洛阳	-0.5679	-0.1196	-0.0672
13	常德	-0.8854	-0.9728	0.3559

表5　13个省域副中心城市国际化水平综合得分与排名

序号	城市	2009年	2010年	2011年	2012年	2013年	综合得分	排序
1	大连	1.9583	2.0822	2.0452	2.0181	2.0522	2.0312	5
2	宜昌	1.4465	1.5704	1.5334	1.5063	1.5404	1.5194	9
3	襄阳	1.1065	1.2304	1.1934	1.1663	1.2004	1.1794	11
4	烟台	1.6650	1.7889	1.7519	1.7248	1.7589	1.7379	7
5	苏州	2.8866	3.0105	2.9735	2.9464	2.9805	2.9595	2
6	宁波	1.7319	1.8558	1.8188	1.7917	1.8258	1.8048	6
7	九江	0.9771	1.1010	1.0640	1.0369	1.0710	1.0500	12
8	厦门	2.5233	2.6472	2.6102	2.5831	2.6172	2.5962	3
9	深圳	3.1054	3.2293	3.1923	3.1652	3.1993	3.1783	1
10	珠海	2.1162	2.2401	2.2031	2.1760	2.2101	2.1891	4
11	柳州	1.5598	1.6837	1.6467	1.6196	1.6537	1.6327	8
12	洛阳	1.1864	1.3103	1.2733	1.2462	1.2803	1.2593	10
13	常德	0.7362	0.8601	0.8231	0.7960	0.8301	0.8091	13

（三）襄阳等13个省域副中心城市国际化水平的聚类分析

为了更加直观、清晰地了解襄阳等13个省域副中心城市的动态因子分析的结果，在城市国际化水平的14项原始指标数据进行动态因子分析的基础上，再以Euclidean Distance为间隔距离的测量项，对其采用层次聚类分析方法进行聚类分析（如图1所示），得到以下5类分析结果：第一类，高层次城市国际化水平地区，即深圳、苏州、厦门；第二类，较高层次城市国际化水平地区，即珠海、大连；第三类，中等层次城市国际化水平地区，即烟台、宁波、宜昌、柳州；第四类，较低层次城市国际化水平地区，即洛阳、襄阳、九江；第五类地区，低层次城市国际化水平地区，即常德。

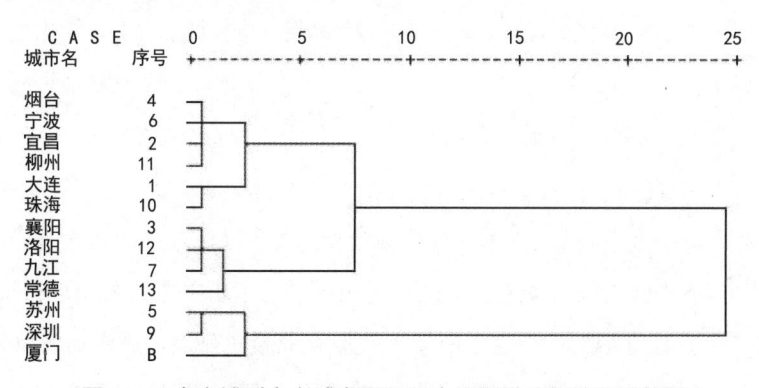

图1　13个省域副中心城市国际化水平聚类分析结果树状图

（四）襄阳等 13 个省域副中心城市国际化水平的综合评价

根据上述评价结果，2009—2013 年襄阳城市国际化水平综合评价指数为 1.1794，位居国内 13 个省域副中心城市第 11 位，综合评价得分仅高于九江和常德。总体而言，国内 13 个省域副中心城市国际化综合评价指数位列前五位的深圳、苏州、厦门、珠海和大连，分别处于我国三大经济圈中心区域和沿海发达地区，区位优势突出，经济一体化程度较高，因此，城市国际化水平较高。而襄阳国际化平均综合评价指数为 1.1794，较同为湖北省域副中心城市的宜昌低 0.34，比九江、常德分别高 0.13、0.37，表明襄阳与同省或邻省周边地区的省域副中心城市相比，国际化水平存在一定的差距。但也表明，襄阳城市国际化还有很大的提升空间。现阶段襄阳城市国际化的提升目标，应该瞄准聚类分析结果的第三类地区省域副中心城市，中远期目标是第二类甚至更高层次城市。

四、襄阳提升国际化水平的比较优势和制约因素分析

（一）比较优势

1. 襄阳较快的经济增速和后发潜能有利于加快城市国际化

襄阳近些年来经济增速较快，城市国际化发展前景看好，后发潜能巨大，强化了发展气场，增大了外埠市场主体特别是港澳台及海外战略投资者关注襄阳、投资襄阳、入驻襄阳的吸引力。中国社会科学院发布 2015 年城市竞争力蓝皮书显示：襄阳市排名同比提升 26 位，位居第 74 位，比常德多 673.1 亿元，比九江多 1479.4 亿元，同比 2014 年增幅达 8.9%，快于常德 0.2 个百分点。全社会固定资产投资 3071.9 亿元，比九江多 959.18 亿元，增幅达 20.3%，增幅分别高于九江、宜昌、洛阳 3.3 个、0.3 个和 1.7 个百分点。实现社会消费品零售额 1165.1 亿元，增幅达 13.1%，增幅分别高于深圳、苏州、厦门和洛阳 11.1 个、4.1 个、4.2 个和 0.8 个百分点。城镇居民人均可支配收入达 20282 元，增幅达 9.8%，增幅分别高于深圳和苏州 0.8 个和 1.8 个百分点。襄阳经济社会的高速发展，为港澳台及海外各类战略投资者拓展了投资新领域，为市场主体扩大了盈利新空间。市内上市企业数量增加，央企不断增大驻襄企业投资额度，域内招商引资良好态势等方面的情况，充分印证了襄阳城市国际化水平远期利好的趋势。

2. 襄阳较好的产业聚集平台基础有利于支撑城市国际化

襄阳已形成了由四大优势传统产业与六大战略性新兴产业组成的"4+6"主导产业体系构架，推进经济发展方式转变取得新进展，同时在抢占未来竞争制高点等方面，先发优势明显，后发优势强劲。在聚类分析结果的第四类地区——较低层次城市国际化水平的3个城市中，唯独襄阳拥有两个国家级开发区，在全国87个高新技术开发区中，襄阳高新区是仅有的两个特色园区建设试点之一，综合发展水平排在九江等城市之前。在享受国家扶持政策方面，襄阳比同层次的部分城市享有更多的便利和实惠。随着对东津新区的全面开发，襄阳经开区在吸纳生产要素、承载产业转移、落户全球和地区研发中心、承载市场主体活动等方面，比九江、常德等城市有更好的基础条件、更大的发展空间。九江是革命老区，支柱产业除了电力新能源之外，均为资源密集型和劳动力密集型产业，近年来受产能过剩和成本上升影响较大；常德高耗能、高污染行业比重较大。在转方式、调结构过程中，这2个城市有较大的历史包袱和较多的转型艰辛。襄阳工业结构均属国家11个产业振兴规划中重点支持范畴，可以轻装上阵走在产业升级和城市国际化进程的前列，抢占产业链的前端环节和城市国际化的高端位置。

3. 襄阳良好的空间条件有利于推进城市国际化

襄阳及周边多个城市组成的汉江流域城市群，是东、中、西部资源配置的重要通道，是国内外发达地区产业转移和国际生产要素由东及西梯度推进的中转站。这片区域面积约15万平方公里，人口约3000万，相当于一个省份的地域和人口。其中绝大部分区域属秦巴山区、汉水上中游，集山区、老区、库区、欠发达地区于一体，是国家"南水北调"中线工程的水源地。在聚类分析结果的第四类地区——较低层次城市国际化水平的3个省域副中心城市中，从国家的关注度、与国家重点工程的关联度、区域战略地位、综合功能作用、城市角色潜质等方面看，襄阳优势明显。另外，从产业基础、自然条件、环境容量等方面综合来看，襄阳是汉江流域城市群中重要的增长极，对畅通东、中、西部资源配置通道和促进区域城市国际化，起着非常重要的作用。

4. 襄阳相对丰裕的自然资源有利于保障城市国际化

襄阳相对丰裕的水资源、优越的周边土地资源和较大规模的城市人口资源等，有利于加快城市国际化进度。襄阳市位于汉江中游，中心城区有崔家营航电枢纽以上80平方公里的"流动湖面"。汉江（襄阳段）195公里范围内，保持着Ⅱ类水质。城市发展不仅不受水资源短缺的制约，而且较其他许多省域副中心城市有明显的水环境竞争优势。以高速公路为基础形成的城市外环线内，合围了870多平方公里土地，基本是一马平川，产业发展、房地产开发、建设国际标准的仓储设施等，都有较好的自然条件和相对低廉的开发成本，在以城市化为先导的"五化协同"大趋势中，襄阳的资源禀赋得天独厚，在未来推进城市国际化的进程中，必能捷足先登。

5. 襄阳独特的人文历史资源有利于提升城市国际化

襄阳独特的人文资源优势，将极大提升国内外投资者对襄阳的关注度以及城市国际化水平。从史脉上讲，襄阳名起三国，繁于盛唐，重于南宋。襄阳已有2800多年的建城史，华夏第一城池保存完好。从文脉上讲，襄阳是荆楚文化的发源地、三国文化集聚地、汉水文化的核心区。从人脉上讲，襄阳孕育了智慧化身诸葛亮、楚国诗人宋玉、东汉开国皇帝刘秀、唐代诗人孟浩然、宋代书画家米芾等文人名士，留下了"诗仙"李白、"诗佛"王维等历史贤达雅士的足迹和传颂千古的诗章。襄阳还是一座融人文景观与自然景观于一体的魅力城市，拥有美丽汉江、智慧隆中、经典古城、时尚樊城、动感车城、魅力岘山、灵秀荆山、诗画鹿门、浪漫沙洲、神秘古寨等海内外知名美景，既交融了南北文化，又贯通了东西风格，体现了文化的多元化与包容性。文化旅游融合发展，一批重大项目建成运营，城市品牌影响力日益提升。独特的人文优势，有利于提升襄阳历史文化名城在国际上的影响力和美誉度。

（二）制约因素

虽然襄阳加快推进城市国际化具有较多的有利条件，但通过前面的实证研究，我们应清醒地认识到，襄阳城市国际化程度与国内著名省域副中心城市如深圳、苏州、厦门、珠海等相比存在很大差距，同时与省内及周边地区省域副中心城市如宜昌、洛阳相比也是排名较为靠后，因此襄阳建设国际性城市还任重道远。襄阳城市国际化进程主要受以下五个方面制约：

1. 外向型经济能量制约

城市综合经济实力不够强，经济社会开放水平不够高。2015年，深圳、苏州、洛阳等市实现地区生产总值分别是襄阳的5.18倍、4.29倍和1.04倍；宜昌、厦门进出口总额，分别是襄阳（241244万美元）的1.28倍和34.5倍。襄阳发展外向型经济的市场主体较少、规模较小、层级较低，拉动地方经济发展的作用不明显。2014年到市商务局备案拟办进出口业务的规模以上工业企业400多家，到国税局办理正式手续的企业减至200家左右，真正有出口业绩的企业不足100家。虽然全市高新技术企业数占规模以上工业企业数的比重高于全省平均水平，但机电产品和高新技术产品出口额占总出口额的比重远远低于全省平均水平。2015年，洛阳、九江直接利用FDI金额，分别是襄阳（72779万美元）的35倍、22倍，外资对襄阳全市GDP增长的拉动作用不大。

2. 产业层次制约

从外资推动襄阳产业升级看，目前跨国企业、外资企业在襄阳投资的行业主要集中在汽车及零部件、商业零售、物流、纺织等产业领域。实际利用外资往往以第二产业中的制造业比重最大，现代服务业占比较小。襄阳在引进新技术和发展新产业方面，利用外资的作用还不大。从出口产品构成看，农副产品、纺织、机电等占襄阳出口比重较大，而高新技术产品占进出口额比重不大。

3. 港口和航空服务制约

襄阳地处中华腹地，既没有出海口，也没有自己的内河深水港。尽管襄阳连接武汉港与宜昌港的公路交通较为发达，大吨位货物可以通过武汉港与宜昌港内河转运，但这在一定程度上阻碍了襄阳城市国际化步伐，特别是影响重要工业和大型企业进一步的发展。境外航空服务方面，襄阳缺少与境外直航的客源地，襄阳机场目前还没有开通国际航线，而且国内航线、班次较少。对外交通国际化程度不高制约着襄阳的国际性交往。

4. 社交环境制约

襄阳城市语言环境的国际化程度不高，外籍人员的距离感较大。与深圳、珠海、厦门等沿海城市相比，襄阳普通市民和窗口行业工作人员中英语普及率较低，缺乏外语类传播媒介，缺少专门面向外籍人员的教育机构。到目前为止，由于语言环境的限制，襄阳营造开放的国际社交环境任务还很艰巨。

5. 封闭保守观念的制约

因历史和地域等因素影响，襄阳人思想观念相对比较封闭保守。一是怀旧偏安的积习较浓。一些市民相对重视生活安逸，满足于当前的生活感受，在创意、创新和追求新发展方面动力不足。二是缺乏"大气开放"的思想环境。思想交流的基本方式仍是地域性的,没有构建有效的对外人文交流平台,文化发展的环境单调,没有形成开放的、多元的、百家争鸣式的局面。三是吸纳和消化新思想新观念的意识不强。沉迷于自我陶醉,忽视向外界学习,缺乏吸纳新思想、学习新知识的主动性和积极性。封闭僵化的保守主义和经验主义意识较强。这些在一定程度上影响和制约着襄阳城市国际化步伐。

五、襄阳城市国际化水平的提升战略

(一)国际化的城市定位

国际化的城市定位或城市的国际化定位,是一个特定概念。进入后工业时代,国际化城市呈现出多种等级。根据国际知名度、国际影响力、国际人口数、国际惯例城市治理、多元文化共存以及良好的人文自然环境六个方面的指标,国际化城市可以划分为四个等级。第一等级:世界城市或全球城市。其知名度和影响力波及全世界,是综合性超级城市,有明显的国际人口社区,如纽约、伦敦、东京、新加坡、中国香港等。这类城市数量不多,但是影响很大,在世界经济一体化过程中占有核心地位,引导着世界经济的发展方向。北京、上海、广州有望成为这类城市。第二等级:洲际城市或一般国际城市。其知名度和影响力主要集中在同一洲或相邻洲的范围内,国际人口数量较多,如首尔、台北、曼谷、孟买、罗马、开罗等。天津、南京、深圳、杭州、大连、青岛、武汉等可能成为这类城市。第三等级:区域性国际城市或地区性国际城市。其知名度和影响力主要在周边国家,对外交流与合作的对象也主要集中在邻国之间,国际人口不多。区域性国际城市是一定区域范围内社会经济文化对外交流的窗口和桥梁,如马赛、马六甲、清迈、名古屋等。昆明、成都、哈尔滨、乌鲁木齐、呼和浩特等有望成为这类城市。第四等级:单体性国际城市或专业性国际城市。其知名度和影响力只集中在某个方面,如电影、音乐、历史文化遗产、自然遗产、港口、交通枢纽等,或拥有特殊的专业市场以吸引国际人口。这样的国际化城市中国际常住人口数量较少,但是国际流动人口较多,主要是短期参观、学习、游玩、工作等人员,如巴厘岛、釜山、戛纳、米兰、威尼斯、广岛等。桂林、丽江、敦煌、洛阳、三亚等都可能成为这类城市。

根据以上国际化城市的等级分类,结合襄阳现实所具备的发展能力和未来能达到的发展水平,对襄阳国际化城市定位可作如下基本判断。一是襄阳城市国际化定位要着眼于发展性和前瞻性。要用国际化的视野重新审视襄阳,用国际化的思路发展襄阳,用国际化的标准建设襄阳,与国际接轨,对世界开放,提升襄阳对外开放度和包容度,引入嫁接一切符合科学发展和襄阳实际的先进文明成果,使襄阳走向世界、对接世界,让世界了解襄阳、拥抱襄阳,使襄阳成为一座国内外知名的国际化城市。二是襄阳城市国际化定位要立足于现实性和可行性。具体而言,可概括为"两步走"战略:第一步,立足襄阳区域特色,结合实际发挥优势,力争经过十年左右努力,到2030年把襄阳建设成单体性国际城市,使全市开放程度和国际化水平显著提升,国际竞争力和影响力不断增强,成为区域扩大开放的核心引擎和高地。第二步,再经过二十年左右的努力,力争到2050年左右,形成区域性国际化城市框架,奠定区域性国际化城市基础,初步建成区域性国际化城市。

(二)国际化的路径创新

纵观国内外城市国际化进程,其道路选择各不相同。作为中华腹地内陆型城市,襄阳应立足中部地区发展实际,走"特色化"和"差异化"的城市国际化道路。襄阳制定的城市国际化发展战略及其路径选择,只有立足中部地区现实,才能符合襄阳本地的客观实际和区域经济发展的规律,具有科学性。同时,襄阳还应以宜昌、洛阳等发展阶段相似的省域副中心城市为参照,充分汲取它们在城市国际化进程中的经验和教训,更加注重襄阳在经济、社会、政治、文化、对外交流等方面的独特优势,立足特色,错位发展。国际化道路重在科学设计、合理选择,只要发挥襄阳在中部地区城市群中的比较优势,找准襄阳在中部地区城市群的位置,突出特色,扬长避短,形成与东部地区城市的优势互补和联动,就能真正探索出一条具有"人无我有、人有我特、人特我优、人优我新"特色的城市国际化新路径。

(三)国际化的体制机制

推进城市国际化进程,提高城市国际化水平,应首先建立国际化的领导体制和机制。一是建议成立"襄阳市国际化城市建设推进委员会",负责组织领导和统筹推进国际化城市建设工作。推进委员会主要负责人应由市主要领导担任,相关职能部门负责人参加。推进委员会可根据国际化职能与分工，设若干分支机构，以提高工作精细度和执行力。二是科学制定《襄阳城市国际化发展规划》《襄阳城市国际化目标体系》和《襄阳城市国际化进程考核评价办法》等纲领性文件，规范城市国际化工作机制。以国际化规划明确城市国际化建设愿景，以国际化目标体系引领城市国际化方向和路径，以国际化考核评价制度规范城市国际化进程和步调。特别是国际化规划和目标体系出台后，应同步建立考核制度，将打造"国际化襄阳"城市规划完成情况纳入县、市、区经济社会发展的考核内容，实施奖惩机制，从而确保城市国际化的工作落到实处。三是建立党政领导人才的国际化学习与交流机制，提高领导干部的国际视野与素质。可根据国际化领导人才的特点和培养目标，实施党政人才开发计划和公务员素质提升计划，采取学校培养、国外深造、外资企业挂职等方式，提高培训的针对性和有效性。同时，积极推行海外专家咨询制度，鼓励政府部门和经济组织聘请海外专家作为决策顾问，采用国际通用方式改进领导方式。

（四）国际化的政策制度

国际化的政策制度是城市国际化进程的基本保障。提高襄阳国际化水平，必须在五个方面优化政策环境和制度保障。一是完善区域市场经济环境。加快建立与国际经济接轨的现代市场经济体制，以及与之相适应的社会信用体系和法律环境，重视市场规范建设和知识产权保护，营造公平竞争的市场经济环境，积极吸引世界500强企业入驻襄阳。二是完善人才战略和人才政策。加快建设开放的人才市场体系，引进国外猎头公司，形成市场化的选拔和淘汰机制。加强国际人才交流市场及国际高新技术产权交易市场建设，为优秀人才提供良好的交流环境。三是建立与国际接轨的社会保障机制。实施外籍人员和本市居民同等待遇的社会保障机制。大力发展科教文卫各项社会事业，创办与国际接轨的高水平教育和医疗机构，着力解决在襄阳外籍人员就学和就医问题。四是建立国际化社区管理和服务机制。按照国际化标准实施住宅质量认证，推行国际通行的物业管理模式，为国内外人士提供居住安全、服务周到的生活环境。五是创新涉外管理体制机制。探索建立适合国际化建设需要的国际会议管理、外国人在襄管理、外国非政府组织在襄活动管理等一系列管理机制，加快建立符合我国国情和襄阳市情的涉外环境体系。

(五）国际化的运行平台

一是政府平台。一是着力提高本地政府领导参与国际事务的水平。加强与国际组织和外国地方政府的交流与合作，提高襄阳的国际地位和影响力。可申请加入"世界城市和地方政府联合组织"（UCLG），积极争取国际组织分支机构落户襄阳。加强同对我国友好、合作潜力大、互补性强的外国城市交往，争取每年新增一定数量的友好城市和友好交流城市。成立襄阳市对外友好协会，利用海外资源优势，推动与外国官方和民间的友好往来。二是善于利用国家层面外交资源提升襄阳的国际交流合作层次。充分利用国家高层互访、官方外交、友好往来等渠道，从国家外交层面提高襄阳对外交流与合作的层次和水平。利用我驻外使领馆、外国驻华使领馆等渠道扩大对外合作，为"走出去""引进来"服务，为扩大襄阳国际知名度服务。三是做好高层出访和接待来访工作，拓展合作渠道。利用襄阳市领导出访机会，广泛接触外国地方政府部门和工商企业界，为实质性合作奠定基础。收集整理重要外宾团组来访信息，跟进重要会谈成果、合作协议、合作意向等工作。

二是产业平台。提升制造业国际核心竞争力。一是落实"中国制造2025"规划，制订实施制造业企业50强国际化计划。推动一批优势产业、优势企业和名牌产品，瞄准国际先进标准，打造一批具有国际竞争力的产业基地、知名企业和国际品牌。二是加快建设工业4.0产业园等产业转型平台，重点组织100家企业示范引领，1000家企业启动实施，建设一批智能工厂。三是实施"互联网+"行动计划，促进云计算、大数据、物联网等新技术新业态与产业深度融合，推动制造产业智能化、智能制造产业化，打造万亿工业强市。四是以"一个龙头、六大支柱"为重点，着力引进新兴产业"火种型"项目，培育产业集群"领军型"企业，打造消费终端"知名型"品牌，加快工业结构调整和转型升级步伐，打造具有区域竞争力的先进制造业基地。五是扶持、引进一批国内外新型业态、重点企业、关键技术，推动主导产品向高端、绿色低碳、智能、进口替代和品牌产品延伸，努力打造具有较强国际竞争力的传统优势产业和战略性新兴产业园区。六是成立产业联盟，设立国际产业并购基金，引入中介机构，启动内燃机关键技术国际化合作项目，与国外技术领先企业开展并购洽谈，推动襄阳成为知名的国际动力城、中国机械装备制造产业创新高地和湖北航空装备制造基地。

三是自贸区平台。以"三港一中心"（铁路港、陆地港、航空港和保税物流中心）为核心，促进四大口岸核心平台整合，加快打造汉江流域国际陆港中心，积极建设湖北自由贸易试验区襄阳片区。一是加快推进"三港一中心"建设。深入推进规划，促进铁路港、公路港和保税物流中心统一布局、统一设计、统一建设；强力推进机场改扩建工程，着力建设一类航空口岸，打造襄阳航空港。二是积极整合口岸资源。积极推进铁路物流园建设，抓紧航空口岸和襄阳小河港区货运水运口岸的申报工作，构建航空、水运、铁路、公路立体口岸体系；依托港口、铁路场站、机场，加快建设一批临港、临铁、临空的货运枢纽型、综合服务型和中心城市配送型物流园区；吸引鄂豫陕渝毗邻地区外贸出口货物在襄阳集聚，实现就地报关检验，打造鄂西北全方位出海服务大平台。经过3～5年的改革试验，将自贸试验区建设成为具有国际水准的内陆国际贸易中转中心。

四是都市平台。提升襄阳国际化水平，都市是载体，也是标志。在推进"都市襄阳"建设进程中，应该以前瞻性的思维、国际化的视野、现代化的气魄来规划城市、建设城市和管理城市。特别是要善于学习和借鉴国内外国际性城市在规划、建设和管理中的成功做法及宝贵经验，必要时可以大胆拿来为我所用，如新加坡创意城市规划与建设、香港城市的精细化管理、巴黎历史文化名城的保护与创新、东京城市的交通治理等。一些国际性城市的建设历史表明，一座走向世界的、开放的、彰显个性特色的、充满无穷魅力的城市，一定离不开先进的城市规划、建设和管理，也一定离不开相互学习借鉴和创新创造。

五是教育科技平台。大力加强教育国际化建设。一方面，逐步提升基础教育的国际化水平。积极引进国际优质教育资源，开展国际合作办学，加快国际学校建设，支持与海外学校建立友好学校。注重引进和培养具有双语教学能力的教师，引进先进的高中教育国际课程，拓展学生的国际视野，拓宽留学和升学渠道。另一方面，推进高等教育、职业教育和成人教育国际化。积极引进境外知名大学，鼓励外国机构、中外企业设立来襄留学奖学金，吸引国外人员到襄阳高等院校留学，鼓励优秀留学生毕业后留襄阳工作。将湖北文理学院建设成为高水平、有特色、创新创业型高校。以创办襄阳大学为契机，推进湖北文理学院等高校与国际高校合作办学，将其建设成为具有襄阳特色的高水平综合性大学。同时，推动科技领域的国际交流与合作。可申请成立中国科协"海智计划"襄阳工作基地，在更大范围内与海外主要科技团体建立联系，实现国际化城市建设的需求与海外智力资源的有效对接。

六是文化体育平台。在文化领域，大力开展对外文化交流与合作。积极参与国际性的文化交流活动，宣传和展示襄阳文化和襄阳特色。高水平、创造性举办诸葛亮文化旅游节等节庆活动，展示优秀的襄阳文化和襄阳建设成就。开展经常性的对外文化交流活动，提升"文化襄阳"发展水平。力争与联合国教科文组织等国际人文机构合作，提高对外文化交流与合作水平。加快推动建设创意产业园和设计基地，形成集研发、设计、展示、培训、交流、服务、商务等功能于一体的核心区域，力争把襄阳建设成为具有国际影响力、国内较为领先的设计研发创新中心、孵化培育中心、人才培训中心、技术交流中心和设计成果转化中心。发动民间力量举办各类创意成果展、设计展活动，扩大襄阳文化的国际交流与合作范围。在体育领域，积极申办国际体育赛事。加强与国外城市及港澳台地区的体育交流，策划举办具有国际影响力的重大赛事，利用国际性和区域性赛事提高襄阳的国际知名度。

七是人才平台。大力引进和培养高素质创新型人才。一是应全面推进"隆中人才计划"，广聚创新人才资源，大力引进、培养、储备各类高端创新型人才、高层次专业技术人才和高技能人才。积极培育和发展国家重点实验室、企业研发中心、博士后流动站、留学生创业园和襄阳海外创新创业人才引进中心等创新创业基地，构筑创新创业平台。做大做强襄阳高新技术产业园区，力争把湖北万洲电气集团公司、国家数控系统工程技术研究中心湖北文理学院分中心和襄阳华中科技大学先进制造工程研究院等建设成为国家海外高层次人才创新创业基地，大力引进海外高层次人才来襄阳创业。二是拓宽海外培训渠道。加强与外国驻华使领馆合作，做好欧美国家、亚太国家以及我国港澳台地区等培训合作项目，不断寻求新载体、新资源，推动海外培训向更高层次、更高水平发展。与国际知名大学合作培养人才，实施打造国际青年领袖计划，培养一批有国际视野的青年创业家。

八是金融平台。借鉴国内外经验，以襄阳金融广场为载体，建设有国际影响力的区域金融功能核心区。引入国际基金、风险投资、天使投资等，共同打造基金谷。积极吸引外资银行、保险、证券期货以及信托、基金等金融机构设立总部及分支机构,稳步发展融资租赁、互联网金融等新型金融组织,加大引进外资会计师事务所等中介机构设立分支机构、开展业务。积极推动人民币跨境贸易结算业务,扩大服务能力和范围。引导符合条件的企业在境外资本市场上市融资,鼓励本市上市企业利用国际资本市场实施兼并重组。进一步完善综合保税区功能,允许符合条件的企业开设离岸账户,加速发展离岸金融。推动金融产品创新,积极拓展与外贸有关的期权、期货、境外筹资转贷款、进出口贸易融资等业务,引导金融机构提供境外支付服务,鼓励外向型企业积极投保出口信用保险。同时,注重加强襄阳与武汉、上海、深圳的金融合作,促进资本市场融合。

(六)国际化的基础设施

在交通运输方面,对内,应根据新的城市布局,提升城市交通"互联互通"和"内联外通"能力。加快庞公、苏岭山、鱼梁洲3座大桥等重点城市交通工程建设,规划建设、尽快形成沿江慢行环线、连接"一心四城"的轨道环线、贯穿四城的快速干线、外围高速合围环线等多条城市交通环线,形成畅通快捷的城市综合交通网络;对外,应根据国际化城市建设需要,提升交通运输"通江达海"和"跨海越洋"能力。加快提升刘集机场功能,推进一类航空口岸的报批,开辟境外及国内其他发达地区航线,积极承接国际客货运业务。推进实现襄阳至武汉动车公交化,加快蒙华、汉十、郑万三大铁路建设,大力推进郑州至南宁高铁襄阳段的前期工作,形成以高速铁路、电气化铁路、重载铁路为主体的"三纵三横"(焦柳铁路、郑万高铁、蒙华铁路、汉丹铁路、西武高铁、襄渝铁路)"米"字形铁路客货运输网络,初步构建纵贯东西、直通南北的运输大通道。向西经西安、兰州至乌鲁木齐,融入丝绸之路经济带,向东经武汉分别至上海、杭州、福州、广州,融入21世纪海上丝绸之路,并与重庆、武汉、南京、上海等长江经济带区域中心城市直接沟通,基本实现东西南北方向全部通高铁,成为郑渝昆、武西兰等国家快速铁路客运大干线的节点城市。加快实施汉江流域综合开发,建成北煤南运、铁水联运大通道,形成现代综合交通运输网络体系。在城市基础设施方面,进一步完善能够满足城市国际化功能需要的现代化基础设施体系,建设涉外居住区及配套设施,创办一批国际学校和国际医院,建设高档客商休闲娱乐活动服务设施。特别是应加快国际化社区建设,打造具有异国风情的特色街区，为外籍人士、外来创业者在襄工作、生活提供优质服务。积极引入国际化理念和机制，提升社区管理和服务水平，构建与城市国际化相适应的新型社区服务网络。建设襄阳市民"国际之家"，吸引外国旅游者入住市民家庭，推进市民生活国际化。

（七）国际化的人文环境

良好的人文环境对一座走向国际化的城市至关重要。虽然襄阳是历史文化名城，但悠久灿烂的历史文化资源并未转换成令人满意的人文环境，更不能代表当下的市民素质。因此，提高城市国际化水平，务必深入持久地改善襄阳人文环境。一是广泛开展"襄阳市民学外语"活动。在党政机关、学校、社区、服务行业、窗口单位稳步推进"襄阳市民学外语"活动，改善襄阳的国际语言环境。构筑多层次、多样化的活动网络，与行业需求对接，加快建立统一、规范、符合国际标准的英语水平测试平台。编发适用于机关干部、服务行业和普通市民的学外语实用手册，通过培训、媒体传播等渠道开展普及教育。二是开展城市英语标识和外语咨询服务体系建设。建立英语标识相关标准，开展公共场所英语标识专项整治工作，促进外语标识的规范化，建立行之有效的襄阳城市外语咨询与公共服务体系。三是广泛开展涉外文明礼仪普及教育活动。编发简便易行的涉外文明礼仪手册，通过电视、报纸、讲座和专项活动等形式在全市开展涉外文明礼仪普及教育，提高市民的国际化素养。四是提升公共文明水平。建设以整洁优美、遵守秩序、礼让他人、友善祥和、关爱互助为核心的公共文明。实施交通秩序、公共场所秩序和日常生活秩序优化行动，引导市民养成文明举止，共同维护公共秩序。组织志愿者开展以"文明出行""文明行为""文明服务""文明社区"义工劝导服务行动为主要内容的城市文明行动。实施市民崇礼明仪行动和睦邻友善行动等。五是提高涉外公共服务信息化水平。建设以襄阳政府网主页简版为主要内容的中文繁体、英文、法文、德文、日文、韩文等主要国际语言板块。以襄阳政府网、汉江网、《襄阳日报》（英文版）、广播电视（英文频率频道）为基础，扩大在襄阳外国人信息获取渠道，增强便利性，提高襄阳公共服务的国际化水平。

（八）国际化的对外传播

提高城市的知名度和美誉度，有赖于国际化的对外传播。一是制订并实施面向全球的城市形象宣传计划。通过政府传播、媒体传播和活动传播等途径，开展城市营销，树立襄阳城市品牌形象。聘请高端专业机构，对襄阳城市形象推广做出高水平、可操作性的整体策划。充分利用重要载体、重大事件和名人效应来推广城市形象，利用世界级企业品牌进行城市营销，突出襄阳城市特质。加强同涉外媒体、境外媒体的联系与合作，利用国际性主流媒体的影响力，如凤凰卫视、中国时报、中央电视台第四频道等，提升襄阳国际知名度。二是积极开展公共外交。促进官方和民间对外交流，可成立"海外襄阳同乡会"等团体，策划组织"海外襄阳宣传周"等活动。三是加大对襄阳国际化城市建设的报道力度。在襄阳主要媒体开设专栏、开办专题节目，广泛、深入地介绍先进的国际化城市发展状况和成功经验。充分利用传媒的社会影响力，吸引全社会的关注，激发市民参与国际化城市建设的积极性和主动性。四是举办"襄阳市长国际顾问咨询会议"。根据城市发展的阶段性重点确定会议主题，邀请市长国际顾问为襄阳建设国际化城市建言献策，吸收有助于实现创新发展、转型发展、科学发展、跨越发展的新思维。充分论证、科学借鉴世界先进城市的运作经验，全面提升城市综合实力、文明程度和公共治理水平。五是积极组团参与世界经济论坛（达沃斯论坛）、财富全球论坛、博鳌亚洲论坛、东北亚博览会等大型国际会议，不断在国际知名会议上注入襄阳元素，逐步扩大襄阳的国际影响力。根据需要可将海外大型论坛（展会）分会场邀请到襄阳举办，拓展襄阳的国际舞台和话语权。

今天的襄阳，是一座行进在国际化道路上的城市。交通便利、区位优越、开放包容，襄阳应与国际友好城市、汉江流域兄弟城市携手，在经贸、科技、文化、教育、体育、卫生、城市建设、环保、旅游等领域凝聚共识、通力合作，形成促进提升襄阳国际化水平的强大合力。今天的襄阳，是一片国际化热土，无论是资源禀赋、投资环境，还是产业配套、市场规模、要素成本，都彰显出较强的比较优势，蕴藏着无限的提升襄阳国际化水平的生机。襄阳正以崭新的姿态，奋力谱写着国际化的精彩华章。

参考文献：

[1]《襄阳鼎力打造区域性国际化城市》,《湖北日报》2013 年 5 月 30 日。

[2] 王胜楠等:《全面推进杭州城市国际化的思考》,《杭州日报》2016 年 1 月 4 日。

[3] Geddes P, Legates R.T, Stout F. *Cities in evolution*. Williams & Norgate London, 1949.

[4] Hall P.G. *The world cities*. Weidenfeld and Nicolson London, 1966.

[5] Friedmann J.*The world city hypothesis*.Development and change，1986.

[6] 戴晓璐:《济南市城市国际化战略研究》,山东大学硕士学位论文 2015 年。

[7] 国家统计局:《2009—2014 年中国城市统计年鉴》,中国统计出版社 2014 年版。

[8]《2015 中国新兴城市排行榜出炉：襄阳排名全国第二》,人民网 2015 年 7 月 27 日。

[9] 汪珂:《襄阳城市国际化发展探索研究》,中央民族大学硕士学位论文 2013 年。

构筑桥头堡　打开大通道
——襄阳对外开放高地与平台建设研究

谢正富

内容提要： 加快形成全方位、多层次、宽领域的对外开放格局，努力把襄阳打造成名副其实的对外开放高地，是"十三五"时期襄阳开放型经济体系建设的重要目标，也是加快汉江生态经济带建设的重要战略支撑。襄阳对外开放高地是以自由贸易试验区为桥头堡，以区域交通物流中心为大通道，以国家级汉江新区为支撑极，以国际企业孵化器为加速器的完整对外战略体系。自由贸易试验区是襄阳对外开放的窗口，将促进襄阳与国内外的交流合作；区域交通物流中心旨在满足襄阳乃至汉江流域现代经济发展对高质量、高效率物流服务的需求，促进资源流通；国家级汉江新区可以整合襄阳乃至汉江流域资源，实现先进制造业、信息产业等高新技术产业聚集；国际企业孵化器是科技企业孵化器的3.0版本，为中小型科技企业"走出去"和"引进来"提供全方位的孵化服务。襄阳应以上述四大平台建设为重点，积极打造汉江流域对外开放的高地。

21世纪是开放的时代。为抢占发展高地、融入全球体系，各个国家、地区和城市都在不同层面部署了开放发展的战略，力争在全球价值链上取得自己的一席之地。襄阳市委十二届十二次全会提出："实施全方位、多层次、宽领域、高水平对外开放战略，更好地适应国内外两种规则、利用国内外两种资源、开拓国内外两个市场，加快建设汉江流域开放高地。"这是襄阳对外开放战略的顶层设计。

为加快建设汉江流域开放高地，襄阳需要打造一系列对外开放的平台，实施高层次的对外开放战略，构建起区域协同、联动发展、合作共赢的开放格局，以平台为载体，以高地为引擎，不断提升襄阳对外开放的水平，让襄阳在国际产业分工中享有比较优势。

一、以自贸区为前沿，建设对外开放的桥头堡

从 2013 年 9 月上海自由贸易试验区建立以来，自贸区成为中国经济的热词，亦在引领中国开放发展的"第二季"，成为我国对外开放新的载体。襄阳要力争通过若干年的努力，全面完成湖北自贸区襄阳片区的建设，形成对外贸易的前沿阵地。

（一）自贸区政策是开放思路的重大转变

1. 自贸区的概念

自由贸易区，又称对外贸易区或免税贸易区，是指在关境以外划出的，对进出口商品全部或大部分免征关税，并且允许港内或区内进行商品的自由储存、展览、加工和制造等业务活动，以促进地区经济和对外贸易发展的一个区域。自贸区一般设在一个港口的港区或邻近港口的地区，它实际上是采取自由港政策的关税隔离区。由于其"境内关外"的特性，能大大提升贸易自由化和投资便利化，有利于吸引更多外商投资企业和扩大贸易量。从经济特区到自贸区，是中国开放思路的重大转变，标志着中国改革开放的深化及全方位对外开放格局的开启。

2. 中国自贸区政策与意义

2013 年 9 月 29 日，中国（上海）自由贸易试验区正式挂牌开张，这是我国设立的第一个自由贸易试验区。该试验区经国务院批准设立，总面积为 28.78 平方公里，相当于上海市面积的 1/226，范围涵盖上海市外高桥保税区（核心）、外高桥保税物流园区、洋山保税港区和上海浦东机场综合保税区 4 个海关特殊监管区域。上海自贸区的设立有助于实现中国开放型经济的三个转变：一是国际经济从"多边开放"和"双边开放"转向"单边开放"，实现从产品市场开放走向要素市场开放；二是政府管理从"正面清单"转向"负面清单"，实现从内部"分权"改革走向"减权"改革；三是从参与制造业产品国际分工转向攀升全球价值链高端，实现从制造业全球化走向服务业全球化。因此，自贸区正在开启中国开放型经济"第二季"。

2015 年 3 月，中央审议通过了广东、天津、福建自由贸易试验区总体方案，

标志着自贸区建设迈上了一个新台阶，更高水平对外开放和更大范围的改革试点稳步推进。广东自贸区主打"港澳牌"，以深化粤港澳合作为重点，进一步推动粤港澳服务贸易自由化，同时加快经贸规则与国际对接；天津自贸区服务京津冀一体化，作为第二批自贸区中面积最大、北方首个自贸区，战略定位将挂钩京津冀协同发展，重点发展融资租赁业、高端制造业和现代服务业；福建自贸区与台湾深度合作，作为大陆与台湾距离最近的省份，福建重点突出对接台湾自由经济区，以及21世纪海上丝绸之路。未来，自贸区将在更大的领域进行制度创新。

设立自贸区顺应了全球经济发展新趋势，有利于深化改革、扩大开放、开发高端产业和新兴产业。从中国改革开放的总体发展趋势来看，中西部地区必须主动参与自贸区的建设与发展，扩大对外经济合作，使内地开放、开发与沿海地区连成一片，进而形成我国全方位开放的格局。

（二）襄阳自贸区建设的背景与意义

湖北省人民政府2016年《政府工作报告》中指出，将积极申报中国（湖北）内陆自由贸易试验区。早在2014年，湖北省委、省政府就明确提出"申报和试行两条腿走路、以先行先试促早日获批"的工作思路，分两批发布了137项先行先试改革创新事项。通过努力取得了多项阶段性成绩和经验，如深入推进行政审批体制改革、投资管理体制改革、启动运行科技成果转化加速制度，为湖北申报第三批自贸区试点提供了有益经验，奠定了坚实基础。湖北自贸区建设坚持立足内陆、服务全国、面向世界，使之成为内陆对外开放新高地。2016年9月，湖北自贸区正式获批。

根据规划，湖北自贸区将着力建设武汉、襄阳、宜昌三大片区，其中襄阳片区重点发展高端制造、新一代信息技术、新能源新材料、铁路物流等产业。湖北自贸区襄阳片区位置确定在市中心城区北部、高新区与襄州区接合部，规划总用地面积21.99平方公里，将对"三港一中心"四大口岸核心平台进行整合，主动融入"一带一路"，打造汉江流域国际陆港中心和对外开放新高地。

（三）襄阳建设自贸区的路径选择

自贸区建设有助于提高经济外向度，加快经济发展，对襄阳扩大开放、深化改革具有重要意义。加快襄阳自贸区建设，是襄阳打造汉江流域开放高地、深度融入"一带一路"的必然选择。襄阳自贸区要在学习借鉴上海自贸区的基础上，通过改革一系列行政体制机制、简政放权，形成奠定自贸区基础的政策创新。襄阳应努力建设自由贸易区，打造对外贸易的高地。

1. 创新沟通方式，主动对接其他自贸区

其他自贸区在功能定位与政策上虽各有侧重，但也有着共通之处。如将服务业与金融业开放作为自贸区持续发展的核心，将制度创新作为自贸区发展的首要任务，将坚实的高端产业基础作为自贸区竞争力的来源，将独特的区位优势作为自贸区建设的必备条件，等等。因此，襄阳在自贸区建设过程中，应主动对接其他贸易区，在沟通方式方面寻求创新。（1）建立全方位的政府间对接与合作机制。一是建立常规化的组织协调机构，负责对接其他自贸区工作的整体规划、统筹协调、全面推进、督促落实等。二是建立部门间的交流机制，建议组织部门选派年轻后备干部去自贸区实习交流、学习经验。（2）制定鼓励企业对接自贸区的分类辅导方案。一是帮助企业熟悉国际投资贸易规则，商务、海关、检验检疫等部门要主动深入重点外贸领域，开展自贸区基本知识、基本政策的宣传辅导，培养企业的国际化视角。二是引导企业有序实施"走出去"战略，鼓励优势企业在自贸区设立办事处或营销机构，享受自贸区优惠政策，提升企业外向度。三是扶持企业招揽熟悉自贸区规则的人才，对一些能够胜任国际化商务、金融、科研工作的复合型人才，在落户、购房、子女入学等方面予以政策倾斜。（3）推动各县（市）区、开发区承接自贸区辐射和转型升级业务。一是加强与其他自贸区各类平台的对接，对投资、贸易及管理模式等进行消化吸收，主动接受辐射效应。二是充分发挥襄阳在"一带一路"中的区位优势，发挥航运、铁路枢纽作用，与其他城市积极合作，创造更加广阔的纵深腹地。

2. 创新体制机制，推进自贸区建设先行先试

（1）推动局部试点平台先行先试。一是海关特殊监管区。加快建设襄阳综合保税物流中心，推行一系列贸易便利化的创新措施，包括一站式服务、先进区后报关、通关无纸化、全新卫生检验检疫措施等，同时在其空间范围内发展新型贸易模式，如保税展示、跨境电商等。二是工业园区。壮大襄阳国家级高新区的力量，可以试点的措施包括电子围网管理、简化审批流程、加快物流运

作、基础设施升级完善等。三是金融业集聚区。可选择东津新区为试点，打造区域金融中心。采用税收优惠、放松管制等手段，鼓励民营和外资金融机构进驻试点区，并尝试在试点地区移植自贸区业已开展的金融创新业务。在不违反现有的全国性金融管制措施的前提下，鼓励涉外理财，优化国际结算网络系统，推广跨境贸易的网上银行服务。（2）加快全市范围内的复制推广。一是创新投资管理制度与负面清单。在清单内容的制定上，注意自贸区政策与行业规定、技术标准等相协调匹配。二是积极推进贸易便利化。申报、查验精简流程，鼓励跨境电子商务推广，鼓励贸易企业在商业流程、贸易技术方面大胆创新。三是转变政府职能。政府部门加强对企业的服务，减少事前审批，转为备案监管，促进贸易投资快速高效，节省企业成本，完善信息平台和企业征信系统等。

3. 加快"三港一中心"建设步伐，建设襄阳国际陆港开发区

加大向上争取力度，力争将襄阳航空口岸开放纳入国家"十三五"口岸发展规划；努力推进机场改扩建，积极配合民航办做好航空口岸临时包机业务的各项准备工作。积极配合发改委铁路办、金鹰重工做好铁路物流园建设规划工作。继续加强与宁波港战略合作，保持"襄阳—宁波舟山港"班列常态化，巩固扩大铁海联运成果。积极开展招商引资，寻求、引进公路港建设主体。督促、协助襄阳国际陆港投资控股有限公司按照时间节点完成保税物流中心工程建设，确保顺利通过验收，实现封关运行。着力推进大通关建设，积极启动国际贸易"单一窗口"试点工作，认真落实"三个一"查验监管方式改革，加快推进电子口岸平台建设，努力营造互联互通、顺畅便捷、高效安全的口岸通关环境。

4. 创新开放载体，打造具有襄阳特色的自贸区

（1）积极推进湖北自贸区襄阳片区建设工作。以航空港、公路港、铁路港和保税物流中心"三港一中心"为核心，促进四大口岸核心平台整合，加快打造汉江流域国际陆港城市，积极推进自贸区建设工作；加强与中国核工业建设集团公司对接、合作，积极推进中核建集团全面参与襄阳自贸区建设。（2）加强资源整合，突出区位优势，与省内其他城市联合建设自贸区，形成发展合力。（3）把握"一带一路"机遇，找准自贸区发展定位。要合理定位，打造符合襄阳特色的自贸区。襄阳有良好的先进制造业基础，因此，在功能上，应定位于全球先进制造业创新基地和高新科技服务业增长极；在产业上，建议定位于先进制造业和软件服务外包。

二、以区域性交通物流中心为枢纽，建设对外开放的大通道

襄阳区域性交通物流中心建设对襄阳乃至整个汉江流域转变经济增长方式、提高经济增长质量、推进工业化进程起着关键性作用。加快区域交通物流中心建设，将推动襄阳第三产业发展，促进产业结构的优化升级；加快区域交通物流中心建设，将加速合理整合襄阳市现有资源，支持襄阳市传统企业的科技进步与产业提升及其与新兴产业的有机结合；加快区域交通物流中心建设，将满足襄阳乃至汉江流域现代经济发展对高质量、高效率物流服务的需求，实现其自身的健康发展；加快区域交通物流中心建设，现有与物流相关的传统产业也将因此获得拓展服务领域、提升发展水平、提高经济效益的新机遇，必将助力襄阳建设对外开放的联运通道。

（一）襄阳物流发展基础

2015年，国家商务部、发改委、交通运输部等十部门联合印发《全国流通节点城市布局规划（2015—2020年）》，规划确定了37个国家级流通节点城市和66个区域级流通节点城市。襄阳凭借良好的区位交通优势，入选区域级流通节点城市。

1. 物流通道不断改善

目前，依托一条汉江、两个机场、三条铁路和"十"字形道路网以及石油和天然气管线等交通基础设施，襄阳市已基本形成了公路、铁路、水运、航空和管道相融合的综合交通运输体系，连接东西、沟通南北的交通枢纽优势逐步确立。2015年底，全市普通公路通车里程2.6万公里，公路密度为131.84公里/百平方公里；襄阳市是全国"八纵八横"铁路运输网络的重要枢纽城市，襄北货运编组站是全国13个特大编组站之一；域内汉江穿城而过，常年通航500吨级驳船和2000吨级船队；刘集机场已完成4D级改造，正致力于建设一类航空口岸、区域性门户机场。

2. 物流业发展环境明显好转

2011年12月7日，襄阳市出台了《关于促进现代物流业发展的若干意见》，

从物流基础设施规划建设、重点物流项目和物流企业扶持、优化物流业发展环境、规范市场秩序和行业管理、保障建设用地、加强财税和金融支持、推进体制机制创新、加强信息化建设、扩大物流领域对外开放、加快人才培养、加强组织保障等11个方面提出了37条促进现代物流业发展的具体措施。

3. 物流业规模和效益逐步提高

据测算，全市社会物流总额从2010年的4132亿元增长到2015年（下同）的11730亿元，年均增幅23.2%，单位国民生产总值（2015年为3400亿元）的物流需求系数由2.69增加到3.45；物流产业增加值由133亿元增长到450亿元，年均增幅27.6%，占国民生产总值的比重由8.65%增长到13.24%；社会物流总费用由276亿元增加到530亿元，占国民生产总值的比重由17.8%降为15.59%。

4. 物流集聚区基本形成且辐射范围逐步扩展

"十二五"期间襄阳完成交通物流基础设施投资65.05亿元，其中2015年完成交通物流基础设施投资4.85亿元，超计划（4.71亿元）2.97%。纳入全省交通运输"十二五"规划的7个项目，即襄阳物流信息中心、襄阳汽车产业物流园、襄阳乾通物流中心、宜城天兴物流中心、枣阳百盟商贸物流中心、老河口大通综合物流中心、南漳吉美家综合物流中心，已经全部开工建设，襄阳物流集聚区基本形成且辐射范围逐步扩展。

5. 物流市场主体不断壮大且区域服务能力显著增强

A级物流企业覆盖面不断扩大：2011年，襄阳实现A级物流企业"零"的突破；2014年，襄阳填补了5A级物流企业的空白。截至2015年底，襄阳共有2A级以上物流企业44家（其中：5A级1家、4A级25家、3A级13家、2A级5家）。

6. 物流信息化建设加速推进

襄阳市商务局和物流发展局等部门积极筹划襄阳市物流政务信息系统建设；由专业科技公司研发或由企业自主研发的物流信息化操作系统，如GPS现代物流联盟信息平台、索易物流信息管理系统等项目已在部分物流龙头企业使用并初见成效；公共物流信息服务平台、物流信息客户端、海关通关监管系统等已投入使用。

（二）襄阳区域性综合交通枢纽建设

1. 建成全国铁路运输重要枢纽

加快蒙华、汉十、郑万三大铁路建设，加快推进呼和浩特至南宁高铁襄阳段的前期工作，形成以高速铁路、电气化铁路、重载铁路为主体的"三纵三横"（焦柳铁路、郑万高铁、蒙华铁路，汉丹铁路、西武高铁、襄渝铁路）"米"字形铁路客货运输网络，初步构建纵贯东西、直通南北的运输大通道。向西经西安、兰州至乌鲁木齐，融入丝绸之路经济带；向东经武汉分别至上海、杭州、福州，融入21世纪海上丝绸之路；与重庆、武汉、南京、上海等长江经济带中心城市直接联通。基本实现东西南北方向全部通高铁，使襄阳成为郑渝昆、武西兰等国家快速铁路客运大干线的节点城市。

2. 建成国家公路运输重要枢纽

优化完善市域公路网络。以高速公路、干线公路、快速路为主，加快建设与国家"两纵两横"高速公路网相衔接的快速通道，建设一批与各种运输方式无缝对接的支线公路，实现"三纵两横两出口"的普通国家公路网全方位覆盖，骨干路网直通直达汉江流域各主要城市，构筑覆盖全市、通达全国的公路交通骨架网络。

3. 建成区域性门户机场

实施机场改扩建工程。新建航站楼20000平方米，延长跑道200米，达到2600米，新增机位7个，达到11个，开展4E级机场改扩建前期工作，到2020年将襄阳刘集机场建设成为国家中型机场。完善航线网络布局。维护好现有航线航班，适时新增航线、加密航班，满足襄阳经济社会发展需要；积极开辟国际或港澳台地区的包机航线，通过直飞或经停的方式，适时开通国际和地区航线，力争早日实现年旅客吞吐量突破220万人次、货运吞吐量突破6700吨的目标，努力将襄阳机场打造成为汉江流域的一类航空口岸和区域性门户机场。

4. 建成汉江流域航运中心

加快实施航道整治工程。汉江襄阳段及唐白河航道达到Ⅲ级标准，通行千吨级船舶；实施汉江干支流航运开发，推进汉江航道与引江济汉运河、长江航道对接，形成800公里航道圈，融入长江黄金水道，增强"通江达海"能力；

优化港口布局,加快建设以"三主四辅"为主体的襄阳新港(三主:小河、唐白河、余家湖三大货运港区;四辅:陈埠、喻家湾、郭安货运港区和主城区旅游港区),提升港口服务功能,构建专业化、现代化、信息化、机械化的港口体系,力争开通襄阳至阳逻定线集装箱快班,实现年吞吐能力1800万吨的目标。概言之,将襄阳建成汉江流域与长江流域直通直达的铁水公空联运枢纽、全国内河主要港口、汉江流域航运中心,力争打造为对接武汉航运中心的腹地港和国家内河主要港口。

(三)襄阳汉江流域物流中心建设

建设汉江流域物流中心将进一步提升襄阳对外开放水平。襄阳通过加快"无水港"建设,推进保税物流中心的申报工作,规划建设襄阳国际陆港开发区,实施襄阳机场改扩建和一类航空口岸申报,规划新建铁路货运中心,推动与渝新欧、汉新欧、郑新欧等欧亚大陆桥的连接贯通,主动对接丝绸之路经济带和长江经济带开放开发,在更宽领域、更高层次上参与国际市场竞争。

1. 建设国际物流服务体系

(1)提升通关便利化。优化通关流程,实行申办手续电子化和"一站式"服务,提高货物通关效率;鼓励发展海关监管业务,建立既适应跨国公司全球化运作,又适应加工制造业多元化发展需求的新型保税物流监管体系;以襄阳市物流信息平台为纽带,实现外贸服务的网上办公,提升政务办公效率。

(2)鼓励物流企业开展涉外个性化服务。支持物流企业与相关企业开展协作通关服务,鼓励涉外物流企业积极开展进出口商品的代理报关、暂时储存、搬运配送、流通加工、拆拼箱等一条龙服务和个性化、定制化物流服务。

2. 建设口岸公共信息服务平台

借"襄阳云谷"建设契机,依托物联网、云计算和EDI技术,借助我国的北斗卫星系统,筹划建设区域性智慧物流公共数据存储中心、数据交换中心、数据处理运用中心、物流信息数据异地灾备中心。鼓励物流企业信息系统开发,提升物流企业和物流节点信息化应用水平,建设"中部物流信息中心",促进物流信息服务业集聚,打造智能物流信息服务示范基地。

3. 建设国际陆港城市

规划建设襄阳国际陆港开发区,推进铁路、公路、航空、港口多种运输方式货运枢纽站场联合布局，打造一类航空口岸，建设口岸综合服务、集装箱管理和集拼、订舱、信息、仓储等中心。通过铁海联运、公水联运与宁波舟山港、武汉新港等沿海沿江港口无缝对接，建立"一次报关、一次查验、一次放行"的通关模式。全面启动襄阳国际陆港开发区建设，进一步完善多式联运货运枢纽站场布局。

4. 建设保税物流中心

以风神物流公司为主体，组建襄阳保税物流中心发展有限公司，依托鄂西北出口配送型出口监管仓库和公用型进口保税仓库，同步申报建设保税物流中心，力争实现与沿海主要港口和内陆海关特殊监管区的联动对接。推动保税物流中心与国际陆港开发区一体化建设，积极创造条件建设保税物流园区和综合保税区。

5. 融入国际物流大通道

加快推进与渝新欧、汉新欧、郑新欧等亚欧大陆桥的对接连通，融入丝绸之路经济带，打造汉江流域物流中心。"一江三线"四条国际物流通道雏形初现，多式联运、通江达海、无缝对接的立体国际物流大通道正在形成。"一江"：向东，通过公路到武汉，经过长江黄金水道出海，通达日本、韩国及东南亚。"三线"：向南，通过宁波铁海联运，到达欧洲、非洲、澳大利亚；向西，通过"襄阳—阿拉山口"铁铁联运，直接出境，通达中亚、欧洲、北非；向北，通过"襄阳—满洲里"铁铁联运，出境到达俄罗斯及欧洲。

三、以汉江新区为载体，建设对外开放的支撑极

自1992年以来，国家先后批准设立了上海浦东新区、天津滨海新区、重庆两江新区、湖南湘江新区和河北雄安新区等国家级新区。国家级新区是全方位扩大对外开放的重要窗口、创新体制机制的重要平台、辐射带动区域发展的重要增长极、产城融合发展的重要示范区。为进一步提升对外开放水平，襄阳可考虑以东津新区、高新区、鱼梁洲经济开发区等区域为基础申请成立国家级新区，新区名字建议为"汉江新区"。以汉江新区建设为载体，打造襄阳对外开放的支撑极。

（一）国家级新区基本功能

1. 主动融入和对接国家重大战略

新区作为承担国家重大发展和改革开放战略任务的综合功能区，正在成为经济新常态下实施国家重大战略的新引擎和新动力。积极对接、主动融入国家重大战略有利于拓展新区发展的机遇、空间和优势。重庆两江新区牢牢把握"一带一路"和长江经济带重要交汇点的区位优势，向东依托长江黄金水道，向西依托渝新欧国际物流大通道，形成了内陆开放新优势。陕西西咸新区依托西安咸阳国际机场，建设国家级航空城实验区，着力打造丝绸之路经济带航空枢纽和对外开放的国际门户。

2. 创新改革发展的基本动力

新区作为国家改革创新的新载体，牢牢把握功能定位，坚持在改革创新方面先行先试，为国家改革发展探索新途径、积累新经验。上海浦东新区积极探索负面清单、商事登记等投资管理制度改革，将原来的正面清单管理模式转变成"非禁即入"的负面清单管理模式，更大力度发挥了市场作用。甘肃兰州新区创新城市管理模式，探索实行社区化管理，成立新区城管中心，采取市场化的运作方式，将环卫保洁、园林绿化、路灯维护等全部通过外包服务来解决，大大降低了公共运行成本。

（二）汉江新区发展定位

汉江新区可在东津新区基础上，吸纳高新区、樊城区航空航天工业园、鱼梁洲经济开发区以及襄州区部分区域。关于新区的发展定位，应考虑对接国家战略，紧贴国家大政方针，同时突出襄阳区域特色。具体定位如下：

1. 中部地区产城融合和新型城镇化的示范区

2014年3月《新型城镇化规划（2014—2020年）》发布实施，对城镇化的发展规律及驱动力，以及其与工业化、信息化和现代化相辅相成的关系作了深刻的阐述，明确了以产业发展为动力，促进产城融合是新型城镇化发展的必由之路。如何运用产城融合发展思路，助推中部地区新型城镇化建设是当前面临的重大问题。因此，汉江新区的建立将为国家推进中部地区新型城镇化建设探索路径、提供示范。

2. 汉江生态经济带开放开发的引擎

汉江流域是长江支流中最发达的区域，也是除长江干流流域外经济密度最大的地带，具有承南启北的区位功能，是连接我国中西部的发展轴，也是我国西北地区通江达海的通道，起着中国中部全方位开放开发的枢纽作用。襄阳作为汉江流域开放开发的中心城市，应紧紧抓住国家构建长江经济带的战略机遇，充分发挥区位优势，成为汉江流域开放开发的战略高地和创新标杆。汉江新区的建立，应定位于成为汉江生态经济带开放开发的战略引擎，引领整个汉江生态经济带开放开发。

3. 长江中游城市群的新兴增长极

区域增长极是由具有推动性的主导产业和创新行业及其关联产业在地理空间上集聚而形成的经济中心。襄阳是长江中游城市群的31个城市之一，处于西北部位置。在襄阳建设国家级新区，对接长江中游城市群规划，区域增长极角色地位明显。要充分发挥新区在交通物流方面的枢纽联结作用，发挥新区在科技创新方面的引领示范作用，发挥新区在经济发展方面的回流扩散作用，发挥新区在文化旅游方面的影响带动作用，使汉江新区成为长江中游城市群的新兴增长极和长江经济带的重要支点。

4. 内陆地区先进制造业基地

襄阳制造业底盘大、基础好，是国家重要的老工业基地，也是国家区域布局的重要先进制造业基地。建设汉江新区：一要加快传统制造业转型升级。加快推动信息技术应用于产品的设计、制造、管理和销售的全过程，促进制造业企业智能化、网络化和数字化。形成有利于落后产能退出的市场环境、政策导向机制，提高先进制造比重。二要大力培育和发展战略性新兴产业。充分发挥新区内国家级技术创新平台和国家级园区的科技资源优势，着力打造以汽车及零部件产业为龙头，以高端装备制造、电子信息、新能源新材料、新能源汽车、生物医药等战略性新兴产业为支柱的产业发展格局。三要积极发展服务型制造业和生产性服务业。大力发展服务型制造，引导企业围绕拓展产品功能、提升交易效率、增加集成能力，向服务环节延伸产业链，推动制造业向价值链高端演进。四要推进质量品牌建设。以智能装备和终端消费类产品为重点，实施工业产品质量提升行动计划，不断提升企业品牌价值和襄阳制造整体形象。

5. 改革创新的先行区

只有坚持创新驱动，才能加快产业结构优化升级，才能提升发展的质量、效益，才能解决当前我国经济发展中面临的各种困难和挑战。因此，建立汉江新区，要在创新环境培育、创新制度构建、创新平台搭建、创新能力提升等方面开展积极探索，大力实施创新驱动发展战略，形成促进创新的体制架构和平台载体。推进科技创新，大幅度提升自主创新能力，加快构建有利于大众创业、万众创新的区域创新体系；依靠技术、管理、组织和商业模式持续不断的创新，把新区建设成为内陆地区改革创新的先行区。

6. 统筹东中西、协调南北方的重要节点

汉江新区地处我国内陆腹地中心地带，应发挥新区在国家统筹东部率先发展、中部崛起和西部大开发三大战略中的节点作用；发挥新区在对接关中、中原、成渝、武汉四大城市群，连接华中、华北、西北、西南四大区域中的节点作用；发挥新区在沟通长江经济带和黄河流域经济社会发展中的节点作用。通过新区建设和发展，推动国家区域经济的合作与协调。

（三）新区产业布局构想

统筹新区与周边地区联动发展，根据资源承载能力、现有开发强度和未来开发潜力，综合考虑生态环境、人口分布、基础设施、产业结构等因素，打造功能协调互动、差异化布局的"三走廊、六板块"总体格局。

1. 三走廊

（1）高新产业走廊

依托原有重要产业园区，坚持高起点、高质量、高水平发展，紧密联系区域主导产业两化融合、社会信息化发展的需求，按照"创新驱动、需求拉动、集群带动"的发展思路，以汽车及零部件、新能源汽车、电子信息、软件业、云计算、生物医药等领域为重点，顺应"中国制造2025"发展战略，成为华中地区知名的信息技术和智能技术中心。坚持装备制造业区域科技创新中心定位，高起点培育发展高端装备制造业、汽车产业、航空航天产业、节能环保产业、工业机器人等产业集群。

（2）现代服务业走廊

按照"高端引领、创新驱动、服务带动"的发展原则，重点发展金融商务、

文化创意、商贸休闲、医疗康体等现代服务业，打造区域性商务中心及金融中心。同时，承担行政办公、公共服务、科教文化和休闲旅游等功能，规划布局重大公共服务平台和现代服务业项目，完善设施集聚、功能复合、人口集中等多项功能，构建以文化创新、商务会展、金融服务、科技服务为支撑的现代服务体系。

（3）绿色生态走廊

以汉江为纽带，以鱼梁洲为核心，沿江以绿色一线串珠，形成独具特色的滨江水系景观带，做好绿色生态文章。坚持绿色发展思路，抓好大保护，不搞大开发，形成生态景观丰富、绿色生机盎然的生态文化走廊。

2. 六板块

（1）高新技术板块

以新区内高新技术产业园、樊城航空航天工业园为主，通过国家新型工业化产业示范基地、国家创新型特色园区、国家新能源汽车关键部件创新型产业集群试点、国家产业促进科技服务体系试点等国牌的典型示范作用，重点发展新能源、电子信息、软件业、云计算、生物医药等产业。

（2）先进制造板块

以园区内汽车工业园、深圳工业园为主体，高起点培育发展高端装备制造业。重点发展汽车制造、高端装备制造、新能源新材料等产业。围绕产业链关键环节，重点针对工业机器人、数控装备、智能电气设备等产业领域，大力吸引科技含量高和配套关联性强的项目入驻，推动制造业向高端化、集成化发展。

（3）公共服务板块

依托东津新区，重点发展高端商务、文化创意、商贸休闲、医疗康体等现代服务业。加大高铁枢纽商圈等重大项目推进力度，加快优质写字楼、总部楼宇、金融楼宇等高端商务载体建设，加快文化艺术中心、市民中心、科技馆、图书馆等重点文化场馆与项目建设，发展繁荣创意设计、数字内容、演义娱乐等文化创意产业，健全完善公共文化服务体系，加快建设现代服务业。

（4）生态旅游板块

利用汉江、浩然河、鹿门山等生态资源，充分挖掘汉江流域历史文化，促进商旅文融合，开发特色旅游产品，打造城乡休闲旅游新模式。按照绿色、生态的发展原则，重点发展以旅游度假、医疗康健、体育健身、养老服务为主的生态旅游，推进旅游设施的标准化、服务的规范化、要素的特色化，打造集观光、养生、休闲、游乐、文化体验、度假于一体的特色生态旅游业。

（5）汉水文化板块

以鱼梁洲为主体，以汉水文化为灵魂，以绿色生态为主题，以亲水乐水为特色，坚持"保护与开发良性互动、政府主导与市场运作相结合"的原则，以文化创意、观光旅游、休闲度假、影视制作、动漫研发等产业为支撑，推进文化产业发展，精心培育汉江文化品牌，打造汉水文化的集中展示区和旅游样板区。

（6）都市农业板块

顺应城镇化发展趋势和建设导向，按照"高产、优质、高效"的发展原则，根据资源禀赋调整优化种植结构，加快推进土地的规模化整合，以特色种养殖为发展重点，因地制宜发展蔬菜、林果、种业、食用菌、花卉、中药材等高附加值农业产品，加快建设特色农业板块，提升汉江新区特色农产品的市场竞争力和产业整体水平，促进农业增效、农民增收。

四、以国际化创新创业平台为引擎，建设对外开放的加速器

2015年3月，国务院办公厅印发了《关于发展众创空间推进大众创新创业的指导意见》，对推进大众创业、万众创新工作做出了明确部署，并提出了2020年的发展目标。国际企业孵化器作为帮助中小科技企业增强跨国经营能力的专业服务机构，在帮助企业拓宽融资渠道、增强国际合作能力与国际化管理水平等方面具有强大的优势，可以帮助企业提高参与国际竞争的适应和生存能力。

（一）国际企业孵化器的发展目标及功能

1. 国际企业孵化器的内涵及目标

国际企业孵化器是帮助国外和国内的新生公司分别打入国内和国际市场，并促进双方公司合作的一种新型孵化器发展模式。我国建设国际企业孵化器的主要目标：一是将国内外先进技术和高层次人才"引进来"，二是帮助本地企业"走出去"。具体来说就是：（1）引进国内外高新科技成果，实现商品化、产业

化和国际化；（2）引进国内外中小科技企业和大企业的研发机构，协助寻找合作机会、合作伙伴；（3）培养国内外中小科技企业的企业家，使其具有国际性企业的管理与经营能力；（4）推动国内外中小科技企业以及研究机构的合作与交流；（5）帮助海外留学人员归国创办高科技企业；（6）促进我国企业孵化器达到国际先进水平；（7）为我国企业孵化器事业的发展提供示范和培训基地。

2. 国际企业孵化器的功能

建立国际企业孵化器是中国高新技术产业走向世界，使高科技商品化、产业化活动达到国际水平的需要。具体来说，国际企业孵化器有以下主要功能：

（1）促进产业结构的调整

新的历史时期，传统产业逐渐失去了竞争力，产业结构调整成为迫切需要解决的战略问题。国际企业孵化器通过对新兴产业，特别是高科技产业企业的培育，产生了信息、生物医药、新材料等高科技企业，高科技产业蓬勃发展的势头已经基本形成，产业结构调整取得了较好的成效。

（2）推动科技企业产品出口

国际企业孵化器通过承担联合国、APEC等国际机构组织对以发展中国家企业孵化器管理及科技型中小企业技术创新等为内容的培训班与研讨班，对各国孵化器管理人员进行培训，极大地促进了企业孵化器的国际化。这些国际培训班的举办，不仅让中国孵化器学到了国外的先进经验，为自身国际化奠定基础，而且也开拓了国际合作渠道，成功把中国科技企业的自主品牌产品推向国际市场。

国际企业孵化器不断深化服务内涵，积极开展国际技术转移项目交流，吸收国外先进理念和管理方法，在推动自身国际化进程和产业集聚的同时，广泛引进国外资金、先进企业、先进技术和管理人才，从而为区域间、国际间的合作发挥重要的纽带作用。

（二）国内外国际企业孵化器发展经验借鉴

1. 美国硅谷国际企业孵化器经验

（1）多主体合作共建

美国硅谷国际企业孵化器由圣何塞市政府、斯坦福大学、专业服务机构以及跨国公司等16家组织合作建立，各个组织在其中都拥有股权和发言权，共同建立董事会。董事会不仅包括股东代表,还吸纳了国际上与硅谷国际孵化器密切相关组织的代表,例如匈牙利驻美国商业协会的董事长、美国和日本在硅谷地区和大学区科技交流机构的主管等。这些专业人才的加盟确保了硅谷国际孵化器的国际化水平和引资项目的质量。

(2) 管理团队专业高效

硅谷国际孵化器的管理团队非常精练且专业化,全职队员仅有8人,但同时拥有一个由27名专家组成的顾问委员会,还有大量的大学实习生。

(3) 业务集中、盈利渠道多

该国际孵化器的盈利渠道非常广泛,包括政府投资、企业投资、租金和咨询服务的收费等。硅谷国际孵化器的主要孵化业务包括三项:一是为入驻孵化器的企业提供优惠的地产和服务,为它们提供法律、经济等咨询,利用自身与当地业界广泛的联系帮助孵化项目熟悉环境、开拓市场。二是设立了一项独特的"虚拟办公室"服务,利用网络技术,为那些希望入驻硅谷孵化器的国际企业提供远程办公服务。三是为日本、韩国、匈牙利、捷克等国提供孵化器运作和企业运作方面的培训。

2. 上海国际企业孵化器经验

(1) 政府大力支持

上海市政府对国际孵化器给予了高度重视,主要通过两个方面支持国际孵化器的发展:一是税收优惠,对孵化器和其中的创业型企业进行全面的税收优惠;二是政府发挥协调牵头作用,进行有效的资源整合。由于孵化器众多且实力都很强大,上海国际孵化器采用了多个孵化器联合的方式,实现资源优化组合、优势互补。

(2) 国际标准起步

总部在上海的上海科技创业中心是专门按照国际孵化器的要求设计的,拥有近3万平方米的面积,园内企业近百家,目前拥有两期孵化大楼,并有一流的现代化办公、通信、物流、会展以及休闲设施。该中心获得ISO质量体系认证,同时和美国、法国、韩国、日本、俄罗斯等十几个国家的企业与孵化器有着密切的联系。

(3) 发展理念先进

上海国际孵化器比较接近发达国家国际孵化器的理念,它不仅孵化本土的企业促进其国际化，而且重视孵化外国企业，积极引进国际孵化项目入驻，引进知名跨国企业在园区设立研发中心。在引进项目方面，各个基地有所侧重。如总部侧重通信和光电技术，留学生创业家主要来自美国；张江等侧重微电子和生物技术，留学生创业家来自日本、韩国等国。

（三）襄阳国际企业孵化器建设

结合国内外发展经验和襄阳实际，襄阳国际企业孵化器应走具有本地特色的发展道路，促进襄阳对外开放高地建设。

1. 制定专门扶持引导政策

制定支持国际企业孵化器发展的政策法规。允许孵化器的经营者和管理骨干实行年薪制或股权激励，允许孵化器经营者获取在孵企业的认股权或购买在孵企业的期权股份。对国际企业孵化器实行税费优惠政策，如房租减免政策、种子资金政策、财政返还政策等。制定国际企业孵化器与产学研结合的引导扶持政策，通过各项鼓励优惠措施努力促进孵化器产学研合作体系的建立完善，促进科技成果的产业化。提高国际企业孵化器从业人员待遇，专业人才是国际企业孵化器健康长远发展的重要保障，在提升员工专业服务水平的同时，要提高从业人员整体收益水平和待遇保障。

2. 建立健全投融资支持体系

国际企业孵化器要建立健全孵化器融资服务体系，保证在孵企业各阶段都可以得到相应类型的资金支撑。具体从以下四个方面入手：一是设立孵化专项资金，为园区科技企业提供孵化基金资助，对那些孵化效果显著、改革成绩突出的孵化器予以奖励和项目支持。二是针对企业融资需求进行总体打包，通过设在园内的金融服务公司等担保机构为企业提供融资担保，优先提供给设在园区内的商业银行集中竞价，为企业提供低利率、高效率的信贷服务。三是通过设立外向型科技企业上市培育基地等企业上市服务机构，构建企业上市服务绿色通道。四是大力促进相关资本中介机构的发展，通过政策措施引导，促进审计事务所、资产评估机构和投资银行等资本中介机构健康发展，既相互合作，又相互监督，从而提升合作效率。

3. 建立国际交流合作机制

国际企业孵化器应与国内外企业孵化器以及各个相关主体建立多元战略伙

伴关系和国际交流合作机制。在与政府、大学、企业研究机构、民间性社团、专业管理咨询机构、金融投资机构等建立起合作关系后,将这些资源整合起来,向在孵企业提供共享服务。多种方式参与国际交流与合作,搜集和研究国内外最新科技和产业信息、人力资源与市场信息,为被孵企业开展国际业务当好参谋。提升国际交流的层次,继续扩大和国外的实质性合作,将更多的国内企业按照国际标准升级,推向国际市场。

4. 提升专业人才队伍能力水平

具有全球视野和国际运作能力的专业人才是孵化器开展国际化特色服务的保证。国际企业孵化器应该积极拓宽人才引进渠道,吸引具有国际贸易、海外融资、外资招商、国际法律咨询等国际业务背景或具有海外留学经历的专业人士加盟,提高孵化行业队伍的国际化服务能力。同时在人才的管理和激励方式上实现突破,保持对国际化进程持续有效地推动。此外,根据国际化业务的需要,制订专业人才系统培训计划,提供国际化业务培训机会,大力促进国内外孵化器行业管理人员交流,不断提高本土人才的国际化素质,在实践中培养专业化、国际化的人才队伍。

国内外开放发展的实践证明,内陆是未来开放的重要潜力所在,发展内陆开放型经济是深入推进改革开放的必然选择,是探索内陆地区经济发展的新尝试,是把握经济发展新常态、带动区域经济发展的有效路径。襄阳应紧密对接"一带一路"倡议,通过加强四大对外开放高地与平台建设,加快打造汉江流域国际陆港城市,推动襄阳向开放型经济转变,促使本地企业"走出去"、国外资金技术"引进来",加快融入全球经济一体化步伐,最终在国际产业分工价值链上占有一席之地。

参考文献:

[1] 陈爱贞、刘志彪:《自贸区:中国开放型经济"第二季"》,《学术月刊》2014年第1期。

[2] 蔡春林:《广东自贸区建设的基本思路和建议》,《国际贸易》2015年第1期。

[3] 陈晨:《中国自贸区发展现状与对策研究》,《北方经贸》2015年第4期。

[4] 尚婷、余颖、唐伯明：《长江上游综合交通枢纽与物流中心建设规划探析》，《交通标准化》2011 年第 7 期。

[5] 封林、何伟军：《宜昌建设区域物流中心城市的结点设计初探》，《湖北社会科学》2008 年第 7 期。

[6] 张颖：《国家级新区发展问题研究——以大连金普新区为例》，《对外贸易》2015 年第 11 期。

[7] 刘华：《我国国家级新区建设机制的缺陷及对策探讨——以兰州新区为例》，《甘肃社会科学》2016 年第 2 期。

[8] 罗晖：《中国国际企业孵化器建设初探》，《中国科技产业》1997 年第 10 期。

[9] 尹利锋、徐登峰：《企业孵化器的国际合作与国际孵化器发展研究》，《国际经济合作》2011 年第 2 期。

全球配资源 国际找市场
——襄阳国际经济贸易发展研究

张来斌 陈道斌

内容提要："一带一路"倡议具有加快国际经贸新融合、促进区域经济发展新平衡、构建对外开放经济新体制、打造经济增长动力新生点等重大意义，它给襄阳国际经贸带来了系列新机遇。借"一带一路"东风，襄阳在加强国际经贸中应树立"全球找资源、国际找市场""共建共享合作共赢""国际产业链＋集群"等新思维。通过打造"一带一路"国际贸易节点城市、汉江生态经济带对外开放中心、承接外向型产业产能转移中部基地，着力建成国际经贸合作的资源配置平台、产业转移平台、商品流通平台、技术创新平台、人才交流平台和信息共享平台。

国际经济贸易不仅反映着不同国家或地区之间经济与商品贸易的交流交换关系，更是观察国与国之间、国家与地区之间亲密度和活跃度的标尺。襄阳这座历史文化名城能否搭上"一带一路"这列"快车"，通过自身实力和优势，在国际经济贸易的大舞台彰显特色，取得新的突破，是值得我们深入研究和思考的课题。

一、"一带一路"倡议的经济意义

我国改革开放取得了举世瞩目的伟大成就，但受地理区位、资源禀赋、发展基础等诸多因素的影响，经济总体上呈现东部快、西部慢，沿海强、内陆弱的格局。进入21世纪以来，世界经济发生了深刻复杂的变化，各国经济相互联系日益紧密，依存逐渐加深，合作不断加速。但世界经济复苏乏力，经济结构调整压力加大；新兴市场的地位和作用不断提升，经济格局正在发生重大转变，发展格局亟待改善。"一带一路"倡议立足国内、面向域外，描绘出了一幅国内区域经济与国际经济贸易协同发展的美好蓝图。

（一）加快国际经济贸易的新融合

"一带一路"倡议把握全球经济发展问题的重点，为世界经济再发展注入了新的动力。"一带一路"贯穿亚、欧、非大陆，一头是全球经济发展最具活力的东亚经济圈，一头是市场经济高度发达的欧洲经济圈，中间连接的是最具发展潜力的中亚、西亚、东南亚、南亚、中东等广大地区。这些地区主要以发展中国家和新兴经济体为主，发展基础薄弱、发展需求迫切、发展动力不足，在一定程度上是欧亚之间经济发展的"洼地"，但潜力巨大。"一带一路"倡议构想的提出，通过基础设施、资源能源、投资贸易等方面的深度融合，促进沿线国家经济发展，加快构建利益共享的资源保障体系和产业分工体系，进而促进沿线国家巩固经济的合作基础、扩大经济的合作领域、深化经济的合作程度，相互支撑与扶持，建设经济融合发展的共同体。

（二）促进区域经济发展的新平衡

区域经济发展不平衡是现阶段我国经济发展较为突出的结构性矛盾之一，更是全球经济发展的突出矛盾。"一带一路"倡议覆盖了我国东、中、西部，各地区、各省份都有不同的定位和任务，同时还覆盖了亚、欧、非等地。沿线各地区、各国家资源禀赋各异，经济互补性较强，彼此合作的潜力和空间非常大。"一带一路"的实施有利于打破传统区域经济的范围和弊端，打破单纯的行政区划，甚至国界限制，把区域经济规划扩大到跨省、跨国，促进原有经济区域的串联，使经济发展获得更大的空间。通过新的陆上、海上国际大通道和国际经济合作走廊建设，将欧洲和我国东部与中西部乃至世界经济最具潜力的部分（中亚、西亚、东南亚、南亚、中东）交汇、融合、联系起来，为经济要素更合理配置和产业产能向中西部及其他国家或地区转移提供更大的空间，对沿线地区和国家经济发展必将产生巨大拉动作用，从而提高区域经济发展水平，促进区域经济发展的新平衡。

(三）构建对外开放经济的新体制

中国经济已经深度融入全球经济贸易体系，从中收益颇多，且未来发展仍与之联系紧密。当前，美、欧、日三大经济体正在进行"跨太平洋伙伴关系协定"（TPP）、"跨大西洋贸易与投资伙伴协议"（TTIP）等谈判，力图建立新的有利于其自身经济发展的全球经济贸易和投资规则，借以排除新兴经济体带来的压力，确保其在全球经济格局中继续占据优势地位。面对国际经济贸易规则体系的重构，"我们不能当旁观者、跟随者，而是要做参与者、引领者"；要"积极参与国际经贸规则制定，争取全球经济治理制度性权利"；要发出"中国声音"，融入"中国元素"，提出"中国方案"。"一带一路"的实施，能够促进我国经济对外开放体制的改革，建立和形成适应全球经济贸易发展的新体制，深化与新兴经济体和发展中国家的合作，深化与沿线国家和地区的合作；能够促使沿线国家相互团结、主动作为、汇集诉求、树立模式、总结经验、完善制度，真正参与国际经济贸易体系建立和规则制订，增加"发展成分"，加入"非西方因素"，保障新兴经济体和广大发展中国家、沿线国家合理的诉求与利益。

（四）打造经济增长动力的新生点

现阶段，国内经济缓慢触底，需求相对较弱，经济领域面临产业结构调整、增长方式转变等巨大压力；世界经济整体低迷、增长乏力。"一带一路"沿线国家，特别是中亚、西亚、东南亚、南亚、中东等广大地区的新兴经济体和发展中国家更是期望获得新的发展机遇，深化经济合作成为各国拉动经济增长的务实选择。

我国是许多沿线国家的最大贸易伙伴、最大出口市场和主要投资来源地。过去10年，我国与沿线国家贸易额年均增长19%，对沿线国家直接投资年均增长46%，均明显高于同期我国对外贸易、对外直接投资总体年均增速。"一带一路"的实施为中国企业"走出去""融进去""引进来"，实现要素和资源的全球流动、全球配置提供了更多的选择性和更大的自由度。中国经济与沿线国家经济存在着发展水平、资源禀赋、产业结构等巨大差异，而随着"一带一路"的实施，在能源、交通、建筑等领域都存在着巨大的合作空间。与此同时，中国国内的市场规模也在不断扩大，居世界第二位，并且仍保持着较高的增长速度，中国经济已经成为世界经济走势的重要"风向标"和"成分股","一带一路"为各国参与中国市场发展,搭乘中国经济发展的快车提供了更为便捷的通道。"一带一路"倡议是我国与沿线国家实现优势互补、资源共享的重要途径,对于中国优化经济结构、促进经济增长、带动沿线国家经济发展,具有十分重要的推动作用。

二、"一带一路"背景下襄阳对外开放的经济机遇

"一带一路"规划了近二十个省份、几十个城市为国内对外开放经济发展的重点,学术界还提出了"一带一路"国际贸易支点城市概念,圈定了国内五十余个城市为"一带一路"国际贸易支点城市。但我们认为有关研究提到的省份或城市并不意味着有特殊待遇,而没有上榜的省份或城市也并不意味着被冷落和忽视,关键是"有为才有位"。襄阳应借助"一带一路"倡议,充分发挥区位比较优势,抓好对外开放的经济机遇,积极融入"一带一路",打造对外开放新高地,塑造襄阳国际经贸的新地位。

(一)互联互通新机遇

"一带一路"离不开互联互通,互联互通需要基础设施作保障和支撑。基础设施互联互通应包括交通的互联互通、网络的互联互通、物流的互联互通等。交通基础设施对经济发展、社会进步的重要性越来越凸显,更能够通过区域资源的"扩散效应"和"集聚效应"来助推区域经济的可持续发展。襄阳与"一带一路"倡议"西部开发开放重要支撑"的重庆,"内陆开放型经济高地"的成都、郑州、武汉、长沙、南昌、合肥等,距离均在1000公里以内;襄阳"北上"与"西行"可与丝绸之路经济带紧密相连,"南下"与"东进"可与21世纪海上丝绸之路无缝对接。襄阳"十三五"规划纲要提出,要把襄阳建设成为"全国重要的区域性铁路枢纽""汉江流域现代化综合航运中心""国内航运重要港口""国家公路枢纽中心""区域性航空服务中心"。"一带一路"的提出有助于襄阳上述交通基础设施建设目标的尽快实现,为襄阳与"一带一路"沿线城市和地区的互联互通带来新机遇。

（二）资源配置新机遇

资源是指经济社会活动中人力、物力和财力的总和，是经济社会发展的基本条件。由于资源具有稀缺性特征，任何一个社会都必须通过一定的方式把有限的资源进行合理分配，以便用最少的资源耗费，生产出最适用的商品和劳务，以达到帕累托最优。资源配置合理，经济发展就快，社会就更和谐，人民幸福指数就会提升。否则，就会导致资源浪费，阻碍经济发展。一般来说，任何一个国家或地区都不可能拥有满足其经济社会发展所需要的全部资源，客观上就要求资源在国家或地区之间互通有无，中国也是这样，襄阳更是如此。在资源配置方面应有国际视野和全球思维，不仅要将国内资源进行合理配置，还应将国内资源放在全球资源市场进行配置，以获得更大效益，同时也应吸纳国外资源，以弥补国内资源配置的不平衡。"一带一路"倡议的构想打破了原有区域经济固有的范围与限制，创新和扩大了资源配置的范围，为资源配置的合理化找到了更广的途径。"一带一路"为襄阳经济社会发展所需要的资源配置带来了更新、更广、更丰富的机遇。

（三）投资贸易新机遇

投资贸易是"一带一路"建设的重点内容，通过贸易和投资把经济影响力扩展至中亚、西亚、欧洲大陆、东南亚和印度洋。"一带一路"沿线国家或地区经济社会发展状况千差万别，经济互补性强，贸易、投资联系比较紧密，双边经济融合度较高并且有进一步深化的潜力。根据世界银行数据计算，1990—2013年期间，全球贸易、跨境直接投资年均增长速度分别为7.8%和9.7%，而"一带一路"沿线的65个国家同期的年均增长速度分别达到13.1%和16.5%。尤其是国际金融危机后的2010—2013年期间，"一带一路"沿线的65个国家对外贸易、外资净流入年均增长速度分别达到13.9%和6.2%，比全球平均水平分别高出4.6个和3.4个百分点。2015年，我国同"一带一路"沿线国家进出口贸易总额近1万亿美元，在沿线65个国家中对49个国家进行了投资，共计150亿美元，同比增长18%。襄阳必须紧抓"一带一路"带来的新机遇，大力开拓国际市场，做大做强国际贸易，大胆地把外资"请进来"，让内资勇敢地"走出去"。

（四）产业产能新机遇

产业结构的合理性与产能供求的效益性是衡量一个地区经济发展水平的重要指标。国际金融危机以来，世界各国经济增长普遍减速，欧美经济增长乏力。在出口空间收窄和经济发展方式转变双重因素作用下，我国经济从"两位数"高速增长时代转到中高速增长时代，这对襄阳产业发展产生一定的宏观制约。随着国家不断推出引导地区发展的战略、规划和政策，各地之间的产业竞争越来越激烈。东部地区由外向竞争为主转为外向竞争和内向竞争并举，中西部地区之间从单一产品竞争转向产业竞争，同一地区内不同城市之间的竞争加剧，这些都对襄阳构成外围压力，在人才、技术、资金等方面形成直接或间接的挑战。襄阳地处汉江中游，是汉江生态经济带的重要城市，绿色发展是襄阳发展的生命源。但是，随着襄阳产业规模快速扩大，城市能级快速提升，能源资源需求快速增加，环境负荷明显加剧。如果不在增量时提质，不及时将褐色发展模式转换为绿色发展模式，襄阳就会面临难以承受的能源资源和生态环境压力，以及发展不平衡、不协调和不可持续的挑战。"一带一路"倡议绘就的宏伟蓝图为襄阳未来产业的纵深发展指明了方向，即促进传统产业改造升级、培育发展战略性新兴产业、推动产业空间结构优化。

三、"一带一路"视野下襄阳对外开放的经济思维

思维决定发展。思维就是看待问题和思考问题的角度、方式，思维决定了发展的方向及发展上限。"一带一路"倡议下，襄阳应该扩大视野，站在全球的高度，树立对外开放的经济思维。

（一）树立"全球找资源、国际找市场"的思维

"一带一路"实施，不仅有利于我国充分利用"两种资源、两个市场"，还有利于保障我国的能源资源安全、促进产能合作和经济转型，也能带动和促进沿线国家经济社会加速发展，有利于加强我国与沿线国家尤其是新兴市场国家的政治、经济和文化交流。严格意义上讲，"两种资源、两个市场"并非经济学概念，它是关于新的历史时期经济发展的一种战略构想。此处的"资源"并不

只是自然资源，还包括资金、技术、劳动力等生产要素，而"市场"包括国内、国际两个市场。

经济全球化是一种不可逆转的历史进程。在开放型产业结构条件下，一国产业结构的状况必然受到国际比较优势条件的影响，归根到底是受到要素禀赋的影响。经济全球化背景下，不仅国际贸易迅速扩展，更重要的是世界范围的资本流动、技术转移的规模和速度将超过以往的数倍乃至数十倍。各种生产要素的跨国组合和配置，把发达国家和发展中国家都纳入相互联结、相互依存的全球分工体系之中。由于信息技术革命的作用，巨额国际流动资本可以迅速在全球范围内流动，使国际产业结构的演变机制和经济周期的传递机制发生重大变化。因此，充分利用好国内、国际两个市场，利用好国内、国际两种资源，积极参与并推进企业国际化，不仅是企业参与国际竞争的重要手段，更是企业增强竞争力，参与经济全球化的必然选择。

因此，对于襄阳来说，必须跟上全球化的大潮，形成新的资源全球配置观念，开拓国际国内市场，树立"全球找资源、国际找市场"的思维。

（二）树立"共建共享、合作共赢"的思维

"一带一路"倡议能够得到沿线国家的热烈响应和积极参与，主要是其顺应了时代要求和各国加快发展的愿望，对接了沿线国家的经济发展战略，是一个内涵丰富、涉及面广、包容性强的巨大发展平台，能够为沿线国家带来千载难逢的发展机遇。习近平主席在博鳌亚洲论坛2015年年会上的主旨演讲中，34次用到"合作"一词；"一带一路"文件中，136次用到"合作"一词。可见，共商、共建、共享是"一带一路"最主要的原则和特色。"共商"就是集思广益，兼顾各方利益与关切，体现各方智慧创意；"共建"就是共同参与，发挥各自优势与潜能，形成新的合作优势；"共享"就是成果同享，寻求共同利益与契合，达成利益合理分配。只有大家都是规则制定者、建设参与者和利益受益者时，相关事业才能顺利启动、健康发展、取得成果。"一带一路"倡议下，襄阳国际经贸必须基于"共商、共建、共享"原则，树立"共建共享、合作共赢"的思维，广交朋友、壮大自己、发展自己。

(三)树立"遵循市场规律、遵守国际通则"的思维

在传统的国际贸易中,大多以国家为主体来定位国际贸易,即国家之间根据政治、经济等状况进行贸易活动,企业的主体作用没能得到充分的重视。现代新国际贸易理论从企业贸易利益出发,认为国际贸易需要服务国家战略利益,但也要注重企业自身利益的平衡,更加重视企业在其间的位置和作用。

"一带一路"倡议由习近平主席首先提出,在我国政府大力倡导与推进下,得到了沿线国家的热烈响应。因此,各国政府引导和参与是必然的。"一带一路"倡议的实施,政府可以在政策战略沟通、基础设施联通等方面发挥主导作用。但仅靠政府是远远不够的,企业也必须成为参与的主体、行动的主角。企业不是慈善公益组织,其参与"一带一路"是以获取合理利润为目标,政府需要给企业提供稳定的预期。企业对于应该投资什么、生产什么、怎么生产等问题,比政府有更深入的了解;企业比政府更能了解市场经济规律和国际贸易通则,更能也更方便运用市场经济规律和国际贸易通则进行国际贸易。因此,襄阳一定要树立"遵循市场规律、遵守国际通则"的思维。

(四)树立"国际产业链+国际产业集群"的思维

产业链即一种或几种资源通过若干产业层次不断向下游产业转移至消费者的路径。它包含四层含义:(1)产业链是产业层次的表达;(2)产业链是产业关联程度的表达,产业关联性越强,链条越紧密,资源的配置效率也越高;(3)产业链是资源加工深度的表达,产业链越长,表明加工可以达到的深度越深;(4)产业链是满足需求程度的表达,产业链始于自然资源、止于消费市场,但起点和终点并非固定不变。产业集群是指在某一特定区域内互相联系的公司、政府和机构的集合,通过企业间相互竞争与合作,实现产业链式的发展与创新,提高整体竞争力,推动区域经济快速发展。

自20世纪90年代以来,得益于包括运输工具和通信方式等在内的科学技术的进步,产业分工更加细化。其特点是产业链分布在不同的经济体,因此被称为"全球产业链"或"全球价值链"。"全球价值链"就是指为实现商品或服务价值而连接生产、销售、回收处理等过程的全球性跨企业网络组织,涉及从原料采购和运输、半成品和成品的生产和分销,直至最终消费和回收处理的整

个过程，包括所有参与者和生产销售等活动的组织及其价值、利润分配。当前散布于全球的处于价值链上的企业进行着设计、产品开发、生产制造、营销、交货、消费、售后服务、循环利用等各种增值活动，它使得区域贸易自由化（自由贸易区）越来越成为促进世界经济可持续发展、推动区域贸易投资自由化和便利化、推进区域一体化的重要路径。反过来说，如果一个经济体不能积极参与其中，等待它的只能是被边缘化的命运。这正是"跨太平洋伙伴关系协定"（TPP）"区域全面经济伙伴关系"（RCEP）及"中日韩自由贸易区"等提出之背景。

"一带一路"倡议明确提出"优化产业链分工布局，推动上下游产业链和关联产业协同发展，鼓励建立研发、生产和营销体系，提升区域产业配套能力和综合竞争力"。襄阳在对外开放的经济活动中，若想不被"边缘化"，并做大做强，必须紧抓"一带一路"机遇，树立"国际产业链+国际产业集群"思维，担当国际产业链条中的一环；充分发挥自身优势，联合组成（国内）产业集群，借助外部优势弥补自身不足，进而做强自身。

（五）树立"互联互通、勇当节点"的思维

国家发改委2015年4月16日发布了《长江中游城市群发展规划》，这是贯彻落实长江经济带重大国家战略的重要举措，对于加快中部地区全面崛起、探索新型城镇化道路、促进区域一体化发展具有重大意义。2015年6月19日，湖北省政府《关于国家长江经济带发展战略的实施意见》出台，明确了湖北在长江经济带中的发展定位及提升长江中游黄金水道功能、完善长江中游综合立体交通体系、建设产业转型升级支撑带等七个方面的重点任务和保障措施。湖北要建成承东启西、连南接北的"祖国立交桥"。加快"襄十随"城市群发展，襄阳要建设成为汉江流域中心城市和综合交通枢纽，并连同武汉、宜昌等省内重点城市建成货物的集散和转运基地，构建综合立体交通运输体系。

襄阳地处我国内陆腹地中心地带，得"中"独厚，区位优势明显，"东瞰吴越、南遮湖广、西带秦蜀、北通宛洛"，自古即为交通要道，素有"南襄隘道""南船北马、七省通衢"之称，历来为南北通商和东西文化交流的重要通道。从襄阳"北上"与"西行"可与丝绸之路经济带紧密相连，"南下"与"东进"可与21世纪海上丝绸之路无缝对接。随着丝绸之路经济带铁路的连通，内

陆省份陆续开通至中亚、西亚及欧洲国家的集装箱班列，襄阳完全有条件、有能力搭乘渝新欧、汉新欧、郑新欧、合新欧等班列，与"一带一路"之北线、西线、南线联结；通过汉江和长江黄金水道，可直达"一带一路"东线节点之一的宁波港，实现通江达海；服务过境贸易，起到贯通南北、连接东西的作用。因此，襄阳要在"一带一路"倡议下有所作为，必须树立"互联互通、勇当节点"的思维，以"大交通"的理念规划建设交通基础设施，充分利用自身的交通节点地位发挥交通优势。

（六）树立"互联网+"与"+互联网"的思维

互联网思维就是在"互联网+"、大数据、云计算、移动互联网等科技不断发展的背景下，对市场、用户、产品、企业价值链乃至对整个商业生态进行重新审视的思考方式。互联网思维是相较于工业化思维而言的，强调客户服务和体验，即以客户为中心考虑问题，达到客户服务质量最优化及充分满足客户的不同需求；依靠强大的互联网，消费信息越来越对称，消费者已经变被动为主动，可以随时通过互联网了解并选择自己喜欢的产品和服务。互联网思维以组织扁平化为特点，降低维度，让互联网产业低姿态主动去融合实体产业；同时，互联网思维以用户为中心，增加自媒体的属性，让所有人都有可能成为信息的节点。

从经济思维角度出发，我们认为互联网思维是人类进入互联网社会后形成的一种新的经济思维方式。传统模式下，企业经济行为的决策权归属于企业的管理者、企业产品的设计者等少数企业精英。如果企业精英的经济决策满足了客户的需求，则企业经济行为就可能得到丰厚回报，否则就可能出现相反效果。这基本上属于一个不能完全准确预测的概率事件。进入互联网时代之后，客户和企业精英的交流将变为多向的、即时的、交互的，以互联网的经济思维指导企业经济行为，可以有效降低或避免决策风险。互联网能通过多向、即时、交互的信息通道给企业反馈海量数据，通过对这些数据进行必要的分析，可以帮助企业精英准确了解客户需求，作为企业经济行为决策的科学依据，大大降低产品设计失误的概率。

"一带一路"倡议下襄阳对外开放需要树立"业态创新、信息共享"的"互联网+"与"+互联网"的思维，主动适应"互联网+"新常态；依托襄阳软件园，以中国移动襄阳"四个中心"基地、"襄阳云谷"建设为支撑，加快发展和提升软件业，积极发展高端业态和新兴业态，把襄阳建成区域性信息服务中心城市，服务"一带一路"，服务襄阳对外开放战略，为襄阳经济发展打造新引擎。

四、"一带一路"背景下襄阳对外开放的经济战略

"一带一路"是根据国内国际形势的变化与时俱进提出的新的改革开放战略，能够倒逼中国建立一个更合理的市场经济体系，形成一个更友善的对外环境，助力中国实现中华民族伟大复兴的中国梦，同时有助于沿线相关国家实现国家工业化、现代化的梦想，也将给世界带来和平、发展、合作、共赢的新局面。

（一）襄阳对外开放的战略定位

战略定位是指导或决定发展全局的策略。战略定位必须具有独特的价值链和价值诉求，具有长期性和连续性，要与时俱进。"一带一路"背景下襄阳对外开放必须做好战略定位，只有定位科学，才能乘势而上，才能有所作为。

1. "一带一路"国际贸易节点城市

传统的国际贸易中心城市理论认为，国际贸易中心城市是具有深厚的工业和贸易基础，金融及配套服务体系完善，经过长期积累和建设而形成的，具有开拓全球市场能力和辐射能力强的重要平台，是获取全球资源的战略前哨。"一带一路"倡议突破了传统国际贸易中心城市理论，是对国际贸易的理论创新、政策创新和实践创新。其中，有关专家提出了"一带一路"沿线"支点城市"这一创新性概念。支点城市是指经济规模和国际贸易额较大，具有良好区位优势、基础设施、人力资源及开放的商贸投资环境等，集聚、辐射功能较强，在国际贸易中具有重要地位的城市。襄阳不是传统的国际贸易中心城市，也没有被有关专家纳入"一带一路"支点城市体系，但我们认为襄阳完全可以成为"一带一路"国际贸易节点城市。襄阳地处中部腹地，连接东西南北，区位优势明显，区域集聚和辐射能力较强；襄阳基础设施、人力资源和商贸环境优良，具有一定的自然资源和工业优势，经济规模和国际贸易有较大发展潜力，具备成为"一带一路"节点城市的基础。

2. 汉江生态经济带对外开放的中心

2013 年,湖北省委十届三次会议提出,积极推进湖北长江经济带和汉江生态经济带开放开发,进一步促进长江中游城市群建设,推动"两圈两带"区域发展格局的形成。汉江生态经济带开放开发与"一带一路"倡议有高度的契合点,具有战略方向上的一致性和目标达成上的重合性。襄阳踞汉江中游,具有得天独厚的生态环境、源远流长的人文历史、功能齐全的公共服务、实力雄厚的经济基础,为襄阳现代化建设提供了优越的条件、奠定了坚实的基础。因此,襄阳要紧贴"一带一路"倡议与汉江生态经济带战略,抢抓国家扩大内陆开放的重大机遇,进一步拓展开放空间和开放领域,加强与汉江流域其他城市的交流合作,构建全方位、多层次、宽领域、高水平的对内联合、对外开放格局。努力建成"汉江生态经济带对外开放中心",对接"一带一路"。

3. 承接外向型产业产能转移的中部基地

产业转移具有周期性和阶段性,平均大约 20 年完成一个周期。21 世纪以来,新一轮产业转移拉开了帷幕,主要表现为:由东南沿海发达地区向内陆转移。承接外向型产业产能,襄阳所具有的独特区位优势、产业基础等能够成为东南沿海产业转移的重点选择。"一带一路"规划的实施,必将推动产业转移的纵深推进。襄阳应抓住这一机遇,优化投资环境、强化承接意识,加强承接产业转移的平台建设,努力建设成为承接外向型产业产能转移的中部基地。

4. 外向型汽车产业整车生产和零部件制造基地

在襄阳,现有的产业体系中,汽车具有龙头产业的优势,基本形成了以商用车、乘用车、零部件制造为特征,相关产业服务配套发展的产业形态,主导产品有着较高的品牌知名度和市场占有率。襄阳的汽车产业拥有较强的科技支撑力量,包括国家级企业技术中心 3 家、省级企业技术中心 31 家、省级工程技术研究中心 10 家、省级校企共建研发中心 6 家,产业相关企业的技术中心占到近 50%。襄阳被国家确定为节能与新能源汽车示范推广试点城市。这些都为襄阳做大做强汽车产业,特别是大力发展新能源汽车,提供了难得的优势条件。襄阳要抓住这一市场机遇,着力提升整车发展水平和市场竞争力。以发展中高档乘用车、轻型商务车、特种车和农业机械为重点,积极引进世界汽车品牌企业和总装企业,支持汽车龙头企业兼并重组和走出去,打造具有国际竞争力的特大型汽车制造企业。

襄阳要抓住国家鼓励发展汽车零部件产业的机遇，以专业化、模块化、规模化、国际化为方向，大力推动发动机、车身、车桥、底盘等核心零部件和汽车混合动力部件及控制系统、制动系统、转向系统、汽车内饰等零部件的研发与生产。拓宽系列底盘附件、汽车零部件新型原料、新型汽车工具产品、汽车摩擦材料等产品，形成零件—部件—总成—模块化的零部件研发、制造产业链。进一步提升高技术、高附加值零部件产品质量和为轿车及国际汽车市场供货的比重，形成有稳定市场和发展空间、国内具有重要地位、国际市场具有一定影响的汽车零部件生产体系。

5. 现代农业产业＋对外开放合作示范区

襄阳是传统农业大市、全国十大夏粮主产区和20个大型商品粮基地之一，常年粮食产量占全省六分之一、全国近1%，在国家粮食生产和安全保障体系中占有重要地位。近些年来，襄阳农业生产持续稳定发展，结构不断优化，农业总产值居全省第二。拥有规模以上食品加工企业225家、国家级农业产业化重点龙头企业4家、省级龙头企业54家，形成了奥星粮油、金华麦面、万宝粮油、梅园集团、襄阳鲁花等一批在全国具有影响力的龙头企业。农民专业合作社发展不断提速，规模达到1664家，居全省前列。农产品加工能力得到明显提升，形成了粮食、畜牧、油料、蔬菜、棉花、水果、林特等一批特色农业产业化基地和生产加工集群。

"一带一路"沿线国家，特别是西向的"一带"沿线国家适合开展现代农业合作，市场空间巨大。襄阳可发挥现代农业方面的比较优势，在产品、加工设备和技术、劳务、资本等方面寻求有益合作。比如，以"中国有机谷"建设、农副产品深加工机械方面取得的成功经验与"一带"沿线国家合作，建立现代农业区域合作示范基地；亦可引进"一带"沿线发达国家现代农业产业资源、设备、技术和管理模式，促进襄阳现代农业产业化水平提升。通过现代农业产业＋旅游、＋观光、＋休闲等方式，把襄阳打造成"一带一路"现代农业产业对外开放合作示范区。

6. "贯通南北、连接东西"的对外开放交通枢纽

凭借得"中"独厚的区位优势，襄阳可以紧密对接"一带一路"，以高速铁路、高速公路、汉江航运、机场口岸建设为重点，着力构建铁路大动脉、公路大网络、航运大体系、空中大走廊、能源大通道、物流大集散、信息大节点的

立体型现代化大交通体系。积极融入丝绸之路经济带，开通连接欧亚大陆桥的汉新欧、郑新欧"联运"通道，打造相关线路上的重要节点城市；积极融入21世纪海上丝绸之路，依托汉江航运，扩大与沿海港口地区的沟通合作，贯通连接亚太的"铁水联运""江海联运"通道，打通襄阳—武汉—上海公水联运通道，加速融入长江经济带，打造贯通南北、连接东西、网络全国的区域性对外开放交通枢纽。

（二）襄阳对外开放的经济平台

所谓平台就是连接两个或者更多的特定群体，为他们提供互动机制，满足这些群体的需求，并从中巧妙盈利的商业模式。平台又可称为一种即插即用的商业模式，连接多个参与方（生产者和消费者等），通过生成价值与交换价值让双方产生交互。

1. 建立国际经贸合作的资源配置平台

劳动力、生产资料、技术、信息这些要素被称为资源，人们为了满足自身的需求会对这些资源的使用做出安排，这个过程被称为资源配置。优化资源配置就是合理安排资源，使有限的资源最大限度地满足人们的需求。"一带一路"背景下，襄阳国际经贸合作的空间得到大大拓展，资源配置有了更为广泛的领域，这就需要我们建立一种基于国际经贸合作的资源配置平台，引导或整合资源配置，使资源安排得更合理，实现效益最大化。当前政策、体制下，可组织一个由政府、企业、民间人员参加，基于国际经贸合作的推进委员会，由该委员会出面组织建设、推动整合资源配置。

2. 建立国际经贸合作的产业转移平台

产业转移是发生在不同经济发展水平区域之间的一种重要经济现象，是指在市场经济条件下，发达区域的部分企业顺应区域比较优势的变化，通过跨区域直接投资，把部分产业的生产转移到发展中区域进行，从而在产业的空间分布上表现出该产业由发达区域向发展中区域转移的现象。产业转移对于区域经济结构调整及区域间经济关系的优化具有重要意义，进而影响部分企业的战略决策。"一带一路"必将带来新的大规模产业转移，襄阳要抓住这一历史机遇，建立和完善承接新一轮产业转移的机制，促进襄阳国际经贸产业转移的合理推进。

3. 建立国际经贸合作的商品流通平台

商品流通一般是指商品或服务从生产领域向消费领域的转移过程。这里所说的"商品流通平台"是指促进商品或服务从生产领域到消费领域转移的媒介，其现实表现为担负商品流动的运输、储存、配送、结算等工具。早在17世纪，襄阳就是"万里茶道"商贸的一个重要节点，成为贯通亚欧大陆，连接沿途地区商贸往来、文明互鉴的重要基地。2012年，湖北提出长江中游城市群与伏尔加河流域城市群区域合作倡议，得到对方积极响应；2013年，这一合作得到中俄总理联合声明的确认，上升为国家战略；2015年9月，中俄两国正式确定在武汉和喀山互设领事馆，为进一步推动湖北与俄罗斯务实合作、互利共赢带来了新的机遇。"一带一路"背景下，襄阳应加快建设与新形势相适应的商品流通平台。这个平台建设涉及交通基础设施建设、物流储存渠道建设、电子信息服务建设、金融服务结算体系建设等方面，是一个需要由政府统筹谋划、科学布局，企业全面参与、合理运用的大课题。

4. 建立国际经贸合作的市场开拓平台

市场开拓是国际经贸的生命线。"一带一路"规划的市场规模宏大，克服种种困难开拓好这个宏大国际市场则是襄阳必须面对的艰巨任务。襄阳需要建立一个国际经贸合作的市场开拓平台，平台的主要作用和任务是帮助国际经贸企业了解国际市场，特别是"一带一路"沿线新兴市场的国情民风、政策法规、技术标准、准入门槛等；协调国际经贸企业对外注册、产品认证、驻外机构落地等；运用行政资源协助国际经贸企业解决突发事件、经济纠纷、产品信息追溯体系建设等，为国际经贸合作主体提供保姆式服务。

5. 建立国际经贸合作的集群融合平台

产业集群是指在特定区域中，具有竞争与合作关系，且在地理上集中，由交互关联性的企业、专业化供应商、服务供应商、金融机构及其他相关机构等组成的群体。许多产业集群还包括由此延伸而涉及的销售渠道、顾客、辅助产品制造商、专业化基础设施供应商等，政府及其他提供专业化培训、信息、研发、标准制定的机构等，以及同业公会和其他相关的民间团体。因此，在"一带一路"背景下，襄阳应改变过去由某一企业或行业在国际经贸合作中"单打独斗"的方式，转为由政府或某特定机构出面组织大家建立基于国际经贸合作的集群平台，形成集群优势，"抱团出海"，力争取得更大效益。

6.建立国际经贸合作的技术创新平台

创新是一个综合概念，它包括工作方法创新、学习创新、教育创新、科技创新等。技术创新属于科技创新之列，是通过改进现有或创造新的产品、生产过程和服务方式的技术活动。"一带一路"给襄阳国际经贸合作提出了更高要求，新形势下的襄阳国际经贸合作必须是基于技术创新的合作，因此需要建立政府指导下，企业、高校、科研机构共同参与的技术创新合作平台，加大经贸合作的技术含量，增加进出口产品的附加值。

7.建立国际经贸合作的人才交流平台

"一带一路"倡议对从事国际经贸合作的人才提出了更高要求，襄阳在这方面存在着较大差距，急需加强国际经贸人才队伍建设。国际经贸人才队伍建设，可从培养与引进两方面着手。培养主要以在襄阳辖区内办学的高校相关学科为基础，组织开设与"一带一路"紧密对接和直接服务的学科、专业，培养本地化的国际经贸人才。引进主要指襄阳可以为国际经贸人才引进设立特殊政策，创造良好生活环境，提供成长发展空间等。打造一个本土国际经贸人才培养与外部国际经贸人才引进相结合的平台，服务于襄阳经济发展大局，服务于"一带一路"。

8.建立国际经贸合作的信息共享平台

现代社会信息无处不在、无时不在。襄阳市"十三五"规划提出，要大力发展信息服务业和数字内容产业，着力培育云计算、物联网、北斗导航等新兴产业，打造全国知名的"襄阳云谷"。为有效对接"一带一路"倡议，襄阳还需建设一个基于国际经济合作的信息共享平台。该平台应是襄阳信息服务业的重要组成部分，是依托襄阳软件园、"襄阳云谷"等建立起来的可以提供大数据信息服务与交易、金融在线支付、电子商务等服务的平台。该信息共享平台的建立，将助力襄阳打造"汽车及零部件、农产品加工、装备制造、电子信息、医药化工、节能环保、新能源新材料七大产业集群"，亦能从根本上推动襄阳"中国新能源汽车之都"建设以及襄阳信息产业的加快发展，从而将襄阳国际经贸合作推向纵深。

"一带一路"对襄阳来说是一个前所未有的重大机遇。襄阳发展国际经济贸易还需要加快相关平台建设，抢抓机遇、迎难而上，促进国际经济贸易大发展,融入长江经济带、汉江生态经济带建设,尽快把襄阳建设成为"经济发达、文化繁荣、法治优良、功能完善、生态一流、人民幸福"的汉江流域中心城市,实现襄阳经济社会新的腾飞。

参考文献:

[1] 国家发展改革委、外交部、商务部:《推动共建丝绸之路经济带和21世纪海上丝绸之路的愿景与行动》。

[2] 曹红辉:《"一带一路"促进世界经济平衡》,《人民日报》2015年7月12日。

[3] 赵天睿:《"一带一路"战略背景下的区域经济发展机遇与挑战》,《经济问题》2015年第12期。

[4] 金立群、林毅夫:《"一带一路"引领中国》,中国文史出版社2015年版。

[5] 赵磊:《"一带一路"年度报告:从愿景到行动》,商务印书馆2016年版。

丝路新天地 旅游新愿景
——襄阳国际化旅游前瞻研究

朱运海

内容提要：旅游业是一个开放合作型的产业，国际化旅游是其发展的最高阶段。襄阳位于我国中西部结合地带，是"万里茶道"上重要的水陆联运节点，利用铁路和沿江的优势可以较好地融入"一带一路"。国际化旅游发展需要国际化的旅游市场和发展视野，"一带一路"倡议为襄阳旅游发展提供了宏观政策、区位交通、人员互访、产业合作和旅游交流等新机遇。面对这些机遇，襄阳应整合具有比较优势的旅游资源，塑造"万里茶道"黄金线路重要旅游目的地和国际性三国历史文化遗址重要支点的国际化旅游形象，为国外游客打造以"东方斯巴达"军事文化体验地和"东方莱茵河"汉水生态文化旅游廊道为代表的特色文化旅游产品。"一带一路"倡议极大地拓展了襄阳旅游发展的国际空间，通过民间文化旅游交流，让襄阳走向世界，也让世界了解襄阳。为了更好地推进襄阳国际旅游发展，必须做到按照国际化标准建设好襄阳，通过国际化旅游线路推介好襄阳，谋划国际化旅游交通实现好畅通襄阳。

一般认为，旅游国际化是指一国（地区）的旅游功能日益与世界接轨，旅游要素在国内外双向流动，旅游国际知名度不断提高，日益融入国际旅游网络的过程。不同的发展阶段对应着不同的国际化旅游水平。由此可见，旅游国际化涉及的国家必须是两个及以上，并有游客、资金、人才等旅游发展要素的流动。从国际化旅游发展的角度而言，"一带一路"是一个"65（核心区）+"的概念：丝绸之路经济带的核心是中国西北五省（陕西、宁夏、青海、甘肃和新疆）以及中亚五国，"+"的是经济发达的欧洲经济圈；21世纪海上丝绸之路的核心区域是中国的东南、西南省份以及东盟十国，"+"的是经济十分活跃的亚太经济圈。襄阳位于中国中西部结合地带，能够较好地融入"一带一路":作为长江中游城市群的支点城市,通过汉江、长江与上海等东南沿海城市实现联通,可融入 21 世纪海上丝绸之路;作为西武、郑万两条高铁交汇的城市,能够无缝对接中原、关中、武汉和成渝四大城市群,融入丝绸之路经济带。

一、"一带一路"倡议与襄阳国际化旅游新机遇

襄阳作为一座中西部结合地区的沿江型城市,在沿海开放时代没有地缘优势,但是随着"一带一路"的实施,沿边、沿江地区的区位优势得以凸显,襄阳国际化旅游发展也迎来新的机遇。

(一)开放合作的政策机遇

"一带一路"倡议以促进共同发展、实现共同繁荣为目的,需要政府间的沟通与合作。从发展旅游的角度,"一带一路"国家都面临着如何利用好国际、国内两种资源、两个市场的机遇与挑战,迫切需要一系列利好政策。

在促进旅游市场开放方面,"一带一路"国家需要进一步加大在旅游签证便利化、航权开放(即自由进入对方航空运输市场的权利)和旅游金融市场(包括降低金融风险、促进货币自由兑换等)开放等方面的政策支持力度。在旅游合作方面,"一带一路"国家可以出台相关政策,鼓励沿线国家加强联合申遗、旅游基础设施建设合作、旅游目的地管理、旅游安全合作、联合促销等方面的合作。旅游作为一个外向型的产业,游客的空间移动决定了开放是旅游发展的基本特征,旅游要素和服务的相互衔接决定了合作是旅游发展的内在要求。"一带一路"国家间涉旅利好政策的出台,有利于襄阳旅游的国际化发展。

(二)互联互动的交通机遇

从国际贸易的角度看,互联互通的最大瓶颈是交通,因此交通基础设施建设是优先领域。"一带一路"国家迫切需要推进沿线国际骨干通道建设,打通缺失路段、畅通瓶颈路段,形成连接亚洲各区域、亚欧非之间的基础设施网络。交通线路的通达,直接带动了旅游的发展。"一带一路"交通设施互联互动,为襄阳这一典型的内陆型城市的旅游发展提供了非常难得的交通便利。

襄阳地处武汉、中原、关中和成渝四大城市群中心地带，具有承东启西、连南接北的区位优势，北上、西行可与丝绸之路经济带紧密连接，南下、东进可与21世纪海上丝绸之路无缝对接。襄阳是国家快速客运干线铁路重要节点城市，随着郑（州）渝（重庆）昆（明）、武（汉）西（安）兰（州）等高速铁路在襄阳的交汇和贯通，襄阳将成为"一带一路"线上的交通枢纽城市。在航空方面，随着按照一类航空口岸标准施工建设的襄阳机场新航站楼的建成和投入使用，襄阳机场具备了开通国际航线的能力，对外联络能力将大大增强。通过铁海（陆水）联运，增加航空班次，推进"航空＋高铁"的组合，襄阳将迎来交通上的比较优势。

（三）文脉相通的交往机遇

回望历史，我们会发现古丝绸之路不仅是一条商贸经济通道，更是一条欧亚人民文化交流的通道。以2100年前张骞出使西域为标志，中国与丝绸之路沿线各国人民一道，建立起了连接亚、欧、非大陆的通道。此后，经过沿线国家人民的共同努力，这条人类文明的通道，向西直至欧洲、北非，向东则越过海洋，通达日本，成为古中国文明、古巴比伦文明、古埃及文明、古印度文明和古希腊罗马文明等相互交流的核心纽带，深刻影响了人类文明的发展进程。

从文化交流与传播的角度来看，丝绸之路文化通道的功能非常突出：（1）佛教传播通道。印度佛教至少在公元前2世纪就通过丝绸之路传入西域，公元前1世纪进入中国内地，此后又由中国传入日、韩及东南亚国家。沿着丝绸之路，自日本奈良，至敦煌佛窟，至阿富汗巴米扬大佛，形成了一条亘古至今的佛教文化带。（2）伊斯兰教东传之路。伊斯兰教形成后不久就通过丝绸之路传入中国。今天，丝绸之路沿线国家很大一部分属于伊斯兰文化。基督教也通过丝绸之路于唐代和元代两次进入中国，尽管没能在中国扎下根，但还是丰富了中国文化的内涵，也为后来基督教在中国的传播打下了基础。

历史上，商贸文化交流所奠定的丝绸之路友好合作精神，是前工业化社会沿线各国人民共同创造的宝贵精神财富。襄阳具有丰富的佛教、道教、伊斯兰教和基督教文化资源，可与丝绸之路沿线国家广泛开展文化交流、学术往来、人才交流合作、媒体合作、青年和妇女交流、志愿者服务等社会交往活动。

(四)经济互补的产业机遇

"一带一路"一头通过中亚、西亚连接着欧洲和非洲,另一头通过东南沿海连接着东南亚等经济十分活跃的亚太经济圈。在这一广阔而开放的空间,经贸往来密切,合作空间巨大。

近些年来,襄阳在产业上与"一带一路"国家间的联系日益增加,资源和产业"引进来"与产品和市场"走出去"同时并存。"一带一路"国家和地区由于资源禀赋、地理区位和国际产业分工的不同,在经济发展水平上存在很大差异,具有良好的区域产业合作的需求和基础。总体上看,"一带一路"国家间具有良好的经济互补性,具有广阔的产业合作空间,可以互为原材料市场和产品消费地。从商品贸易和人员交往角度,为了更好地促进"一带一路"国家间的开放合作,需要降低贸易壁垒,创新贸易方式,发展跨境电子商务,提高沿线各国游客签证便利化水平,按照优势互补和互利共赢的原则促进沿线国家加强贸易投资和产业合作。产业的合作会促进"一带一路"国家间人员的往来和流动,将增加大量商务游客,客观上对沿线国家和地区的旅游业具有推动作用。

(五)民间交流的旅游机遇

"一带一路"国家和地区地理相连、文脉相通,民间交流长盛不衰,随着"一带一路"的实施,各地之间的互联互通将为区域旅游和文化交流活动注入新的动力。《推动共建丝绸之路经济带和21世纪海上丝绸之路的愿景与行动》(以下简称《愿景与行动》)尤为关注民间交流和旅游,提出了民心相通是"一带一路"建设的社会根基的观点。同时,为了更好地促进民间交流和旅游发展,《愿景与行动》提出了加大丝路文化学术交流、留学生与人才交流合作、科技攻关合作、政党议会交流等要求。

旅游是加强民间交流合作的最佳载体之一。"一带一路"国家和地区可合作互办旅游推广周、宣传月等活动,联合打造具有丝绸之路特色的国际精品旅游线路和旅游产品,积极开展体育文化交流活动,申办重大国际体育赛事,推动广泛的丝路文化遗产旅游。通过丝绸之路(敦煌)国际文化博览会、丝绸之路国际电影节和图书展以及"一带一路"国际高峰论坛等会展活动,促进民间交流和国际关注度提高。民间交流活动为襄阳旅游国际化发展提供了一个契机,

"一带一路"国家游客走进襄阳,襄阳游客也可到"一带一路"国家旅游。

二、"一带一路"倡议与襄阳国际化旅游新愿景

"一带一路"倡议为襄阳旅游发展带来了广阔的发展空间,在新的历史背景下,襄阳深厚的历史文化积淀和独特的"一城两文化"资源禀赋将在国际化旅游大格局中大放光彩。

(一)"万里茶道"黄金线路重要旅游目的地

"万里茶道"是由晋商开辟的一条横跨欧亚大陆的茶叶出口商道,被喻为联通中俄两国的"世纪动脉"。它始于武夷山市下梅村,途经福建、江西、湖南、湖北、河南、河北、山西、内蒙古等8省区,向北延伸,抵达蒙俄边境的通商口岸恰克图,然后由东向西延伸,通往中亚和欧洲各国,全长1.3万公里。从地理位置上看,"万里茶道"串联起了"一带一路"——北边直接对接丝绸之路经济带,通过圣彼得堡连接欧洲,南边通过福建对接21世纪海上丝绸之路。

襄阳因其独特的地理区位条件,成为中俄"万里茶道"上的重要水陆联运节点,是茶商们南下和北上的必经之地——晋商在武夷山茶区采购的茶叶,先运到汉口,再经汉江运至樊城,再往北到河南洛阳。由襄阳到洛阳的传统商路有三条:第一条是从樊城上岸直接走旱路到洛阳;第二条是在樊城卸货,换体积小的船,驶入较窄的唐白河,到河南的社旗上岸奔洛阳,因多走一些水路,成本便宜;第三条是继续往西到老河口,在老河口上岸卸货,换骡马往洛阳。在近一个世纪的茶叶贸易中,襄阳留下了一大批码头、会馆、城墙、古镇等茶道文化遗址。随着申遗步伐的加快,古老的汉水码头、静静的汉江、汉江沿岸的襄阳古城池、形态各异的会馆(山陕会馆、黄州会馆等)、历史深邃的街巷(陈老巷、老河口太平街等)都将因此而大放异彩。

襄阳本地种茶历史悠久,成书于三国时期的《广雅》记载:"荆、巴间采叶作饼,叶老者,饼成以米膏出之。"陆羽《茶经》也有"茶者,南方之嘉木也……其巴山、峡川有两人合抱者,伐而掇之";"山南茶以峡州上,襄州、荆州次,衡州又次"的记载。20世纪80年代以前,襄阳的南漳、保康、谷城山区大规模开展茶叶引进和种植活动。进入21世纪以来,襄阳茶叶快速发展,尤其

是襄阳高香茶、襄阳红等品牌异军突起，带动了玉皇剑、汉家刘氏、水镜、荆山锦等品牌的共同繁荣。襄阳的茶道文化遗产和正在茁壮成长的襄阳茶产业为襄阳国际化旅游发展提供了坚实的基础。

（二）国际性三国历史文化遗址重要支点

襄阳一般被认为是三国故事的"头"和"尾"："三国头"是指《三国演义》中第三十七、三十八回"司马徽再荐名士刘玄德三顾草庐""定三分隆中决策战长江孙氏报仇"，刘备三顾茅庐请诸葛亮出山辅佐，诸葛亮报知遇之恩，和盘托出三分天下的《隆中对》，奠定了三国鼎立的战略格局；"三国尾"是指《三国演义》第一百二十回"荐杜预老将献新谋降孙皓三分归一统"，三国归晋的平吴方略成熟、完善于襄阳，并由襄阳的最高军事统帅负责实施完成，实现了三国历史的终结。

三国重要历史人物和重要历史事件多与襄阳有关，留下了为数众多的三国文化遗迹。据叶植先生考证，《三国志》及裴松之注中所见发生在襄阳的三国史实有15卷，《三国演义》中发生在襄阳的故事情节有21回，襄阳现存的三国文化遗存遗址有44处。更加难能可贵的是，这44处文化遗址，除9处不在襄阳市区外，其他35处都集中在襄阳市区，且主要集中在襄城区。这些文化遗址大都以三国时期人物活动及其纪念性遗迹为主要特征，如诸葛亮、刘表、刘备、司马徽、庞统、庞德公、徐庶、羊祜、杜预等人，并体现出以诸葛亮文化为龙头的特征。

襄阳市区重要的文化遗迹有隆中诸葛亮躬耕地、万山杜预沉碑潭、檀溪、襄阳城、岘山羊杜祠、堕泪碑、鹿门山等。这些三国故事和三国遗存遗址，相互印证，形成正史（《三国志》）、小说（《三国演义》）和物质遗存多重文化叙事的旅游体验链。襄阳三国文化旅游借助《三国演义》在海内外的传播，已形成较为稳固的印象和稳定的客源市场。

（三）"东方斯巴达"襄阳军事文化体验地

斯巴达是古希腊最强大的城邦之一，斯巴达人非常重视军事，教育以军事为主，因其英勇善战而闻名于世。历史上，斯巴达人通过战争打败了最为强大的雅典和其他希腊城邦。与斯巴达城相似，襄阳也是一座因军事而兴、因战争而闻名的城市，自春秋战国以来，曾发生过大小战役200多次。最为世人所熟知的莫过于宋元襄阳之战，它牢固奠定了隔江相望的襄阳和樊城在我国乃至世界上的军事重镇地位。

咸淳三年（1267）十一月，南宋降将刘整向忽必烈进献"攻宋方略，宜先从事襄阳"，"先攻襄阳，撤其捍蔽"，南宋"无襄则无淮，无淮则江南唾手可下也"。这场可歌可泣的围城之战持续了6年——从南宋咸淳三年蒙将阿术进攻襄阳的安阳滩之战开始，中经宋吕文焕反包围战、张贵张顺援襄之战、龙尾洲之战和樊城之战，终因孤城无援，以咸淳九年（1273）吕文焕力竭降元，襄阳陷落而告终。宋元襄阳之战中，宋军巧妙地应用了襄阳城的地形优势，成功地阻止了元军投石兵器的猛烈攻击。然而，蒙古人找到了阿拉伯的兵器专家，改进了投石兵器的攻击距离和准确率，顺利攻下了樊城，襄阳苦于后无援兵、内无粮草，宣布投降。襄阳之战是元朝统治者攻灭南宋、统一中国的一次重要战役，是中国历史上宋元封建王朝更迭的关键一战。

宋元襄阳之战留下了蔚为壮观的军事攻防体系文化景观。襄阳古城东北有汉水为天堑、西南有岘山作为天然屏障，加上城防自身的设施，易守难攻。这一攻防军事体系在宋元襄阳之战中被蒙古人进一步完善：元军在汉江以北、以东的鹿门山建筑了鹿门堡，后来又设置了牛首、安阳、古城、红崖、白河、沙河、渔兰、新城、淳河、滚河等十城，再加上邓、鄢二城，号称"十二连城"，围困襄阳和樊城。此外，还在襄阳城西的万山筑了万山堡，在襄阳和樊城之间的东西汉江里，筑造了东敌台、西敌台，在襄阳城外沿百丈山（白鹤山）修筑了白鹤堡，以堡垒为锁，以襄阳城外的土墙"长围"为链，以"一字城"为支点，形成了困死襄阳的十分严密的进攻工程系统。

以汉水和襄阳古城为核心的襄阳军事攻防体系是汉江军事防御体系（包括汉水流域的古城池、古寨堡以及楚长城系列的防御体系）的重要组成部分。汉水流域保存较好的上津古城、襄阳古城、荆州古城、富水古城等古城池，南漳荆山山脉的山寨群和号称"中国长城之父"的楚长城（西起湖北十堰竹山，跨越汉水流域至襄阳老河口、河南邓州，过内乡、南召、方城、鲁山、叶县，跨越沙河达泌阳、舞阳，总长500余公里，分西线、北线和东线三部分，呈"∩"形轮廓），可以联合起来开发军事文化游。

军事文化是重要的文化旅游资源之一，应进行系统开发，实现其景观资源优势向经济优势的转变，充分挖掘和提升其经济价值。

（四）"东方莱茵河"汉江生态文化旅游廊道

莱茵河发源于瑞士，全长1200多公里，流经法国、德国、荷兰等国，在鹿特丹附近注入北海，其中德国境内有800多公里，被誉为"欧洲的母亲河""德国的父亲河"。汉江和莱茵河十分类似，全长1577公里，流经陕西和湖北两省，在湖北境内长870多公里，汉江位于长江和黄河之间，是楚文化、汉文化的发祥地。

一般认为，汉水文化是指汉水流域人民有史以来在社会历史实践过程中所创造的物质财富和精神财富的总和。她融巴蜀文化、荆楚文化、中原文化、秦文化等多种文化为一体，是具有浓郁地方特色的区域性文化，是中华文化的重要组成部分。襄阳地处汉江中游，是汉水文化中具有重要影响和代表性的区域。

襄阳汉江沿岸富集着一批高等级的旅游资源，它们是：华夏第一城池——襄阳古城池，最宽的人工护城河——襄阳护城河，被誉为"私家园林鼻祖"的郊野园林典范——习家池，中华智慧化身诸葛亮的故居——古隆中，"风流天下闻"的布衣山水田园诗人孟浩然的故居和隐居地——岘山和鹿门山，米点山水创始人、诗书画巨匠米芾的家祠——米公祠，中华"武圣"的辉煌战绩发生地——关羽水淹七军古战场，浪漫的人间天河——汉江，佛教中国化的奠基人释道安及其弟子、净土宗初祖释慧远的弘法遗迹——檀溪寺、谷隐寺、白马寺等。

为了有效整合上述旅游资源，襄阳旅游界曾提出了以鱼梁洲为龙头，以汉江为纽带，统筹市区文化旅游资源的"江战略"构想。"江战略"的发展目标是将鱼梁洲打造成汉水文化传承和发展核心区，通过"水轴线、船集散"的方式，把鹿门山、鱼梁洲、唐城、习家池、襄阳古城、米公祠、月亮湾、隆中风景区及汉江市区段的贾洲、长丰洲、老龙洲等优质资源整合串联起来，形成"一江两岸、一线串珠"的整体优势，实现文化旅游、文化展示、文化创意、旅游娱乐、休闲体验一体化，年接待游客过百万人次的华中地区文化旅游航母级项目。

三、"一带一路"倡议与襄阳旅游国际化新空间

"一带一路"国家共有65个，覆盖了古巴比伦文化旅游区、古希腊古罗马

文化旅游区、日耳曼斯拉夫文化旅游区、古埃及文化旅游区、古印度文化旅游区等。

国际旅游的发展需要和平的环境，以"和平合作、开放包容、互学互鉴、互利共赢"为代表的丝绸之路精神为"一带一路"的发展奠定了和平友好、开放合作、互利共赢的旅游发展基础。这也拓展了襄阳国际旅游的发展空间。

（一）丝绸之路经济带拓展空间

1. 中亚旅游板块

中亚地区是古丝绸之路的重要组成部分，也是"丝绸之路起始段和天山廊道路网"的重要组成部分。国内的西安和洛阳是重要支点，具有众多吸引人的文化景观和人物故事，如可以打造草原丝路、佛教丝路、沙漠丝路等文化景观，以这些文化景观为依托讲好丝路名人故事，这些名人包括以成吉思汗、张骞、苏武、班超等为代表的帝王将相类，以法显、玄奘、戴维神父为代表的宗教人士类，以马可·波罗、庄士敦、李约瑟等为代表的商贸科考类等历史文化名人。历史上的襄阳因地缘优势（毗邻西安、洛阳）而兴旺发达，后来由于首都的东迁，使得襄阳的地位有所降低。以洛阳和西安为起点的丝绸之路世界文化遗产旅游项目的兴起，将为襄阳旅游的发展提供新的机遇。

2. 东北亚旅游板块

东北亚地区不仅是丝绸之路世界遗产项目的辐射区域，也是正在积极申遗的"万里茶道"项目的重要组成部分。"万里茶道"曾在东西方贸易中扮演过重要角色，是与"丝绸之路""茶马古道""海上丝绸之路"齐名的一条东西方物质、文化交换（流）的国际大通道，极大地促进了亚欧大陆腹地全面、深刻的文化交流与人文融合。以"万里茶道"为发展轴可以串起襄阳与俄罗斯、蒙古、中亚和欧洲诸国，以茶为媒可以拉近襄阳与茶道诸国人民的心理距离。

3. 独联体旅游板块

该区域与万里茶道文化有着密切的联系。独联体国家中，乌克兰的领土面积最大——是欧洲除俄罗斯外领土面积最大的国家，经济发展相比其他独联体国家也较好——是全球重要市场之一，是世界上第三大粮食出口国，有着"欧洲粮仓"的美誉。独联体国家多信奉东正教，建有数量众多的东正教堂，以教堂为依托的基督教文化旅游是该区域的主要内容之一。此外，著名的核泄漏地切尔诺贝利也位于该区域。2011年1月1日，乌克兰政府宣布：切尔诺贝利周围地区向游客开放。

4. 西亚北非旅游板块

历史上，该区域与我国交往频繁，历史文献记载丰富。亚、欧、非文化交流频繁，伊斯兰教、犹太教、基督教广泛共存，留下了丰富多彩的历史文化旅游资源。以古埃及文明、两河文明为代表的古文明和以麦加、麦地那、耶路撒冷等为代表的著名宗教圣地都在该区域，历史文化和宗教文化氛围浓厚。该区域也是世界上主要石油输出地区，消费能力强，是重要的旅游目的地和国际旅游客源地。

5. 中东欧旅游板块

中东欧地区从种族和文化上讲主要属于日耳曼、斯拉夫文化旅游区，从地缘政治上讲主要是指冷战和苏联时期的东欧社会主义国家。该区域风景优美，历史名人辈出，音乐艺术发达，历史建筑和宗教文化资源丰富，世界遗产项目众多。奥斯维辛集中营、多瑙河三角洲和犹太人居住区等世界遗产均在该区域。

6. 南欧旅游板块

南欧也称为地中海欧洲，是古希腊、古罗马文化旅游区，自古以来与西亚及北非往来密切，是重要的古文明区域——孕育了古希腊、古罗马文化，确立了早期的基督教社会，为西方的思想及知识体系奠定了基础。古希腊人在哲学思想、历史、建筑、文学、戏剧、雕塑等诸多方面均有很深的造诣。这一文明遗产在古希腊灭亡后，被古罗马人继承下来，从而成为整个西方文明的精神源泉。古罗马建筑艺术成就很高，开拓了新的建筑艺术领域，丰富了建筑艺术手法。

（二）21世纪海上丝绸之路拓展空间

1. 东亚日韩旅游板块

东亚的日本、韩国长期以来是我国的主要旅游客源地和我国出境旅游的目的地，与我国经贸往来密切。襄阳先后与韩国的襄阳郡、日本的犬山市结为友好城市，具有良好的产业和文化联系。以日本的动漫、游戏产业为首的文化产业和发达的旅游业成为其国家形象的重要象征。日本至今仍较好地保存着以茶道、花道、香道、书道、和服、柔道、相扑、空手道等为代表的传统文化。韩国三面环海,其西濒黄海,与胶东半岛隔海相望,在经济上缔造了举世瞩目的"汉江奇迹",是亚洲的购物中心和时尚天地,具有强大的旅游吸引力。

2. 南亚旅游板块

该区域属南亚古印度文化旅游区,其中尼泊尔、不丹、阿富汗为内陆国,印度、巴基斯坦、孟加拉国为临海国,斯里兰卡、马尔代夫为岛国。该区域国家均属于发展中国家,经济发展水平不高。佛教(小乘佛教)和伊斯兰教是该地区的主要宗教,世界遗产项目众多,从热带雨林气候到热带季风气候,景观丰富,旅游业发展潜力巨大。美丽的泰姬陵、最幸福的国家不丹、最美丽的岛屿斯里兰卡和迷人的马尔代夫每年都吸引了众多的游客前往该区域游览观光。

3. 东南亚旅游板块

东南亚又称南洋,是第二次世界大战后期才出现的一个新的地区名称,连接亚洲和大洋洲,沟通太平洋与印度洋,地理位置极其重要,属热带气候、高温多雨,主要信奉小乘佛教。印尼群岛、马来西亚海滩、狮城新加坡、泰国芭堤雅、富饶的文莱、有"花园城市"之称的仰光、柬埔寨的吴哥窟等对各国游客都有较强吸引力。

4. 澳大利亚旅游板块

澳大利亚,原意为"南方的大陆",四面环海,是世界上唯一国土覆盖一整个大陆的国家。拥有很多独特的动植物和自然景观的澳大利亚,是一个奉行多元文化的移民国家。澳大利亚是袋鼠王国,被称为"世界活化石博物馆",也是世界上养羊最多的国家,号称是"骑在羊背上的国家",著名旅游地有大堡礁、维多利亚大洋路、悉尼歌剧院和蓝山(被称为"丛林步行者的天堂")等。

四、"一带一路"倡议与襄阳旅游国际化新路径

"一带一路"倡议为襄阳国际化旅游发展带来机遇,并极大地拓展了襄阳旅游发展的空间,为了能够实现襄阳旅游发展的美好愿景,需要做好以下三个方面的工作。

(一)苦练内功,提升襄阳旅游国际化水平

旅游业是综合性的服务业,良好的城市环境和优质的旅游服务是基础。襄

阳旅游国际化发展，需要一个良好的旅游发展环境。

1.服务系统场景化

旅游服务是围绕着游客的移动而动态布局的，是一个完整的系统。良好的服务固然重要，但服务的场景化更加重要。场景是指消费者在头脑中预先构想出来的一种理想的消费空间，这种空间由无形的氛围和有形的物品共同组成。在体验经济时代，消费日益场景化——消费者不仅在进行"物品"消费，还在消费一种"场景"，当人们进入场景化的旅游场所就会有旅游消费的意愿。以意大利为例，游客不仅可以看到保存完好的建筑风貌和历史遗址，还可以完整地体验到这个国家的风土人情、人文内涵等，这两者共同构成了意大利的旅游消费场景，让人流连忘返。

襄阳国际化旅游发展，就是要通过系统的建设把城市旅游场景化，让游客可以深度体验襄阳模式的生活。旅游服务场景化是一个渐进的过程，可由一个景点（临汉门）、一条街（北街）、一个城区（襄阳古城）不断扩展，努力营造一种古城文化背景的、后现代式的慢生活消费场景，让游客愿意来、留得住。

2.吸引系统全域化

旅游发展需要一个强有力的吸引系统，而旅游吸引物又多以旅游景区为核心。随着以自驾游为代表的休闲旅游的兴起，景区周边的社区以及目的地城市也成为旅游者光顾之地，旅游吸引物的外延被拓展为全域的概念。就襄阳而言，全域不能仅仅是城墙、昭明台、历史街区等有形的景点，还应该包括与襄阳古城相关的、游客感兴趣的历史文化、民俗风情和场景氛围等构成襄阳独有的文化内涵和特色的东西。

打造全域化的吸引系统，要围绕旅游者需求合理地配置这些有形的和无形的旅游要素，从而能够形成一个完整的旅游吸引系统。但需要指出的是，全域旅游依然需要景点，是景点旅游的深化和拓展。景区之为景区就是因为景区的环境要高于日常生活的环境，随着日常生活环境的改善，对景区环境建设提出了更高的要求，即景区精品化。精品景区包括软硬两方面的要求：硬件方面主要体现在景区物质环境的营造上，目前5A级景区的标准基本上代表了精品的标准；软件方面则体现在景区人文环境的营造上，而人文环境的本质就是让游客流连忘返的旅游场景和文化氛围。物质的景点建得再好，没有软性的、直指人心的文化氛围，依然不能算是精品景区。

3.旅游交通完备化

旅游的一个重要特征是人的空间移动性,因此,交通的通达性和便捷性很重要。国际化的旅游需要国际化的、便捷而完备的旅游交通网络。对襄阳而言,旅游交通的完备化有两层含义:

第一,交通系统功能上的通畅、便捷性。这又可分为两个方面:(1)从四面八方进入襄阳的便捷性。主要体现在高铁、高速公路和航班(尤其是国际航班)的布局状况,这方面襄阳在同类城市中具有一定的比较优势。(2)襄阳市内各县(市)区之间、各景区之间的互联互通性。经过多年的建设,各县(市)区之间已经构建起了由省道、国道和高速公路串联起来的交通网,但各县(市)区内部到达景区的道路和景区之间的旅游公路建设还需加强。

第二,交通系统本身对整个城市风貌的形成,构成了一种景观元素。这可从两个方面理解:(1)城市内外交通线的绿化和节点雕塑要体现城市地域文化特色。入城主干道、城市主干道、旅游景点公路两旁的绿化、车站和雕塑都需要景观化改造。(2)城市内部的交通线同时也是游客游览城市的视线通道。随着城市高架、立交桥的修建,游客观看城市的视角也在发生变化,高架桥大都处于城市的二层楼甚至三层楼的高度,相当于一个城市的空中观光走廊,人在高架桥上走就在观光城市,针对游客的行走视线要做好相应的建筑物外部美化。

4.标识系统国际化

标识系统是一个城市国际化的重要组成部分。一个国际化的旅游城市,其标识系统也一定是国际化的——国际通用语言、国际化的图形符号等。国际化旅游城市中如果没有国际化的标识系统,就会让外国游客手足无措。国际化的旅游标识系统不仅是一座城市国际化水平的标志,更是一座城市开放和文明程度的标志。因此,襄阳不仅需要国际化的标识系统,而且还应该将其覆盖到外地游客可能到达的各个角落,更为重要的是也要让襄阳市民熟悉和使用。

5.旅游功能多元化

旅游功能是指某一事物满足人们旅游需求的有效性。国际化旅游要求旅游功能的多元化,能够满足不同国家游客的不同旅游需要。休闲度假旅游时代的到来和对外交通条件的不断改善,为襄阳旅游发展带来了良好的机遇,同时也对襄阳旅游提出了新的要求,旅游功能多元化就是其中之一。

一般而言,旅游功能多元化有两层含义:(1)原有旅游景区产品的深度开发和功能升级，使之具备满足游客多元化旅游需要的功能。如襄阳古隆中景区，通过合并植物园，新修卧龙岗景区，推出情景影像话剧《草庐·诸葛亮》等，使之成为集文化朝觐、观光旅游、生态体验、商务服务、休闲度假等多种功能于一体的综合性旅游景区。（2）新建景区满足旅游目的地多功能旅游需求。如襄阳近年来新修建了以影视旅游为主题的唐城景区、园林休闲型的中华紫薇园景区和休闲度假型的鹿门山景区等，丰富了襄阳旅游产品结构，拓展了襄阳旅游的功能。无论是老景区的功能拓展，还是新景区的修建，都应有国际化的视野。

（二）开放合作，打造襄阳国际化旅游线路

旅游业是一个典型的外向型产业，需要大量外来游客的支撑。为了更好地促进旅游业的发展，需要加强不同地区、相关旅游企业之间，在产品开发、旅游营销、客源共享等方面的合作。

1. "万里茶道"遗产文化游线路

"万里茶道"从福建武夷起，穿江西，经湖南，至湖北，贯河南，过山西，越河北，达内蒙古，入蒙古国，往俄罗斯，途经一系列国内外著名城市。中俄"万里茶道"起始于雍正年间，终止于俄罗斯十月革命，持续了近两百年，高峰期在襄阳将近一百年时间。茶叶贸易的百年繁华，给襄阳留下了众多的茶道文化遗产，比较著名的有汉江码头、河街、襄阳城墙、襄阳护城河、襄阳各省会馆、陈老巷、老河口太平街等。"万里茶道"沿线的历史文化名城众多，国内的福州、洛阳、南阳、大同和国外的莫斯科、圣彼得堡等主要节点城市都是享誉海内外的历史文化名城，历史文化遗迹众多，可以将其整体打造成为一条"万里茶道"历史文化名城旅游精品线路。

2. 滨江型历史文化名城游线路

（1）军事名城之旅

襄阳城的前身是楚国的"北津戍"——楚国北方的一个大型军事渡口，大约位于今襄阳古城西南三里余的真武山、琵琶山北麓。《水经注》记载说："楚之北津戍也，今大城西垒是也。"因为地理位置优越，逐步发展成为规模较大的城邑。西汉时期，在楚国北津戍的基础上设立了襄阳县。

可以说襄阳是一座因战争而兴，因军事而名扬于世的历史文化名城。襄阳

作为冷兵器时代著名军事名城的种种优点,被明末清初著名学者陆世仪概括为七便:"上控秦蜀,俯临江淮,前凭河洛,扼天下之吭而制其命,一也。所防止东北一面,为力易办,二也。襄阳之间多闲田,区处耕垦,可以处四方辐辏之众,三也。江汉朝宗,岁省挽运之费数十万,可以佐大农金钱,四也。从来盗贼之乱,交起于徐泗,多藏于荆襄,今使之属在畿辅,则贼不至易炽,五也。湖广地饶,一岁再获,京师可常足,六也。民俗剽悍善斗,可养为兵,七也。"

正是战争造就了被誉为"华夏第一城池"的最宽护城河,锻造了"铁打的襄阳"的襄阳城墙,更是留下了一段母子并肩作战的历史佳话和巾帼不让须眉的夫人城传说。襄阳的军事魅力完全可以和古城斯巴达、斯大林格勒(今伏尔加格勒)等军事名城相媲美。

(2)明清古城之旅

目前,申遗队伍包含了六省八城,形成了包括都城(江苏南京城墙),府城(陕西西安城墙、浙江临海台州府城墙、湖北荆州城墙、湖北襄阳城墙),州城(安徽寿县城墙),卫城(辽宁兴城城墙)以及皇城(安徽凤阳明中都皇城城墙)在内的完整城墙序列。

中国历史上,至少曾有6000多个城市建有城墙。如今,现代都市主城区仍保留城墙的城市不到20个,保存完整的不到10个,可谓凤毛麟角,极其珍贵。申报世界文化遗产是一个契机,让中国古老城墙重现历史尊严,向全世界民众展现中华先民的独特创造和荣光。城墙,不应是玻璃展柜中冷冰冰的展示品,而应是现代生活中活生生的、可触摸的文明"对话体"。

明清古城墙文化价值主要体现在:它是国家权力的象征,生动地再现了传统礼治文化,具有独特营造工艺和审美趣味,体现了浓郁的地域文化特色和统一国家中的南北文化差异。

(3)楚文化名城之旅

楚文化是中国春秋时期楚国的物质文化和精神文化的总称,是汉文化、汉水文化和中国传统文化的重要组成部分。现在一般认为,楚文化的主源是祝融部落集团崇火尊凤的原始农业文化,华夏文化与蛮夷文化则分别是楚文化的干流和支流。现今的湖北省大部、河南西南部为早期楚文化的中心地区。

楚国在西周早期立国后不久到战国早期发展壮大的过程中,先后以今南漳荆山东北部、蛮河上中游到蛮河下游的宜城平原为根据地,其地域均在今襄阳地区。如果从周昭王在位（前995—前977）中期算起，到楚悼王在位（前401—前381）中期结束，前后长达近600年，这也是襄阳作为楚国发祥地和壮大地而逐步兴盛的600年。

目前，襄阳与楚文化相关的全国重点文物保护单位有两处：宜城楚皇城遗址和樊城邓城遗址。襄阳的楚皇城文化旅游可以和荆州楚文化国家级大遗址保护区进行联合，共同打造楚文化旅游线路。

3. 三国历史人物追踪游线路

四大名著之一的《三国演义》是中国第一部长篇章回体历史演义小说，以描写东汉末年的群雄割据混战和魏、蜀、吴三国间的战争为主，塑造了一批叱咤风云的三国英雄人物。诸葛亮是三国人物中最为人称道的人物之一，被誉为"中华智圣"。

襄阳三国文化是以诸葛亮文化为龙头出现在世人面前的，躬耕苦读、三顾茅庐和隆中对策等人文典故早已和襄阳密不可分。目前，保存较好的水镜庄、徐庶庙、古隆中等和诸葛亮文化密切相关的人文景点是开展三国研学之旅的重要依托。

结合襄阳三国文化的特色，可以与外地联合重点开发以"三故五地"为代表的"智圣"文化之旅。"三故"是指山东临沂诸葛亮故乡、湖北襄阳诸葛亮故居和四川成都诸葛亮故祠，"五地"是指山东临沂孔明出生地、湖北襄阳孔明成长地、四川成都孔明治国地、甘肃礼县（祁山）孔明征战地、陕西汉中（勉县）孔明归葬地。"三故五地"除山东临沂没有武侯祠外（"文革"期间被毁，但留有诸葛城遗址，并且新建了规模庞大的诸葛亮故居纪念馆），其他都有武侯祠（国家级文物保护单位）存世，是凭吊诸葛亮的重要物质载体，可将其打造成为国际知名的孔明文化修学游线路。

4. 洲岛女神文化体验游线路

中国传统文化中形成了以《封神演义》和《西游记》为代表的两大神系，两大神系中都有一些影响深远的女性神仙。广为人知的女性神仙有女娲、西王母、观音菩萨、九天玄女、织女、嫦娥、精卫、娥皇和女英等。在中国民间信仰中，泰山的碧霞元君（俗称泰山奶奶）和福建湄洲岛的妈祖神（俗称妈祖娘娘）影响最大，有"北元君，南妈祖"的说法，二者都拥有规模宏达的祭祀道场。此外，浙江普陀山的观音道场，是中国佛教四大菩萨中唯一以女性形象示人的菩萨。甘肃省天水市秦安县陇城镇有女娲洞和女娲庙,是公认的女娲故里,女娲祭祀活动延续至今。

如果说女娲神、泰山女神、妈祖神和观音菩萨是民间百姓崇拜和祭祀的对象,已成为神圣偶像的话,那么,发端于《诗经·汉广》篇的汉水女神,则更多体现为一种文学审美意象的女神。可以说汉水女神是所有女神中文艺范最浓的。发轫于《诗经·周南·汉广》的汉水"游女",成为《楚辞·九思·疾世》中的"水神""灵女",屈原《楚辞·九歌》中的《湘君》《湘夫人》,西汉刘向《列仙传》中的"江妃二女",东晋王嘉《拾遗记》中周昭王侍女"延娟、延娱"等女神、女仙形象的源头。魏晋以降,汉水女神现象更是在曹植《洛神赋》、阮籍《咏怀》以及唐宋诸公的诗词歌赋中频频出现,已成为中国古代文学和传统女性审美中的典范。

作为一种文学审美形象的汉水女神,在文化旅游创意开发中具有很大的创意空间和巨大的市场潜在价值。从某种意义上讲,汉水女神是理想的中国传统文化女性形象,可以与美国的自由女神、希腊神话中美惠三女神和智慧女神媲美。

5. 佛道祖师文化朝圣游线路

自涂尔干提出宗教可以划分为神圣与世俗两个领域的观点后,人们大都接受宗教及其宗教生活神圣性的观点。其实,从人的现实生活来看,人类的精神生命本就存在神圣与世俗两种向度或者样式,大多数人选择了世俗的生活,而把神圣赋予了宗教。尽管现实的生活越来越世俗化,但是神圣感依然是一种不可或缺的东西。于是,在后工业化时代和后现代价值观的影响下重新建构神圣、找寻有意义的生活就成为人类精神追求的一个新的目标。作为神圣化身的宗教信仰,在当下有复苏的迹象。

襄阳具有国际影响的宗教资源主要有以释道安为代表的佛教文化和以真武山为代表的道教文化资源。释道安在襄阳弘扬佛法达15年之久,先后建有白马寺、檀溪寺、谷隐寺等佛教名刹。道安大师弟子众多,为佛教中国化做出了巨大贡献,其弟子慧远大师更是被奉为净土宗之始祖。净土宗自东晋创立以后,广泛流传于中、日、韩、越等地,影响深远、至今不衰。襄阳真武山(又称龟山、九宫山)因山上建有真武庙,故又称"小武当""小金顶"。历史上真武山道观是武当山系列道观中的第一道观,规模宏大,在海内外享有盛名。因道观处在鄂、川、陕、湘、桂、滇数省来往的通衢大道,毗邻汉江,交通十分便利,使襄阳"小武当"风光无限。真武山道观作为汉江流域武当文化走廊和真武祖师信仰文化的重要组成部分，具有很大的旅游发展潜力。

（三）互联互通，谋划"襄阳+"旅游大格局

旅游发展交通先行，便利的交通是旅游发展的必要条件，襄阳目前的交通布局基本具备了国际化旅游发展的需要，但依然存在一些短板，可以通过以下措施化解这些问题。

1．"飞机+高铁"组合式旅游交通格局

囿于襄阳航空缺乏国际航线的瓶颈，充分利用未来几年襄阳在高铁上得天独厚、交通发达的区位优势，可以考虑实施旅游交通"飞机+高铁"的发展模式。

近期，可加强与西安、郑州、武汉和重庆等中西部重点城市和"一带一路"重要节点城市的旅游合作，通过"飞机+高铁"的方式把襄阳与这四大城市连接起来，通过高铁将分流到这些城市的国际游客吸引来襄阳观光旅游，实现襄阳与毗邻的武汉城市群、中原城市群、关中城市群和成渝城市群之间旅游客源的相互输送。

远期，可通过郑州—重庆—昆明（郑万高铁延伸至昆明）、武汉—西安—兰州（西武高铁延伸至兰州）、上海—武汉—成都、呼南高铁（呼和浩特、大同、襄阳、桂林、南宁）四条国家快速客运与北京、上海、成都、昆明、桂林等国内主要旅游城市实现互联互通。同时，襄阳在长江中游城市群中沟通南北的开放性优势也将凸显，在襄阳交汇的高铁，将与长江中游城市群里的主要高铁线路，如京广高铁、沪昆高铁、沪汉蓉高铁、武九高铁、呼南高铁实现联通，从襄阳乘坐高铁可以便捷到达"一带一路"的主要支点城市西安、兰州、呼和浩特、广州、南宁等。届时"国际航线+国内航线""飞机+高铁"的多重组合式交通，将使襄阳充分融入丝绸之路旅游线路（西安、兰州、乌鲁木齐、呼和浩特等）和21世纪海上丝绸之路精品旅游线路（上海、宁波、厦门、广州、南宁等）。

2．"襄阳+支点城市"嫁接式旅游营销

"一带一路"倡议为襄阳主动融入丝路文化之旅提供便利，改变了襄阳旅游营销的内容和方式。鉴于"飞机+高铁"组合式旅游交通格局对襄阳旅游区位条件的影响,在旅游营销上也需要做出相应的变革。总的思路是按照"襄阳+"丝路文化之旅主要支点城市的方式,围绕空中航线和高铁轴线的重要节点、重点景区进行文化推介和旅游宣传。可从以下三个方面入手:

第一,加强政府间的合作,联合促销、客源共享。(1)通过襄阳与西安、兰州、呼和浩特等丝绸之路经济带重要支点城市旅游部门的联合宣传促销,主动融入丝绸之路旅游线路,吸引前往这些地方的游客到襄阳旅游观光。(2)加强与北京、上海、杭州、南宁、桂林等21世纪海上丝绸之路重要支点城市政府和企业的合作,通过线路组合和市场细分将长三角、环渤海和珠三角地区的入境游客分流至襄阳。

第二,加强旅游企业之间的合作,做好线路设计和景点推介。(1)加强襄阳与各地旅行社之间的合作,围绕三国文化、古城文化、茶道文化、江河文化、洲岛旅游文化等设计专题旅游线路,实现互利双赢。(2)加强景点间的宣传合作,如与同有武侯祠的成都、汉中、南阳等城市政府和企业合作,结成武侯祠联盟;与同为古城的西安、荆州、大同等城市合作,可以成立古城文化旅游联盟;与同为洲岛的福建妈祖岛(妈祖文化)、浙江舟山(观音文化)等地合作,可以结成洲岛女神文化旅游联盟,共同推介、客源共享,实现双赢发展。

第三,充分利用蓬勃发展的智慧旅游,开展网上营销。可以加强与去哪儿、途牛、携程等OTA公司合作,开拓海内外市场。

3."襄阳+友好城市"互动式旅游交流

友好城市又被称为姐妹城市(Sister Cities),是指一国的城市(或省州、郡县)与另一国相对应的城市(或省州、郡县),出于维护世界和平、增进相互友谊、促进共同发展的目的和广泛开展政治、经济、科技、教育、文化、卫生、体育、环境保护和青少年等各个领域的交流合作的需要,经谈判协商、签署正式友城协议书的两个城市,主要兴起于二战之后的欧洲。1973年,天津与日本神户建立了我国第一对国际友好城市。

1983年,襄阳市和日本犬山市建立了襄阳的第一对国际友好城市。截至2016年10月,襄阳共建立了20个国际友好城市(含友好关系城市及友好关系郡县)。这些城市广泛分布于欧洲(共六国七城)、亚洲(共三国三城)、非洲(共一国一城)、南美洲(共二国三城)和北美洲(共三国六城),有力促进了襄阳对外文化交流和经济社会发展。

旅游交流是友好城市间交流合作的重要内容，在具体的旅游发展中可以开展友好城市之间点对点的旅游互访活动。除单纯的旅游互访外，还可以开展形式多样的文化、教育、卫生、体育、环境保护和青少年交流等多方面的交流合作与人员互访。

总之，"一带一路"为襄阳旅游国际化发展提供了新视野、新机遇和新空间。在"一带一路"倡议这一新的时代背景下，以"一城两文化"为代表的襄阳"万里茶道"、三国文化、军事文化和汉水文化等文化旅游品牌将大放异彩。我们有理由相信缔造一个又一个传奇历史的襄阳人，一定会把握历史机遇，通过一系列内部优化、外部拓展和开放合作发展战略的实施，在不远的将来，形成国际化的"襄阳+"旅游发展大气象和大格局。

参考文献：

[1] 刘玉堂：《楚文化发展历程考述》，《荆州师专学报》（哲学社会科学版）1987年第4期。

[2] 杜汉华：《襄樊旅游城的形象定位与开发》，《襄樊学院学报》2004年第3期。

[3] 潘世东：《汉水文化论纲》，湖北人民出版社2008年版。

[4] 刘陆：《我国女神文化旅游开发研究》，四川师范大学硕士学位论文2008年。

[5] 刘群：《襄阳历史文化丛书》，湖北人民出版社2014年版。

[6] 朱运海：《襄阳文化旅游发展研究》，华中科技大学出版社2014年版。

[7] 刘群：《话说襄阳》，湖北人民出版社2015年版。

[8] 杜汉华、余海鹏：《"襄阳军事攻防工程体系"与汉水流域"世界遗产"的申报、保护》，《襄阳职业技术学院学报》2015年第3期。

[9] 赵磊：《"一带一路"年度报告：从愿景到行动》，商务印书馆2016年版。

架起文明对话的桥梁

——襄阳对外人文交流与传播研究

肖兆武

内容提要：襄阳是我国古代"万里茶道"的节点城市，对外人文交流历史悠久。历史上，这里不仅是商贸物资的聚集地和重要的运输通道，更是对外人文交流与传播的高地。近些年来，襄阳加大了对外人文交流与传播的力度，并取得了一定成效。新时期，拓展襄阳对外人文交流与传播空间，可探索政府＋友好城市、旅游＋历史名城、教育＋合作项目、经贸＋文化产品、企业＋人文精神等模式，构建顶层设计国际化、沟通机制多元化、传播机制大众化等运行机制。借力新的模式和新的机制，通过强化文化输出意识、实施文化兴市战略、创作优秀文化产品、运用现代传播媒介、拓展交流传播渠道等，进而提升襄阳对外人文交流与传播的效果及水平，形成自身特色和品牌，服务于国家文化"走出去"战略和人文交流需要，服务于襄阳城市建设和发展需要。

随着经济全球化的发展，我国（城市）与外国（城市）之间的经贸、文化、科技等领域交流日益加强。拓展对外人文交流，加强国际传播能力建设，已成为我国（城市）对外开放，提升城市国际化水平的重要手段。提升襄阳城市国际化水平，加快集聚全球高级要素，进一步促进襄阳经济社会发展、产业层次优化、城市功能完善、地域文化传播和市民观念开放，需要不断深入挖掘对外人文交流与传播的优质资源，充分发挥对外人文交流与传播在城市国际化中的重要作用，使其真正成为加快襄阳国际化建设的软实力。

一、襄阳对外人文交流与传播现状考察

对外人文交流以人文领域中相关内容的传播、交流与沟通为主要内容，通

过人文相关领域的交流与合作来影响境外受众。而对外传播则是以境外人士为主要传播对象,以让世界了解中国为最终目的而进行的信息传播活动。回顾襄阳对外人文交流与传播的历史,分析新时期襄阳对外人文交流与传播的现状,对探索襄阳对外人文交流与传播模式及其运行机制,提升襄阳对外人文交流与传播水平具有一定现实意义。

(一)襄阳对外人文交流与传播之回顾

回顾襄阳对外人文交流与传播工作,就是要对襄阳对外人文交流与传播的资源、优势和机遇进行客观分析和理性思考,以便更好地借鉴历史经验,创新工作思路。

1. 历史上,襄阳曾是对外人文交流与传播的高地

历史上,襄阳对外人文交流与传播方式很多,以宗教、文学作品、人员往来等为主要形式。首先,宗教在对外人文交流与传播中发挥了重要作用。早在东晋时期,从战乱的北方来到相对安逸的襄阳弘法的释道安,在襄阳研究佛学十五年,颇有建树,他是用中国传统文化解释外来文化进而使佛教中国化的第一人,成为"洋为中用"的典范。明末至20世纪初,西方一些传教士开始进入襄阳,建教堂、发展教徒,促进了中西文化的碰撞和交流。如著名的切斯特·朗宁,他来自于加拿大的传教士家庭,1894年出生在襄阳,曾任加拿大驻重庆使馆参赞、加拿大外交部远东司司长,为推动加拿大承认中华人民共和国、恢复中国在联合国的合法席位等做出了较大贡献。其次,文学艺术是襄阳对外人文交流与传播的重要载体。《三国演义》在海内外流传很广,其中,特别是在襄阳躬耕十年的诸葛亮备受推崇,如日本就把诸葛亮推崇为超级英雄。《马可·波罗游记》是西方人感知中国的第一部著作,书中关于襄阳的描述,成为西方人了解襄阳的开始。《射雕英雄传》虽然是虚构的故事,但也成为海外人士了解襄阳的重要素材。再次,"万里茶道"是对外人文交流与传播的重要线路。襄阳"南船北马、七省通衢",是"万里茶道"重要水陆联运节点,茶叶等贸易促进了人文交流与传播。

2. 新中国成立后,襄阳非常重视对外人文交流与传播工作

新中国成立后,尤其是改革开放以来,襄阳非常重视对外人文交流与传播工作,不仅有效地保护了历史文物,产生了一批优秀历史文学作品,而且在高

层互访、友好城市互动、学术交流、旅游、互派留学生（交换生）、传媒传播等方面推动了对外人文交流与传播工作。在文物保护方面，还公布了一批文物保护单位。目前，襄阳有国家级文物保护单位15处、省级106处、县（市）级636处。推出了"千古帝乡、智慧襄阳""一城两文化"的城市文化品牌。特别是近些年来，一大批社科界同仁对襄阳历史文化进行系统的研究，为襄阳优秀历史文化走出去提供了较为丰富的素材。大型电视连续剧《三国演义》拍摄于襄阳，在国内外影响较大，话剧《刘秀还乡》等作品也产生了较大影响。对外文化交流项目不断增加，广播电视及网络成为对外传播的重要工具，促进了文化传播力的提升。襄阳对外人文交流与传播已初步形成了政府重视、民间为主、商业运作、产业发展的特点，经历了由小到大、由浅入深、由点到面的过程，为增进襄阳与外界之间的了解与合作发挥了重要作用。

3. 近年来，襄阳对外人文交流与传播取得了较大成效

近年来，襄阳的对外人文交流与传播工作，不仅政府发挥了主导作用，而且民间也起到了重要作用，逐步形成了一个良性运行体系。首先，政府主导的人文交流稳步推进。建立对外友好城市（郡县），特别是与韩国襄阳郡、日本犬山市等友好城市（郡县）的往来，人文交流与传播效果较好。2010年11月26日，经国务院正式批复同意，原"襄樊市"更名为"襄阳市"，使襄阳与历史文化以一种有效连贯的方式，传达了一个清晰、明确并且一致性的城市品牌。襄樊更名襄阳成功，大大提升了城市对外名片的影响力。其次，民间在人文交流与传播中的作用逐步发挥。经贸往来是人文交流的重要形式，伴随着经贸关系的发展，对外人员往来和文化交流也日益密切。如襄阳与日本犬山市自友好城市建立以来，书法交流一直没有中断。再次，初步形成了对外人文交流与传播体系。襄阳对外人文交流的内容不仅仅局限于经贸领域，在科技、教育、宗教、艺术等方面也都取得了长足发展。襄阳对外人文交流参与者，既包括政府官员，又包括社会人士、专家学者和普通民众，特别是近年来对外旅游业的发展，普通民众出境人员倍增，已逐渐成为对外人文交流的重要组成部分。

（二）襄阳对外人文交流与传播之呼唤

襄阳对外人文交流与传播不仅是我国文化"走出去"战略和人文外交的重要组成部分，更应当服务于襄阳城市建设和发展，应当在"一带一路"倡议、襄

阳优秀传统文化传承发展等方面发挥更大作用。

1. 推动襄阳发展的现实需要

湖北省委、省政府2003年提出"一主两副"战略，2013年启动汉江生态经济带开放开发，把"两圈一带"战略丰富拓展为"两圈两带"战略，要求襄阳在汉江生态经济带中发挥战略引擎作用。目前，襄阳对外开放及国际化水平还不高，对外人文交流传播力度还不够大，与我国东部沿海发达城市相比还有较大距离。加强对外人文交流与传播是打造襄阳对外开放高地、提升国际化水平的重要举措，是"文化襄阳"建设的重要内容，发挥着"让世界了解襄阳，让襄阳走向世界"的重要作用。拓展对外人文交流领域，加大对外传播力度，我们还有很多事情要做，还要在对外人文交流与传播过程中，积极推介城市品牌，不断提升城市知名度和美誉度。

2. 融入"一带一路"倡议的需求

襄阳曾经是亚欧"万里茶道"的重要节点城市，南方茶通过"万里茶道"水陆通道远销欧洲、中亚等地区。今天，襄阳以开放、包容的姿态，主动抢抓"一带一路"倡议机遇，以创新的举措全面提高对外开放水平，着力打造汉江流域开放高地。襄阳融入"一带一路"，开辟了"一江三线"四条国际物流通道，企业借势主动走出去已初见成效。但仅这些还不够，还应发挥对外人文交流与传播的重要作用，促进襄阳在"一带一路"开放中"融得紧，走得远，成效大"。襄阳要借鉴"万里茶道"开展人文交流与传播的经验，推动襄阳向西、向北融入丝绸之路经济带，向东、向南融入21世纪海上丝绸之路的"双向拓展"战略实施。

3. 发展襄阳优秀传统文化的渴求

襄阳是一个建城2800多年的历史文化名城，具有丰富的历史文化资源。襄阳古城、三国文化、汉水文化，是祖先给襄阳人民留下的宝贵文化遗产，令今天的襄阳人感到无比自豪。然而，新时期如何将襄阳优秀历史文化发扬光大，如何在新时期创造出新的优秀文化，让后人也能像今人享受优秀历史文化大餐一样，享受今人给后人留下的优秀文化大餐，是我们需要思考的问题。开展对外人文交流与传播，是发展襄阳优秀传统文化的有效途径。推动襄阳历史文化走出去，可以借鉴"韩流"开拓中国市场的经验，借鉴北京、南京、西安等城市通过历史文化名城吸引境外受众的做法，让世界了解襄阳历史文化的厚重，感受其魅力。在"走出去"的同时，积极吸收世界各国优秀文化精髓，使襄阳文化能够集百家之所长，进而形成不同文化的互鉴、共荣和良性竞争。

二、襄阳对外人文交流与传播模式探索

襄阳是一个地处内陆的城市，对外人文交流与传播可以借鉴沿海发达城市的做法，也要结合自身特点，创新工作思路。可以从政府+友好城市、旅游+历史名城、教育+合作项目、经贸+文化产品、企业+人文精神等方面，探索具有襄阳特色的对外人文交流与传播新模式。

（一）政府+友好城市

在政府推动下，20世纪70年代开始中国城市掀开了与世界各地城市建立友好城市的高潮。一方面，友好城市成为我国对外人文交流与传播的成果；另一方面，友好城市的建立也为我国对外人文交流与传播提供了广阔的空间。襄阳要认真研究如何发挥友好城市在对外人文交流与传播中的作用，并把友好城市建设成对外人文交流与传播的基地，同时政府还要为对外人文交流与传播搭建平台，并与民间携手同台"唱戏"。

1. 创建基地

依托友好城市，并把它创建成为对外人文交流与传播的基地，是襄阳对外人文交流与传播的重要内容。近年来，襄阳市委、市政府对外交流工作迈出新步伐。2015年，襄阳市党政主要领导分别带队出访了波兰、俄罗斯、韩国、日本、泰国、柬埔寨等国，开展了多项经济文化活动，取得丰硕成果，并与波兰卢布林市、柬埔寨茶胶省签署了友好城市（友好关系城市）相关协议。截至目前，襄阳已与国外20个城市建立了友好城市关系，这些友好城市不仅是襄阳经济贸易的合作伙伴，也将成为城市对外人文交流与传播的基地。从我国友好城市建立过程来看，在初建阶段历史文化因素作用显著。据有关资料显示：1973—1992年，有57座历史文化名城建立友好城市，占此阶段全部友好城市的46%，占全部地级及以上历史文化名城的69%；1993—2004年，有17座历史文化名城建立友好城市，占此阶段全部友好城市的22%，占全部地级及以上历史文化城的20%；2005—2011年，有4座历史文化名城建立友好城市，占此阶段

全部友好城市的9%，占全部地级及以上历史文化名城的5%。襄阳是国家历史文化名城，有丰富的历史文化资源，这是在友好城市中创建人文交流与传播基地得天独厚的优势，要充分发挥它的作用。随着友好城市关系的稳定和城市发展，经济因素在友好城市发展中越来越重要，但巩固和发展友好城市关系仍然离不开城市间的人文交流与传播。

2. 搭建平台

政府是友好城市建立的主导者，同时也是对外人文交流与传播的规划和决策者、引导和推动者。政府为对外人文交流与传播搭建平台，能够更加广泛地吸引民间组织参与。"国之交在于民相亲，民相亲在于心相通。"在友好城市间开展人文交流与传播需要民间层面的人员来往、思想交流和心灵沟通，才能促进友好城市关系健康发展。在友好城市的双边人文交流中，由于两城的社会制度、人文历史、意识形态以及经济社会发展阶段的不同，会有很多不匹配的东西，如动力不匹配、执行主体不匹配、期望不匹配等，需要政府出面进行协商并根据双方的意愿和具体情况进行具体安排和规划，签订合作协议。只有根据不同的友好城市特点，搭建相应的人文交流与传播平台，才能让更多的民间组织、专业组织在人文交流与传播中发挥重要作用。人员交流是重要的平台，人即媒介、人即讯息。人是对外传播的媒介，主要包括入境而来的亲历襄阳的外国人和出境而去的直接将襄阳形象带到外国公众面前的襄阳人。人员交流增多了，就有了共同感兴趣的话题，人文交流与传播的项目就产生了。有了项目就能形成长效机制，对外人文交流与传播就形成常态。

3. 同台唱戏

友好城市既是对外人文交流的基地，同时也是一个实实在在的表演舞台。在这个舞台上的表演者，不只是政府官员，更多的应当是民众。政府官员的参与和倡导对人文交流与合作具有重要作用，有利于拓展人文交流，深化合作内涵，加深两城人民对彼此生活方式的了解和沟通。但民众的广泛参与更加接地气，能够沟通民众思想，实现情感的融合。友好城市间开展人文交流，不仅要发挥政府的主导作用，更要发挥民间组织的主体作用，逐步形成政府、民间同台唱戏的局面。随着友好城市关系的逐步发展，政府应逐步从前台退到幕后，集中精力搞好顶层设计，处理资源分配，让社会团体、教育机构、民间组织逐步成为人文交流与传播的前台主角。政府可通过设立对外人文交流基金等形式，资助学校、民间组织、文化团体等开展经常性人文交流活动。

（二）旅游+历史名城

目前，旅游已成为对外人文交流与传播的重要途径，而吸引境外游客来襄阳旅游与旅游吸引物有较大关系。襄阳作为历史文化名城不仅沉淀了丰富的楚文化、三国文化和汉水文化，还有山、城、水、洲相互映衬的独特自然风光，是吸引境外游客来襄阳的主要吸引物。我们要塑造好历史名城形象，开发好反映历史名城文化精髓的城市礼品，策划好旅游线路，展现好襄阳魅力，扩大襄阳城市的影响力。

1. 塑造好名城形象

历史文化名城形象主要与城市历史文化及城市的地理环境、经济贸易水平、社会安全状况、建筑物景观、商业、交通、教育等相关，是社会公众长期形成的对城市认知的印象总和。历史文化名城是襄阳最具特色的城市形象，市民是城市形象的重要组成部分，人人都是形象大使。一方面，政府官员、跨国商务人员、外派劳务人员、出境旅游者、出国留学生等在境外的形象会直接折射出真实的中国（襄阳）。另一方面，进入襄阳的境外人员对襄阳市民一言一行观察得来的印象，也将直接影响襄阳城市品牌的形象。塑造好历史文化名城形象，要正确树立历史文化保护与新城建设的关系、传统景点与新景区开发的关系、城市物化环境与人文环境的关系，要让襄阳历史文化名城真正成为吸引境外游客最为显著的标识。

2. 开发好城市礼品

城市礼品能够融合城市文化、精神、意识形态等元素，是城市文化、品牌和形象的缩影。它不同于旅游产品，不仅用于旅游景点的零售，也是用于赠送友人的佳品，更是政府、企业、学校间文化交流与互通的载体。襄阳是历史文化名城，具有丰富的历史文化资源和独特的自然资源，开发具有地方特色的城市礼品，有利于促进襄阳对外人文交流与传播。襄阳的城市礼品开发中，应选择使用襄阳古城、三国文化和汉水文化等襄阳特色文化来提升礼品的纪念性与艺术性价值。而情感性表现中，不仅让襄阳的汉水文化得到宣传推广的机会，具有地方文化寓意的礼品也会引起本地人极高的认可度，在购买或回忆时会增加情感价值。襄阳境内的生态资源和矿石资源也很丰富，腊梅林区、药材之乡、野生干货、玫瑰之都、中华紫薇园、荆山玉、绿松石和稀有矿种金红石等，都有一定知名度；而且在饮食加工和纺织等行业，也有较多好的资源可以利用，在设计的过程中，应与当地企业联合开发，开拓城市礼品新途径。

3. 策划好旅游线路

利用襄阳得天独厚的自然资源和人文禀赋，策划好旅游线路、营销产品是襄阳发展外向型旅游的基础。在出访和外事活动中，向海外客人推介襄阳的历史、人文、旅游资源，阐述"千古帝乡、智慧襄阳"的核心内涵，描绘"一城两文化"的魅力画卷，是吸引境外游客的有效方式。比如，襄阳市经贸代表团在韩国襄阳郡考察期间，为进一步发挥两个襄阳地缘相近、人缘相亲、文缘相通的优势，襄州区与襄阳郡签署了旅游文化合作协议，双方将每年举办文化旅游推介活动，携手向世界推介中、韩两个襄阳。由于襄阳目前还没有国际港口和国际机场，境外游客来襄阳旅游必须经过中转，为此，旅游部门要策划借"鸡"下"蛋"项目，充分利用国内外有影响的旅游公司，策划好旅游线路，也是发展襄阳外向型旅游的重要路径。再如，与西安、南京等城市联合打造中国古城线路，与成都等城市联合打造三国旅游线路等，以此提升襄阳旅游在国际上的影响力。

（三）教育+合作项目

教育是对外人文交流与传播的重要载体，要充分利用国内外合作交流渠道，以项目为导向不断拓展交流领域，深化国际交流合作内容，发挥教育在人文交流与传播中的独特作用。

1. 扩大规模

以项目为导向是襄阳教育界开展国际交流的重要形式。襄阳四中与澳大利亚肯摩尔中学、新西兰基督城米德尔顿·格兰奇中学等国际名校及教育机构采取联合办学或友好学校的方式，定期开展交流活动。2016年5月9日，美国福克纳大学Matthew教授在襄阳职业技术学院举办题为《论人文艺术教育的目的》的学术讲座，由他带领的五人学生团队启动了襄阳职业技术学院与美国福克纳大学交换生合作项目第五年的活动。湖北文理学院与澳大利亚阳光海岸大学合作举办的机械制造及自动化本科教育项目规模稳步扩大。类似的合作项目，在襄阳教育中还有一些，它们推动了襄阳教育国际水平的提升，但总体数量还不多，需要进一步扩大规模，才能适应当前襄阳教育国际化的新要求。

2. 拓展领域

2010年出台的《国家中长期教育改革和发展规划纲要》强调，要扩大教育开放，开展多层次、宽领域的教育交流与合作，提高中国教育国际化水平；要推动文化交流，增进学生对不同国家、不同文化的认识和理解。襄阳教育的国际化还需要不断探索引进境外优质资源，加强与信誉良好的国际组织、跨国企业以及教育发达国家开展交流与合作，探索中外合作办学的新途径、新模式；学习和引进国际先进的专业课程、教材体系和数字化教育资源，联合开发课程，共建专业、实验室或实训基地，建立教师交流、学生交换、学分互认等合作关系。

3. 深化合作

随着襄阳国际化水平的不断提升，对外向型人才的需求量将会越来越大，但襄阳相关高等教育的发展却相对落后。深圳市的天津大学—佐治亚理工深圳学院、深圳北理莫斯科大学，苏州市的西交利物浦大学，宁波市的诺丁汉大学等都是引进国外教育资源与国内大学联合培养外向型人才的成功典型，经验值得借鉴。襄阳教育尤其是高等教育要积极申办聘请外国专家许可，举办高水平中外合作办学项目和机构，利用学校品牌和专业优势吸引境外学生前来学习，探索国内国外联合办学新思路。同时，也需要配合"一带一路"，助力优质资源走出去，扩大与"一带一路"沿线国家的教育合作，到国（境）外办学，为周边国家培养熟悉中国传统文化、适应襄阳经济发展的急需人才。

（四）经贸 + 文化产品

自古以来，经贸与人文交流和传播就相伴相生。经贸活动拓展对外人文交流传播形式，对外人文交流传播促进经贸活动开展。襄阳要以人文方式为基础、消费方式为载体、产业方式为源泉，让文化产品通过贸易活动走向世界。

1. 以人文方式为基础

广义的文化产品是指人类创造的一切提供给社会的可见产品，既包括物质产品，也包括精神产品；狭义的文化产品专指精神产品，纯粹实用的生产工具、生活器具、能源资材等，一般不称为文化产品。目前，襄阳地方文化产品逐渐增多，但走出国门的还不多。民间艺术、工艺产品、影视产品等是对外传播襄阳地方特色文化的较好载体。比如，老河口木版年画为国家非物质文化遗产，具有较高的推广价值。襄阳的汉家刘氏茶已迈出国门，通过举办节目演出、茗茶鉴赏活动，进一步提升了湖北、襄阳茶叶在俄罗斯的影响，既唤醒了俄罗斯乃至东欧国家民众对中国茶的历史记忆，也有力促进了湖北打造中东欧国家"千年丝路、万里茶道"平台的建设。

2. 以消费方式为载体

只有国外越来越多的人爱上襄阳文化产品，选择它，使用它，襄阳文化产品才会有越来越大的走出去空间。金兰首饰是襄阳首饰行业的领军品牌，先后被评为省级名牌产品和消费者满意商品。地方名牌产品与城市礼品联合开发，既提高了产品的品牌意识，又能满足外地消费者的需求。程河柳编也是襄阳的对外贸易产品，可利用本地文化资源，与本地企业联合，从设计到制作都力求突出襄阳特色，保障品牌质量，增加消费者的信任度，进而推动相关产业的发展和产品外销。

3. 以产业方式为源泉

人文方式、消费方式传播推动了襄阳文化产品贸易，但要使襄阳文化产品在国外形成持续消费的局面，需要产业方式的支撑。襄阳已经打开了食品类商品国际市场，还有潜力较大的布艺、首饰等地方产业。然而，从地方名优文化产品到"走出去"文化产品还是有一段很长的路要走。地方名优文化产品要成为"走出去"文化产品，首先要有合理的经济拉动，要结合城市本地资源在品牌创立上提高影响力，形成产业链条；其次要开辟新领域、新渠道，形成新的产业集群。

（五）企业 + 人文精神

近年来，襄阳走出去的企业不断增多，尤其是襄阳在境外的合资或独资企业已成为对外人文交流与传播的重要方式之一。这些企业通过融合多元文化、培养企业精神、打造文化品牌提高企业的软实力，发挥了企业的影响力。

1. 融合多元文化

随着经济全球化、一体化的深入发展，文化融合对走出去的企业至关重要。在与国外企业合作过程中，通过逐步解决文化冲突，减少文化碰撞，实现文化融合与再造，共同推动文化的健康发展。只有坚持开放包容，注重文化融合，充分尊重彼此的意识形态、宗教信仰和民风民俗，构建中外员工和谐共处、共同成长的家文化，才能不断增强走出去企业发展的感召力和凝聚力，推进企业的成长和壮大。理解是文化融合的基础，沟通是文化融合的纽带，为了促进人员的跨文化理解，形成高效的跨文化沟通，必须建立各种正式和非正式、有形和无形的跨文化传播的组织和渠道。

2. 培养企业精神

企业精神代表着企业广大员工工作财富最大化方面的共同追求，因而同样可以达到激发员工工作动机的激励功能。它包括企业精神、企业经营宗旨、企业价值观、企业经营理念、企业作风、企业伦理准则等内容，是企业意识形态的总和。襄阳走出去的企业在这方面进行了有益探索，取得了初步成效。2013年，襄阳轴承股份有限公司以2.03亿元收购波兰最大的轴承制造企业——克拉希尼克滚动轴承股份有限公司（2016年更名为波兰轴承工厂），成为湖北国企海外并购的第一例。在襄轴并购KFLT之后，该企业积极培育企业精神文化，加快员工融合，极大调动了员工的主人翁精神和生产积极性，企业销售额以年均30%的速度递增，波籍员工收入翻了一番。该并购也被波兰总统新闻发言人誉为中波合作的"标杆"，中国驻波兰大使徐坚称赞该项目"为中波企业合作树立了标杆，对襄阳乃至湖北的对外开放具有积极的示范意义和带动效应"。

3. 打造文化品牌

培育企业精神文化，要有前瞻意识，注重理论联系实际，立足于国情，适应企业本身实际，搞好调查研究，认真总结已有经验，培育出最适合自己，能引起全体员工共鸣的企业精神文化，让员工有与企业共生存、共兴旺的工作进取欲望，并在生产经营活动中转化为物质成果。同时，企业精神文化的表达，应力求简单明确、好懂易记、针对性强、富于个性、形象生动。突出企业精神文化，能拨动员工的心弦，成为和谐企业的品牌名片。企业的文化品牌，是企业的标志，犹如人之眼睛，能折射出企业的内涵。

三、襄阳对外人文交流与传播机制创新

人文交流与传播机制的建立，一方面是政府间顶层设计的产物，是政府间沟通的重要渠道；另一方面，机制的运行和实践需要民间支持，需要考虑人文

交流的具体实际。结合襄阳实际,让顶层设计国际化、沟通机制多元化、传播机制大众化,乃是提升襄阳对外人文交流与传播效果及水平的重要保障。

(一)顶层设计国际化

顶层设计是运用系统论的方法,从全局的角度,对某项任务或者某个项目的各方面、各层次、各要素进行统筹规划,以集中有效资源,高效快捷地实现目标。襄阳对外人文交流与传播需要顶层设计,要把服务于提升城市国际化水平作为主要目标,科学设计"走出去"项目及实现路径,政府要当好总设计师。

1. 服务于城市国际化战略

襄阳城市发展以现代化建设为载体,主动对接"一带一路"倡议,不断提升城市国际化水平,着力建设区域性国际化城市。对外人文交流与传播是襄阳提升城市国际化水平的软实力,顶层设计要用国际化的视野挖掘襄阳优秀历史文化资源,用国际化的标准打造襄阳历史文化产品品牌,用国际化的思路开展对外人文交流、传播,助推襄阳城市品牌、襄阳优秀历史文化走出去,以此发挥对外人文交流与传播在"让世界了解襄阳、让襄阳走向世界"城市国际化进程中的重要作用。

2. 科学设计"走出去"项目

中国文化"走出去"战略是我国在21世纪初提出的文化建设方针,对于中国文化的觉醒、复兴、整合具有积极的推动作用。新时期,随着国际形势的变化、国内经济的发展,文化"走出去"战略成为建设文化强国、增强国家文化软实力的重要策略。襄阳的历史文化是中国优秀历史文化的重要组成部分,对外人文交流与传播顶层设计既要从中国文化走出去的全局出发,服务于国家战略,更要结合襄阳实际设计走出去项目,逐步探索具有襄阳特色的优秀文化走出去路径。

3. 政府要当好总设计师

一方面,襄阳对外人文交流与传播需要顶层设计;另一方面,顶层设计意味着政府要为未来襄阳对外人文交流与传播的这艘巨轮当好舵手,当好总设计师。顶层设计对政府和民间做出更加准确的定位,政府不能替代民间,民间也不能替代政府。既要避免民间失灵,更要避免政府失灵。既要打破垄断资源,减少民间扭曲和外部性,更要减少政府行为的盲目性,降低对外人文交流的风险与成本。同时，政府还应建立健全相应的保障机制，促进对外人文交流与传播工作的顺利开展。

（二）沟通机制多元化

目前，襄阳对外关系多为政府间经常性的沟通、交流和合作，这有利于维护和巩固双边的友好关系。政府在对外人文交流与传播中处于主导地位，同时也要充分发挥民间组织及海外华人华侨参与的积极性，逐步形成政府主导、民间参与、华人华侨架桥的多元化沟通机制，还要完善对外人文交流与传播工作的评估机制，以此促进襄阳对外人文交流与传播良性运行。

1.建立政府高层及相关部门互访沟通机制

目前，襄阳与国外交往多为双边关系，今后还可以探索襄阳与两个或两个以上的他国城市以及与多边组织建立联合交流的机制，利用已有的区域性组织和机制，促进区域内国家城市间文化、教育、新闻、科技、旅游、卫生等人文交流，不断丰富合作内涵。友好城市及合作项目双方只有来往越密切，才会感到越亲切。双方在教育、科技、文化、体育、媒体以及青少年活动等领域进行广泛合作，签署谅解备忘录、联合公报等，通过扩大双方人员经常性往来，为双方多层次、多领域相互理解、相互学习创造更多机会和条件。通过更系统和制度化的规划，双方人文交流的内容将更加丰富，交流层次和质量效果也会进一步提升，双方关系也将进一步深化和拓展。

2.建立民间项目多元交流与深度合作机制

对外人文交流与传播，一方面需要进一步实现参与行为体的多元化，特别是民间化；另一方面又要避免行为体多元化的人文交流过于商业化，这就需要建立民间项目多元交流与深度合作机制。要做好友好城市中的民间人文交流与传播项目，做好与各国已建立的民间项目，同时也要利用"万里茶道"节点城市的优势，积极参与举办丝绸之路旅游年，进一步深化丝绸之路沿线国家旅游合作，以丝绸之路为纽带和桥梁，借助丝绸之路沿线悠久的历史、灿烂的文化和旅游资源，形成密集强大的宣传攻势，强化聚合效应，进一步推动襄阳与东南亚、南亚、中亚、东北亚等众多区域合作，激发国际旅游业界和入境游市场对丝绸之路游的向往和热情。

3.建立对外交流与传播工作评估机制

良好的人文交流项目能够提高襄阳的影响力，促进双边民众的了解，提升彼此在对方国家积极正面的形象，但影响力、感情、形象等这些抽象元素如何进行评估是一个较大挑战。从有效管理层面对人文交流项目的风险及效果进行科学评价，建立人文交流评估机制，是保障对外人文交流与传播正常有序开展的现实需要。评估的一个重要内容是通过该项目，检验双边民众对中国影响力、形象产生了怎样的感知，是有助于还是有损于对中国的理解。另一个内容是人文交流中各个部分是否协调、有效地发挥了作用。可以用量化数据作支撑，从大量的案例研究中提取指标和变量，达到了这些指标的就是有效交流，没有达到指标的就是无效交流。有了人文交流绩效评估体系，人文交流项目做得好不好，值不值得继续做下去，就有了科学依据。

（三）传播机制大众化

对外传播的受众是多元的，包括政府官员、学者、学生及普通民众，需要传播直接的、客观的信息，才能给受众带来潜移默化、润物无声的影响。构建受众需求信息反馈体系，选择有效的传播方式，讲好襄阳故事，能够使襄阳对外人文交流达到传播受众大众化、内容通俗化、媒介多样化，进而提高襄阳对外文化交流与传播效果的目的。

1.构建受众需求信息反馈体系

对外人文交流与传播的重要目的是让国外受众理解、认识我们的文化，只有他们认同了，这项工作才会有效果。构建受众需求信息反馈体系，能够提高襄阳对外人文交流与传播的针对性、科学性。首先，从横向视角来看，集中体现在信息需求、社会需求和调节性需求三大方面。倘若把提供的传播形式与传播内容假定为一个很有限的生态空间，那么任何一个方面受众需求的过量供给势必造成对另一方面需求供给的挤压，从而导致生态空间内部失衡。其次，从纵向视角看，马斯洛的需求层次论告诉我们，人类的需求有高低先后之分，既有处于原始状态的匮乏性需求，也有期望自我实现的超越性需求。再次，对外人文交流与传播不应仅仅停留在满足受众需求层面上，还应结合传播特点调查了解受众现实状况进行必要的引导。构建受众需求信息反馈体系，要发挥政府及外事部门（如对外友好协会）的主导作用，通过组织课题研究、召开出境人员反馈交流会、进行外事部门调研等多种途径，以事前、事中、事后进行信息收集与分析，构建一个全方位、多层次受众需求信息反馈网络体系，服务襄阳对外人文交流与传播工作。

2. 运用多种媒介对外传播

襄阳对外人文交流与传播，既要发挥传统媒体的重要作用，又要积极使用新媒体，探索与境外媒体合作。首先，实行传统媒体与新媒体有机结合。发挥报纸、广播、电视等传统媒体的重要作用，充分利用报纸、广播、电视等公共传播媒体开展对外人文交流与传播，利用网络传播媒介建设以襄阳政府网主页简版为主要内容的中文繁体以及英文、法文、德文、日文、韩文等主要国际语言板块，扩大在襄阳外国人信息获取渠道，增强便利性，提高襄阳公共服务国际化水平。其次，加强同涉外媒体、境外媒体的联系与合作。利用国际性主流媒体的影响力，提升襄阳国际知名度。在复杂激烈的国际信息竞争中，中国媒体要想赢得主动、占领先机，就要加快"走出去"的步伐，积极融入国际传播体系。实践证明，推进媒体在海外本土化发展，是加强国际传播能力建设的有效途径。把选题策划、生产制作、营销发行等环节前移到对象国家和地区，逐步实现机构本土化、人员本土化、内容本土化，更加精准地定位传播产品和传播对象，提供符合国外受众需求的产品和服务，形成襄阳（中国）声音的"本土化"表达。要把友好城市或走出境外企业所在城市作为媒体"走出去"的试点，规划好具体办法和具体项目，与国外各类媒体在稿件交换、节目制作、记者互访、技术支持、新媒体运用等方面广泛开展合作。再次，注重"人"媒体的对外传播功能。出境民众在对外人文交流与传播中也起着一定的作用，应注重发挥他们的积极作用。同时，在国际会议上注入襄阳元素，积极申办国际论坛，拓展襄阳的国际舞台和话语权。

3. 讲好襄阳故事

襄阳对外人文交流与传播还要精心设计交流与传播内容，着力打造融通中外的新概念、新范畴、新表述，讲好襄阳故事，传播好襄阳声音。首先，讲好襄阳故事，就是要讲好襄阳的昨天、今天和明天。襄阳具有2800多年的历史，其历史文化是博大精深、底蕴深厚的中华传统文化的重要组成部分，其城市精神是勤劳勇敢、自强不息民族精神的典型代表，非常值得向国外推介。今天的襄阳，逐步成为名副其实的湖北省域副中心城市和汉江流域中心城市。将来，随着襄阳"米"字形高铁的开通，汉江生态经济上升为国家战略，"一带一路"倡议的实施，未来的襄阳将成为区域性国际中心城市。其次，讲好襄阳故事，就是要讲好襄阳的文化与精神。真实的故事最精彩，百姓的故事最生动，要坚持实事求是，不断改进创新，做到见人见事见精神。再次，讲好襄阳故事，就是要讲好襄阳的智慧与创造。襄阳的历史文化要用智慧的战略激活、唤醒和重塑，既讲好襄阳智慧的历史与故事，又以智慧的头脑讲好襄阳的未来与创造。

四、襄阳对外人文交流与传播推进策略

推进襄阳对外人文交流与传播工作，要从我国文化走出去的高度来认识，树立文化输出意识。把文化作为城市发展的软实力，实现文化大发展大繁荣。襄阳优秀文化走出国门、走向世界，既需要创作一批优秀文化精品，也需要不断拓展对外人文交流与传播渠道，充分运用新媒体进行文化传播。

（一）强化文化输出意识

文化是人文交流的纽带，是对外传播的基础资源。襄阳具有丰富的优秀文化资源，包括历史文化和当代文化。在经济全球化的今天，襄阳要利用我国经济影响力，学习国外文化输出的做法，积极适应全球化背景的趋势，加强与国际文化圈的文化交流，把文化交流和对外传播上升为市级战略，真正让襄阳优秀文化成为人类共同的财富，共享其魅力所在。应高度重视襄阳本土文化挖掘、开发和创新，要有文化输出意识，文化部门要注重服务襄阳优秀文化走出国门。

（二）实施文化兴市战略

文化体现一个城市的软实力，决定一个城市的创造活力。没有先进文化的凝聚、创新和创造，城市建设和发展就失去了智力基础和动力源泉。襄阳实施文化兴市战略有一个过程，要发挥优秀文化在城市建设和发展中的软实力作用，发展文化产业，增强文化软实力。目前，整合产业布局和结构，大力实施产业调整已成为当务之急。发展文化产业，实施文化兴市战略，增强文化软实力，必将会成为城市创新发展的明智选择。坚持文化兴市，是基于襄阳深厚的文化底蕴，顺应时代发展要求，立足现实发展需要，传承历史、开拓未来的战略选

择，将为城市现代化建设指引方向。坚持文化兴市，核心是以国际视野、历史眼光，谋划和推动文化发展，以文化人、以文咨政、以文兴业、以文塑城，为科学发展、跨越发展积蓄强大而持久的文化力量。

（三）创作优秀文化产品

襄阳要实现文化大发展大繁荣，实现文化走出国门、走向世界，就应积极借鉴国内外文化产业发展的先进经验，把本土优秀文化与先进文化产品制作技术经验结合起来，创作出更多吸引国人甚至是外国人的优秀文化精品，以此吸引一批国内外受众，刺激本土文化附属产品的消费，拉动经济增长。打造文化"襄军"不能仅停留在口号上，要创新机制体制，重视文化的招商引资工作，让襄阳优秀本土文化转化为优秀的文化产品，走出襄阳、走向世界。

（四）运用现代传播媒介

襄阳优秀文化传播与襄阳优秀文化产品推广在利用传统媒介传播基础上，必须适应现代传播媒介需要和新媒体的发展，尤其是对网络媒体的利用。要积极营造更加开放便捷的传播渠道，这是加强襄阳优秀文化传播事业发展，促进襄阳文化推广的必然。要积极搭建现代传播媒体平台，充分发挥网络媒体的重要作用，研究与海外文化交流与传播媒介对接的方式和路径，促进襄阳优秀本土文化的对外传播。

（五）拓展交流传播渠道

未来，襄阳要建成区域性国际化城市，对外人文交流应当成为常态，各个领域都应当有交流、有来往。襄阳对外人文交流要在巩固现有关系的基础上，不断开拓新领域、结交新朋友，尤其是利用民间组织的优势，扩大人文交流领域。要加大对外传播力度，扩大对外传播渠道，提升市民的综合素质，关注人的传播作用，让襄阳形象以与襄阳历史文化同样优秀的面貌展现给国内外受众。

总之，襄阳在对外人文交流与传播中，探索了符合城市自身特点的模式，形成了一些行之有效的运行机制，在城市建设和发展中，尤其是在提升城市国际化水平中发挥了重要作用。把襄阳打造成区域性国际化城市，对外人文交流与传播任重而道远,必须进一步扩大对外人文交流领域,拓展对外传播发展空间,提高工作实效,让对外人文交流与传播在襄阳城市建设与发展中发挥更大、更积极的作用。

参考文献:

[1] 张秋生、张荣苏:《关于中国国际友好城市问题的探讨》,《徐州师范大学学报》2011年第6期。

[2] 刘群:《襄阳城市国际化战略研究》,《湖北文理学院学报》2013年第5期。

[3] 王晨阳:《襄阳城市礼品设计研究》,湖北工业大学硕士学位论文2015年。

[4] 潘亚玲:《中美人文交流:成就与展望》,《教学与研究》2015年第12期。

[5] 邢丽菊:《关于加强中韩人文交流的思考》,《东南亚论坛》2014年第6期。

[6] 杨帆:《教育外事工作中的人文交流机制与中国外交软实力的提升》,《世界教育信息》2014年第21期。

[7] 刘彦:《顶层设计:政府在人文交流与合作中的作用》,《科技经济市场》2015年第3期。

海内存知己 天涯若比邻
——襄阳对外友好城市交流与发展研究

张润昊

内容提要： 随着全球化的不断深入，发展对外友好城市已经成为城市对外交流的主要表现形式。襄阳对外友好城市交流与发展应按照经济与文化兼顾、全局与重点统筹、眼前与长远并重的原则，将自身打造成为汉江流域开放高地。襄阳对外友好城市交流发展历经了缓慢起步、稳步发展、快速推进三个阶段，已经和15个国家的20个城市发展成为友好城市或友好关系城市（含友好关系郡县）。襄阳对外友好城市拓展要定位于历史文化类友好城市、经济贸易类友好城市、旅游观光类友好城市、交通枢纽类友好城市等；布局要实现"数量""质量"兼顾、"一带""一路"融汇、"传统""未来"结合、"政府""民间"协同的发展格局；在文化交流、经贸合作、教育卫生、创新创业、环境保护、交通物流、旅游观光、城市治理等八个方面开展交流与合作；通过制定友好城市交流发展规划、建立友好城市交流联动机制、构建友好城市交流联席会议制度、探索友好城市交流多边合作机制等措施，促进襄阳对外友好城市交流与发展。

随着全球化的不断深入，城市成为跨国公司、非政府组织、各类信息汇集的中心。城市正承接中央政府下放的更多权力，自主开展国际交往，国际友好城市交流已成为城市对外交流的主要表现形式。襄阳对外友好城市交流与发展应紧紧围绕"以开放引领中心城市建设"的目标，抢抓"一带一路"和长江经济带开发重要机遇，顺应时势变化，结合襄阳特点和发展需求，按照经济与文化兼顾、全局与重点统筹、眼前与长远并重的原则，定好位、布好局，将襄阳打造成为汉江流域开放高地。

一、襄阳对外友好城市交流与发展之沿革

国际友好城市是国际上地方政府之间建立的一种联谊与合作的关系，也是民间交往的重要渠道。"对外友好城市"在各国有不同的称谓，美国、日本等国家称之为"姐妹城市"（Sister Cities），英国、法国一般称之为"双胞城市"（Twin Cities），德国、奥地利称之为"伙伴城市"（Partner Cities），俄罗斯称之为"兄弟城市"（Brother Cities）。国际友好城市活动的历史始于第一次世界大战之后的欧洲，一般认为英国凯里市与法国普瓦市是世界上第一对国际友好城市。

在我国，对外友好城市是指各省、自治区、直辖市及所辖城市与外国省（州、县、大区、道等）城市之间建立的联谊和合作关系。地方友好城市交流属民间外交范畴。从1973年天津和日本神户成为我国与他国第一对对外友好城市以来，截至2016年5月底，我国共有30个省、自治区、直辖市（不包括港澳台地区）的461个城市与五大洲133个国家的496个省（州、县、大区、道等）的1524个城市建立了2297对友好城市（省州）或友好关系城市（省州）。对外友好城市之间在经济贸易、城市建设、技术研发、环境保护、教育文化、农业合作、医疗卫生等领域开展了诸多富有成效的交流与合作，探索形成了高层访问、民间互访、创办论坛、金融投资、对口支援等合作方式，发展空间不断拓宽，交流合作日益深化。

（一）襄阳对外友好城市交流与发展历程

随着经济全球化进程的加快，经济、信息、人才等交流和竞争已成为社会发展的主旋律，友好城市不再拘泥于单一的"感情型"友谊交往，而逐步向"实务型"交往转变。友好城市发展分为三个阶段，即友谊和文化联系的"起步阶段"、提供交流项目和活动载体的"稳步发展阶段"、利于经贸和商业联系的"快速发展阶段"。研究表明，友好城市发展的数量、速度和该城市开放型经济发展的水平呈正相关关系，友好城市关系的密切度与开放型经济发展程度亦呈正相关关系。

随着改革开放和社会主义市场经济的发展，襄阳经济的对外联系越来越紧密，世界经济对襄阳发展的影响越来越大。2010—2015年，襄阳出口额从55406万美元增至215787万美元；进口额从15956万美元增至25457万美元（见图1）。

襄阳友好城市交流发展的历程刚好是对这一规律的有力解释（见图2）。

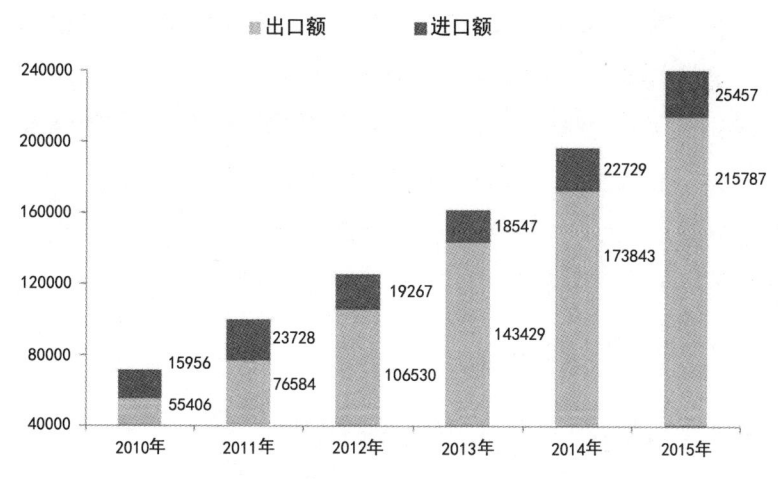

图1　2010—2015年襄阳市进出口总额图（单位：万美元）

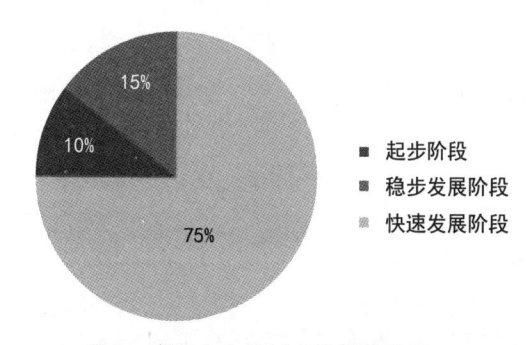

出口额　进口额

年份	出口额	进口额
2010年	55406	15956
2011年	76584	23728
2012年	106530	19267
2013年	143429	18547
2014年	173843	22729
2015年	215787	25457

图2　襄阳市友好城市发展阶段图

- 起步阶段 15%
- 稳步发展阶段 10%
- 快速发展阶段 75%

1. 起步阶段（1983—2000）

襄阳友好城市的发展起步于20世纪80年代改革开放初期。1983年，襄阳与日本犬山市结为友好城市，这是襄阳市缔结的第一个对外友好城市。1998年，襄樊市襄阳县（今襄阳市襄州区）与韩国襄阳郡结为友好关系郡县。这一阶段，友好城市交往内容比较单一，仅侧重于城市官方和群众性的友好交往活动。

2. 稳步发展阶段（2001—2009）

随着经济社会的快速发展，对外开放步伐加快，襄阳友好城市的数量也在逐渐增多。21世纪初，襄阳分别与俄罗斯、巴西、埃及的城市建立友好关系，襄阳友好（关系）城市的数量增加了3个。结交的对象匹配性强，大多是所在国家的工商业中心，交流内容由一般友好交往开始向多领域拓展。

3.快速发展阶段（2010至今）

2010年以来，随着襄阳经济社会发展进入新的历史时期，襄阳友好城市的数量和质量都实现了新的突破，友好城市进入快速发展阶段。至2016年10月12日，襄阳已与15个国家的20个城市建立了友好城市或友好关系城市（含友好关系郡县），交流领域不断拓宽，交流内容不断丰富，从一般的人员互访发展为经贸、科技、文化、体育、卫生、城市建设与管理、青少年交流等，呈现出全方位、多层次、宽领域交往的特点。友好城市交流与合作已成为襄阳对外交流与合作的重要渠道。

（二）襄阳对外友好城市空间分布

襄阳友好城市（含友好关系城市及友好关系郡县）共有20个，分别分布在：亚洲3个，其中日本1个，韩国1个，柬埔寨1个；非洲1个，即埃及1个；欧洲7个，其中英国2个，德国、俄罗斯、波兰、意大利、法国各1个；北美洲5个，其中美国3个，加拿大2个；拉丁美洲4个，其中巴西2个，墨西哥1个，阿根廷1个。20个友好交流城市中，发达国家12个，发展中国家8个。

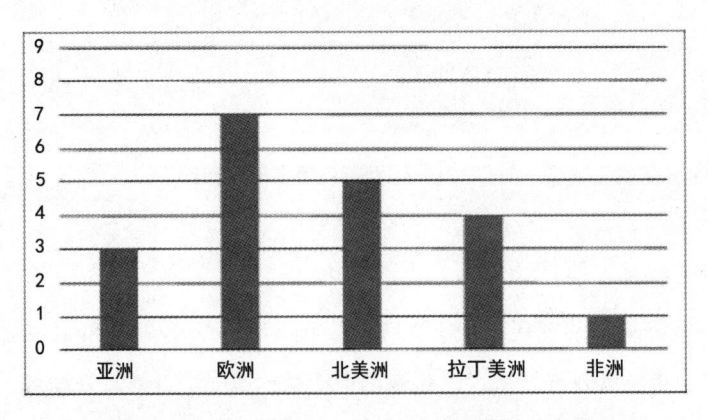

图3　襄阳友好城市／友好关系城市数量分布图

表1　襄阳友好城市／友好关系城市一览表

序号	大洲	国家	城市	类别	建立友好时间（年）
1	亚洲	日本	犬山市	友好城市	1983
2	亚洲	柬埔寨	茶胶省	友好城市	2016
3	欧洲	俄罗斯	科斯特罗马州	友好城市	2002
4	欧洲	英国	韦克菲尔德市	友好城市	2016

续表

5	欧洲	英国	卡马森郡	友好关系城市	2012
6	欧洲	波兰	卢布林市	友好关系城市	2015
7	欧洲	意大利	特尔尼省	友好关系城市	2012
8	欧洲	法国	奥拜赫维利耶市	友好关系城市	2012
9	欧洲	德国	茨维考市	友好关系城市	2011
10	北美洲	美国	罗利市	友好城市	2010
11	北美洲	美国	哥伦布市	友好城市	2011
12	北美洲	美国	卡梅尔市	友好城市	2012
13	北美洲	加拿大	史密斯福尔斯市	友好城市	2010
14	北美洲	加拿大	密西沙加市	友好关系城市	2012
15	拉丁美洲	巴西	索罗加巴市	友好关系城市	2008
16	拉丁美洲	巴西	圣安德烈市	友好关系城市	2010
17	拉丁美洲	墨西哥	拉巴斯市	友好关系城市	2014
18	拉丁美洲	阿根廷	何塞帕斯市	友好关系城市	2016
19	非洲	埃及	亚历山大市	友好关系城市	2009
20	亚洲	韩国	襄阳郡	友好关系郡县	1998

（三）襄阳对外友好城市交流与发展态势

1. 友好城市布局日趋合理

友好城市布局是根据不同时期发展的不同需求，灵活、动态地把握友好城市的国际分布和合作领域布局。目前，襄阳友好城市已经遍布亚洲、欧洲、北美洲、南美洲、非洲五大洲，涉及国家既有发达国家，也有发展中国家。

友好城市合作领域也梯次推进，涉及领域日趋广泛。比如，襄阳市和日本犬山市，最初以文化交流为主，以书法交流为纽带，如今襄阳已成为日本在中国中部地区投资的集聚区和人员工作、生活的集中区。同时，犬山市所在的爱知县是日本重要的汽车工业中心、本田公司的总部所在地，襄阳市是中国的汽车工业名城，两市在汽车及零部件、电子信息、精密机械制造等产业的合作日趋紧密。

襄阳作为连接亚欧"万里茶道"的重要节点城市，为抢抓"一带一路"新机遇，近些年来，襄阳市领导分别出访波兰、俄罗斯、韩国、日本、泰国、柬埔寨，共签署15项合作协议，与波兰卢布林市、柬埔寨茶胶省分别签署缔结友好城市／友好关系城市协议，签署经贸合作协议13个、旅游文化协议1个，协

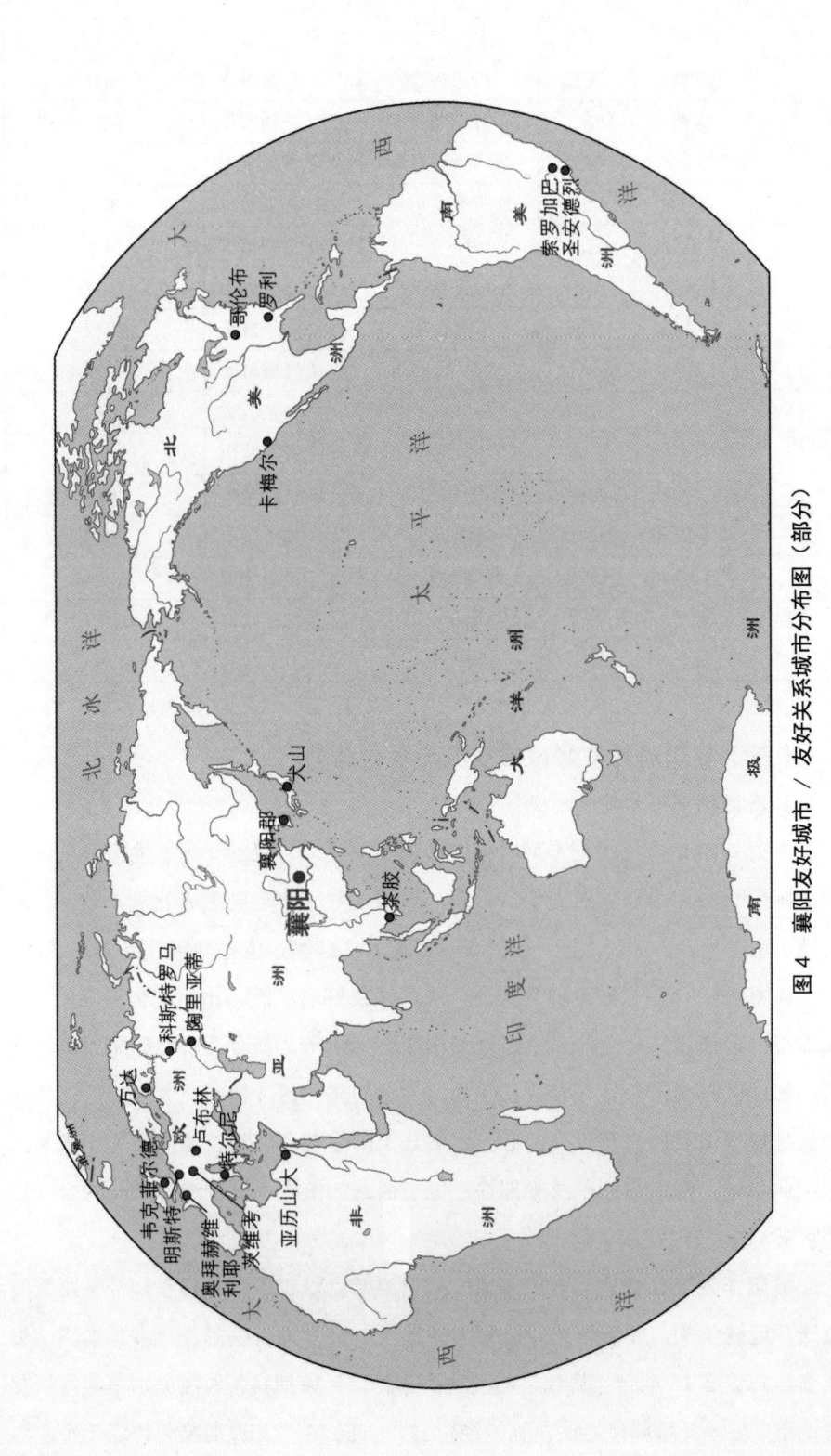

图 4 襄阳友好城市／友好关系城市分布图（部分）

议总金额约 7 亿元。

2. 友好城市成为襄阳企业"走出去"的前沿基地

通过与国外地方政府间合作，扩大对外开放能力，加快建立新的友好城市是襄阳拓展国际空间的重要渠道。经贸合作延伸到哪里，友好城市就发展到哪里。襄阳汽车轴承股份有限公司以 2.03 亿元收购波兰最大的轴承制造企业——克拉希尼克滚动轴承股份有限公司（2016 年更名为波兰轴承工厂），成为湖北省国企海外并购的第一例。

通过友好城市牵线搭桥，襄阳恒星活塞环有限公司早在 2003 年就向俄罗斯科斯特罗马州出口汽车零配件产品。通过友好城市俄罗斯科斯特罗马州的桥梁作用，襄阳茶企湖北汉家刘氏茶迈出国门，在莫斯科正式挂牌，并将茶文化节目演出、茗茶鉴赏等文化活动带到当地，进一步提升了湖北、襄阳茶文化在俄罗斯的影响。

3. 友好城市成为传播襄阳声音的有效形式

襄阳是三国文化、汉水文化、荆楚文化的发祥地，在国内外具有较强的文化影响力。为扩大文化领域的对外开放，充分利用襄阳得天独厚的自然资源和人文禀赋，广泛开展与友好城市之间各种形式的文化交流活动，大力宣传"千古帝乡、智慧襄阳"的城市品牌形象，襄阳市委、市政府领导和市友协利用外事活动，向海外客人推介襄阳的历史、人文、旅游资源，阐述"千古帝乡、智慧襄阳"的核心内涵，描绘"一城两文化"的魅力画卷。襄阳市经贸代表团 2016 年在韩国襄阳郡交流期间，为进一步发挥两个襄阳地缘相近、人缘相亲、文缘相通的优势，与襄阳郡签署了旅游文化合作协议，双方将每年举办 10 场左右的文化旅游推介活动，相互推介 50 万人（次）互游两个襄阳，携手向世界推介中、韩两个襄阳。"千古帝乡、智慧襄阳"城市品牌获得海外人士的广泛好评。

（四）襄阳对外友好城市交流与发展存在的短板

1. 友好城市发展不够均衡

襄阳友好城市发展虽然起步比较早，但发展还不均衡，主要表现在缔结友好城市对象多集中于欧美经济发达国家，而发展中国家，特别是亚洲、非洲的广大发展中国家数量相对较少。襄阳 20 个友好城市（含友好关系城市及友好关系郡县）中，非洲1个，仅仅占9%；亚洲3个，仅仅占15%，其中只有1个是发展中国家。

2. 友好城市发展理念要与时俱进

襄阳友好城市发展理念上需要与时俱进。友好城市建立的动因中存在偶然性成分；在友好城市定位上，对友好城市交往中的桥梁作用认识不足；在结交友好城市的动机上，可能"互利多赢"原则考虑不够；在界定友好城市功能上，需要进一步加强对友好城市实质沟通、深度交往；在友好城市交往内容上，需要经济贸易和人文交流并举。

3. 民间参与度不够高

友好城市工作是民间对外交流的重要组成部分，"民"应该占据相当的分量，友好城市间的交流必须根植于民间，这样基础才会牢固和长久。现阶段，襄阳友好城市工作内容中，需要进一步发挥友好城市企业之间、社会团体之间、民众之间的交流与合作；需要进一步激发市民、企业社会性组织参与友好城市活动的积极性。

二、襄阳对外友好城市交流与发展之定位

对外友好城市交流应成为襄阳国际文化形象的展示舞台，经济优势和市场潜力的展示窗口，获得先进技术和规划理念的便捷通道，企业实现"走出去"战略的前沿基地。要积极开拓襄阳教育国际化的空间，扩展旅游业海内外市场的渠道，带动城市治理能力的提升，从而提升襄阳社会各界的国际交往能力。

（一）历史文化类友好城市

"历史同源、文化同根"是次国家政府发展对外交流的宝贵资源，并进而成为拥有这种资源的次国家政府开拓国际友好城市交往的特殊财富。这种国际友好城市之间一般地方团体和当地民众人员往来频繁，民间交往活跃，友好城市之间友谊深厚，有很强的民众基础，从而促进了友好城市双方政府之间的交流互访及友好城市之间实质性的合作。进一步拓展襄阳对外友好城市交流，历史文化类城市是优先选择对象。"一城两文化"是襄阳的城市文化名片，襄阳对外

友好城市交流与发展可以找寻同样拥有古城文化、流域文化、智慧文化的相关城市。襄阳是古代"万里茶道"的节点城市，对外友好城市交流与发展可以沿着"万里茶道"向北、向西，再续大"茶"缘。比如，日本的犬山又称白帝城，建于16世纪后半叶，是日本唯一一座个人拥有的城堡，遗存着17世纪古城工商业区的气氛。韩国襄阳郡的岘山、汉水（南大川）、巫山、鹿门（林泉）、太平楼等地方的名称也沿用了中国襄阳的地名。

（二）经济贸易类友好城市

拓展友好城市，离不开经济贸易往来流通。国际上各城市结交的基础一般都建立在双方是否具有发展共性和资源互补性。襄阳拓展友好城市也要与襄阳自身的城市特色类似。只有这样，友好城市之间因为有着坚实的合作基础，才能促进要素有序自由流动、资源高效配置、市场深度融合，带动经贸往来活跃。这类原因结交的国际友好城市之间将依靠友好城市政府之间的互访交流，以及各种政策支持来促进友好城市双方社会团体及社会公众之间的文化交流、信息传递等，以此来增进彼此之间的信任与了解，增进人民之间的友谊，进而促进彼此间的经贸往来。"一个龙头、六大支柱"是襄阳的支柱产业，襄阳对外友好城市交流与发展的经济贸易交流，要立足满足对外友好城市之间的生产基地功能、资源互补功能、产业配套功能、销售渠道功能，实现"一个龙头、六大支柱"全产业链布局。襄阳与美国的哥伦布市是友好城市，康明斯公司总部就设在哥伦布市；茶胶省是柬埔寨南部的一个省，该地以丝织品闻名；意大利特尔尼省、德国茨威考市和襄阳经济结构相似，工业以机械制造（汽车）、化学、纺织为主……这些友好城市的产业对接襄阳的支柱产业，将促进襄阳与友城间的经贸往来。

（三）旅游观光类友好城市

旅游业是一个开放合作型的产业，旅游要素只有实现了国际国内双向流动，才能实现其最大公约数。襄阳旅游要走向世界，让世界旅游拥抱襄阳，需要点与点对接，线与线相连。襄阳作为中国山水城市的典型代表，"一江碧水穿城过，十里青山半入城""外揽山水之秀，内得人文之胜"，使得襄阳山水名城有其独特魅力。襄阳对外友好城市交流与发展要立足于山水良好的资源禀赋，将襄阳国际旅游线串起来。可以与韩国的襄阳郡、日本的犬山市共同打造东亚旅游板块；与越南、泰国、柬埔寨等国家发展友好城市，打造东南亚旅游板块；与英国、法国、意大利、德国等国家发展友好城市，打造欧洲旅游板块。

（四）交通枢纽类友好城市

襄阳对外友好城市交流与发展要立足于襄阳重要的交通枢纽地位，立足于打通襄阳联络"一带一路"交通节点城市的"断头路"，以及陆地交通、水上交通、空中航线、物流线路的"任督二脉"，将襄阳打造成为"一带一路"上贯穿中外、连接东西、沟通南北的"立交桥"。埃及亚历山大市是埃及最大的海港和第二大城市，同时也是21世纪海上丝绸之路地重要途经地。加拿大的密西沙加市是重要交通枢纽，有七条省级高速公路横越该市，而多伦多皮尔逊国际机场的大部更是坐落于该市范围以内。襄阳今后可以考虑在马来西亚、肯尼亚、希腊等国发展类似的友好城市，将襄阳与世界联通在一起。

三、襄阳对外友好城市交流与发展之格局

谋划好襄阳对外友好城市交流与发展，不仅要谋划好定位，而且要布好局，在价值、区域、领域、层次等方面做好选择，实现点、线、面结合。

（一）襄阳对外友好城市交流与发展布局

襄阳需要顺应时势变化，契合城市特点和需求，按照"互补互益、务实合作、经济与文化兼顾、实力与资源统筹、眼前与长远齐重"的原则，不断优化国际友好城市布局，量质并重发展友好城市交往，主动作为、持续作为。

1."数量""质量"兼顾——价值之选择

在发展友好城市时，既要注重量的增长，更要注重质的提升。在增加量的方面，重点要扩大对外交往的范围，在更大范围内加强与世界各国城市的联系，拓展友好城市选择的空间，增加友好城市选择的余地。在提高质的方面，重点是要全面了解情况，避免盲目性，增强目的性，确保友好城市双方有互利互补的基础，有更广阔的合作空间。

2. "一带""一路"融汇——区域之选择

强调"一带一路"的振兴，强调上合组织成员国等区域合作，强调与"金砖五国"为代表的发展中国家合作，这是我国外交的优先方向。襄阳的友好城市结交，工作重心应该从发达国家向发展中国家和周边友邦转移，以配合经济发展由单向的"请进来"向"请进来，走出去"双向合作转变。既要继续配合城市发展的招商引资、招才引智，也要服务"走出去"战略寻找和提供更新更广的资源和市场。因此，今后的友好城市布局，应重点拓展俄罗斯、中东欧、东南亚、拉美和非洲地区的交往，在这些地区广结友好城市，尤其是区域中心城市、知名城市。

3. "传统""未来"结合——领域之选择

襄阳友好城市的拓展，既要巩固"传统"，更要着力"未来"，将"传统"与"未来"有机结合起来。在巩固传统的文化、经贸领域合作基础上，对接国家供给侧结构性改革、"中国制造2025""大众创业、万众创新"等国家发展战略在教育科研、清洁技术、高端制造等领域实现宽领域、多层次，点、线、面结合的方式，不断编织城市关系网络，培养积累城市对外交往人脉，使外事人脉资源呈现滚雪球式增长，城市对外交往实力不断提升。

4. "政府""民间"协同——层次之选择

把友好城市关系看作一个主系统，积极挖掘友好城市交流资源，拓宽对外交流领域，为各部门对外交往牵线搭桥，将官方、机构、民间和市民的积极性与智慧调动起来，建立更多的友好学校、医院、园区、社区、协会等子系统，形成全方位、立体式的对外交流格局，以拓宽国际交流与合作的渠道和途径，为友好城市各方提供更多相互了解和合作的机会。

（二）襄阳对外友好城市交流与发展格局

襄阳友好城市工作重心转向"重布局、提质量、图发展、谋合作、求实效"上，开展多方位的探索与实践，以点带面，从线到片，逐步形成区域大合作。

（1）布点。"手牵手、点对点"，选择合适的国际友好城市。围绕优化国际友好城市布局，着力提升友好城市工作质量与成效，瞄准结交一批与襄阳互补性较强的国际城市，借此提高襄阳的国际知名度和影响力，推动友好城市间以经贸合作为主的多领域务实合作，服务于襄阳社会经济发展。

（2）连线。寻找"志趣相投"的朋友，坚持城际关系与条线合作并举、官方联系与民间交往互补的方针，尝试推行多层次、立体式的城市对外交往，以点、线、面结合的方式，不断编织城市关系网络，培养积累城市对外交往人脉，推动城市参与国际交流。

（3）组面。"期待以点带面"，通过友好城市合作带动区域间的开放交流，促进汉江流域全方位、宽领域、多层次对外开放格局的形成。推动流域联动发展友好城市，将友好城市分布按不同规模层次、不同地域进行配置，为城市之间的合作增添更多接口，提供更宽途径。增加友好城市的数量和类型，形成相互带动、由此及彼、以点带面的效果，形成规模效应。在汉江流域共享友好城市渠道、合作信息、翻译接待力量等，实现资源套用、共享和配合，更大程度拓展合作空间，节约交往成本。

四、襄阳对外友好城市交流与发展之内容

襄阳对外友好城市交流与发展，涉及方方面面内容，具体来讲，主要有文化交流、经贸合作、教育卫生合作、创新创业交流、环境保护合作、交通物流合作、旅游合作、城市治理合作等方面。

（一）讲好故事——推进友好城市间的文化交流合作发展

襄阳是一座具有2800多年历史的文化名城，历代为经济军事要地，素有"华夏第一城池""兵家必争之地"的美誉。通过友好城市可以向外展示襄阳充满魅力的文化软实力，拓展对外交往的新局面。襄阳与友好城市之间，借力"互联网+"，通过线上、线下等多途径、多角度、多形式的彼此宣传，让友好城市间各自了解对方的区位优势、产业优势和服务优势。积极宣传襄阳经济社会发展取得的巨大成就和良好的投资环境，进一步提高襄阳在友好城市的知名度、美誉度和影响力。通过定期在友好城市举办各种"文化节""艺术节"，向外宣传襄阳的优秀文化。襄阳与美国卡梅尔市已经连续五年举办月饼节，扩大了襄阳在卡梅尔市的影响。

筹建友好城市海外襄阳人联合会。通过联合会，团结在外的襄阳人，聘用国际知名人士和民间友好人士作为襄阳的国际交流代表，建立广泛的对外交往人脉网络，扩大对外影响，推动友好城市间的交往，更好地开展外宣工作。

建立涵盖所有友好城市的信息交流平台，推进涵盖襄阳与友好城市、襄阳友好城市之间的包括经济、文化、城市建设、教育、科研、旅游卫生、医疗保健、环境保护、信息管理、市民交流等在内的多层次、多渠道、多形式的人文社会领域交往。

（二）合作共赢——推进友好城市间的经济贸易合作发展

襄阳与友好城市的交流要以经贸合作为主，鼓励各经贸代表团加强互访，吸引外商在襄阳投资，进一步深化双边贸易，同时也为襄阳企业"走出去"提供便利。

襄阳与友好城市之间的经贸合作交流重点应围绕"一个龙头、六大支柱"展开。打造友好城市交往特色精品项目，将重大境外合作项目与友好城市的建设结合起来。发挥友好城市之间共建工业园区的示范作用，强化项目支撑，深化经贸合作，取得交流实效。将友好城市互访与经贸活动有机结合起来，通过举办经贸洽谈会、投资说明会等，寻求经贸合作新途径。

加强与友好城市政府经济部门、工商组织、行业协会与知名企业的联系，以政府友好往来推进企业间合作，吸引友好城市企业来襄阳兴业，支持襄阳企业到友好城市开展经贸合作。举办"襄阳友好城市经贸洽谈会"，扩大对外开放、开展国际友好交流、加强襄阳与友好城市间的务实合作。

以促进襄阳外向型经济发展为宗旨，邀请友好城市政府要员、专家学者及民间友好人士。通过缔结国际友好城市，开展引进外资、引进外国智力与科技等活动，深化与友好城市间的经贸合作友好交流，扩大襄阳的对外开放。在积极与国外客商展开交流合作的过程中，针对襄阳当地企业发展理念提供宝贵经验，寻找国际交流与合作机遇，签订项目合作等。

积极与国际友好城市开展境外招商活动，将包装好的项目带到国外扩大宣传，对现有的外资企业加强支持，利用"口碑效应"吸引更多外商来投资。在友好城市间创立中介服务机构，通过中介机构，按照市场经济的运作方式，在全市进行招商，促进信息向生产力的转化，使对外交往服务于经济建设有一个有效载体。

(三) 资源共享——推进友好城市间的教育卫生合作发展

加强襄阳与友好城市间青少年的交流，为彼此未来持续稳定发展友好关系打下坚实基础。有计划地派遣留学、进修人员，推进多领域的交流和合作。根据襄阳国际友好城市工作的实际需要，加大专业人才的培养力度，建立一支熟悉国内外和本地区情况、精通外事业务、通晓国际法规、外语水平高超的专业化、创新型、复合型人才队伍。可采取合作办学的方式，共建各层级国际学校。比如，可以加强与美国哥伦布市的高等教育合作，哥伦布市内有印第安纳大学和普渡大学联合大学、印第安纳卫斯理大学、常春藤技术社区学院、哈里森学院。加拿大的史密斯福尔斯市计划在3年内引进500名襄阳学生赴当地威利斯学院学习，学制2年，学生通过综合考核后可获得加拿大认证的大专文凭，并由该学院安排就业。此外，该市计划每年邀请40名襄阳中学生赴加参加免费夏令营。

推进友好城市医疗卫生合作。一是加强卫生合作机制、卫生论坛等平台的建设，同时与友好城市签署合作协议，共同实施合作项目，让更多的城市参与襄阳建设，实现互利共赢。二是开展与友好城市间的卫生合作交流，开展学术交流、医疗服务和慈善救助等活动，政府与民间互为补充、互相协作，共同提高襄阳人民健康水平。三是加强合作机制建设，与友好城市卫生领域互访，签署卫生合作协议。举办"襄阳卫生合作论坛"，逐步建立与友好城市的信息沟通机制，强化与友好城市的疾病联防联控机制。重点加强与友好城市疾病防控方面的合作，建立重大传染病疫情通报制度和卫生应急处置协调机制，提高传染病防控快速响应能力。四是加强襄阳卫生领域专业人才培养合作，提高襄阳公共卫生管理和疾病防控能力。建立高层次医疗卫生人才培养基地，开展多种形式、长短期结合的进修和培训项目，实施襄阳与友好城市公共卫生人才培养计划。建设医院和公共卫生机构合作网络，鼓励学术机构、医学院校及民间团体开展教学、科研和人员交流活动。五是建立与友好城市卫生体制和政策交流的长效合作机制，增进与友好城市间医药卫生体制、卫生执法和监督、健康促进、人口与发展等方面的相互了解和交流，促进襄阳卫生事业的发展，与沿线友好城市学术机构和专家开展卫生政策研究和交流活动。六是推动医疗服务与友好城市国家医疗保险的有效衔接，与周边国家建立跨境远程医疗服务网络，实现优质医疗资源共享。七是推动襄阳药品和医疗器械产品"走出去"，加大对产品的宣传推介，开展有针对性的中医药医疗、教育、科研及产业等领域合作，鼓励在双边协商的基础上创新贸易和投资方式，推动襄阳健康产业发展。

（四）智慧碰撞——推进友好城市间的创新创业合作发展

开展友好城市间的创新创业论坛，在技术和市场领域进行互补。学习信息技术较发达友好城市的创新经验，形成高效的创新体系。积极实施创新驱动发展战略，以满足转型升级的发展需求和广阔的内需市场。推动创新与合作的经验交流，聚焦清洁技术、游戏、信息通信技术和新能源等领域高科技产业的发展。

在襄阳举行"友好城市创新创业大会"，汇集来自友好城市的众多科技初创企业，聚焦投资者和媒体的目光，为襄阳初创企业、科技创新人才、国际投资者、企业高管和媒体之间提供一个交流的平台。进一步提升襄阳在友好城市国际创新创业格局中的地位，促进襄阳聚集创新资源，实现与友好城市间的创新合作与共同发展。

借助大数据平台，针对未来需求，创新产品、创新商业模式、创造新的消费需求。创办襄阳与友好城市间的创新创业发展基金，实现城市之间的有效对接，带动整个襄阳创新创业的积极性，为襄阳企业实施创新、研发、购买技术专利、引进设备等融资投资。增强襄阳企业的创新能力，支持企业办成学习型组织，成立襄阳与友好城市的创新创业现场观摩团队，实地观摩友好城市的创新创业综合体建设及众创空间和科技创新项目推进情况，现场感受友好城市创新创业发展的热情和活力。

引进友好城市创新创业的领军人才和创新团队，建立襄阳与友好城市间的研发机构和公共研发服务平台，使之成为高新技术研发与创新产业的集聚地。与友好城市的高校科研院所深度合作，布局创新孵化、信息安全、大数据互联网、新兴金融、科技研发等战略性、先导性产业，建设生态科技园，在城市规划等领域开展合作。比如，可以与美国的罗利市开展高新技术合作。罗利市以三角研究院闻名，三角研究院是全美最大也是最成功的科研基地，这使得罗利市成为美国高新技术及生化技术的科研中心。吸纳友好城市学历高、行业经验丰富、项目"含金量"高的创业者，进而培养新型的企业。

（五）绿色发展 —— 推进友好城市间的环境保护合作发展

随着城市的不断发展，人们对城市环境问题和环境建设越来越重视。以往靠牺牲城市环境获得经济增长的方式已逐渐成为历史，绿色环保成为现代城市发展竞相追逐的目标。在西方发达国家，许多城市在发展过程中也遭遇过环境危机，但它们较早认识到环境保护的重要性并采取积极措施对环境进行修复和改善，取得了显著的成绩。法国奥拜赫维利耶市与襄阳地理环境类似，圣德尼运河将该城市一分为二，历史发展历程类似，曾经是农业产地、古战场、工业基地，现在发展重心向文化旅游转移。

推进友好城市环境保护合作。一是学习借鉴友好城市的地方环境立法执法经验，用法治手段推进环境保护。比如，德国北莱茵威斯特法伦州明斯特市可成为襄阳宜居城市建设过程中学习的楷模。学习借鉴友好城市环境法律体系和内容，环境执法程序的立法技术和手段。二是推进政府部门在环境保护方面的表率作用。树立政府部门在公众心目中良好的环保形象，使之成为城市环境治理的主导力量，如明斯特市实现了政府公车混合燃料的替代使用，降低了汽车尾气排放造成的环境污染。再比如建立绿色采购制度，推动节能、环保产业的发展。三是推进保护信息披露制度建立，畅通群众监督渠道，使民众呼声得到尊重和表达。通过主动公开环境状况，尊重民众意愿，让公众有更多的知情权，激发公众参与环保的热情。四是发挥科技对环保的支撑作用。从环境立法、环境监测与治理到生态城市建设，都必须得到科技的有力支持。通过高科技来改善环境、建设城市生态，以环境保护促进科技发展，以科技发展推动环境保护。五是推进环境保护宣传和教育。居民环保意识的提高与城市环境的改善有着紧密的联系，环保教育不仅是要从孩童抓起，还要突破校园教育的范围，组织城市规划、环保人员等举办各种讲座，宣讲节能环保在日常生活、生产及工程建设方面的运用，将环保理念渗透到各个社区、学校、企业以及政府部门。在财政允许的情况下，可考虑设立环境保护基金，支持社区、学校或企业的环保项目和实践，延伸环保宣传教育链条，激发民众环保热情与创意。

（六）四通八达 —— 推进友好城市间的交通物流合作发展

加快交通建设，建立立体交通网，推进友好城市间的交通物流合作发展。"十三五"期间，郑州—襄阳—重庆、西安—襄阳—武汉、贵阳—宜昌—襄阳、西安—襄阳—长沙、合肥—襄阳—安康，五条高铁线路将使襄阳成为"米"字形八个方向超大型高铁枢纽，成为连接"一带一路"的重要节点城市。往西可连接兰州、西安等城市，打通通往中亚、欧洲的通道；往南连接贵阳、昆明、南宁等城市，可打通往越南、老挝、柬埔寨、泰国、马来西亚以及新加坡的通道。

襄阳机场新航站楼建成投入使用后，客货运能力将进一步增强，将逐步开通国际航班，如"一带一路"沿线国家重要城市航线航班，提高服务"一带一路"的能力。

襄阳"一江三线"四条国际物流通道雏形初现，多式联运、通江达海、无缝对接的立体国际物流大通道正在形成。"一江"：向东，通过公路到武汉，经过长江黄金水道出海，通达日本、韩国及东南亚。"三线"：向南，通过宁波铁海联运，到达非洲、澳大利亚等；向西，通过"襄阳—阿拉山口"铁铁联运线，直接出境，通达中亚、欧洲；向北，通过"襄阳—满洲里"铁铁联运线，出境到达俄罗斯及欧洲。可以加强与类似英国威克菲尔德等区域交通枢纽城市合作，打通相应通道。

（七）畅游世界——推进友好城市间的旅游合作发展

一是与友好城市间缔结协定，为襄阳旅游合作提供保障。建立襄阳与友好城市间旅游促进机构和旅游企业联合会，举办旅游产品专场推介会，采取有效措施便利人员往来。搭建襄阳友好城市旅游合作平台，配备与友好城市间的旅游合作秘书，并举行协调员会议，成立旅游促进机构和旅游企业联合会协调中心。

二是建立友好城市旅游多边合作机制。在互送客源、相互支持宣传推广等方面深化友好城市与襄阳旅游合作，建立并分享旅游数据库，开通中英文双语旅游合作网站，推出适合襄阳及友好城市游客的精品旅游线路。鼓励与友好城市的游客互访，推出高层次和高水平的旅游合作，有效整合双方旅游资源，使旅游合作成为拉动襄阳和友好城市合作的重要增长点。举办襄阳旅游合作促进年、旅游合作高级别会议、中国（襄阳）旅游产品推介会以及"襄阳好风日"等活动，互相邀请媒体和旅行商代表团考察旅游产品和线路，为襄阳与友好城市的旅游业界交流合作搭建平台。

三是推进海外投资,为旅游合作奠定基础。紧密结合、互相带动出境旅游与商贸活动、海外投资,通过商务旅游活动给襄阳企业的海外投资提供便利,口碑良好的海外投资企业成为襄阳形象的代表。加强与友好城市人民的无障碍沟通和交流,相互了解、学习友好城市文化。友好城市经贸联系愈加紧密,旅游合作基础日益巩固。

四是举办会展活动,为襄阳旅游合作开拓市场。轮流举办"襄阳日"和"友好城市日",鼓励双方每年组团互访,积极开展务实合作,丰富双边关系的层次和内涵。举办襄阳和友好城市间的旅游产品专场推介会,举办襄阳与友好城市经贸交流会。互办节事活动及文艺团体互访,既增进了解,又利于旅游合作。

五是增强友好城市间了解,为襄阳旅游合作培训人才。克服襄阳和友好城市合作中的语言障碍问题,增强与友好城市之间的相互认知和了解,进一步推动襄阳与友好城市的旅游往来、旅游合作。支持海外学生暑期中国修学旅游项目,促进襄阳旅游业的海外市场培育与开发。通过搭建活动平台,鼓励支持海外学生来襄阳参观,让其充分了解襄阳的民俗风情,培育双方旅游合作的使者。

六是简化手续,为襄阳旅游合作规划愿景。通过双方组织政府官员、商业组织、民间协会互相交流,促进襄阳文化、旅游、经济和社会一体化发展。制定旅游产品标准,简化边境旅游手续等。

(八)从"管"到"治"——推进友好城市间的城市治理合作发展

一是不断提高襄阳城市建设和管理水平。立足长远发展,建设和完善襄阳基础设施,美化城市环境,提升居民的幸福指数,建立城市舒适生活环境系统,改善居民生活,提升襄阳对外品牌形象。实地走访友好城市社区,学习友城社区建设、交通规划和体育休闲设施建设,学习友城解决城市问题的成功经验及城市发展方面的具体举措,探讨解决城市问题的措施,提高襄阳城市建设和管理水平。

二是引入市政管理服务系统。通过知识、技术和能力的传输,借鉴友好城市的发展经验,获得相应的商业机会,设立实践环节,规范市政工程。设立包括目标、日期、项目监控机制、报告、审查周期等测评系统,针对城市合作治理的经验及对城市治理的共性,加强地方政府治理、加强公民社会能力建设,改善政府与社会组织的合作关系。

三是建立城市参与式治理。加强政府的责任，满足市民的公共服务，推动人力资源开发，推动公务员培训和技术发展。提升机构结构，促进组织文化政策、法律和制度改革。引导市民学习，建立表达市民诉求的相应机制，通过加强市民参与和政府问责机制，提高城市治理能力。

五、襄阳对外友好城市交流与发展之保障

对外友好城市交流与发展，既关系到城市的兴旺繁荣，也关系到城市的未来发展，必须采取有效措施，积极推进。

（一）制定友好城市交流发展规划

编制《襄阳市友好城市交流发展规划》（以下简称《规划》），以此作为促进襄阳友好城市交流的指导性、纲领性文件。《规划》应提出襄阳市友好城市交流发展的总体思路和未来部署，明确襄阳市友好城市交流发展定位、发展格局、联动机制、保障措施等内容，明确襄阳市友好城市交流发展目标、路径等。

（二）构建友好城市交流联动机制

建立服务汉江流域中心城市建设，辐射整个汉江流域的友好城市联动机制。区域友好城市联动工作是一个系统工程，需要各城市的通力协作、密切配合。建立一套有利于归口管理和协调各城市参与的汉江流域友好城市交流合作立体联动机制，建立汉江流域城市友好交流发展联动机制。同时，各城市也应结合各自实际，积极利用各自渠道，为整个流域的对外开放牵线搭桥，形成友好城市工作的整体合力。

（三）建立友好城市交流联席会议制度

联席会可由市政府分管领导主持，相关部门、重点院校、科研院所、大型企业参加，对个别城市的分工进行协调。联席会议制度的核心是加强统筹、协调与配合，其关键是明确相关部门在友好城市工作中的定位和职责，内容是制订年度友好城市计划、信息收集发布、合作成果统计等。

（四）探索友好城市交流多边合作机制

要开展以友好城市为纽带的多边和区域合作，创新友好城市合作模式，搭建双边、多边国际合作平台。在友好城市交往中，把友好城市关系看作是一个整体，突破友好城市交往中"一对一"交往模式，探讨"一对多、多对多"的多边友好城市合作新模式，建立友好城市资源共享机制，建立全方位的"大友好城市"格局。开展多种形式的多边国际区域经济合作，与国际或区域性组织建立高层次协调机制，为友好城市各方提供更多相互了解和合作的机会。

当前，地处内陆的襄阳抢抓国家"一带一路"机遇，深入实施开放先导战略，努力建成内陆开放的新高地。依托对外友好城市交流与发展，在友好城市之间，构筑大平台，打通大通道，实行大开放，促进大发展，由此，襄阳将由内陆腹地跃居开放前沿。

参考文献：

[1] 张秋生：《关于中国国际友好城市问题的探讨》，《徐州师范大学学报》2011年第6期。

[2] 廖卓娴：《湖南国际友好城市现状与出路》，《衡阳师范学院学报》2013年第2期。

[3] 张晶晶：《中国与中东欧国际友好城市间推进旅游合作发展的探讨》，《对外经贸实务》2015年第5期。

[4] 蒋显荣：《国际间城市合作的理论、案例与启示》，《城市发展》2015年第8期。

[5] 涂成林：《建设绿色环保城市的基本特点——以广州国际友城为例》，《低碳绿色城市研究》2010年第2期。

打造网络世界　共享交流平台
——襄阳国际化网络空间建设研究

张　樊

内容提要：基于网络强国观、"十三五"开放发展理念和"互联网+"等国家战略，襄阳网络空间国际化发展面临必然选择与重大机遇。以国内外有关城市的发展经验为借鉴，通过考察襄阳信息网络基础设施建设现状，探讨构建国际化网络空间过程中对襄阳网络基础设施所提出的新挑战，进而提出襄阳建设和完善国际化网络基础设施的相关建议和措施。襄阳要构建网络文化交流共享和跨境电子商务两大平台，着力发挥好互联网平台优势，促进襄阳文化和经济的国际化，进而推动社会整体对外开放。襄阳要夯实产业基础，构建国际化互联网产业体系，以"襄阳云谷"国际化来建设信息经济示范区，从而推动网络经济创新。当下襄阳国际化网络空间治理面临多重障碍，应结合网络空间治理多边参与、多方参与的现状，加强沟通交流，完善网络空间对话协商机制，形成完备的襄阳地方网络空间治理体系。

2016年4月19日，习近平总书记在北京主持召开网络安全和信息化工作座谈会并发表重要讲话，强调要按照"创新、协调、绿色、开放、共享"的发展理念推动我国经济社会发展。这是当前和今后一个时期我国发展的总要求和大趋势，网信事业发展要适应这个大趋势，在践行新发展理念上先行一步，推进网络强国建设，推动我国网信事业发展，让互联网更好地服务国家和人民。自党的十八大以来，以习近平为总书记的党中央领导集体十分重视网信工作，我国正通过大力推动互联网和实体经济深度融合发展，努力实现经济转型升级和提质增效。

一、襄阳网络空间发展的国际化视野

（一）城市互联网的建设与发展

1. 互联网城市的起源与发展

李克强总理在2015年政府工作报告中正式提出"互联网+"战略，不仅激励了各行各业的创新意识，同时也为地方城市发展提供了新的方向和指引。对于每一个城市而言，"互联网+"基本涵盖了四个层面，即"互联网+城市""互联网+政务""互联网+企业""互联网+人"。城市对应生存环境，政务对应政府服务，企业对应市场经济，人对应生活在城市中的市民。在此之前，以上海等为代表的城市已经开始探索互联网与城市的融合发展。一方面是借助互联网推动城市各产业的进步，另一方面也探索了如何使用互联网让人们的工作与生活更加方便、快捷。智慧城市的探索，在一定程度上提前为"互联网+"的提出做出实践，同时也证明了可以以"互联网+"的形式来推动全社会全产业升级与转型，进而为人类创造更好的生存环境。

智慧城市（Smart City）是基于新一代信息技术、知识社会创新2.0环境下的城市形态。它运用信息和通信技术手段感测、分析、整合城市运行核心系统的各项关键信息，对城市管理与发展的需求做出智能响应。其实质是利用先进的信息技术，实现城市智慧式管理和运行，进而为城市中的人创造更美好的生活，促进城市和谐、可持续发展。

具体而言，智慧城市建设要通过物联网、云计算等新一代信息技术以及维基、社交网络、Fab Lab、Living Lab、综合集成法、网动全媒体融合通信终端等工具和方法的应用，实现全面透彻的感知、宽带泛在的互联、智能融合的应用以及以用户创新、开放创新、大众创新、协同创新等为特征的可持续创新。目前，智慧城市的建设在国内外许多地区已经展开，如智慧上海、智慧双流等，建设成效初步显现。

一些地区也做出了有益探索，如新疆克拉玛依利用清华同方大数据技术整合教育资源，福建龙岩正在着手解决数据共享问题，杭州、宁波利用大数据解决医疗问题，重庆交通部门则用大数据解决交通问题，等等这些，都在智慧城市建设方面迈出了关键的第一步。与此同时，一批专注大数据、物联网、物流行业等的企业也涌现出来，国际商业机器公司（IBM）最早提出"智慧的地球""智慧的城市"等理念，并于2009年与迪比克市合作，建立美国第一个智慧城市。"智慧冰雹"等依靠研发数据起家的企业也开始做智慧城市的整体解决方案。在互联、数据、信息化这几个标签下，中国移动等三大通信运营商也已成为智慧城市建设的主力。城市在中国经济发展、民生改善中具有重要作用，"互联网+"的有效应用，将更会使城市的发展如虎添翼。

2. 襄阳智慧城市的建设与发展

无论是金庸笔下的《射雕英雄传》，还是罗贯中的《三国演义》，襄阳都被赋予了"智慧而神奇"的色彩，"智慧"早已成为这个城市最为耀眼的文化符号。而今，随着科技的快速发展，襄阳又被注入了"智慧城市"的新内涵。

早在2011年，襄阳就提出了建设智慧城市的理念。2013年，襄阳市委、市政府作出了加快智慧城市建设的部署，与中国航天科工集团签署了战略合作协议，为襄阳智慧城市做顶层规划设计，襄阳也由此走上"智慧城市"的建设之路。2013年8月和10月，襄阳分别摘得国家住房和城乡建设部、科技部授予的"国家智慧城市"的国牌。

2013年12月12号，"襄阳智慧城市总体规划与设计评审会暨云制造平台发布仪式"在襄阳南湖宾馆召开，《襄阳智慧城市总体规划与设计方案》通过专家评审，襄阳"智慧城市"规划蓝图就此呈现。按照《襄阳智慧城市总体规划与设计方案》，通过1～3年的建设，城市宽带出口达到500G左右，市民关注并急需的市民卡、智慧城管、智慧交通、智慧政务等项目在2015年建成。在2020年之前，建成包括教育、医疗等全方位的项目，实现智慧城市的初步建设目标。

通过智慧城市建设，可以更好地优化城市管理模式、完善城市功能体系、促进城市产业发展、提升城市生活品质、提高市民幸福指数，实现"兴业、简政、惠民"的目标。2015年，襄阳进入智慧城市全国前20名，跨越了经济总量上的差距，与大城市齐头并进。

（二）襄阳构建国际化网络空间的时代背景

1. 习近平网信立国构想

自十八大以来，以习近平为总书记的党中央领导集体极为重视网络安全和信息化工作。习近平总书记先后十一次谈到互联网，尤其是2016年4月19日在网络安全与信息化工作座谈会上,极力强调中国网信事业要在践行"创新、协调、绿色、开放、共享"发展理念上先行一步,推进网络强国建设,推动我国网信事业发展,让互联网更好地造福国家和人民。

这表明在习近平总书记的治国理政思想体系中,网信工作在党和国家治理体系中居于十分重要的地位,网信系统成为中国全面实施"十三五"规划的先锋队和主力军。更重要的是,在十八届五中全会确立的"创新、协调、绿色、开放、共享"发展理念的指导下,中国已经确立了"网信立国"的基本方针,通过大力推动互联网和实体经济深度融合发展,努力实现中国经济转型升级和提质增效,中国将成为具有世界影响力的网络强国。

正因为意识到互联网革命对推动中国经济转型升级的革命性意义和深远影响,习近平总书记以党和国家最高领导人的身份直接担任中央网络安全和信息化领导小组组长,通过推动网信工作的顶层设计、战略规划和体制机制改革,以信息化驱动经济社会现代化,以信息流带动技术流、资金流、人才流、物资流,全面谋划"网信立国"的新格局。习近平总书记指出:"网信事业要发展,必须贯彻以人民为中心的发展思想。"因此,推动确立"网信立国",根本在人民,关键也在人民。要着眼于建设良好的网络生态,发挥好网络引导舆论、反映民意的作用,全面确立适应民情、反映民愿和引导民意的网络治理体系,推动网络治理能力的现代化,力争将中国打造成为世界网络强国。迄今为止,尽管我国互联网事业发展很快,取得显著进步和成绩,但也存在不少短板和问题。在习近平总书记看来,要着眼于建设网络强国,需要从加强网络治理、突破核心技术、巩固网络安全、深化政企协作和选拔网络人才五个方面努力。

2. "十三五"开放发展理念

党的十八届五中全会提出,我国"十三五"期间要坚持以"创新、协调、绿色、开放、共享"五大发展理念为指引。面对国内外两个大局的新变化、新特点、新趋势,习近平总书记及时提出开放发展新理念,丰富开放发展新思想。习近平指出:"人类的历史就是在开放中发展的。任何一个民族的发展都不能只靠本民族的力量。只有处于开放交流之中,经常与外界保持经济文化的吐纳关系,才能得到发展,这是历史的规律。"

坚持开放发展,必须顺应我国经济深度融入世界经济的趋势,奉行互利共赢的开放战略,发展更高层次的开放型经济,积极参与全球经济治理和公共产品供给，提高我国在全球经济治理中的制度性话语权，构建广泛的共同利益。开创对外开放新局面，必须丰富对外开放内涵，提高对外开放水平，协同推进战略互信、经贸合作、人文交流，努力形成深度融合的互利合作格局。完善对外开放战略布局，推进双向开放，支持沿海地区全面参与全球经济合作和竞争，培育有全球影响力的先进制造基地和经济区，提高边境经济合作区、跨境经济合作区发展水平。形成对外开放新体制，完善法治化、国际化、便利化的营商环境，健全服务贸易促进体系，全面实行准入前国民待遇加负面清单管理制度，有序扩大服务业对外开放。推进"一带一路"建设，推进同有关国家和地区多领域互利共赢的务实合作，推进国际产能和装备制造合作，打造陆海内外联动、东西双向开放的全面开放新格局。积极参与全球经济治理，促进国际经济秩序朝着平等公正、合作共赢的方向发展，加快实施自由贸易区战略。积极承担国际责任和义务，积极参与应对全球气候变化谈判，主动参与2030年可持续发展议程。

3. "互联网+"国家战略

2014年11月，李克强总理在出席首届世界互联网大会时指出，互联网是"大众创业、万众创新"的新工具。2015年3月，全国"两会"上，全国人大代表马化腾提交了《关于以"互联网+"为驱动推进我国经济社会创新发展的建议》的议案，表达了对经济社会创新的建议和看法。他认为，我们需要持续以"互联网+"为驱动，鼓励产业创新、促进跨界融合、惠及社会民生，推动我国经济和社会的创新发展。"互联网+"是指利用互联网的平台、信息通信技术把互联网和包括传统行业在内的各行各业结合起来，从而在新领域创造一种新生态。2015年3月5日十二届全国人大三次会议上，李克强总理在政府工作报告中首次提出"互联网+"行动计划："制订'互联网+'行动计划，推动移动互联网、云计算、大数据、物联网等与现代制造业结合，促进电子商务、工业互联网和互联网金融（ITFIN）健康发展，引导互联网企业拓展国际市场。"

2015年7月4日，国务院印发《关于积极推进"互联网+"行动的指导意见》，这是推动互联网由消费领域向生产领域拓展，加速提升产业发展水平，增强各行业创新能力，构筑经济社会发展新优势和新动能的重要举措。2015年初，国家设立了400亿元新兴产业创业投资引导基金，目的在于整合筹集更多资金，为产业创新加油助力。

(三)国际化网络空间发展经验

1. 国外的新加坡经验

新加坡自1965年独立以来,其现代化进程逐步加快。20世纪后期,随着亚洲其他发展中国家的崛起和各国密集劳动力产业的快速发展,新加坡国内上升的劳动力成本及劳动力短缺的严峻形势迫使其不得不开始进行产业转型。现在,新加坡科技园已经成为亚太地区最为成功的跨国公司研发集中地。在大力鼓励科技发展的同时,新加坡政府逐渐认识到,信息通信产业和网络产业将成为未来世界经济的驱动和塑造者,决定将信息通信网络发展作为其经济增长的重要领域,以确立其在世界信息化大潮中的主体地位。如今,新加坡已成为全球信息化程度最高的经济体之一,90%以上的世界100强科技企业把新加坡作为其全球网络的重要中枢。

新加坡网络技术的巨大发展,国家计划起到了相当重要的作用,包括国家计算机计划、国家IT计划、智能岛蓝图计划、信息通信21世纪计划、新加坡连接总体规划、智慧国2015计划,等等。1980年,新加坡制定"国家计算机计划"作为其第一个五年发展计划,着重于加强办公和公共服务信息化,以提高政府处理公共事务的效率。该项计划使得信息技术逐渐为公众接受,并为互联网爆发式增长完成了人才储备。1986年,新加坡政府又制订了"国家IT计划"作为其第二个五年计划,旨在通过连接相关机构以提供一站式服务,包括建立校园网以连接各学校,整合地面使用系统、一站式服务系统建立了相关行业网络,如贸易、法律和传媒行业。

1992年,继"国家计算机计划"和"国家IT计划"后,新加坡实施了"智能岛蓝图计划",目的在于促进新加坡网络通信技术发展,以提升新加坡在国际信息领域的地位。在公共服务方面,通过建立服务网络整合计算机网络资源,大力发展互联网,通过互联网为公众传送讯息和提供公共服务。2000年,新加坡政府开始施行"信息通信21世纪计划",拟于2005年形成网络时代的"一流经济体"。2003年,新加坡政府推出了"新加坡连接总体规划的战略计划",通过连接众多资源,创造新的消费价值、新的文化体验和新的商业机会。2006年6月,新加坡公布"智慧国2015计划"。"智慧国2015"设立了一系列目标:经济方面,到2015年,基于资讯通信技术所发展起来的经济和社会价值高居全球之首,并实现行业价值 2 倍增长、出口收入 3 倍增长的目标;其他社会发展方面,到 2015 年,新增工作岗位 8 万个,至少 90% 的家庭使用宽带,计算机百分之百渗透到拥有学龄儿童的家庭,基本实现互联网全覆盖。

2. 国内的乌镇经验

乌镇是长三角地区一颗璀璨的水乡明珠,位于江、浙、沪的"金三角"地带,拥有 7000 多年的文明史和 1300 年的建镇史,被誉为"中国最后的枕水人家"。2014 年,乌镇成功承办首届世界互联网大会并成为永久举办地。随着世界互联网大会的永久落户和 2015 年第二届世界互联网大会的成功召开,乌镇迎来了全新的发展机遇,正逐步被打造成为一个融小桥流水传统特色和现代互联网基因为一体、中西文化交相辉映的智慧小城镇,既能满足互联网大会永久落户的需要,又能实现自身的特色发展以提高人们的生活水平。

在信息时代,乌镇是一个世界文明和中华文化融合的智慧人文共生城镇的典范。世界互联网大会的永久落户,使乌镇面临前所未有的巨大荣誉和发展机遇,集聚了全世界的目光,刮起了席卷全球的互联网旋风。依托世界互联网大会平台,乌镇站在信息时代思想和技术变革的最前沿,开启了建设全球智慧名镇的新篇章。

乌镇在网络空间国际化上有以下经验可供襄阳学习:对接互联网格局,融入全球互联网功能网络;借助互联网基因,推动产业升级与融合发展;遵循互联网理念,推动空间营造与保护提升;搭建互联网平台,加强智慧运营与智慧服务;引入互联网技术,探索智慧规划的变革与创新。

二、襄阳国际化网络基础设施建设

(一)襄阳网络基础设施建设现状

1. 电信通信网络的建设

从 2008 年开始,襄阳电信持续投入 3 亿元资金打造覆盖全市范围的"信息高速公路"。目前,全市已全面实现村村通电话、乡乡通宽带、商务楼宇光缆进楼率 100%;全市完成新建和改(扩)建各类移动基站 220 余座,升级(3G)EVDO 基站 67 个;在高校、机场、三星级以上酒店、高档写字楼等重点区域实现了 WLAN 无线接入全覆盖；完成二期 IP 城域网扩容工程，使得襄阳宽带出口增至 60G。

2009 年，襄阳电信率先开通了 3G 网络，让市民亲身体验到电信 3G 所带来的领先科技和丰富多彩的通信服务。继 2013 年率先实现 20 兆光速宽带入户之后，2015 年 5 月，襄阳电信再次引领宽带大提速，全面推广 100 兆宽带。这意味着在襄阳电信已基本建成覆盖全市的光纤网络基础上，襄阳市民家庭将快步迈入"百兆新时代"，消费者的宽带接入速率将与世界发达水平接轨，从而加快推动社会信息化进程，促进经济转型升级。另外，襄阳电信为客户提供了无缝连接的移动网络，已实现襄阳市区及各县（市）主城区和重点乡镇的 4G 信号覆盖，信号覆盖率达到 95% 以上。

2. 广播电视网络的发展

襄阳广电网络拥有遍布全市、上下互联、技术先进的优势光纤网络资源，建成和拥有集有线广播电视 HFC 网、SDH 传输网、万兆 IP 宽带城域网、宽带电子政务网、平安城市监控网"五网"和高标清数字电视传输平台、高标清互动电视点播传输平台、电子政务运行支撑平台、平安城市运行支撑平台、公安边界接入系统平台、宽频网站平台"六平台"为一体的多功能多业务综合信息网络运营系统。成功实施了襄城区有线电视数字化整体转换，全面推进网络双向化改造，双向网络已覆盖近 30 余万户。目前，襄阳广播电视网络网内传输 205 套数字电视节目（其中标清节目 78 套、付费节目 85 套、高清节目 41 套、3D 节目 1 套）和 9 套数字音频广播节目，传输节目档次、套数在同类地区中处于领先水平。双向用户可对 60 余个频道精选节目进行 120 分钟时移和 7 天回看，可在线点播 2 万多小时影视剧。此外，政务信息、远程教育、互动游戏、股票查询、卡拉 OK 等增值业务的推行，大大增强了电视的实用性。目前，襄阳广电网络传媒有限公司正积极推进行业金卡在线支付结算、公共事业缴费便民服务和电视商城等新型服务，逐步引导消费者实现由单纯"看电视"向"用电视"与"看电视"并重的转变。

3. 接入网络建设

当前，襄阳电信已实现主城区新建商务楼宇 100% 光纤到楼，大部分实现光纤到办公室或桌面。主城区光网覆盖占比达到 98%，乡镇光网覆盖率达到 95%，可满足用户的百兆带宽接入需求。农村行政村光纤通达率和宽带通达率分别达到97%和98%以上，农村现有宽带用户有80%可实现20兆带宽接入。自2013年市政府与湖北电信签署"智慧襄阳·光网城市"战略合作协议以来，襄阳在全省率先开展光网改造工作。南漳成为继枣阳、襄州之后全省第三个全光网络覆盖县。2016年，襄阳电信计划依次对谷城、保康、宜城、高新区、老河口、襄城、樊城进行光网改造，自此，襄阳接入网络建设将大大提速。

（二）襄阳国际化网络基础设施建设存在的问题

1. 信息化资金投入不足

襄阳市信息化资金投入占同期GDP比例较低，低于全国近十年来用于电子政务投入资金的平均比例（占GDP的0.25%左右）。不仅资金投入少，还面临使用效果差、各部门存在重复建设等问题。由于起步较晚，襄阳市的信息化投入欠账较多，需要逐步加大投入才能赶上先进地区的水平。要做好统一规划，改变以往各自为政、分散发展的状况，做好信息化持续发展工作。

2. 电子政务应用及城市管理信息化不够普及

公安、国土、医疗卫生、教育等部门实施并投入使用了部分城市范围内联网信息化系统，但襄阳各县（市）的其他多数部门还没有基本的自动化办公系统和行业监管基础业务系统。各市县的行业主管部门大多还没有建立与其管理相对应的基础数据库。基于城市政务外网的电子政务自动办公系统也没有得到普及，许多市县的政府职能部门还在采用传统的纸质流转审批流程，办公效率大打折扣。

3. 旅游信息化等行业信息化应用还处于初级阶段

襄阳市正大力发展旅游产业，大力发展智慧景区、数字旅游等旅游目的地信息化服务，具有广阔的发展前景。但目前的旅游信息化还处于起步阶段，除了全国性的在线旅游平台所提供的落地业务以外，本土还缺乏针对性强的目的地旅游信息化服务。无线景区、智慧景区等提升旅游体验的信息化系统还处于筹划和起步阶段。

4. 缺乏信息化意识和信息化人才

充分利用信息化手段进行城市管理是形势的要求，但是包括襄阳在内的省内诸多城市还没有普遍形成这种意识，行政管理队伍的信息化系统使用水平也亟待提高。此外，建设和维护电子政务及城市信息化系统需要一批有经验的信息化人才，也是当前信息化建设的短板。

（三）襄阳国际化网络基础设施建设对策

1. 统筹规划信息基础设施建设管理

襄阳应加快完成以管道、基站等为主的信息通信基础设施空间布局规划，并与城乡建设规划、土地利用总体规划及控制性详细规划等有机衔接，从源头上解决基站选址难、管线铺设难等问题。在新建园区、住宅小区、商业（办公）楼宇、学校、车站、道路、桥梁、轨道交通等基础设施项目的规划前期，统筹考虑信息基础设施覆盖问题，将公共信息机房、信息网络管线、基站等通信配套设施建设纳入建设项目的规划设计文件，由规划、信息化、广电等主管部门及通信协会共同审核把关。对通信设施广播电视传输设施与市政公共设施及基础配套进行统一规划安置，合理预留公众通信基站（含广播电视设施）建设场地，结合道路改造，充分利用绿化带建设基站。商业开发建筑物内的通信网、广播电视网、互联网等信息管线和配线设施以及建设项目用地范围内信息管道，应当纳入建设项目总体设计，由建设单位随建设项目同时施工，所需费用由建设单位承担。大力提升襄阳市公共配套等设施资源的使用率，充分开放襄阳各级政府机关、事业单位、高校、车站、展馆、旅游景点等所属建筑物以及路灯、绿化带、道路指示牌等公共设施，支持信息通信基站、通信管道及室内分布系统建设。

2. 积极推进信息基础设施共建共享

襄阳应按照"统一规划、集约建设、资源共享、规范管理"的思路，加强统筹协调，促进业务融合，避免重复建设，不断提高信息基础设施的利用率、综合服务功能和应用服务水平。依附于新建道路及两侧景观带建设信息基础设施的，应当共建共享。通信协会要积极发挥行业协调作用，牵头各通信运营商及广电企业遵循"公平公正、互利互惠、共同发展"的原则，做好信息基础设施共建共享工作，租用第三方站址、机房等设施时，不得签订排他性协议，已签订的应予以及时纠正。房地产开发企业、物业管理单位不得就住宅小区接入和使用通信设施，与通信运营商及广电企业签订垄断性协议，不得以任何方式限制其他通信运营商及广电企业的接入和使用，不得限制用户自由选择电信业务的权利。

3.加快建设信息基础设施项目

襄阳各有关部门要大力支持信息基础设施建设项目核准和审批工作,依法及时办理相关手续。规划部门要依法及时办理公众通信基站、通信及广播电视传输线路等信息基础设施的规划许可手续。建设部门要依法及时办理公众通信基站、通信及广播电视传输线路等信息基础设施的建设工程施工许可手续,对建设单位不承担建筑物内信息管线及配线设施、建设项目用地范围内信息管道建设费用的,依据有关法律法规责令其改正,并处罚款。国土部门对符合用地预审、农用地转用和土地征收等条件的信息基础设施建设项目,要依法尽快办理用地手续。交通部门要及时审批在公路、铁路、客运站等控制区内,埋设信息管线、架设光电缆及通信基站等设施的申请,为同步建设通信及广播电视传输网络提供便利。环保部门要做好向省环保厅转报公众通信基站电磁辐射环评申请的衔接工作,积极配合各通信运营企业做好基站电磁辐射投诉的宣传解释工作。无线电管理部门要按照国家和省有关政策法规,及时做好基站设置审批工作,保护依法设置使用的基站免受其他无线电系统和辐射无线电波的非无线电设备所产生的有害干扰。供电公司要切实保障信息基础设施建设项目的电力供应,在相关供电服务方面给予便利。住宅建设单位应按照国家住建部、质监总局联合发布的《住宅区和住宅建筑内光纤到户通信设施工程设计规范》,选择具有通信设施设计及施工资质的单位进行工程设计及施工,并及时组织对光纤到户通信设施和广播电视传输设施进行验收,并将验收文件报所在地通信行业协会备案。未经验收备案或验收不合格的,不得接入公用通信网。任何单位和个人不得擅自改动、迁移或拆除通信网、广播电视网、互联网等信息基础设施,因特殊情况确需改动、迁移或拆除的,应征得信息基础设施产权人同意,所产生的改迁拆费用由提出改动、迁移或拆除要求的单位或个人承担,并补偿由此造成的损失。各相关部门及单位要积极支持、配合通信运营商及广电企业对已建住宅小区、商业(办公)楼宇内信息基础设施补充完善工程的建设。

4.加大信息基础设施保护力度

襄阳市政府部门应将信息基础设施安全保护工作纳入社会管理综合治理考核范围,对危及通信基础设施安全的违章建筑、违章施工行为等进行专项整治。公安部门要加大对盗窃、破坏信息基础设施行为的打击力度。宣传部门要加强对保护信息基础设施安全的相关法律、法规的宣传，及时曝光典型案例。通信运营企业要建立完善信息基础设施安全防护体系，加强对信息基础设施日常安全运行的监管；完善应急通信保障体系，制定分级应急方案，增强应对信息通信网络突发事件的能力。有关部门和企业要各司其职，充分依靠、发动社会力量，将保护信息基础设施安全与社会治安防控体系建设有机结合，进一步提高信息基础设施安全防护能力，确保信息基础网络畅通安全。

三、襄阳国际化网络平台搭建

（一）打造襄阳网上文化交流共享平台，让襄阳声音传播世界

1. 以正确导向发展襄阳网络文化

网络文化具有题材广泛、形式多样、传播迅速、受众群大的特点。发展襄阳网络文化，必须坚持社会主义先进文化的前进方向，坚持以人民为中心的创作导向，大力弘扬社会主义核心价值观，大力弘扬以爱国主义为核心的民族精神和以改革创新为核心的时代精神；大力弘扬真善美，处理好社会效益和经济效益的关系，把社会效益放在首位，实现社会效益和经济效益的统一。促使襄阳文化走向世界，让世界了解襄阳，不断增强襄阳的内生动力、竞争活力。

2. 鼓励襄阳优秀网络文化产品创作传播

襄阳悠久灿烂的地域文化以及襄阳人民为实现"中国梦·襄阳篇"而努力拼搏的伟大实践，为襄阳网络文化产品创作提供了不竭源泉。要实施网络文化精品创作和传播计划，鼓励襄阳广大网络文化企业和从业者创作生产更多传播当代中国价值观念、体现襄阳文化精神、反映中国人审美追求的襄阳网络文化精品力作。

3. 搭建网络文化人才培养平台

将襄阳网络文化人才培养与文化人才整体工作全面对接，加大襄阳文化产业创意人才扶持、艺术人才培训等文化人才培养计划在网络文化领域的实施力度，为青年创意人才在网络文化领域脱颖而出创造更好的条件，为繁荣发展襄阳网络文化提供人才储备和智力支撑。

4. 优化网络文化产业国际化发展环境

创新管理方式，完善产业政策，激发襄阳网络文化市场活力，紧紧围绕

"互联网+"行动计划等国家创新发展计划，鼓励襄阳网络文化与传统文化产业创新融合发展。拓宽襄阳网络文化产品国际化传播渠道和落地空间，扩大和引导网络文化消费。

（二）打造跨境电子商务平台，让襄阳制造走向世界

1. 支持跨境支付，化解襄阳跨境电商发展阻力

支付体系是电子商务服务业的重要支撑条件。针对国内跨境支付体系短板和国外第三方支付公司强势的情况，除了作为行为主体的第三方支付企业要抓住机会、提高技术、扩大市场外，襄阳政府相关部门也要高瞻远瞩。一方面，要尽力消除第三方支付产业在襄阳国际化过程中可能遇到的内部政策阻碍，通过税收减免和补贴等扶持政策，鼓励支付企业开拓海外市场。另一方面，在国际银行间清结算上，要与相关国际金融机构积极协调，制定相关标准，利用WTO等相关国际组织的标准和协商体系，帮助支付企业化解跨境贸易冲突，减少第三方支付产业的国际化阻力。

2. 拓展营销渠道，培育襄阳跨境电商服务企业

针对目前大多数传统企业包括一些中小电商企业对如何开展跨境电子商务了解太少的现状，襄阳有必要培育一批既懂电子商务又懂对外贸易，集报关、退税、国际物流、海外仓储、汇兑服务于一体的跨境电子商务服务企业，为有意愿开展跨境电子商务活动的传统企业提供帮助，或针对企业及其产品帮助制定相应的跨境销售策略，通过 eBay、亚马逊、速卖通等主流外贸电子商务平台销售产品，或帮助其在海外平台销售注册账号，开展海外分销，提供海外法律与财务咨询、海外售后支持、国际运输、全球仓储等全方位的跨境贸易电子商务解决方案，引导与扶持企业开展国际电子商务，逐步实现一站式集体转型。

3. 加快人才建设，提供襄阳跨境产业发展动力

针对襄阳市电商人才尤其是跨境电商领域人才短缺的情况，一方面，要依托国内外高校和知名互联网企业开展电子商务、物流配送和互联网金融等领域的中高端人才培养，支持有条件的电子商务企业（如阿里巴巴集团）与科研院所、高校合作建立教育实践和培训基地，创新电子商务人才培养机制，打造高素质专业人才队伍。另一方面，要加大电子商务人才引进力度，聚集电商业领

军人物团队，完善电子商务人才激励措施，拓宽人才引进渠道，灵活采取核心人才引进、团队引进、项目引进等多种方式，引进适合襄阳市电子商务发展的高端人才和复合人才。

4. 统筹规划布局，加快襄阳跨境电商试点园区建设步伐

要加快进行襄阳跨境电商园区试点工作，促进襄阳城市发展的国际化程度。认真做好园区规划工作，把园区的下一步发展规划和襄阳市的相关产业发展规划、土地利用规划有机结合起来，合理布局，准确定位，突出特色。力争将园区率先建成集跨境电商、保税仓储、智能物流、跨境金融支付为一体的国家级跨境贸易电子商务产业园。大力推广园区解决跨境电子商务"监管难、结汇难、退税难"等问题的试点经验和创新监管模式，扩大园区范围，着力解决制约园区发展的土地、资金、政策等相关问题。进一步优化园区服务，扩充物流分拣流水线和仓储容量，吸引金融、物流、生产、贸易等跨境电子商务相关企业和项目落户，形成良好的电商生态环境，进一步提升园区发展水平。

四、襄阳国际化网络经济发展

（一）发展国际化现代互联网产业体系

1. 抢抓物联网、云计算、移动互联网、互联网金融、大数据等发展先机

李克强总理在2015年政府工作报告中提出，推动移动互联网、云计算、大数据、物联网等与现代制造业结合，促进电子商务、工业互联网和互联网金融健康发展，引导互联网企业拓展国际市场。襄阳要抢抓物联网、云计算、移动互联网、互联网金融、大数据等发展先机，大力支持企业实行产业链上下游联手，形成产业链不同环节的骨干企业牵头的整体解决方案。争取培育一家以上世界一流网络信息技术企业。

2. 着力推进襄阳互联网品牌国际化

目前，包括中国移动湖北分公司、华为技术有限公司、IBM、世纪互联、腾讯等在内的国内外互联网巨头已与襄阳达成战略合作协议。这些互联网巨头在襄阳投资超过150亿元，投资重点是推动线下各传统行业拥抱云计算、大数据、移动互联网等信息技术，打造新的产业增长点。电子信息、汽车、装备、化工、材料、能源和消费品将成为其融合发展的重点产业。但是襄阳本土还没有培育出有国际影响力的互联网品牌，需要加大力度，鼓励创新创业，着力推进襄阳互联网品牌国际化。

3. 制定实施网络国际化融资战略

襄阳需要制定实施网络国际化融资战略，也就是网络产业发展融资需要迅速走国际化道路。现在"一带一路"的建设正在迅速深化，为融资未来国际化发展提供了前所未有的巨大潜力市场。同时襄阳自贸区建设为网络国际化融资提供了非常好的绿色通道，特别是和国际市场接轨的一些绿色通道。

4. 制定实施国际化网络人才战略

襄阳国际化网络人才匮乏，需要制定和实施国际化网络人才战略。襄阳网络企业需加大全球招聘的力度，提高管理队伍的国际化水平。襄阳网络企业要想真正走出去，就必须运用好国际人才，其中最重要的就是在海外受过教育的留学生。要发挥国外襄阳籍华人华侨的力量，协助企业海外并购和运营。可以通过海外华人华侨社团建立海外国际人才网和数据库，随时保持与海外华人华侨的联系，跟踪他们的动态，定期发布襄阳企业境外投资的国际人才需求信息。促进海归企业与本土企业对接，形成人才和资金的互补。近些年来，海归回国创业潮已成为我国一个重要的现象。襄阳要注重与海归企业的对接，吸纳海归企业的先进技术和国际人才，并提供资金支持。同时还要加强襄阳本土国际化人才的培养。

（二）以"襄阳云谷"国际化建设信息经济示范区

1. 制定襄阳云计算产业发展路线图

襄阳要加快"襄阳云谷"建设，全力打造智慧产业核心区和示范区，努力成为襄阳信息经济、智慧经济发展的重要增长极。聚焦产业高端，发挥支撑引领作用。以创建网络信息技术与产业国家自主创新示范区为引领，制订襄阳云产业发展路线图，主攻云计算产业和物联网、互联网三大领域，把握网络信息技术广泛渗透、产业边界漂移、产业融合不断深化等产业发展特点，聚焦价值链高端和关键核心技术，增强产业话语权。

2. 增强"襄阳云谷"产业话语权

"襄阳云谷"要综合分析产业基础、比较优势以及新一轮科技革命和产业变革的大趋势，保持高度敏感，主动适应、跟踪最新的发展变化，力争在全市信息经济和智慧经济发展中保持龙头和引领态势。着力服务网络基础产业和物联网、互联网三大领域，聚焦价值链高端和关键核心技术，增强产业话语权。重点支持集成电路设计、大型软件系统研发、高性能计算、高端网络设备制造、大数据存储与智能分析和信息安全、智能传感器、物联网系统集成、联网机器人和智能装备系统、电子商务、互联网金融、网络传媒等12个产业细分领域的技术研发和产业化。着力推广和输出智慧安防、智慧商务、智慧交通、智慧医疗、智慧环境、智慧制造、智慧物流、智慧政务等8类标准化应用，以先进优异的技术、强大标准化的设计开发能力、过硬的本土化实施能力，努力抢占国内外网络技术应用市场。

3. 促进和支持国际合作

不以规矩，不成方圆。虽然云计算作为新兴信息技术，为软件、服务带来了深远的影响，并成为近年ICT领域的研究热点，然而云计算产业的健康发展离不开标准化建设，云计算标准化将推动和促进云计算业务研发、服务创新，是产业的基础性工作之一。目前国际上以ISO、ITU、NIST等为代表的30多个组织，从2009年起已经开始了云计算标准化研究，国内CCSA、CESI等组织也启动了云计算相关服务标准的调研和规划工作。一方面，无论是国内还是国外，云计算标准化研究仍处于初级阶段，还未见相关成熟的标准规范出台；另一方面，在全球各国本处于同一起跑线的同时，在以企业参与为主的标准化组织中，我国ICT企业因传统软、硬件信息技术根基不稳健而鲜少在国际组织中登台亮相。云计算作为一种技术或应用模式，其相关标准化建设注重全球通用性。然而事实上，虽然国内三大运营商、企业或云计算标准组织均参与到了国际标准研究讨论当中，但其国际表现平平。襄阳应扶持有关企业参与国际关于云计算平台标准的探讨，促进和支持国际合作。

4. 支持园区企业参与国际竞争，拓展海外空间

在需求总量不足及受制于规模的情况下，襄阳多数网络企业都缺乏单打独斗出海的能力，因此要在国内扩大内需，国外渐进扩展。襄阳网络企业不应为一时的困难而逃避，应该有自主研发的信念及为全球用户服务的雄心。面对海外市场，如果一两家襄阳网络企业规模不够，大家可以"抱团出海"。

五、襄阳国际化网络空间治理体系构建

（一）襄阳网络空间治理实践与经验

1. 理顺领导体制，统筹协调能力得到增强

中央成立网络安全和信息化领导小组就是为了解决互联网"九龙治水"的局面。襄阳也应成立网络安全和信息化领导小组，设置多个专项小组，在领导小组的统一部署和日常督查下开展工作，工作落实到具体部门，责任进一步明确。

2. 政府当好牵线人，激励多方参与网络治理

国际社会在不断探索网络治理的有效途径，并取得了一些有益经验。基本方向是推动政府、互联网信息服务商和网民共同参与网络治理，核心是促进治理主体之间形成有效的协作制衡机制，具体要求是防止治理权力过强和治理对象过弱。襄阳网信部门的职能正从单一应对向集聚和重新配置政治资源、组织资源、资金资源以激励多方参与网络治理的模式转变，渐趋形成协同治理的格局。

3. 大胆探索依法治网，治理手段刚柔相济

依法治网目前是依法治国的最大短板，互联网的法治化推进工作相对落后。对于全国地方城市来说，属地网站管理一直是互联网管理中的一个难题。一方面要守住底线严格监管不放松，另一方面要发挥柔性服务的作用。

4. 多方联动化解线下矛盾，缓解线上舆情应对压力

在网络空间治理方面，襄阳向来重视网上网下协调联动，在一定程度上缓和了社会矛盾，提高了政府公信力。同时还注重通过网络拓宽政务服务的渠道，及时解决市民诉求，避免更多社会问题衍生为网络舆情。

（二）襄阳网络空间治理面临障碍

1. 网络治理繁重的任务与拥有的权限不匹配

就襄阳市各级政府而言，要守好自己的门，确保网络安全，加快信息化建设，做好网上舆论工作，净化网络环境，营造晴朗网络空间。繁重的网络治理任务与自身所拥有的权限不匹配成为制约治理成效的一大瓶颈。当前，我国互联网领域实行的是中央和省"两级管理"体制，针对执法处置、网站审批备案、

打击网络犯罪等方面的权限只下放到省级网信主管部门,而地市级要管好属地网站,在很大程度上受到这些瓶颈的制约。如何在不越权不越位的前提下达成有效管理属地网站,是地市级政府普遍面临的难题。而解决的办法应是互联网管理体制的改革,即完成由"两级管理"向"三级管理"的转变,这可能是解决地市级网络治理系列问题的根本之策。

2. 聚合政治资源和组织资源存在瓶颈

移动舆论场的异军突起,网络空间法治化的加速推进,对下好网络治理"一盘棋"提出了更高的要求。在地方层面,尽管大多已经成立网络安全和信息化领导小组及其办公室,但由于机构职能不明确、统筹协调机制不健全,网上舆论、网络安全、信息化等工作职能仍然分散在多个成员单位,多头管理、职能交叉等局面还没有根本改观,襄阳也存在类似的问题。如何更加高效地聚合政治资源、组织资源等面临困境,从而影响网络治理的效率和效果,是亟待解决的重要问题。

3. 对数据的占有和使用受到较大制约

基于大量网络舆情和网民选择性行为的大数据分析,从而准确研判网民特征、社会情绪、舆情关联点以及舆情发展趋势,是地方政府进行网络治理的基础。但问题的关键是地方政府对于这些数据的占有和使用受到多方面制约。一方面,大量原始数据越来越多地由腾讯、百度、新浪、阿里巴巴等少数网络大公司掌握,地方政府较难获得完整数据。若购买数据则往往要付出较大的成本,若通过政府数据进行置换,地方政府则会对所置换开放的数据安全性问题存在顾虑。另一方面,海量的网络舆情数据形态各异,传播快捷,且呈现出动态数据流的新模态,大数据分析所要求的高技术性和目前地方网信部门技术手段有限之间存在着矛盾,制约网络治理向更深层次推进。

(三)襄阳国际化网络空间治理体系构建对策

1. 开展国际合作,多元主体协同参与

政府与网民的互动关系满足了部分公众对公共事务的参与需求,与此同时,单一的政府和网民的互动关系,也产生仅靠政府部门应对出现疲惫不堪的问题。襄阳进行网络治理,应该考虑大力开展国际合作,即将资源倾斜配置到如互联网协会、互联网企业、网站从业人员、网络意见领袖群落等社会组织和重要人群中。这不仅可以打通与网民的多个沟通渠道，还可经这些组织和人群协调、调动经济、组织等资源解决现实问题，形成减压阀。另外一个作用是，这些组织和人群具有的影响力，可以经过引导而转化为文明上网和提高社会责任感的自律力量。

2. 国际协同协作，依法治网

在国家层面，互联网的法律法规体系在加快制定和完善中，可以预计在未来数年内，将形成网络治理完善的法律体系。国务院授权网信办后，依法管网的力度得到增强，我们看到目前网络空间日渐净化的态势，与网信办不断加大执法力度有必然的关系。但对襄阳地方政府来说，目前互联网的律法主要还是以规范性文件和红头文件为主，执行效力较低，时常面临执法权问题的尴尬。面对目前立法和执法方面的不足和尴尬，在加快顶层设计与国际协同协作的同时，应该鼓励地方政府进行突破性实践和探索。

3. 培养专业人才，积极投身互联网治理

襄阳地方政府、社会组织和有关高校要积极加强互联网治理问题的研究，培养相关专业人才，积极投身全球互联网治理，在国际社会拥有一定话语权和影响力。

4. 加大研发力度，有效利用国际先进技术

对襄阳来说，运用技术治网，确保网络空间晴朗是一个有效的选择。襄阳应鼓励有关科研院所、企业加大研发力度，同时引进国外先进技术，合理运用技术手段来遏制互联网上的违法信息传播。

总之，网络空间国际化是城市国际化的重要基础，互联网发展迅猛，但襄阳在推动网络空间国际化的过程中还有诸多难题需要解决。当前，襄阳在构建国际化网络空间中存在着治理任务繁重与拥有的权限不匹配，政治资源和组织资源聚合存在瓶颈，对数据的占有和使用受到较大制约等问题。构建襄阳网络空间治理体系，需要大力开展国际合作，多元主体协同参与，培养专业人才，积极投身全球互联网治理，加大研发力度，依法治网。只有如此，才能为襄阳网络空间国际化提供根本保障，从而让互联网更好地服务于襄阳经济社会的发展。

参考文献：

[1] 张志安：《空间法治化：互联网与国家治理年度报告》，商务印书馆2015年版。

[2] 李平一：《网络社会治理》，中国社会科学出版社2014年版。

[3] 致远协同研究院：《互联网+：工作的革命》，机械工业出版社2015年版。

[4] 王明进：《全球网络空间治理的未来：主权、竞争与共识》，《人民论坛·学术前沿》2016年2月。

[5] 沈逸：《后斯诺登时代的全球网络空间治理》，《世界经济与政治》2014年第5期。

[6]《国际网络空间治理的主要举措、特点及发展趋势》，《信息安全与通信保密》2014年第1期。

[7] 虞崇胜、邹旭怡：《秩序重构与合作共治：中国网络空间治理创新的路径选择》，《理论探讨》2014年第4期。

[8] 董鹏：《"互联网+"视域下的网络空间治理策略探讨》，《湖北省社会主义学院学报》2016年第1期。

[9] 秦安：《国家网络智库建设的目标、任务和总体构想》，《中国信息安全》2014年第12期。

[10] 潘柱廷：《国家网络空间治理的文化传承》，《中国信息安全》2013年第11期。

全球化的时代 国际化的人才
——襄阳国际化人才战略研究

唐克敏

内容提要：国际化是今日襄阳发展之必需，其发展过程需要大批国际人才的参与。襄阳应高度重视国际人才队伍建设并把它提升到战略层面。本文以国际人才基本素养思考为基础，通过对中国五个典型城市国际人才工作状况进行样本分析，发现各省（市）皆已把党管人才战略落到实处，且一二线城市已基本构建了国际人才专门工作体系，这为襄阳的国际人才工作提供了有效参考。同时，借鉴全球经济发达地区和先进国家的国际人才工作思路，国际竞争、自主培养、容才用才、顺势而为等思想应是襄阳国际人才队伍建设的关键理念，并应把它落实于引进人才、培养人才和本地人才国际化的具体工作中。结合襄阳市情，对襄阳国际人才资源与队伍建设重点领域和支撑工程等问题进行探讨，应该通过政策导向、平台搭建、网站建设、优质服务等方式来培养、激励、凝聚国际人才，促进其素质进一步提高，更好地服务于襄阳现代化建设。

关于区域建设与发展的人才队伍建设问题，总会给人以深刻思考。襄阳要进一步实现国际化发展，国际人才资源与队伍建设是关键和基础。本文拟通过对国际人才基本素养的思考，通过对中国五个典型城市的建设经验和海外主要发达国家及地区国际人才工作的实践分析，进而对襄阳国际人才队伍建设问题予以初步探讨。

一、开放的时代呼唤国际化的人才

在全球化背景下，培养国际化人才是国家乃至地区的战略需求，具有必要性和重要性。

(一)全球化呼唤国际化人才

技术支撑、经济引领下各生产要素全球化配置与调度越来越深刻影响各国经济,各领域全球化分工与合作也越来越普遍。国家结盟式多目繁,文化全球百花齐放,一个十分抽象却又非常感性的全球村落正在逐步形成。全球化一方面密切了世界各地的经济、社会和文化联系,另一方面使具备兼容并包精神的国际化人才成为全球所需,更是襄阳积极融入全球化所需。

(二)对外开放呼唤国际化人才

对外开放作为中国的一项基本国策,近40年的努力推动了中国的全面建设与发展。中国作为历史上一直具有全球意义的国度、全球社会主义阵营中的主要国家、亚洲国土面积最大的国家、最大的发展中国家,经济总量已经跃居全球第二,因此需要进一步扩大全球影响力,在更宽广的领域中争取更多的话语权。襄阳应紧跟全国经济社会发展新形势,积极融入国际市场以争取更多发展机会,并借助既有优势,充分利用国际资源,努力拓展国际生存空间。通过加大对外开放力度,以更加开放、合作的姿态谋求襄阳发展新局面。

(三)"一带一路"倡议呼唤国际化人才

中国长期以投资、消费、出口为三驾马车来拉动经济发展,全球产业大转移的负效益以及房地产经济的弱化,是近几年中国经济下滑的主要内因。因此,大力进行海外投资,积极进行海外产业布局,成为发展的出路之一。历史上的"一带一路"沿线国家大都是中国友好之邦,目前经济发展状况还比较落后、基础设施建设较差,与我国经济形成互补。基于合作、共赢理念的"一带一路"倡议的提出,对沿线国家无疑是一个积极信号,也是襄阳发展经济的另一个有利机遇。襄阳应积极参与"一带一路"建设,借力"一带一路"建设对各类产品与服务的需求,把优势企业、特色产品和领先技术推向国际,同时引进或利用沿线各国特色资源产品,弥补襄阳经济发展的短板。因此,面向"一带一路"建设的专门国际人才成为急需。

（四）襄阳提升国际化水平呼唤国际化人才

在全球化形势之下，国际化水平高低可以作为区域综合实力强弱的参考。国际化水平越高，意味着参与国际分工合作的程度越深，越利于获得国际优势资源和提升竞争力。相反，国际化水平越低，越有可能被弱化、被边缘化。国际化也由此成为各类组织谋求全方位发展与进步的必要手段。襄阳作为内陆型城市，积极融入长江经济带和湖北经济发展战略是发展的主导思想，但国际化发展道路也不可偏废。"一带一路"倡议的提出，使得襄阳国际化发展问题更加紧迫地提到议事日程上来。襄阳的发展思路应该顺势而为，面向国际谋发展、努力提高国际化水平，引进培育国际化人才，成为当前第一要务。

二、国际化人才的基本素养

呼唤国际人才和实现国际人才有效供给是两回事。欲变后者为现实，实际需要和有效供给二者之间应该力求均衡。襄阳国际人才工作之首要问题不是供给问题，而是明确所需国际人才的标准以作为工作依据。全球化对人才的知识结构和素质提出了新的要求，人才培养和使用的国际化加剧了人才在素质方面的竞争。复合型、高层次、跨文化架构能力及适应国际市场"游戏规则"等素质，将成为国际化普遍认同的人才衡量标准。

全球经济的急剧转型给国际化人才基本素养提出了新的要求。国际人才素养探讨的价值主要在于制定国际人才基本标准，以作为国际人才引进标准或国际人才培养的基本目标。基于利于国际矛盾冲突解决的思路，合格的国际化人才应该善于交流沟通、具有国际视野和国际思维、能熟练使用国际规则，凭借一项或多项专业技能参与国际事务并在国际上具有一定竞争力。其基本素养大致分为基本素质、基本品质和基本特质三部分：基本素质乃基本元素质量，以框架建构为主，代表硬实力；基本品质相对侧重非基本元素质量，注重灵活处理，代表软实力；基本特质是对软硬实力的强化，注重组合利用，展现水平与能力。

（一）基本素质

基本素质包括国际视野、国际技能、国际规则、国际礼仪四个部分。国际视野，即具有国际意识与见识，善用国际理念进行思维，追求宽广度和关联度；国际技能，即具一技之长，能凭技而舞，追求专业度和熟练度；国际规则，是办事框架、规矩、习惯，追求适应度和突破度；国际礼仪，指善于随风入俗以融洽人际关系，以舒适度与和谐度为目标。四者角度不同、目标不同，途径方法自然也不同，大体可通过阅读、听、练等方式逐步养成。

（二）基本品质

由共享理念、开放胸怀、创新精神三部分构成。共享理念是基础，无此难合作；开放胸怀重在容，可退方思异；创新精神意于变，敢于谋新篇。国际人才或代表国家或代表团队活跃于国际舞台，同担共享是交往通行证，也是合作基础。国际人才为完成组织交予的任务，打开心胸，放飞情怀，互容互谅，方可悦己动人，配置利用资源得力。同时，面临复杂多变的环境，不怕犯错、敢于决策、敢于创新的担当精神也需具备。然而，人的品质的培养是一个复杂过程，它与人的个体天性、环境的潜移默化、引路人水平等有关，相对稳固。以范蠡为例，助越灭吴，功成身退，隐姓埋名，移志经商，几散家财，辗转经营，最后制陶成就最大，被后世奉为"商圣"，与其共享实践、开放胸怀与敢舍敢闯精神有关。

（三）基本特质

基本特质主要是指情商、智商和财商，是并列的现代社会能力三大不可或缺的素质。可以这样理解，智商反映人作为"自然人"的基础能力；情商反映"社会人"在社会求生存谋发展的能力；财商则是人作为"经济人"在经济社会中立足、生活和创富的能力。情商，指与情境和谐、共舞之能力。天下熙熙，皆为利来；天下攘攘，皆为利往。追名逐利，人之本性。唯利是图、不择手段，人之所弃。利人利己、福祸同享，是高情商表现。面对一个可拿七分只拿五分、愿留三五分与他人的人，唯有积极评价。有此心境者，想必诸事顺心。智商，指智力水平高低，尤其是透视问题本质、少绕弯的能力。智商高固然好，但忌讳耍小聪明、一心利己。财商，是指与财打交道的能力，不外乎聚财、散财两类能力。大多数人只知聚财，不知散财，爱学聚财之道，财聚之后无散财意识。阿里巴巴董事局主席马云认为，商界有生意人、商人和企业家三类人：生意人唯利是图；商人有所为有所不为；企业家爱做公益，是宝贵稀缺资源。近代"商圣"胡雪岩是个散财高手，开办胡庆余堂，留名今日。聚为散之基，散为聚之理。如同"经济"二字，取之于"经世济民"，故若以"济民"的理念去"经世"，想必会少走许多弯路。人之事，本质为利益分配，欲把利分好，需要"三商"合一。若能把利处理好，人、事不缺，做事可成。国际人才处于矛盾纷繁的国际社会，情商、智商和财商应高于常人。

三、襄阳国际化人才建设的经验借鉴

人才资源作为治国理政以及经济社会发展的第一要素，各类各级组织历来就有明确的发展战略。在当代"和平与发展"的时代主题之下，促进社会进步与经济发展的各类人才价值凸显，竞争意识成为主流。全球村落中的人才去向渠道不断增多，各种组织都希望自己是人才所向，然而，真正能让人才心仪的组织才能吸引其到来。于是，或做强自己，或给政策，或重服务，或营造环境氛围，或建平台，都是吸引人才的有效手段。襄阳要想提升国际化水平，国际人才资源与队伍建设需要借鉴国内领先城市和其他先进国家的经验。

（一）国内经验

党和国家对人才工作一直高度重视，"人才强国"已成为中国经济社会发展的一项基本战略。在我国，以党管人才、党委统一领导为原则，由组织部门牵头总抓，相关部门各司其职、密切配合的人才工作新格局已基本形成。国际人才队伍建设作为人才工作的一部分，应以现有人才工作体制机制为基础，以人社局、外国专家局为主要参与部门的专门性国际人才工作体制已在一二线城市确立。当前需要思考的是如何壮大高层次人才队伍，调整人才结构和布局，完善人才发展政策体系，发挥市场配置人才资源的决定性作用，进而提高人才效能。人才资源开发投入以及三四线城市国际化人才队伍建设等问题，可以借鉴上海、广州、深圳、杭州、苏州五个国际化城市，以其为样本，分析它们的国际人才工作经验，作为襄阳国际化人才资源建设的参考。

1. 上海经验

作为全国经济、金融、贸易、航运等中心和首批沿海开放城市，上海已成为当代中国经贸领域国际化水平最高的区域，各类国际人才起到了重要作用。上海市国际人才队伍建设总体脉络可作如下梳理：立足城市发展定位，以建成国际人才高地为目标，通过党管人才、多部门配合联动的组织方式实施，并善于利用网络信息技术，注重搭建各类平台，突出政策指引，以优质服务和良好环境吸引海外人才。表1分析了上海市国际人才战略体系。

表1 上海市国际人才战略体系

战略体系	主要内容
城市发展定位	国际经济、金融、贸易、航运中心和现代化国际大都市
总体目标	到2020年，培养和集聚一批世界一流人才，把上海建设成为集聚能力强、辐射领域广的国际人才高地，建设成为世界创新创业最活跃的地区之一
具体目标	确立人才国际竞争比较优势；海外高层次人才集聚度进一步提高；本土人才国际化素质和参与国际竞争合作的能力显著增强；承载海内外人才发展的平台日益具有国际影响力；引进2000名海外高层次创新创业人才，在沪常住外国专家达到21万人
战略重点	国际人才队伍建设，体制机制创新，综合环境优化
战略主要平台	上海自贸区、科技创新中心、网络媒体

资料来源：上海市中长期人才发展规划纲要（2010—2020年）。

根据上海市有关资料显示，该市以组织部门和人社部门为主，组织部门统筹并建专门网站来推动，人社部门下设外国专家局以具体操作，侨务办和外事办协助，口岸办全面展示上海形象，合作交流办提供支撑，分工明确、齐抓共管的国际人才工作局面已经形成。众多部门皆建有信息量足够大的门户网站来宣传上海，发布引智信息和政策文件。注重服务创新，率先推出"一站式"服务，通过学术休假、互派公务员、高级专业人才国外培养、职业资格互认、专业证书互认、网站直通车6项措施培育人才国际化。不仅如此，上海近几年出台的国际人才相关政策也很多，涉及面广、操作性强，基本是一事一规定。比如海外人才居住证管理、天使投资风险补偿管理、科研计划专项经费管理、浦江人才计划、外资研发中心、人才发展专项资金管理，等等。

总体看来，上海市对城市国际化的过程管理已经积累了丰富经验，对各类国际人才管理比较精细，思考系统全面，筹划到位，执行得力，是当前襄阳提升国际化水平的重点学习对象之一。

2. 广深模式

作为中国综合性门户城市、国家中心城市、中国海上丝绸之路历史上最重要的港口，广州市国际化都市形象树立已久。为加强其面向世界、服务全国的国际大都市建设，加快其由劳动力聚集辐射中心向国内外高端人才聚集辐射中心的转变，《广州市中长期人才发展规划纲要（2010—2020年）》提出了"面向全球汇聚各类优秀人才，培养造就数量规模大、结构层次高、整体素质优、创新能力强的国际化人才队伍，确立广州市在国际和区域人才竞争中的比较优势，建设成为辐射华南、服务全国、连通世界的国际人才港"的人才发展规划与定位。为此，广州大力推进人才队伍结构优化调整，加快引进和培养大批国际化的高层次人才。目前，广州市以高层次人才和高技能人才为重点的各类人才队伍建设卓有成效，人才国际化程度进一步提升。在穗留学回国人员以每年25%的速度递增，每年在穗工作的境外专家约10万人次。网站平台建设方面以外国专家局网页为主，广州市委组织部网页设有人才工作专栏，该市招商局因需设有国际投资促进中心专栏等。从专门政策文件来看，以政府和职能部门发文为主，时间比较早且成体系，内容比较全面具体。

深圳市做法与广州市类似。凭借其改革先行、体制机制和区位等优势，吸引了大批优秀人才，国际人才工作卓有成效。截至2010年底，深圳海外留学回国人员近4万名，持外国专家证的外籍人才15万人次。根据国家综合配套改革试验区、国家创新型城市和现代化国际化先进城市等的建设目标要求，"引进和集聚一批世界一流人才，逐步形成人才国际竞争比较优势，把深圳打造成为亚太地区最具创新活力、最优创新环境、最具国际氛围的人才宜聚城市之一"是其人才工作总体目标。同时，深圳市正在以服务业为根基，以高端交流为目的，以平台搭建为追求，努力打造独具特色的高端人才圈。具体表现在：招聘信息、人才政策、企业信息、人才载体、安居工程、众创空间、人才风采等信息及时发布；建有由组织部、宣传部主管的深圳高层次人才网，专门发布人才信息；出台了各种人才政策；善于搭建各类平台，尤以人才创新载体、海外人才创新创业基地等比较突出；拥有4个国家海外高层次人才创新创业基地。总体来看，与其"打造创投之都，创建创新创业创富之城"的城市理念与目标一致，是一种创投平台载体吸引模式，对有意于创新创业的国际高层次人士有较强的吸引力。

3. 杭苏思路

杭州市国际人才工作基本形成了由人社部门统筹、外国专家局和专家与留学人员服务中心专项负责、人才服务局和杭州人才市场参与的"一主四辅"国际人才工作格局。国际人才工作抓住了环境优美宜居、浙大求学和阿里巴巴效应三大城市亮点以及当今绿色心态和求学创业梦想，以"住、学、创"三字为核心来开展海外引智工作。同时，高度重视人才信息发布工作，突出互联网宣传，形成了以杭州海外人才网为主，人社网和杭州人才网等多个网站交互宣传的局面，突出政策法规、创业园区等关键信息宣传。其国际人才工作思路清晰、简明扼要、一目了然。

苏州市国际人才工作突出创业引智，亮点在于人才工作专门网站建设和苏州国际精英创业周。人才工作专门网站建设方面，组织部门建有姑苏人才计划服务网，作为推动苏州市引进高层次人才的网络平台，专门发布创业载体、创业服务和招才引智等信息；人社部门除了建有官方网站及时发布信息以外，还与苏州市人才服务中心、苏州国际精英创业周、苏州市外国专家网、姑苏创业和苏州国际人才网等多个人才专题网链接互补。苏州国际精英创业周则是由苏州市委、市政府承办的国际知名的海外引智高端平台，它以"汇聚全球智慧，打造创业天堂"为主题，为苏州建设创新型城市和人才首选型城市提供坚实的人才智力支撑。

（二）境外实践

1. 欧美地区的自强主导模式

在当今多极多元世界之中，欧美地区无疑是重要两极。该两极表现出高度的融合趋同：一种基于血缘亲情之上的政治联盟与军事同盟关系也必然导致经贸领域深度的互容互促，是一种文化理念传承基础上的北大西洋周边国家的全方位开放式合作，是集合作领域之宽、时间维度之久、空间维度之远和文化意识维度之深于一体的区域空间，其融合还建立在科技水平绝对领先基础之上。以造船技术为代表的领先科技促成了15世纪前后的地理大发现事件，奠定了欧洲在全球的重要地位。18世纪以来深刻影响全球的三次科技革命，也皆源于欧美地区，分别是英国、德美和美俄（苏）主导，同步造就了强大的英国、德国和后来居上的美国，欧美地区成为全球政治、经济、文化、技术领域高地。

欧美拥有一批高端科技型人才，凭借科技优势，他们主导了地理大发现并借机建立全球据点，通过海外殖民令国家更富强。为了拥有更多的海外殖民地和更好地管理飞地，他们进行了经济改革、金融创新，使传统企业向现代股份制企业蝶变。这种全球性的资源要素之争非常激烈，无论是在本土还是在异域到处上演的皆是资本的贪婪和利益的追逐。其中有一部分精英被迫踏上了探索之路来到北美创业，凭借其先进的文化理念、丰富的知识、领先的科技、过人的胆识以及生存的压力，他们建立了美国。当他们发现南方农奴制度是个体制性障碍的时候，毅然决然发动了南北战争，从而为其持续发展奠定了坚实的政治基础。继而紧跟时代步伐，抓住历次科技革命机遇甚至把战争当作发展机会，越来越强大，成为全球霸主。美苏争霸时期，以及和平时代的今天，他们仍执念于创新、科技、人才，一个建国仅200余年的国家，已经深刻影响全球一个世纪有余。

美国成了全球人才向往之地，欧盟各成员国流失的高端人才大都在美国。如此，美国的国际人才战略便是全球筛选优质人才，为优质人才提供学习发展的环境和机会，欧洲各国则主要是流失人才的弥补和归位问题。共同做法就是提高办学质量，限制移民，提高教育科研经费投入，建设科技产业园和开展国际合作。以美国的高等教育为例，从各级政府到各类大学，无不采取措施加快国际化进程，甚至通过《国际教育法》，以法律形式将国际教育交流与合作上升为国家教育意志，发展留学教育，设立留学基金，创建良好的留学生实习机会和毕业就业环境，与海外名校名企合作科研，等等。

2. 日韩的顺势革新模式

日本与韩国虽是东亚国家，但他们无论在政治、经济还是军事领域都深受美国影响，基本是大同小异。以发展经济为例，20世纪50—60年代以转口贸易和加工为起点的出口导向经济，令日本经济迅速恢复，也让韩国成为"亚洲四小龙"之一。20世纪80年代的技术立国思路也如出一辙，并使它们的电子产品和液晶技术等誉满全球。究其原因，与美国施加影响有关。

以日本战后经济恢复与腾飞为例。朝鲜战争和越南战争不仅令美国无暇管制日本，而且把它作为军事后勤补给基地，经济扶持的同时甚至还将非关键领域的军事技术无偿转移。日本则抓住了同期全球市场原、燃料供给的大好形势和发展中国家对工业设备的需求，凭借岛国位置和港湾条件，加速设备投资更新，贸易立国使其经济迅速恢复。与此同时，实现了对美国军事技术的消化、吸收、革新，转为民用技术并迅速打开了全球民用品市场，继而形成了技术立国国策，质优价美的日产货出现在世人眼前。在此过程中，少见国际人才的影子，大多依靠的是自身高素质劳动力。

作为一个非常善于学习的民族、世界第三大经济体，日本是国际人才的汇聚地。然而，日本20世纪上半叶的帝国主义形象给世界留下了深刻教训，以至于其国际人才政策长期以外交为主，比如代为培养留学生。随着全球竞争的加剧，日本越来越意识到国际性人才的重要性，留学模式逐步向吸引高科技人才转变。同时，日本企业也加大了对海外研究机构投资的力度，加强国际合作，比如向欧美先进基础研究部门提供经费，派遣人员共同开发。

3. 新加坡与中国香港的容才用才模式思考

同为早期"亚洲四小龙"之列的新加坡与中国香港，在发展道路上极为相似：同是早期英属殖民地，二战期间先后被日军占领过，二战结束后继续作为英属殖民地；凭借天然优越的地理位置和港湾条件以转口贸易求生，继而发展成为国际航运中心和国际贸易中心，甚至是全球有重要影响的金融中心；不拒各方人才，拥抱各方人才，招纳各方人才，善用各方人才。

以新加坡淡马锡控股公司为例，它于1974年注册成立，起始投资组合总值3.54亿新元。截至2015年3月31日，投资组合净值为2660亿新元，并在2015年末维持净现金余额，自成立以来股东总回报率为16%。这些与其全球聘用英才、广泛国际合作交流有关。公司共400多名员工，来自20余个国家，其国际委员会和顾问委员会委员皆为全球相关领域领袖。2012年，接待了来自30个国家的代表团，并与多边国际组织合作，与中国国资委等就公司风险控制问题进行交流。淡马锡信托基金会包括淡马锡国际基金会、淡马锡基金会等7个非营利慈善机构，其中，国际基金会旨在奖学。淡马锡基金会的领袖强化与区域网络计划协助亚洲城市学生，生命科学实验室培养世界各地科技专才，科技捐助计划则是亚洲青年相互沟通的桥梁。

四、襄阳国际化人才建设的战略构想

襄阳欲提升国际化水平，必须高度关注国际人才队伍建设，将其提升到区域发展战略层面去统筹考虑，实施人才优先战略，把它置于当前襄阳市人才工作首位。就当前情况来看，襄阳国际人才工作重点总体应是四个方面：其一，构建以党管人才体制为基础的专门工作体系和运转机制；其二，树立国际竞争、自主培养、容才用才、顺势而为的工作理念；其三，设计并实施重点领域国际人才支持计划；其四，做好政策、网站、平台、服务等支撑。在国际人才专门工作体系下，以四大理念为基本价值观开展各项工作，突出重点，做强支撑，以充足、优质的国际人才资源保障襄阳全面发展。

（一）构建专门体制机制，确保工作稳健有序

1. 党管人才的工作体制

根据我国五个城市在人才管理方面的共性做法，考虑到襄阳客观实际以及战略实施的可行性，党管人才的思路应居于统筹主导地位。建议在现有人才管理体制中把设在市外事侨务局中的引智办单列出来，组建市外国专家局，统筹国外引智、外国专家管理、相关经费管理和国际交流与合作等工作。另外，也可以根据情况灵活设置海外办事处，具体见图1。

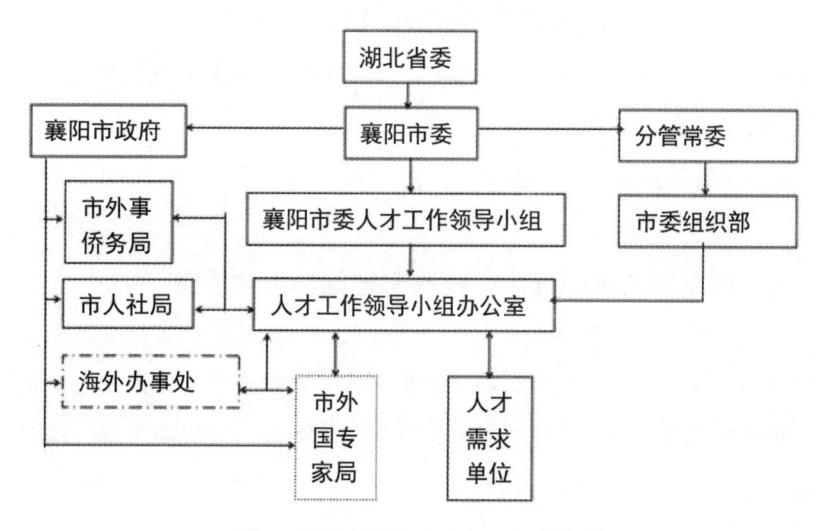

图1 襄阳市国际人才专项工作体系

以上体系基本是党管、党政全面参与的国际人才专项工作模式。其中枢是人才工作领导小组办公室，主要承担上传下达、组织落实、协调合作的职责，接受市委人才工作领导小组的领导，通过与人社局、外事侨务局协商交流并接受其业务指导。通过与人才需求方和外国专家局沟通甚至参与，实现国际人才

的供需平衡。人才工作领导小组办公室开展工作过程中，具体事务皆是双向交流，以便于信息及时传递。同时，为便于开展工作，可把它挂靠在市委组织部，由组织部门负责日常管理。

2. 主要运转制度

在国际人才专项工作体系中，鉴于参与者皆是独立单位，实行重大事项联系制度比较合适。比如就重要需求信息、市场供给信息、外国专家管理重要信息等进行协商后落实。常规事务实行规范化管理，由人才办出台具体管理办法，各单位依规操作即可。

该体系的核心是国际人才供需平衡体系，即"人才需求单位—市委人才办—市外国专家局"流程图。人才需求单位对国际人才的需求是真实自然可信的，人才工作相对比较主动。人才办和外国专家局的工作人员是执行公务，国际人才能否成功引进与其自身利益不直接相关，工作动力可能不足，需要激励。可以根据其工作性质、特点等设计一套相对科学合理并可操作的指标体系进行考核和激励。比如对引进国际人才的数量、质量进行分析，对外国专家服务是否到位、各种承诺事项是否落实到位等进行考核。

另外，由于人才需求单位性质多样、功能不同，可能存在跨越专门工作体系合作的现象，需要相关机构配合、协同。如此，多方抽调人手组建临时工作专班、矩阵式管理模式可以借鉴。

（二）树立四大核心理念，提高引培国际人才质量

根据境外经济发达区域和部分先进国家的国际人才工作实践，国际市场竞争、引才用才并举、自主培养强市、顺势而为工作四个理念应该成为襄阳国际人才工作的核心价值观，并把它贯穿落实于工作始终，以提高引进、培养国际人才的质量。

1. 国际竞争，多措并举竞争全面化

这一理念主要基于城市与人才的发展和资源可获得性的角度提出。基本逻辑是襄阳必须融入全球化，产生对各类国际化人才的需求。然而，人才的利益诉求是更好地生存与发展，需要更大的舞台、更多的机会，因此，没有国际竞争意识的国际人才方案是不可行的。无论是欧美国际人才的自主实践式培养，还是日韩的习得式自主培养以及新加坡、中国香港的引才用才主体模式，皆体

现了国际竞争价值，需要把国际环境与自身实际相结合。襄阳国际人才工作竞争力主要表现在四个方面：在相对具有竞争力的领域引进或培养高层次国际人才，引进培养国际人才方案的国际竞争力，本土国际人才的竞争力，国际人才本地培养的相对优势。襄阳应加强国际人才素质结构与供需分析，注意学习国内外经验，探讨多途培养、多措引进优质国际人才，为国际人才多搭平台、多维服务，以事业培养人、以待遇激励人、以感情凝聚人，共同致力于通过国际化促襄阳发展的长远目标。

2. 引才用才，市场选聘激励多元化

国际人才引进并非漫无目的，必须合乎实际需求。襄阳国际人才工作本质上是解决襄阳国际人才不足的问题，市场需求缺口是起因，坚持供需平衡、实现有效供给并实现才尽其用即为目的。具体可以分为三个阶段：首先，前期准备阶段。国际人才引进事务耗时耗力耗财，决定了引进的国际人才一定要有价值。为此，需要对国际人才需求情况进行统计汇总，以用人单位送报人才缺口的方式进行比较合适，市委人才办酌情考虑决定是否引进，外国专家局进行实际操作。具体在国际人才的发现、推荐、评选、确定等事务，最好由一个组织（海外办事处）专门去做。其次，引进操作期。能否成功引进国际人才与襄阳给予的待遇和机会有关。鉴于人才全球竞争态势以及高层次海外人才国际竞争的现实，襄阳的海外人才政策应具有国际竞争力。因此，在与海外人才洽谈之前，应注意行业人才资源价值的国际行情，确定一套具有国际竞争力的引进方案。最后，容才用才期。国际人才引进以后，应以留人的思路进行管理与开发，即待遇留人、事业留人、感情留人。待遇留人，按协议落实到位，再以福利、奖金发放以及社会保险保障等稳定人才。事业留人，不同类型人才适用不同措施，创新型人才重在科技工作支持，比如改善科研条件、搭建科研交流平台、帮助组建科研团队、协助科研项目申报、争取各类科技资金等；创业型人才，重在创业扶持，比如项目启动资金、融资服务、项目用房用地支持、税收优惠、办事便捷高效平台、创业信息及时发布等。感情留人，对其工作、生活困难多关心，令其无后顾之忧，比如子女入学教育、家人就业、生活设施齐全方便等。为便于统一管理，中国五个城市的共性做法是以专门文件来规范，襄阳亦可借鉴。

3. 自主培养，推动人才资源效益化

关于本土国际人才专门培养问题，各地少有特别关注，普遍停留在重视国际人才引进，希望借外力谋发展的层面。这种做法有合理之处，但长久之计还是本土人才国际化培养。类似的有欧美、日韩做法。本地培养本土国际化人才至少有五个好处：更好地参与本地建设，促进本地经济社会发展；满足企事业单位国际业务拓展需要；有利于加强国际交流与合作，吸引高层次国际人才；有利于办好本地高校，增强国际吸引力、竞争力；形成国际人才资源相对优势，向国际市场输出国际人才，从而最终形成人才经济、高校经济和才聚经济的大好局面。

关于襄阳国际化人才培养问题，当前应主要关注三个方面。第一，国际人才培养目标或方向问题。国际背景决定了国际人才培养应该注重基本素养，最终体现于为人处事水平。为人之"善"念——遵循共赢思路，善于合作、理解、包容，遇事向积极方面转化，多说好话、做好事，处理好利己与利他关系，以"善"念行天下；遇事沉稳，学会"静"观其变，看清事情本质后再具体处理；学会全球视域分析处理问题；善抓矛盾本质，学会分清主次矛盾。第二，国际人才培养责任主体问题。襄阳现有高校大都涉及国际人才培养问题，但是国际化培养项目总体偏少，业务范围较窄，国际生数量总体偏少，国际化不足。面对当前国际人才需求形势以及高层次国际人才的难获得性，加强国际人才培养、大力宣传国际人才或国际合作项目，是当前的必然选择。若条件具备，成立一所国际专门院校也很必要。第三，大学科技园区建设。大学和科技园的结合始于美国斯坦福大学。它用学校的用地建工业园区，大量转化学校科研成果或提供咨询服务，由第三方出资办企业组织生产，是集科研、学习、生产于一体的新型高新技术园区，进而发展为硅谷。后有人把它与波士顿128号公路做了对比研究，发现除了同样凭借大学优势和大量接受美国军事订单以外，宽容失败、鼓励创新的创业氛围，组织结构的扁平化以及业余交流活跃频繁等都是硅谷成功的主因。就襄阳而言，各类高校学以致用、学以创业，前景广阔。大学产业园区建设不仅在于争取各类资金资助，更重要的是孵化企业，培育各类人才。因此，应积极与跨国企业对接，与多边国际组织和他国院校合作，支持教师创业，鼓励学生参与教师创业项目，鼓励学生在园区创业锻炼，强化系列国际主题课程教学、培训、实习等。

4.顺势推进，促进本地人才国际化

顺势而为，事半功倍。襄阳是全球视域之下一个相对落后的地区，本土人才国际化问题难度更大。然而，"一带一路"倡议使其具有了思考价值。"一带一路"受益行业主要是路桥业、基础设施、建材业、房地产业、交通业、商贸物流业等，需要相关行业的国际型劳动力（包括高层次国际人才）。襄阳在这些行业有一定优势，企业、人才有一定参与基础。需要调动人才参与国际工作的积极性，帮助他们解决后顾之忧。主要表现为待遇报酬到位，人性化的工作，合情合理的休假制度安排，奖励措施得力，帮助解决家庭生活困难（老弱病残、子女教育、两地分居），提供比国内工作更好的待遇、生活补助、国际物价补助以及住宿条件，业余时间安排丰富多彩的娱乐休闲活动，实行集体学习制度，建立学习型组织，实行季度轮休工作制、年度探亲假制度，购买意外保险、失业保险，家属探亲或随行可选制度，定期体检、疗养与工伤制度，等等。

（三）突出国民经济重点，加强国际人才资源布局

人以用为本，大力引进或培育国际人才的根本目的在于推动创新或创业并继而推动经济发展与社会进步。重点领域是作为区域经济或社会的主体、骨干，需要大批高端人才支撑，需要面向国际社会聘请精英加盟，正是国际人才专项工作的价值所在。根据《中共襄阳市委关于制定襄阳市国民经济和社会发展第十三个五年规划的建议》，打造万亿工业强市、现代农业强市和现代服务业强市是"十三五"时期的主要目标。要以"一个龙头，六大支柱"为重点，加快工业结构调整和转型升级步伐，成为具有区域竞争力的先进制造业基地、"中国新能源汽车之都"、国家军民融合创新示范区；要以"中国有机谷"建设为抓手，实施食品工业倍增计划；要构建"大数据"和"云计算"产业体系，加快将文化旅游产业培育成支柱产业。可见，汽车及零部件产业、装备制造产业、新能源汽车、新能源新材料产业、航空航天、电子信息、医药化工、农产品加工业、"云计算"产业、旅游业、金融业、现代物流等行业是襄阳市"十三五"重点建设领域。据此，结合襄阳各行业的战略地位以及未来预期，尝试性地对各重点领域国际人才引进问题提出建议（见表2）。

表2 襄阳市各重点领域国际人才引进思路

行业类别	优先级	数量	质量	引进重点区域
汽车及零部件产业	A	团队引进	A	美国、德国、日本
装备制造产业	B	团队引进	A	德国、日本、以色列、美国
新能源新汽车	A	团队引进	A	美国
新能源新材料产业	A	团队引进	A	美国、德国、日本、俄罗斯
电子信息	B	团队或个人	B	美国、日本、韩国、德国
医药化工	A	团队引进	A	美国、德国
航空航天	A	团队引进	A	美国、俄罗斯、日本
农产品加工业	B	团队或个人	B	法国、以色列、中国台湾
"云计算"产业	B	团队引进	B	美国、德国、以色列
旅游业	C	个人引进	C	美国、法国、澳大利亚、瑞士
金融业	C	团队或个人	C	美国、英国
现代物流	C	团队或个人	B	美国、德国、日本

（四）紧抓四大支撑工程，落实人才强市战略

根据中国五大城市国际人才工作具体做法，襄阳在具体实施国际人才工作时应把政策、平台、网站、服务四个方面作为支撑工程来抓。它们或是导引、规范，以便于管理或达到预期目的；或是给国际人才发挥特长与优势的空间，以利己方式利他利市；或是多渠道宣传相关信息，提供优质服务，以提高效率、降低交易成本。它们相互支撑，共同托起国际人才工作全局，服务于襄阳人才强市战略，具体思路见表3。

表3 襄阳市国际人才工作四大支撑工程具体思路

支撑工程	类别	具体思路
国际人才专门政策体系	区域整体推进类	推进高新区、科技城、经开区、鱼梁洲、各类产业园等专门区域建设。
	激励管理类	人才引进：人才引进政策、社会推荐奖、高级人才专门规定。 人才管理：人才发展专项资金管理、创新创业奖励办法、科技成果转化办法、优秀人才创业激励、专门人才管理、科研专项经费管理、国外培训进修管理。
	专题办事类	高频事规定：来华邀请函、专家聘用合同、人才居住证、工作许可申办、职称评聘、专门人才计划。

续表

支撑工程	类别	具体思路
国际人才专门政策体系	综合管理类	科技金融产业融合发展；研发机构建设发展；创新创业工作管理办法；体制机制改革；天使风险投资补偿
	上级文件类	党务类；政务类；职能部门类；专项事务类；其他类
	人才通用类	以人社部门发文为主、适用于人力资源市场管理的政策体系
平台体系建设	重要人才项目	隆中人才创新创业团队、隆中人才、人才发展专项资金安排、人才创新创业服务计划、汉江名人系列
	人才平台项目	高校类；独立科研院所类；国企自设研发中心院所类；院士博士（后）工作站类；开发区类；孵化器类；产业园类；信息平台类
网站宣传体系建设（移动微信平台）	部门网站	组织部门、市人社局、外事侨务局、招商局、科技局、高新区管委会、鱼梁洲管委会、经开区管委会；网页互链
	专题网页	海外人才网、高层次人才网、人力资源网；网页互链
服务配套体系建设	标准化服务	提供高效便捷服务，类似于行政审批局（政务服务中心），一站服务；适合于各类证件、资质执照等业务办理
	个性服务	未能纳入一站服务的部分；个别申办管理

国际型人才作为一种特殊的人才资源，支持、帮扶、给力、倾斜，短期可以，长期则应因时因需。同时，国际型人才还要不断学习，不断提高能力与水平，如此才可能走向独立生存发展之路。因此，不是有即为好，也不仅是合理布局，关键在于质量要高，学习型、敢于负责、向好向善的人更为所需。长期来看，一个自由流动、无摩擦、无边界的人才市场可能更加高效，更能让人才茁壮成长；一个更加公平、开放的竞争环境，一套好的政策制度体系，大批更加健康优秀组织的出现，或许正是公众所期。而这些，各类市场参与主体正在探索之中。

参考文献：

[1] 张瑾：《国际人才培养与人才流动的特点》，《现代教育管理》2012年第2期。

[2] 王辉耀：《新兴发达国家和地区的国际人才竞争战略》，《国际人才交流》2012年第4期。

[3] 王辉耀：《英国的国际人才竞争战略》，《国际人才交流》2011年第11期。

[4] 王辉耀:《德国的国际人才竞争战略》,《国际人才交流》2011年第10期。

[5] 刘昕:《国际人才管理的战略新思维及其启示》,《江海学刊》2010年第3期。

[6] 陆刚:《"一带一路"背景下中国对中亚外交的反思》,《探索与争鸣》2016年第1期。

[7] 邢敦杰、刘孝峰:《我市加快构筑区域人才高地》,《襄阳日报》2016年4月1日。

[8] 肖鹏燕:《一些国家和地区引进国际人才的做法》,《中国人力资源开发》2012年第5期。

[9] 刘强、丁瑞常:《美国世界一流大学引进国际人才路径分析》,《世界教育信息》2013年第1期。

[10] 尹贞姬、王昱:《日本留学生政策与国际人才培养模式研究》,《东北亚外语研究》2015年第4期。

[11] 魏华颖:《深圳吸引国际人才建议》,《特区经济》2011年第9期。

[12] 王辉耀:《爱尔兰的国际人才竞争战略》,《国际人才交流》2012年第1期。

[13] 王辉耀:《法国的国际人才竞争战略》,《国际人才交流》2011年第12期。

[14] 黄雅、黄于穗、叶国:《广州:筑建"国际人才港"》,《国际人才交流》2011年第5期。

[15] 蔡秀萍:《上海:走在通往国际人才高地的路上》,《中国人才》2011年第5期。

[16] 黄湘闽:《国际人才与国际人才环境》,《中国人才》2011年第1期。

筑巢引凤　引凤筑巢
——襄阳对外开放环境建构研究

何晓红

内容提要："历史是最好的教科书。"历史经验深刻昭示，对外开放必将伴随我国现代化进程的始终，民族复兴之路必然是开放之路。改革开放的历程证明，抓住机遇扩大开放是我们的宝贵经验。新时期，面对新形势新机遇，构建良好的襄阳对外开放环境，是适应中国处于关键战略机遇期、应对开放型经济发展环境新特点、对接国家战略推进开放新高地建设和助力湖北成为拓展内需市场前沿阵地的必然结果。国外开放创新城市的发展实践、我国经济特区和自贸区的经验、内陆高地对外开放的经验和启示，值得襄阳学习与借鉴。襄阳应积极推进对外开放环境构建，既要建设高质量的对外开放硬环境，主要是打造基础设施环境、塑造优美地理环境、建设良好生活环境、优化良好产业环境、构建通畅交通环境；又要培育高品位的对外开放软环境，主要是培育良好法治环境、塑造高效政务环境、建设优质文化环境、规范诚信社会环境、优化国际交流环境，以此助推襄阳现代化建设。

当前，国内外经济形势发生了新的变化，传统对外开放优势被不断弱化。在此背景下，要实现进一步对外开放，必须从开放型发展的本质出发，以优化对外开放环境为抓手，才能实现对外开放环境优化、对外开放新优势培育与对外开放发展三者之间的良性递进。

优化对外开放环境，既是襄阳发展的客观需要，也是对国内外城市构建对外开放环境的经验借鉴。襄阳要顺势而为，建设高质量的对外开放硬环境，培育高品位的对外开放软环境，用优良的对外开放环境助推经济社会发展。

一、襄阳对外开放环境建构的客观需要

（一）对外开放环境建构的历史经验和理论研究

1.历史经验的深刻昭示

正如习近平总书记所说："历史是最好的教科书。"回顾 30 多来我们走过的开放历程，反思 170 多年来的历史教训，参照当今世界强国的发展历史，我们可以得出一个基本结论：对外开放必将伴随我国现代化进程的始终，民族复兴之路必然是开放之路，中国梦实现之路必然是开放之路。

我国历史深刻昭示：开放出盛世，封闭致衰落。历史盛世都是开放高地。汉朝以"丝绸之路"名扬天下，"殊方异物，四面而至"。唐朝向广州派市舶使专管贸易，允许大量"蕃商"在华贸易定居。宋朝达到封建时代经济、科技的顶峰，通商贸易伙伴达 50 多个，专设市舶司"来远人、通远物"。反观明、清两朝，多次闭关锁国，以至于鸦片战争后陷入被动挨打的境地。

世界历史反复表明：发达国家都是开放国家，强国盛世必走开放之路。古罗马商队远涉欧、亚、非大陆，出现了"条条大路通罗马"的景象；阿拉伯帝国首都被誉为"举世无双的城市"，其码头停泊着几百艘各国船只。地理大发现后，崛起的大国都有开放的历史。比如，荷兰 17 世纪被称为"海上马车夫"，国际运输商船有 1800 艘；俄罗斯通过彼得大帝改革，日本通过明治维新师法西方并扩大开放，都走向了强盛之途。经济全球化是开放的更高层次，意味着商品、服务和要素跨国流动。市场经济本质上是开放经济，顺之开放则可能发达，逆之封闭则会被边缘化。

2.改革开放的雄辩证明

改革开放历程雄辩地证明，抓住机遇扩大开放是我们的宝贵经验。我国对外开放历程走过了 1978—1991 年以试点为特征的探索期、1992—2000 年以政策引导为特征的扩大期、2001 年至今以体制性开放为特征的深化期。目前，我国经济总量、市场规模居世界第二，外贸出口、外汇储备居世界第一，双向投资居世界前列。这些举世瞩目成就的取得，对外开放政策居功至伟。

实现中华民族伟大复兴的中国梦，决定了我国必须走开放式发展之路。我国的发展成就巨大，但我们也必须清醒地认识到：我国仍处于并将长期处于社会主义初级阶段，人均 GDP 居世界第 90 位左右，只有发达国家的六分之一左右；国际分工地位不高，技术水平、创新能力与世界先进水平差距不小，文化软实力不强。要实现"两个一百年"奋斗目标，艰巨的任务还在前面。只有通过进一步开放，才能加快改革和发展，走开放之路是实现中华民族伟大复兴的必然要求。我国的开放不是权宜之计，而是长期的历史过程。当前不是开放的终点，而是提高开放水平的新起点。正如习近平总书记强调的，"要坚定不移走改革开放的强国之路"，"做到改革不停顿、开放不止步"。

3. 对外开放环境建设的理论研究

与对外开放环境建设相关的理论研究主要集中在以下三个领域。一是关于内陆开放高地建设的研究。学者多从经济学视角提出对策建议，如闫联飞（2013）以重庆为例，诠释内陆开放高地的内涵，分析重庆存在的约束和差距，提出若干原则与对策；梁丹（2011）、杨伯坚（2012）、鲁旭（2013）、何芹（2013）等人结合河南实际，分析河南的比较优势，提出承接产业转移、形成产业集聚高地、加快综合保税区建设、形成开放制度创新高地等措施。这些研究成果对建设内陆开放高地有一定的指导作用。二是关于对外开放环境概念的研究。温军超（2014）认为，对外开放环境是一个多元概念，它既包括让外商"进入"的舒心环境，又包括让内商"走出"的顺心环境，具体可分为宏观对外开放环境、中观对外开放环境和微观对外开放环境。三是关于对外开放硬环境和软环境建设之具体思路和措施的研究。温军超（2014）通过研究公共外交视域下河南对外开放软环境的建设情况，指出传统外交模式下河南对外开放软环境现状存在明显不足，而开展公共外交，塑造河南对外开放软环境需要政府、社会、媒体、公众各方的共同努力。程春生（2014）分析福建对外开放的新思路和新路径，认为对外开放是城镇化的内在要求。高芙蓉（2015）论述了内陆开放高地道德环境建设的内涵，分析了内陆开放高地与道德环境建设之间的内在逻辑关系，指出了打造内陆开放高地中道德发展面临的新情况新问题，提出道德环境建设应与经济社会发展同步进行，应注意先进性与广泛性的统一，注重传承中华民族传统美德，借鉴西方先进道德建设经验，在实践中创新道德理论、探索建设路径。

以上研究为城市建设对外开放环境提供了较好的思路与借鉴，但也存在很多不足和空白。首先，分析的层次有待拓宽。关于对外开放环境构建缺乏总体、全面的分析和论证。其次，分析的层次有待深入。关于对外开放软硬环境构建路径分析缺乏多层次多维度探究。再次，关于地方城市对外开放环境之软硬环境缺乏实证研究。

（二）四大客观需要影响襄阳对外开放环境建构

1. 襄阳应对我国处于关键战略机遇期的客观需要

党的十八届三中全会做出了关于全面深化改革的决定。新时期我国经济发展新常态背景下，我们要坚持以对内深化改革释放体制机制活力，对外扩大开放寻求经济发展的主动权，在调结构稳增长、促转型发展方针的指导下，我国的经济总量和国际影响力将进一步提升。从全球大趋势看，未来五年世界经济仍难以回归常态增长，债务危机、资产泡沫、资源能源波动在所难免，欧美主导世界的格局仍难以发生根本改观。与此同时，新兴市场国家同发达国家的矛盾将日益凸显，维护国际经济新秩序和加强全球治理的难度将进一步上升，大国之间的竞争以及地缘政治的冲突和风险仍难以避免。总体判断，国际经济格局变化对我国有利，我国仍处于关键的战略机遇期，即加快构建开放型经济新体制的战略机遇期，将推进更高水平的开放。主要体现在：一是自贸试验区战略加快实施。上海自贸试验区改革开放进一步拓展，广东、天津、福建自贸试验区方案将深化实施，自贸试验区模式正在向更多地方推广。二是"一带一路"建设将取得实质性进展。基础设施互联互通逐步完善，与沿线国家多层次经贸合作进一步深化，科技人文交流更为密切，从而带动我国沿边、内陆地区发展。三是长江经济带建设将取得重大突破。长三角地区协同效应增强，重点领域合作加深，区域港口进一步整合，大上海都市经济圈影响力和竞争力得以提升，沿海、沿江、沿边的全方位开放格局有望形成。为此，襄阳在经济与社会发展的关键时期，应科学谋划和统筹安排好"十三五"时期的对外开放工作。

2. 襄阳应对我国开放型经济发展环境新特点的需要

一是高标准的对外开放格局基本形成。在国内自贸区的实践基础上，我国将基本形成高水平对外开放新格局。随着制造业和服务业领域的不断开放，经济结构调整初见成效，政府职能的转变和法治营商环境的建立将有利于促进"大众创业、万众创新"的深入发展。

二是新一轮对外开放稳步推进。新一轮对外开放将推动对内对外开放相互促进，"引进来"和"走出去"更好结合，提升产业层次延长产业链，扩大消费规模，消化过剩产能，以高端制造业和现代服务业作为新一轮对外开放重点，通过设立自由贸易园（港）区提高自主开放水平。

三是市场主体活力进一步增强。随着市场化改革的深入，市场竞争环境将日趋公平，法治化营商环境将不断加强，有利于市场要素的自由流动，减少对市场主体的束缚，培育形成一批具有国际竞争力的大型企业集团和跨国公司。通过跨国公司这一全球化载体增强对品牌、专利、技术、营销渠道的控制力，培育参与和引领国际经济合作竞争新优势。

四是产业结构将呈现新变化。经济格局将逐步从工业经济为主向工业经济与服务经济并重转变，国内劳动密集型制造业的调整和转移将进一步加快。大型装备制造业、高新技术产业尤其是信息产业将成为我国的主导产业。信息化带动工业化，工业化促进信息化，两化融合将促进与制造业相关的服务业地位不断提高。

3. 襄阳对接国家战略推进开放新高地建设的需要

习近平总书记提出的"一带一路"倡议是新时期我国发展对外贸易、加强同世界各国联系的伟大战略构想。襄阳市提出了建设"对外开放的新高地"的战略目标。"一带一路"倡议给襄阳带来了前所未有的机遇，襄阳必须抢抓机遇主动对接"一带一路"，扩大对外开放水平，借"一带一路"东风走向世界。长江经济带战略是国家对内发展的又一宏伟战略，襄阳地处长江最大支流汉江之滨，在推进现代化的进程中必须积极融入长江经济带和长江中游城市群建设。

4. 襄阳应对湖北成为拓展内需市场前沿阵地发展的需要

未来十年是湖北发展的"黄金十年"。当前，湖北省已跨入中等收入门槛，进入实现全面小康并向基本现代化迈进的新阶段，加快发展面临多重叠加的重大机遇。一是我国发展重点由沿海地区向中西部地区梯度推进，经济增长模式由外需拉动为主向内需拉动为主转变。湖北将成为拓展内需市场的前沿阵地，将在扩大对内对外开放、承接国际资本和沿海产业转移等方面发挥重要作用。二是我国进入科学发展时代，经济加快转型升级，这为充分发挥湖北在区位、交通、科教、产业、生态等方面的综合优势，实现后发跨越、弯道超越提供了有利条件。三是湖北拥有优越的政策条件，既享有实施中部崛起战略的政策优惠，部分地区还享受西部大开发、振兴东北地区等老工业基地和国家新一轮扶贫开发的政策优惠，还享有长江经济带开放开发、东湖国家自主创新示范区等一系列政策优惠，这些都将为全省又好又快发展提供有力保障。四是长江中游城市群建设进入实质性推进阶段，有望形成我国新的重要增长极，将为湖北发展开辟新的领域、拓展更加广阔的空间。五是湖北工业化、城镇化、农业现代化加快推进，将为经济持续较快发展提供强大推动力。今后十年乃至更长时期，应是我们奋发有为、大有作为的重要战略机遇期，也是实现湖北科学发展、跨越式发展的黄金增长期。襄阳如何应对湖北成为拓展内需市场的前沿阵地，对外开放环境的建构将起着至关重要的作用。

二、国内外城市对外开放环境建构的经验借鉴

（一）国外开放创新城市发展实践与借鉴

1. 伦敦：凸显文化特色，创意推动开放

伦敦是世界的经济金融贸易中心，也是引导世界创意潮流和创新文化传播的中心。在开放型城市构建过程中，伦敦尤为重视以音乐、电影、娱乐软件、广告和时尚设计等为代表的文艺创意产业的发展。因此，作为一个典型的创新开放型城市，伦敦发展的突出特点就在于其发达的文化创意产业。目前，伦敦创意产业的艺术基础设施占英国的40%，集中了英国90%的音乐商业活动、70%的影视活动，以及85%的时装设计师等。创意产业成为伦敦主要的经济支柱之一，产出和就业量仅次于金融服务业，是增长最快的产业。

伦敦经验告诉我们，凸显文化特色的开放软环境建设，是建设优质文化环境的特色和优势所在。文化要素已成为国家竞争力的核心要素，以人为本的文化产业已成为提升城市竞争力的重要焦点。那么，如何凝练自身文化要素、发展文化创意产业便成为襄阳优化对外开放软环境首要思考并解决的问题。

2. 纽约：发展服务经济，构筑开放集群

纽约是美国最大的海港城市和重要的陆运枢纽，也是美国乃至世界金融商业服务中心。作为世界公认的一流开放型城市，纽约的竞争优势和创新能力主要来自于它在银行、证券、保险、外贸、咨询、工程、港口、新闻、广告、会计等服务经济领域，为美国甚至全球提供优质服务及其由此奠定的国际地位。纽约不仅拥有全球经济组织高度集中的控制中心，支持着全球国际贸易和资本

的流动，而且还是全球创新活动集中地。

纽约的成功说明，塑造良好的对外开放产业环境至关重要。纽约利用自身基础设施和人才资源等有利条件，选择并制定促进服务业发展的政策及战略规划，大力发展金融、商业服务等生产性服务业和知识性服务业，并通过抵减应税收入措施来鼓励地方和私人企业投资，吸引全球财富五百强企业将总部设在纽约，使服务业成为纽约产业结构中的主导产业，形成服务经济集聚地。

3. 北威州：推动结构转型，开放带动复兴

北威州是德国北莱茵威斯特法伦州的简称，是德国人口最为密集、经济最为繁荣的联邦州。北威州曾是欧洲工业的中心，举世闻名的鲁尔工业区及拜尔集团就置身其中。为了应对世界产业结构调整和经济全球化发展趋势，经过近30年努力，北威州依托科技力量，大力发展新兴产业，积极推动传统产业改造，成功进行了产业结构调整，打破了以矿业为主的单一经济结构，完成了从传统煤炭、钢铁产业向以技术创新为核心的现代化工业和服务产业的变革。

2016年4月，北威州发起了名为"数字化转型"的发展战略，目的在于扩展经济增长幅度、增加就业岗位、提升市民生活品质、提高整个社会生活水平。重点归结到两个关键性项目上：电子化政府与开放式政府。塑造高效政务环境成为北威州在新时期对外开放重新腾飞的关键所在。

4. 大田：打造韩国"硅谷"，科技引领开放

韩国大田本是个资源匮乏、面积不大的小城市，20世纪70年代，韩国政府为了摆脱经济过分依赖加工型行业的状况，投入15亿美元在大田市开发建设大德科学城，以期从根本上提高国家竞争力。目前，大田已发展成为占韩国国民经济总额23%的关键城市，境内不仅拥有39所综合类大学、8个韩国最高水平的研究所，而且有将近2200家高科技企业落户大德科技园区。因此，大田被称为韩国的"硅谷"，成为支撑韩国实现经济腾飞的典范，顺利跻身于世界著名开放创新型城市之列。

从以上开放创新型城市建设实践中可以看出，开放创新型城市作为应对知识经济和全球化的一种新型城市发展模式，有效地促进了城市竞争力的提升。在全球化进程不断加速的背景下，中国开放创新型城市建设必须具备国际化视野，适当借鉴世界先进城市的发展经验。对于襄阳来说，在构建对外开放环境的过程中，应特别注重创新型产业培养、创新要素培育、创新平台建设、创新

环境营造，全方位、多角度推动开放创新型城市发展。

（二）国内经济特区和自贸区的比较及启示

中国开放经济的发展，经历了从经济特区到自贸区的演变过程。与20世纪80年代设立的经济特区相比，自贸区的设立以中国成为世界第二大经济体、市场经济体制改革取得突破性进展为大背景，是站在新的起点上，进一步深化改革开放，打破制度障碍，创造公平竞争环境，加快中国经济融入全球步伐的重要战略举措。

1. 经济特区与自贸区的比较

经济特区和自贸区都以开放带动改革，并以改革促进开放，都率先与国际接轨，促进经济持续健康增长，这是两者的相同之处。此外，经济特区和自贸区的区别也很明显。

首先，选择标准不同。改革开放初期，设立经济特区的目的就是要打破体制框架，大胆创新经济体制，对接港澳台，引进外资和技术。自贸区是在全面深化改革的背景下，探索更加开放、更有活力的市场，重在自我转型和升级。

30多年前，改革开放的总设计师邓小平在南海圈出了深圳、珠海和汕头，在东海圈出了厦门，成立了4个经济特区。中国决定在这4个地方实行特殊的政策、进行特别的管理，探索改革开放的道路。这些地方承载着中国改革"试验田"和对外开放"窗口"的国家使命。经济特区的建立，也标志着中国改革开放正式开始。

在全面深化改革、扩大开放的新时期，中央在上海、广东、天津、福建先后设立自贸区，全国形成了4个自贸区试点，布局于长三角、珠三角和环渤海等东部发达地区。在广东、天津、福建三个自贸区试点中，广东是改革开放的前沿，毗邻香港和澳门，在这里设立自贸区便于和香港、澳门对接；福建的厦门和平潭毗邻台湾，厦门有经济特区的基础，近两年平潭实验区也在规划和建设，对台的交流合作需要自贸区这一平台。

其次，使命不同。经济特区要"与国际惯例接轨"，而自贸区则是新常态下主动应对全球化竞争。

四大经济特区是在开放经济发展的初级阶段设立的，当时中国无论是经济总量还是外贸总量在全世界都远远落后于发达国家。1978年，中国GDP排名世界第十；1980年，中国GDP占全世界1.72%，进出口总额占全球贸易的0.93%。

自由贸易区所要面对的是"新常态"下进行的新一轮体制创新的先行先试。"新常态"之下是高水平的开放、高质量的发展和高标准的改革。

再次，目标不同。经济特区是对标港澳台的小经济体模式，自贸区则是对标美日欧等大国经济体模式。经过前一轮的改革开放，中国已经成为世界第二大经济体。站在新的历史起点上，中国必须适应经济全球化新形势，推进更高水平的对外开放，加快构建开放型经济新体制，以全方位开放的主动赢得经济发展的主动与国际竞争的先机。

最后，着力点不同。经济特区的诱饵是政策优惠，自贸区的诱饵则是消除政策壁垒。长期以来，减免关税的优惠政策一直是经济特区吸引外资的重要手段。在经济特区之后的各种开发和高新区，其共同的政策就是给予减免关税的优惠。政策壁垒主要有两种，一是准入放开，二是国民待遇。自贸区则是面对所有的国资、外资、民资，所有的企业都一视同仁，"负面清单"以外，政府不予审批。

2. 经济特区与自贸区的启示

（1）先行先试，大胆改革

经济特区消除了世人关于姓"资"还是姓"社"问题的疑虑，为经济主体参与市场行为解除了枷锁。自贸区将进一步缩小内资与外资的差别，为投资者创造公平、平等竞争机会。自经济特区设立以来，中国引进外资的步伐不断加快，截至2012年末，外商直接投资从1984年的12.6亿美元升至1117.2亿美元。外资在中国改革发展过程中发挥了重要的作用，有力地促进了中国现代企业制度的建立。但考虑到外资的逐利性、波动性以及对国内尚处发展初期行业的保护，我国对外资设定了一些限制条件，比如在准入方面就有明确的鼓励类、允许类、限制类和禁止类的划分。但过多、过高的准入门槛，既不利于提高利用外资的效率，也可能让国内企业因缺乏竞争而裹足不前。在已设立的自贸区中，外资准入将进一步放宽，特别是关于"负面清单"的建立，让外资初步获得了国民待遇。

（2）政府主导向市场主导转型

经济特区为中国从指令式计划经济向市场经济转型提供了试验田，其中重要的一步就是改变"政企不分"状况，使企业从行政束缚中解脱出来，成为真正的市场主体。但在市场经济发展的初期，政府依然扮演着主导者的角色，企业仍在很多方面受到政府管理的约束。

随着市场经济改革的深化，转型过程中形成的政府主导型增长模式缺陷逐渐凸显，权力与市场结合、行政垄断、特权经济均在不同程度形成弱化市场的倾向，长期下去甚至有可能使某些计划经济因素复归，造成市场化改革停滞甚至倒退。在此背景下，自贸区的设立，将为实现政府主导向市场主导的转型提供试验田，当前体制中最难改革的行政审批制度或将破题，这将进一步推动政企关系深化变革，加快服务型政府建设。

（3）开放创新，搭建平台

面临新形势、新要求，中国开放经济要铸造竞争新优势、实现新跨越，从原来的经济特区向自贸区发展，是中国开放经济新跨越的有机组成部分。与改革初期设立的经济特区相比，今天的自贸区虽然同属经济特区，但类别不同，其建立的基础、发挥的功能都不一样。自贸区作为进一步提升以开放经济为切入点，进而全面改革政府管理体制的试验田，必会对中国经济社会发展乃至国际经济发展发挥较大作用。

（三）内陆高地对外开放的经验和启示

中国30多年的改革开放，始于发展经济特区、先行先试，此后，我国对外开放复制了经济特区的成功经验，经历了经济特区—沿海开放城市—沿海开放地区—内陆地区—沿边开发地区的过程，形成了由点到面、由东到西、由沿海到内陆、由局部到全局的全面开放格局。这种循序渐进、梯次开放的对外开放路径，持续推动了我国经济30多年的高速增长。当前，国际国内形势已发生深刻变化，我国经济进入新常态，逐步向形态更高级、分工更复杂、结构更合理的阶段演化。在此背景下，我国对外开放的战略思路需要做出新的调整。"一带一路"的提出正是顺应时代要求的全方位对外开放新战略，对未来中国经济增长有着特别重要的意义。

东部沿海开放较早，其经济率先发展，进而引领全国，其融入全球化的水平相对较高，形成了经济实力雄厚的沿海经济带，为"中国经济奇迹"做出了重要贡献。随着"一带一路"和长江经济带战略实施，国家正式确定了内陆和沿海并重的新的区域战略，中西部内陆地区已经不再是地处内陆的边远地区，而是联通世界，辐射中亚、西亚、南亚和东南亚的重要中心。要实现国家的战略意图，需要中西部有一些战略支撑点来落实。中西部地区改革开放起步较晚，发展水平相对较低，而中华民族伟大复兴的中国梦的实现，离不开中西部整体发展水平和竞争力的提升。国家统筹实施"四大板块"和"三个支撑带"战略组合，通过共建丝绸之路经济带向西开放，把"一带一路"建设与区域开发开放结合起来，可以有力推动中西部内陆和沿边地区的对外开放，保障和加速中西部地区全面建成小康社会的进程，进而实现区域协调发展、协同发展和共同发展的战略目标。

地处内陆，如何突破内陆意识，采取什么样的"走出去"策略，对襄阳开放发展、结构优化与转型升级来说至关重要。重庆等地的经验和做法可以为襄阳对外开放环境建构提供一定借鉴。

1. 以争取国家支持为推力驱动内陆开放型经济发展战略

重庆市明确提出"建设内陆开放型经济"的战略构想，积极向国家申请建设"内陆开放型经济试验区"。国家层面相继出台一系列推动内陆开放的政策措施，为实施内陆开放型经济发展战略提供了根本保障和强大动力。

2. 以国家级开发区为龙头引领内陆开放型经济发展战略

近些年来，内陆各地不断创新对外开放新模式，如重庆初步形成了"1＋2＋4＋43"的开放平台。"1"即2010年5月经国务院批准设立的两江新区，是当时内陆唯一的国家级开发开放新区。挂牌以来，已吸引国内外投资5000多亿元，落地项目300多个，开工项目200多个。"2"是指寸滩保税港区和西永综合保税区，前者是国内唯一叠加水港、空港、铁路和公路优势的综合性保税港区，也是全国第一个内陆保税港区。后者是内陆第一个综合保税区，也是国内功能最全、面积最大的海关特殊监管区域。建成后，将成为全球最大笔记本电脑生产基地。"4"是4个国家级经济开发区，"43"即43个特色工业园区。这些平台的搭建，为科技研发、企业创新、高新技术成果转化推广应用创造了良好的外部条件。

3. "引进来"和"走出去"推进内陆开放型经济发展战略

在"引进来"上，各内陆开放城市抓住国际金融危机后要素流动加快和产业转型升级的重要机遇，以电子、金融、物流和服务外包等适合内陆特点的产业作为重点，推进引资实现"三个转变"，从以港资为主转为面向港澳台、欧美日韩等全面招商；从以工业为主转为工业、城市建设、金融等领域齐头并进，各占三分之一；从以引进增量为主转为引进增量和盘活存量并举，吸引外资项目、外资并购重组国企和本地企业、本地企业海外上市等一起推进，形成了全方位、宽领域、多渠道的引资格局。如重庆成功引进惠普、思科、富士康、广达、英业达等一大批国际IT巨头，有164家世界500强企业落户重庆。在"走出去"上，整合外贸资源，投资30亿美元组建了全国最大规模的地方外贸集团——重庆对外经贸集团，先后在英国、巴西、澳大利亚、圭亚那等国收购技术装备、农业、铁矿、铝矿等企业，境外投资和国外劳务人数（2万多人）均达到历史最好水平。

4. 以区域合作为支点加速内陆开放型经济发展战略

重庆联手川陕启动"西三角"经济区战略，一批交通、能源、旅游项目先后启动，渝川陕滇黔五省市发展改革部门共同建立投资工作长效合作机制，一批招商引资项目相继投产。协同鄂湘黔共建"武陵山经济协作区"，渝黔资源合作取得突破，渝鄂签署全面合作协议，渝湘在交通基础设施、无障碍旅游区建设等方面加快合作。牵手东部沿海搭建产业互动平台，成功举办重庆·佛山周、重庆·宁波周、重庆·广东经贸活动等大型合作活动，渝粤两省市签署战略合作框架协议。与周边及东部省市的务实合作，促进了资源整合和优势叠合，进一步加速了重庆内陆开放型经济发展战略的实施。

三、襄阳对外开放环境建构的内涵特征

（一）襄阳对外开放环境建构的基本内涵

对外开放环境是一个多元概念，既包括让外商"进入"的舒心环境，又包括让内商"走出"的顺心环境。就层级而言，可分为宏观、中观和微观对外开放环境，分别指国家或大区域、省级或流域经济区、市县或乡镇对外开放环境。就内容而言，对外开放环境可分为对外开放硬环境和软环境两类。

1. 硬环境建设

所谓硬环境，主要强调与投资活动直接相关的物质环境，包括城市基础设施环境、城市气候环境、城市地理环境和城市生活环境等。

2. 软环境建设

所谓软环境，主要强调精神层面的环境，所以通常又被称为无形环境，其

内容更加广泛。既包括政治法治环境，又包括服务环境、文化环境、舆论环境、诚信及道德规范环境、国际交流环境等。

（二）襄阳对外开放环境建构的主要特征

1. 文化多元化

所谓文化多元化是指一个国家或一个民族在社会发展过程中，在继承本民族优秀文化基础上，兼收并蓄其他国家或民族的优秀文化，从而形成以本国或本民族文化为主、外来文化为辅的百花齐放、百家争鸣的和谐社会氛围。

襄阳对外开放环境建设应借鉴国内外相关先进经验，在继承本地优秀文化基础上，适当吸收其他优秀文化，打造具有襄阳特色的对外开放多元文化环境氛围，多方面展示"一城两文化"的襄阳特色。

2. 心态包容性

联合国人居署在其2010年报告中指出，一个包容性城市应该从经济、社会、政治和文化四个方面来促进人们平等享有城市权利，而这四个方面应该是相互关联、协调共生的。一个民族、一个时代的包容性和开放性，是文化发展和繁荣必不可少的保证，也是新的历史发展时期处理好各种文化关系的理论依据。包容是中华民族的传统美德，也是最好的资产。海纳百川，有容乃大。小到个人，大到城市，都应有宽广包容的胸怀。而市民心态包容与否直接反映出城市的开放水平和包容程度。只有每一位襄阳市民都具有包容的心态和豁达的气魄，让不同的文化都有展示自身的舞台，不同地区的人们都有实现自我的机会，才会吸引更多的人为襄阳的建设和发展贡献力量。

3. 系统全面性

硬环境和软环境建设是对外开放的两个重要支点。前者侧重于物质设施，有足够的资金投入就容易出成绩、见成效；后者注重社会文明、道德、法规等思想精神领域，对它的改善则困难得多。在对外开放环境构建中，两者缺一不可。由于硬环境是存放、容留传播活动的由有形物质条件构成的空间和场所，其重要性、紧迫性容易立即呈现出来，因而引人瞩目、容易得到重视；而软环境是围绕、弥漫在传播活动四周的由无形的精神因素构成的境况和氛围，其重要性、影响力则是缓慢呈现的，因而容易被人忽视。因此，襄阳在构建对外开放环境过程中，既要加快硬环境建设，又要注重软环境营造，将硬环境建设和软环境营造结合起来，全面实施，整体推进。

4. 均衡发展性

硬环境的需求比较具体、明确，一旦满足即可看到成效，而软环境的需求往往比较模糊，难以量化，即使付出劳动也难立即看到效果。这也是人们容易忽视软环境建设，从而导致硬环境和软环境建设不均衡的关键原因。均衡发展襄阳对外开放软硬环境，既要加快提升襄阳产业、区位、营商环境等综合竞争优势，又要大力营造竞争有序的市场环境、透明高效的政务环境、公平正义的法治环境和合作共赢的人文环境。

四、襄阳对外开放环境建构的推进策略

应紧紧抓住国内外环境发生变化带来的机遇，立足资源、区位、生态、文化优势，按照以开放促发展、促转型、促创新的思路，推进襄阳对外开放环境构建。

（一）建设高质量的襄阳对外开放硬环境

1. 打造基础设施环境

襄阳要着力加强交通基础设施和口岸建设，重点加强供水、供气、供热、电力、通信、公共交通、物流配送、防灾避险等与民生密切相关的基础设施建设。着力完善老城区供水、排水、供气、健身广场、停车场等基础设施，改善民生和人居环境。突出汉江两岸提档升级，突出城市交通改善，突出生态环境建设，突出新区基础设施配套。

2. 塑造优美地理环境

"城市地理环境"是一个综合性概念，涵盖了天文地理、风土人情、公共交通、居住环境等层面。具体而言，城市中的建筑物、交通设施、休闲绿地及城市周边的自然环境与交通设施、气候等，都属于城市地理环境的范畴。

襄阳要优化国土空间开发格局，落实国家主体功能区规划，统筹各类空间规划，推进"多规合一"。按照生产空间集约高效、生活空间宜居适度、生态空间山清水秀的总体要求，构建科学合理的城市化格局、农业发展格局、生态安全格局。

3. 建设良好生活环境

生活环境的好坏与生活在其中的每一个人息息相关。建设良好生活环境应深化提升城市精细化管理体制机制，充实完善精细化管理内容，全面营造畅通整洁有序的市容环境、天蓝地绿水清的生态环境和"15分钟便民生活圈"的生活环境。着力构建市域"一核三带九廊多点"的森林生态系统，加快建设襄阳中心城区"一心六片九水"的生态体系。

4. 优化良好产业环境

一是着力引进国内外优质要素资源，构建开放多元的现代产业体系。二是着力提升和丰富各类园区、经济区、开发区的功能，构建多层次开放载体体系。三是着力拓展开放合作领域和优化开放格局，构建内引外联大平台体系。建立开放型经济新机制，健全有利于对外开放、合作共赢、开放型经济发展的体制机制，努力营造安商、富商、亲商的良好环境，切实维护外来投资者的合法权益。探索建立便于跨境电子商务等新型贸易方式的体制，健全服务贸易促进体系。落实准入前国民待遇加负面清单管理制度，促进内外资企业一视同仁、公平竞争。完善境外投资管理，建立健全对外投资促进政策，强化对外投资服务，有效防范对外投资风险。四是着力推动体制机制改革创新，构建有利于开放合作的政策体系，进一步提升利用国际国内两个市场、两种资源的能力，不断提高开放型经济发展水平。

5. 构建通畅交通环境

构建海陆空立体开放通道体系，"对外通畅、对内成网、结构优化、城乡畅联"。实现各种运输方式有效衔接，形成综合运输体系，为货物和人员的快速流动创造条件，实现企业物流费用以及人员出行成本和时间的有效降低，不断增强襄阳对外资的吸引力，促进襄阳对外贸易的发展。

提升综合交通枢纽功能。提升铁路枢纽功能，全力支持和服务蒙华、汉十、郑万三大铁路建设，高标准规划建设东津高铁枢纽。完善公路运输枢纽功能，实现所有县（市）通2条以上高速公路，中心城区至各县（市）实现一级以上公路快速联通，干线公路与县乡等级公路连接成网，县乡等级公路与通村沥青水泥路条条相通，3A级以上景区通二级以上公路。加快推进汉江梯级开发，打造汉江航运中心。建设区域性航空服务中心，把襄阳机场建成一类航空口岸和区域性门户机场。

（二）培育高品位的襄阳对外开放软环境

软环境建设是保证襄阳不断吸引外商投资、加快自身发展的重要条件，是维护襄阳社会主义市场经济有序运行的必然要求，是实现襄阳社会经济化解难题、协调发展、缩小差距的有效途径。

1. 培育良好法治环境

不断深化行政管理体制改革，完善行政决策机制，提高决策的质量和水平。以法治优化市场环境，着力解决好制约对外开放的法律法规和体制机制问题，创造新的竞争优势和发展优势。

塑造全方位的政策法治环境，重视现有政策法规的立改废工作，创造宽松的法制政策环境。强化政府行为的法治性，做到依法行政；强化政府行为的责任性，从过去的免责行政转变到责任行政上来。引导广大执法人员更新观念、提高认识，同时要学习好与引进外资相关的法律法规。完善市场体系，建立市场信用，维护交易安全。

2. 塑造高效政务环境

不断加强政府行为的服务性，从过去的管制行政转变到服务行政上来，树立服务意识，提升服务效率。倡导政府行为的有限性，从过去的全能型政府转变到有限性政府上来，做到有所为有所不为。

创造高效的政府服务环境，结合对外开放环境的现状，政府既要抓招商引商，还要抓安商富商。在政策上，要出台更多的外资和民间实业投资政策，逐步放开外资和民间投资的领域限制，建立适应外商和民营经济发展需要的多层次多样化银行体系和证券市场体系。在服务上，要进一步完善行政服务中心服务功能，加强部门间协调，进一步提高审批效率，由串联审批变为并联审批；推行首问责任制与目标责任制等，严格责任、兑现承诺；在全市深入推广无偿代理制，扩大代理范围，不仅代理外商投资项目，同时代理内商投资项目；加强培训，提高代办人员业务能力和服务水平，为外来投资者提供保姆式、贴身式服务；探索采用电子报送材料和表格化审批程序，建立完善的网上审批管理系统，提高行政效能。

不断强化服务意识，改进管理方式，规范行政行为，提高工作效率和水平，在转变干部作风、提高机关行政效能方面不断迈出新步伐。在口岸管理体制、产业促进体系、园区开发体制、人才任用机制、行政管理体制等方面，有步骤、有重点地推进体制机制改革创新，布局建设六大战略平台，营造中西部地区最优的行政环境，率先闯出内陆地区扩大开放、跨越发展的新路子。

3. 建设优质文化环境

城市文化是指社会成员在特定的城市区域内，在长期的社会实践中共同创造的物质和精神财富的总和，包括社会成员共同遵循的行为准则、道德规范、传统习俗、价值追求与生活方式等，代表着一个城市的品位和性格，是城市的灵魂。

努力让人民群众享有更高水平的公共文化服务。加快构建覆盖城乡的公共文化体育服务网络，加强青少年综合服务平台和群众文化活动阵地建设，确保成功创建国家公共文化服务体系示范区。持续推进文化体育服务下乡，广泛开展"书香溢襄阳"全民阅读和全民健身活动，着力打造品牌文化体育赛事。加大历史文化遗产保护力度，扎实做好古城墙和"万里茶道"节点申遗工作。

4. 营造良好人才环境

为满足襄阳对人才的需求，优化人才环境必不可少。首先，要进一步完善人才市场的功能，创设国际人才交流中心，拓宽人才招聘信息和求职信息的发布渠道，规范人才招聘程序，使人才招聘建立在公开、公正、公平和透明的基础上，坚决杜绝不合理因素对人才招聘工作的干扰。其次，以薪酬待遇为基础，出台有较强竞争力的人才待遇政策，创设多样化的薪酬支付方式，协议工资、项目报酬、业绩提成等与传统工资制度相结合，使具有较高管理才能、技术研发能力的高级人才，能够获取与其智力付出相符的收入待遇。同时，对于对外开放急需或有突出贡献的人才，要努力协助其解决住房、子女入托入学及家属安置等问题，对其职位晋升及职称评定在不失公平的前提下设立"绿色通道"，以此来消除其后顾之忧，使其能够在襄阳真正"扎下根"安心工作。

5. 规范诚信社会环境

社会诚信是社会良性运行的重要基础，是不可或缺的社会道德标准和行为准则。党的十八大提出，深入开展道德领域突出问题专项教育和治理，加强政务诚信、商务诚信、社会诚信和司法公信建设。这些重大决策和部署为我们加快营造诚实守信的社会环境指明了方向。

道德环境是一个复杂的、多层次的系统，是指影响人们的道德意识、观念、行为以及品格的各种外在因素的总称,是人们共同遵循的价值判断,它与社会发展程度密切相关,是特定历史发展阶段的政治、经济、社会、文化、生态的综合体现。道德环境包括基本规范、社会公德、家庭美德和职业道德四部分。内陆开放型城市的核心在于开放,在引领、带动地方经济发展中发挥辐射、集散与示范作用。这要求开放型城市必须有完善的市场经济体系,且是投资高地(战略扩张前沿)、多产业聚集高地、交通畅达高地以及文化品位高地、教育医疗条件高地等。就襄阳而言,不沿边、不靠海,属于典型的内陆后开放地区,相比沿海经济特区,经济发展起步晚、基础设施差、面临难度大。通过构建社会主义核心价值体系与弘扬精神文明,用优秀的道德培育社会风尚,不断优化管理体制,创新社会管理机制,可以保证对外开放顺利健康发展。

6. 优化国际交流环境

优化国际交流环境,包括提高涉外服务水平、提升政府涉外服务能力、建立国际文化交流中心、加强与驻襄外籍人士和企业的沟通交流、构建国际经贸合作平台等。

通过增设襄阳市政府网站英文版、规范政府信息英文翻译、改善涉外服务质量、提高公务员和涉外从业人员英语水平、规范公共场所英文标识、发挥新闻媒体对外宣传优势、在市民中普及英语学习等方式,进一步优化襄阳涉外服务环境,营造良好氛围,提升襄阳国际化程度和国际竞争力。

建立良好的国际交流环境,吸引更多外国企业来襄经营,吸引更多外籍人士来襄生活、学习已成为襄阳国际化的当务之急,也是襄阳实现跨越式发展的机遇。各类交流工具是外籍人士最多接触的媒介,也最能体现城市的涉外服务水平。建立襄阳国际文化交流中心,聘请资深涉外机构经营,打造襄阳国外机构、学校与企业多层次的交流平台。服务内容以开展国际文化交流,为外国人来华服务为主,兼营出国留学中介、外语培训服务等项目。

总之,襄阳应紧紧抓住国内外环境变化带来的机遇,立足资源、区位、生态、文化优势,按照以开放促发展、促转型、促创新的思路,积极推进对外开放环境构建。通过打造基础设施环境、塑造优美地理环境、建设良好生活环境、优化一流产业环境、构建通畅交通环境等,建设高质量的对外开放硬环境;通过培育良好法治环境、塑造高效政务环境、建设优质文化环境、规范诚信社会环境、优化国际交流环境等，营造高品位的对外开放软环境。以思想大解放引领大开放，以体制大改革服务大开放，以区域大合作推动大开放，全面提升襄阳对外开放的层次和水平。

参考文献：

[1] 桑百川：《新一轮对外开放：目标、布局与政策选择》，人民日报出版社 2016 年版。

[2] 改革开放三十年编写组：《改革开放三十年——决定当代中国命运的重大抉择（1978—2008）》，中央文献出版社 2008 年版。

[3] 张维迎：《中国改革 30 年——10 位经济学家的思考》，上海人民出版社 2008 年版。

[4] 宋红军：《河南省优化对外开放环境的着力点及对策研究》，《中州大学学报》2015 年第 5 期。

[5] 温军超：《公共外交视阈下河南省对外开放软环境研究》，《河南科技大学学报》2014 年第 2 期。

[6] 王爽：《"一带一路"战略视角下山东开放型经济发展路径研究》，《东岳论丛》2015 年第 11 期。

[7] 高芙蓉：《打造内陆开放高地的道德环境建设问题研究》，《郑州航空工业管理学院学报（社会科学版）》2015 年第 12 期。

[8] 卢成：《西部创新环境的区域比较研究》，广西大学硕士学位论文 2014 年。

[9] 卢丽刚、魏美玉：《中国梦视阈下的"一带一路"战略》，《华东交通大学学报》2015 年第 6 期。

后 记

对于襄阳这样一座具有悠久历史和灿烂文化、阔步走向现代化的区域中心城市而言，编著一部当代襄阳研究报告，为广大读者奉献展望城市未来愿景、探索城市发展路径、感知城市文明脉络的精神作品，无疑是一件富有价值和意义的事情，也是人文社会科学工作者的责任和使命。

本书以《襄阳复兴》为题，由"复兴之梦""复兴之路""复兴之帆"三个篇章所组成。其中，"复兴之梦"篇章完稿于2014年，"复兴之路"篇章完稿于2015年，"复兴之帆"篇章完稿于2016年，全书于2017年作了修订。

本书是襄阳市人文社会科学界学术研究的结晶，参与研究和撰稿的是一支治学严谨、素质精良的学术团队。湖北省社科院襄阳分院院长、襄阳市社科联主席刘群主持了本书所涵盖的课题研究及编著工作，提出了本书创意和主题思想，负责整体策划、提纲设计、学术指导和修改统稿工作。白家强、李青负责组稿和协调工作，魏桐负责编校工作。襄阳市社科联（社科院）诸位同仁也为本书出版作出了贡献。值本书出版之际，向参与本书课题研究和撰稿工作的专家学者，向关心支持本书出版的襄阳市领导和湖北省社科联、湖北省社科院、商务印书馆的领导及编辑人员表示感谢。

本书学者在研究和撰稿过程中，参考、吸收了有关著作和报刊资料，在此一并表示感谢。

我们力求编写一本融学术性、应用性、可读性为一体的雅俗共赏的著作，但因水平有限，难免会留下遗憾之处，敬望读者批评指正。

编 者

2018年3月